I0822130

FRANKFURTER BEITRÄGE ZUR GERMANISTIK

Band 52

Herausgegeben von

Heinz J. Drügh

Susanne Komfort-Hein

Klaus von See

Ulrich Wyss

Julia Zernack

DIETMAR PRAVIDA

Brentano in Wien

Clemens Brentano, die Poesie und die Zeitgeschichte 1813/14

Universitätsverlag
WINTER
Heidelberg

Bibliografische Information der Deutschen Nationalbibliothek

Die Deutsche Nationalbibliothek verzeichnet diese Publikation in der Deutschen Nationalbibliografie; detaillierte bibliografische Daten sind im Internet über *http://dnb.d-nb.de* abrufbar.

Für Alexandra

UMSCHLAGBILD

unter Verwendung von Kostümfigurinen für die Uraufführung von Brentanos Lustspiel »Valeria oder Vaterlist« von Philipp von Stubenrauch, 1814.

ISBN 978-3-8253-6143-3

Imprimé en Allemagne · Printed in Germany

Druck: Memminger MedienCentrum, 87700 Memmingen

Gedruckt auf umweltfreundlichem, chlorfrei gebleichtem und alterungsbeständigem Papier

Den Verlag erreichen Sie im Internet unter:
www.winter-verlag.de

Inhalt

Vorbemerkung

CHARLOTTE Wohnt hier der komisch-dramatische Dichtungsfabrikant?
LEICHT Der bin ich.

Johann Nestroy, Weder Lorbeerbaum noch Bettelstab

Mit dem Jahr 1811, in dem Clemens Brentano von Berlin nach Bukowan und Prag übersiedelt, bricht der vormals breite Fluss lebensgeschichtlicher Nachrichten plötzlich ab. Authentische Lebenszeugnisse von Brentano selbst oder durch Zeitgenossen werden selten, ganze Monate bleiben undokumentiert. Stattdessen beginnt die Legendenbildung zu wuchern. Volkmar Braunbehrens hat in seinem Buch über Mozart, das sich nicht nur im Titel mit der vorliegenden Arbeit berührt und dessen Vorwort hier ohne große Änderungen übernommen werden könnte, Ähnliches festgestellt.[1] Die Folgerung könnte naheliegen, dass das Versickern der Quellen und die forcierte Gerüchtebildung an Österreich liegen müsse, und zumal an Wien. Es ist nicht erstaunlich, dass die Biographen diesen drei Jahren von Brentanos Leben weithin ratlos gegenüberstanden und angesichts der Dürftigkeit der biographischen Überlieferung die zahlreichen weißen Flecken gemäß der dem jeweiligen Ansatz zugrundeliegenden generativen Formel ausfüllten. So wurde Wien zum Ort von Brentanos religiöser Besinnung, seines patriotischen Erwachens oder zum Treffpunkt großer Namen. Auch die in diesen Jahren entstandenen Werke vermochten einer – verdienstvollen und ergiebigen, in gewisser Weise auch in dieser Arbeit fortgesetzten – Forschungstradition, die dem Bild des Dichters als „homo poeta" verpflichtet ist, keinen Anlass zur Beschäftigung zu geben.[2] Ernst Ludwig von Gerlach sprach von dem monströsen Charakter dieser Arbeiten, der auf die illegitime Verbindung von Poesie und Zeitgeschichte zurückgehe. Diese durch die Zeitgeschichte bedingte Monstruosität der Wiener Werke, welche auch heutigen Lesern noch als ästhetisch reizlos erscheinen mögen, ist der eigentliche Gegenstand des Buches.

In den nachfolgenden Kapiteln soll versucht werden, sämtliche verfügbaren Zeugnisse zu Brentanos Wiener Zeit zu sichten und sie durch Quellenkritik, Prosopographie

1 Volkmar Braunbehrens, Mozart in Wien, München 1986.

2 Vgl. Konrad Feilchenfeldt, Rezension von: John Fetzer, Romantic Orpheus. Profiles of Clemens Brentano, Berkeley, Los Angeles, London 1974, in: Aurora 37 (1977), S. 188–192, dort S. 188; ders., Von Frankfurt nach Koblenz. Reisebericht eines Germanisten im Brentano-Jahr, Günther in: NZZ, Fernausgabe, Nr. 222, 26.9.1978, S. 31–32, dort S. 32.

und Chronologie zum Sprechen zu bringen und die in Wien entstandenen Werke in den Zusammenhang ihres Entstehungskontextes zu stellen. Das erste Kapitel rekonstruiert die prekäre sozialgeschichtliche Situation der romantischen Literatur, die nach 1810 auf der Ebene des literarischen Diskurses ein hohes Niveau an Autonomie entwickelt hatte, aber institutionell außerordentlich schwach verankert war. Alle romantischen Autoren mussten ihren eigenen Weg finden, mit dieser Situation umzugehen. Clemens Brentano wählte eine besonders radikale Variante, die vorbehaltlose Entscheidung für die Poesie. Diese Option führte ihn und sein literarisches Werk in beträchtliche Schwierigkeiten, sobald die Lebensumstände und die Zeitläufte sie dem ungeschützten Kontakt mit der Zeitgeschichte und der sozialen Situation einer wirklichen Großstadt aussetzten. Das zweite, dritte und vierte Kapitel befassen sich mit der Sicherung der biographischen Daten und der handschriftlichen Überlieferung der Wiener Periode. Das zweite Kapitel geht auf einige Punkt der Vorgeschichte ein, namentlich auf den Prager Aufenthalt und seinen politischen Kontext. Das dritte Kapitel verfolgt die verschiedenen persönlichen Beziehungen; im Abschnitt „Die Ankunft eines norddeutschen Schriftstellers in Wien“ findet sich eine Skizze der Situation der österreichischen Literatur um das Jahr 1810, wie Brentano sie bei seiner Ankunft vorfand. Das vierte Kapitel gibt eine Übersicht über die handschriftliche Überlieferung der in Wien entstandenen Werke, die als Grundlage für die weitere Behandlung aller entstehungsgeschichtlichen Fragen dient. Im fünften Kapitel werden die kleineren in Wien entstandenen Gelegenheitsdichtungen und die für deren Verständnis unerlässliche kontextuelle und chronologische Situierung behandelt. Besondere Aufmerksamkeit gilt Brentanos zögerndem und niemals vorbehaltlosem Versuch, sich den Wiener Gegebenheiten anzupassen, ohne von seinem in der vorangegangenen Berliner Zeit entstandenen Verständnis politisch-poetischen Wirkens Abstriche zu machen. Hiervon ließ er auch dann nicht ab, als sich der Misserfolg schon deutlich abzeichnete. Auf die Unvereinbarkeit seines poetischen Projekts mit den politischen und zeithistorischen Umständen reagierte er mit immer neuen Überarbeitungen seiner Werke: Am Anfang steht der Versuch, die poetischen Mittel der früheren autonomen Dichtung für außerliterarische Zwecke nutzbar zu machen, am Ende aber das Bemühen, die so entstandenen Texte wieder aus der öffentlich-politischen in die öffentlichkeitsabgewandte poetische Sphäre zurückzunehmen und sie wieder dem eigenen univers imaginaire einzuverleiben. Die Textgenese ist daher – wie am deutlichsten an dem Victoria-Drama zu ersehen ist – der eigentliche Ort der Auseinandersetzung Brentanos mit den Wiener Gegebenheiten, sowohl der anfänglichen Anpassungsbemühungen wie auch der schließlichen Reaktion auf deren Scheitern. Die einzelnen Interpretationen werden im fünften Kapitel meist nur relativ knapp skizziert, für die weitere Argumentation im folgenden sechsten Kapitel sind besonders die an Susanne Kiewitz anschließenden Ausführungen zu *Rheinübergang Kriegsrundgesang* von Belang. Das Zentrum des Buches bildet im sechsten Kapitel die Rekonstruktion und Interpretation der verschiedenen Fassungen des Victoria-Dramas vom ersten Entwurf im Herbst 1813 bis zu der im Frühsommer 1817 erschienenen Buchfassung. Die konzeptionellen Wandlungen des Werkprojektes lassen eine sukzessive Veränderung des Verhältnisses von Poesie und Zeitgeschichte sichtbar werden – von der Prätention einer Vereinigung von Poesie und Geschichte in einem auf der Bühne darzustellenden immerwährenden Siegesfest bis zur

Reflexion über den prekären Status solcher Vereinigungsversuche in der Gestaltung der Buchausgabe. Sie machen so auch den Weg erkennbar, der nach der Rückkehr aus Wien, aber noch vor dem Erscheinen der Buchfassung des Dramas zu Brentanos Wechsel zur religiösen Dichtung und zum (vorgeblichen) Abschied von der Poesie geführt hat. Die äußeren Umstände und die Hintergründe von Brentanos eklatant gescheiterten Bemühungen, sich auf dem Wiener Hoftheater an der Burg zu etablieren, sind Gegenstand des siebten Kapitels. Das letzte Kapitel diskutiert die Gründe, die im Fall Brentanos eine Option für Österreich unmöglich machten und die zu dem frühzeitigen Abbruch des Wiener Aufenthalts und zur Rückkehr nach Berlin führten. Die Feststellung, dass auch die Option für Preußen nicht von längerem Bestand bleiben konnte, gehörte dann schon in ein anderes Buch.

In der Erschließung des belegbaren und erschließbaren Faktischen wird zumindest bei den gedruckten Quellen die erreichbare Vollständigkeit angestrebt.[3] Der kritische Ansatz der Arbeit machte anhaltende Versenkung ins Detail unvermeidlich. Als maßgebliche Vorbilder innerhalb der Romantikforschung darf in dieser Hinsicht zum einen Herbert Levin-Derweins Untersuchung zur Heidelberger Romantik angesehen werden, zum anderen Richard Samuels Studie zu Kleists Teilnahme an den politischen Bewegungen der Befreiungskriege sowie die neuere quellen- und kontextorientierte Kleist-Forschung überhaupt; der thematisch nächste Vorläufer ist Anton Fellners Dissertation zur Geschichte der Wiener *Friedensblätter*.[4] Von der Übernahme und Fortschreibung etablierter Deutungsmuster der Brentanoforschung wird so weit als möglich abgesehen, notfalls auch um den Preis der Einseitigkeit. Die vorliegende Untersuchung lässt sich so einerseits als eine Erkundung dessen lesen, was sich bei möglichst erschöpfender Auswertung der wenigen Zeugnisse über eine entscheidende Periode im Leben und in der Werkgeschichte Brentanos in Erfahrung bringen lässt, die so sichtlich unter dem Unstern sei es beabsichtigter, sei es unbeabsichtigter Spurenverwischung steht. Bei näherer Betrachtung würde sich aller Wahrscheinlichkeit nach herausstellen, dass es um die meisten anderen Abschnitte von Brentanos Leben und œuvre wenig besser bestellt

3 Zum älteren Stand der Forschung: Wolfgang Frühwald, Stationen der Brentano-Forschung 1924–1972, in: DVjs 47 (1973), Sonderheft, S. 182*–269*, dort S. 214* und Anm. 135. Bernhard Gajek, Die Brentano-Literatur 1973–1978. Ein Bericht, in: Euphorion 72 (1978), S. 439 bis 502, dort S. 453. Konrad Feilchenfeldt, Brentano-Forschung in der Sicht der Auslandsgermanistik. Mit einem Auszug bisher ungedruckter Briefe der Geschwister Anna und Katharina von Hertling an Andreas Räß, in: GGA 236. Jg. (1984), H. 1/2, S. 95–112, dort S. 110f.

4 Herbert Levin, Die Heidelberger Romantik. (Preisschrift der Corps-Suevia-Stiftung der Universität Heidelberg), München 1922. Richard Samuel, Heinrich von Kleists Teilnahme an den politischen Bewegungen der Jahre 1805–1809, hrsg. von der Kleist-Gedenk- und Forschungsstätte Frankfurt (Oder), Frankfurt a. O. 1995 (Diss. Cambridge 1938). Anton Fellner, Wiener Romantik am Wendepunkt, 1813–1815. (Die *Friedensblätter* und ihr Kreis), Diss. (masch.) Wien 1951. Diese Dissertation ist nie gedruckt worden. Als erster hat sie wohl Roger Bauer (1965; siehe unten, Anm. 14) zitiert, in der Brentanoforschung wurde sie erst von Erika Tunner (1977; siehe Anm. I,91) zur Kenntnis genommen. – Überlegungen zur Gattung der sogenannten „Teilbiographie“ finden sich bei Hans Peter Neureuter, Brecht in Finnland. Studien zu Leben und Werk 1940–1941, Frankfurt a. M. 2007 (Edition Suhrkamp 2056), S. 10–14.

ist und dass schon deswegen eine literaturwissenschaftliche Biographie, die das in älteren und jüngeren geschichtswissenschaftlichen Darstellungen manchmal erzielte Niveau annähernd erreichen könnte, so bald nicht vorliegen wird.[5] Eine im eigentlichen Sinn biographische narrative Darstellung der Wiener Episode ist nicht beabsichtigt. Das Interesse geht, um eine Unterscheidung aufzunehmen, die in der Hölderlinforschung getroffen wurde, weniger in Richtung auf eine „critical biography", denn in die eines „biographically guided criticism".[6] Wie Emil Staiger es für jede biographische Beschäftigung mit Brentano forderte, ist „die äußere, nicht die innere Geschichte des Helden" Gegenstand der Untersuchung.[7] Ihrer Darstellungsweise nach entspricht die vorliegende Arbeit dem Typ der von Droysen so genannten „untersuchenden Darstellung".[8] Die ausführliche Behandlung sachlicher Probleme lässt gesichertes Wissen und Unproblematisches, zumal bei biographischen Angaben, in den Hintergrund treten, der nur kurz skizziert, mit einem Literaturhinweis angedeutet oder als bekannt vorausgesetzt wird.

Die Arbeit lässt sich andererseits auch als ein Beitrag zu einer „autorbezogenen Sozialgeschichte der Literatur" verstehen,[9] der Brentanos Wiener Vorhaben untersucht, „sich ein Schriftstellerschicksal zu bilden" (Arnim). Den Kontext bilden die zeitgeschichtliche Lage der Jahre 1813 und 1814 und die besonderen institutionellen Bedingungen, denen ein solcher Versuch in der österreichischen Residenz- und Hauptstadt ausgesetzt war. Für Brentanos auf ganzer Linie erfolgloses Wiener Unternehmen läge es nahe, offensiv mit einem feldtheoretischen Zugriff zu arbeiten, doch schien es nicht ratsam, die Anwendbarkeit dieses Instrumentariums umstandslos vorauszusetzen.[10] Ein literarisches Feld lässt sich für die deutschsprachige Literatur um 1813 im allgemeinen und für die Residenzstadt der habsburgischen Monarchie im besonderen nicht im Vorbeigehen rekonstruieren, ganz abgesehen von der Frage, in welchem Ausmaß im frühen

5 Als maßgebliche Beispiele seien genannt Gerhard Ritter, Stein. Eine politische Biographie, 2 Bde., Stuttgart, Berlin 1931 und Ewald Frie, Friedrich August Ludwig von der Marwitz 1777 bis 1837. Biographien eines Preußen, Paderborn u. a. 2001.

6 Emery E. George, Hölderlin and His Biographers, in: JEGP 89 (1990), S. 51–85, dort S. 63.

7 Emil Staiger, Die Zeit als Einbildungskraft des Dichters. Untersuchungen zu Gedichten von Brentano, Goethe und Keller (1939), München 1976 (dtv 4186), S. 76. Vgl. Wolfgang Frühwald, Rezension von: Werner Hoffmann, Clemens Brentano. Leben und Werk, München, Bern 1966, in: LJb N. F. 8 (1967), S. 357–363, dort S. 359.

8 Johann Gustav Droysen, Historik. Historisch-kritische Ausgabe von Peter Leyh, Bd. 1, Stuttgart, Bad Cannstatt 1977, S. 222ff.

9 Wolfgang Frühwald, Der Regierungsrat Joseph von Eichendorff. Zum Verhältnis von Beruf und Schriftstellerexistenz im Preußen der Restaurationszeit, mit Thesen zur sozialhistorischen und wissenssoziologischen Perspektive einer Untersuchung von Leben und Werk Joseph von Eichendorffs, in: IASL 4 (1979), S. 37–67, dort S. 37, Anm. *.

10 Johann Hüttner, Literarische Parodie und Wiener Vorstadtpublikum vor Nestroy, in: MK 18 (1972), S. 99–139, bemerkt S. 106f., dass die Koexistenz der Wiener Vorstadttheater zu Beginn des 19. Jahrhunderts noch einem Prinzip segmentärer Differenzierung gehorchte. Siehe jedoch Jennyfer Großauer-Zöbinger, Das Leopoldstädter Theater (1781–1806). Sozialgeschichtliche und soziologische Verortungen eines Erfolgsmodelles, in: LiTheS, Sonderbd. 1 (Juni 2010), S. 5–55.

19. Jahrhundert von einem solchen überhaupt legitim die Rede sein kann. Eine im Jahr 2002 erschienene Studie über die Aufenthalte romantischer Autoren in Wien, die dem feldtheoretischen Ansatz zu folgen vorgibt, ist mangels eigenständiger Grundlagenarbeit und der deswegen unvermeidlich schematisch verfahrenden Adaption einer Theorie ein nicht durchweg geglücktes Projekt.[11] Deshalb hat der quellen- und überlieferungskritische sowie der entstehungsgeschichtliche Zugriff hier erhebliches Eigengewicht; immerhin bemüht sich die vorliegende Arbeit darum, die Bewegungen des Autors in einer, wenn auch nur skizzierten, sehr frühen Form oder Vorform eines literarischen Feldes nicht allein an den Handlungen des Autors abzulesen, und sie vermeidet es, literarische Werke nur auf solche Handlungen zurückzurechnen,[12] sondern sie macht es sich ansatzweise zur Aufgabe, die Positionsnahmen in der Genese der Texte selbst aufzusuchen.

„Es ist überaus schwer," schrieb Friedrich Perthes bereits im Jahr 1822, „eine Vorstellung von dem, was sich in Östreich bewegt und nicht bewegt, zu gewinnen".[13] Dies gilt auch für die Zeit der Befreiungskriege, die in der österreichischen Historiographie nie dieselbe Rolle gespielt hat wie in den übrigen deutschen Ländern und besonders in Preußen. Die Forschung zur Literaturgeschichte in Österreich zwischen Josephinismus und Restaurationszeit ist keineswegs gering an Umfang, hat aber seit einem halben Jahrhundert keine zusammenfassenden Studien mehr vorzuweisen und stellt auch kaum Anschlüsse zur hochentwickelten musikwissenschaftlichen Kontextforschung her.[14] Die ältere, zusammen mit der geistesgeschichtlichen Literaturwissenschaft aufgekommene, aber noch nicht ganz ausgestorbene Rede von einer „Wiener Romantik" hat sich – wie stets in solchen Fällen – als langfristig lähmend erwiesen. Die österreichische Germanistik der Nachkriegszeit hat sich mit den besten Gründen der Erschließung der vordem vernachlässigten Traditionen und Epochen des Josephinismus und des österreichischen

[11] Bianca Turtur, „Wien ist schön". Situation der deutschen Romantiker in Wien. Eine feldtheoretische Untersuchung, Berlin 2001.

[12] Vgl. Johannes Angermüller, Nach dem Strukturalismus. Theoriediskurs und intellektuelles Feld in Frankreich, Bielefeld 2007, S. 24f.

[13] Clemens Theodor Perthes, Friedrich Perthes Leben. Nach dessen schriftlichen und mündlichen Mittheilungen aufgezeichnet, Bd. 3, Gotha 1855, S. 331.

[14] Maßgeblich sind Roger Bauers grundlegende Monographie (La réalité royaume de Dieu. Études sur l'originalité du théâtre viennois dans la première moitié du XIXe siècle, München 1965) und ein von Herbert Zeman herausgegebener Sammelband (Die österreichische Literatur. Ihr Profil an der Wende vom 18. zum 19. Jahrhundert, Graz 1979). Ferner: Leslie Bodi, System und Bewegung: Funktion und Folge des josephinischen Tauwetters (1978), in: ders., Literatur, Politik, Identität – Literature, Politics, Cultural Identity, St. Ingbert 2002 (Österreichische und internationale Literaturprozesse 18), S. 250–276, bes. S. 268f. Herbert Seidler, Österreichischer Vormärz und Goethezeit. Geschichte einer literarischen Auseinandersetzung, Wien 1982 (SAWW,PH 394, VL 6). Herbert Zeman, Aufklärung, Goethe-Zeit und katholische Tradition. Motivationen der österreichischen Literatur im frühen 19. Jahrhundert – eine literaturhistorische Skizze, in: OLitt 42 (1987), S. 423–438. Matthias Pape, Johannes von Müller. Seine geistige und politische Umwelt in Wien und Berlin 1793–1806, Bern, Stuttgart 1989, S. 48–65.

Vormärz zugewandt und keine produktiven Beiträge zu Romantikforschung mehr gegeben, wie sie die namhaftesten österreichischen Germanisten in der Zeit des Positivismus noch geleistet hatten; zu nennen wären Jacob Minor, August Sauer, Oskar Walzel, Josef Körner und Hans Rupprich, die jeweils auch wichtige Beiträge zu Leben und Werk Clemens Brentanos gegeben haben. Auch die Grillparzerforschung ist in den letzten Jahrzehnten erlahmt, was durch die anhaltende Dynamik anderer Autorenphilologien – vor allem der Nestroyforschung – zwar wettgemacht wird, in der literaturhistorischen Erschließung der ersten beiden Jahrzehnte des 19. Jahrhunderts aber dennoch spürbare Defizite erzeugt hat. Die beiden für die vorliegende Arbeit bedeutendsten Referenzwerke zum zeitgenössischen Wiener Theater, Oscar Teubers Geschichte des Burgtheaters und Otto Rommels Monographie zum Wiener Vorstadttheater, sind mehr als ein ganzes respektive ein halbes Jahrhundert alt. Die in den letzten Jahrzehnten unternommene Erforschung der städtischen kulturellen Zentren des deutschen Reichs während der Goethezeit hat sich bislang auf die süd- und mitteldeutschen Residenz-und Handelsstädte sowie auf Berlin konzentriert und ein so komplexes Gebilde wie die österreichische Residenzstadt bislang noch nicht erfasst.[15] Ein im Jahr 2006 veröffentlichter Sammelband zur Romantik in Wien, der mit veränderter Terminologie alte Interessen aufnimmt und Beiträge von sehr unterschiedlicher Qualität enthält, lässt sich insgesamt eher als ein Symptom der als problematisch anzusehenden Lage der Forschung, denn als ein Beitrag zu deren Überwindung ansehen.[16] Verdienstvoll ist der Versuch, unter Bezugnahme auf eine umfangreiche inhaltliche Neuerschließung der Zeitschriftenliteratur die herkömmliche starre Entgegensetzung zwischen den romantischen Autoren und deren Gegnern in ein differenzierteres Beziehungsgeflecht aufzulösen.[17] Aber zu viele andere Aufsätze des Bandes bleiben hinter dem im Prinzip erreichbaren Forschungsstand zurück. Auch die Gelegenheit zu einer grundlegenden kritischen Aufar-

[15] Otto Pöggeler, Westdeutsche Zentren in der Umbruchszeit um 1800, in: HSt 22 (1987), S. 180 bis 189. Andreas Großmann, Orte Hegels und Hegels Ort. Bemerkungen zur „Topographie" des Idealismus, in: HSt 28 (1993), S. 57–79. Wolfgang Stellmacher, Literarische Zentrenbildung in der Endphase des Heiligen Römischen Reiches und im Zeitalter der Napoleonischen Kriege (1750–1815), in: Stätten deutscher Literatur. Studien zur literarischen Zentrenbildung 1750–1815, hrsg. von Wolfgang Stellmacher, Frankfurt a. M. 1998 (Literatur – Sprache – Region 1), S. 31–72, dort S. 55ff. zu Süddeutschland und Österreich; zur Kritik vgl. Reinhart Siegert, Über Österreichs Aufklärung und Literatur. Zur „litterarischen Kleinheit" Österreichs und des „Reichsbuchhandels" zur Zeit Blumauers, in: JbOGE18 21 (2006), S. 153–184, dort S. 163. Ein Beitrag zu Wien fehlt in dem zitierten Sammelband. Auch die Forschungsprojekte zu Weimar und Jena und zu Berlin wären hier zu nennen.

[16] Paradoxien der Romantik. Gesellschaft, Kultur und Wissenschaft in Wien im frühen 19. Jahrhundert, hrsg. von Christian Aspalter, Wolfgang Müller-Funk, Edith Saurer, Wendelin Schmidt-Dengler, Anton Tantner, Wien 2006. Siehe auch Kapitel 4, Anm. 17 und Kapitel 7, Anm. 128.

[17] Christian Aspalter und Anton Tantner, Ironieverlust und verleugnete Rezeption: Kontroversen um Romantik in Wiener Zeitschriften, a.a.O., S. 47–120.

beitung der durch unübersichtliche Quellenlage und eine hohe Zahl ungedruckter Arbeiten bestimmten Situation blieb ungenutzt.[18]

Die Konkurrenzsituation, in welcher Brentano sich in Wien befand, ist so beim derzeitigen Kenntnisstand nicht leicht zu erfassen.[19] Wenn eine umfassende Rekonstruktion der Vorformen des literarischen Feldes beim gegenwärtigen Kenntnisstand unerreichbar ist, dann läge zumindest eine Untersuchung nahe, die die Versuche der gar nicht wenigen „norddeutschen" Autoren schilderte, die sich in dieser Zeit um ein Fortkommen in Wien bemühten. Eine parallele Analyse der Karrieren von Theodor Körner, Ludwig Wieland und Clemens Brentano drängte sich wie von selbst auf. Körner war 1811–1813 als Burgtheaterdichter relativ erfolgreich, und Wielands Wiener Theaterkarriere in den Jahren 1811–1814 endete mit einem totalen Misserfolg, der dem von Brentano nicht ganz unähnlich ist.[20] Als Folie für alle diese Versuche kann Kotzebues Wiener Jahr von Oktober 1797 bis Dezember 1798 angesehen werden. Kotzebue konnte sich seinerseits nicht dauerhaft als Dichter und Dramaturg am Burgtheater etablieren, und er stand übrigens auch in seinen theaterreformerischen Zielsetzungen Brentano nicht so fern.[21] Da-

18 Es fehlt eine Arbeit wie die von Alice Marie Hanson, Some Primary Sources of Viennese Cultural History. A Bibliographical Review Toward A Study of the Political Context of the Years 1824–1828, M.A. Thesis (masch.) University of Illinois, Urbana-Champaign 1973; teilweise eingegangen in: dies., Musical Life in Biedermeier Vienna, Cambridge 1985, S. 222 bis 232. Zur Quellensituation der Wiener Theatergeschichte: Hadamowsky 5, S. 813–819. Ders., Zur Quellenlage des Wiener Volkstheaters von Philipp Hafner bis Ludwig Anzengruber, in: Die österreichische Literatur. Ihr Profil im 19. Jahrhunderts (1830–1880), hrsg. von Herbert Zeman, Graz 1982 (JbÖKG 11/12), S. 579–588. Hubert Reitterer, Der Biograph an der Quelle. Rückblicke und Ausblicke, in: Deutschsprachiges Theater in Prag. Begegnungen der Sprachen und Kulturen, hrsg. von Alena Jakubcová, Jitka Ludovová, Václav Maidl, Prag 2001, S. 369–376, dort S. 372–375.

19 Eine Darstellung der Situation, wie sie etwa Konrad Küster, Wolfgang Amadeus Mozart und seine Zeit, Laaber 2001 (Große Komponisten und ihre Zeit), S. 304ff. für die Konkurrenz der Wiener Opernkomponisten und Librettisten zu Mozarts Zeit gegeben hat, ist für die Wiener Dramatiker noch nicht versucht worden.

20 Zu Körner: Camilla Jeschek, Theodor Körners Wiener Zeit, Diss. (masch.) Wien 1938. – Zu Wieland: Fritz Willner, Ludwig Wieland, ein liberaler Publizist, in: ThSZGK 5 (1915), S. 1 bis 66, dort S. 9f. Friedrich Rosenthal, Wieland und Österreich, in: JbGG 24 (1913), S. 55 bis 102, dort S. 97f. Dass eine Untersuchung zu Ludwig Wielands Wiener Aufenthalten ein Desiderat ist, stellt auch Dirk Grathoff, Kleists Geheimnisse. Unbekannte Seiten einer Biographie, Opladen 1993, S. 101 fest.

21 Teuber/Weilen 2,1, S. 130ff. Hermann Kienzl, Kotzebue in Österreich, in: NFP 30.4.1911, Sonntagsbeilage. Ders., Kotzebues Burgtheaterdirektion, in: ders., Die Bühne, ein Echo der Zeit, 1905–1907, Berlin 1907, S. 347–360. Brigitte Rasser, Kotzebue am Burgtheater, Diss. (masch.) Wien 1968. Bärbel Fritz, Kotzebue in Wien: eine Erfolgsgeschichte mit Hindernissen, in: Theaterinstitution und Kulturtransfer II. Fremdkulturelles Repertoire am Gothaer Hoftheater und an anderen Bühnen, hrsg. von Anke Detken u. a., Tübingen 1998 (Forum modernes Theater 22), S. 135–154. Eine Studie zu Brentano und Kotzebue fehlt; vgl. Josef Kotzur, Die Auseinandersetzug zwischen Kotzebue und der Frühromantik um die Jahrhundertwende, Gleiwitz 1932, S. 38ff. – Zu Bäuerles Laufbahn vgl. Rommel, S. 654–709.

neben hätten auch diejenigen jüngeren Schriftsteller und Dramatiker in den Blickpunkt zu treten, die für die Vorstadtbühnen schrieben und die sich während Brentanos Aufenthalt ebenfalls schon in Wien befanden und sich zu dieser Zeit oder kurz nach seiner Abreise endgültig und oft auf Jahrzehnte in Wien etablieren konnten. Der Theaterkritiker und Dramatiker Adolf Bäuerle, der am Anfang seiner Laufbahn selbst gewisse literarische Ambitionen hegte, ist hier als die interessanteste Gestalt zu nennen. Diese Aspekte werden auch in der vorliegenden Arbeit, zumal im siebten Kapitel, berücksichtigt, können jedoch angesichts der Quellen- und Forschungssituation nicht im Zentrum der Darstellung stehen. Anders als etwa Mozart, der zehn Jahre lang in Wien lebte, hat Brentano in den zehn Monaten seines Aufenthalts nur die Oberfläche des kulturellen Lebens der Hauptstadt des habsburgischen Reiches berührt, daher erschließt die Lebensgeschichte dieses knappen Jahrs auch die kultur- und theaterhistorische Situation Wiens nur in Randpunkten. Es steht aber zu hoffen, dass das vorliegende Buch auch jenseits der Brentanoforschung Anregungen zum Ausfüllen der nach wie vor bestehenden Forschungslücken geben kann.

Für das Lesen früherer Fassungen danke ich Sabine Eckhardt, Annette Wiesheu, Caroline Pross (†), Simone Leidinger, Christina Sauer, Holger Schwinn, Wolfgang Bunzel, Melanie Blaschko und Konrad Feilchenfeldt vielmals. Viele Zitate aus bislang ungedruckten Handschriften sind der liberalen Mitteilung durch Michael Grus zu verdanken. Für die Erlaubnis zu deren Wiedergabe danke ich der Direktorin des Freien Deutschen Hochstifts, Anne Bohnenkamp-Renken, sowie den übrigen besitzenden Institutionen. Für die bibliographische Unterstützung danke ich den Bibliotheksangestellten des Bonner Beethovenhauses und des Österreichischen Theatermuseums, Wien.

Zur Zitierweise:
Text- und Briefausgaben werden mit Kurztiteln zitiert, die im Literaturverzeichnis aufgeschlüsselt sind. Abhandlungen sind beim ersten Nachweis mit vollständigen bibliographischen Angaben versehen. Bei erneuter Zitation wird auf diese Stelle durch Angabe von Kapitel und Anmerkungsziffer zurückverwiesen. Das Literaturverzeichnis führt nur wiederholt zitierte Titel auf, die übrigen Arbeiten sind über das Register zu erschließen.

1 Brentanos Laufbahn als Schriftsteller

Der Tod Johann Wilhelm Ritters am 23. Januar 1810 gab den Anlass zu einer Diagnose des Zustandes jener literarischen Jugendbewegung, die seit dem Ende der neunziger Jahre des 18. Jahrhunderts mit großen Plänen in das literarische Leben Deutschlands eingezogen war. Gotthilf Heinrich Schubert schrieb am 9. März 1810 in einem Brief an Emil von Herder:[1]

> Ritters Tod hat mich ungemein erschüttert. Seit deines und später meines Vaters Tod, weiß ich keinen Moment der so entschieden auf mich gewirkt hätte. Der Zeitgeist geht strenge mit uns um! Die anscheinend so viel versprechende, rüstige Jugend, die noch vor etwa 6 Jahren den Geisterhimmel stürmen wollte, die tüchtigsten Kämpfer der neuen Schule die Deutschland ein neues goldenes Zeitalter, glänzender als das erste, eine neue Blüthenzeit der Poesie und Wissenschaft bringen wollte, wo sind sie hin? Sieh, einmal um dich her! Was ist aus Tiek, den beiden Schlegels, Steffens, Görres und wie sie sonst heißen, geworden? Glaube mir, Ritter hat unter allen noch die honetteste Auskunft gefunden! Ja die Zeit geht ein wenig ernst mit uns um. Es war nicht bloße Vermuthung, es wird Gewißheit, daß der bisherigen europäischen Geistescultur der Herbst naht, und schon gekommen ist. Wir aber hielten einige milde Tage des Spätsommers schon für den neuen Frühling.

Dieses Urteil konstatiert das Scheitern einer Literaturrevolte, die in den letzten Jahren des 18. Jahrhunderts begonnen hatte, die aber nicht in der Lage gewesen war, sich dauerhaft und erfolgreich zu etablieren, wiewohl sie nicht wenige Anhänger bei der jüngeren Generation fand. Die sogenannte Romantik hat lediglich Zeitschriften hervorgebracht, die nur kurze Zeit erschienen, und Bücher, von denen kaum je eines eine zweite Auflage in selbständiger Form außerhalb der viel späteren Werkausgaben erlebte. Eine der seltenen Ausnahmen ist Fouqués *Zauberring*, der innerhalb von drei Jahren wieder aufgelegt wurde.[2] Von der Literaturproduktion konnte keiner der anspruchsvollen Schriftsteller leben, auch keiner der etablierten Autoren wie Wieland, Schiller oder Jean Paul kam auf Dauer ohne zusätzliche Pensionszahlung aus. Weniger arrivierte mussten

1 Schubert an Herder, 9.3.1810, Bonwetsch, S. 83.

2 Zu den Auflagen des *Zauberring*: Goedeke 6, 1898, S. 122. Zu einigen Auflagenzahlen literarischer Werke am Ende des 18. Jahrhunderts: Eduard Berend, Jean Paul der meistgelesene Schriftsteller seiner Zeit? in: Imprimatur 3 (1958/59), S. 172–183, dort S. 176f. Zu den Einkünften der Schriftsteller im 18. und 19. Jahrhundert: Rolf Engelsing, Wieviel verdienten die Klassiker? in: NRs 87 (1976), S. 124–136.

sehen, wie sie zurechtkamen, was in ökonomischen Angelegenheiten zu so zweifelhaften Verhaltensweisen führte, wie man sie von Tieck kennt.[3] Die Lage, die einen Neuling im Literaturbetrieb erwartete, schilderte Wieland im Jahr 1802 in einem Brief an seinen Sohn Ludwig:[4]

> Weißt du auch, was Schriftstellerey, als Nahrungszweig getrieben, an sich selbst, und besonders heut zu Tag in Deutschland ist? Es ist das elendeste, ungewisseste und verächtlichste Handwerk, das ein Mensch treiben kann – der sicherste Weg im Hospital zu sterben. Das Bettlerhandwerk nährt seinen Mann besser und ist kaum schmählicher. (…) Die Buchläden sind mit Romanen und Theaterstücken aller Art dermaßen überschwemmt, daß ihnen jeder Thaler zu viel ist, den sie für ein Schauspiel, das nicht von Kotzebue oder Schiller, oder einen Roman, der nicht von Richter, La Fontaine oder Huber kommt, geben sollen. (…) Mit Journalen ist vollends gar nichts mehr zu verdienen; es stechen zwar alle Jahre etliche Dutzend neue, wie Pilze aus sumpfichtem Boden, aus den schwammichten Wasserköpfen unsrer litterarischen Jugend hervor; aber es sind Sterblinge, die meistens das 2te Quartal nicht überleben.

Wieland war einer der besten Kenner der buchhändlerischen und literarischen Situation seiner Zeit. Was er seinem Sohn mitteilte, der als Adept Schlegels auch den Rang seines Vaters nicht mehr gelten lassen wollte,[5] hatte drei Jahre früher bereits Schiller, verbindlicher im Ton, aber mit denselben Argumenten in der Sache, Hölderlin gegenüber vorgebracht, als er ihm von seinem Plan zu einer literarischen Zeitschrift abriet.[6] In ökonomischer Hinsicht erscheint der romantische Aufbruch in der Literatur der Zeit als eine schlecht kalkulierte Unternehmung. Hoffnungen, wie sie vor allem Friedrich Schlegel gehegt hatte, das literarische Leben von Grund auf umzugestalten, scheiterten nicht zuletzt daran, dass die junge Literatur um 1800 nicht verkäuflich war, mochte sich auch ein Teil der jeunesse dorée und des akademischen Prekariats für sie begeistern.[7]

3 Wulf Segebrecht, Ludwig Tieck, in: Genie und Geld. Vom Auskommen deutscher Schriftsteller, hrsg. von Karl Corino, Nördlingen 1987, S. 218–230.

4 Christoph Martin an Ludwig Wieland, 9.8.1802, Wieland, Bfw 16,1, S. 24–32, dort S. 27f. Siehe auch Hansjörg Schelle, Zu Entstehung, Gestalt und Aufnahme von Ludwig Wielands *Erzählungen und Dialogen*. Eine Episode in C. M. Wielands Beziehungen zu seinem ältesten Sohn, in: JbWGV 79 (1975), S. 46–56, dort S. 47. Einen Überblick über die Bedingungen der deutschen Literatur um 1800 geben Thomas Clyde Starnes, Christoph Martin Wieland and German Literary Life, 1795–1805, Ph.D. Thesis (masch.) University of Illinois, Urbana, Ill. 1964, S. 18–75 und Wolfgang von Ungern-Sternberg, Chr. M. Wieland und das Verlagswesen seiner Zeit. Studien zur Entstehung des freien Schriftstellertums in Deutschland, in: AGB 14 (1974), Sp. 1211–1534.

5 Heinrich Zschokke, Eine Selbstschau, Bd. 1, Aarau 1842, S. 204f., zitiert nach Sembdner 1, S. 62, Nr. 67a.

6 Schiller an Hölderlin, 24.8.1799, Hölderlin, StA 7,1, S. 137. Vgl. Gerhard Sauder, Hölderlins Laufbahn als Schriftsteller, in: HJb 24 (1984/85), S. 139–166.

7 Günter Peters, Das tägliche Brot der Literatur. Friedrich Schlegel und die Situation des Schriftstellers in der Frühromantik, in: JbDSG 27 (1983), S. 235–282. Zur Romantik als literarischer Jugendbewegung: Walter Schmitz, Literaturrevolten. Zur Typologie von Gene-

Der Romantik ist es nicht wie seinerzeit Klopstock gelungen, neue Leserschichten zu erschließen, sie blieb auf den Gelehrtenstand und die „denkende Klasse“ angewiesen.[8] Indiz ihrer Zugehörigkeit zu diesem Stand ist die Bezeichnung „privatisierender Gelehrter“ für berufslose Schriftsteller, die versuchten, von ihren Journalpublikationen und Büchern zu leben, oder sich wie Brentano die längste Zeit ihres Lebens um ihren Verdienst nicht zu sorgen brauchten.[9] Schon Schiller musste, nachdem das Projekt der *Horen* misslungen war, die Gesamtheit des Publikums zu erreichen, auf eine enger begrenzte Leserschaft abzielen, die durch Abgrenzung von anderen Publikumssegmenten integriert werden sollte; diesem Zweck diente die Polemik der *Xenien*.[10] Auf diesem Weg schritt auch die Jenaer Frühromantik fort, erreichte damit aber auch nur noch ein verschwindend kleines Publikum. Franz Horn stellt in seiner Bestandsaufnahme der jüngstvergangenen literarischen Zeit im Jahr 1819 die These auf, der Rückzug der jungen Literaten – er leugnet ausdrücklich, dass es so etwas wie eine „romantische Schule“ gegeben habe – in die geselligen Kreise sei eine Konsequenz der Erfolglosigkeit ihrer Produkte auf dem Markt gewesen.[11] Positiv gewendet könnte von einer Ausbildung eines autonomen Sektors im literarischen Leben gesprochen werden, dem zu dieser Zeit aber weithin noch die institutionellen Grundlagen und die Ausbildung eines klaren Bewusstseins der Lage fehlten.[12]

rationen in der deutschen Literaturgeschichte, in: Kongreß Junge Wissenschaft und Kultur: Die Lebensalter in einer neuen Kultur?, hrsg. von Rudolf Walter Leonhardt, Köln 1984 (Veröffentlichungen der Hanns Martin Schleyer-Stiftung 13), S. 144–165, dort S. 148ff. Zum miserablen Absatz des *Athenäum*: Hugo Burath, August Klingemann und die deutsche Romantik, Braunschweig 1948, S. 218f., Anm. 6.

8 Richard Alewyn, Klopstocks Leser, in: Festschrift für Rainer Gruenter, hrsg. von Bernhard Fabian, Heidelberg 1978, S. 100–121. Wolfgang Frühwald, Brentano und Frankfurt. Zu zeittypischen und zeitkritischen Aspekten im Werke des romantischen Dichters, in: JbFDH 1970, S. 226–245, dort S. 241.

9 Vgl. etwa Hamberger/Meusel 9, 1801, S. 138 (Brentano); 10, 1803, S. 578 (Friedrich Schlegel); 11, 1805, S. 102 (Brentano); 13, 1808, S. 171 (Brentano); 15, 1811, S. 309 (Friedrich Schlegel); 17, 1820, S. 45 (Arnim), 253 (Brentano); 18, 1821, S. 356 (Kleist); 20, 1825, S. 134f. (Friedrich Schlegel).

10 Michael Böhler, Die Freundschaft von Schiller und Goethe als literatursoziologisches Paradigma, in: IASL 5 (1980), S. 33–67, dort S. 46ff., 54ff. Siehe auch Jochen Strobel, Eine Kulturpoetik des Adels in der Romantik. Verhandlungen zwischen ‚Adeligkeit‘ und Literatur um 1800, Berlin, New York 2010 (QuF 66 [300]), S. 347ff.; Armin Erlinghagen, Das Universum der Poesie. Prolegomena zu Friedrich Schlegels Poetik. Historisch-kritische Edition der Leipziger Manuskripte I & II, Paderborn u. a. 2012 (Schlegel-Studien 3), S. 438ff.

11 Franz Horn, Umrisse zur Geschichte und Kritik der schönen Literatur Deutschlands, während der Jahre 1790 bis 1818, Berlin 1819, S. 140. Zur Ablehnung der Rede von einer Schlegelschen Schule: ebd., S. 103, 129f., 145.

12 Wolfgang R. Langenbucher, Das Publikum im literarischen Leben des 19. Jahrhunderts, in: Der Leser als Teil des literarischen Lebens. Eine Vortragsreihe, Bonn 1971 (Forschungsstelle Buchwissenschaft an der Universitätsbibliothek Bonn. Kleine Schriften 8), S. 52–84, dort S. 78ff.

Die Diagnosen von Schiller und Wieland behalten ihre Gültigkeit auch für die Zeit nach 1806, als sich die politische und mit ihr die literarische Situation Deutschlands entscheidend wandelte.[13] Mit der Niederlage Preußens bei Jena und dem Ende des durch den Frieden von Basel begonnenen Jahrzehnts im Schatten der politischen Zeitereignisse verlor das literarische Deutschland auch seinen geistigen Mittelpunkt Weimar, der seinerseits als Ersatz für eine fehlende Hauptstadt Deutschlands hatte dienen müssen. Neben kleineren Universitätsstädten wurden Berlin und Wien zu den neuen Zentren des literarischen Lebens und – eher in Berlin als in Wien – der avancierten Literatur. Zugleich verschlechterte sich die Lage des Buchmarktes nach der Niederlage von Jena immer mehr, wiewohl es daneben immer auch Enklaven wie Heidelberg gegeben hat, die von dieser Entwicklung zeitweise weniger stark berührt wurden. Die Buchproduktion war im Jahr 1813 bis auf den Stand des Jahres 1778 gesunken.[14]

Vor diesem Hintergrund muss das Auftreten der Schriftsteller aus der Generation Ludwig Achim von Arnims und Clemens Brentanos gesehen werden.[15] Universitäre Überproduktion und Stellenkonkurrenz ließen viele auf den literarischen Markt drängen, wo für die meisten ebenfalls keine Erfolge zu erwarten waren. Zugleich wurden die Intellektuellen von dem gegebenen Niveau der Literatur zu Ansprüchen an sich selbst und ihre literarische Produktion bewogen, die sie vom Publikum noch weiter entfernen mussten und sie einer sozialen und psychischen Gefährdung aussetzten, die durch die literarische Prägung des Lebens, wie sie für diese Generation typisch ist, nur noch vermehrt wurde.[16] Gerade Schriftsteller aus Brentanos Umkreis wie Stephan August Winkelmann und Johann Wilhelm Ritter, die sich in mitunter elender Lage befanden, zugleich Prätentionen machten und mit ihren Ambitionen Brentanos Spott anheimfielen, bieten sich hier als Beispiele an. Umtriebige Literaten wie Winkelmann oder Leo von

[13] Schulz 2, S. 81ff. Roger Paulin, 1806/07 – Ein Krisenjahr der Frühromantik? in: KJb 1993, S. 137–151.

[14] Johann Goldfriedrich, Geschichte des deutschen Buchhandels vom Beginn der Fremdherrschaft bis zur Reform des Börsenvereins im neuen Deutschen Reiche (1805–1889), Leipzig 1913 (Geschichte des deutschen Buchhandels 4), Kapitel 1, S. 1–51, besonders S. 12ff.

[15] Hans G. Gerth, Bürgerliche Intelligenz um 1800. Zur Soziologie des deutschen Frühliberalismus, hrsg. von Ulrich Herrmann, Göttingen 1976 (Kritische Studien zur Geschichtswissenschaft 19). Friedrich Paulsen, Geschichte des gelehrten Unterrichts auf den deutschen Schulen und Universitäten vom Ausgang des Mittelalters bis zur Gegenwart. Mit besonderer Rücksicht auf den klassischen Unterricht. 3., erw. Aufl., hrsg. von Rudolf Lehmann, Bd. 2, Leipzig 1921, S. 129. Henri Brunschwig, Gesellschaft und Romantik in Preußen im 18. Jahrhundert. Die Krise des preußischen Staates am Ende des 18. Jahrhunderts und die Entstehung der romantischen Mentalität, Frankfurt a. M. u. a. 1976 (zuerst 1947), S. 211–268. Hans-Erich Bödeker, Die gebildeten Stände im 18. und frühen 19. Jahrhundert. Zugehörigkeiten und Abgrenzungen, Mentalitäten und Handlungspotentiale, in: Bildungsbürgertum im 19. Jahrhundert. Teil 4: Politischer Einfluß und gesellschaftliche Formation, hrsg. von Jürgen Kocka, Stuttgart 1989, S. 21–52.

[16] Vgl. Johannes Weber, Goethe und die Jungen. Über die Grenzen der Poesie und vom Vorrang des wirklichen Lebens, Tübingen 1989 (Untersuchungen zur deutschen Literaturgeschichte 48).

Seckendorf erregten diesen Spott jederzeit.[17] Er war die Äußerung eines sozial Privilegierten, der die Labilität der sozialen Situation des Akademikers ebenso kannte wie seine Altersgenossen, sie aber in einer Form erfuhr, die um so eindringlicher ausgelebt werden konnte, als sie bei ihm wohl zu keiner Zeit mit einer wirklichen Gefährdung des sozialen Status einherging.[18] Brentano konnte es sich leisten, diese Labilität zu kultivieren, so sehr, dass er zeitlebens aus der Schwellenphase im Übergang von Jugend- und Erwachsenenleben, der Studentenzeit, niemals heraustrat. Die Zugehörigkeit zum akademischen Leben zeigt sich bei ihm an den Wohnorten, an denen er lebte – immer gerade in der Nähe der letzten Universitätsgründung oder -reform –, an seinen stets mit größter Intensität geübten Einmischungen in akademische Angelegenheiten und Händel, aber auch an der Art der von ihm bevorzugten Männergesellschaften.[19] Sie zeigt sich ebenso an Brentanos zeitlebens gepflegten Verhaltensformen, dem Grobianismus, der Vorliebe für Bier und Tabak und seiner Lebensweise als steter Untermieter, der seinen Hausmüttern – Charlotte Pistor, Barbara Schlotthauer – Avancen macht und den Haushalt in Unordnung bringt. Studententum als Lebensform und das jederzeit quälende Bewusstsein, in einer liminalen Lebenskrise zu stecken, ist die Signatur von Brentanos Biographie. Varnhagen, der einsichtsvollste aller seiner Biographen, schreibt 1811:[20]

> Er tritt auf, wie ein ehrenfester, würdevoller Mann im Staate, und verzieht sich bald in das Wesen eines munteren Studenten, den einige Jahre zuviel auf der Universität übereilt haben, bis er sich bei nächster Bekanntschaft, als ein schmerzzerrissener, leidenschwerer Gescheiterter zeigt, der Jugend und Alter, Tollheit und Weisheit durcheinander im Sturme gerettet hat.

Der als Literat gescheiterte Brentano wird dann nach der Wiener Zeit von verschiedenen Zeitgenossen zutreffend als „altgewordener Student" geschildert.[21]

[17] Eine Studie zu Brentanos Wahrnehmung und Beurteilung der zeitgenössischen Literatur auf Grundlage sämtlicher inzwischen zugänglicher Briefe fehlt.

[18] Ludwig Fertig, „Abends auf dem Helikon". Dichter und ihre Berufe von Lessing bis Kafka, Darmstadt 1996, S. 121.

[19] Wolfgang Frühwald, Der Zwang zur Verständlichkeit. August Wilhelm Schlegels Begründung romantischer Esoterik aus der Kritik rationalistischer Poetologie, in: Die literarische Frühromantik, hrsg. von Silvio Vietta, Göttingen 1983 (Kleine Vandenhoeck-Reihe 1488), S. 129–148, dort S. 131f. Konrad Feilchenfeldt, Die Berliner Salons der Romantik, in: LiLi, Beiheft 14 (1987), S. 152–163, dort S. 160f. Ders., Salons und literarische Zirkel im späten 18. und frühen 19. Jahrhundert, in: Deutsche Literatur von Frauen, hrsg. von Gisela Brinker-Gabler, Bd. 1, München 1988, S. 410–420, 549–550, dort S. 415f. Zur studentischen Prägung Brentanos: ders., Rezension von: „Lebe der Liebe und liebe das Leben". Der Briefwechsel von Clemens Brentano und Sophie Mereau. Mit einer Einleitung hrsg. von Dagmar von Gersdorff, Frankfurt a. M. 1981, in: ZfdPh 101 (1982), S. 596–603, dort S. 600.

[20] Varnhagen an Rahel Robert, 24.10.1811, Rahel-Bibliothek 4,2, S. 171.

[21] Karl August an Rahel Varnhagen, 24.6.1815, ebd. 5,2, S. 161 (Zitat). Benzenberg an Görres, 10.4. 1817, Müller, Görres, S. 450. Wasmann, S.161.

Vor seinem Wiener Aufenthalt lässt sich Brentano hingegen schwerlich als Schriftsteller bezeichnen, sofern darunter jemand verstanden wird, der zwar nicht unbedingt von seinen Einkünften aus Buchverkäufen leben muss, aber doch mit gewisser Regelmäßigkeit publiziert und insbesondere in Journalen, Almanachen und Taschenbüchern den Kontakt mit dem Publikum aufrechterhält. Brentanos Scheu vor einer Schriftstellerexistenz zeigt sich in seinen Briefen an Karoline von Günderrode: „Traurig werde ich oft, wenn ich einen neuen Schriftsteller auftreten sehe, denn es ist ein Beweis, daß die Menschen keine Freunde mehr haben, und jeder sich an das Publikum wenden muß."[22] Die Bibliographie von Brentanos frühen Veröffentlichungen verzeichnet nur wenige Einträge, neben vier selbständigen Publikationen – drei dramatische Werke und ein Roman – sind es in den Jahren vor *Des Knaben Wunderhorn* vor allem Beiträge zu solchen Almanachen, die Freunde Brentanos herausgaben.[23] Diese Beiträge sind eher als Freundesgaben denn als schriftstellerische Veröffentlichungen zu verstehen. Der Roman *Godwi* und das Stück *Ponce de Leon*, die beiden wichtigsten Werke, die noch aus dem Wunsch entstanden waren, sich im literarischen Leben von Jena und Weimar einen Namen zu machen, sollen schon bald zu buchhändlerischer Makulatur geworden sein.[24] Auch das *Wunderhorn* war, entgegen anderslautenden Behauptungen, ein – so Heinz Rölleke – „verlegerischer Mißerfolg ersten Ranges". Wenn es im Jahr 1819 zu einer zweiten Auflage des ersten Bandes kam, so war dies nicht der Nachfrage geschuldet, sondern es handelte sich um einen Versuch des Verlegers, der stagnierenden Nachfrage nach dem zweiten und dritten Band des Werkes abzuhelfen. (Brentano verweigerte jeden Anteil an dieser unhonorierten Ausgabe.) Exemplare waren noch am Ende des 19. Jahrhunderts erhältlich.[25] Nach der Heidelberger Zeit, in der sich Brentano noch rege an der *Badischen Wochenschrift* beteiligt hatte, versiegen seine Veröffentlichungen beinahe ganz und gar. Arnims Publikationen dagegen nehmen nach dieser Zeit eher noch zu. Bren-

22 Brentano an Karoline von Günderrode, 31.5.–2.6.1804, FBA 31, S. 327. Vgl. Bernhard Gajek, Homo poeta. Zur Kontinuität der Problematik bei Clemens Brentano, Frankfurt a. M. 1971 (Goethezeit 3), S. 175ff. Zum folgenden vgl. auch Dietmar Pravida, Die Erfindung des Rosenkranzes. Untersuchungen zu Clemens Brentanos Versepos, Frankfurt a. M. u. a. 2005 (Forschungen zum Junghegelianismus 13), S. 291f.

23 Mallon 2, S. 3ff. Konrad Feilchenfeldt, Rezension von: Bernhard Gajek, Homo poeta. Zur Kontinuität der Problematik bei Clemens Brentano, Frankfurt a. M. 1971, in: ZfdPh 93 (1974), S. 282–288, dort S. 284f.

24 Arnim an Brentano, Anfang bis 8.9.1806, WAA 32,1, S. 315. Guido Görres, Erinnerungen an den Dichter Clemens Brentano, in: HpB 14 (1844), S. 1–32, 65–96, 177–208, 257–272; 15 (1845), S. 1–32, dort 15, S. 23f.; zu Brentanos Erfolglosigkeit ebd. 14, S. 22ff. Vgl. FBA 16, S. 610. Siehe jedoch Pravida, Die Erfindung des Rosenkranzes (Anm. I,22), S. 151f.

25 Heinz Rölleke, Anmerkungen zu *Des Knaben Wunderhorn*, in: Clemens Brentano. Beiträge des Kolloquiums im Freien Deutschen Hochstift 1978, hrsg. von Detlev Lüders, Tübingen 1980 (Freies Deutsches Hochstift. Reihe der Schriften 24), S. 276–294, dort S. 280f. Von einem „großen Bucherfolg" spricht Wolfgang Frühwald, Clemens Brentano, in: Deutsche Dichter der Romantik. Ihr Leben und Werk, hrsg. von Benno von Wiese, Berlin ^{2}1983, S. 344–376, dort S. 352. Zur Zweitauflage: Arnim an Mohr, 4.11.1817, Weiss 2, S. 102f. Arnim an Mohr, 20.9.1818, Weiss 4, S. 288f. Mallon 1, S. 24f.

tano hat auch alle Angebote abgelehnt, an Zeitschriften und Almanachen mitzuarbeiten, so an denen Leo von Seckendorfs, in welchen trotz dessen Bitte um Beiträge keine Arbeiten aus seiner Feder erschienen.[26] Ebensowenig beteiligte er sich an der von Stoll und Seckendorf herausgegebenen Zeitschrift *Prometheus*, bei der Arnim, Brentano und Görres von den Herausgebern zur Teilnahme eingeladen worden waren, in der aber nur ein Beitrag von Arnim gedruckt wurde. Görres hatte abgesagt, Brentano anscheinend gar nicht erst geantwortet und lediglich Görres in seinem Namen Grüße ausrichten lassen. Diese Weigerung, am *Prometheus* mitzuarbeiten, zeigt, dass Brentano an dem um 1810 begonnenen Versuch, die literarische Kultur von Weimar und Jena in Wien heimisch zu machen, keinen Anteil haben wollte.[27] Und auch in einer anderen österreichischen Publikation fehlt Brentanos Name, im *Deutschen Museum*, zu dem Arnim von Friedrich Schlegel eingeladen wurde.[28] Es hat gewiss an den gegenseitigen Antipathien zwischen Schlegel und Brentano gelegen, wenn dieser für eine Mitwirkung an der Zeitschrift nicht in Frage kam, aber auch ohne persönliche Gegensätze wäre es zu einer Mitarbeit Brentanos nicht gekommen, denn anders als Arnim pflegte er sich auf Unternehmungen eines solchen ästhetischen, kritischen und politischen Zuschnitts nicht einzulassen.[29] So hat er auch im Gegensatz zu Arnim und Wilhelm Grimm keine Besprechungen für die *Heidelberger Jahrbücher* verfasst, und bei den *Berliner Abendblättern* hielt er sich, wiederum im Gegensatz zu Arnim, zurück, was zum einen an Kleists Eingriffen in einen seiner Texte, zum anderen aber am Verleger der Zeitschrift, Julius Eduard Hitzig, gelegen haben mag.[30] Eigene Pläne zu Zeitschriften, wie sie bei den meisten jungen Schriftstellern üblich waren, finden sich zwar auch bei ihm, doch sind sie niemals weit gediehen und kaum je ernstlich verfolgt worden.[31] Eine im eigentlichen Sinn journalistische Tätigkeit Brentanos beginnt erst in der Zeit seines Wiener Aufenthaltes und setzt sich noch ausgeprägter in der anschließenden Berliner Periode fort. In dieser Zeit gibt es

26 Brentano an Arnim, 16.7.1806, WAA 32,1, S. 284. Vgl. Raimund Pissin, Almanache der Romantik, Berlin-Zehlendorf 1910 (Bibliographisches Repertorium 5), Sp. 96–112.

27 Brentano als vorgesehener Beiträger: Rudolf Hauser, Zur Geschichte der Wiener Zeitschrift *Prometheus*, in: Euphorion 30 (1929), S. 308–328, dort S. 318. Arnims Beitrag: Arnim, WW 1, S. 676 (*Die Uhr der Liebe*); Mallon 1, S. 34. Görres' Absage: Joseph Görres an Leo von Seckendorf, 26.4.1808, in: Eichendorff, [1]HKA 13, S. 235. Zur Programmatik des *Prometheus* vgl. den Briefwechsel Goethes mit den Herausgebern und Ferdinand Graf Pálffy von Erdőd, in: Sauer 2, S. 48ff. sowie Leo von Seckendorf an August Wilhelm Schlegel, 7.11.1807, Körner 3, Bd. 1, S. 468ff. Pissin (Anm. I,26), Sp. 75–95. Der von Mathias Mayer und Michael Grus herausgegebene Briefwechsel Seckendorfs konnte für diese Arbeit noch nicht benutzt werden.

28 Friedrich Schlegel an Arnim, 17.2.1813, Körner 1, S. 179, vgl. ebd., S. 527f.

29 Brentano an Mehmel, 31.3.1801, FBA 29, S. 315.

30 Zu Brentanos Verhältnis zu Hitzig nach 1810 vgl. Nikolaus Dorsch, Julius Eduard Hitzig. Literarisches Patriarchat und bürgerliche Karriere. Eine dokumentarische Biographie zwischen Literatur, Buchhandel und Gericht der Jahre 1780–1815, Frankfurt am Main u. a. 1994 (Marburger germanistische Studien 15), S. 217ff.

31 Chronik, S. 25, 34, 80, vgl. das Register, S. 191.

auch eine dichte Folge von Publikationen und Publikationsplänen, die nunmehr auch ernstlich betrieben werden. Dieser Zeitraum intensiver schriftstellerischer Arbeit findet in den Jahren 1817 und 1818 ein abruptes Ende. Brentanos Reputation als Schriftsteller blieb gering, im Jahr 1823 kennt das *Gelehrte Teutschland* zwar eine große Zahl Arnimscher Arbeiten und auch dessen Beiträge zu Zeitschriften, kann aber nur eine sehr unvollständige Bibliographie der Veröffentlichungen Brentanos bieten.[32] Bis 1813 gibt Brentano das Bild eines von allerlei Plänen umgetriebenen Autors, der eher den Gestus eines Literaten imitiert als ernstlich einschlägige Projekte zu verfolgen oder gar zu verwirklichen.[33] Und wenn in Arbeiten über die Existenz des Schriftstellers im frühen 19. Jahrhundert besonders gerne Stellen aus Texten Brentanos zitiert werden, dann liegt dies vielleicht am weithin inszenatorischen Charakter von dessen Schriftstellerdasein.[34] Durch die Inszenierung der Schriftstellerproblematik tritt diese sozusagen in reinerer Form zu Tage als in der durch die Alltagspraxis getrübten schlichten Form, da dort adäquat formuliert werden kann, was hier bloß gelebt wird. Eine Stelle wie die besonders gerne angeführte Reflexion über die Lage des Schriftstellers in Deutschland im Vergleich zum homme de lettres in Frankreich ist denn auch ein paraphrasierendes und pointierendes Zitat des – von August Wilhelm Schlegel herrührenden – zwanzigsten Athenäumsfragmentes:[35]

> Es ist wunderbar, daß ein Deutscher sich ein wenig schämt zu sagen: er sei ein Schriftsteller (...) Der Name Schriftsteller ist nicht so eingebürgert bei uns, wie das homme de lettres bei den Franzosen, welche überhaupt als Schriftsteller zünftig sind, und in ihren Arbeiten mehr hergebrachtes Gesetz haben (...). (Brentano)

> Duclos bemerkt, es gebe wenig ausgezeichnete Werke, die nicht von Schriftstellern von Profession herrühren. In Frankreich wird dieser Stand seit langer Zeit mit Achtung anerkannt. Bey uns galt man ehedem weniger als nichts wenn man bloß Schriftsteller war. (...)
> (A. W. Schlegel)

32 Hamberger/Meusel 22,1, 1829, S. 66f. (Arnim), 380 (Brentano). – Zum Zusammenhang von Schriftstellerei und Journalpublikationen um 1800 vgl. Reinhart Meyer, Novelle und Journal, Bd. 1: Titel und Normen. Untersuchungen zur Terminologie der Journalprosa, zu ihren Tendenzen, Verhältnissen und Bedingungen, Stuttgart 1987, S. 127.

33 Konrad Feilchenfeldt, Vorwort, in: Des Knaben Wunderhorn. Alte deutsche Lieder gesammelt von Achim von Arnim und Clemens Brentano. [Ausgewählt von Friedrich Ranke.] Mit einem Vorwort von Konrad Feilchenfeldt, Frankfurt a. M. 1974, S. 9–15, dort S. 12.

34 So etwa Hans Jürgen Haferkorn, Der freie Schriftsteller. Eine literatursoziologische Studie über seine Entstehung und Lage in Deutschland zwischen 1750 und 1800, in: AGB 5 (1964), Sp. 523–712, dort Sp. 534f., 556, 562, 580, 593, 603, Anm. 240, Sp. 610, 648, 674, Anm. 518, Sp. 677, Anm. 533, Sp. 681f.; das im folgenden in Rede stehende Zitat findet sich in Sp. 534.

35 Brentano, Geschichte vom braven Kasperl, FBA 19, S. 410. Athenäum 1,1 (1799), S. 183 = Schlegel, KA 2, S. 168. Vgl. Fritz Schalk, Die Entstehung des schriftstellerischen Bewußtseins in Frankreich, in: ders., Studien zur französischen Aufklärung, 2. verb. und erw. Aufl., Frankfurt a. M. 1977 (Das Abendland N. F. 8), S. 13–61, dort S. 48, Anm. 86.

Mit dem Wiener Aufenthalt verband sich für Brentano nach seinen eigenen Aussagen der Versuch, einen Brotberuf als Theaterdichter zu ergreifen. Neben den schon lange gehegten Theaterplänen, die gerade in der Bukowaner und Prager Zeit durch Brentanos Arbeit an den beiden Dramen *Aloys und Imelde* und *Die Gründung Prags* wieder Aktualität gewonnen hatten, müssen finanzielle Gründe eine wichtige Rolle gespielt haben, als sich Brentano dafür entschied, nach Wien zu gehen. Spätestens seit dem Jahr 1810 häufen sich in Brentanos Briefen Klagen über seine vermeintliche oder tatsächliche Armut.[36] – Nach dem Tod seines Vaters hatte er ein Vermögen von „rund 50 000" Gulden geerbt, das er sukzessive bis 1805 erhielt.[37] Das Vermögen warf im Jahr 1803 einen Betrag von 1200 Reichstalern ab.[38] Neben verschiedenen anderen Posten bestand die Gesamterbmasse aus österreichischen Obligationen, die einen erheblichen Teil des Erbes, etwa 40 %, ausmachten. Wie die zahlreichen brieflichen Ausstellungen seines Bruders Franz belegen, hat Brentano schon in früheren Jahren das Kapital angreifen müssen, da seine Ausgaben die Zinseinnahmen oft überstiegen.[39] Wegen des Wertverfalls der k.k. Obligationen während der österreichischen Finanzkrise wurde dieser Erbteil im Oktober 1808 zum Kauf der Güter Bukowan und Rzetsch in Böhmen verwendet.[40] Der Kaufpreis von 428 550 Gulden war weit höher als das in österreichischen Obligationen angelegte Kapital, so dass zusätzlich Hypotheken aufgenommen werden

36 Zu Brentanos finanzieller Situation: Heinz Härtl, Deutsche Romantiker und ein böhmisches Gut. Briefe Christian Brentanos, Friedrich Carl von Savignys, Achim von Arnims und Clemens Brentanos von und nach Bukowan 1811, in: BBGN 2 (1980), S. 139–165. Hartwig Schultz, „Zum Kaufmann taugst du nicht…" Die Frankfurter Brentano-Familie und ihre Auseinandersetzung mit Clemens, in: „Frankfurt aber ist der Nabel dieser Erde". Das Schicksal einer Generation der Goethezeit, hrsg. von Christoph Jamme und Otto Pöggeler, Stuttgart 1983 (Deutscher Idealismus 8), S. 243–257. Gerhard Schaub, Nachwort, in: Clemens Brentano, Sämtliche Erzählungen. Mit einem Nachwort, einer Zeittafel, Anmerkungen und bibliographischen Hinweisen von Gerhard Schaub, München ²1991, S. 263–374, dort S. 268ff.

37 Alexander Dietz, Frankfurter Handelsgeschichte, Bd. 4,1, Frankfurt a. M. 1925, S. 238–253, dort S. 251f. Eine Aufstellung der Obligationen im Besitz der Brentanoschen Familienmitglieder findet sich als Beilage zu einem Schreiben Franz Brentanos an Savigny vom 13.7. 1808, Universitätsbibliothek Marburg, Nachlass Savigny, Ms. 964/5. Zu dem beim Tod Peter Anton Brentanos anfallenden Erbe vgl. auch Christiane Reves, Vom Pomeranzenhändler zum Großhändler? Netzwerke und Migrationsverhalten der Brentano-Familien im 17. und 18. Jahrhundert, Paderborn u. a. 2012 (Studien zur historischen Migrationsforschung 23), S. 322f., wo die Akten des Frankfurter Kuratelamts (Institut für Stadtgeschichte, Frankfurt) ausgewertet werden.

38 Brentano an Sophie Mereau, 24.10.1803, FBA 31, S. 260.

39 Franz an Clemens Brentano, 10.1.1804, Hs. FDH 16054.

40 Dietz, Frankfurter Handelsgeschichte (Anm. I,37), Bd. 4,1, S. 252. Härtl 1, S. 141. Sebastian Günther, Friedrich Carl von Savigny als Grundherr, Frankfurt a. M. u. a. 2000 (Rechtshistorische Reihe 227), S. 91–132, dort S. 98ff. Zu dem Gut Bukowan: Johann Gottfried Sommer, Das Königreich Böhmen; statistisch-topographisch dargestellt, Bd. 8: Prachiner Kreis, Prag 1840, S. 42–68, besonders S. 67f.

mussten.[41] Entgegen den Auflagen der Beteiligten hatten Christian Brentano und Karl von Motz ein verschuldetes Gut erworben, so dass allein die Brentanosche Seite zusätzlich 60 000 Gulden zur Tilgung aufzubringen hatte, das heißt 10 000 Gulden auf jeden der sechs Teilnehmer aus der Familie Brentano kamen.[42] Dazu scheinen aber nicht alle Beteiligten bereit gewesen zu sein.[43] Brentano streckte der Gesellschaft der Teilnehmer aus seinem Vermögen eine Summe von 17 393 Gulden und 7 Kreuzer vor, worüber er von Christian Brentano am 25. Juni 1809 eine Schuldverschreibung erhielt. Die Zinsen beliefen sich auf fünf Prozent.[44] Sie wurden auf den Einzahlungsüberschuss über die regulär von jedem Beteiligten zu erbringenden 10 000 Gulden gezahlt.[45] Außer den Geldern, die für Kontributionszahlungen an Frankreich in Frankfurt geblieben waren – Brentano war seit seiner Majorennität und der Leistung des Bürgereids am 19. Januar 1804 Bürger Frankfurts –, scheint er damit den größten Teil seines Vermögens in die Schuldentilgung der böhmischen Güter investiert zu haben.[46] So berichtete Christian Brentano im Sommer 1811 an Savigny: „Wenn es wahr ist, daß diese 17 393,7 sein ganzes Vermögen ausmachen, wie Franz sagt; so ist es wahrhaft traurig; ich begreife aber nicht wie sein Vermögen so außerordentlich geschmälert worden seyn kann."[47] Und Georg Brentano schreibt etwa ein halbes Jahr später an Clemens Brentano: „Es thut mir recht herzlich leid, daß du dein ganzes Vermögen hinein verstriket hast, und ich hoffe Christian und Savigni werden darauf arbeiten dir einen theil wieder heraus zu ziehen (…)".[48] Neben den Einkünften des Gutes, die aber sehr gering waren, nämlich für die Jahre 1808 bis 1810 „nur 14 400 fl. nichtswürdiger Bankozettel",[49] hätten Brentano demnach jährlich nur fünf Prozent von 7 393,7 Gulden zum Lebensunterhalt zur Verfügung gestanden, von denen er aber seiner und Arnims Ansicht nach nicht leben

41 Christian Brentano an Savigny, nach Mitte Oktober 1808, zitiert bei Günther, Savigny als Grundherr (Anm. I,40), S. 109.

42 Arnim an Brentano, 16.4.1812, Schultz/Schwinn 2, S. 640. Siehe auch Günther (Anm. I,40), S. 109f.

43 Guaita an Arnim, 9.11.1812, Weiss 3, S. 244f. Guaita an Savigny, 9.11.1812, zitiert bei Günther (Anm. I,40), S. 106.

44 Preitz 1, S. 59* und 414. UL, S. 420f.

45 Arnim an Brentano, 16.4.1812, Schultz/Schwinn 2, S. 640. Christian Brentano an Savigny, 11.8.1811, Härtl 1, S. 154. Savigny an Arnim, 29.8.1811, Härtl 2, S. 185. Die Darstellung bei Günther (Anm. I,40), S. 102–107 geht auf die Bedeutung der Schuldentilgung nur am Rand und ohne Aufschlüsselung der Anteile ein.

46 Zu den Kontributionsgeldern: Brentano an Arnim, um den 15.2.1806, WAA 32,1, S. 152. Brentano an Savigny, 28.–30.1.1810, FBA 32, S. 216. Siehe auch Franz an Clemens Brentano, 21.2.1806 und 1.8.1806, Hs. FDH 16062, 16063. Prolog zur *Gründung Prags*, v. 59f., FBA 14, S. 11. Heinz und Ursula Härtl, WAA 32,2, S. 690. – Zu Brentanos Bürgereid: UL, S. 320 und Brentanos Prolog zur *Gründung Prags*, Str. 8, FBA 14, S. 11.

47 Christian Brentano an Savigny, 11.8.1811, Härtl 1, S. 155. Brentano an Savigny, 26.9.1809, 28.–30.1.1810, 12.4.1812, FBA 32, S. 180f., 216, 387.

48 Georg an Clemens Brentano, 17.3.1812, Hs. FDH 10117 (Hinweis von Holger Schwinn).

49 Savigny an Arnim, 29.8.1811, Härtl 1, S. 156.

konnte,[50] zumal er auch 200 Gulden im Jahr für die Unterhaltskosten seiner Adoptivtochter Hulda Mereau aufbringen musste.[51] Wie aus Brentanos Brief an Meline von Guaita vom 8. Dezember 1812 hervorgeht, hat er in der Prager Zeit erneut das Kapital angreifen müssen.[52]

Soweit die Darstellung nach den Zahlen, die in den überlieferten und bislang publizierten Briefen aus den Jahren um und nach 1810 genannt werden. Georg von Hertling berichtete jedoch nach einer Auskunft Luise Hensels, dass Brentanos Finanznöte auf einem Missverständnis beruht hätten. Entsprechend ist in dem Lebensabriss der *Gesammelten Schriften* ebenfalls nach Angaben Luise Hensels zu lesen: „Er hielt sich damals für arm, weil ihm sein Bruder Franz, der treue uneigennützige Verwalter des Vermögens seiner Geschwister, nach Prag geschrieben hatte, er möge seinen Ausgaben Schranken setzen, da sonst das Capital angegriffen werden müsse."[53] Gegen diese abwiegelnden Bemerkungen spricht zwar, dass Christian Brentano von seinem Bruder Franz selbst gehört haben wollte, dass das Bukowaner Geld – neben den Frankfurter Rücklagen und den investierten österreichischen Obligationen – das gesamte Vermögen Brentanos darstellte, was er jedoch nicht glauben mochte. Für die auf Luise Hensel zurückgehenden Behauptungen spricht jedoch die Jahresabrechnung vom 31. Dezember 1839, in der Brentanos Vermögen auf fast 62 000 Gulden beziffert wird.[54] Gab es also noch weitere Kassen? In den brieflichen Erörterungen der Freunde über Brentanos finanzielle Situation nach 1810 ist stets nur von den in Böhmen investierten Summen die Rede, und auch Brentano erwähnt nicht, dass sein Bruder Franz ihm stets, sobald er

50 Arnim an Brentano, 16.4.1812, Schultz/Schwinn 2, S. 640: „weil Du freilich nicht von 350 Gulden leben könntest". Zu den Lebenshaltungskosten in den ersten Jahrzehnten des 19. Jahrhunderts: Ernst Heilborn, Zwischen zwei Revolutionen. Der Geist der Schinkelzeit (1789 bis 1848), Berlin 1927 (Volksverband der Bücherfreunde, 8. Jahresreihe 3), S. 23ff. Hanson, Musical Life in Biedermeier Vienna (Vorbemerkung, Anm. 18), S. 15ff. Julia V. Moore, Beethoven and Musical Economics, Ph.D. Thesis (masch.) University of Illinois, Urbana-Champaign 1987, S. 130–230.

51 Steig 1, S. 228. Brentano an Meline von Guaita, 8.12.1812, FBA 32, S. 417. Sabine Oehring, Spuren verlorener Briefe Clemens Brentanos aus den Jahren 1808–1812, in: JbFDH 1995, S. 92–117, dort S. 104 und 116.

52 FBA 32, S. 417.

53 GS 8, S. 66. Cardauns, S. 74. Georg Freiherr von Hertling, Aus meiner Autographensammlung, in: Hochland 1,1 (1903/04), S. 285–300, dort S. 291. Ein Mahnbrief von Franz Brentano, der die von Emilie Brentano berichteten Warnungen enthält, allerdings vom 10. Januar 1804 datiert (Hs. FDH 16054), ist auszugsweise zitiert bei Michael Grus, Brentanos Gedichte *An Görres* und *An Schinkel*. Historisch-kritische Edition des bislang ungedruckten Entwürfe mit Erläuterungen, Frankfurt a. M. u. a. 1993 (EHS I/1370), S. 306f.; gleichlautend bereits ein Schreiben vom 27. Juni 1803 (Hs. FDH 13579; vgl. FBA 3,3, S. 329). Kontoauszüge Brentanos sind erhalten (Hs. FDH 13814,1–41), es hat sich aber noch niemand die Mühe gemacht, sie auszuwerten.

54 Katalog 1970, S. 141. Feilchenfeldt, Rezension von: Gajek, Homo poeta (Anm. I,22), S. 284.

sich an einem neuen Ort niederließ, Konten eröffnet und Kredite gewährt hat, was auf ausreichende Bonität schließen lässt. Es ist in der Tat so, dass in den zitierten Briefstellen – insbesondere Christian Brentanos – nicht alle Vermögenswerte genannt werden, die er besaß, denn sein Frankfurter Vermögen, das Franz Brentano im Januar 1809 auf ca. 26 000 Gulden in Frankfurter und Trierer Obligationen und in Bargeld bezifferte, ist nicht oder nicht vollständig in Bukowan investiert worden, wie Franz Brentano in einem Schreiben von Anfang 1813 ausdrücklich feststellt.[55] Zumindest wurden im Jahr 1812 10 000 Gulden des freien Vermögens für ein Darlehen an Savigny verwendet, für das Brentano ab Ende 1813 auch Darlehenszinsen bezogen haben dürfte.[56] Zudem ist das Gut Bukowan im Oktober 1815 gegen 180 000 Gulden Silbergeld an Graf Carl Rey veräußert worden.[57] Dieser verkaufte es dann im Oktober 1816 (nach der Sanierung der österreichischen Finanzen durch den erneuten Staatsbankrott und die Gründung der Nationalbank im Sommer 1816) offenbar mit beträchtlichem Gewinn an Karl Philipp Fürst von Schwarzenberg weiter.[58] 1816 wurden die Darlehen des Geschäftshauses Brentano an die Bourbonen in Höhe von insgesamt etwa 260 000 Gulden wieder zurückgezahlt, wovon Brentano rund 15 000 Gulden erhielt,[59] und es fiel auch der

[55] Franz an Clemens Brentano, 7.1.1809 und 28.1.1813, Hs. FDH 13814,5 und 16070.

[56] Franz an Clemens Brentano, 28.1.1813, Hs. FDH 16070. Brentano an Arnim, Ende August bis Anfang Oktober 1813, FBA 33, S. 81. Savigny an Brentano, 16.11.1813, Stoll 2, S. 91f. Brentano an Savigny, 27.11.1813, FBA 33, S. 105.

[57] Savigny an Bang, 9.5.1816, zitiert bei Günther, Savigny als Grundherr (Anm. I,40), S. 131. Härtl 1, S. 145. Härtl 2, S. 335. Chronik, S. 98. Siehe auch Savigny an Brentano, 12.7.1814, Stoll 2, S. 113. Zu Rey: UL, S. 548. Rudolf Johann Graf Meraviglia-Crivelli, Die Wappen des böhmischen Adels, Nürnberg 1886 (Siebmacher's Großes Wappenbuch 4,IX), Nachdruck Neustadt a. d. Aisch 1979, S. 268.

[58] Zum Weiterverkauf: Stramberg II,1, 1845, S. 135f. Stoll 1, S. 418. UL, S. 490. Karl Fürst Schwarzenberg, Feldmarschall Fürst Schwarzenberg. Der Sieger von Leipzig, Wien, München 1964, S. 411 mit Anm. 23, S. 491 (vgl. dazu Václav Letošník, Die Böhmische Landtafel. Inventar, Register, Übersichten, Prag 1944, S. 393). Vgl. UL, S. 487f., 489f., Achim an Bettine von Arnim, 23.7.1817, Vordtriede 1, S. 76. Der Registereintrag bei Schultz/Schwinn 2, S. 961 ist zu korrigieren. Zum Staatsbankrott von 1816 vgl. Erich Fischer, Der Staatsbankerott von 1816 und die Sanierung der österreichischen Finanzen nach dem napoleonischen Kriege, in: ZVS N. F. 4 (1924), S. 252–313.

[59] Franz Brentano, Berechnung für sämtliche Erben des Seel. Herrn Geheimrath & Residenten Peter Anton Brentano über nachfolgende Effecten Theils auf die Königl. Französische Prinzen, Theils auf Franz Piautaz (…), 1.8.1816, Hs. FDH 19927. Siehe dazu Beijers, Nr. 1; Jürgen Behrens, JbFDH 1978, S. 602f. (Jahresbericht); Katalog 1978, S. 81; Dietz, Frankfurter Handelsgeschichte (Anm. I,37), Bd. 4,1, S. 250. Zur Rückzahlung: Savigny an Arnim, 11.12. 1815, Stoll 2, S. 149; der Brief bezieht sich auf diese Rückzahlung und nicht, wie Stoll meint, auf den Verkauf Bukowans. Bei Günther, Savigny als Grundherr (Anm. I,40), S. 131 und Härtl 2, S. 330, Anm. 23 wird zwar Stolls irrige Annahme korrigiert, der Käufer des Gutes sei Franzose gewesen, doch wird seine Vermutung beibehalten, der Verkauf Bukowans sei mit französischen Wertpapieren vergütet worden. Näher liegt, dass es sich bei dem in Savignys Brief erwähnten „Geld aus Frankreich“ um die Bourbonengelder gehandelt habe, die in derselben Zeit wie die Summe für Bukowan eingegangen sein müssen.

Erbteil des gefallenen Stiefbruders August Brentano an die verbleibenden Nachkommen.[60] Diese Summen könnten hinreichen, um die gegen Brentanos Lebensende trotz einem anhaltend kapitalzehrendem Lebensstil eingetretene Vermehrung des Vermögens um etwa 10 000 Gulden gegenüber dem Stand von 1805 zu erklären, nachdem es zuvor eine so große Schmälerung gegeben hatte, wie Christian Brentano sie im Jahr 1811 meinte feststellen zu sollen.

Die Beurteilung von Brentanos finanzieller Lage in dem Lustrum nach 1810 ist beinahe so schwierig, wie die Einschätzung seines politischen Engagements. Einerseits spricht manches dafür, dass sich Brentanos Finanznöte angesichts der Besorgnis von Christian und besonders von Franz Brentano nicht lediglich als Selbststilisierung zum „armen Poeten" ansehen lassen, wie sie auch schon früher und später noch nachweisbar ist.[61] Eine Reihe von Aussagen in den Jahren 1813 und 1814, wie er sie Rahel Robert und Susanne von Hügel gegenüber gemacht hat, weisen sogar darauf hin, dass er sich zeitweise in ernsthafter Verlegenheit befunden haben muss und nicht mehr über ausreichende Barmittel verfügt zu haben scheint. Besorgte Briefe Rahel Roberts und Ingenheims deuten darauf hin.[62] Allerdings ist Brentano zuzutrauen, dass er auch noch seine finanziellen Schwierigkeiten als akute Bedrohung in Szene zu setzen in der Lage war. Der künftigen Sanierung seines Vermögens konnte er zwar um 1810 noch nicht mit Zuversicht entgegensehen, doch auf mittlere Frist war die Lage nicht so düster, wenn auch einstweilen ungewiss. Die Unklarheit der finanziellen Situation findet ihre genaue Entsprechung in der Unentschiedenheit von Brentanos Verhalten, wenn ihm auch dessen schillernde Zweideutigkeit kaum völlig bewusst geworden sein wird. Brentano konnte in den Jahren zwischen 1813 und 1817 jedenfalls der Meinung sein, er befinde sich in finanzieller Bedrängnis.[63] Trotzdem hat er seine Lage selbst kaum völlig ernst genommen. Er klagt mitleidheischend über seine materiellen Nöte, erwirbt aber weiterhin Kunstsammlungen und Bücher und schmiedet Pläne, die er sich eigentlich gar nicht leisten kann. Er sieht sich genötigt, die Schriftstellerei zum Beruf zu machen, lässt dabei aber alle Entschiedenheit vermissen. Er begibt sich nach Österreich und versucht den

[60] Vgl. Brentano an Savigny, 30.6.1814, FBA 33, S. 124f.; Savigny an Brentano, 12.7.1814, Stoll 2, S. 112; Guaita an Arnim, Frühjahr 1814, Weiss 3, S. 252f. Schultz, Die Frankfurter Brentano-Familie und ihre Auseinandersetzung mit Clemens (Anm. I,36), S. 245.

[61] Vgl. etwa Brentano an Arnim, 28.8.1804, WAA 31, S. 381f.; GS 8, S. 83; Diel/Kreiten 2, S. 456. Grus, Brentanos Gedichte *An Görres* und *An Schinkel* (Anm. I,53), S. 307f. „Man hat sich meiner bedient, wie eines armen Poeten", schreibt Brentano an Arnim aus Wien am 5. April 1814, FBA 33, S. 121.

[62] Ingenheim an Brentano, 20.6.1813, Sammlung Varnhagen, Kasten 92, Biblioteka Jagiellońska, Kraków. Rahel Robert an Brentano, 1.–4.8.1813, Rahel-Bibliothek 9, S. 326.

[63] So etwa Brentano an Arnim, gegen den 24.3.1812, FBA 32, S. 382. Brentano an Savigny, 12.4.1812, ebd., S. 388f. Oehring, Spuren verlorener Briefe (Anm. I,51), S. 116. Siehe auch Chronik, S. 107. Anderer Ansicht ist Gerhard Kluge, Clemens Brentanos Erzählungen aus den Jahren 1810–1818. Beobachtungen zu ihrer Struktur und Thematik, in: Clemens Brentano. Beiträge des Kolloquiums im Freien Deutschen Hochstift 1978 (Anm. I,25), S. 102–134, dort S. 102f.

Verhältnissen dort zu entsprechen und sich an sie zu akkommodieren, zögert aber damit, sie wirklich zu akzeptieren und daraus Konsequenzen für seine literarische Produktion zu ziehen. Dass er dieses Unternehmen zunächst in Wien verfolgte, geschah anfangs nicht aus freier Wahl, sondern war dem Umstand geschuldet, dass er seine laufenden Kosten aus österreichischem Papiergeld bestreiten musste, das innerhalb des Habsburgerreiches wenig, außerhalb Österreichs jedoch gar nichts wert war: Brentano hatte den Großteil seines Vermögens in Böhmen angelegt und musste von den anfallenden Zinsen leben, zahlbar in österreichischem Papiergeld. Im Lauf des Jahres 1811 aber kam es zum k.k. Staatsbankrott und zur Entwertung der österreichischen Währung, bei der die von der Wiener Stadtbank ausgegebenen Bancozettel auf ein Fünftel ihres nominalen Wertes herabgesetzt wurden. Obwohl in Preußen seinerseits in derselben Zeit der finanzielle Zusammenbruch nur mit Mühe verhindert werden konnte,[64] war das österreichische Papiergeld im Vergleich zur preußischen eine Schwachwährung. Dies ist der Hintergrund, vor dem Brentanos Äußerung im Frühjahr 1812 gelesen werden muss: „Ich lebe von einer Hand voll Zettel von Tag zu Tag, und klebe ohne Mittel fortzukommen in aller Unschuld an einem Fleck der mir verhaßt ist, und lebe in der Angst, wovon ich in Berlin leben soll, da alle meine paar Batzen in dieser Elendsgrube stecken."[65]

Den besten Zugang zur Einschätzung der Publikumswirkung der jungen Schriftsteller, die um und nach 1800 auf den literarischen Markt drängten und mit ihren Produktionen das seinerzeit vorgegebene Niveau einhalten wollten, vermittelt vielleicht die Betrach-

64 Ernst Klein, Geschichte der öffentlichen Finanzen in Deutschland (1500–1870), Wiesbaden 1975, S. 106f., 111. Hanna Schissler, Preußische Finanzpolitik nach 1807. Die Bedeutung der Staatsverschuldung als Faktor der Modernisierung des preußischen Finanzsystems, in: GuG 8 (1982), S. 367–385. Hans-Peter Ullmann, Finanzkrise, Staatsbankrott und Haushaltskonsolidierung im Deutschland des frühen 19. Jahrhunderts, in: ders., Staat und Schulden. Öffentliche Finanzen in Deutschland seit dem 18. Jahrhundert, Göttingen 2009, S. 51–60.

65 Brentano an Arnim, etwa um den 24.3.1812, FBA 32, S. 382. Vgl. Härtl 1, S. 143. Ferner: Adolph Wagner, Zur Geschichte und Kritik der österreichischen Bankozettelperiode, in: ZgS 17 (1861), S. 577–635; 19 (1863), S. 392–488. Adolf de Beer, Die Finanzen Österreichs im XIX. Jahrhundert. Nach archivalischen Quellen, Prag 1877, S. 44ff. Paul Stiassny, Der österreichische Staatsbankerott von 1811. (Nach archivalischen Quellen.) Wien 1912. Wilhelm König, Der Staatsbankerott von 1811, Wien 1918. Victor Hofmann, Die Devalvierung des österreichischen Papiergeldes im Jahre 1811. Eine finanzgeschichtliche Darstellung nach archivalischen Quellen, Berlin 1923 (Schriften des Vereins für Socialpolitik 165,1. Geschichte der Stabilisierungsversuche 1). Johanna Kraft, Die Finanzreform des Grafen Wallis und der Staatsbankerott von 1811, Graz, Wien 1927 (Veröffentlichungen des historischen Seminars der Universität Graz 5). Günther Probszt, Österreichische Münz- und Geldgeschichte. Von den Anfängen bis 1918, Wien u. a. 1973, S. 526ff. Harm-Hinrich Brandt, Der österreichische „Staatsbankrott" von 1811, in: Staatsfinanzen – Staatsverschuldung – Staatsbankrotte in der europäischen Staaten- und Rechtsgeschichte, hrsg. von Gerhard Lingelbach, Köln u. a. 2000, S. 55–65. Das Leben unter den Verhältnissen der österreichischen Inflation behandelt ausführlich Moore, Beethoven and Musical Economics (Anm. I,50), besonders S. 119–130; dies., Beethoven and Inflation, in: BF 1 (1992), S. 191–223.

tung von deren Bemühungen um das Theater. Sie finden sich außer bei Jean Paul eigentlich bei allen zeitgenössischen Autoren. Es ist eine durchaus unzutreffende Ansicht, die Romantiker hätten bewusst Lesedramen oder Deklamationsstücke verfasst und seien am Theater nicht eigentlich interessiert gewesen.[66] Ebenso ist die bis unlängst verbreitete Meinung, es habe ihnen an „dramatischem Talent“ gemangelt, im Grunde nicht mehr als die Sanktionierung der faktischen Folgenlosigkeit der romantischen Dramatik, der es nicht gelungen ist, sich auf der Bühne zu etablieren. An der Entstehung des Begriffs „Lesedrama“ zur Zeit einer früheren Jugendbewegung, des Sturm und Drang, lässt sich zeigen, dass es sich hierbei zunächst einmal um einen polemischen Begriff handelt, der nicht mehr besagt, als dass die in Frage stehenden Dramen nach den Maßstäben der Beurteiler und mithin nach dem überkommenen Normensystem nicht aufführbar waren. Da aber wegen unverkennbarer Qualitäten ein Notbehelf benötigt wurde, um einerseits an der Behauptung festhalten zu können, diese Dramen seien unaufführbar, ihnen andererseits dennoch einen Platz in der Literatur zuweisen zu können, bezeichnete man sie als Buch- oder Lesedramen.[67] Diese Unterscheidung hat in den 1770er Jahren an Gewicht verloren, als die Dramen des Sturm und Drang dennoch den Weg auf die Bühnen fanden. Es besteht zwar ein enger Zusammenhang zwischen der Aufführbarkeit eines Dramas und dem zeitgenössischen Normensystem, aber die Dramatiker konnten ihre Stücke entweder – wie die Autoren des Sturm und Drang und auch einige Romantiker – durch Bühnenfassungen an die Erwartungen und Umstände anpassen oder aber beide ablehnen, ohne deswegen schon dem Anspruch nach prinzipiell auf die Aufführbarkeit innerhalb eines anderen Normensystems verzichten zu wollen. Durch die Ausbreitung des Unterhaltungsdramas gegen Ende des Jahrhunderts verstärkte sich jedoch die dadurch entstehende Tendenz zu einer Trennung von literarischem Drama und Theater. Dramen wurden zunehmend wie andere literarische Werke verlegt und auch für die Lektüre eingerichtet. So kam es zur habituellen Unterscheidung von Bühnen- und Buchfassung, wobei bei letzterer oft für die Aufführung bestimmte Angaben wegfielen und auch Hinweise zu den Umständen der ersten Aufführungen weg-

[66] So etwa Robert F. Arnold, Von der Romantik bis zur Moderne, in: Das deutsche Drama, hrsg. von Robert F. Arnold, München 1925, S. 481–650, dort S. 509ff. Ebenso Christina Sauer, Clemens Brentanos Dramenfragmente aus den Jahren 1811–1816. Mit einer historisch-kritischen Edition von *Blutschuld Todtenbraut*, *Oranje boven* und *Zigeunerin*, Würzburg 2009, S. 44. Siehe dagegen Claudia Stockinger, Das dramatische Werk Friedrich de la Motte Fouqués. Ein Beitrag zur Geschichte des romantischen Dramas, Tübingen 2000 (Studien zur deutschen Literatur 158), S. 21f.

[67] Eva Maria Inbar, Shakespeare in der Diskussion um die aktuelle deutsche Literatur, 1773 bis 1777. Zur Entstehung der Begriffe „Shakespearisierendes Drama“ und „Lesedrama“, in: JbFDH 1979, S. 1–39. Auf die Einwände von Rosmarie Zeller, Struktur und Wirkung. Zu Konstanz und Wandel literarischer Normen im Drama zwischen 1750 und 1810, Bern, Stuttgart 1988, S. 51ff. wird im folgenden Rücksicht genommen. Zum Lesedrama siehe auch Anke Detken, Im Nebenraum des Textes. Regiebemerkungen in Dramen des 18. Jahrhunderts, Tübingen 2009 (Theatron 54), S. 22–26.

blieben.[68] Überdies hatte die humanistische Herkunft des modernen Dramas mit ihrer aus den antiken Terenz-Kommentaren stammenden Poetik bei Autoren mit gelehrtem Anspruch von jeher für eine literarisch-theatralische Doppelgestalt des Dramas gesorgt. Shakespeare etwa war – entgegen einer lange Zeit herrschenden und sogar die grundlegenden editorischen Entscheidungen der neueren Ausgaben beeinflussenden Ansicht – nicht bloß ein Bühnenautor, sondern verfolgte gleichzeitig immer auch genuin literarische Ziele.[69] So ergab sich die etwa für Schiller charakteristische Form des als Buch veröffentlichten Dramas, das (mit gewissen Abstrichen) den strengsten literarischen Ansprüchen zu genügen hat, von welchem der Autor jedoch zahlreiche verschiedene Einrichtungen für die Bühnen anfertigt oder deren Anfertigung duldet. In diesen scheut er sich keineswegs davor, Zugeständnisse an die jeweilige Bühne, das zur Verfügung stehende Ensemble und sonstige Umstände zu machen.[70]

Dass die romantischen Schriftsteller ihre „Lesedramen" aufgeführt sehen wollten, lässt sich vielfach durch ihre Briefwechsel mit Dramaturgen belegen. Tieck bemühte sich im Jahr 1799 mit seiner *Genoveva* bei Iffland um eine Aufführung und bot an, eine Bühnenbearbeitung anzufertigen, allerdings ohne Erfolg.[71] Ebenso sandte Arnim *Halle und Jerusalem* an Iffland und erhielt eine freundlich gehaltene Absage; auch spätere Bemühungen Arnims um Aufführungen in Berlin scheiterten.[72] Arnims Kritik am zeitgenössischen Theater, die sich als Ergebnis der scheiternden Versuche werten lässt, seine Dramen aufgeführt zu sehen, ist von besonderem Interesse. Er wirft der Bühne

68 Reinhart Meyer, Deutsches Theater im 18. Jahrhundert. Neuerscheinungen der Forschungsliteratur. Eine sozialgeschichtliche Problemskizze, in: DAJ 5 (1981), H. 1, S. 25–51, H. 2, S. 123–143, dort S. 140.

69 Lukas Erne, Shakespeare as Literary Dramatist, Cambridge 2003.

70 Zu Schillers Bühnenbearbeitungen vgl. Lieselotte Blumenthal, Die verbrannte und gestohlene Handschrift von Schillers *Wilhelm Tell*. Mit einem Anhang: Zwei Zeilen von Schillers Vorarbeiten für *Wilhelm Tell*, in: JbDSG 17 (1973), S. 21–62, dort S. 57f.

71 Dingelstedt, S. 280ff. – Zu Ifflands Direktion: Ludwig Geiger, Berlin 1688–1840. Geschichte des geistigen Lebens der preußischen Hauptstadt, Bd. 2, Berlin 1895, S. 155ff., dort S. 165f. zu Ifflands Zurückhaltung gegenüber der Romantik. Rudolf Weil, Das Berliner Theaterpublikum unter A. W. Ifflands Direktion (1796–1814). Ein Beitrag zur Methodologie der Theaterwissenschaft, Berlin 1932 (Schriften der Gesellschaft für Theatergeschichte 44). Harald Zieske, Nationaltheater contra Hoftheater. Zu August Wilhelm Ifflands Direktionstätigkeit am Königlichen Nationaltheater in Berlin (1796–1814), in: MVGB 92 (1996), S. 118–128. Zum Verhältnis der Romantiker zu Iffland vgl. Elisabeth Weber, Die Phantasiebühne der Romantiker. Über das Verhältnis von Theater und Drama um 1800, Diss. Berlin 1969, S. 56ff.

72 Arnim an Iffland, 6.12.1810, in: Schmidt, Iffland, S. 105f. Iffland an Arnim, 31.12.1810, in: Arnim, Das Unglück eines Theater-Direktors, in: Der Gesellschafter 2. Jg., Nr. 57, 10.4. 1818, S. 225–227; Nr. 58, 11.4.1818, S. 229–231 (Wiederabdruck in: Hoffmann v. Fallersleben, Iffland, S. 313–324). Vgl. Dorothea Streller, Arnim und das Drama, Diss. (masch.) Göttingen 1956, S. 10ff. – Die Interpretation einer Stelle aus einem Brief Arnims vom 16.4.1812 bei Schultz/Schwinn 2, S. 922 zu S. 640,1, Arnim hätte *Halle und Jerusalem* „im Grosse(n)" aufführen lassen wollen, diese Aufführung sei aber nicht zustande gekommen, beruht auf einem Missverständnis: Arnim spekuliert über einen künftigen Krieg zwischen Frankreich und England um die Beherrschung der Levante.

seiner Zeit vor, „die Schranken des Spielbaren“ immer mehr einzuengen, was mit den geringen Talenten der Schauspieler zusammenhänge, mit der Nachgiebigkeit gegen das „kotzebuesirte Publicum“ und der mangelnden Bereitschaft, auch Experimente mit jungen Autoren zu wagen.[73] Seine Kritik richtet sich insbesondere gegen die Theater in den beiden Hauptstädten Berlin und Wien – in Berlin feierte Kotzebue seine größten Erfolge und in Wien war er Theaterdichter und stellte jedes neue Werk für die Erstaufführung zur Verfügung –, da auf Provinzbühnen nur gespielt werde, was dort zuvor Erfolg gehabt habe.[74] Arnim war nicht bereit, sich dieser Situation anzupassen, aber das heißt nicht, dass er seine dramatischen Werke von vornherein zu Lesedramen erklärt hätte: er schrieb „gern dramatisch (...), ohne auf die bestehende Bühne Rücksicht zu nehmen“.[75] Die Kritik am Theater fällt um so schärfer aus, als der Tod Schillers eine Lücke hinterlassen und einen Bedarf an neuen Dramatikern erzeugt zu haben schien, der nicht einfach durch Kotzebue, Iffland und ihresgleichen befriedigt werden konnte. Aber weder Kleist noch Zacharias Werner noch sonst einem der Schriftsteller, die zum Umkreis der als Romantiker bezeichneten Autoren gehörten, gelang es, die Thronfolge anzutreten. Vierzehn Jahre nach Kleists Tod schrieb Arnim nach einer misslungenen Aufführung des *Käthchen von Heilbronn*, Kleist lebte noch, „hätte er auch nur eine so verdrehte Aufführung des Stücks in Berlin erlangen können“.[76] Auch bei Zacharias Werner war es der Misserfolg als Dramatiker, der seinen weiteren Lebensweg bestimmte; als Kanzelprediger hat er dann ein einträglicheres und angeseheneres Metier gefunden.[77]

Arnim dagegen riet schließlich, da romantische Dramen nun einmal nicht aufführbar waren, sie in eine episch-dramatische Mischform umzuarbeiten, die als Buch wie ein Roman zu lesen wäre.[78] Er selbst versuchte, nachdem ihm der Verleger Reimer signali-

73 Steig 3, S. 54f. Zu Arnims Stellung zum Theater: Rudolf Kayser, Arnims und Brentanos Stellung zur Bühne, Diss. Berlin 1914, S. 21ff. Streller, Arnim und das Drama (Anm. I,72), S. 18–37. Roswitha W. Burwick, Achim von Arnims Verhältnis zur Bühne und seine Dramen, Diss. (masch.) University of California, Los Angeles 1972, S. 77ff. Heinz Härtl, Arnim und Goethe. Zum Goethe-Verhältnis der Romantik im ersten Jahrzehnt des 19. Jahrhunderts, Diss. (masch.) Halle a. S. 1971, S. 259ff.

74 Arnim, Rezension von: Attila, König der Hunnen. Eine romantische Tragödie in fünf Acten von F. Z. Werner, WW 6, S. 291–300, dort S. 300.

75 Arnim, Das Unglück eines Theater-Direktors, WW 6, S. 607–609, dort S. 608. Vgl. Streller, Arnim und das Drama (Anm. I,72), S. 16f.

76 Arnim an Wilhelm Grimm, 16.1.1825, Steig 3, S. 544. Ferner: Arnim an Jacob und Wilhelm Grimm, 6.12.1811, ebd., S. 172. Arnim, Das Unglück eines Theater-Direktors, WW 6, S. 608f. Katalog Henrici 155, S. 78, Nr. 238. Siehe auch Ludwig Robert, Berlin, 4. April, in: Mbl Nr. 100, 26.4.1824, S. 399–400, dort S. 400 (zitiert bei Sembdner 2, S. 456).

77 Werner an Gerning, 30.9.1809, Witte-Heinemann, S. 281, vgl. ebd., S. 260f.

78 Wilhelm Grimm und Achim von Arnim, Rezension von: Sigurd der Schlangentöter. Ein Heldenspiel in sechs Abentheuern von Friedrich Baron de la Motte Fouqué, Berlin bey Hitzig 1808, in: Wilhelm Grimm, Kleinere Schriften, hrsg. von Gustav Hinrichs, Berlin 1881, Bd. 1, S. 237–244, dort S. 244. Vgl. Arnim an Wilhelm Grimm, 18.–22.4.1809, Steig 3, S. 30; Wil-

siert hatte, „daß Verse keinen sonderlichen Absatz haben“, seine *Päpstin Johanna* „aus Drama in Erzählung“ umzuformen.[79] Die Klage über fehlende Absatzmöglichkeiten für Verse stammt übrigens nicht erst aus dem 19. Jahrhundert. So schrieb schon Simon Bornmeister im Jahr 1670 an Sigmund von Birken über die Schwierigkeiten bei der Publikation von Anton Ulrichs von Braunschweig *Die verstörte Irmenseul oder das Bekehrte Sachsenland*:[80]

> Es hat aber H. Hoffmann sich ein mahl gäntzlich erklärt, dass er durchaus nicht gesonnen, die Irmensäul ferner druken zu lassen, dieweil er deren keinen abgang haben könne, und sein geld er mit vieler arbeit verdienen müste, dass er also solches nicht wolle umsonst hinausgeben und nichts dargegen einnehmen. (…) Weil dann nun die vers bey diesen zeiten nicht besonders in betrachtung gezogen würden und man kein buch, das mit versen viel ausgezieret, achte, also wolle er lieber einen geringen alss einen grössern (sc. verlust) vertragen.

Nach einer Bemerkung Ernst von Pfuels über Kleist soll der Zwang, „sich vom Drama zur Erzählung herablassen zu müssen, ihn gränzenlos gedemüthigt“ haben.[81] Im Gegensatz dazu begrüßte Kotzebue Carl Heun als kommenden Mann des Theaters, der das Verdienst habe, bühnenfähige Stücke zu verfertigen, „gute dramatische Dichter für die Lektüre“ hingegen gebe es „wohl noch in ziemlicher Anzahl“.[82] Der eine Unterhaltungsautor erkennt in dem anderen Geist von seinem eigenen Geiste. Zu demselben Carl Heun (der zu dieser Zeit noch nicht der Verfasser der *Mimili* war) und seinem Stück *Der Brauttanz, oder der Schwiegersohn* vermerkt der Rezensent in den *Friedensblättern* als Kuriosum, dass hier einmal ein Erzähler anfange, Dramen zu schreiben.[83] Für gewöhnlich ging es umgekehrt, vom dramatischen Fach zur Erzählprosa: Brentano sollte schließlich denselben Weg einschlagen.

Betrachtet man Brentanos Theaterpläne, mit denen er sich spätestens seit dem Jahr 1802 trug, so ist dem, wie es heißt, „törichten Versuch, als professioneller Theaterdichter in dem patriotisch aufgeregten Wien des Jahres 1814 Fuß zu fassen“,[84] immerhin zuzu-

helm Grimm an Arnim, Mitte Juni 1809, ebd., S. 34f.; Arnim an Böckh, 5.7.1809, Steig, Zeugnisse, S. 217f.; Arnim an Wilhelm Grimm, 2.8.1809 und Februar 1810, Steig 3, S. 41 und 53; Wilhelm Grimm an Arnim, 12.4.1810, ebd., S. 57.

79 Arnim an Brentano, 16.1.1813, Schultz/Schwinn 2, S. 672. Johannes Barth, WAA 10,2, S. 561ff.

80 Bornmeister an Birken, 9.9.1670, in: Étienne Mazingue, Anton Ulrich, duc de Braunschweig-Wolfenbüttel (1633–1714). Un prince romancier au XVIIème siècle, Bd. 1, Bern u. a. 1978 (Berner Beiträge zur Barockgermanistik 2), S. 335.

81 Brentano an Arnim, 10.12.1811, FBA 32, S. 366. Siehe dazu Rudolf Loch, Kleist. Eine Biographie, Göttingen 2003, S. 480f.

82 Frbl 2. Jg. Nr. 42, 8.4.1815, S. 167f.

83 Ebd., Nr. 40, 4.4.1815, S. 159–160. Ebenso in bezug auf Johanna von Weissenthurn ebd., Nr. 3, 7.1.1815, S. 11–12, Nr. 4, 10.1.1815, S. 14–15, dort S. 11. Nach der Auflösung der Siglen im 2. Jg., Nr. 77, 29.6.1815, S. 308, Anm. ist Karl Fischer der Verfasser.

84 Frühwald, Clemens Brentano (Anm. I,25), S. 359.

billigen, dass er zu den seit mehr als zehn Jahren mit mehr oder minder großem Ernst verfolgten Plänen Brentanos gehörte, für das Theater zu wirken.[85] Im Jahr 1801 begann Brentano die Arbeit an seinem Drama *Ponce de Leon*, das für das Preisausschreiben in den *Propyläen* im Jahr 1800 geschrieben wurde. Brentano sandte es unter dem Titel *Laßt es euch gefallen* ein, doch das Stück wurde ebensowenig wie die übrigen eingegangenen Werke einer Rezension oder gar einer Aufführung gewürdigt.[86] In Buchform kam es schließlich im Herbst 1803 heraus.[87] Schon bei diesem Stück war, wie an der Ausführlichkeit und der Art der Regiebemerkungen zu ersehen ist, an eine Aufführung gedacht.[88] In der Vorbemerkung zu dem Drama erklärte Brentano wie später noch öfter seine Bereitschaft, das Stück für das Theater einzurichten, und der Dichter hat sich auch in Düsseldorf darum bemüht, es auf die Bühne zu bringen.[89] Zwar hat auch eine Aufführung in Lauchstädt, anders als Eichendorff meinte, nicht stattgefunden, aber nach Reinhold Steig soll das Stück von einer Liebhabergruppe aufgeführt worden sein, wovon sich ein für diese Aufführung hergerichtetes Druckexemplar in Steigs Besitz befand.[90] Im Jahr 1802 ist von weiteren entworfenen Schauspielen die Rede.[91] An Heinrich Dieterich schrieb Brentano am 3. Juni 1803, die Säumigkeit des Verlegers bei der Drucklegung und Versendung des *Ponce* verhinderten die Arbeit an einem weiteren Drama.[92] Das im Jahr 1803 geschriebene Singspiel *Die lustigen Musikanten* wurde für eine Düsseldorfer Theatergruppe verfasst und ist in Mannheim wiederholt aufgeführt worden, wo Brentano bis 1805 auch weitere Pläne für das Theater verfolgte.[93] Seit dem Jahr 1801

85 Kayser, Arnims und Brentanos Stellung zur Bühne (Anm. I,73), S. 71ff.

86 W 4, S. 920ff. Gustav Roethe, Brentanos *Ponce de Leon*, eine Säcularstudie, Berlin 1901 (AGWG,PH N. F. 5,1), S. 3ff. – Die Behauptung Werner Bellmanns, Zur Wirkungsgeschichte von Brentanos *Lustigen Musikanten*, in: JbFDH 1981, S. 338–342, dort S. 342, Anm. 10, das Drama sei nicht mit dem genannten Titel eingesandt worden, ist unzutreffend; vgl. Carl Georg Brandis, Goethes dramatische Preisaufgabe, in: ZfBf N. F. 4,2 (1913), S. 231–240, dort S. 232.

87 Chronik, S. 41. W 4, S. 922. Zur Verzögerung des Erscheinens des Stücks, das schon zur Ostermesse 1803 geplant war: Arnim an Savigny, 17.4.1803, WAA 31, S. 213. Brentano an Arnim, 30.4. und 5.5.1803, ebd., S. 217 und 231. Brentano an Dieterich, 3.6.1803, FBA 31, S. 99, vgl. ebd., S. 654. Brentano an Arnim, etwa 16./21.8. 1803, WAA 31, S. 292.

88 Roethe, Brentanos *Ponce de Leon* (Anm. I,86), S. 52.

89 FBA 12, S. 356. Chronik, S. 37.

90 Eichendorff, Erlebtes, ^{2}HKA 5,4, S. 154 (die Erläuterung ebd., S. 441 ist wenig erhellend). Steig, Valeria, S. XXXII. Steigs Nachlass ist verschollen.

91 Zu Brentanos dramatischen Entwürfen: W 4, S. 887–902. Erika Tunner, Clemens Brentano (1778 à 1842). Imagination et sentiment religieux, 2 Bde., Lille, Paris 1977, passim.

92 Brentano an Dieterich, 3.6.1803, FBA 31, S. 99. Vgl. Brentano an Savigny, etwa 3.6.1803, ebd., S. 102.

93 Chronik, S. 37f. Heinz Rölleke, Clemens Brentanos *Lustige Musikanten*. Ein Nachtrag zur Entstehungsgeschichte, in: JbFDH 1974, S. 375–376. Oscar Fambach, Das Repertorium des Hof- und Nationaltheaters in Mannheim 1804–1832. Mit einer Einleitung und drei Registern, Bonn 1980 (Mitteilungen zur Theatergeschichte der Goethezeit 1), S. 36–44, 52. Brentano an

engagierte sich Brentano für die Anstellung zuerst Klingemanns, später dann Tiecks als Dramaturg am Frankfurter Theater.[94] Wie später in Wien, so versuchte er auch hier nicht, selbst am Theater zu reussieren, sondern einen Freund dort zu etablieren und sich diesem als Helfer zu empfehlen. Während seines Aufenthalts in Kassel in den Jahren 1807 und 1808 beobachtete er Reichardts Tätigkeit und schmiedete Pläne zur Berufung Tiecks und Beethovens. „Wir könnten", schreibt er an Arnim, „mit dem Theater verbunden, ein gutes Blatt heraus geben, wir könnten viel thun, für die Schauspielerei".[95] Arnim nahm Brentanos Pläne nicht ganz ernst: „Sieh, so kann ich nicht recht begreifen, deine Hoffnungen für das Cassler Theater, ich halte es auch für einen humoristischen Muthwillen mit meinen alten Plänen."[96] Dass bei Brentanos Äußerungen zum Theater und zu seinen Absichten unklar bleibt, wie ernst sie gemeint waren, ist für diese Zeit – und nicht nur für sie – charakteristisch: Bei mehreren Briefstellen, in denen Brentano von Dramen spricht, die er zu schreiben gedenkt, ist nicht ohne weiteres festzustellen, ob es sich dort nicht vielmehr um Selbstaussagen über seine Lebensentwürfe handelt, die er in der Metaphorik des Lebenstheaters formuliert.[97] Erneute Theaterpläne verfolgte Brentano mit seinem Drama *Aloys und Imelde*; im Personenverzeichnis des ersten Entwurfs hatte er schon „die Namen der Schauspieler der von Iffland geleiteten Bühne, die Brentano für die einzelnen Rollen ausersehen hatte", eingetragen.[98] In der Ankündigung zur *Gründung Prags* schließlich, die Anfang 1813 in der Prager Zeitschrift *Kronos* erschien – er scheint zu dieser Zeit mit einer baldigen Drucklegung

Arnim, 13. Februar 1805, WAA 32,1, S. 22 und Heinz Härtl, WAA 32,2, S. 560. Bernhard Gajek, FBA 2,1, S. 290ff.

94 Diel/Kreiten 1, S. 162ff. Steig 1, S. 27ff. Chronik, S. 32f. Brentano an Winkelmann, Anfang November 1801, FBA 29, S. 388. Winkelmann an Brentano, November 1801, Schnack, S. 246. Köpke 1, S. 299, 2, S. 131. Tieck an Brentano, Ende 1801, Zeydel, S. 44. Tieck an Goethe, 9.12.1801, in: Schüddekopf/Walzel 1, S. 293f. Goethe an Tieck, 17.12.1801, ebd., S. 296f. Dorothea Veit an Tieck, 17.12.1801, Lohner, S. 106. Brentano an Tieck, 11.1.1802, FBA 29, S. 410f. Brentano an Arnim, 11.1.1802, WAA 31, S. 6. Arnim an Brentano, 21.1. 1802, ebd., S. 10. Tieck an Brentano, 15.6.1804, in: Achim Hölter, Ludwig Tieck. Literaturgeschichte als Poesie, Heidelberg 1989 (Beihefte zum Euphorion 24), S. 427. Zu Brentanos Bemühungen in Frankfurt vgl. Weitz, S. 499, 709.

95 Brentano an Arnim, um den 12.1.1808, FBA 32, S. 10f. Brentano an Arnim, um den 25.1. 1808, ebd., S. 16f. Zu der Absicht, Beethoven nach Westfalen zu ziehen, die in Kassel im Jahr 1809 unabhängig von Brentanos Plänen gefasst wurde: Thayer/Deiters/Riemann 3, S. 73ff. Max Unger, Auf Beethoven-Spuren II. Beethoven und Kassel, in: NMZ 44 (1923), S. 245 bis 249. Klaus Martin Kopitz, Beethovens Berufung nach Kassel an den Hof Jérôme Bonapartes. Tatsachen und Vermutungen, in: Die Tonkunst 5 (2011), S. 326–335. Zu dem von Beethoven gelegentlich verfolgten Vorhaben, Wien zu verlassen, vgl. Maynard Solomon, Beethoven. Second, revised edition, New York 1998, S. 169f., 171, 177f., 181, 191f., 193.

96 Arnim an Brentano, 25.1.1808 und 6.2.1808, Schultz/Schwinn 2, S. 478 und 494. Zu Arnims „alten Plänen" vgl. seinen Aufsatz über Volkslieder, FBA 6, S. 423.

97 So etwa Brentano an Sophie Mereau, 10.1.1803, FBA 31, S. 24.

98 Agnes Harnack, SW 9,2, S. XLVI. Vgl. Aloys und Imelde, Staatsbibliothek zu Berlin – Sammlung Preußischer Kulturbesitz, Ms. germ. fol. 1240, fol. 3^{r}; FBA 15,2, S. 91.

gerechnet zu haben –, wies Brentano ausdrücklich darauf hin, dass er das Werk grundsätzlich für aufführbar halte und erbot sich dazu, „einen zweckmäßigen Auszug des Ganzen“ für eine theatralische Darbietung anzufertigen, wie er es auch schon für das Ponce-Drama angeboten hatte.[99] Die Prager Aufführung, von der Stramberg zu berichten weiß, hat jedoch mit Sicherheit nicht stattgefunden, schon deshalb nicht, weil eine Bühnenfassung des Stückes erst im Jahr 1813 in Wien angefertigt wurde.[100] Auch nach seiner Wiener Niederlage als Bühnenautor verfolgte Brentano noch Pläne mit dem Theater, die hier aber nicht weiter interessieren sollen.[101]

Klagen über den schlechten Zustand des Theaters finden sich bei Arnim wie bei Brentano schon in früher Zeit, und sie fügen sich in den Zusammenhang einer allgemeinen Kritik am Theater, die zu keiner Zeit schonungsloser und heftiger war als im ersten Jahrzehnt des 19. Jahrhunderts.[102] Diese radikale Kritik ist mit der Durchsetzung des Unterhaltungstheaters in Verbindung zu bringen, das sich seit dem letzten Viertel des 18. Jahrhunderts etabliert hatte, und dessen um 1810 in der Substanz weitgehend konsolidierter Spielplan sich noch bis weit in die Mitte des 19. Jahrhunderts halten sollte. Die Institutionalisierung des deutschsprachigen Theaters war in der Mitte des 18. Jahrhunderts von den Theoretikern des Literaturdramas auf den Weg gebracht worden, doch die Realisierung des Projekts eines „Nationaltheaters“ hatte im Ergebnis gerade zur

99 FBA 14, S. 530. – Laut Franz Brentanos Brief vom 28.1.1813 (Hs. FDH 16070) rechnete Brentano Anfang des Jahres mit dem baldigen Erscheinen des Dramas; siehe auch Brentano an Meline von Guaita, 8.12.1812, FBA 32, S. 422. Das Werk sollte zu Anfang 1813 noch einem Großherzog – Karl Theodor von Dalberg, seit 1810 Großherzog von Frankfurt – gewidmet werden, wovon sich Brentano einen finanziellen Vorteil versprochen zu haben scheint. Vgl. Grus, Brentanos Gedichte *An Görres* und *An Schinkel* (Anm. I,53), S. 306. Antonie Brentano und ihr Vater Johann Melchior von Birkenstock waren über eine lange Zeit näher mit Dalberg bekannt; vgl. Katalog Brentano-von Birkenstock, S. 24, Nr. 51–52. Zur Widmung des Prologs siehe Kapitel 6, Anm. 295.

100 Stramberg II,1, 1845, S. 123f. Brentano an Arnim, Ende November 1813, FBA 33, S. 99. Brentano an Pálffy, 22.1.1814 (Entwurf), ebd., S. 115. Vgl. Otto Brechler, SW 10, S. XIIIf. – Brentano kannte den Direktor des Altstädter Nationaltheaters in Prag, Johann Carl Liebich, aber diese Bekanntschaft wurde – soweit bekannt – nicht zum Anlass einer Zusammenarbeit des Regisseurs mit dem Theaterdichter; allerdings spricht Brentano in einem späteren Brief davon, dass er seine „Theaterverhältniße in Wien und Prag“ als Fonds für die Darstellung des Theaterlebens der Zeit in den *Briefen über das neue Theater* nutzen wolle; Brentano an Arnim, 3.2.1816, FBA 33, S. 177. Zu Liebich: Wurzbach 15, 1866, S. 99–101. Siegfried Siehe, Johann Karl Liebich, in: Beiträge zur Literatur- und Theatergeschichte. Ludwig Geiger zum 70. Geburtstage am 5. Juni 1918 als Festgabe dargebracht, Berlin-Steglitz 1918, S. 237–242. Bärbel Rudin, in: NDB 14, 1985, S. 492. Zu den Prager Theatererfahrungen: Brentano an Arnim, 10.–11.12.1811, FBA 32, S. 368f.

101 Vgl. Chronik, S. 99.

102 So Norbert Oellers, Schiller. Geschichte seiner Wirkung bis zu Goethes Tod 1805–1832, Bonn 1967 (Bonner Arbeiten zur Deutschen Literatur 15), S. 326.

Marginalisierung der literarisch ambitionierten Dramatik geführt.[103] Die Ausstrahlung von Goethes Weimarer Spielplangestaltung und die Ansätze auf anderen Bühnen zu einem genuinen Bildungstheater konnten dieses für die literarische Intelligenz überraschende und unerwünschte Ergebnis zu Anfang des Jahrhunderts noch nicht nachhaltig ausgleichen. Für die Aufführung avancierter dramatischer Literatur standen auch keine eigenständigen Institutionen zur Verfügung. Eine Unterscheidung von hoher und niedriger Literatur war zumindest im Bereich des Dramas ohnehin noch nicht fest etabliert.[104] Daher konkurrierten die anspruchsvollen Dramatiker direkt mit den Unterhaltungsautoren, was zu einer Krise des Literaturdramas nach Schiller führte, wobei im einzelnen keineswegs immer klar ist, was die Ursache und was die Folge war.[105] Die Verfechter des literarischen Dramas reagierten auf diese Konkurrenzsituation mit zahllosen scharf absprechenden, oft personalisierenden und moralisierenden Urteilen über das zeitgenössische Unterhaltungstheater und dessen Autoren, die ihren Weg dann in die Literaturgeschichten gefunden haben.

Die Theatersituation um 1810 zeigt in aller Deutlichkeit, wie schlecht es um eine sich allein an künstlerischen Ansprüchen orientierende Literatur bestellt war. Und die Lage auf dem Buchmarkt und der Journalliteratur war nur wenig vorteilhafter. Die avancierte Dichtung besaß insgesamt nicht die institutionellen Grundlagen, die die in Weimar und Jena begonnene Ausbildung eines autonomen literarischen Bereichs dauerhaft hätten tragen können.[106] Diese Feststellung ist kaum mehr als eine Selbstverständlichkeit, wenn das literarische Leben in den deutschen Territorien von seinen ökonomischen Bedingungen her betrachtet wird. Ganz anders nehmen sich die Dinge hingegen in der ästhetischen Theoriebildung in Weimar und Jena nach 1790 aus. Dort scheint es die überzeugendsten Belege für die Autonomisierung der Literatur, die Ausbildung selbstreflexiver Schreib- und Verhaltensweisen und die die Polarisierung zwischen hoher und niedriger Literatur zu geben. Aber selbst im Bereich des Prosaromans, der am ehesten verkäuflich war, ist die Trennung von höherer und niederer

[103] Zu den Ursachen für die Entfremdung zwischen literarischer Intelligenz und Theater: Roland Krebs, L'idée de „Théâtre National" dans l'Allemagne des Lumières. Théorie et réalisations, Wiesbaden 1985 (Wolfenbütteler Forschungen 28), S. 557ff. Ruedi Graf, Das Theater im Literaturstaat. Literarisches Theater auf dem Weg zur Bildungsmacht, Tübingen 1992 (Studien zur deutschen Literatur 117), S. 327ff. Jörg Krämer, Deutschsprachiges Musiktheater im späten 18. Jahrhundert. Typologie, Dramaturgie und Anthropologie einer populären Gattung, 2 Bde., Tübingen 1998 (Studien zur deutschen Literatur 149/150), Bd. 1, S. 24ff. Zur Lage des Theaters vgl. ferner Schulz 1, S. 449ff.; 2, S. 558ff.; Ute Daniel, Hoftheater. Zur Geschichte des Theaters und der Höfe im 18. und 19. Jahrhundert, Stuttgart 1995, S. 126–179.

[104] Vgl. Frithjof Stock, Kotzebue im literarischen Leben der Goethezeit. Polemik – Kritik – Publikum, Düsseldorf 1971 (Literatur in der Gesellschaft 1), S. 10f., 132.

[105] Zur zeitgenössischen nichtliterarischen Dramatik: Johannes Birgfeld und Claude D. Conter, Das Unterhaltungsstück um 1800. Funktionsgeschichtliche und gattungstheoretische Vorüberlegungen, in: Das Unterhaltungsstück um 1800. Literaturhistorische Konfigurationen – Signaturen der Moderne, hrsg. von J. B. und C. D. C., Hannover 2007 (Forum für deutschsprachiges Drama und Theater in Geschichte und Gegenwart 1), S. VII–XXIV.

[106] Vgl. Strobel, Eine Kulturpoetik des Adels in der Romantik (Anm. I,10), S. 341–352.

Literatur nach Publikumssegmenten zu dieser Zeit – und sogar bis zum Ende des 19. Jahrhunderts – noch nicht endgültig vollzogen: In den Rezensionsjournalen jedenfalls wird der Unterhaltungsroman zu dieser Zeit immer noch berücksichtigt. Dass er dort konsequent negativ besprochen wird, ist von weniger Belang, als dass es überhaupt geschieht.[107] Die wütende Polemik gegen den Unterhaltungsroman indiziert hier wie schon beim Theater, dass der Prozess des Auseinandertretens von anspruchsvoller und anspruchsloser Literatur noch nicht abgeschlossen war.[108] Im späten 18. und frühen 19. Jahrhundert bildet die Unterhaltungsliteratur einen wesentlichen Teil der „schichtenübergreifende(n) ‚nationale(n) literarische(n) Kultur'", und nicht deren Souterrain.[109] Die autonome Dichtung um 1800 nimmt sich daher in etwa so aus wie der Staat Preußen zu derselben Zeit: Von oben her betrachtet, wirkte die Verwaltung der Territorien, die der Chef des Hauses Hohenzollern sein nannte, wie ein zentralisierter absolutistischer Staat mit effektiver Verwaltungsorganisation, moderner kodifizierter Gesetzgebung und stehendem Heer, doch dieser Staat reicht um 1810 noch nicht vom König bis zu den Untertanen herab, denn am unteren Ende gibt es weiterhin und nahezu flächendeckend die vorabsolutistischen Institute der adeligen Grundherrschaft und der Patrimonialgerichtsbarkeit.[110] Die schwache Institutionalisierung der autonomen Dichtung bei gleichzeitig hoch ausgeprägter Diskursivierung hatte Konsequenzen für alle Autoren, die sich an der avancierten Literatur orientierten. Die äußerst verdichtete und höchst dynamische literarische Entwicklung in Weimar und Jena, von der Hegel um 1805 schrieb und der er vorwarf, in ihr hätten Interessen regiert, „von denen in Deutschland, Jena und Weimar ausgenommen, kein Mensch etwas wußte", sorgte hier für eigentümliche Effekte.[111] Sie erlaubte die Ausbildung einer autonomen Poesie und der entsprechenden Verhaltensdispositionen der jungen Dichter, aber jenseits von Sachsen-Weimar war damit im

[107] Marion Beaujean, Der Trivialroman in der zweiten Hälfte des 18. Jahrhunderts. Die Ursprünge des modernen Unterhaltungsromans, Bonn 1964 (Abhandlungen zur Kunst-, Musik- und Literaturwissenschaft 22), S. 190. Dasselbe gilt für Hauffs Polemik gegen Heun.

[108] Hartmut Weidemeier, Heinrich August Kerndörffer. Untersuchungen zum Trivialroman der Goethezeit, Diss. Bonn 1967, S. 47ff. Zu einem anderen Urteil gelangt etwa Marianne Spiegel, Der Roman und sein Publikum im früheren 18. Jahrhundert 1700–1767, Bonn 1967 (Abhandlungen zur Kunst-, Musik- und Literaturwissenschaft 41), S. 101f., 105.

[109] Georg Jäger und Jörg Schönert, Die Leihbibliothek als literarische Institution im 18. und 19. Jahrhundert – ein Problemaufriß, in: Die Leihbibliothek als Institution des literarischen Lebens im 18. und 19. Jahrhundert: Organisationsformen, Bestände, Publikum, hrsg. von G. J. und J. Sch., Hamburg 1980, S. 7–60, dort S. 30. Holger Dainat, Abaellino, Rinaldini und Konsorten. Zur Geschichte der Räuberromane in Deutschland, Tübingen 1996 (STSL 55), S. 82 bis 122.

[110] Vgl. Gerhard Oestreich, Strukturprobleme des europäischen Absolutismus, in: ders., Geist und Gestalt des frühmodernen Staates. Ausgewählte Aufsätze, Berlin 1969, S. 179–197; Reinhart Koselleck, Preußen zwischen Reform und Revolution. Allgemeines Landrecht, Verwaltung und soziale Bewegung von 1791 bis 1848, Stuttgart ^{2}1975 (Industrielle Welt 7).

[111] Karl Rosenkranz, Georg Wilhelm Friedrich Hegel's Leben, Berlin 1844, Nachdruck Darmstadt 1977, S. 231.

Literaturbetrieb nicht viel anzufangen. Die Lebenswege und die Werkgeschichten einzelner von der Frühromantik geprägter Autoren können als im einzelnen sehr verschiedene Versuche verstanden werden, mit diesem problematischen Erbe auch in einer literarischen Umgebung zurechtzukommen, die auf diese Entwicklung in keiner Weise vorbereitet und ihr gegenüber auch nur in sehr begrenztem Maß offen war. Dabei ist keineswegs ausschließlich oder auch nur vorwiegend mit schlichter Anpassung an die Verhältnisse zu rechnen. Angesichts der sich radikalisierenden Entwicklung der literarischen Diskussion auf der einen Seite und der fehlenden institutionellen Verankerung auf der anderen setzte sich etwa die Literarisierung des Dramas in eine Richtung fort, die vom zeitgenössischen Unterhaltungstheater immer weiter wegführte, ohne dass diese Tendenz durch gelegentliche reguläre Aufführungen, Liebhabertheater und andere Privatdarstellungen aufgefangen werden konnte. Umgekehrt sahen sich Unterhaltungsdramatiker der Kritik von einer Seite ausgesetzt, die sie als für ihre Produkte unzuständig ansehen mussten. Daher kommt es zu Äußerungen wie der von Kotzebue, der in Berlin die Gründung eines zweiten Theaters forderte, das keine Bildungsanforderungen an das Publikum stellte und den Normen der eigentlichen Literatur nicht unterliegen sollte. Dementsprechend unterschied er zwischen Stücken für die Bühne, deren „natürliche Anmuth“ der Strenge der Kritik nicht unterworfen sein sollte, und solchen für die Lektüre, deren „höhere idealische Schönheit“ keinen Anspruch auf den Beifall eines ungebildeten Publikums machen dürfe.[112]

Brentano war von allen Autoren seiner Generation derjenige, der sich dem romantischen Diskurs am radikalsten verschrieben hatte. Zwar konnte er die frühromantische Theorie Friedrich Schlegels aus vielerlei Gründen niemals vollständig akzeptieren, dennoch war seine in frühen Jahren vollzogene Entscheidung für ein Leben, das der „Poesie“ gewidmet sein sollte, eine Investition à fonds perdu. Dass Brentanos Verständnis der Poesie dabei nicht bloß mit der Hervorbringung und Rezeption literarischer Werke zu tun hat, sondern auf die Lebensführung insgesamt zielt, zeigt angesichts der gegebenen Umstände nur die Radikalität seines Ansatzes. In dem Jahrzehnt nach seiner Jenaer Zeit könnten die Lebensstationen an verschiedenen Orten, wo er jeweils ein Netz persönlicher Beziehungen aufbaut und gemeinsame Unternehmungen ins Werk setzt, als Versuche angesehen werden, die fehlende institutionelle Grundlage der romantischen Dichtung durch eigene Arrangements zu supplieren, um dieser eine soziale Enklave zu schaffen, in der sie dennoch gedeihen konnte. Seine entstehenden Werke bleiben unpubliziert und oft genug auch unvollendet. Bekannt ist Brentano lange Zeit nur als Autor des *Godwi* und der Folgepublikationen aus seiner Jugendzeit sowie als Herausgeber dreier dicker Bände mit alten deutschen Liedern. Als satisfaktionsfähiger Schriftsteller wird er aber von der Generation der Älteren nicht angesehen, von einer größeren Öffentlichkeit ganz zu schweigen. Nur bei den jüngeren Autoren verfügte er über einiges Ansehen, das auch bis in den Vormärz nicht so schnell aufgebraucht war.[113] Die

[112] Kotzebue an Brühl, 15.10.1815, Dingelstedt, S. 342. August von Kotzebue, Fragmente über Recensenten-Unfug. Eine Beylage zu der Jenaer Literatur-Zeitung, Leipzig 1797, S. 71. Vgl. Stock, Kotzebue im literarischen Leben der Goethezeit (Anm. I,104), S. 161.

[113] Vgl. Pravida, Die Erfindung des Rosenkranzes (Anm. I,22), S. 291f.

fehlende Rückbindung an die literarische Öffentlichkeit und die Instabilität der von Brentano hergestellten sozialen Arrangements, zumal der persönlichen Beziehungen, führt schon sehr bald zu dem Bewusstsein der eigenen Isolation und zu einem ambivalenten Verhältnis zur Dichtung und zur Poesie, die diese Versuche motiviert hatten. Zugleich prägte die rückhaltlose Option für die Poesie Charakter und Verhaltensdispositionen so sehr, dass diese Entscheidung nicht einmal durch einen Rückzug auf die Rolle des Schreibers oder durch den völligen Abschied von der Dichtung wieder rückgängig zu machen war.[114] Brentano beschreibt sich daher wiederholt als Objekt, nicht als Subjekt der Poesie, und auch Beobachtern erschien er wie deren Geisel. Johann Thomas nannte Brentano im Jahr 1835 in einem Brief an Karl Sieveking den König Midas der Poesie, dem alles zu Dichtung wird, was er berührt, und der so an dieser seiner Fähigkeit zugrundegeht.[115] Von daher die Verfluchungen der Kunst und die Klage, sich ihren Fängen nicht mehr entwinden zu können: „wir hatten nichts genährt als die Phantasie und sie hatte uns theils wieder aufgefressen".[116]

Solange sich Brentano finanziell und gesellschaftlich abgesichert fühlen durfte, konnte die Instabilität der geselligen Arrangements die Struktur seines Werkes nicht fundamental beeinträchtigen, die vielen Lebens- und Dichtungskrisen können ohne weiteres selbst noch als Teil des Projekts begriffen werden. Sobald der Autor sich aber dazu veranlasst sah, seine Dichtung ungeschützt auf das Forum einer größeren Öffentlichkeit bringen zu müssen, ergaben sich notwendig Schwierigkeiten, die die poetische Integrität der so entstehenden Produkte bedrohten und zu deren ästhetischer Problematik führten, wie sie insbesondere die Wiener Werke auszeichnet. Brentano hat sich der bedingungslosen Akkommodation an die Verhältnisse verweigert oder sah sich dazu nicht in der Lage. (Die Unklarheit von Brentanos finanzieller Lage könnte daher zu den wesentlichen Voraussetzungen der Wiener Periode gehören.) Ebensowenig aber konnte er einfach weitermachen wie bisher. Dies führte dazu, dass die strukturelle Doppelschlächtigkeit der literarischen Situation, die einerseits zur Ausbildung einer Konzeption der Literatur als romantischer Poesie geführt hatte, deren Institutionalisierung aber nicht zuließ, in die Werke Brentanos selbst Einzug hielt und ihnen einen zutiefst ambivalenten Charakter verlieh.[117] Brentanos in dieser Situation entstandene Werke wenden

[114] Vgl. Wolfgang Bunzel, Clemens Brentanos Reversion. Zur Verschränkung von Religiosität und Autorschaft, in: Figuren der Konversion. Friedrich Schlegels Übertritt zum Katholizismus im Kontext, hrsg. von Winfried Eckel und Nikolaus Wegmann, Paderborn u. a. 2012 (Schlegel-Studien 4), S. 5–29. Zum „Schreiber" vgl. Sabine Wienker-Piepho, „Je gelehrter, desto verkehrter"? Volkskundlich-Kulturgeschichtliches zur Schriftbeherrschung, Münster u. a. 2000, S. 132ff.

[115] Konrad Feilchenfeldt, Clemens Brentano und Runge. Aus ungedruckten Briefen, in: JbDSG 16 (1972), S. 1–36, dort S. 12.

[116] Brentano an Sophie von Schweitzer, 1842, GS 9, S. 423.

[117] Vgl. Wolfgang Frühwald, Gedichte in der Isolation. Romantische Lyrik am Übergang von der Autonomie- zur Zweckästhetik, in: Historizität in Sprach- und Literaturwissenschaft. Vorträge und Berichte Stuttgarter Germanistentagung 1972. In Verbindung mit Hans Fromm und Karl

sich nur auf der Außenseite der Öffentlichkeit zu, insgeheim aber bleiben sie auch noch in dieser Entäußerung der Konzeption einer autonomen Dichtung ganz und gar verhaftet. Die Unfähigkeit zum Abschied von der aus verschiedenen – biographischen, werkgeschichtlichen, literatur- und zeithistorischen – Ursachen gründlich desavouierten Utopie der Poesie, das Unvermögen, aus „der unsichtbaren Kirche der Kunst“[118] auszutreten zugunsten des Bekenntnisses zu anderen Mächten, wird so zu einem Marranentum der Poesie, das immerfort etwas anderes tut als es zu tun vorgibt. Erahnen lässt sich dies schon daran, dass fast allen patriotischen Liedern Brentanos „immer der Hauch der eigenen poetischen Welt, der des Kunstwerkes“ anhaftet.[119] Und dieser Befund wird durch fast alle Werke der Wiener Zeit gründlich bestätigt, wie die Interpretationen in den folgenden Kapiteln noch zeigen werden. Eine Deutung des Brentanoschen Werkes, die an dessen gesellschaftlichen Bedingungsfaktoren interessiert ist, kann gerade von dem irreduzibel Poetischen dieser Schriften nicht zugunsten von reduzierenden Bezügen auf vermeintlich ungebrochen wirksame Gattungs- und Bühnentraditionen oder von politischen und ideologischen Lesarten absehen. Denn die Unfähigkeit, Außenbezüge anders als durch die Brechung im Medium der autonom verfahrenden Poesie zuzulassen, ist eine fundamentale Eigenschaft von Brentanos Werk und Folge der von ihm im Lauf seiner Karriere als Dichter getroffenen Optionen. Die Poesie lässt sich daher weder durch zeitgeschichtliche und politische Vorgaben noch durch zweckliterarische Konventionen direkt in Beschlag nehmen: Nur nach ihrer eigenen Maßgabe können zweckliterarische Konvention, Politik und Geschichte ins Werk eintreten. Diejenige politische oder ideologische Konzeption wird adaptiert, die im Augenblick gerade die Hybridbildung von autonomer Poesie und Zweckdichtung erlaubt, doch eignet sich bei weitem nicht jede, und darin besteht die Grenze, die der Anpassung an die gegebenen Umstände gezogen ist und die Brentano auch in keinem Moment überschreitet, die wenigen und kurzen panegyrischen Gedichte vielleicht ausgenommen. So geht die Verwendung von okkasionellen Inhalten und konventionellen Formen immer einher mit einer Selbstrezeption früherer Werke. Die mitunter überraschenden Gestalten, die solche im Medium der Poesie gebrochenen generischen und Kontextbezüge annehmen, sind die Folge von Brentanos Versuch, mit den ihm vertrauten Mitteln der Poesie in einer literarischen Situation zu agieren, die eine autonome Dichtung nicht zuließen. Diese einander entgegengesetzten Faktoren bringen aus durch die Gelegenheit gegebenen Anlässen jene

Richter hrsg. von Walter Müller-Seidel, München 1974, S. 295–311; ders.,Romantische Lyrik im Spannungsfeld von Esoterik und Öffentlichkeit, in: Neues Handbuch der Literaturwissenschaft, Bd. 14: Europäische Romantik I, hrsg. von Karl Robert Mandelkow, Wiesbaden 1982, S. 355–392.

[118] Brentano an Arnim, um den 20.8.1806, WAA 32,1, S. 302. Zum Topos der ‚unsichtbaren Kirche‘: Dietmar Pravida, Rezension von: Bettina Knauer, Allegorische Texturen. Studien zum Prosawerk Clemens Brentanos, Tübingen 1995 (Hermaea N. F. 77), in: JbBvA 13/14 (2001/2002), S. 245–248, dort S. 248, Anm. 6.

[119] Wolfgang Frühwald, Das verlorene Paradies. Zur Deutung von Clemens Brentanos *Herzlicher Zueignung* des Märchens *Gockel, Hinckel und Gackeleia* (1839), in: LJb N. F. 3 (1962), S. 113–192, dort S. 176, Anm. 214.

endlosen Überarbeitungen, Selbstverfremdungen und mitunter leerlaufenden Amplifikationen hervor, die für die Wiener Werke charakteristisch sind und auch von den Zeitgenossen bemerkt wurden. Ernst Ludwig von Gerlach schreibt am 7. Januar 1817 in sein Tagebuch:[120]

> Er las die Victoria vor mit all den alten Liedern: „Ich weiß es wohl – –", „Wenn es stürmt auf den Wogen" – und Erinnerungen. Der „Landwehrkatechismus" und das „Sturmlied" sind vortrefflich, aber es stört ein Geist der Willkür unter allen diesen Edelsteinen herum und seine Verbindung mit der Geschichte hat etwas Unheimliches und Monströses.

Dasselbe gilt nicht nur für die literarischen Produkte im engeren Sinn, sondern ebenso auch für Brentanos politisches Verhalten in Wien. Brentanos Werke und sein Verhalten sind so von einem poetischen Patriotismus geprägt, in welchem die Poesie schließlich stets das letzte Wort behält, wie abgehärmt sie durch den Konflikt mit den Anforderungen der literarischen und politischen Realität auch immer geworden sein mag. In den Jahren 1813/14 scheint es trotz allen gegenläufigen Bemühungen Brentanos zuletzt beinahe ganz gleichgültig gewesen zu sein, ob die patriotischen Werke in Österreich Aussicht auf Aufführung und Wirkung oder auch nur auf Veröffentlichung hatten. So behält Brentano die Allegorien in *Viktoria und ihre Geschwister* gegen alle Ausstellungen der Theaterpraktiker bei, obwohl sie als unverständlich gelten, und so verzichtet er weder in *Viktoria und ihre Geschwister* noch in *Valeria oder Vaterlist* auf die shakespeareschen Wortspiele, die von den Zuschauern im Theater und allen Rezensenten so übel aufgenommen werden. Wie stets schon entstehen die Werke aus früheren Werken, fremden oder eigenen, und aus deren motivischem und sprachlichem Material, und dieses wird nicht etwa funktional eingesetzt, um daraus eingängige Zweckliteratur oder bühnentaugliche Stücke zu schaffen. Wie in *Rheinübergang Kriegsrundgesang* die *Mährchen vom Rhein* fortgedichtet werden, so entstehen auch die übrigen Werke als Fortschreibung anderer Werke, und vor die Wahl gestellt, bestimmte poetische Eigenheiten zu opfern und Erfolg zu haben oder sie beizubehalten und zu scheitern, entscheidet sich Brentano für keins von beidem oder für beides zugleich, zuletzt dann aber doch immer für den zweiten Teil der Alternative.

[120] Schoeps, S. 209. Vgl. Siegfried Sudhof, Brentanos Gedicht „O schweig nur Herz! …" Zur Tradition sprachlicher Formen und poetischer Bilder, in: ZfdPh 92 (1973), S. 211–231, dort S. 214.

2 Der böhmische Aufenthalt 1811–1813

Es waren nicht allein finanzielle Probleme, die Brentano dazu bestimmt haben, nach Wien zu gehen, anstatt nach Berlin zurückzukehren. Schon Ende 1811 war Brentano willens, von Bukowan und Prag abzufahren und nach Berlin zu kommen, um dort bei Arnim zu wohnen.[1] Gegen dieses Ansinnen verwahrte sich dieser jedoch, da er dafür weder Raum genug übrig hatte, noch auch Lust, es wieder mit Brentanos Treiben aufzunehmen.[2] Brentanos „Geilheit", sein Umgang mit Prostituierten und seine Bemerkungen zu Bettine und zu Arnim über deren voreheliches Liebesleben hatten den Freund während des letzten Berliner Aufenthaltes von Brentano tief entfremdet.[3] So wurde Berlin, wo er seit 1809 gelebt hatte, für ihn eine Stadt, die er besser zu meiden hatte. Aber auch die Heimatstadt war ihm verschlossen. Seit seiner Studentenzeit war er jährlich wenigstens einmal, regelmäßig zur Herbstmesse, nach Frankfurt gekommen, doch seit dem Abenteuer seiner zweiten Ehe mied er die Stadt länger als eineinhalb Jahrzehnte.[4] (Diese Situation dürfte für alle späteren Lebensentscheidungen Brentanos von kaum zu überschätzender Bedeutung gewesen sein.) Nach der Abreise von Berlin war von einem längeren Wien-Aufenthalt zunächst noch nicht die Rede. Friedrich Schlegel und Adam Müller, die sich dauerhaft in österreichische Dienste begeben hatten – oder dies zu dieser Zeit noch versuchten –, kritisierte Brentano, weil sie „ihr Vaterland, dem sie alle ihre Bildung verdanken, verließen in der Zeit einer edlen Noth, um an den Trüffeln

1 Savigny an Jacob Grimm, 5.10.1811, Stoll 2, S. 80. Brentano an Arnim, 10.–11.12.1811, FBA 32, S. 364. Zu Brentanos finanziellen Spekulationen: Brentano an Savigny, 6.9.1811, 12.10.1811, 6.11.1811, FBA 32, S. 338f., 357, 338f. Brentano an Arnim, 10.12.1811, ebd., S. 367f. Arnim an Savigny, 27.12.1811, Härtl 2, S. 59. Arnim an Brentano, 28.12.1811, Schultz/Schwinn 2, S. 628f. Achim an Bettine von Arnim, um den 20.8.1812, Vordtriede 1, S. 16.

2 Arnim an Brentano, 28.12.1811, Schultz/Schwinn 2, S. 629. Arnim an Savigny, 27.12.1811, Härtl 2, S. 59. Vgl. Lujo Brentano, Clemens Brentanos Liebesleben. Eine Ansicht, Frankfurt a. M. 1921, S. 173–191.

3 Arnim an Savigny, 15.1.1809, Härtl 2, S. 41. Arnim an Bettine Brentano, 22.7.1810, Betz/Straub 2, S. 363. Arnim an Jacob Grimm, 5.4.1811, Steig 3, S. 107. Arnim an Brentano, 20.4.1811, Schultz/Schwinn 2, S. 600. Brentano an Arnim, nach dem 20.4.1811, FBA 32, S. 312ff. Arnim an Brentano, 14.9.1811, Schultz/Schwinn 2, S. 609 (dort das Zitat). Renate Moering, „... nur ein liebend geliebtes Weib zu umarmen..." Ein unbekannter Brief Achim von Arnims an seine Frau Bettine, in: JbFDH 2007, S. 199–214.

4 Weitz, S. 743. Grus, FBA 3,3, S. 196.

Wiens zu fressen, das selbst sie nicht achtet und wie reiche Herren als Mohren, Heidukken, Affen, Zwerge und Papageien hält".[5] Er selbst wollte zunächst nur einige Wochen bleiben.[6] Am 3. September 1810 schreibt er, er gehe doch nicht nach Wien, denn er habe „einen ganz eigenen Widerwillen, in irgend einem neuen Kreis aufzutreten, denn ich habe mich bereits zum Ekel in der Welt explizirt".[7] In einem Brief an Antonie Brentano vom 10. Januar 1811 begründete er sein Ausbleiben in Wien mit der Entrüstung über die Veräußerung der Bibliothek Johann Melchior von Birkenstocks, Antonie Brentanos Vater, die am 15. des Monats unter den Hammer komen sollte.[8] Antonie und Franz Brentano waren im Sommer 1809 nach Wien gekommen, wo Antonie Brentanos Vater am 30. Oktober 1809 verstarb.[9] Wegen der Entwertung der österreichischen Währung fanden die vier Auktionen aber erst in den Jahren 1812 und 1813 statt.[10] Das Haus in der Erdberggasse 98 in der Wiener Vorstadt Landstraße wurde vermietet und durch einen Hausmeister verwaltet, nachdem die Bibliotheksräume freigeworden waren; verkauft wurde es erst im Jahr 1832.[11] Brentano ließ sich auch später die Gelegenheiten entgehen, seinen Bruder und dessen Frau in Wien zu sehen, solange sie sich noch dort aufhielten, oder sie in Karlsbad zu besuchen. Bei der Durchreise durch Prag im Sommer 1812 hatten ihn Franz und Antonie Brentano suchen lassen, ohne ihn anzutreffen.[12] Es

5 Brentano an Arnim, gegen den 24.3.1812, FBA 32, S. 382. Neben Heiducken und Mohren – dem obligaten Personal des Jahrmarkts – saß Brentano in seiner Prager Absteige; vgl. Brentano an Meline von Guaita, 8.12.1812, ebd., S. 421.

6 Brentano an Wilhelm Grimm, 8.5.1810, ebd., S. 271.

7 Brentano an Jacob und Wilhelm Grimm, 3.9.1810, ebd., S. 280.

8 Clemens an Antonie Brentano, Berlin 10.1.1811, ebd., S. 310 (der gegenüber den *Gesammelten Schriften* vervollständigte Abdruck bei Goldschmidt, S. 521f. wurde in FBA 32, S. 482 übersehen). Antonie an Clemens Brentano, 26.1.1811, Goldschmidt, S. 523f.

9 Klaus Martin Kopitz, Antonie Brentano in Wien (1809–1812). Neue Quellen zur Problematik „Unsterbliche Geliebte", in: BBS 2 (2001), S. 115–146, dort S. 120. Solomon, Beethoven (Anm. I,95), S. 234ff.

10 Zu dem Verkauf der Birkenstockschen Sammlungen: Franz an Clemens Brentano, 18.6.1812, FDH 16068. Goldschmidt, S. 93 und S. 471, Anm. 170. Solomon, Beethoven (Anm. I,95), S. 463, Anm. 87. Kopitz (Anm. II,9), S. 122, 136. Zu Johann Melchior von Birkenstock vgl. Hubert Weitensfelder, Studium und Staat. Heinrich Graf Rottenhan und Johann Melchior von Birkenstock als Repräsentanten der österreichischen Bildungspolitik um 1800, Wien 1996 (Universität Wien. Schriftenreihe des Universitätsarchivs 9), S. 25–42.

11 Zu Vermietung und Verkauf des Hauses: Goldschmidt, S. 108, 473, Anm. 203. Zu dem Wiener Haus Birkenstocks: Gräffer 2, S. 355, Anm. Hermine Cloeter, Das Brentano-Haus in Wien, in: dies., Zwischen Gestern und Heute. Wanderungen durch Wien und den Wienerwald, Wien [2]1918, S. 148–162. Gugitz 4, S. 63f. Leopold Schmidt, Einem Erdberger Haus zum Gedächtnis, in: ders., Zwischen Bastei und Linienwall. Wiener Vorstädte und ihre Gäste, Wien 1947, S. 213–226. Czeike 1, S. 460, s. v. Brentanohaus.

12 Franz an Clemens Brentano, 15. Juli 1812, Hs. FDH 16069, ebenfalls zitiert in: Susan Lund, Raptus. A novel about Beethoven based on the source material. Annotated, with introductory articles, Melbourn, Royston/Hertfordshire 1995, S. XXXVIII. Zum verpassten Treffen in Karlsbad: Clemens an Antonie Brentano, 1.1.1812, FBA 32, S. 378f. Vgl. Grus, Brentanos Gedichte *An Görres* und *An Schinkel* (Anm. I,53), S. 305ff.

ist denkbar, dass er ein Treffen überhaupt vermeiden wollte. Zu dieser Zeit war Brentano in Bukowan kaum abkömmlich, musste er doch versuchen, Christian zur Abreise zu bewegen, dessen Gebaren als Verwalter des Gutes das ganze Unternehmen in den Ruin zu treiben drohte.[13] Tatsächlich ist es erst später zu dessen endgültiger Abreise gekommen.[14] Er kam nach einem längeren Aufenthalt in Ungarn etwa im Januar 1814 in die österreichische Hauptstadt[15] – auf der Hinreise nach Ungarn war er in der ersten Hälfte des Monats September 1813 schon einmal dort[16] –, ging zusammen mit Clemens zurück nach Prag,[17] kümmerte sich um den Verkauf von Bukowan und kam erst 1815 wieder nach Frankfurt.[18] Im März 1812 hörte Arnim in Berlin „aus dem Knoblauch" das Gerücht, Brentano befinde sich in Wien.[19] Steigs Identifizierung des „Knoblauch" mit Rahel Robert dürfte zutreffen, denn sie war es, die diese nicht zutreffende Neuigkeit in Berlin verbreitete.[20] Varnhagen hatte ihr aus Prag geschrieben, Brentano werde demnächst Ernst von Pfuel nach Wien folgen.[21] Im Lauf des Jahres 1812 kam es zu einem Eklat zwischen Brentano und Varnhagen, was aber jenen nicht veranlasste, Böhmen den Rücken zu kehren, obwohl er sich dort, so jedenfalls nach Varnhagens Ansicht, unmöglich gemacht hatte.[22] Bei dem Teplitzer Treffen im August 1812 mit seiner Schwester Bettine, Arnim, Savigny und dessen Frau ist jedoch vereinbart worden, dass Brentano nach Berlin kommen werde, Ende Oktober erwartete ihn Arnim zurück.[23]

13 Vgl. neben dem Brief an Antonie Brentano die Schreiben an Savigny, 23.9.1811, 6.11.1811, 24.3.1812, 12.4.1812, FBA 32, S. 346, 360, 385, 388. Günther, Savigny als Grundherr (Anm. I,40), S. 123–129.

14 Bei Günther, Savigny als Grundherr (Anm. I,40), S. 128 wird ein Brief Christian Brentanos an Savigny zitiert, in dem er schreibt, er sei seit anderthalb Jahren nicht mehr in Bukowan gewesen (Universitätsbibliothek Marburg, Nachlass Savigny, Ms. 964/48). Günther nennt den Brief undatiert und setzt ihn in den Oktober des Jahres 1814 oder 1815 (ebd.). Der Brief mit der angegebenen Signatur sollte aber nach des Verfassers eigenen Angaben vom 4.9.1814 datieren (vgl. ebd., S. 227).

15 Brentano an Arnim, 5.4.1814, FBA 33, S. 121. Christian Brentano, Schriften 1, S. XVIIf.

16 Brentano an Arnim, Ende August bis Anfang Oktober 1813, FBA 33, S. 81. Herberstein-Moltke an Gunda von Savigny, 27. Oktober 1813, Universitäts- und Landesbibliothek Münster i. Westf., Nachlass Savigny 20,039 (vgl. Anhang II). Passavant, Tagebuch, 12.9.1813, Helfferich, S. 362. Brentano an Arnim, Ende November 1813, FBA 33, S. 105.

17 Vgl. Brentano an Savigny, 30.6.1814, FBA 33, S. 124. Ringseis 1, S. 172.

18 Savigny an Jacob Grimm, 12.10.1815, Stoll 2, S. 146. Christian Brentano, Schriften 1, S. XVIIIf.

19 Arnim an Brentano, 5.3.1812, Schultz/Schwinn 2, S. 634.

20 Rahel Robert an Varnhagen, 11.1.1812, Rahel-Bibliothek 4,2, S. 216. Die bei Steig 1, S. 298 angegebene Seitenzahl ist zu korrigieren. Vgl. dagegen Härtl 3, S. 172, Anm. 8 und Schultz/Schwinn 2, S. 921. Aus dem Zusammenhang geht eindeutig hervor, dass „Knoblauch" nicht ein Eigenname oder eine Verballhornung davon sein kann, sondern eine antisemitische Bezeichnung ist; vgl. Gerhard Kluge, FBA 19, S. 623.

21 Varnhagen an Rahel Robert, 8.12.1811, Rahel-Bibliothek 4,2, S. 190.

22 Varnhagen, Biographische Porträts. Clemens Brentano, WW 4, S. 348–361, dort S. 355.

23 Arnim an Brentano, 23.10.1812, Schultz/Schwinn 2, S. 663. Franz an Clemens Brentano, 6.10.1812, Hs. FDH 16045. Vgl. Chronik, S. 89.

Unterdessen arbeitete Brentano an der *Gründung Prags*, wovon er in Teplitz ein „Brullion" vorgelesen hatte.[24]

Brentanos Äußerungen, die im Zusammenhang mit der Entstehung dieses Dramas fallen, entwickeln eine bei ihm ganz neue Rhetorik von lima et labor, die seinen früheren Äußerungen über seine Werke noch weitgehend fremd war. Er bemühte sie erstmals bei Gelegenheit der *Erfindung des Rosenkranzes*, als die Arbeit am Versepos ins Stocken geriet.[25] Solche Hinweise auf die geleistete Arbeit und die aufgewandten Mühen werden in den Briefen der Wiener Zeit nun kontinuierlich wiederholt. Mit dem Libussa-Drama scheint Brentano den Plan verbunden zu haben, durch öffentlichen Vortrag Geld zu verdienen. Nach Frühwald soll das Werk sogar „trotz dem Dementi des Dichters mehr der modischen Form des Deklamationsstückes als dem Theater verpflichtet" sein.[26] Vorlesungen von Dramen in kleineren Gesellschaftskreisen waren seinerzeit üblich, und die mangelnden Gelegenheiten, die Stücke auf die Bühne zu bringen, nötigten zu dieser Form der Aufführung.[27] Brentanos Gebrauch von Fachbegriffen der Deklamationslehre verrät Erfahrung in diesem Gebiet, wenn auch sein Urteil über die „unseligen Deklamatoren" seiner Zeit nicht günstig ist.[28] Deklamatorische Elemente meint Renate Maurer-Adam in Brentanos *Ponce de Leon* festgestellt zu haben, und Stefan Scherer sieht die *Gründung Prags* „zur oratorischen Wortoper" tendieren,[29] was zumindest insofern treffend ist, als die erste Fassung noch als Oper geplant war und der erste

24 Brentano an Arnim, vermutlich Anfang Februar 1813, FBA 33, S. 10.

25 Susanne Mittag, Clemens Brentano. Eine Autobiographie in der Form, Heidelberg 1978 (Frankfurter Beiträge zur Germanistik 17), S. 116. Pravida, Die Erfindung des Rosenkranzes (Anm. I,22), S. 214.

26 Wolfgang Frühwald, Clemens Brentano. Die Gründung Prags, in: Kindlers Literatur-Lexikon, hrsg. von Wolfgang von Einsiedeln, Bd. 3, Zürich 1967, Sp. 1226–1229, dort Sp. 1227 und Kindlers Neues Literaturlexikon, hrsg. von Walter Jens, Bd. 3, München 1989, S. 139–141, dort S. 140; ebenso ders., Frankfurter Brentano-Ausgabe, in: JbIG 1 (1969), H. 2, S. 70–80, dort S. 76. Dagegen bereits Joachim Müller, Rezension von: Clemens Brentano. Beiträge des Kolloquiums im Freien Deutschen Hochstift 1978, hrsg. von Detlev Lüders, Tübingen 1980; Clemens Brentano, Sämtliche Werke und Briefe. Bd. 14. Dramen III, hrsg. von Georg Mayer und Walter Schmitz, Stuttgart u. a. 1980, in: DLZ 102 (1981), Sp. 1062–1066, dort Sp. 1065.

27 Peter Seibert, Der literarische Salon. Literatur und Geselligkeit zwischen Aufklärung und Vormärz, Stuttgart, Weimar 1993, S. 363ff. Friedrich Sengle, Biedermeierzeit. Deutsche Literatur im Spannungsfeld zwischen Restauration und Revolution, Bd. 2, Stuttgart 1972, S. 331ff. Irmgard Weithase, Anschauungen über das Wesen der Sprache von 1775–1825, Berlin 1930 (Germanische Studien 90), S. 136ff., 141ff. Weber, Die Phantasiebühne der Romantiker (Anm. I,71), S. 61f. Stockinger, Das dramatische Werk Fouqués (Anm. I,66), S. 23f.

28 Vgl. Pravida, Die Erfindung des Rosenkranzes (Anm. I,22), S. 214f. Brentanos Urteil in seiner Besprechung von: Die Braut von Messina, Trauerspiel von Schiller. Aufgeführt im Theater nächst der Burg am 12. Januar 1814, in: DrB 2. Jg., Nr. 11, 26.1.1814, S. 40–44, dort S. 43 = W 2, S. 1080–1085, dort S. 1083.

29 Renate Maurer-Adam, Deklamatorisches Theater. Dramaturgie und Inszenierung von Clemens Brentanos Lustspiel *Ponce de Leon*, in: Aurora 40 (1980), S. 71–99, dort S. 75ff. Stefan Scherer, Witzige Spielgemälde. Tieck und das Drama der Romantik, Berlin, New York 2003 (QuF 26 [260]), S. 569.

Akt der Buchfassung des Dramas in dramentechnischer Hinsicht noch Spuren dieser früheren Konzeption aufweist.[30] Dennoch setzt der Bezug der Kritiker von Brentanos Drama auf die Oper wohl ein Repertoire voraus, das es in den ersten beiden Jahrzehnten des 19. Jahrhunderts noch nicht gab, und ist mithin anachronistisch. Auch die vorgeschlagene Unterscheidung zwischen Deklamationsstück und für die Bühne bestimmtem Drama ist zumindest im Hinblick auf *Die Gründung Prags* unangemessen. Schließlich hat Brentano in Wien ernsthaft an eine Aufführung seines Libussa-Dramas gedacht und eine nicht erhaltene Bühnenfassung angefertigt. Wie in den Salons Liebhabertheater gespielt wurde,[31] so wurde auf den Theaterbühnen deklamiert.[32] Einschlägige Anthologien werden in Theaterzeitschriften besprochen; in einer solchen Rezension in den *Friedensblättern* ist von der „Kunst der Deklamation" die Rede, „die sich in unseren Tagen vorzüglich ausbreitet".[33] Eine strikte generische Grenzziehung zwischen Deklamationsstücken und Bühnenwerken ist demnach irreführend. Bei Deklamatorien war der Vortrag „schöner Stellen" üblich, also von Monologen aus Dramen und dergleichen.[34] Dass es wirklich ganze für die Deklamation bestimmte Dramen vom Umfang und der Anlage von Brentanos *Gründung Prags* oder auch nur des *Ponce de Leon* gegeben habe, die ausschließlich zum Zweck des Vortrags verfertigt wurden, sei hiermit ausdrücklich bestritten; sie müssten auch der Form nach anders aussehen als Brentanos Stück, etwa so wie Johann Klajs Redeoratorien oder aber so wie Kotzebues *Kleiner Deklamator*. Ein neuerer Versuch, *Ponce de Leon* als ein „Rezitationsdrama" zu erweisen, ist als unzureichend begründet zurückzuweisen.[35] Tatsächlich ist *Östreichs Muth, Sieg und Hofnung* anscheinend das einzige Werk eines namhaften Autors, das die Gattungsangabe „Deklamatorium" führt, und diese Gebrauchsweise des Ausdrucks scheint auch nicht

[30] Vgl. Arnim an Jacob und Wilhelm Grimm, 8.9.1812, Steig 3, S. 210.

[31] Seibert, Der literarische Salon (Anm. II,27), S. 369ff.

[32] Die Theaterchroniken der *Friedensblätter* verzeichnen regelmäßig deklamatorische Aufführungen, so etwa im 1. Jg., Nr. 61, 19.11.1814, S. 252; Nr. 77, 27.12.1814, S. 316. Ebenso der Dramaturgische Beobachter, z. B. 1. Jg., Nr. 47/48, 31.12.1813, S. 187f.

[33] Frbl 1. Jg., Nr. 3, 28.6.1814, S. 11. Ferner: Ebd. 2. Jg., Nr. 59, 18.5.1815, S. 235f. – Zur Deklamatorik des 18. und 19. Jahrhunderts: Weithase, Anschauungen über das Wesen der Sprache (Anm. II,27). Dies., Die Geschichte der deutschen Vortragskunst im 19. Jahrhundert. Anschauungen über das Wesen der Sprechkunst vom Ausgang der deutschen Klassik bis zur Jahrhundertwende, Weimar 1940. Ulrike Küster, Das Melodrama. Zum ästhetikgeschichtlichen Zusammenhang von Dichtung und Musik im 18. Jahrhundert, Frankfurt a. M. u. a. 1994 (Europäische Aufklärung in Literatur und Sprache 7), S. 153, Anm. 2. Martin Knust, Sprachvertonung und Gestik in den Werken Richard Wagners. Einflüsse zeitgenössischer Deklamations- und Rezitationspraxis, Berlin 2007 (Greifswalder Beiträge zur Musikwissenschaft 16), S. 85–87.

[34] Von einer solchen Rezitation berichtet etwa Mariane von Eybenberg an Goethe, 23.10.1808, Sauer 2, S. 218f.

[35] Maurer-Adam, Deklamatorisches Theater (Anm. II,29), S. 75ff. Die von Maurer-Adam als Beleg zitierten Briefstellen über Brentanos Pläne, aus der *Gründung Prags* vorzulesen, genügen nicht. Und bei den Aufführungen Brentanoscher Kleindramen im Familienkreis handelte es sich nicht um Rezitationen.

wirklich üblich gewesen zu sein.[36] (Ähnlich verhält es sich bei der Gattungsangabe von Reichardts „Deklamationen“.[37])

Bei Adam Müller, den er aus Berliner Zeiten kannte, bemühte sich Brentano um einen Verleger für das Libussa-Drama.[38] In den Briefen an Arnim zeigt sich Brentano über Müllers Aufenthalt in Wien informiert, spricht jedoch ziemlich abfällig von ihm.[39] Ob er sich ohne weitere Vermittlung an ihn wandte oder ob er einen Fürsprecher bei ihm hatte, ist unbekannt. Jedoch scheint Arnim mit Müller in Kontakt gestanden zu haben, wie aus einem Billet Kleists an Arnim aus dem August 1811 hervorgeht, in dem er ihm Müllers Adresse mitteilt.[40] Am 1. Oktober 1812 bat Brentano seinen Bruder Franz in einem nicht erhaltenen Brief, „sich in Wien nach Absatzmöglichkeiten für sein Drama, vermutlich *Die Gründung Prags*, zu erkundigen“.[41] Um den 20. Dezember hat Brentano das Stück in der vierten Umarbeitung vollendet,[42] doch arbeitete er an der Versform noch in Wien, wie aus dem Dank an seinen Zensor Joseph Friedrich von Retzer im Anhang der Buchausgabe hervorgeht.[43] Ein solcher Dank mag seltsam klingen, aber „zumindest vor 1830“ war es „in keiner Weise ehrenrührig, Zensor zu sein“.[44]

36 Zu Brentanos Urteil über die Deklamationsmode vgl. sein Vorwort zu *Valeria oder Vaterlist*, FBA 12, S. 641.

37 Heinrich W. Schwab, Kompositorische Individualität durch Vermischung der Gattungen. Zu Johann Friedrich Reichardts Gattungstypus „Deklamation“, in: Johann Friedrich Reichardt (1752–1814). Zwischen Anpassung und Provokation – Goethes Lieder und Singspiele in Reichardts Vertonung, hrsg. von Manfred Beetz u. a., Halle a. S. 2003 (Schriften des Händel-Hauses in Halle 19), S. 179–194.

38 Brentano an Arnim, 28.–29.11.1812, FBA 32, S. 415. Oehring, Spuren verlorener Briefe (Anm. I,51), S. 116.

39 Brentano an Arnim, gegen den 24.3.1812, FBA 32, S. 382. Siehe auch Bartholomäus Kopitar an Josef Dobrovský, 31.1.–2.2.1813, Jagić, S. 324: „Schlegel accepit rivalem in καθολικίσμῳ anilissimo Adam Müllerum, cui tamen ego vix meliorem fortunam in die Länge ausim promittere quam Dresdae et Berlini est expertus. Odi hypocriticum vulgus arceo. Sycophantae non praevalebunt eam, neutri, nec ἀθεοι, nec ὑπερθεοι. Müller et Leibeigenschaft praedicat, utpote fastigium sapientiae infusae Germanorum!“ Lateinische Passagen beugen der Zensur vor, und wo Kirchliches berührt wird, ist sogar Ausweichen ins Griechische ratsam.

40 Kleist an Arnim, August 1811, SW 2, S. 981. Jakob Baxa, Adam Müller. Ein Lebensbild aus den Befreiungskriegen und aus der deutschen Restauration, Jena 1930, S. 184, Anm. 1.

41 Oehring, Spuren verlorener Briefe (Anm. I,51), S. 116. Grus, Brentanos Gedichte *An Görres* und *An Schinkel* (Anm. I,53), S. 306.

42 Brentano an Savigny, 20.12.1812, FBA 32, S. 424. Brentano an Bang, 24.12.1812, ebd., S. 430. Chronik, S. 90.

43 FBA 14, S. 480. Jacob an Wilhelm Grimm, 2.11.1814, Rölleke, S. 378.

44 Silvester Lechner, Gelehrte Kritik und Restauration. Metternichs Wissenschafts- und Pressepolitik und die Wiener *Jahrbücher der Literatur* (1818–1849), Tübingen 1977 (Studien zur deutschen Literatur 49), S. 82. Siehe auch Waltraud Heindl, Der ‚Mitautor‘. Überlegungen zur literarischen Zensur und staatsbürgerlichen Mentalität im habsburgischen Biedermeier und Vormärz, in: Kultur und Politik in Österreich und Ungarn, hrsg. von Péter Hanák, Waltraud Heindl, Stefan Malfèr und Éva Somogyi, Wien u. a. 1994, S. 38–60. Zu Retzers Zensorenkarriere vgl. Julius Marx, Metternich als Zensor, in: JbVGStW 11 (1954), S. 112–135.

Außerdem hatte der als Mitarbeiter des *Teutschen Merkur* und als Korrespondent zahlreicher deutscher Spätaufklärer wohlbekannte Retzer auch mit Sophie von La Roche in Kontakt gestanden.[45] Da Retzers Eitelkeit ebenso notorisch ist wie seine Milde im Zensorenamt – „Hängt sein Bild über Voltaire. Läßt sich dedizieren", schreibt Böttiger im Herbst 1811 nach einem Besuch bei ihm[46] – sollte seine Rolle als metrischer Berater Brentanos bei der Überarbeitung keinesfalls überschätzt werden. Ende 1812 scheint Brentano seine Pläne dann auf öffentliche Vorträge des Stücks konzentriert zu haben; an Savigny schreibt er am 20. Dezember 1812, er werde das Werk „auf eigne Kosten und auf Subscription drucken" lassen und „deswegen vielleicht in Wien und Prag öffentlich draus vorlesen".[47] Zu diesem Zweck erneuerte er eigens seine Garderobe: Bettine von Arnim berichtet nach einem nicht erhaltenen Brief Brentanos an sie, dass dieser für seine Auftritte als Deklamator „neue Über- und Unterkleider" anfertigen lasse und „ganz splendid" aufzutreten gedenke.[48] Allerdings hatte Brentano noch am 28. November Arnim gegenüber erklärt, er werde nach Berlin kommen, sobald er Nachricht von Adam Müller habe.[49] Arnim riet von dem deklamatorischem Plan ab, den der Freund in einem nicht erhaltenen Brief ausführlich entwickelt haben muss. Er warnte davor, sich auf das Niveau „literarischer Schreierei" herunterzulassen und sich zur „fatalsten Menschenklasse unsrer Zeit, der Deklamatoren", zu begeben, allerdings ohne Erfolg.[50]

Aus der ersten Hälfte des Jahres 1813 sind nur zwei Briefe Brentanos überliefert; für die Biographie ist dieser Zeitraum ein weißer Fleck.[51] Bekannt ist lediglich, dass Ende Januar in der Prager Zeitschrift *Kronos* Brentanos Ankündigung seines Libussa-Dramas

45 Thomas C. Starnes, Der teutsche Merkur in den österreichischen Ländern, Wien 1994, S. 135 bis 137.

46 Hermann Arthur Lier, Karl August Böttigers Reise nach Wien im Herbst 1811, in: JbGG 13 (1903), S. 144, Anm. 57. Marx, Metternich als Zensor (Anm. II,44), S. 126. Ferner zu Retzer: Jacob an Wilhelm Grimm, Wien 2.11.1814, Rölleke, S. 378. Goedeke 6, 1898, S. 531; 4,1, 1916, S. 200f., 1117. Gustav Gugitz, Ein vergessener Dichterdilettant, in: Deutsches Tagblatt. Ostdeutsche Rundschau 15. Jg., Nr. 174, 25.6.1904, Morgenausgabe, S. 1–4. Eugene F. Timpe, A Viennese Acquaintance: Joseph Friedrich Freiherr von Retzer, in: Christoph Martin Wieland. North American Scholarly Contributions on the Occasion of the 250th Anniversary of his Birth 1983, ed. by Hansjörg Schelle, Tübingen 1984, S. 317–328. Wynfrid Kriegleder, Joseph von Retzers Briefe an Friedrich Nicolai, in: JbWGV 89/90/91 (1985/86/87), S. 261 bis 322.

47 Brentano an Savigny, 20.12.1812, FBA 32, S. 424.

48 Bettine und Achim von Arnim an Jacob und Wilhelm Grimm, vor dem 9.1.1813, Steig 3, S. 265.

49 Brentano an Arnim, 28.11.1812, FBA 32, S. 415.

50 Arnim an Brentano, 16.1.1813, Schultz/Schwinn 2, S. 671. Bei dem in dem Brief genannten Seckendorff handelt es sich um Gustav Anton von Seckendorff; vgl. Steig 1, S. 375; Franz Brümmer, ADB 33, 1891, S. 517f.; Weithase, Anschauungen über das Wesen der Sprache (Anm. II,27), S. 114f., 129f.; Mary Helen Dupree, From "Dark Singing" to a Science of the Voice: Gustav Adolf Seckendorff and the Declamatory Concert Around 1800, in: DVjs 86 (2012), S. 365–396. Der Registereintrag bei Schultz/Schwinn 2, S. 961 ist zu korrigieren.

51 Mallon 2, S. 224f. Chronik, S. 90.

erschien. Neben dem wichtigen Aufsatz *Erklärung der Sinnbilder auf dem Umschlag dieser Zeitschrift* in dem Prager *Hesperus* ist sie das einzige bisher bekanntgewordene Zeugnis für eine publizistische Tätigkeit Brentanos in der Zeit des Aufenthalts in Österreich vor den Wiener Monaten.[52] Weitere Zeugnisse für Brentanos „Tagesschriftstellerei“ in der Prager Zeit, von der Steig spricht, haben sich bis jetzt nicht gefunden.[53] Wegen der Kriegsereignisse des Frühjahrsfeldzuges von 1813, der Schlacht bei Groß-Görschen (2. Mai 1813), bei der Scharnhorst verwundet wurde,[54] des Vorrückens Neys nach Berlin[55] und der Schlacht bei Bautzen (21. Mai 1813), setzte eine Fluchtbewegung aus Berlin ein, mit der auch Gunda von Savigny nach Bukowan und Prag kam.[56] Die Flüchtlingswelle, die Brentano in Prag mit alten Bekannten zusammenführte, scheint seine Wiener Pläne verzögert zu haben. Für Rahel Robert verlängerte er seinen Aufenthalt in Prag noch um acht Tage, sie und Tieck sah er in dieser Zeit fast täglich.[57] Am 4. Juni war der Waffenstillstand von Pläswitz geschlossen worden, der bis zum 10. August 1813 dauern sollte. Anfang Juli schreibt Brentano an Arnim, er habe „nach dem ich vier Wochen um einen Paß nach Wien suplizirt, ihn endlich erhalten und werde in einigen Tagen hier abreisen“.[58] Den Pass scheint Brentano bereits vor dem 24. Juni besessen zu haben, da schon Tieck gegenüber Rahel Robert von der Wien-Reise gesprochen hatte.[59] Das Datum der Eingabe um den Pass wird demnach auf Anfang Juni oder Ende Mai

52 Mallon 2, S. 53, Nr. 48–49. W 2, S. 1046–1054. Varnhagen, Tgb 14, 1870, S. 21 (24.7.1857). Vgl. Brentano an Meline von Guaita, 8.12.1812, FBA 32, S. 422.

53 Konrad Feilchenfeldt, Brentano-Funde. Ergebnisse einer bibliographischen Spurensuche, in: JbFDH 1995, S. 57–73, dort S. 69. Steig 1, S. 303. Vgl. Aladar Guido Przedak, Geschichte des deutschen Zeitschriftenwesens in Böhmen, Heidelberg 1904, S. 135, 136ff., 139. Zu Brentanos Mitarbeit an der Zeitschrift *Kronos*: Anton Klement, Friedrich Alexander Bran und die Prager Monatsschrift Kronos. Ein Beitrag zur Geschichte der deutschen Journalistik während der Befreiungskriege, Diss. (handschriftlich) Wien 1908, S. 46–48. Zu Bran: Herbert G. Göpfert, Friedrich Alexander Bran (1767–1831). Publizist und Verleger. Ein Hinweis, in: AGB 36 (1991), S. 351–364. Vgl. Brentano an Arnim, vermutlich Anfang Februar 1813, FBA 33, S. 10; siehe dazu Heinz Härtl, Clemens Brentano in Böhmen, in: Germanoslavica 15 (2004), S. 3–16, dort S. 16, Anm. 39.

54 Friedrich 1, S. 242. Lehmann 2, S. 618.

55 Friedrich 1, S. 262, 264. Schnabel 1, S. 518.

56 UL, S. 479. AM, S. 179. Zu der Fluchtwelle: Korrespondenznachrichten, Wien. July, in: Mbl Nr. 190, 10.8.1813, S. 759–760. Hans-Günter Klein, Die Mendelssohns auf der Flucht. Abraham Mendelssohn Bartholdy und seine Familie 1813 in Wien, in: MSt 15 (2007), S. 199–206, dort S. 199f.

57 Rahel Robert an Varnhagen, Samstag 10.7.1813, Rahel-Bibliothek 5,1, S. 126f. Brentano an Arnim, Ende Juni bis 2.7.1813, FBA 33, S. 20. Tieck und Brentano: Köpke 1, S. 351ff. Weber 1, S. 455ff. Zu Rahel Roberts Aufenthalt in Prag: Otto Berdrow, Rahel Varnhagen. Ein Lebens- und Zeitbild. 2., veränderte Aufl., Stuttgart 1902, S. 190, 201ff. Percy Matenko, Ludwig Tieck and Rahel Varnhagen. A Re-Examination, in: LBIYb 20 (1975), S. 225–246, dort S. 226 und Anm. 8.

58 Brentano an Arnim, Ende Juni bis 2. Juli 1813, FBA 33, S. 20.

59 Rahel Robert an Varnhagen, 10.7.1813, Rahel-Bibliothek 5,1, S. 126.

anzusetzen sein.[60] Nach den Angaben Rahel Roberts reiste Brentano am „Dienstag" ab, also am 6. Juli.

Scharnhorst war ursprünglich nach Wien gesandt worden, um dort auf eine Beteiligung Österreichs am Krieg gegen Napoleon hinzuwirken. Da er den Politikern in Wien aber als „Tugendbundist" galt, durfte er nicht in die Hauptstadt reisen und musste auf halbem Wege nach Prag zurückkehren, wo er seiner Verwundung erlag und begraben wurde.[61] Ernst Moritz Arndt schrieb ein Gedicht *Auf Scharnhorsts Tod*, das zuerst im – seinerzeit von Schleiermacher herausgegebenen – *Preußischen Correspondenten* erschienen ist. Die drittletzte Strophe spricht von der Rolle Scharnhorsts als einem Mitglied und Initiator geheimer Verbindungen: „Wenn sich Männer nächtlich still verschwören…", dann sei „Scharnhorst" ein Schibboleth aller Eingeweihten. Selbstverständlich wurden diese Verse während der Demagogenverfolgungen gegen ihren Verfasser verwendet.[62] – In Prag verkehrte Brentano die letzten Tage seiner Anwesenheit dort mit Wilhelm von Röder, einem alten Freund und Untergebenen des Generals, der sich vor dessen Tod um ihn kümmerte und schließlich auch dessen Beisetzung besorgte.[63] Röder – der in Berlin auch die deutsche Tischgesellschaft besucht hatte[64] – taucht in vielen konspirativen Plänen Scharnhorsts zur Insurrektionierung Deutschlands auf, von seiner geheimdienstlichen Zusammenarbeit mit ihm und Kleist berichtet Hüser in seinen Erinnerungen.[65] Einer der in Prag neugewonnenen Freunde Brentanos war Ernst

60 Chronik, S. 90.

61 Lehmann 2, S. 627ff. Zu den Verdächtigungen gegen Scharnhorst: Justus von Gruner, Die geheime polizeiliche Überwachung des Generals von Scharnhorst im Jahre 1812, in: FBPG 23 (1910), S. 145–154, 546–548. Zur Furcht vor dem Tugendbund in Österreich: August Fournier, Zur Geschichte des Tugendbundes, in: ders., Historische Studien und Skizzen, Prag, Leipzig 1885, S. 301 bis 330, dort S. 329f. Anton Ernstberger, Österreich und der preußische Tugendbund, in: ZSDG 3 (1939/40), S. 150–165.

62 Arndt, AW 3, S. 34. Zu den Drucken: Schäfer/Schlawe, S. 140. Ernst Moritz Arndt, Nothgedrungener Bericht aus seinem Leben aus und mit Urkunden der demagogischen und antidemagogischen Umtriebe, Bd. 1, Leipzig 1847, S. 131f. Vgl. Arnold, S. 280; Günter Adam, Die vaterländische Lyrik zur Zeit der Befreiungskriege. Studie zur Tendenzdichtung, Diss. (masch.) Marburg 1962, S. 141.

63 Brentano an Arnim, Ende Juni bis 2. Juli 1813, FBA 33, S. 20. Maximilian Schultze, Standhaft und treu. Karl von Röder und seine Brüder in Preußens Kämpfen von 1806–1815. Auf Grund hinterlassener Aufzeichnungen, Berlin 1912, S. 122f. UL, S. 482, 549. Für die Identifikation des in Brentanos Brief genannten Roeder als Friedrich Erhardt von Roeder bei Schultz/Schwinn 2, S. 928 gibt es keinen Anhaltspunkt.

64 Stefan Nienhaus, Geschichte der deutschen Tischgesellschaft, Tübingen 2003 (Studien zur deutschen Literaturgeschichte 115), S. 368f. Ders., WAA 11, S. 476f.

65 Denkwürdigkeiten aus dem Leben des Generals der Infanterie Johann Gustav Heinrich v. Hüser, hrsg. von Mathilde von Quednow. Mit einem Vorwort von W. Maurenbrecher, Berlin 1877, S. 70ff., zitiert nach Sembdner 1, S. 291ff., Nr. 313. Rudolf Ibbeken, Preußen 1807 bis 1813. Staat und Volk als Idee und in Wirklichkeit. (Darstellung und Dokumentation), Köln, Berlin 1970 (Veröffentlichungen aus den Archiven Preußischer Kulturbesitz 5), S. 114, 122, 127, 165, 328, 341.

von Pfuel. Varnhagen schreibt später, am 8. Dezember 1811, an Rahel Robert, Brentano wolle zusammen „mit seinem (sc. Brentanos) Freund Pfuel" nach Wien reisen.[66] Varnhagen hatte Pfuel selbst erst in Prag persönlich kennengelernt, obgleich er ihn als Freund und Verwandten von Fouqué und dessen Frau schon vorher dem Namen nach kannte. Er berichtet, er habe die beiden einander vorgestellt.[67] Damit übereinstimmend stellt Brentano Pfuel in seinem Brief an Arnim vom 10. Dezember 1811 erst eigens vor und behandelt ihn nicht wie eine dem Adressaten vertraute Person.[68] Daher ist auch eine weitere in der Literatur zu findende Behauptung unzutreffend, wonach Brentano zwischen Frühjahr 1808 und Frühjahr 1809 Pfuel in Dresden besucht haben soll.[69] Die verbreitete Ansicht, Ernst von Pfuel sei Besucher oder sogar Mitglied der deutschen Tischgesellschaft gewesen, ist hinfällig.[70] Er hielt sich in der Zeit, in der dieser Verein gegründet wurde und tagte, wahrscheinlich gar nicht in Berlin auf und war auch schon im Jahr 1810 nur für kurze Zeit dort gewesen.[71] Da die Tischgesellschaft nur zwei Mal im Monat tagte, müsste er schon Pech gehabt haben, wenn er bei einem eventuellen kürzeren Aufenthalt in Berlin im Jahr 1811 gerade an einem Tag dort gewesen sein sollte, als sich die Herren versammelten. Ob es für einen Angehörigen der österreichischen Armee, der Pfuel seit 1809 war, überhaupt zulässig und tunlich gewesen wäre, Mitglied oder Besucher in einer Gesellschaft dezidierter Preußen zu werden, stehe dahin. Bei dem Pfuel, der Mitglied der Tischgesellschaft war, handelt es sich – wie Jakob Baxa und Helmut Sembdner festgestellt haben – um Friedrich, den Bruder Ernst von Pfuels, der sich wohl auch tatsächlich in Berlin aufhielt.[72] Wie Ernst von Pfuel stand auch

66 Varnhagen an Rahel Robert, 8.12.1811, Rahel-Bibliothek 4,2, S. 190.

67 Varnhagen an Rahel Robert, 24.10.1811, ebd., S. 171. Varnhagen, Biographische Porträts, WW 4, S. 350. Varnhagen, Tageblätter 22.7.1856, WW 5, S. 779.

68 FBA 32, S. 366.

69 Bernhard von Gersdorff, Ernst von Pfuel. Freund Heinrich von Kleists, General, preußischer Ministerpräsident 1848, Berlin 1982 (Preußische Köpfe. Geschichte), S. 45.

70 Steig 5, S. 39. Chronik, S. 81. Adolf Beck, in: Hölderlin, StA Bd. 7,4, S. 334f. Nienhaus, Geschichte der deutschen Tischgesellschaft (Anm. II,64), S. 366. Ders., WAA 11, S. 473f.

71 Ernst von Pfuel an Caroline de la Motte Fouqué, Sommer 1810, in: Sigismund Rahmer, Heinrich von Kleist als Mensch und Dichter. Nach neuen Quellenforschungen, Berlin 1909, S. 41f. Zu Pfuels Aufenthalten in den Jahren 1810/11: ebd., S. 41ff.; ders., Goethe und Ernst von Pfuel. Ein Beitrag zu Goethe in Österreich, in: VZ 1903, Nr. 167, Sonntagsbeilage, Nr. 15, S. 115–117. Ders., Goethe und Ernst von Pfuel. Ein zweiter Beitrag zu Goethe in Österreich, ebd. 1905, Nr. 25, Sonntagsbeilage Nr. 3, S. 20–22. Georg Heinrich Pertz, Das Leben des Ministers Freiherrn vom Stein, Bd. 3, Berlin 1851, S. 126. Max Lehmann, Knesebeck und Schön. Beiträge zur Geschichte der Freiheitskriege, Leipzig 1875, S. 60f. Karl Wippermann, Ernst von Pfuel, in: ADB 25, 1887, S. 705–712, dort S. 707. Wilhelm Loewe, Erinnerungen an den General Ernst von Pfuel, in: DRs 54 (1888), S. 202–231, dort S. 221f.

72 Baxa 2, S. 1170 (Register zu Bd. 1, S. 604, Nr. 469). Sembdner 1, S. 406, Nr. 466. Gersdorff, Ernst von Pfuel (Anm. II,69), S. 48. Siehe auch Jakob Baxa, Die Taufe der Cäcilie Müller, in: Euphorion 53 (1959), S. 92–102, dort S. 94; Horst Häker, Zu einigen Berliner Bekanntschaften Adam Müllers und Heinrich von Kleists in den Jahren 1810/11, in: ders., Überwiegend Kleist. Vorträge, Aufsätze, Rezensionen 1980–2002, Heilbronn 2003 (Heilbronner

dessen Freund Heinrich von Kleist zu der deutschen Tischgesellschaft in keinerlei Beziehung. Es gibt aus dem Jahr 1811, anders als für das Jahr 1810, keine Zeugnisse für einen engeren Umgang zwischen Kleist, Arnim und Brentano. Im Juli 1811 bedauert Kleist in einem Brief an Marie von Kleist, dass er mit Arnim in keinem näheren Kontakt mehr stehe, was aber möglicherweise erst auf die Zeit nach Arnims Heirat zu beziehen ist.[73] Auch in späteren Jahren verkehrte Pfuel als Habitué in den Salons und nicht in Männergesellschaften.[74] Seit dem Spätsommer und Herbst des Jahres 1810 beschäftigte er sich mit der Einführung des Schwimmunterrichts in der Armee, im Dezember 1811 wurde er nach Wien versetzt, im Frühjahr 1812 kehrte er zurück nach Prag, um dort eine Schwimmanstalt einzurichten. Im Herbst 1812 ging Pfuel zur Deutschen Legion nach Russland; dazu war er von Justus Gruner angeworben worden, dem ehemaligen Präsidenten der Berliner Polizei. Varnhagen stellt Gruner in seinen Denkwürdigkeiten öfter in auffälligen Zusammenhang mit Fouché, und in der Tat war Gruner der Organisator vieler geheimer Verbindungen, die mit revolutionären Mitteln für die Befreiung des okkupierten Deutschland wirkten.[75] Brentano dürfte von der deutschen Tischgesellschaft her mit ihm bekannt gewesen sein, jedenfalls kannte Arnim – der gegen Gruners geheimpolizeiliche Methoden Bedenken anmeldete, wie übrigens auch Varnhagen – ihn von dort her, obwohl Gruner kein Mitglied war.[76] Im Leben Kleists soll Gruner nach Ansicht von dessen Freunden eine verhängnisvolle Rolle gespielt haben.[77] Er war am

Kleist-Studien 1), S. 86–112, dort S. 91; Friedrich Schnapp, Der Seraphinenorden und die *Serapionsbrüder* E. T. A. Hoffmanns, in: LJb N. F. 3 (1962), S. 100–110, dort S. 101. Siehe dagegen Nienhaus (Anm. II,64), S. 366 und WAA 11, S. 473, der Beweise vermisst, dabei aber übersieht, dass die größere Beweislast auf seiner Seite liegt.

73 Kleist, SW 2, S. 981; dazu: Horst Häker, Kleist und Berlin, in: ders., Überwiegend Kleist (Anm. II,72), S. 173–185, dort S. 181. Zu Kleists Nichtteilnahme an der Tischgesellschaft vgl Helmuth Rogge, Heinrich von Kleists letzte Leiden. Nach unveröffentlichten Zeugnissen aus dem Nachlaß Julius Eduard Hitzigs, in: JbKG 1922, S. 31–74, dort S. 35ff. und 70; Hans Joachim Kreutzer, Rezension von: Heinrich von Kleists Lebensspuren. 2. Aufl., hrsg. von Helmut Sembdner, Bremen 1964 (u. a.), in: Euphorion 62 (1968), S. 188–224, dort S. 210ff. Siehe dagegen Nienhaus (Anm. II,64), S. 363 und WAA 11, S. 470.

74 Gersdorff, Ernst von Pfuel (Anm. II,69), S. 45.

75 Varnhagen, Denkwürdigkeiten, WW 2, S. 191f., 248f., 253ff., 466, 708, 723. Zu Gruner: Justus von Gruner, in: ADB 10, 1879, S. 42–48. Hermann Kriegl, Justus Karl Gruner und die Revolutionierung Deutschlands 1810–1813, Diss. Erlangen 1983 (diese Arbeit ist mit Vorsicht zu benutzen, sie verzeichnet aber die ältere Literatur).

76 Arnim an Görres, 4.6.1814, in: Görres, Schriften 8, S. 414f. Varnhagen, Denkwürdigkeiten, WW 2, S. 253. Steig 5, S. 50. Die Bemerkungen bei Kurt Zeisler, Justus von Gruner. Eine biographische Skizze, in: JbLAB 1994, S. 81–105, dort S. 89f. sind unvorsichtig. In den Arbeiten von Nienhaus findet Gruner keine Erwähnung.

77 Vgl. Otto W. Johnston, Der deutsche Nationalmythos. Ursprung eines politischen Programms, Stuttgart 1990, S. 155ff.; Johnstons Ausführungen sind – wie die meisten älteren und neueren germanistischen Studien zu den *Berliner Abendblättern* – nur mit Vorsicht zu benutzen, zuverlässiger sind die geschichtswissenschaftlichen Arbeiten: Lothar Dittmer, Beamtenkonservativismus und Modernisierung. Untersuchungen zur Vorgeschichte der Konservativen Partei in Preußen (1810–1848/49), Stuttgart 1992 (Studien zur modernen Geschichte 44),

18. April 1812 in Prag eingetroffen, um von dort aus die geheimen Unternehmungen in Deutschland zu koordinieren und um Soldaten für die Deutsche Legion zu werben.[78] Prag war das damalige Zentrum politischer Konspirationen gegen Napoleon, weil, wie Gruner schreibt, „es in einem neutralen Lande, unter gutgesinnter Umgebung liegt, weil ein Theil Deutschlands, vom österreichischen Kriege her, ihn schon als das Foyer ähnlicher Unternehmungen kennt, weil er (sc. der Ort Prag) Gegenden, auf welche zunächst gewirkt werden soll, am Nächsten belegen ist, weil man von ihm aus gefahrlos und unbemerkt Verbindungen mit dem preußischen Gouvernement unterhalten und am schnellsten die Resultate nach Rußland gelangen lassen kann".[79] Zu Gruners Gefolgschaft zählte neben Pfuel, Wilhelm von Willisen und Varnhagen nach einer Bemerkung Wittgensteins auch Carl von Nostitz, mit dem Brentano während seines Prager Aufenthalts, wiederum durch Varnhagens Vermittlung, Umgang hatte.[80] Nach seiner Verhaftung in der Nacht vom 21. zum 22. August 1812 wurde Gruner beschuldigt, Pfuel, Varnhagen und Willisen für die Deutsche Legion von der österreichischen Armee abgeworben zu haben.[81]

Angesichts des konspirativen Umkreises, in dem sich Brentano bewegte, drängt sich die Frage auf, ob und in welchem Zusammenhang er mit diesen Unternehmungen stand. Dass er von ihnen gar nichts gewusst oder geahnt haben sollte, ist kaum wahrscheinlich. Dass er aber in diese Projekte eingeweiht gewesen wäre, wird auch ohne nähere Kenntnis der Umstände bezweifelt werden müssen. Andreas Räß schrieb im Jahr 1825 über ihn, er sei „durchaus der Mann nicht, dem man etwas anvertrauen kann, das geheim bleiben muß", da er unverzüglich alles wieder ausplaudere.[82] Urteile von Politikern und

S. 83–92. Andrea Hofmeister-Hunger, Pressepolitik und Staatsreform. Die Institutionalisierung staatlicher Öffentlichkeit bei Karl August von Hardenberg (1792–1822), Göttingen 1994 (Veröffentlichungen des Max-Planck-Instituts für Geschichte 107), S. 233–245.

78 August Fournier, Stein und Gruner in Österreich. Ein Beitrag zur Vorgeschichte der Befreiungskriege, in: ders., Historische Studien und Skizzen. Dritte Reihe, Wien, Leipzig 1912, S. 99–212, dort S. 148ff. Max Lehmann, Freiherr vom Stein, Bd. 3, Leipzig 1905, S. 133ff., 178f.

79 Gruner an Lieven, März 1812, Fournier (Anm. II,78), S. 157. Siehe auch Varnhagen, Denkwürdigkeiten, WW 2, S. 249. Wilhelm Wostry, Prag in der deutschen Freiheitsbewegung, in: MVGDB 52 (1914), S. 308–341. Zeisler, Justus von Gruner (Anm. II,76), S. 91f.

80 Justus von Gruner, Wittgensteins Aufenthalt in Teplitz im Jahre 1812, in: FBPG 7 (1894), S. 221–224, dort S. 224. Brentano und Nostitz: Varnhagen, Biographische Porträts, WW 4, S. 350. Walther Rehm, Nachwort, in: ders., Clemens Brentanos Romanfragment Der schiffbrüchige Galeerensklave vom Todten Meer, Berlin 1949 (ADAW,PH 1948, Nr. 4), S. 15–54, dort S. 17f. und S. 18, Anm. 7.

81 Fournier, Stein und Gruner in Österreich (Anm. II,78), S. 201. Hans Branig, Fürst Wittgenstein. Ein preußischer Staatsmann der Restaurationszeit, Köln, Wien 1981 (Veröffentlichungen aus den Archiven Preußischer Kulturbesitz 17), S. 72f. Vgl. Varnhagen, Denkwürdigkeiten, WW 2, S. 255ff.; Carl Misch, Varnhagen von Ense in Beruf und Politik, Gotha, Stuttgart 1925, S. 21. Siehe auch Erich Janke, Zur Geschichte der Verhaftung des Staatsrats Justus Gruner in Prag im August 1812, Berlin 1902.

82 Räß an Görres, 19.12.1825, zitiert nach Renate Moering, Clemens Brentanos Engagement für

Beamten über ihn und seinen Freund Arnim, die sich, so Staegemann, „die Wunderhörner noch nicht abgestossen“ hätten, obwohl sie sonst „brave Kerle“ seien, bestätigen die Vermutung, dass man diesen Schriftstellern in politischen Dingen nicht zu trauen pflegte.[83] Dennoch, Brentano stand im Benehmen mit Pfuel und Nostitz, kannte Gruner, verkehrte mit Röder und hatte schließlich auch Umgang mit Varnhagen. Dieser allerdings tat sein möglichstes, ihn seinem Bekanntenkreis zu entfremden, und Clemens und Christian Brentano scheinen ihrerseits zu dem Zerwürfnis mit den Offizieren beigetragen zu haben.[84] Brentanos Stellung in politischen Kreisen wird vielleicht am besten aus den Berichten von ihm und von Zeitgenossen über sein Verhalten in dergleichen Zusammenkünften ersichtlich: Während er in Darstellungen seines Verhaltens in Salons meist die Position des Zentrums einnimmt,[85] findet er sich an der Peripherie, „still in der Ecke“, wenn politische Dinge verhandelt werden.[86]

In Brentanos Prager Arbeiten, seinen beiden Dramen, gibt es keine direkten politischen Äußerungen oder Anspielungen, die darauf hinweisen könnten, dass diese im Zusammenhang einer politischen Diskussion entstanden wären.[87] Besonders zeigt sich die politische Abstinenz bei einem Vergleich zwischen seinem Stück *Aloys und Imelde* und Isaac von Sinclairs Cevennen-Trilogie, die 1806 und 1807 erschienen und mit vielen Anspielungen auf die unmittelbare Gegenwart nach der preußischen Niederlage des Jahres 1806 auch auf Wirkung bedacht war.[88] Indessen war auch nicht zu erwarten, Brentano hätte eine historische Parallele in einem Agitationsstück bearbeitet wie Sin-

die Zeitschrift *Der Katholik* in seinen Briefen an Joseph Görres, in: Clemens Brentano 1778 bis 1842 zum 150. Todestag, hrsg. von Hartwig Schultz, Bern u. a. 1993 (Memoria), S. 211 bis 250, dort S. 222.

83 Staegemann an Scheffner, 9.10.1810, Rühl, S. 158. Siehe auch Friedrich August an Elisabeth Staegemann, 26.3.1809, ebd., S. 131; Wilhelm an Caroline von Humboldt, 28.2.1809, Sydow 2, Bd. 3, S. 101f.

84 Varnhagen an Rahel Robert, 8.12.1811, Rahel-Bibliothek 4,2, S. 187. Brentano an Arnim, 10.–11.12.1811, FBA 32, S. 370f. Arnim an Savigny, 27.12.1811, Härtl 2, S. 59. Varnhagen, Biographische Porträts, WW 4, S. 355.

85 Chamisso an Varnhagen, 28.10.1809, Hitzig 1, S. 239. Rahel Robert an Brinkman, 30.11. 1819, Hahn 4, S. 198 (über eine Salongesellschaft im Jahr 1810; die Datierung Sembdners in den Juni dieses Jahres ist schwerlich zutreffend; Sembdner 1, S. 327, Nr. 359, vgl. Chronik, S. 77). Varnhagen an Rahel Robert, 24.2.1812, Rahel-Bibliothek 4,2, S. 256. Georg Passy an Brentano, 20.5.1814, UB Heidelberg, Heid.Hs.2110,13 Bl. 107^r–108^v (vgl. Anhang II); zitiert bei Jung, S. 177. Die Belege ließen sich noch vermehren. Die Beschreibungen Brentanos als dämonischer oder mephistophelischer Gestalt gehören in diesen Zusammenhang: Gräffer 1, S. 167. Helfferich, S. 361, 364. Egloffstein, S. 461f.

86 Brentano an Arnim, gegen den 24.3.1812, FBA 32, S. 380f. Hermann Cardauns, Clemens Brentano und Luise Hensel, in: Hochland 13,2 (1916), S. 576–604, dort S. 603.

87 Siehe aber die Anspielungen auf die Ächtung und Ausweisung Steins im Gockelmärchen; W 3, S. 1134. Vgl. Brentano an Arnim, etwa 13.10.1808, FBA 32, S. 95.

88 Pravida, Die Erfindung des Rosenkranzes (Anm. I,22), S. 264. Vgl. Heinrich Schwarz, Der Kamisarden-Aufstand in der deutschen Literatur des 19. Jahrhunderts. Eine Quellen-Untersuchung, Diss. Münster 1912.

clair in seiner Dramentrilogie. Brentanos literarisches und sein briefliches Werk nach expositorischen Äußerungen zu seiner politischen Einstellung abzufragen, wäre ein auf Irrwege führendes Unterfangen. Bei politischen Anspielungen, die aber dennoch in zahlreichen Werken Brentanos eine eigene Sinnschicht bilden, muss dabei in hohem Maß mit Verschlüsselungen und verdeckten Hinweisen gerechnet werden, die heute nicht mehr ohne weiteres oder gar nicht mehr dechiffriert werden können; zum Beispiel hat Saul Ascher in Brentanos Philisterabhandlung eine kryptische Programmschrift einer dem Tugendbund nahestehenden Vereinigung sehen wollen, was auch dann von Interesse wäre, wenn seine Behauptungen nicht zutreffen sollten.[89]

Brentanos Reise nach Wien steht nach den vorliegenden Dokumenten und den erschließbaren Zusammenhängen mit den politischen Projekten um Gruner und andere in keinem erkennbaren Zusammenhang, auch gibt es während der Zeit von Brentanos Wiener Aufenthalt keinen Hinweis, der entsprechende Vermutungen belegen könnte. Trotzdem ist es sinnvoll, derartige Erwägungen anzustellen, da konspirative Aktivitäten naturgemäß nur dürftige Spuren hinterlassen. Stein hatte in seiner Brünner Denkschrift gefordert, die Schriftsteller Österreichs für die nationale Erhebung gegen Napoleon zu mobilisieren.[90] „Im Juli (des Jahres 1813) hatte sich in Wien überall das Gerücht verbreitet, Stadion sei vom Kaiser an Stelle Metternichs wieder zum Außenminister ernannt worden!“[91] Stadions Name stand, anders als der Metternichs, für eine Politik der patriotischen Propaganda, wie Österreich sie im Krieg des Jahres 1809 erlebt hatte, in dem Kleist sich bemühte, im Sinne der österreichischen Kriegspartei zu wirken.[92] 1809 war versucht worden, durch Presse und Literatur das „österreichische Volk“ zum Krieg zu mobilisieren.[93] Wäre Österreich im Jahr 1813 einer ähnlichen Strategie gefolgt, so

89 Saul Ascher, Die Germanomanie. Skizze zu einem Zeitgemälde, Berlin 1815, S. 15 = ders., Werkausgabe, Abt. 1: Theoretische Schriften, Bd. 1: Flugschriften, hrsg. von André Thiele, Mainz 2011, S. 141–171, dort S. 148. Vgl. Rahmer, Heinrich von Kleist als Mensch und Dichter (Anm. II,71), S. 199f. Zu Aschers Kritik der Tischgesellschaft: Nienhaus, Geschichte der deutschen Tischgesellschaft (Anm. II,64), S. 274ff. Marco Puschner, Antisemitismus im Kontext der politischen Romantik. Konstruktionen des „Deutschen“ und des „Jüdischen“ bei Arnim, Brentano und Saul Ascher, Tübingen 2008 (Conditio Judaica 72), S. 452ff.

90 Stein, Denkschrift Brünn, März 1810, Botzenhart/Hubatsch 3, S. 292–298, dort S. 296f. Vgl. Johnston, Der deutsche Nationalmythos (Anm. II,77), S. 27ff.

91 Hellmuth Rössler, Österreichs Kampf um Deutschlands Befreiung. Die deutsche Politik der nationalen Führer Österreichs 1805–1815, Bd. 2, Hamburg 1940 (Schriften des Reichsinstituts für Geschichte des neuen Deutschlands 32–33), S. 159.

92 Samuel, Kleists Teilnahme an den politischen Bewegungen der Jahre 1805–1809 (Vorbemerkung, Anm. 4), S. 189ff. Hermann F. Weiss, Funde und Studien zu Heinrich von Kleist, Tübingen 1984, S. 187ff. Johnston, Der deutsche Nationalmythos (Anm. II,77), S. 86ff.

93 Eduard Wertheimer, Zur Geschichte Wiens im Jahre 1809. (Ein Beitrag zur Geschichte des Krieges von 1809). Nach ungedruckten Quellen, in: AÖG 74,1 (1889), S. 159–202. Karl Wagner, Die Wiener Zeitungen und Zeitschriften der Jahre 1808 und 1809, in: AÖG 104 (1915), S. 197–400. Anno neun. Volkslieder und Flugschriften. I. Oswald Menghin, Andreas Hofer im volkstümlichen Liede. II. Karl Wagner, Die Flugschriftenliteratur des Krieges von 1809, Brixen o. J. (1915) (Bücherei des Österreichischen Volksschriftenvereins 5). Walter C.

hätte auch Brentanos schriftstellerische Tätigkeit eine politische Grundlage besessen. Es ist immerhin bemerkenswert, dass Brentano, von dem aus früherer Zeit kaum patriotische Dichtungen überliefert sind, sofort nach seiner Ankunft in Wien damit begann, „mannichfaltige recht gelungene Kriegslieder“ zu verfertigen, wie er am 24. August 1813 schreibt, also fünf Tage nach der Veröffentlichung des österreichischen Kriegsmanifests in der *Wiener Hofzeitung* vom 19. August.[94] Der späte Eintritt Österreichs in den Krieg wird in allen größeren patriotischen Dichtungen Brentanos thematisiert, die nicht im Hinblick auf die Zensur geschrieben wurden.[95] Indessen wurden die Hoffnungen auf die Berufung Stadions zum Außenminister enttäuscht, ebenso wie Brentanos Versuch, als patriotischer Dichter zu arrivieren, scheitern sollte. Die Wiener Regierung betrachtete das Geschehen in Preußen, wo die Tugendbundisten das Sagen zu haben schienen, mit Misstrauen und wollte es zu einer revolutionsverdächtigen Stimmung gar nicht erst kommen lassen.[96] In dieser Hinsicht waren Brentanos patriotisch-literarische Pläne, sofern sie auch nur entfernt mit denen zu tun hatten, die die Prager Bekannten, Stein oder auch Stadion verfolgten, von Anfang an zum Scheitern verurteilt. Andererseits war Brentanos patriotisches Engagement in Österreich aber auch so schlecht auf die Lage dort berechnet, dass der Eindruck entstehen könnte, Wien sei zwar der von ihm keineswegs erwünschte, aber insofern für ihn passende Ort seines Wirkens gewesen, als Brentano dort nicht Gefahr lief, bei seinem patriotischen Wort genommen oder gar zum Kriegsdienst genötigt zu werden. Es blieb im 19. Jahrhundert der Brentano-Biographik, im frühen 20. Jahrhundert der Deutschkunde und in späterer Zeit der literaturwissenschaftlichen Beschäftigung mit dem Autor überlassen, die in einem politischen Sinn

Langsam, The Napoleonic Wars and German Nationalism in Austria, New York 1930 (Studies in History, Economics and Public Law 324), S. 56ff. Helmut Hammer, Österreichs Propaganda zum Feldzug 1809. Ein Beitrag zur Geschichte der politischen Propaganda, München 1935 (Zeitung und Leben 23). Hans Kohn, Prelude to Nation-States. The French and German Experience, 1789–1815, Princeton u. a. 1967, S. 161–167. Jörg Echternkamp, Der Aufstieg des deutschen Nationalismus (1770–1840), Frankfurt a. M., New York 1998, S. 195ff. Zu Stadions Volkserhebungsplänen im Jahr 1809: Rössler, Österreichs Kampf um Deutschlands Befreiung (Anm. II,91), Bd. 1, S. 498ff.

94 Brentano an Bettine von Arnim, 24.8.1813, FBA 33, S. 65. Gentz, Schriften 2, S. 367–393. Metternich/Klinkowström 2, S. 751–767. Vgl. Rainer Wohlfeil, Spanien und die deutsche Erhebung 1808–1814, Wiesbaden 1965, S. 156f.; Günther Kronenbitter, Wort und Macht. Friedrich Gentz als politischer Schriftsteller, Berlin 1994 (Beiträge zur Politischen Wissenschaft 71), S. 192.

95 Viktoria und ihre Geschwister, v. 2267ff., 2321ff., Viktoria, S. 134, 137; FBA 13,3, S. 210f., 213f. Am Rhein, Am Rhein, 1. Szene, ebd., S. 348ff. Östreichs Muth, Sieg und Hofnung, 2. Fassung, v. 918ff., ebd., S. 432ff.

96 Friedrich Luckwaldt, Österreich und die Anfänge des Befreiungskrieges von 1813. Vom Abschluss der Allianz mit Frankreich bis zum Eintritt in die Koalition, Berlin 1898 (Historische Studien 10), S. 115ff. Eduard Wertheimer, Wien und das Kriegsjahr 1813. Ein Beitrag zur Geschichte der Befreiungskriege. Nach ungedruckten Quellen, in: AÖG 79 (1893), S. 355 bis 400, dort S. 371ff. Langsam, The Napoleonic Wars and German Nationalism in Austria (Anm. II,93), S. 156ff.

lesbaren Passagen in Brentanos Werken und Briefen in ihrem einfachen Wortlaut aufzugreifen und sie allen Ernstes als genuin politische oder weltanschauliche Verlautbarungen aufzufassen. So hat man in Brentanos Wiener Wirken ein „südliches Gegenstück zu Arnims ‚nationaltheatralischem' Wirken in Preußen" sehen wollen.[97] Sowohl die finanziellen Umstände, die zu diesem Vorhaben nötigten, wie auch die literarische Produktion, die er dort entfaltete, wecken Zweifel daran, inwieweit eine solche unterstellte Parallelaktion Brentanos wirklichen Absichten entsprach. Dass er in Österreich – wie es an der zitierten Stelle weiter heißt – „als literarischer Wortführer an einer ‚alle Schichten der Bevölkerung ergreifenden Bewegung' zu partizipieren" gedachte, ist eine unbegründete und genaugenommen auch eine ungeheuerliche Unterstellung, die wenig für sich hat.[98] Brentano ist der erste und in seiner Ausprägung reinste Vertreter jenes Typus eines Intellektuellen, der es zeit seines Lebens vorzieht, in politischen, ideologischen und vielleicht auch in religiösen Angelegenheiten „immer radikal, niemals konsequent" zu verfahren,[99] mit allen Folgen, die eine solche Haltung für das Verständnis und die Beurteilung der jeweils bezogenen und wieder verlassenen Positionen mit sich bringt.

[97] Caroline Pross, Kunstfeste. Drama, Politik und Öffentlichkeit in der Romantik, Freiburg i. Br. 2001 (Litterae 91), S. 252f. (das Zitat im nachfolgenden Zitat nach Grus, Brentanos Gedichte *An Görres* und *An Schinkel* [Anm. I,53], S. 359). Auch Puschner, Antisemitismus im Kontext der politischen Romantik (Anm. II,89), S. 381ff. verficht die strikte Ernsthaftigkeit von Brentanos politischem Engagement. Siehe auch Kapitel 6, S. 258–261.

[98] Vgl. Wolfgang Matz, Eine Kugel im Leibe. Walter Benjamin und Rudolf Borchardt: Judentum und deutsche Poesie, Göttingen 2011, bes. S. 52f.

[99] Walter Benjamin an Gershom Scholem, 26.5.1926, in: ders., Gesammelte Briefe, hrsg. von Christoph Gödde und Henri Lonitz, Bd. 3, Frankfurt a. M. 1997, S. 159.

3 Wiener Bekanntschaften und Gesellschaftskreise

Zur Genealogie falscher Behauptungen: ein exemplarischer Fall

Von einem Wien-Aufenthalt Clemens Brentanos wussten schon die frühesten biographischen Versuche über den im Jahr 1842 verstorbenen Dichter zu berichten. Emma von Suckow, die 1844 unter dem Pseudonym Emma von Niendorf ihre „Sommertage mit Clemens Brentano" schilderte, versetzte den Aufenthalt in die Zeit des Wiener Kongresses. Ihr Bericht zeigt, dass Brentano auch in seinen späten Jahren noch von den Monaten erzählte, die er in Wien verbracht hatte.[1] Daher sind in den biographischen Arbeiten, die von späteren Bekannten Brentanos verfasst wurden, neben dem anekdotischen Beiwerk vielfach zutreffende Auskünfte zu finden, die sich von jenem allerdings nicht ohne weiteres trennen lassen und der Überprüfung durch den Vergleich mit weiteren Zeugnissen bedürfen. So auch bei Christian von Stramberg, einem Bekannten Brentanos aus Koblenzer Tagen und Verfasser des *Rheinischen Antiquarius*, worin eine recht gut informierte Lebensbeschreibung Brentanos zu finden ist. Dort wird der Wiener Aufenthalt Brentanos in das Jahr 1804 verlegt. Stramberg verwechselte das Jahr der Veröffentlichung des Dramas *Ponce de Leon* mit dem Jahr der Aufführung, die eine bearbeitete Fassung dieses Werks zehn Jahre später in Wien erlebte.[2] Sonst schildert er zweifellos Ereignisse der Jahre 1813 und 1814, zumal in dem Bericht über die Aufführung. Diese Datierung in das Jahr 1804 übernahmen der von Emilie Brentano verfasste Lebensabriss Brentanos in den *Gesammelten Schriften* und die Biographie von Johannes Baptista Diel und Wilhelm Kreiten.[3] Andererseits berichten sowohl Emilie Brentano wie auch Diel und Kreiten von den Monaten, die Brentano 1813 und 1814 in Wien verbrachte, ohne aber hier eine weitere Aufführung des Lustspiels anzunehmen. Eine halbwegs genaue Angabe der Jahreszahl des Aufenthalts fand sich schon in dem Gelehrten-

1 Niendorf, S. 44. Diel/Kreiten 1, S. 410.

2 Stramberg II,1, 1845, S. 107–146, 778–782, dort S. 114ff. zu Brentanos Wiener Aufenthalt. Zu Stramberg: Karl-Georg Faber, Christian von Strambergs *Rheinischer Antiquarius* im Rahmen des rheinischen Geisteslebens der Restaurationszeit, Diss. (masch.) Mainz 1952, besonders Teil 1; als Teildruck u. d. T.: Christian von Strambergs *Rheinischer Antiquarius* als Geschichtswerk der rheinischen Restauration, in: JbGKMr 4/5 (1952/53), S. 7–51.

3 Emilie Brentano, Biographisches über Clemens Brentano, in: GS 8, S. 1–98, dort S. 39. Diel/ Kreiten 1, S. 160, 201. Vgl. Sabine Oehring, Untersuchungen zur Brentano-Forschung der beiden Jesuiten Johann Baptist Diel und Wilhelm Kreiten, Frankfurt a. M u. a. 1992 (EHS I/1299), S. 103ff.

kalender *Das Gelehrte Teutschland*, und der Tag der Valeria-Aufführung hätte sich den im Jahr 1856 erschienenen Erinnerungen Heinrich Schmidts, eines frühen Jenaer Bekannten und Wiener Konkurrenten Brentanos, entnehmen lassen.[4] Mit dem Hinweis auf dieses letztere Zeugnis, auf welches Wilhelm Kreiten schon 1882 von Wilhelm Vollmer verwiesen worden war,[5] hätte Strambergs Fehldatierung endgültig korrigiert sein können. Doch sollte dieser vermeintliche Wien-Aufenthalt im Jahr 1804 um die Jahrhundertwende noch ein weiteres Mal Gegenstand der Diskussion werden, als sich die Literaturwissenschaft den Wiener Monaten Brentanos zuwandte. In einer Anmerkung zu dem von ihm herausgegebenen Briefwechsel Brentanos mit Arnim korrigierte Reinhold Steig Strambergs Darstellung mit dem Verweis auf Heinrich Schmidt.[6] Alfred Christlieb Kalischer versuchte nun unter Rückgriff auf von Stramberg überlieferte Anekdoten und auf einige andere, ebensowenig verlässliche Nachrichten über das Leben Brentanos zu erweisen, dass Brentano nicht nur sowohl im Jahr 1804 wie auch 1813/14 in Wien gewesen, sondern dass auch das Ponce-Drama zweimal erfolglos aufgeführt worden sei, einmal als *Ponce de Leon*, das andere Mal unter dem Titel *Valeria oder Vaterlist*. Zu dieser Annahme war Kalischer genötigt, da er Schmidts Aussage nicht ignorieren konnte, aber trotzdem auf der Zuverlässigkeit der Darstellung Strambergs beharrte.[7] Daraufhin ließ August Sauer die erhaltenen Theaterzettel aus dieser Zeit durchsehen, doch fand sich für diese angebliche erste Aufführung im Jahr 1804 kein Anhaltspunkt.[8] Die Argumentation Kalischers verdiente keiner weiteren Erwähnung, wäre nicht neuerlich in der Darstellung, die Walter Schmitz und Sibylle von Steinsdorff von Clemens und Bettine Brentanos Beziehungen zu Beethoven geben, ein Wien-Aufenthalt Brentanos im Jahr 1804 behauptet worden.[9] Die *Nachklänge Beethovenscher Musik* sind aber nicht im Jahr 1804 entstanden, wie Schmitz und von Steinsdorff meinen, sondern erst zur Jahreswende 1813/14.[10] Anders als Kalischer und Schmitz und von Steinsdorff es darstellen, datieren die engeren Beziehungen Beethovens zu Mitgliedern der Familie Brentano erst aus der Zeit nach dem Wien-Aufenthalt Bettines im Jahr 1810. Die Briefe des Komponisten an Antonie und Franz Brentano setzen erst im Jahr 1812 ein.[11] Frühere persönliche Kontakte mit Beethoven sind für Clemens Brentano auszuschließen. Der angebliche Wien-Aufenthalt im Jahr 1804 könnte nicht früher als Ende November dieses Jahres stattgefunden haben, da Brentano erst Mitte November an einer Bühnen-

4 Hamberger/Meusel 17, 1820, S. 253. Hermann Hettner, Clemens Brentano, in: ADB 3, 1876, S. 310–313, dort S. 311. Schmidt, S. 213.

5 Oehring, Untersuchungen zur Brentano-Forschung von Diel und Kreiten (Anm. III,3), S. 103.

6 Steig 1, S. 366f.

7 Alfred Christlieb Kalischer, Clemens Brentanos Beziehungen zu Beethoven, in: Euphorion, Ergänzungsheft 1 (1895), S. 36–64, dort S. 50ff.

8 August Sauer, Beilage. Über Clemens Brentanos Beiträge zu Carl Bernards Dramaturgischem Beobachter. An Reinhold Steig in Berlin, in: Euphorion, Ergänzungsheft 1 (1895), S. 64–81, dort S. 77, Anm. 1.

9 Bettine von Arnim, WW 2, S. 848.

10 DrB 2. Jg., Nr. 3, 7.1.1814, S. 10f. = W 1, S. 308–311. Vgl. ebd., S. 1110ff.; Guignard, S. 65; Frühwald, Stationen der Brentano-Forschung (Vorbemerkung, Anm. 3), S. 191*f.

11 Goldschmidt, S. 94, 108ff.

fassung des Ponce-Dramas arbeitete.[12] Allerdings sind für das Ende des Jahres 1804 und für den Anfang von 1805 die Zeugnisse für Brentanos Aufenthalte in Berlin, Ziebingen und Heidelberg so dicht, dass ein nicht belegter Aufenthalt in Wien ausgeschlossen werden muss.[13] Auch die von Stramberg erwähnte Begegnung mit Clemens Maria Hofbauer kann in dieser Zeit nicht stattgefunden haben, da sich dieser, wie Rudolf von Smetana bereits im Jahr 1864 feststellte, Ende 1804 nachweislich nicht in Wien aufhielt.[14] Die merkwürdige Erneuerung einer längst obsoleten Behauptung bei Schmitz und von Steinsdorff ist auf deren Benutzung von Kalischers Ausgabe der Briefe Beethovens zurückzuführen, in der der Herausgeber an seiner These festhielt, obwohl sie schon von Sauer kritisiert und auch sonst von niemand akzeptiert worden war.[15]

Immerhin aber lässt sich belegen, dass Brentano tatsächlich die Absicht hatte, seinen *Ponce de Leon* in Wien aufführen zu lassen. Neben der erwähnten Bearbeitung des Stückes für die Bühne spricht dafür Brentanos Brief vom 15. Januar 1803 an Stephan August Winkelmann, worin er den Freund bittet, sich um einen Verleger für das Stück zu kümmern. Besonderen Wert legte er auf die korrekte Form der Dedikation zu dem Drama, „weil es in Wien viel wird gelesen werden".[16] In einem Brief vom 22. Februar 1804 an Antonie Brentano berichtet er von seinen Reiseplänen, die jedoch nicht verwirklicht werden sollten: Nach der Entbindung seiner Frau möchte er sich in Dresden niederlassen, „und von da eile ich einmal über Prag nach Wien".[17] Eine spätere Gelegenheit zu einer Wien-Reise, die Bettine Brentano vorgeschlagen hatte, um Brentano nach dem Tod seiner Frau Sophie von seinem Kummer abzulenken, blieb ungenutzt.[18] Auch die Verbringung Auguste Brentanos nach Wien zu Franz Brentano unterblieb seinerzeit wegen der schweren Krankheit Johann Melchior von Birkenstocks, des Vaters von Antonie Brentano.[19] Ebenfalls bei Gelegenheit der Dauerkrise in der Ehe

12 Brentano an Sophie Mereau, 20.11.1804, FBA 31, S. 364.

13 Sauer, Über Brentanos Beiträge zum Dramaturgischen Beobachter (Anm. III,8), S. 77, Anm. 1. Chronik, S. 45f.

14 [P. Rudolf von Smetana,] Leben des Dieners Gottes P. Clemens Maria Hoffbauer, Generalvikar der Congregation des allerheiligsten Erlösers außer Italien, hrsg. von Michael Haringer, Wien 1864, S. Vf. Johannes Eckardt, Clemens Maria Hofbauer und die Wiener Romantikerkreise am Beginne des 19. Jahrhunderts, in: Hochland 8,1 (1910/11), S. 17–27, 182–192, 341 bis 350, dort S. 349. Otto Weiß, Klemens Maria Hofbauer und seine Biographen. Eine Rezeptionsgeschichte, Roma 2001 (Bibliotheca historica Congregationis SSmi Redemptoris XIX), S. 53, 96, 102, 106, 119, 135.

15 Beethovens Sämtliche Briefe. Kritische Ausgabe mit Erläuterungen von Alfred Christlieb Kalischer, Bd. 2, Berlin, Leipzig 1907, S. 3. Abgelehnt wurde Kalischers These auch von Hermann Cardauns, Klemens Brentano. Beiträge, namentlich zur Emmerich-Frage, Köln 1915 (Vereinsschrift der Görres-Gesellschaft 1915,1), S. 45f.

16 Brentano an Winkelmann, Mitte bis Ende Februar 1803, FBA 31, S. 52.

17 Clemens an Antonie Brentano, 22.2.1804, ebd., S. 297.

18 Bettine Brentano an Friedrich Carl und Gunda von Savigny, Januar 1807, AM, S. 59f.

19 Savigny an Brentano, 11.3.1808, UL, S. 371. Wilhelm Grimm an Brentano, 26.8.1810, Hs. FDH 6127 (zitiert bei Brentano, Clemens Brentanos Liebesleben [Anm. II,2], S. 169f.).

Brentanos mit seiner zweiten Frau wird von Bettine Brentano eine Reise des Bruders nach Salzburg vorbereitet, doch ist es auch dazu nicht gekommen.[20]

Die Ankunft eines norddeutschen Schriftstellers in Wien

Entgegen seiner Aussage in dem Brief an Arnim aus der Zeit von Ende Juni bis zum 2. Juli 1813 ist Brentano erst drei Tage später abgereist, am 6. statt am 3. Juli. Wie er nach seiner Ankunft in Wien an Tieck schreibt, war er drei Tage unterwegs (als übliche Reisedauer gelten drei bis dreieinhalb Tage), ist also wohl am 9. Juli angekommen.[21] Franz und Antonie Brentano hat er dort nicht mehr angetroffen. Am 6. Oktober 1812 hatte ihm Franz geschrieben, er und seine Familie zögen „in 4 oder 5 Wochen, so bald Tony ganz wohl ist, (…) wieder nach Hause".[22] Die Familie Franz Brentanos ist in Übereinstimmung mit diesen Angaben Anfang November 1812 nach Frankfurt zurückgekehrt. In einem aus Frankfurt geschriebenen Brief vom 23. April 1813 unterrichtet der ältere Stiefbruder Clemens Brentano von der Vermietung des Birkenstockschen Hauses.[23] In einem der vierzig Zimmer wohnte Brentano während seines Aufenthalts.[24]

Für alle Urteile über Brentanos Wiener Aufenthalt im allgemeinen, seine Teilnahme am gesellschaftlichen Leben im besonderen, ist zu beachten, dass die Materialgrundlage dünn ist. Insbesondere von den letzten Monaten nach der Valeria-Aufführung ist beinahe nichts von Brentanos Treiben bekannt. Dabei ist unklar, ob dieser Sachverhalt zufällig und durch die Überlieferung bedingt ist, oder ob nicht doch die erhaltenen

20 Bettine Brentano an Savigny, Ende Februar/Anfang März 1809, AM, S. 110. Bettine Brentano an Arnim, März 1809, Betz/Straub 2, S. 134.

21 Brentano an Tieck, 12.7.1813, FBA 33, S. 32. – Nach dem 15. August 1813 datiert ein Stammbuchblatt mit der Angabe „Prag oder vielmehr Wien am Sonntag war Maria Himmelfahrt" („oder vielmehr Wien" nachträglich eingefügt; UB Heidelberg, Heid.Hs.2120/64). Zur normalen Reisedauer zwischen Prag und Wien: Solomon, Beethoven (Anm. I,95), S. 459, Anm. 23. H. C. Robbins Landon, 1791. Mozarts letztes Jahr, Düsseldorf u. a. ^{2}1991, S. 122f. mit Anm. 27, S. 272. Einen Eindruck von den Umständen einer Reise aus dem nördlichen Deutschland nach und eines Aufenthalts in Wien um 1810 vermitteln die Aufzeichnungen Karl August Böttigers; vgl. Lier, Böttigers Reise nach Wien (Anm. II,46).

22 Goldschmidt, S. 105. Solomon, Beethoven (Anm. I,95), S. 239. Oehring, Spuren verlorener Briefe (Anm. I,51), S. 116. Zum folgenden vgl. Kopitz, Antonie Brentano in Wien (Anm. II,9), S. 142.

23 Goldschmidt, S. 108 und S. 473, Anm. 204. Kopitz, Antonie Brentano in Wien (Anm. II,9), S. 143. Von der Anwesenheit Franz Brentanos in Wien während Brentanos Aufenthalt in der Stadt gehen etwa Diel/Kreiten 1, S. 386 und Steig 1, S. 289 aus. – Siehe auch den Brief des Verwalters G. J. Hauser an Brentano, 19.4.1813, Sammlung Varnhagen, Kasten 36, Biblioteka Jagiellońska, Kraków.

24 Franz an Clemens Brentano, 23.4.1813, Hs. FDH 16072. Brentano an Arnim, Ende Juni bis 2. 7.1813, FBA 33, S. 20. Brentano an Tieck, 12.7.1813, ebd., S. 34. Brentano an Schlegel, nach dem 11.7.1813, ebd., S. 31. Vgl. UL, S. 482 und Steig 1, S. 316. Zu den Wohnbedingungen in Wien vgl. Hanson, Musical Life in Biedermeier Vienna (Vorbemerkung, Anm. 18), S. 14f.

Zeugnisse ein angemessenes Bild von Brentanos Briefkontakten während seines Wiener Aufenthalts geben. Es wäre verständlich, wenn Brentano nach der erfolglosen Aufführung von *Valeria oder Vaterlist* monatelanges Schweigen gegenüber Verwandten und Freunden geübt hätte. Brentanos Wiener Aufenthalt lässt sich unter diesem Vorbehalt etwa in fünf Phasen aufteilen: Die ersten Wochen sind geprägt von der Verfertigung patriotischer Gedichte und von regem Verkehr in den Wiener Salons, in denen Brentano sein Libussa-Drama vorträgt und sich vor seinem Publikum inszeniert. Nach dem Beginn des Herbstfeldzuges produziert er mit außerordentlichem Eifer eine ganze Reihe von Gelegenheitsstücken für das Theater, allerdings ohne nennenswerten Erfolg. *Valeria oder Vaterlist* ist im wesentlichen im November und im Dezember 1813 entstanden. Im Januar 1814 widmet sich Brentano beinahe ausschließlich der Theaterjournalistik; die letzte von ihm besprochene Theateraufführung fand am 27. Januar statt. Angesichts des Umfangs, den seine Arbeiten ausmachen – Brentanos Kritiken bestreiten den Großteil des im *Dramaturgischen Beobachter* zur Verfügung stehenden Raumes – möchte man annehmen, dass er daneben schwerlich in größerem Umfang noch andere Beschäftigungen verfolgt haben kann. Wohl seit Ende Januar und bis Mitte Februar sind das Deklamatorium *Östreichs Muth, Sieg und Hofnung* und die Lustspielbearbeitung *Oranje boven* entstanden. Daneben bemühte sich Brentano um die Vorbereitung seines Debüts am Burgtheater samt der Auseinandersetzungen mit dem Theaterpersonal und dem Publikum vor und nach dem 18. Februar. Von da an bis zum Ende seines Aufenthalts ist beinahe gar nichts mehr von seinen Tätigkeiten bekannt, in den Briefen schweigt er sich aus, und weitere Nachrichten von Zeitgenossen sind spärlich.

Wenige Tage nach seiner Ankunft in der österreichischen Hauptstadt beschreibt Brentano in Briefen an Tieck, Rahel Robert und Gunda von Savigny seine Erfahrungen in der Stadt, die sich in der Feststellung zusammenfassen lassen, in Wien ließe sich nicht dichten:[25]

> (…) die Stadt, die ich bereits nach allen Seiten durchschritten macht einen Eindruck, wie Leipzig, Dresden und München durcheinander, der Herrliche Münster steht Wunderbar, wie ein altes Gespenst, im modernen Getümmel (…)

> Wien ist eine Stadt, in der man sich gern bewegt, aber dichten kann man nicht, Sie ist äußerlich, und ohne Visionen und Gespenster.

> Wien ist schön, es ist als hätte der Leichtsinn, die Lebenslust und zeitlicher Übermuth diese Stadt in den Schoos der reitzendsten Natur gegründet, der Münster steht ganz einsam drinn, wie ein ewiger Jude, denn niemand versteht. Der Prater ist ein Paradies, ein Elisium, ein Traum, die Menschen sind froh und possierlich, und gewähren für glückliche und berauschte ein(e) heitere Umgebung, ich habe im Prater bittre Trähnen weinen müssen, und

[25] Brentano an Tieck, 12.7.1813, FBA 33, S. 32. Brentano an Rahel Robert, vor dem 1.8.1813, ebd., S. 36. Brentano an Gunda von Savigny, Ende Juli 1813, ebd., S. 39. Siehe auch Lea Mendelssohns Brief vom 14.5.1815 an Brinkman über ihren Wien-Aufenthalt im Sommer 1813; Klein, S. 250. Vgl. Wolfgang Frühwald, Leben im Zitat. Anmerkungen zum Werk Clemens Brentanos, in: Zeitwende 50 (1979), H. 2, S. 73–89, dort S. 74.

doch ist er unendlich schön, das Schönste, waß ich von lebendigen Bildern je gesehen. Aber das Ganze dieses Lebens ist ohne Geister, ohne Vision, ohne Offenbahrung, ohne inneres Aug, und man kann hier nicht dichten (…)

Diese Briefe übernehmen eine literarische Sichtweise auf eine Stadt, wie sie von Brentano zuerst in seiner *Chronica eines fahrenden Schülers* dargestellt wurde und in welcher das Stadtbild zugleich eine Figuration der Heilsgeschichte bildet. Instanz des Ewigen ist hier wie dort das Münster, Aufenthaltsort des Betrachters in der *Chronika* wie in dem Brief an die Schwester ein Garten, der an das Paradies erinnert.[26] Vom ersten der Briefe, der an Tieck gerichtet ist, bis zum vermutlich letzten der Reihe, der an die Savigny geschrieben wurde, wird das Bild von Wien in einer immer stärker mit figuralen Bezügen arbeitenden Weise gestaltet, und es ist hier der Prozess der Literarisierung einer Erfahrung am Werk zu sehen, der zu einer Geschichte wie der *Chronika* hätte führen können (und tatsächlich zu dem Gedicht *Moreaus Tod* geführt hat). Der Brief an Gunda von Savigny wurde von Claudio Magris in seinem bekannten Buch über den habsburgischen Mythos als eine zutreffende Beschreibung des leichtlebigen und oberflächlichen alten Österreich zitiert.[27] Die romantische Sehnsucht Brentanos spüre „trotz aller behexenden Reize die erbarmungslose Begrenztheit dieser rein irdischen Welt mit der glühenden Phantasie, die zu keinem Höhenflug ansetzt“. Antizipiert und entlarvt werde „der Mythos der felix Austria, des habsburgischen Schlaraffenlands“. Magris übernahm mit der Perspektive Brentanos auch die einer ganzen Tradition norddeutscher Österreichkritik, die er zustimmend zitiert und seiner Untersuchung zugrundelegt. Protestantischen Gelehrten, die nach Wien kamen, war die lebensfrohe Kultur Wiens von jeher suspekt, und die indignierten Beschreibungen des enormen Verzehrs an Backhendln füllen in den Reiseberichten ganze Seiten. Immerhin stehen sie in einer alten, sich von Aeneas Silvius Piccolomini herschreibenden Tradition.[28] Die Ausführungen von Magris weisen so auf den Zusammenhang, in welchem die zitierten Äußerungen über Wien gelesen werden müssen. Brentano kam nach Wien und übernahm die Vorstellungen, die in einer weitläufigen Literatur über diese Stadt vorweggenommen waren.

Der prominenteste dieser Reiseschriftsteller war Friedrich Nicolai, der seine Kritik in der vielbändigen *Beschreibung einer Reise durch Deutschland und die Schweiz im*

[26] FBA 19, S. 88ff.

[27] Claudio Magris, Der habsburgische Mythos in der modernen österreichischen Literatur, Wien 2000 (italienisches Original Turin 1963), S. 82 und S. 376, Anm. 85. Lucjan Puchalski, Luxus, Laster, Libertinage. Wien als Sujet der Prosa-Literatur des Josephinismus, in: Lenau-Jb. 24 (1998), S. 21–47. Dagegen vgl. die Verteidigung von Caroline Pichler, in: Pichler 1, S. 243. Ihre Gegenkritik an der protestantischen Österreichkritik: ebd., S. 103f., 426f.; 2, S. 35f., 62.

[28] Thorsten Sadowsky, Reiseerfahrung und bürgerliche Mentalität. Das Bild vom josephinischen Wien in den Berichten deutscher Reisender in den Jahren 1780–1790, in: JbVGStW 47/48 (1992/92), S. 229–282. Alphons Lhotsky, Aeneas Silvius und Österreich, in: ders., Aufsätze und Vorträge, Bd. 3: Historiographie – Quellenkunde – Wissenschaftsgeschichte. Ausgewählt und hrsg. von Hans Wagner und Heinrich Koller, München 1972, S. 26–71.

Jahre 1781 niedergelegt hatte.[29] Wohlleben, Sittenlosigkeit, Aberglaube, Bigotterie, Lustbarkeiten und Prostitution werden in einiger Ausführlichkeit beschrieben.[30] Die Geschichten über die Wiener Völlerei sind zum Teil sehr lustig, und die ganze Darstellung zeugt von einiger Überheblichkeit und – falls doch einmal gelobt werden soll – von Herablassung oder besser gesagt von protestantischer oder aufgeklärter Befangenheit, die sich besonders in der Beschreibung katholischer Bräuche und des angeblichen Aberglaubens zeigt.[31] Diese Kritik am Wiener Wesen war zuerst in Schriften österreichischer Aufklärer formuliert, dann aber auch von norddeutschen Autoren, die die Hauptstadt der habsburgischen Länder besuchten, bereitwillig übernommen worden.[32] Nicolais Beschreibung erregte eine Kontroverse mit Aloys Blumauer, die für die Alteritätswahrnehmung auf beiden Seiten folgenreich war und in erheblichem Maß zu dem Bild einer dichotomischen Teilung zwischen „Deutschland" und „Österreich" respektive ihrer Literaturen beigetragen hat, die noch die Literaturgeschichtsschreibung der Gegenwart prägt. Diese diskursive Entgegensetzung ist ebenso in Rechnung zu stellen wie die gleichermaßen bestehenden sozialgeschichtlichen Unterschiede.[33] Dass eine entsprechende Scheidung zwischen zwei homogenen Blöcken „deutscher" und „österreichischer" Literatur und zugehöriger Organisationsformen des literarischen Lebens für das 18. und 19. Jahrhundert in der Sache nicht berechtigt sein kann, dürfte selbstverständlich sein, wenngleich stets die Versuchung besteht, vorhandene Unterschiede zu diametralen Gegensätzen zu stilisieren.[34] Die Kenntnisnahme der literarischen Verhältnisse nicht nur Preußens und Sachsens sondern etwa auch Württembergs, der hessischen Territorien,

[29] Nicolai, Beschreibung einer Reise durch Deutschland und die Schweiz im Jahre 1781. Nebst Bemerkungen über Gelehrsamkeit, Industrie, Religion und Sitten, 12 Bde., Berlin, Stettin 1783–1796 = GW 15–20. Zu Wien: ebd. 15,2, S. 566ff.; zu Österreich: Bde. 15,1–17,1. Aus der sehr umfangreichen Literatur zu Nicolai und Österreich vgl. zuletzt Lucjan Puchalski, Imaginärer Name Österreich. Der literarische Österreich-Begriff an der Wende vom 18. zum 19. Jahrhundert, Wien u. a. 2000 (Schriftenreihe der österreichischen Gesellschaft zur Erforschung des 18. Jahrhunderts 8), S. 108–138.

[30] Nicolai, GW 17,1, S. 186ff., 235ff., 259ff., 269ff.

[31] Wolfgang Martens, Zum Bild Österreichs in Friedrich Nicolais *Beschreibung einer Reise durch Deutschland und die Schweiz im Jahre 1781*, in: AAWW,PH 116. Jg. (1979), Nr. 2, S. 45–67. Günter Oesterle, Die Misere der Romantiker in Wien, in: Österreichische Literatur wie sie ist? Beiträge zur Literatur des habsburgischen Kulturraumes, hrsg. von Joanna Jabłowska und Małgorzata Kubisiak, Łódź 1995, S. 82–93, dort S. 82ff.

[32] Kai Kauffmann, „Es ist nur ein Wien!" Stadtbeschreibungen von Wien 1700–1873. Geschichte eines literarischen Genres der Wiener Publizistik, Wien u. a. 1994 (Literatur in der Geschichte, Geschichte in der Literatur 29), S. 232f.

[33] Leslie Bodi, Tauwetter in Wien. Zur Prosa der österreichischen Aufklärung 1781–1795. 2., erw. Aufl., Wien u. a. 1995 (Schriftenreihe der österreichischen Gesellschaft zur Erforschung des 18. Jahrhunderts 6), S. 57–62.

[34] Herbert Seidler, Zur Entwicklung des Begriffs einer österreichischen Literatur in der Restaurationszeit, in: Literatur und Literaturgeschichte in Österreich, hrsg. von Ilona T. Erdélyi, Budapest, Wien 1979 (Helikon, Sondernummer), S. 45–55.

Bayerns und anderer Länder kann vor solchen Versuchungen einigermaßen bewahren.[35] Von Berlin, Leipzig und erst recht von Weimar und Jena als den literarischen Zentren der (von Wien aus gesehen) norddeutschen Literatur her betrachtet konnte jedoch um die Jahrhundertwende die Literatur in der habsburgischen Residenzstadt sehr leicht als „noch ein funfzig Jahr weit gegen die Bewohner des nördlichen Deutschland zurück" oder als einer völlig anders verfassten Kultur zugehörig aufgefasst werden.[36]

Wien war eine europäische Großstadt mit einem hochentwickelten Unterhaltungsbetrieb, aber die Ausbildung eines autonomen Pols des literarischen Bereichs scheint sich dort noch kaum abgezeichnet zu haben. Neben der Broschürenliteratur, die eine ähnliche Rolle spielte wie die Journale im übrigen Deutschland, gab es eine gelehrte klassizistische Dichtung, die von schriftstellernden Beamten getragen wurde.[37] Wie Nicolai sich im protestantischen Deutschland, zumal in Norddeutschland und in der Schweiz, an die Gelehrten wandte, so konnte er auch in Österreich auf diese beamteten Dichter zählen. Sein Gegner Blumauer war – wie auch die anderen Broschürenautoren und manche späteren Unterhaltungsschriftsteller – als zwangsdefroquierter Ex-Jesuit selbst Gelehrter und als k.k. Bücherzensor auch Beamter mit sehr niedrigem Gehalt, bediente sich aber in seiner Polemik gegen Nicolai der publizistischen und stilistischen Möglichkeiten des Journals und der Broschürenform. Daher konnte Nicolai all jene polemischen Topoi gegen ihn ins Feld führen, die sich in den Auseinandersetzungen der Frühaufklärung zwischen Leipzig, Dresden, Berlin und Zürich bereits bewährt hatten. Er konnte Blumauers Schreib- und Verhaltensweise so vor dem Forum der wie immer imaginären respublica litteraria, deren Dissoziation sich jedenfalls seit längerem abzeichnete oder schon eingetreten war, als indiskutable Entgleisung anprangern. Für

[35] Albert Ward, Book Production, Fiction and the German Reading Public 1740–1800, Oxford 1974, S. 114–121. Zu Bayern: Katharina Meinel, Für Fürst und Vaterland. Begriff und Geschichte des Münchner Nationaltheaters im späten 18. Jahrhundert, München 2003 (Studien zur Münchner Theatergeschichte 2). Zu Hessen-Darmstadt: Robert Seidel, Literarische Kommunikation im Territorialstaat. Funktionszusammenhänge des Literaturbetriebs in Hessen-Darmstadt zur Zeit der Spätaufklärung, Tübingen 2003 (Frühe Neuzeit 83).

[36] Carl Ludwig Fernow an Wilhelm Josef Kalmann, 3.1.1794, in: Heinrich Moriz Richter, C. L. Fernow's Briefe aus Wien (Handschriftliches), in: ders., Geistesströmungen, Wien 1876, S. 317–326, dort S. 322. Von einer ca. vierzigjährigen kulturellen Verspätung Österreichs, die sich erst im Verlauf des 19. Jahrhunderts aufgelöst habe, spricht Krebs, L'idée de „Théâtre National" dans l'Allemagne des Lumières (Anm. I,103), S. 439.

[37] Bodi, Tauwetter in Wien (Anm. III,33), S. 60, 96f. Roger Bauer, Die sozialen, politischen und ideologischen Voraussetzungen der österreichischen Literatur des frühen 19. Jahrhunderts, in: ders., „Laßt sie koaxen, die kritischen Frösch in Preußen und Sachsen!" Zwei Jahrhunderte Literatur in Österreich, Wien 1977, S. 19–32, dort S. 22f. Lechner, Gelehrte Kritik und Restauration (Anm. II,44), S. 32f. Edith Rosenstrauch-Königsberg, Stützen der Gesellschaft? Blumauer und Grillparzer – beamtete Dichter (1978), in: dies., Zirkel und Zentren. Aufsätze zur Aufklärung in Österreich am Ende des 18. Jahrhunderts, Wien 1992, S. 33–48, 331–333. Waltraud Heindl, Gehorsame Rebellen. Bürokratie und Beamte in Österreich, 1780–1848, Wien u. a. 1991 (Studien zu Politik und Verwaltung 36), S. 290ff. Oesterle, Die Misere der Romantiker in Wien (Anm. III,31), S. 89f.

einen Schriftsteller, der der Gelehrtenkultur nicht angehörte oder ihr absagte, lag spätestens seit Liscow der Begriff bereit, der ihn als Gegner disqualifizierte: Es handelte sich um einen Skribenten.[38]

Man hat in der fehlenden Gelehrtenkultur in Süddeutschland die entscheidende kulturelle Differenz zwischen protestantischem und katholischem Deutschland sehen wollen.[39] Es gab in Österreich durchaus auch außerhalb der Kirche und der Orden ein Gelehrtentum, aber dieses stand in einem sehr viel unvermittelterem Verhältnis zum Staat als im protestantischen Norden, dafür sorgte schon das anders organisierte Ausbildungssystem, das die universitären Freiheiten, die in manchen deutschen Territorien bestanden, nicht kannte.[40] Der oft bemerkte hohe Anteil der Beamten an den österreichischen Schriftstellern hat vermutlich einen einfachen Grund: Nach den josephinischen Reformen des Gymnasialschulwesens und der Universitäten mit ihrer drastischen Reduktion der Zahl der Gymnasiasten und der Studenten gab es am Ende des 18. Jahrhunderts in Österreich einfach jenes gebildete Prekariat ehemaliger Studenten der Theologie und der philosophischen Fächer der unteren Fakultät nicht, das sich nach den Hofmeisterjahen und allerlei gescheiterten Karriereambitionen auch noch das Abenteuer einer journalistischen oder schriftstellerischen Karriere ohne den Rückhalt einer amtlichen Stellung zumutete.[41] Daher fehlt es in Österreich auch an jenen gelehrten, dem Selbstverständnis, wenn auch selten der sozialen Position nach „freien" Schriftstellern, deren soziales Profil Herbert Jaumann beschrieben hat.[42] Weder gab es eine soziale Gruppe, die für eine solche Form der selbständigen Schriftstellerei zur Verfügung gestanden hätte, noch standen die materiellen und ideellen Grundlagen bereit, die sie hätten tragen können. Nicolai fühlte sich im Zweifelsfall den „ständischen" Schriftstellern Österreichs

38 Vgl. Dainat, Abaellino, Rinaldini und Konsorten (Anm. I,109), S. 47–82. Doris Maria Kohrs, Aufklärerische Kritik der *Allgemeinen Deutschen Bibliothek* Friedrich Nicolais an den Wiener Schriften des Josephinischen Jahrzehnts, Diss. (masch.) Wien 1982.

39 Karl Viëtor, Luthertum, Katholizismus und deutsche Literatur, in: ders., Geist und Form. Aufsätze zur deutschen Literaturgeschichte, Bern 1952, S. 35–52.

40 Helmut Engelbrecht, Geschichte des österreichischen Bildungswesens. Erziehung und Unterricht auf dem Boden Österreichs. Teil 3. Von der frühen Aufklärung bis zum Vormärz, Wien 1984.

41 Vgl. Gerald Grimm, Elitäre Bildungsinstitution oder „Bürgerschule"? Das österreichische Gymnasium zwischen Tradition und Innovation 1773–1819, Frankfurt a. M. u. a. 1995 (Aspekte pädagogischer Innovation 20), S. 217.

42 Herbert Jaumann, Emanzipation als Positionsverlust. Ein sozialgeschichtlicher Versuch über die Situation des Autors im 18. Jahrhundert, in: LiLi 11 (1981), H. 42, S. 46–72. Zum „freien" Schriftsteller: Seidel, Literarische Kommunikation im Territorialstaat(Anm. III,35), S. 222ff. Jörg Schönert, Professionalisierung der Schriftsteller? Zu Praxisformen und Reflexionstypen des Schriftstellerberufs zwischen 1850 und 1920, in: ders., Perspektiven zur Sozialgeschichte der Literatur. Beiträge zu Theorie und Praxis, Tübingen 2007 (STSL 87), S. 161–182, besonders S. 165–168. Strobel, Eine Kulturpoetik des Adels in der Romantik (Anm. I,10), S. 332ff. Zu den Lohnschriftstellern zu Brentanos Zeit vgl. Meyer, Novelle und Journal (Anm. I,32), S. 210ff. Zu den freien Schriftstellern während der josephinischen Reformen vgl. Bodi, Tauwetter in Wien (Anm. III,33), S. 98ff.

näher als jenen wenigen „freien“ Autoren von der Art Blumauers, die in einem Teil ihrer Veröffentlichungen die Gelehrsamkeit gezwungenermaßen auf sich beruhen ließen und für ein größeres Publikum schrieben.[43] Um 1800 waren die von Nicolai noch geachteten Autoren tot und die durch die Aufhebung der josephinischen Reformen eingeleitete Entwicklung des literarischen Lebens gehemmt, für die nachgeborene Generation gab es in Österreich immer noch keine institutionellen Grundlagen, die ihnen eine Existenz als Schriftsteller mit literarischem Anspruch ermöglicht hätten. Der norddeutsche Verlagsbuchhandel, dessen Organisationsweise ja die „Bedingung des Daseins einer deutschen Literatur“ war und auch anspruchsvollen Schriftstellern eher ein Auskommen ermöglichen konnte,[44] hatte in Österreich keine Entsprechung, obwohl dort an Verlagen und Buchhandlungen kein Mangel herrschte.[45] Dagegen konnte die Großstadt Wien allein ihrer Größe wegen Verfassern von Unterhaltungsliteratur Möglichkeiten eröffnen, die im Reich sonst nicht vorhanden waren.[46] In Norddeutschland gab es also Faktoren, die zumindest der Möglichkeit nach die Position eines „freien“ Schriftstellertums denkbar machten und den Autoren eine Stellung zwischen dem ständischen Schriftsteller alter Prägung und dem Skribenten einzunehmen erlaubten, wenngleich sich diese Position aus ökonomischen Gründen nur für wenige und selten auf Dauer beziehen ließ. Diesem Typus des Schriftstellers gehörte Brentano ebenso wie alle Romantiker zu. „Particulier“ ist neben „privatisirender Gelehrter“ die Bezeichnung, unter der Brentano in öffentlichen Blättern und Schriftstellerverzeichnissen figuriert, so etwa in den Teplitzer Kurlisten des Jahres 1812.[47] (Ein dritter Titel, unter dem Brentano in Tageszeitungen erscheint, ist „Professor“.[48]) Die spätere Polemik gegen romantische Konvertiten (wie schon die frühere gegen Friedrich Müller und Friedrich von Stolberg) zeigt gerade,

[43] Wolfgang Neuber, Die Wiener literarischen Verhältnisse um 1800 in zeitgenössischen sächsischen und preußischen Reisebeschreibungen, in: Reisen und Reisebeschreibungen im 18. und 19. Jahrhundert als Quellen der Kulturbeziehungsforschung, hrsg. von B. I. Krasnobaev, Gert Robel und Herbert Zeman, Essen 1987 (Studien zur Geschichte der der Kulturbeziehungen in Mittel- und Osteuropa 6), S. 239–254, dort S. 248f.

[44] Haferkorn, Der freie Schriftsteller (Anm. I,34), Sp. 649f.

[45] Bodi, Tauwetter in Wien (Anm. III,33), S. 80ff. Peter R. Frank, „Es ist fast gar nichts da...“ Der deutschsprachige Verlagsbuchhandel in Österreich vom 18. zum 19. Jahrhundert, in: LJbBG 5 (1995), S. 201–232. Siegert, Über Österreichs Aufklärung und Literatur (Vorbemerkung, Anm. 15), S. 153–184.

[46] Bodi, Tauwetter in Wien (Anm. III,33), S. 67–72.

[47] Goethe und die Gräfin O'Donnell. Ungedruckte Briefe nebst dichterischen Beilagen, hrsg. von Richard Maria Werner, Berlin 1884, S. 198 = Thayer/Deiters/Riemann 3, S. 314f. = Max Unger, Beethovens Teplitzer Badereisen von 1811 und 1812, in: NMZ 39 (1918), S. 86–93, dort S. 90 = Siegmund Kaznelson, Beethovens Ferne und Unsterbliche Geliebte. (Das Wandelnde Geheimnis. Tatsachen und Prophezeiungen aus dem Zeitalter der jüdischen Emanzipation, Bd. 1), Zürich 1954, S. 444f. Zum zweifelhaften Charakter eines schriftstellernden Particulier vgl. Eichendorff, Dichter und ihre Gesellen I,1, ^{2}HKA 4, S. 12f.

[48] AM, S. 376 (in der Chronik sind diese Nachträge zum Text in AM nicht verwertet worden). Ebenso: Saul Ascher, Berlin im April, in: Miszellen für die Neueste Weltkunde, hrsg. von Heinrich Zschokke Nr. 35, 1.5.1811, zitiert nach Steig 5, S. 610.

dass diese zuvor bei allen Differenzen einer Gemeinschaft noch angehört hatten, die sie durch den Religionswechsel scheinbar oder tatsächlich verließen.[49]

Am 25. November 1809 schrieb Arnim an Bettine Brentano über Brentanos Arbeit an der *Erfindung des Rosenkranzes* und lobte den Eifer, den der Freund aufbringt; allerdings zweifelt er, „ob unter der Menge leichtsinniger Leser sich ein paar von Sinn finden werden, die sein Streben darin gehörig unterscheiden werden; die größere Zahl würde er mit viel leichterer Arbeit weit höher befriedigt haben".[50] Sich auf das Niveau eines Skribenten herabzulassen, das war genau besehen der Versuch, den Brentano in Wien erfolglos unternahm. Wenn man in Wien nicht dichten konnte, dann lag das wohl zum wenigsten an den vermissten Visionen und Gespenstern.

Die Kreise um Adam Müller und Friedrich Schlegel

Als Brentano in Wien einreiste, war er versehen mit Briefen von Gunda von Savigny an Franz Joseph Stanislaus Graf Herberstein-Moltke, den ehemaligen Verlobten der verstorbenen Schwester Sophie, an Henriette von Brevillier und an Henriette von Pereira, die Tochter Fanny von Arnsteins, geborene Itzig.[51] Von Graf Gustav Adolf von Ingenheim, dem Halbbruder des preußischen Königs, besaß er Empfehlungen an den preußischen Gesandten in Wien, Wilhelm von Humboldt. Brentano kannte Ingenheim von seinem zweiten Berliner Aufenthalt her, wo beide Besucher der deutschen Tischgesellschaft waren. Zwischen beiden bestand, wie aus Briefen Arnims hervorgeht, reger Kontakt.[52] Ludwig Tieck schließlich verschaffte ihm Zugang zu Caroline Pichler und Matthäus von Collin, der seinerzeit während Tiecks Wiener Aufenthalt versucht hatte, Tieck mit einer Stelle als Burgtheaterdichter zu versorgen, von Briefen „an viele dort lebende strebende junge Dencker" nicht zu sprechen.[53]

49 Vgl. Weber, Goethe und die Jungen (Anm. I,16), S. 50ff. Siehe dazu Manfred Frey, Toleranz und Selektion. Konfessionelle Signaturen zwischen 1770 und 1830, in: Konfessionen im Konflikt. Deutschland zwischen 1800 und 1970: Ein zweites konfessionelles Zeitalter, hrsg. von Olaf Blaschke, Göttingen 2002, S. 175–198.

50 Arnim an Bettine Brentano, 25.11.1809, Betz/Straub 2, S. 286. Siehe auch Pravida, Die Erfindung des Rosenkranzes (Anm. I,22), S. 291.

51 Brentano an Arnim, Ende Juni bis 2.7.1813, FBA 33, S. 20. Vgl. UL, S. 483.

52 Steig 5, S. 622f. Arnim an Brentano, 20.4.1811 und 28.12.1811, Schultz/Schwinn 2, S. 599 und 629. Brentano an Arnim, Ende Juni bis 2.7.1813, FBA 33, S. 20f. Gunda von Savigny an Bettine von Arnim, 5.12.1815, AM, S. 209. Das Maskenspiel *Merlin*, das in dem zuletzt genannten Brief erwähnt wird und das Brentano für den preußischen Hof geschrieben hat, wird von Erika Tunner ohne Kenntnis dieses Briefzeugnisses kurz beschrieben; Tunner, Clemens Brentano (Anm. I,91), Bd. 2, S. 696. Zu Ingenheim: Rosenthal 1, S. 344f. AM, S. 362. Härtl 2, S. 364, Anm. 33. Härtl 3, S. 176. Achim an Bettine von Arnim, 20.2.1818, Vordtriede 1, S. 93. Nienhaus, Geschichte der deutschen Tischgesellschaft (Anm. II,64), S. 362.

53 Brentano an Arnim, Ende Juni bis 2.7.1813, FBA 33, S. 21. Tiecks Empfehlungsbrief vom 4.7.1813 an Caroline Pichler: Körner, Tieck, S. 156 = Lederer, S. 285 = Matenko, S. 119; vgl.

Mit den meisten der erwähnten Personen hat Brentano dann auch tatsächlich Kontakt aufgenommen, berichtet darüber jedoch nicht besonders ausführlich, ausgenommen den Kreis um Adam Müller und die „Gesellschaft aus dem Strobelkopf". Adam Müller sah er, wie er Rahel Robert am 28. Juli berichtet, „täglich" und ist voll des Lobes über ihn und seinen Kreis, nachdem seine früheren Äußerungen zwar meist freundlich, aber niemals ohne ironischen Vorbehalt waren.[54] Müllers Pläne zur Gründung eines Erziehungsinstitutes waren zum Zeitpunkt von Brentanos Besuch bereits weitgehend gescheitert, der schon eingerichtete Betrieb wurde nach der Ablehnung von Müllers Gesuchen „in der Form einer privaten Pension ohne öffentlichen Unterricht fortgeführt, wozu es keiner Genehmigung der Staatsbehörden bedurfte".[55] Verschiedenen Adressaten berichtet Brentano mit besonderer Sympathie von Müllers Institut, so in den Briefen an Tieck, Rahel Robert, Gunda von Savigny und Arnim.[56] Neben Wilhelm von Eichendorff, Friedrich August von Klinkowström[57] und dem preußischen Hofrat Johann Karl Christian Fischer, den Brentano von Berlin her kannte,[58] gehörten zu dem Kreis um

Walter Schmitz und Jochen Strobel, Repertorium der Briefwechsel Ludwig Tiecks, Dresden 2002, Nr. 472.

54 Brentano an Rahel Robert, vor dem 1.8.1813, FBA 33, S. 37. Brentanos frühere Urteile über Müller: an Savigny, 28.–30.1.1810, FBA 32, S. 219f.; an Görres, nach dem 15.3.1810, ebd., S. 244; an Jacob und Wilhelm Grimm, 2.11.1810, ebd., S. 288f.; an Arnim, 10.12.1811, ebd., S. 366.

55 Baxa, Adam Müller (Anm. II,40), S. 257. Zu Müllers Wiener Kreis: Ebd., S. 232ff. Johannes Hofer C.SS.R., Der heilige Klemens Maria Hofbauer. Ein Lebensbild, Freiburg i. Br. 1921, S. 252ff. Zu Müllers Plänen eines Erziehungsinstituts vgl. Georg Gimpl, Der Preuße in Österreich. Adam Müller, Joseph von Eichendorff und die deutschrömische Schule der österreichischen Philosophie, in: Verdrängter Humanismus – verzögerte Aufklärung, Bd. 3: Bildung und Einbildung. Vom verfehlten Bürgerlichen zum Liberalismus. Philosophie in Österreich (1820 bis 1880), hrsg. von Michael Benedikt und Reinhold Knoll, Klausen-Leopoldsdorf 1995, S. 157–195. Zu Müller und Schlegel in Österreich: Hans-Christof Kraus, Die politische Romantik in Wien. Friedrich Schlegel und Adam Müller, in: Konservativismus in Österreich. Strömungen, Ideen, Personen und Vereinigungen von den Anfängen bis heute, hrsg. von Robert Rill und Ulrich E. Zellenberg, Graz, Stuttgart 1999, S. 35–70.

56 Brentano an Tieck, 12.7.1813, FBA 33, S. 32f. Brentano an Rahel Robert, vor dem 1.8.1813, ebd., S. 37. Brentano an Gunda von Savigny, Ende Juli 1813, ebd., S. 40. Brentano an Arnim, Ende August bis Anfang Oktober 1813, ebd., S. 75ff.

57 Zu Klinkowström: Ernst Seibert, Jugendliteratur im Übergang vom Josephinismus zur Restauration. Mit einem bibliographischen Anhang über die österreichische Kinder- und Jugendliteratur von 1770–1830, Wien u. a. 1987 (Literatur und Leben N. F. 38), S. 155–162. Hanns Inama-Sternegg, Der Romantiker Friedrich August von Klinkowström, 1778–1835. Offizier, Maler, Schriftsteller und Pädagoge, Bozen 1986. Die Geburt der Romantik: Friedrich – Runge – Klinkowström, hrsg. von Birte Frenssen und Uwe Schröder, Greifswald 2010 (Publikationen der Stiftung Pommersches Landesmuseum).

58 Brentano an Tieck, 12.7.1813, FBA 33, S. 32. Zu Fischer: Goedeke 5, 1893, S. 522. Fellner, S. 257ff. Jung, S. 183f. – Die öfter zu lesende Angabe, Fischer sei Mitglied der deutschen Tischgesellschaft gewesen (so etwa Fellner, S. 258 und Gerhard Kluge, FBA 19, S. 700f.), wird durch die Mitgliederlisten nicht bestätigt, Reinhold Steig erwähnt ihn auch nicht.

Müller auch „drei fromme und gelehrte und liebevolle Priester vom dem durch die Franzosen vertriebnem (aus Warschau) Orden der Redemtoristen“.[59] Bei letzteren handelt es sich um Martin Stark, Johann Sabelli und Clemens Maria Hofbauer. Die Namen der drei ergeben sich aus Adam Müllers Aufstellung der Ausgaben für das Institut; da ein dort noch genannter Pater Forthuber als nach dem 15. Januar 1813 ausgeschieden verzeichnet wird, verbleiben neben Hofbauer nur noch die beiden genannten Patres.[60] Dass er sich zumindest in einem der „lieben geistlichen (im Sailerschen Styl)“ täuschte, nämlich in Hofbauer, wurde später deutlich, als dieser im Jahr 1817 schwere Vorwürfe gegen Sailers geistliche Tätigkeit erhob, was eine lange Nachgeschichte nach sich ziehen sollte.[61]

Mit dem Beginn des Krieges gegen Frankreich löste sich auch der Kreis um Müller auf; letzterer ging Ende August als Sekretär Leopold Anton von Roschmanns, der als Kreishauptmann mit der Führung des Tiroler Aufstandes betraut worden war, nach Tirol und wurde damit zugleich der Sorgen wegen des drohenden Bankrotts seines Instituts überhoben.[62] Wilhelm von Eichendorff wurde im November ebenfalls unter Roschmann angestellt; er besorgte forthin die Kurierdienste zwischen dem Armeehofkommissär Baldacci und dem der österreichischen Armee folgenden kaiserlichen Hoflager.[63] Klinkowström wurde Mitte November beim sächsischen Militärgouvernement angestellt.

59 Brentano an Arnim, Ende August bis Anfang Oktober 1813, FBA 33, S. 76f. Beinahe gleichlautend ist das Urteil auch in den Briefen an Tieck, Rahel Robert und Gunda von Savigny. Der Bericht an Tieck ist eingegangen in Monum. Hofb. 11, 1939, S. 328.

60 Baxa 1, S. 796f. Vgl. Kornelius Fleischmann, Klemens Maria Hofbauer. Sein Leben und seine Zeit, Graz u. a. 1988, S. 82ff. (zu dieser Biographie vgl. Otto Weiß, Wie ultramontan war Klemens Maria Hofbauer? Überlegungen anläßlich einer neuen Hofbauerbiographie, in: SHCSR 39 [1991], S. 41–98); Weiß, Hofbauer und seine Biographen (Anm. III,14), S. 198.

61 Adolf Innerkofler, Der heilige Clemens Maria Hofbauer, ein österreichischer Reformator und der vorzüglichste Verbreiter der Redemptoristenkongregation. 2., nach etwa 800 neuentdeckten Dokumenten verb. u. verm. Aufl., Regensburg, Rom 1913, S. 708ff. Hofer, Der heilige Klemens Maria Hofbauer (Anm. III,55), S. 27ff. Hubert Schiel, Johann Michael Sailer. Leben und Briefe, Regensburg 1948–1952, Bd. 1, S. 529ff.; Bd. 2, S. 458ff. Otto Weiß, Die Redemptoristen in Bayern (1790–1909). Ein Beitrag zur Geschichte des Ultramontanismus, St. Ottilien 1983 (Münchener theologische Studien I/22), S. 145–149.

62 Müller an Erzherzog Maximilian, 6.8.1813, Baxa 1, S. 817. Baxa, Adam Müller (Anm. II,40), S. 270.

63 Brentano an Arnim, Ende November 1813, FBA 33, S. 104. Wilhelm von Eichendorff an seine Eltern, 6.3.1814, Eichendorff, [1]HKA 13, S. 243–253. Alfons Nowack, Fahrten und Wanderungen der Freiherren Joseph und Wilhelm von Eichendorff (1802–1814). Nach ungedruckten Tagebuchaufzeichnungen mit Erläuterungen, Oppeln 1907, S. 46ff. Christine Schodrok, Wilhelm von Eichendorff, des Dichters Bruder, in: Aurora 26 (1966), S. 7–21, dort S. 8f. Ferner: Ewald Reinhard, Wilhelm von Eichendorff, in: Der Wächter 1 (1918), S. 25–33. Alfons Nowack, Eichendorffs „Herzensbruder“, in: Eichendorff-Kalender 1921, S. 5–18. Franz Schumacher, Wilhelm Freiherr von Eichendorff, in: Aurora 5 (1935), S. 58–73. Brita von Schönberg, Das Verhältnis der Brüder Eichendorff. Dargelegt an biographischen und dichterischen Zeugnissen, insbesondere dem Novellenfragment *Das Wiedersehen*, in: Aurora 28 (1968), S. 36–44.

Hofbauer kam als Prediger und Beichtvater an das Kloster St. Ursula.[64] Schon im Frühjahr 1813 hatte sich der Schlegel-Kreis aufgelöst, als Joseph von Eichendorff und Philipp Veit ihren Freunden Theodor Körner und Friedrich Olivier nach Breslau folgten, um sich dort dem Lützowschen Freicorps anzuschließen.[65] Körner fiel am 26. August 1813 bei Gadebusch, nach einem von mehreren einander widersprechenden Berichten wurde er von einem gefangenen französischen Offizier ermordet, dem Körners Überheblichkeit auf die Nerven ging.[66] Joseph von Eichendorff sah Wien erst im Jahr 1820 wieder,[67] Friedrich Olivier nahm noch am Feldzug gegen Frankreich im Jahr 1814 teil,[68] und Philipp Veit kam erst wieder im Januar 1815 nach Wien.[69] Mit diesen Angaben können die in der älteren Literatur häufigen Irrtümer und Namensverwechslungen korrigiert werden:[70] Brentano hat Körner nicht in Wien im Salon der Pichler kennengelernt, wie Diel und Kreiten meinten, sondern bereits im Jahr 1811 in Zelters Liedertafel in Berlin;[71] bei dem Eichendorff, den Brentano in Wien traf, handelt es sich nicht um Joseph, sondern um Wilhelm, und der Veit, der mit Brentano in der „Strobelkopf-Gesellschaft" zusammenkam, war nicht Philipp Veit, sondern Emanuel Veith.[72]

64 Dorothea Schlegel an Hudtwalcker, 18.11.1813, Körner 3, Bd. 2, S. 526ff.; vgl. ebd., Bd. 3, S. 664ff.

65 Dorothea Schlegel an Caroline Paulus, 10.4.1813, Raich 2, S. 155. Wolfgang Frühwald, Eichendorff-Chronik. Daten zu Leben und Werk, München, Wien 1977 (Reihe Hanser 229), S. 63. Konrad Feilchenfeldt, Eichendorffs Freundschaft mit Benjamin Mendelssohn und Philipp Veit. Aus teilweise unveröffentlichten Quellen, in: Aurora 44 (1984), S. 79–99. Grote, S. 103. Zu Körners Abreise: Theodor Körner. Tagebuch und Kriegslieder aus dem Jahre 1813. Nach der Originalhandschrift veröffentlicht von Emil Peschel, Freiburg i. Br. 1893, S. 25. Ludwig Salomon, Geschichte des deutschen Zeitungswesens von den ersten Anfängen bis zur Wiederaufrichtung des Deutschen Reiches, Bd. 2, Oldenburg, Leipzig ^{2}1906, S. 262.

66 Peschel/Wildenow 2, S. 111ff. Ernst Julius Haeberlin, Theodor Körners Tod, in: NASG 35 (1914), S. 331–361 (auch als Separatum Dresden 1914). Die ältere Literatur zu Körner ist mit Vorsicht zu benutzen; vgl. Friedrich Wilhelm Wentzlaff-Eggebert, Das Literarische Wien 1812. Zu einem der letzten Freundesbriefe Theodor Körners, in: ders., Belehrung und Verkündigung. Schriften zur deutschen Literatur vom Mittelalter bis zur Neuzeit, hrsg. von Manfred Dick und Gerhard Kaiser, Berlin, New York 1975, S. 315–324, dort S. 322f. Zu Körners Tod: Johnston, Der deutsche Nationalmythos (Anm. II,77), S. 190ff. U. a. m.

67 Frühwald, Eichendorff-Chronik (Anm. III,65), S. 89. Moriz Enzinger, Eichendorff und das alte Österreich, Würzburg 1958 (Schriftenreihe Kulturwerk Schlesien), S. 14f. – Zu Eichendorffs Wiener Aufenthalten: Gertrud Puličar, Eichendorff und Wien, Diss. (masch.) Wien 1944.

68 Grote, S. 103.

69 Feilchenfeldt, Eichendorffs Freundschaft mit Mendelssohn und Veit (Anm. III,65), S. 83.

70 Entwirrt hat dieses Knäuel zuerst Hofer, Der heilige Klemens Maria Hofbauer (Anm. III,55), S. 260 und passim. Auf ihn stützt sich – ohne Nachweis – Fellner.

71 Diel/Kreiten 1, S. 404, Anm. 2. Richtigstellung bei Reinhold Steig, Zu Theodor Körners Leben und Dichten, in: Euphorion, Ergänzungsheft 1 (1895), S. 81–94, dort S. 90.

72 Siehe dagegen Diel/Kreiten 1, S. 391f.

Anders als sein Bruder Friedrich war Ferdinand Olivier seiner Familie wegen in Wien geblieben.[73] Die Brüder Olivier waren mit Joseph Anton von Pilat befreundet und über diesen hatten sie Zugang zu Friedrich Schlegel. Von Kindheit an waren sie auch mit den Brüdern von Gerlach bekannt, vor allem mit dem ältesten von diesen, Wilhelm von Gerlach.[74] Es wäre denkbar, dass Brentano, wie Rupprich und Gajek vermuten, Ferdinand Olivier in Wien kennengelernt hat und dass dieser ihm die spätere Bekanntschaft mit den Brüdern Gerlach vermittelte.[75] Allerdings hat einer Bemerkung Ernst Ludwig von Gerlachs zufolge nicht Ferdinand Olivier, sondern der junge Christian von Stolberg die Beziehung hergestellt, und da Leopold und Ernst Ludwig von Gerlach Hörer Savignys und regelmäßige Besucher seiner Abendgesellschaften waren, hätte es auch sonst an Gelegenheiten nicht gefehlt.[76] Und Wilhelm von Gerlach dürfte Brentano schon aus der Zeit seines zweiten Berliner Aufenthalts gekannt haben, denn dieser war einer der Teilnehmer an der deutschen Tischgesellschaft.[77] Außerdem geht aus einem Brief Oliviers an Brentano vom 5. Februar 1818 zweifelsfrei hervor, dass beide einander nicht persönlich kannten.[78] Brentano hatte ihm einen seiner Bekenntnisbriefe geschrieben, was er nur solchen Menschen gegenüber tat, die erstens Künstler oder Schriftsteller waren und mit denen er zweitens keine oder nur flüchtige Bekanntschaft gemacht hatte, etwa Runge, Fouqué, Hoffmann und eben Olivier. Der Brief ist nicht erhalten.[79]

Mit Sicherheit ist Brentano auch Friedrich Schlegel begegnet, zu dem er seit seiner Jenaer Zeit aus persönlichen und aus familiären Gründen in einem sehr gespannten und geradezu feindseligem Verhältnis stand; vor seiner Wienreise sah Brentano dem

73 Grote, S. 110.

74 Ebd., S. 103, 18.

75 Hans Rupprich, Wilhelm von Gerlach und seine Beziehungen zur deutschen Romantik, in: MIÖG Erg.-Bd. 11 (1929), S. 759–781, dort S. 763. Gajek, Homo poeta (Anm. I,22), S. 231.

76 Ludwig an Leopold von Gerlach, 20.3.1815, Schoeps, S. 531. – In einer Entwurfsstrophe zu dem Gedicht *Aufgang des Sterns von der Katzbach à la Belle Alliance 19. Juni 1815* werden die drei älteren Gerlach-Brüder genannt (Hs. FDH 7968a,3). Zur Datierung von Brentanos Brief an Elisabeth von Staegemann (FBA 33, S. 140f.), in dem Brentano der Adressatin Gustav von Below und einen der Gerlach empfiehlt, vgl. Anhang VIII, zu Brief-Nr. 667.

77 Dass es sich bei dem in den Listen der deutschen Tischgesellschaft von Anfang an erwähnten „von Gerlach" (WAA 11, S. 3, 5, 36, 96; FBA 21,1, S. 227) um Wilhelm handeln muss, und nicht um Leopold handeln kann, ergibt sich schon daraus, dass sich jener allein zur Zeit der Gründung der Tischgesellschaft im Januar 1811 in Berlin aufhielt (Schoeps, S. 80; Rupprich, Wilhelm von Gerlach [Anm. III,75], S. 762f.). Leopold studierte zu dieser Zeit nicht in Berlin; vgl. Leonie von Keyserling, Studien zu den Entwicklungsjahren der Brüder Gerlach. Mit Briefen Leopolds von Gerlach und seiner Brüder an Karl Sieveking, Heidelberg 1913 (Heidelberger Abhandlungen zur mittleren und neueren Geschichte 36). Siehe dagegen Steig 5, S. 700; Nienhaus, Geschichte der deutschen Tischgesellschaft (Anm. II,64), S. 359; ders, WAA 11, S. 467. Die Chronik, S. 81 ist entsprechend zu korrigieren.

78 Olivier an Brentano, 5.2.1818, Grote, S. 278. Siehe auch Olivier an Wilhelm von Gerlach, 25.1.1818, Schoeps, S. 586f.

79 Grote, S. 274. Vgl. Pravida, Die Erfindung des Rosenkranzes (Anm. I,22), S. 386. Siehe auch Sabine Oehring, FBA 33, S. 512.

Wiedersehen mit gemischten Gefühlen entgegen.[80] Noch zur Zeit von Joseph von Eichendorffs Anwesenheit in Wien hatte Schlegel ungünstig von Brentano gesprochen.[81] Kurz nach seiner Ankunft schrieb Brentano an Schlegel, schlug vor, die alte Feindschaft beizulegen, und bat um ein Treffen, das dann auch stattgefunden hat.[82] Von dem zwiespältigen Eindruck der Begegnung, vermutlich der einzigen, berichtet Brentano am 28. Juli 1813 an Rahel Robert.[83] Für Schlegel war Brentano die Verkörperung all dessen, was er verachtete. Sein Name ist ihm gerade gut genug, um als Deckname für den „Allerweltsbrentano" Napoleon in verschlüsselten Briefen zu dienen.[84] Auch in späteren Jahren ist Schlegels Urteil voller Vorbehalte, wenn auch nunmehr ohne erkennbares Ressentiment.[85] – Fouqué gegenüber erwähnt Brentano in einem Brief des Jahres 1816 seine Unterhaltung mit Schlegel über Fouqués seinerzeit erfolgreichen Roman *Der Zauberring*.[86] Besonders enge Kontakte zwischen Brentano und den Schlegel dürfen nicht unterstellt werden. In den Briefen, die Friedrich und Dorothea Schlegel während der Zeit von Brentanos Aufenthalt in Wien schrieben, wird sein Name nirgends erwähnt, und umgekehrt kommt auch Brentano nicht wieder auf die beiden zu sprechen.

Franz Gräffer schildert ein „Diner", bei welchem Schlegel, Brentano, August Ernst von Steigentesch und Zacharias Werner literarische Themen verhandelt hätten. Es hat mit Sicherheit nicht stattgefunden, da sich diese vier Personen zu keiner Zeit gleichzeitig in Wien aufhielten.[87] Werner traf am 28. August 1814 in Wien ein; Brentano hatte zu diesem Zeitpunkt Wien bereits verlassen.[88] Beide sind sich also niemals begegnet; als Werner im Juli 1808 Arnim in Heidelberg besuchte, war Brentano nicht anwesend.[89]

80 Brentano an Arnim, Ende Juni bis 2.7.1813, FBA 33, S. 21.

81 Eichendorff, Tagebücher, 24.11.1811, ²HKA 11,1, S. 437. Siehe auch Thomas Riley, Das Verhältnis des jungen Eichendorff zu Friedrich Schlegel in Wien (1810–1813), in: Aurora 32 (1972), S. 24–29, dort S. 26f.

82 Brentano an Schlegel, nach dem 11.7.1813, FBA 33, S. 29–31.

83 Brentano an Rahel Robert, vor dem 1.8.1813, ebd., S. 36f.

84 Josef Körner, Beiblättchen. Clemens Brentano und Napoleon, in: ders., Marginalien. Kritische Beiträge zur geistesgeschichtlichen Forschung. Erste Folge, Frankfurt a. M. 1950, S. 88–91, dort S. 90.

85 Schlegel an Christine von Stransky, 10.12.1825, Rottmanner 1, S. 378.

86 Brentano an Fouqué, 1810 bis Februar 1816, FBA 33, S. 186. Zu Friedrich Schlegels Urteil über Fouqué vgl. Schlegel an Tieck, 12.5.1813, Lohner, S. 173. Zu Brentanos Verhältnis zu Fouqué und seinem Werk: Pravida, Die Erfindung des Rosenkranzes (Anm. I,22), S. 462f. Über die allgemein günstige Aufnahme des Romans: Arno Schmidt, Fouqué und einige seiner Zeitgenossen, Zürich 1993 (Bargfelder Ausgabe III/1), S. 205f. Wilhelm Grimm an Arnim, 21.6.1812 und 26.1.1825, Steig 3, S. 206 und 315.

87 Gräffer 1, S. 90–95. Vgl. Gugitz ebd., S. 408f., Anm. 222; Michael Ritter, „Nichts als Wien": die Wiener Lokalskizze im Zeitalter des Biedermeiers. Vom Alltagsbild (Franz Gräffer) zur Alltagssprache (Johann G. Seidl), in: Lenau-Jb. 24 (1998), S. 49–66, dort S. 53ff., besonders S. 61f. Zu Gräffer: Kauffmann, „Es ist nur ein Wien!" (Anm. III,32), S. 379–387.

88 Gerard Koziełek, Prediger und Poet. Zacharias Werners Wirken in Wien, in: Aurora 41 (1981), S. 93–134, dort S. 94.

89 Floeck 3, Bd. 1, S. 4.

Eine briefliche Erwähnung Brentanos in einem Brief Werners verrät eine eher negative Einschätzung.[90] Steigentesch kannte Brentano schon von früher her, denn dieser war ein Bekannter Sophie Brentanos.[91] Er hielt sich jedenfalls im Herbst 1797 in Frankfurt auf, zu einer Zeit, als auch Brentano dort anwesend war.[92] Von Steigentesch ist ein Brief aus früherer Zeit an Brentano überliefert.[93] In seinem Aufsatz *Ein Wort über deutsche Litteratur und Sprache* aus dem Jahr 1812 hatte Steigentesch das *Wunderhorn* kritisiert.[94] Steigentesch, der vier Jahre älter war als Brentano, befand sich seit 1789 in österreichischen Kriegsdiensten und war nach einer diplomatischen Karriere als Gesandter seit 1813 Generaladjutant des Feldmarschalls Schwarzenberg, im Jahr 1814 war er wiederholt in diplomatischen Missionen unterwegs. Brentano ist in Wien durch die Vermittlung Susanne von Hügels in brieflichen Kontakt zu ihm getreten, wie dem Briefwechsel zwischen Brentano und ihr zu entnehmen ist.[95]

Wiener Beamte und Diplomaten

Mit Graf Herberstein hatte Brentano seit Ende Oktober engeren, wohl täglichen Umgang.[96] Herberstein hatte nach dem Tod Sophie Brentanos bis 1809 im Briefwechsel mit Gunda von Savigny gestanden, der nach seiner Verehelichung mit Louise von Kolowrat eingeschlafen war. Nach dem Besuch Brentanos nahm er den Kontakt für kurze Zeit wieder auf und schreibt am 27. Oktober 1813 an Gunda von Savigny.[97] Herberstein

90 Werner an Caroline von Humboldt, 27.8.1811, Floeck 2, Bd. 2, S. 231.

91 Clemens an Sophie Brentano, 18.4.1797, FBA 29, S. 99. Schenck, S. 139f.

92 Adolf Beck, Diotima und ihr Haus. Briefe von Susette und Jacob Friedrich Gontard. Dokumente über sie und ihre Familie. Nebst einem Fragment des *Hyperion*, in: HJb 9 (1955/56), S. 110–173; 10 (1957), S. 1–66, dort 10, S. 17f. und 40. Chronik, S. 20.

93 Sammlung Varnhagen, Kasten 238, Biblioteka Jagiellońska, Kraków. Stern, S. 782.

94 DtMus 1 (1812), H. 3, S. 197–220, dort S. 218f. Brentano an Arnim, etwa 24.4.1812, FBA 32, S. 382f. Arnim an Wilhelm Grimm, 5.4.1812, Steig 3, S. 185 u. ö. Schulz 2, S. 241f. Hans Eichner, in: Schlegel, KA 3, S. LXIV. Vgl. Reichthum und Armut deutscher Sprache. Reflexionen über den Zustand der deutschen Sprache im 19. Jahrhundert, hrsg. von Walther Dieckmann, Berlin, New York 1989, S. 63–76.

95 Susanne von Hügel an Brentano, 17.5.1814 und 29.6.1814, UB Mainz 4° Ms 88–26 und Sammlung Varnhagen, Biblioteka Jagiellońska, Kraków. Brentano an Susanne von Hügel, 7. bis 12.7.1814, FBA 33, S. 129–131. Zu Steigentesch: Wurzbach 38, 1879, S. 7–13. Friedrich Brandes, in: ADB 35, 1893, S. 577–580. Bauer, La réalité royaume de Dieu (Vorbemerkung, Anm. 14), S. 267ff.

96 Brentano an Savigny, spätestens 27.11.1813, FBA 33, S. 105. Ein Entwurf eines Briefes Brentanos an Herberstein ist erhalten, Hs. FDH 7718,6, S. 2; zitiert in FBA 15,4, S. 43 und bei Sauer, Brentanos Dramenfragmente (Anm. I,66), S. 325.

97 Universitäts- und Landesbibliothek Münster, Westf., Nachlass Savigny 20,039 (vgl. Anhang II). Siehe auch Brentano an Savigny, 27.11.1813, FBA 33, S. 105. Brentano an Hartl, November 1813, ebd., S. 95. Brentano an Pálffy, 22.1.1814 (Entwurf), ebd., S. 116. – Gunda von Savignys umfangreiche Korrespondenzen, die sich vor allem im Berliner Savigny-Nachlass

bekleidete hohe Ämter in der k.k. Finanzverwaltung, seit 1810 fungierte er als Vizepräsident der k.k. Hofkammer. Er machte Brentano mit Joseph Hartl von Luchsenstein bekannt und war überhaupt die wichtigste und gesellschaftlich bei weitem einflussreichste Wiener Bekanntschaft Brentanos.[98]

Irgendwann im Herbst oder Winter 1813 dürfte Brentano Kontakt mit der Familie Aloys von Hügels aufgenommen haben. Brentano schreibt zwar in seinem Brief an Arnim vom 5. April 1814, er habe erst „in den letzten drei Wochen" vor seiner Abreise Bekanntschaft mit Baronin Hügel und deren Töchtern gemacht.[99] Indessen ergibt sich aus einem Brief Susanne von Hügels, den sie bereits am 6. Januar 1814 begonnen, aber erst am 15. August des Jahres beendet hat, dass Brentano der Familie schon vorher in Wien begegnet war.[100] Wie schon bei Henriette von Pereira und bei Graf Herberstein knüpfen die gesellschaftlichen Bekanntschaften Brentanos auch hier an vorangegangene familiäre Beziehungen an. Der aus Koblenz stammende österreichische Diplomat Aloys von Hügel und seine Frau, geborene Susanne von Holthoff aus Mainz, waren schon lange mit der Frankfurter Brentano-Familie bekannt.[101] Auch in Antonie Brentanos Brief vom 26. Januar 1811 an Brentano wird Baron von Hügel erwähnt.[102] Wenngleich er sich 1813/14 nur gelegentlich in Wien aufhielt und Brentano ihn nicht angetroffen zu haben scheint, war dort doch der dauernde Aufenthaltsort seiner Familie.[103] In dem genannten Brief Susanne von Hügels werden die Söhne erwähnt sowie die Töchter Anna, genannt Nanny, Marie und Franziska, genannt Fanny, letztere wird dort (gemäß den Ratschlägen Ovids) als „der anmuthige Jüngling" bezeichnet.[104] Brentano hatte also bereits seine üblichen Freundschafts- und Beziehungsmuster etabliert. Da sich Susanne von Hügel aber gegen Ende 1813 aus gesundheitlichen Gründen zusammen mit ihren Töchtern nach Baden zurückzog, wurde dieser vielversprechende Umgang unterbrochen und erst im März 1814 wiederaufgenommen. An Arnim schreibt Brentano zu Anfang

befinden, sind so gut wie vollkommen unerschlossen, sie sind besonders in familiengeschichtlicher Hinsicht aufschlussreich, da Gunda von Savigny frühere persönliche Beziehungen jahrelang aufrechtzuerhalten pflegte, die ihre Geschwister rasch fallen ließen.

98 Zu Herbersteins Vermittlerrolle vgl. Brentano an Hartl, vor dem 30. November 1813, FBA 33, S. 95. Zu Herberstein: Schenck, S. 24f., 125ff. UL, S. 535. Wurzbach 8, 1862, S. 346. Anton Victor Felgel, in: ADB 12, 1880, S. 35.

99 Brentano an Arnim, 5.4.1814, FBA 33, S. 122.

100 Susanne von Hügel an Brentano, 6.1./15.8.1814, Sammlung Varnhagen, Biblioteka Jagiellońska, Kraków.

101 Brentano an Emilie Linder, 17.7.1837, Frühwald, S. 78. Philipp Hössli, Tagebucheintrag 3. und 10.5.1824, Wanner, S. 190 und 200. Bettine an Achim von Arnim, Berlin, nach dem 10.5.1824, Vordtriede 2, S. 451. Zu Aloys von Hügel: Ulrike Dorda, Johann Aloys Joseph Reichsfreiherr von Hügel 1754–1825. Ein Leben zwischen Kaiser und Reich im napoleonischen Deutschland, Würzburg 1969; zu Susanne von Hügel ebd., S. 277.

102 Goldschmidt, S. 523.

103 Dorda, Johann Aloys Joseph von Hügel (Anm. III,101), S. 247f.

104 Ebenso in dem Brief Susanne von Hügels an Brentano, 17.5.1814, UB Mainz 4° Ms 88–26. Zu Fanny von Hügel: Härtl 4, S. 176, Anm. 74. Ovid, Ars amatoria III,496f.: femina dicatur scribenti semper amator: 'illa' sit in vestris, qui fuit 'ille', notis. Vgl. FBA 11,2, S. 760.

April, er habe durch Vermittlung Georg Peter Dambmanns seine „liebste Bekanntschaft“, die der Baronin Hügel und ihrer Töchter, gemacht.[105] Mit Dambmann, dem Sekretär August von Steigenteschs, war er spätestens seit dem Jahr 1809 bekannt.[106] Dambmann war wahrscheinlich auch im Februar 1814 in Wien und stand dort, wie sich aus der Polemik um die *Valeria oder Vaterlist* erschließen lässt, mit Brentano in engerem Kontakt.

Für das Zusammentreffen mit weiteren Personen lassen sich nur Vermutungen anstellen. So wird Brentano, vielleicht bei Caroline Pichler, auch Matthäus von Collin kennengelernt haben, an den er, wie erwähnt, einen Empfehlungsbrief von Tieck erhalten hatte. Collin war möglicherweise auch Teilnehmer der „Gesellschaft aus dem Strobelkopf“.[107] Wie aus verschiedentlicher Erwähnung in den Briefen Dorothea Schlegels hervorgeht, hielt Collin sich zu der betreffenden Zeit auch tatsächlich in Wien auf. Später besprach er in den Wiener *Jahrbüchern der Literatur* Brentanos Erzählung *Aus der Chronicka eines fahrenden Schülers* und *Die Gründung Prags*; sein Urteil darüber ist, die Voraussetzungen seiner Literaturkritik einmal zugestanden, so günstig wie irgend möglich.[108]

Wilhelm von Humboldt hatte Brentano bereits in Berlin kennengelernt, Ingenheims bereits erwähnte Empfehlung an ihn konnte daran anknüpfen. Für Caroline Humboldt hatte Brentano sich eine Empfehlung von seinem Onkel Carl von La Roche erbeten.[109]

105 Brentano an Arnim, 5.4.1814, FBA 33, S. 122. Vgl. Sabine Oehring, „Herr du hast mit vollem Blüthensegel“, in: Lieb und Leid im leichten Leben. Clemens Brentano. 30 Gedichte – 30 Interpretationen, hrsg. von Sabine Gruber und Christina Sauer, Berlin 2006, S. 117–123.

106 Brentano an Arnim, um den 26.3. bis Anfang Mai 1809, FBA 32, S. 152. Zu Dambmann: UL, S. 529. Hamberger/Meusel 17, 1820, S. 383. Otto Mallon, Ein unbekannter Einblattdruck Clemens Brentanos, in: Philobiblon 3 (1930), S. 138.

107 Jung, S. 188. Collin als Besucher des Pichlerschen Salons: Pichler 2, S. 406.

108 Matthäus von Collin, Rezension von: Die Sängerfahrt. Gesammelt von Friedrich Förster, Berlin 1817, in: WJbb 2 (1818), S. 201–220, dort S. 225f. Ders., Über neuere dramatische Literatur, ebd. 20 (1822), S. 108–214, dort S. 114, 128, 129. Vgl. Mallon 2, S. 59, Nr. 55, S. 252, Nachtrag zu Nr. 55 und zu Nr. 66. Josef Wihan, Matthäus von Collin und die patriotisch-nationalen Kunstbestrebungen in Österreich zu Beginn des 19. Jahrhunderts, in: Euphorion, Ergänzungsheft 5 (1901), S. 93–199, dort S. 125. Bauer, La réalité royaume de Dieu (Vorbemerkung, Anm. 14), S. 333f. Zu Collins Ästhetik: Bauer, a.a.O., S. 328ff. Silvester Lechner, Zwischen bürgerlichem Anspruch und absoluter Herrschaft. Matthäus von Collins Rezensionen in den Wiener *Jahrbüchern der Literatur* (1818–1824), in: Zeman 1, S. 257–288, dort S. 270ff. (siehe dazu Seidler, Österreichischer Vormärz und Goethezeit [Vorbemerkung, Anm. 14], S. 238, Anm. 236). Herbert Seidler, Matthäus von Collins Literaturkritik. Zu den Anfängen der Literaturwissenschaft in Österreich, in: Zeman 2, S. 653–673, dort S. 666, 668. Lucjan Puchalski, Zwischen romantischer Tradition und österreichischem Staatsdenken. Der Fall Matthäus von Collin, in: Vita pro litteris. Festschrift für Anna Stroka, hrsg. von Eugenius Tomiczek, Irena Światłowska und Marek Zybura, Warszawa, Wrocław 1993, S. 133–140.

109 Brentano an Savigny, 27.11.1813, FBA 33, S. 106. Zur früheren Bekanntschaft mit Humboldt: Arnim an Bettine Brentano, 8.4.1810, Betz/Straub 2, S. 348.

In einem Brief vom 14. Februar 1815 teilt Humboldt seiner Frau sein Urteil über *Die Gründung Prags* mit: „Von Brentanos Libussa hatte ich keinen so günstigen Begriff, ob ich ihn gleich selbst wohl mag.“[110] Dieses Urteil könnte die Annahme nahelegen, die beiden hätten ihre Bekanntschaft in Wien fortgesetzt, doch war Humboldt zur Zeit von Brentanos Aufenthalt in Wien in politischen Angelegenheiten in Prag, Frankfurt und Frankreich unterwegs und kam nur für kurze Zeit nach der Kriegserklärung Österreichs am 10. August 1813 nach Wien.[111] Caroline von Humboldt war aber in dem interessierenden Zeitraum in Wien, wie sich den Briefwechseln zwischen ihr und ihrem Gatten sowie mit Rahel Robert entnehmen lässt. Wahrscheinlich hat Brentano sie aufgesucht; Zeugnisse gibt es dafür allerdings nicht, wenn nicht seine Kenntnis von Humboldts Aufenthalt, von dem er sich in dem Brief vom 12. Juli an Tieck informiert zeigt, als ein solches gezählt werden soll.[112]

Wegen seiner guten Beziehungen zu Adam Müller könnte man auch an einen Kontakt Brentanos zu Friedrich Gentz denken. Eine frühere Bekanntschaft mit Gentz hat es nicht gegeben: Adam Müller hatte am 5. Juni 1810 ein Einführungsschreiben für Arnim an Gentz geschrieben, der sich zu dieser Zeit in Teplitz aufhielt.[113] Nach Brentanos Angabe vom 30. Mai wollten er und Arnim am 6. oder 7. Juni 1810 von Berlin nach Bukowan abreisen.[114] Nach Friedrich Fuchs sollen sie dort aber erst am 24. Juni angekommen sein, was einen Aufenthalt von einigen Tagen in Teplitz wahrscheinlich machen würde.[115] Savignys Brief vom 20. Juni 1810 an Humboldt zeigt, dass Arnim jedenfalls zu dieser Zeit schon in Bukowan gewesen sein muss. Sibylle von Steinsdorff datiert die Ankunft auf den 10. oder 11. Juni, verfügt allerdings ihrerseits nur über das Argument der wahrscheinlichen Reisedauer von vier oder fünf Tagen.[116] Den fehlenden Beleg liefert Brentanos Aussage in einem Brief vom 21. Juni an Friedrich Tiedemann, in dem er schreibt, er befinde sich „seit vierzehn Tagen“ auf dem böhmischen Gut.[117] Nach dieser Aussage zu urteilen, müssten sie sogar schon vor dem 6. Juni von Berlin abgereist sein, doch liefert Müllers Brief einen sicheren Terminus post quem. In dem auf den Brief vom 5. Juni unmittelbar folgenden Schreiben vom 28. geht Müller davon aus, dass Gentz Arnim gesehen habe, ist sich dessen jedoch nicht sicher.[118] Aus Brentanos Schrei-

[110] Wilhelm an Caroline von Humboldt, 14.2.1815, Sydow 2, Bd. 4, S. 475.

[111] Bruno Gebhardt, Wilhelm von Humboldt als Staatsmann, Bd. 2, Stuttgart 1899, S. 5. Paul R. Sweet, Wilhelm von Humboldt. A Biography, Bd. 2, Columbus, Ohio 1980, S. 134f. Zu Humboldts Wiener Zeit: Sydow 1, S. 72ff. Gebhardt, a.a.O., Bd. 1, 1896, S. 369ff. Sweet, a.a.O., Bd. 2, S. 108ff. Zu Humboldts Abreise nach Wien nach dem 10.8.1813 siehe auch Rahel an Ernestine Robert, 10.8.1813, Varnhagen, Bfw 3, S. 317. Am 1.9.1813 war Humboldt wieder aus Wien in Prag zurück; Rahel Robert an Varnhagen, 2.9.1813, Rahel-Bibliothek 5,1, S. 154.

[112] Brentano an Tieck, 12.7.1813, FBA 33, S. 34.

[113] Müller an Gentz, 5.6.1810, Baxa 1, S. 536f.

[114] Brentano an Savigny, 30.5.1810, FBA 32, S. 273. Arnim an Bettine Brentano, 30.5.1810, Betz/Straub 2, S. 354f. Brentano an Runge, Juni 1810, FBA 32, S. 275f.

[115] AM, S. 163. Ebenso Chronik, S. 77.

[116] Savigny an Humboldt, 20.6.1810, Stoll 1, S. 417f. Steinsdorff, S. 265f.

[117] Brentano an Tiedemann, 21.6.1810, FBA 32, S. 277.

[118] Müller an Gentz, 28.6.1810, Baxa 1, S. 541f.

ben vom 30. Mai an Savigny geht jedoch hervor, dass er willens war, ohne weitere Verzögerungen nach Bukowan zu reisen.[119] Zu einer Begegnung zwischen Arnim und Gentz, bei der ihn auch Brentano hätte kennenlernen können, ist es demzufolge im Juni 1810 nicht gekommen. Im Jahr 1813 war Gentz am 14. Juli in Prag angekommen, wo er während der zweiten Jahreshälfte blieb, um nach einem Abstecher in Süddeutschland am 29. Januar 1814 wieder in Wien einzutreffen.[120] Für eine Begegnung im Februar 1814 oder später gibt es keine Anhaltspunkte, sie wäre aber möglich gewesen. Das Tagebuch von Gentz verzeichnet in der veröffentlichten Form nichts dergleichen. Nach Friedrich Anton von Schönholz soll Gentz „zuweilen" auch bei Caroline Pichler verkehrt haben, wo ihn Brentano also hätte treffen können; in deren Erinnerungen wird Gentz nicht erwähnt, auch sind die Angaben von Schönholz zu unpräzise, um Schlüsse daraus zuzulassen.[121]

Sonst scheint Brentano keinen der damals maßgebenden Männer näher gekannt zu haben, es finden sich keine Nachrichten von einem Umgang mit anderen Bühnenautoren, Theaterleuten oder mit für das Kulturleben zuständigen Beamten. Seine ersten Briefe an Ferdinand Graf Pálffy von Erdőd, die zwischen Devotion und Selbstbewusstsein changieren und unvermittelt von Unterwürfigkeit zu aufdringlicher Direktheit wechseln, zeigen mit schmerzhafter Deutlichkeit, wie hilflos Brentano in Wien ohne einen erfahrenen Berater agierte. Auch seine Auftritte in Wiener Zirkeln blieben zuletzt sporadisch und verliefen im wesentlichen am Rand des Wiener kulturellen Lebens, da er sich außer in engen und einflusslosen Kreisen nirgends dauerhaft etablieren konnte.

Wiener Salons

In dem Brief an seine Schwester Gunda berichtet Brentano auch, dass er den Salon der Pichler „manchmal" besuche; von Caroline Pichler selbst spricht er mit seiner typischen geringschätzigen Herablassung.[122] In anderen zeitgenössischen Berichten wird hingegen ihre Liebenswürdigkeit und Bescheidenheit gerühmt.[123] – Den Plan, sein Drama *Die Gründung Prags*, an das in Wien die letzte Feile gelegt wurde, öffentlich vorzutragen, verwirklichte er in diesem Kreis, wo das Stück „an drei Abenden" vorgelesen wurde.[124]

[119] Brentano an Savigny, 30.5.1810, FBA 32, S. 273.

[120] Gentz, Tgb 1, S. 264, 275. Gentz an Fürst Caradja, 1.2.1814, Metternich/Klinkowström 2, S. 164. Vgl. Paul R. Sweet, Friedrich von Gentz. Defender of the Old Order, Westport, Connecticut 1970 (Nachdruck der 1. Aufl. 1941), S. 187.

[121] Schönholz 2, S. 266.

[122] Brentano an Gunda von Savigny, Ende Juli 1813, FBA 33, S. 41. Brentano, Einstens glaubt ich in den Künsten…, v. 158–161, FBA 3,1, S. 28.

[123] So etwa Herz, S. 64; Atterbom, S. 233f.

[124] Pichler 1, S. 419. Zu Caroline Pichler: Gertrude Prohaska, Der literarische Salon der Karoline Pichler, Diss. (masch.) Wien 1946. Barbara Becker-Cantarino und Gregory Wolf, Caroline Pichler, in: Major Figures of Nineteenth-Century Austrian Literature. Ed. with an introduction by Donald G. Daviau, Riverside/California 1998 (Studies in Austrian Literature, Culture, and

Die zwiespältigen Reaktionen des Publikums auf das Werk sind überliefert in den Erinnerungen Caroline Pichlers, denen von Johann Nepomuk Ringseis, welcher wohl durch Friedrich Schlegel zu dem Pichlerschen Kreis Zugang gefunden hatte, und im Tagebuch von Johann Carl Passavant.[125] Nach Brentanos Bericht an seine Schwester Gunda zu schließen, hat er das Drama auch an anderen Orten vorgelesen: „Mit meinem Stück habe ich noch nichts errungen als ungetheilte Bewunderung und Beifall, wo ich es vorgelesen“.[126] Da dieser Bericht – der nicht allzu ernst genommen werden darf – in die ersten Wochen von Brentanos Aufenthalt fällt und auch die anderen Nachrichten von seiner Vorlesetätigkeit aus dieser Zeit stammen, kann angenommen werden, dass Brentano mit seinen Deklamationen die Absicht verfolgte, sich in Wien einzuführen und sich einen Namen zu machen. Wie Friedrich Roose berichtet, hat Brentano auch *Ponce de Leon* „häufig in der Stadt vorgelesen (...); man hatte unter bestimmten Ausdrücken eben so ausschweifend es gelobt als getadelt“.[127] – Durch Passavants Tagebuch ist ein Besuch am 26. Juli „bei Brevilliers“ belegt, „wo Brentano die Geschichte seiner ganzen Familie erzählt“, was vielleicht auch zum Genus theatralischer Deklamation und öffentlicher Selbstinszenierung gerechnet werden darf.[128] Brentano hat demnach in Wien die ihm schon aus Berlin vertraute Rolle des Salonstars, der sich vor seinem Publikum im Salon in Szene setzt, wiederaufgenommen. Darauf weisen auch Heinrich Schmidts Bemerkungen in seiner unfreundlichen Besprechung der Valeria-Aufführung hin, wo von Brentanos Erfolg gesprochen wird, „einen Kreis fader, leerer Weichlinge und überreizter Damen zu beschwatzen“.[129]

Nach seinem Brief an Gunda von Savigny verkehrte Brentano bei Henriette von Brevillier regelmäßig, zumindest in den ersten Wochen seines Aufenthalts.[130] Dagegen äußert er sich in demselben Brief über Henriette von Pereira und ihre Gesellschaft sehr abschätzig, was vermutlich aber weniger damit zusammenhängt, dass der „aus lauter

Thought), S. 417–434. Zu den Wiener Salons: Gugitz 1, S. 344ff. Eugen Guglia, Gesellschaft und Literatur im alten Österreich 1792–1825, in: ÖRs 1 (1883), S. 714–725, 829–842. Valerian Tornius, Salons. Bilder gesellschaftlicher Kultur aus fünf Jahrhunderten, Bd. 2, Leipzig ^{2}1917, S. 223ff. Hilde Spiel, Fanny von Arnstein oder die Emanzipation. Ein Frauenleben an der Zeitenwende 1758–1818, Frankfurt a. M. 1962, passim. Bauer, La réalité royaume de Dieu (Vorbemerkung, Anm. 14), S. 43ff. Nicht zugänglich war die Arbeit von Leo Herz, Die literarischen Salons in Wien zu Beginn des 19. Jahrhunderts, Diss. (masch.) Wien 1918, die Peter Seibert (Der literarische Salon – Ein Forschungsüberblick, in: IASL Sonderheft 3 [1993], S. 159–220, dort S. 181) noch vorgelegen hat.

125 Ringseis 1, S. 145ff. Helfferich, S. 361.

126 Brentano an Gunda von Savigny, Ende Juli 1813, FBA 33, S. 41.

127 Friedrich Roose, An den Herausgeber des dramaturgischen Beobachters, in: DrB 2. Jg., Nr. 29, 9.3.1814, S. 113–116, dort S. 115 = FBA 12, S. 940–946, dort S. 944.

128 Helfferich, S. 361. Zu Henriette von Brevillier vgl. Lier, Böttigers Reise nach Wien (Anm. II,46), S. 147, Anm. 96.

129 Schmidt, S. 214. Zu Brentanos Rolle im Salon: Konrad Feilchenfeldt, Clemens Brentano und Johannes Neumann. Bisher unveröffentlichte Briefe an Neidhart von Gneisenau, in: JbFDH 1982, S. 277–316, dort S. 280ff.

130 Brentano an Gunda von Savigny, Ende Juli 1813, FBA 33, S. 40.

Juden" bestehende Zirkel „dürr oder speckicht, gespannt, krampficht oder schwitzend und qualstrig" gewesen wäre, sondern eher damit, dass Brentano dort nicht recht Fuß fassen konnte.[131] Henriette von Pereira kannte Brentano von früher her durch die Vermittlung der Schwester Sophie. Sophie Brentano war im Winter 1797/98 in Wien gewesen und hatte dort all die Beziehungen geknüpft, die später auch Savigny und seine Frau im Jahr 1807 und Bettine Brentano zusammen mit diesen im Jahr 1810 wiederaufnahmen; daher schreibt er am 24. August 1813 an Bettine von Arnim, er lebe „hier in einigen Fußstaphen Sophies (...) nicht ohne Genuß".[132] Über gemeinsame Bekannte hatte es um 1798/99 zwischen Clemens Brentano und Henriette von Arnstein auch indirekte Kontakte gegeben; gerade um diese Zeit hatte Brentano Jacob Salomon Bartholdy und Julius Eduard Hitzig kennengelernt, die durch verwandtschaftliche Beziehungen auch mit Henriette von Arnstein bekannt waren und ihr offenbar von Brentano, an dem sie interessiert gewesen zu sein scheint, berichteten.[133] Übrigens hätte Brentano Bartholdy Anfang Juli in Wien antreffen können, da er zu dieser Zeit öfter in Ernestine Roberts und anderer Briefen erwähnt wird; von einer Begegnung ist aber nichts bekannt, wahrscheinlich hat Brentano sie nicht gesucht.[134] Und Hitzig gegenüber hegte er spätestens seit 1810/11 eine bittere Abneigung.[135] Brentanos Schilderung Henriette von Pereiras verrät von den früheren freundschaftlichen Beziehungen nichts mehr. Ihr Salon ist langweilig, sie selbst hässlich und prätentiös, überdies Jüdin und erinnerte sich, so Brentano,

[131] Ebd. Brentanos Urteil ähnelt so ziemlich dem von Gentz über den Salon und die Person Fanny von Arnsteins, das im Zeichen einer anfangs ablehnenden, anschließend aber mit um so größerer Zustimmung unternommenen Grattenauer-Lektüre steht; vgl. Gentz an Brinkman, 10.9. 1803, 8.10.1803, 22.10.1803, 28.12.1803, 22.8.1804, Gentz, Bfw 2, S. 152f., 163ff., S. 169f., 180f., 218. Vgl. Spiel, Fanny von Arnstein (Anm. III,124), S. 278ff.

[132] FBA 33, S. 65. Vgl. Schenck, S. 21ff. Zu Savignys Wiener Aufenthalt: Stoll 1, S. 268f., 420ff. Bettine Brentano in Wien: Bettine Brentano an Freyberg, 19.5.1810, Steinsdorff, S. 57f.; vgl. ebd., S. 253f. Bettine Brentano an Goethe, 28.7.1810, WW 2, S. 686ff. Fritz Bergemann, Bettinas Leben mit Goethe, in: Bettinas Leben und Briefwechsel mit Goethe. Auf Grund des von Reinhold Steig bearbeiteten handschriftlichen Nachlasses neu hrsg. von Fritz Bergemann, Leipzig 1927, S. 91ff.

[133] Chronik, S. 20. Stern, S. 51 verzeichnet vier Briefe Bartholdys an Brentano aus den Jahren 1797/98, eine Publikation hat Susanne Netzer, Fortuna et Veritas, Jacob Salomon Bartholdy (1779–1825), in: MSt 15 (2007), S. 147–198, dort S. 154, Anm. 21 angekündigt. Die Angabe von Friedrich Fuchs, Brentano habe Bartholdy erst 1804 kennengelernt, ist ausnahmsweise nicht zutreffend; vgl. UL, S. 522. Schenck, S. 44, 53, 66. In einem Brief an Sophie Mereau vom 26. November 1804 bezeichnet Brentano Bartholdy als „Universitäts Freund", FBA 31, S. 375. Gegenüber Wilhelm Grimm nennt er Hitzig einen „Jugendfreund", 22.7.1809, FBA 32, S. 166. Vgl. Dorsch, Julius Eduard Hitzig (Anm. I,30), S. 60f.; Heinz Härtl, Clemens Brentanos Verhältnis zum Judentum, in: Clemens Brentano zum 150. Todestag (Anm. II,82), S. 187–210, dort S. 188; ders., in: WAA 30, S. 550f.; Martina Vordermayer, Antisemitismus und Judentum bei Clemens Brentano, Frankfurt a. M. u. a. 1999 (Forschungen zum Junghegelianismus 4), S. 201–207.

[134] Ernestine an Rahel Robert, 4.–5.7.1813, Varnhagen, Bfw 3, S. 298 u. ö. Netzer, Fortuna et Veritas (Anm. III,133), S. 169.

[135] Dorsch, Julius Eduard Hitzig (Anm. I,30), S. 217ff.

der Schwestern Gunda und Sophie „mit geringem Antheil“.[136] Dabei war Gunda von Savigny von ihr sehr eingenommen – auch noch nach diesem Brief ihres Bruders, den sie ganz richtig eingeschätzt haben wird: „Die Savigny“, schreibt Elisabeth Staegemann am 14. November 1814 an Friedrich August Staegemann, „kennt Frau v. Pereira. Auch sie spricht von ihr als von einer höchst liebenswürdigen Frau. Da sie sonst im Lobe nicht verschwenderisch ist, will das viel sagen.“[137] Aus der Zeit der Befreiungskriege und des Wiener Kongresses sind eine ganze Reihe von Zeugnissen überliefert, die von der Schönheit Henriette von Pereiras berichten,[138] und Brentanos Äußerungen können als weitere Belege für seine von Josef Körner festgestellte „gewissen- und hemmungslose Lust an übler Nachrede“ dienen.[139] „Frau von Pereira, die ungemein reizend gewesen sein soll“, berichtet Staegemann am 9. Oktober 1814 an seine Frau über die Dreiunddreißigjährige, sei „noch jetzt hübsch und von Anbetern umringt, obwohl anhaltende Kränklichkeit mehr als die Zeit (sie ist in den Zwanzigern) die Frische verlöscht hat.“[140] Brentanos Urteil über Henriette von Pereira und ihren Salon erwächst aus einer Spannung verschiedener Formen von Gemeinschaftsbildungen, wie sie sich zuvor am Gegensatz zwischen der deutschen Tischgesellschaft und den Berlin Salons deutlich gezeigt hatte.[141] Brentano war ein Grenzgänger, der zwischen beiden Geselligkeitsformen pendelte, dessen Urteil aber im Zweifelsfall durch seine studentische Prägung bestimmt wurde, und das, wie an einem Urteil über Rahel Levin aus dem Jahr 1804 zu sehen ist, schon in früher Zeit.[142]

Brentanos Starallüre bei seinem Auftreten im Salon steht dazu nicht im Widerspruch. Brentano war seit der Zeit des zweiten Berliner Aufenthalts bewunderter oder verachteter Mittelpunkt aller Salons, in denen er auftrat.[143] Als Vorleser und Unterhalter

136 Brentano an Gunda von Savigny, Ende Juli 1813, FBA 33, S. 40.

137 Abeken 1, S. 239.

138 Spiel, Fanny von Arnstein (Anm. III,124), S. 289.

139 Körner, Marginalien (Anm. III,84), S. 17. Siehe auch Bettine an Achim von Arnim, 31.8. 1824, Vordtriede 2, S. 476f.

140 Abeken 1, S. 228. Vgl. Spiel, Fanny von Arnstein (Anm. III,124), S. 93.

141 Feilchenfeldt, Die Berliner Salons der Romantik (Anm. I,19), S. 415f. Nienhaus, Geschichte der deutschen Tischgesellschaft (Anm. II,64), S. 33–36. Puschner, Antisemitismus im Kontext der politischen Romantik (Anm. II,89), S. 268ff.

142 Brentano an Sophie Mereau, 26.11.1804, in: Berdrow, Rahel Varnhagen (Anm. II,57), S. 187; vgl. Feilchenfeldt, Rezension von: Gersdorff, Briefwechsel Brentano/Mereau (Anm. I,19), S. 601f. und unten, Anhang VIII, zu Brief-Nr. 621. Zu der vielfach beobachtbaren Verhaltensweise, Salons zu besuchen, deren Zentrum Frauen jüdischer Herkunft bildeten, und dabei grundsätzlich judenfeindlicher Haltung zu sein und zu bleiben, vgl. Felix Gilbert, in: Bankiers, Künstler und Gelehrte. Unveröffentlichte Briefe der Familie Mendelssohn aus dem 19. Jahrhundert. Hrsg. und eingeleitet von Felix Gilbert, Tübingen 1975 (Schriftenreihe wissenschaftlicher Abhandlungen des Leo-Baeck-Instituts 31), S. XXXVI sowie Konrad Feilchenfeldt, Rezension von: Eckart Kleßmann, Die Mendelssohns. Bilder aus einer deutschen Familie, Zürich, München 1990, in: Aurora 51 (1991), S. 179–182, dort S. 181.

143 Stramberg II,1, 1845, S. 122. Arnim an Bettine Brentano, 7.10.1809, Betz/Straub 2, S. 256: „Ein paar Politiker haben Clemens umgarnen wollen, sie haben ihn für eine Art wandernden

war er bekannt und gesucht.[144] Brentano ließe sich so als ein früher Vertreter jenes Starwesens ansehen, wie Richard Sennett es beschrieben hat.[145] Es gehört in den Zusammenhang einer Formation der Öffentlichkeit, die in ihrer vollen Ausbildung im fortgeschrittenen 19. Jahrhundert expressive Selbstinszenierung nur noch einzelnen Akteuren erlaubt, die übrigen Anwesenden aber zu stummen und ausdruckslosen Zuschauern macht. Die Vorgeschichte dieser Entwicklung bildet der Verfall der offenen, durch das freie Gespräch bestimmten Geselligkeit, die abgelöst wird von abgeschlossenen Männergesellschaften.[146] Die „Aufrichtigkeit", die Treue zu sich selbst in dem Versuch, „die privaten Gefühle und Anschauungen der Öffentlichkeit auszusetzen", die – wie Lionel Trilling gezeigt hat – das Persönlichkeitsideal der Zeit vor dem 19. Jahrhundert geprägt hatte, wird abgelöst von einer Sprache der „Authentizität", „mit der jemand die eigenen Versuche, zu empfinden, einem anderen Menschen direkt aussetzt".[147] Die Belästigung des anderen mit den schalen Geheimnissen des eigenen Selbst war eine der Haupttätigkeiten Brentanos,[148] so wenn er bei Brevillier die Geschichte seiner Familie vordeklamierte. Wenn Rahel Robert mit indirektem Bezug auch auf Brentano schreibt, „innerlich ganz eitle, unwahre Menschen bis in den Kern, die sich selbst eine Lüge sind, und obstinat diese den Gescheittesten mit allen kleinlichen Ränken, und wirklichen Gewaltthätigkeiten aufdringen wollen", seien ihr verhasst, dann meint sie genau diese Haltung unaufrichtiger Selbstentblößung, die wahr ist nur im Augenblick des authentischen Ausdrucks, dem Anspruch auf Treue zu sich selbst als einer moralischen Lebensaufgabe aber entsagt.[149] Die „grenzenlose, rücksichtslose Wahrheit" Brentanos, von der sein Bruder Christian mit bemerkenswerter Einsicht gegenüber Sophie Mereau sprach,[150] war von anderer Art als die Wahrhaftigkeit, die Rahel Robert forderte. Theodor Mundts Besprechung des *Buches des Andenkens* steht dann ganz unter dem

Spion gehalten. Er muß hier sehr viel vorlesen, ist beinah alle Tage ausgebeten." Siehe Kapitel 2, Anm. 85,

144 Einen Eindruck vermitteln die Aufzeichnungen Ludwig von Gerlachs, vgl. Schoeps, S. 177f., 179, 180, 182, 204, 209, 234, 291. – Rahel Varnhagen hat Ende der zwanziger Jahre eine Aufführung Paganinis gesehen und fühlte sich dabei u. a. an den „seligen B." erinnert (Rahel an Karl August Varnhagen, 7.3.1829, in: Rahel. Ein Buch des Andenkens für ihre Freunde, Bd. 3, Berlin 1834, S. 372). Der abgekürzte Name wird im Register der Rahel-Bibliothek 10, S. 475 identifiziert als Brentano. In der Ausgabe des Briefwechsels zwischen Rahel und Karl August Varnhagen erscheint an dieser Stelle der Name Bartholdy (Rahel-Bibliothek 6,2, S. 326; siehe auch Hahn 5, S. 262). Der Fehler liegt bei den als Brentanoforscher einschlägig bekannten Verfassern des Registers.

145 Richard Sennett, Verfall und Ende des öffentlichen Lebens. Die Tyrannei der Intimität, Frankfurt a. M. 1983 (amerikanisches Original 1977), S. 254ff.

146 Ebd., S. 115ff. Siehe auch Seibert, Der literarische Salon (Anm. II,27), S. 426ff.

147 Sennett (Anm. III,145), S. 49. Lionel Trilling, Das Ende der Aufrichtigkeit, München 1980 (amerikanisches Original 1972).

148 Siehe dagegen Hartwig Schultz, Schwarzer Schmetterling. Zwanzig Kapitel aus dem Leben des romantischen Dichters Clemens Brentano, Berlin 2000, S. 464f.

149 Rahel an Ernestine Robert, 10.8.1813, Varnhagen, Bfw 3, S. 317.

150 Christian Brentano an Sophie Mereau, 10.12.1802, Amelung 1, S. 33f.

Leitwort der Aufrichtigkeit.[151] – Die Männergesellschaft, in der man sich unter Gleichgesinnten auch einmal gehen lassen konnte, in der aber auch die gemeinsame Gesinnung besprochen und bestärkt wurde, ist die adäquate gesellige Organisationsform der Authentizität in einem sehr frühen historischen Stadium der Ausbildung dieser Formation.[152] Die Wahrheiten des eigenen Selbst, der Literatur, der Politik und der Konfession sind der Kitt dieser Bünde. Dagegen konnte die andersgeartete Selbstinszenierung im Salon leichtfertig, die dort herrschende Form des Urteilens über Literatur oberflächlich, die politischen und religiösen Ansichten frivol und die jüdische Herkunft minderwertig erscheinen. Da für Brentano seine individuelle und eine gesinnungsgebundene Authentizität aber zu keiner Zeit zur Deckung zu bringen waren, ist er dieser Art von Vereinsmeierei jedoch immer nur kurzzeitig erlegen. Die wiederholten Versuche, sie dennoch dazu zu zwingen, belegen aber ebenso, dass ein entsprechendes Bedürfnis bestand.

Das Vorherrschen von Männergesellschaften und den Niedergang ihres Salons wird schließlich Caroline Pichler in ihrem Lebensrückblick aus der Mitte des Jahrhunderts beklagen.[153] Nach Ansicht der Pichler ist die Ursache jenes Wandels zu abgesonderten Herrengesellschaften, der sich für sie vor allem nach 1830 einstellt, eindeutig festzustellen: der Tabakgenuss.[154] Brentano war von früh an ein habitueller Raucher, der wohl schon im fünfzehnten Lebensjahr damit begonnen hatte, als Student darin fortfuhr, den Eichendorff in Berlin im Jahr 1810 „tabakschmauchend" antraf und von dem noch Jahrzehnte später Friedrich Wasmann feststellte, „Bier, Tabak und scharfer Käse" seien seine bevorzugten Nahrungsmittel.[155] Kurz, Brentano war – um ein von ihm selbst auf den Bruder Christian geprägtes Wort zu gebrauchen[156] – zeitlebens so gründlich „eingeburscht", dass ihm in einer Gesellschaft, wo anstatt der Tabakpfeifen heißes Wasser und Butterbrote gereicht wurden, schwerlich wohl werden konnte. Der Rückzug in Männergesellschaften – wie dem Strobelkopf – war unter diesen Umständen verständlich. (Um Missverständnissen vorzubeugen: Das Rauchen spielte für den Wandel der Geselligkeit im 19. Jahrhundert wohl ebensowenig eine erhebliche Rolle wie das Steigen der Teepreise infolge der Kontinentalsperre für das Ende der Berliner Salons verantwortlich zu

151 Theodor Mundt, Rezension von: Rahel. Ein Buch des Andenkens für ihre Freunde, Berlin 1834, in: JbbwK Nr. 112–114, S. 905–911, 913–924 = Rahel-Bibliothek 10, S. 293–311. – Zur „Aufrichtigkeit" als einem Topos der Brentanokritik im 19. Jahrhundert vgl. Pravida, Die Erfindung des Rosenkranzes (Anm. I,22), S. 323f.

152 Gerth, Bürgerliche Intelligenz um 1800 (Anm. I,15), S. 46f. spricht von „Gesinnungsfreundschaft". Siehe auch Echternkamp, Der Aufstieg des deutschen Nationalismus (Anm. II,93), S. 344ff.

153 Pichler 1, S. 411f.; 2, S. 127f., 146, 314ff., 371f.; Blümml, ebd. 2, S. 606, Anm. 566.

154 Ebd. 2, S. 308f. Außerdem: ebd., S. 162, 305f., 383; Blümml, ebd., S. 606, Anm. 567 und S. 583, Anm. 401.

155 Clemens an Franz Brentano, um den 18.6.1796 und 20.12.1798, FBA 29, S. 41 und 151. Eichendorff, Tagebücher, 2.3.1810, ²HKA 11,1, S. 374. Wasmann, S. 161. Vgl. Brentano, Der Philister, vor, in und nach der Geschichte, FBA 21,1, S. 146 (der Abdruck der Philisterabhandlung in WAA 11, S. 38–90 ist unzuverlässig).

156 Brentano an Savigny, um den 5.4.1803, FBA 31, S. 64.

machen ist, wenn Caroline Pichler dies auch wiederholt für den Niedergang der Salonkultur behauptet hat. Aber es passt gut ins Bild vom chronischen Studenten Brentano.)

„Zu Hitzing bei der Pereira“, also im damaligen Villenvorort von Wien, wo Eskeles, Hügel und andere Landhäuser besaßen,[157] machte Brentano auch Bekanntschaft mit Mariane Saaling, die als Verwandte Fanny von Arnsteins in den großbürgerlichen Gesellschaften Wiens verkehrte und die eigentliche Attraktion des Arnsteinschen Salons war. Varnhagen, der wusste, von wem er sprach, verglich sie „einer jungen Göttin“.[158] Zeugnisse der Bewunderung gibt es in großer Zahl. Die älteren Biographien Theodor Körners gaben sich alle Mühe, eine wahrscheinliche Liebesbeziehung zwischen ihr und dem Dichter zu vertuschen, wie sie auch die Bedeutung Henriette von Pereiras herunterspielten, die für Körners Patriotismus offenbar mehr Verständnis aufbrachte als Antonie Adamberger, Körners Braut. Nach seinem Tod musste sogar das Gerücht unterdrückt werden, er hätte nicht die Adamberger heiraten wollen, sondern Mariane Saaling.[159] Staegemann, dem wie auch anderen Königsberger Aufklärern antisemitische Anwandlungen nicht fremd waren, tat sich während der Zeit des Wiener Kongresses als einer ihrer eifrigsten Bewunderer hervor, seine Briefe sind voll des Lobes über sie.[160] Brentano hingegen kritisierte die „allgemeine Anbetung“, die ihre strahlende Schönheit hervorrief, und die Haltung, mit der sie diese empfing.[161] Vermutlich hatte sie ihn abblitzen lassen.

Auch Ernestine Robert geb. Victor hat Brentano in Wien kennengelernt. Sie war die Frau Moritz Roberts, des jüngsten Bruders von Rahel Robert. Zusammen „mit ihrer Familie, banquiérs aus Posen,“ war sie, wie jene an Caroline von Humboldt schreibt, „nach Wien geflohen“ und seit Anfang Juli in der Stadt.[162] Rahel Robert empfahl sie auch Brentano, aber dieser hatte sie schon vorher zusammen mit ihrer Stiefschwester

157 Brentano an Rahel Robert, spätestens 26.7.1813, FBA 33, S. 37. Vgl. Czeike 3, S. 181.

158 Varnhagen, Denkwürdigkeiten, WW 1, S. 254. Vgl. Spiel, Fanny von Arnstein (Anm. III,124), S. 380ff. u. ö. Klaus Günzel, Wiener Begegnungen. Deutsche Dichter in Österreichs Kaiserstadt 1750–1850, Wien 1990, S. 117 schreibt, Varnhagen habe mit Brentano zur Zeit des Wiener Kongresses um die Saaling konkurriert. Das kann schon chronologisch nicht stimmen.

159 Spiel, Fanny von Arnstein (Anm. III,124), S. 396ff. Karl Berger, Theodor Körner, Bielefeld, Leipzig 1926, S. 116, 270. Rudolf Richter, Theodor Körner in Böhmen, in: DtArb 2 (1903), S. 353–371, 433–440, dort S. 363ff. Siehe jedoch Albert Portmann-Tinguely, Romantik und Krieg. Eine Untersuchung zum Bild des Krieges bei deutschen Romantikern und „Freiheitssängern“, Freiburg, Schweiz 1989 (Historische Schriften der Universität Freiburg 12), S. 329.

160 Friedrich August an Elisabeth Staegemann, 9.10.1814, Abeken 1, S. 228 und vielfach.

161 Brentano an Rahel Robert, spätestens 26.7.1813, FBA 33, S. 37. Rahel Robert an Brentano, Prag 1.–4.8.1813, Rahel-Bibliothek 9, S. 324.

162 Rahel Robert an Caroline von Humboldt, spätestens 26.7.1813, Rahel-Bibliothek 9, S. 311. Rahel an Ernestine Robert, Prag 18.6.1813, Varnhagen, Bfw 3, S. 293ff. Ernestine an Rahel Robert, 4.–5.7.1813, ebd., S. 296f. Zu Ernestine Robert: Uwe Schweikert, Verzeichnis der Korrespondenten, in: Rahel-Bibliothek 10, S. 407. Varnhagen, Bfw 3, S. 1460.

Marie von Breinersdorf kennengelernt.[163] Die beiden kamen, so Brentano in dem Brief vom 25. Juli 1813 an Rahel Robert, aus Breslau, und die „Damen aus Breslau“, deren taktloses Benehmen Caroline Pichler in ihren Erinnerungen erwähnt und die Brentano bei ihr eingeführt hatte, werden keine anderen gewesen sein als Ernestine Robert und ihre Schwester.[164] Ernestine Robert berichtet in ihren Briefen aus Wien häufig über Brentano und über gemeinsame Unternehmungen, so am 7. August über eine „Parthie nach Briel“.[165] Am 9. August schreibt sie an Rahel Robert: „Brentano gefällt mir außerordentlich. Ich küße Sie für das, was Sie ihm von mir geschrieben. Er ist mir eine ganz neue Erscheinung. Noch nie sah ich einen ihm nur ähnlichen Menschen.“[166] Ihrer Schwägerin berichtet sie in ihren Briefen wiederholt von den anscheinend ungetrübten Zusammentreffen mit Brentano, in demselben Augenblick, in welchem diese Brentano die Aufkündigung der Freundschaft sandte, die vom 13. August datiert.[167] Diesen „Absage-Brief“ überreichte Ernestine Robert ihm am 19. oder 20. August.[168] Kurz darauf reiste sie, wohl am 23. des Monats, von Wien ab, und Brentano verlegte sich jetzt darauf, ihr dieselben Bekehrungsversuche zuzumuten, die er zuvor schon bei ihrer Schwägerin versucht hatte.[169] Von Rahel Robert glaubte er, wie er an Ernestine Robert schreibt, „gröbliches Unrecht“ erlitten zu haben, wo er es doch „unter allen Menschen am besten mit ihr meine“.[170] Denselben Missmut gekränkter Unschuld bringt er in den Entwürfen zu Briefen an Rahel Robert selbst zum Ausdruck, wie auch in einer Nachschrift zu einem Brief Ernestines an dieselbe.[171] Anfang Dezember ließ

[163] Rahel Robert an Brentano, 1.–4.8.1813, Rahel-Bibliothek 9, S. 325f. Brentano an Rahel Robert, spätestens 26.7.1813, FBA 33, S. 37. Ernestine an Rahel Robert, 30.7.1813, Varnhagen, Bfw 3, S. 306. Vgl. Varnhagen, Bfw 2, S. 657; Bfw 3, S. 1158.

[164] Pichler 1, S. 424.

[165] Ernestine an Rahel Robert, 7.8.1813, Varnhagen, Bfw 3, S. 313f.

[166] Varnhagen, Bfw 3, S. 315. Siehe auch Ernestine an Rahel Robert, 14.8.1813, ebd., S. 319.

[167] Rahel Robert an Brentano, 13.8.1813, Rahel-Bibliothek 9, S. 334f.

[168] Ernestine an Rahel Robert, 21.8.1813, Varnhagen, Bfw 3, S. 323. Brentano an Rahel Robert, 21.8.1813, FBA 33, S. 66. Die Bezeichnung stammt aus Brentanos Nachschrift zu einem Brief Ernestine Roberts an Rahel vom 21.8.1813, FBA 33, S. 66. Vgl. Anhang VIII, zu Brief-Nr. 635. – Die Identifikation des „Schweinehunds“ in dem Brief von Rahel an Ernestine Robert, 10.8.1813 (Rahel. Ein Buch des Andenkens für ihre Freunde, Bd. 2, Berlin 1834, S. 109f.; vgl. Hahn 2, S. 523; Varnhagen, Bfw 3, S. 317; siehe auch Rahel an Ernestine Robert, 20.8.1813, ebd., S. 323) mit Brentano, die im Register der Rahel-Bibliothek 10, S. 475 vorgenommen wird, ist nicht zutreffend. Die Bezeichnung ist vielmehr auf Regine Frohberg zu beziehen (Varnhagen, Bfw 3, S. 1163, Anm. 174; S. 1167, Anm. 250; S. 1433 und 1466f.; siehe auch Bfw 2, S. 619f.; Hahn 6, S. 504); zu Rahel Varnhagens Verhältnis zu Regine Frohberg vgl. Varnhagen, Einiges zum einleitenden Verständnisse der Briefe von Rahel an Rebecca Friedländer oder Regina Frohberg, in: Hahn 6, S. 206–215; siehe auch ebd., S. 76.

[169] Vgl. Brentano an Ernestine Robert, 24.8.1813, FBA 33, S. 64.

[170] Ebd., S. 65. Ernestine Robert reiste über Breslau nach Berlin, wo sie Briefe Brentanos an Bettine von Arnim und an Gunda von Savigny überbringen sollte (siehe dazu Ernestine an Rahel Robert, 2.–3.1.1814, Varnhagen, Bfw 3, S. 364).

[171] Brentano an Rahel Robert, 18. oder 19.8., 19. oder 20.8. und 21.8.1813, FBA 33, S. 59, 61 und 66.

Brentano Rahel Robert noch einmal durch einen Prager Bekannten grüßen, was diese befremdete. Über den Gruß und ihre Enttäuschung von Brentano berichtet sie in einem Brief vom 15. Januar an ihre Schwägerin, die den Kontakt zu Brentano nicht aufrechterhalten zu haben scheint.[172]

Beethoven und Carl Bernard

Ob Brentano Beethoven schon vor seinem Wien-Aufenthalt 1813/14 persönlich kennengelernt hat, lässt sich nicht mit letzter Sicherheit entscheiden, aber doch mit hoher Wahrscheinlichkeit ausschließen. Beethoven stand seit dem Wien-Aufenthalt Bettines im Jahr 1810 in Kontakt zu einigen Mitgliedern der Familie Brentano, auch die Beziehung zu Antonie Brentano datiert erst aus dieser Zeit.[173] Schon im Jahr 1811 hatte Brentano dem Komponisten seine Kantate auf den Tod der preußischen Königin Luise zukommen lassen. Antonie und Bettine Brentano baten Beethoven um die Vertonung des Gedichts. Dass auch Bettine in diesem Sinn an Beethoven geschrieben hat, geht aus dem Wortlaut von Beethovens Brief an Bettine vom 10. Februar 1811 hervor, in dem er die

[172] Rahel an Ernestine Robert, 15.1.1813, Varnhagen, Bfw 3, S. 369. Zu Brentanos Briefwechsel mit Rahel Robert vgl. Ursula Isselstein, Rahel und Brentano. Analyse einer mißglückten Freundschaft, unter Benutzung dreier unveröffentlichter Briefe Brentanos, in: JbFDH 1985, S. 151–201.

[173] Vgl. Nohl 3, S. 53; Thayer/Deiters/Riemann 3, S. 215.

Zu Beethoven und der Familie Brentano: Frimmel 1, S. 61–64. Donald W. MacArdle, The Brentano Family in its Relations with Beethoven, in: MR 19 (1958), S. 6–19. Zu Beethoven und Bettine Brentano: Thayer/Deiters/Riemann 3, S. 213ff. Thayer's Life of Beethoven. Revised and edited by Elliot Forbes, Bd. 1, Princeton/New Jersey ^{2}1967, S. 492ff. Die Versuche Edward Waldens (zuletzt: Beethoven's Immortal Beloved. Solving the Mystery, Lanham, Maryland 2011), die Authentizität aller Beethovenbriefe an Bettine Brentano zu erweisen, hat Renate Moering erledigt (dies., Bettine von Arnims literarische Umsetzung ihres Beethoven-Erlebnisses, in: Der „männliche" und der „weibliche Beethoven", hrsg. von Cornelia Bartsch, Beatrix Borchard und Rainer Cadenbach, Bonn 2003 [Veröffentlichungen des Beethoven-Hauses Bonn IV/18], S. 251–277), leider nicht mit völligem Erfolg, wie an Hartwig Schultz, „Unsre Lieb aber ist außerkohren". Die Geschichte der Geschwister Clemens und Bettine Brentano, Frankfurt a. M., Leipzig 2004, S. 285ff. zu ersehen ist.

Zu Beethoven und Antonie Brentano: Alfred Christlieb Kalischer, Antonie und Maximiliane Brentano als Verehrerinnen Beethovens, in: ders., Beethoven und seine Zeitgenossen, Bd. 3: Beethovens Frauenkreis 2, Berlin, Leipzig 1909 S. 165–198. Adolf Sandberger, Antonie Brentano an Johann Michael Sailer wegen Beethovens Neffen, in: ders., Ausgewählte Aufsätze zur Musikgeschichte, Bd. 2: Forschungen, Studien und Kritiken zu Beethoven und zur Beethovenliteratur, München 1924, Nachdruck Hildesheim 1973, S. 263–280. Maynard Solomon, New Light on Beethoven's Letter to an Unknown Woman, in: MQ 58 (1972), S. 572 bis 587. Ders., Antonie Brentano and Beethoven, in: ML 58 (1977), S. 153–169 (erweitert in: ders., Beethoven Essays, Cambridge/Mass., London 1988, S. 166–189, 335–340). Kopitz, Antonie Brentano in Wien (Anm. II,9), S. 115–146.

Bitte ablehnt.[174] Alfred Kalischer hat ein Skizzenblatt in dem sogenannten Fischhof-Konvolut, auf dem mehrmals der Name „louise“ vorkommt, als „Hinweis, daß Beethoven doch wohl an eine Komposition gedacht hat“, aufgefasst.[175] Da die Entwürfe viele Jahre früher entstanden sind, kann diese Kompositionsskizze jedoch in keiner Beziehung zu Brentanos Gedicht stehen.[176]

Im Sommer 1811 hielt sich Beethoven einige Tage in Prag und mehrere Wochen in Teplitz auf, wo er Varnhagens Bekanntschaft machte und sich eng an diesen anschloss.[177] Dass Brentano Beethoven einmal getroffen hat, möchte man der Äußerung Varnhagens, „Brentano liebt den Beethoven sehr“, entnehmen,[178] doch befand sich

174 Clemens an Antonie Brentano, 10.1.1811, FBA 32, S. 311. Antonie an Clemens Brentano, 26.1.1811, Goldschmidt, S. 523f. Beethoven an Bettine Brentano, 10.2.1811, Beethoven, Bfw 2, S. 175. Brentanos Brief vom 10.1.1811 an Beethoven ist nicht erhalten; vgl. Oehring, Spuren verlorener Briefe (Anm. I,51), S. 114 und Beethoven, Bfw 2, S. 175. Ein Exemplar der Kantate befindet sich in Beethovens Nachlass (Staatsbibliothek zu Berlin – Sammlung Preußischer Kulturbesitz, Ms.mus.autogr. Beethoven 37,42); vgl. Kalischer, Autographe 28, S. 66f. (Mappe III,42); Bartlitz, S. 189 (Nr. III,42).

175 Ms.mus.autogr. Beethoven 28, fol. 7^{v}. Kalischer, Brentanos Beziehungen zu Beethoven (Anm. III,7), S. 45. Vgl. Hans-Günter Klein, Ludwig van Beethoven. Autographe und Abschriften. Katalog, Berlin 1975 (Staatsbibliothek zu Berlin – Sammlung Preußischer Kulturbesitz. Kataloge der Handschriftenabteilung. Reihe 1: Handschriften 2), S. 96.

176 Goldschmidt, S. 475f., Anm. 279 (datiert in das Jahr 1796/97). Renate Moering, Castor und Pollux. Arnims und Brentano in ihren Projekten mit Reichardt, in: Johann Friedrich Reichardt und die Literatur. Komponieren, Korrespondieren, Publizieren, hrsg. von Walter Salmen, Hildesheim, Zürich, New York 2003, S. 431–452, dort S. 444ff. Douglas Johnson, Alan Tyson, Robert Winter, The Beethoven Sketchbooks. History, reconstruction, inventory, ed. by Douglas Johnson, Berkeley 1985 (California Studies in 19th Century Music 4), S. 519 (datiert in den Zeitraum 1793–1796).

177 Varnhagen an Rahel Robert, 18.9.1811, Rahel-Bibliothek 4,2, S. 148. Vgl. Varnhagen, Biographische Porträts, WW 4, S. 350; Denkwürdigkeiten, ebd. 2, S. 240ff. Alfred Christlieb Kalischer, Beethoven und der Varnhagen-Rahelsche Kreis, in: ders., Beethoven und seine Zeitgenossen, Bd. 1: Beethoven und Berlin, Berlin, Leipzig 1908, S. 95–118. Emil Jacobs, Beethoven, Goethe und Varnhagen von Ense. Mit ungedruckten Briefen von Beethoven, Oliva, Varnhagen u. a, in: Die Musik 4. Jg. (1904/05), H. 6, S. 387–402. Kaznelson, Beethovens ferne und unsterbliche Geliebte (Anm. III,47), S. 26–29. Vgl. FBA 33, S. 480f. – Zu Beethovens Aufenthalten: Unger, Beethovens Teplitzer Badereisen (Anm. III,47). Sigrid Bresch, Beethovens Reisen zu den böhmischen Bädern in den Jahren 1811 und 1812, in: Beethoven und Böhmen. Beiträge zu Biographie und Wirkungsgeschichte Beethovens, hrsg. von Sieghard Brandenburg und Martella Gutiérrez-Denhoff, Bonn 1988 S. 311–348. Oldřich Pulkert, Beethovens Aufenthalte in den böhmischen Ländern, in: Ludwig van Beethoven im Herzen Europas. Leben und Nachleben in den Böhmischen Ländern, hrsg. von Oldřich Pulkert und Hans-Werner Küthen, Prag 2000, S. 49–82. Jaroslav Čeleda und Oldřich Pulkert, Beethoven in den böhmischen Bädern, ebd., S. 327–370. Kopitz, Antonie Brentano in Wien (Anm. II,9), S. 131.

178 Varnhagen an Rahel Robert, 24.10.1811, Rahel-Bibliothek 4,2, S. 173. Eine 1811 in Teplitz geschlossene Bekanntschaft hält Oldřich Pulkert, Persönlichkeiten um Beethoven, in: Beethoven im Herzen Europas (Anm. III,177), S. 540–575, dort S. 543f. mit Unrecht für wahr-

Brentano gerade zu der Zeit nicht in Prag, in der Varnhagen in seinen Briefen von Beethovens Anwesenheit spricht, und auch in Varnhagens späterem Brentano-Porträt wird der Komponist unter den Bekanntschaften, die Varnhagen Brentano vermittelte, nicht erwähnt. Auch im Jahr 1812 hielten sich der Komponist und der Dichter zu keiner Zeit am selben Ort auf, da Beethoven in diesem Jahr seinen Badeaufenthalt in Karlsbad nahm und Brentano von Teplitz schon abgereist war, als Beethoven dort wieder eintraf.[179] Nach Diel und Kreiten soll die in Frage stehende Bekanntschaft im Sommer 1813 durch Tiecks Vermittlung hergestellt worden sein, doch ist von einem Aufenthalt Beethovens im Jahr 1813 in Prag nichts bekannt. Die von Köpke geschilderte Begegnung Tiecks mit Beethoven hat auch nicht, wie dort angegeben, 1813, sondern schon 1808 stattgefunden.[180] Eine Bekanntschaft Brentanos mit Beethoven während seiner Teplitzer Aufenthalte 1811 und 1812 lässt sich also nicht belegen.

In Wien besuchte Brentano dann eine der Aufführungen von Beethovens siebter Sinfonie und von *Wellingtons Sieg oder die Schlacht bei Vittoria*; die Konzerte, die Brentano besucht haben könnte (und bei denen er zahlreiche berühmte Wiener Musiker hätte kennenlernen können), fanden am 8. und 12. Dezember 1813 sowie am 2. Januar und 27. Februar 1814 statt.[181] Mit seinen Konzerten zu Anfang des Jahres 1814 hatte Beethoven den Höhepunkt seiner Popularität erreicht, die bis in die Kongresszeit andauerte, bis sie dann rasch wieder einbrach.[182] Brentano war begeistert, aber es ist bezeichnend, dass nicht Beethovens Sinfonie, sondern das Schlachtgemälde den größten Eindruck auf

scheinlich; er scheint dies aus Bemerkungen in Varnhagens *Denkwürdigkeiten* zu schließen, die nichts dergleichen besagen.

179 Unger, Beethovens Teplitzer Badereisen (Anm. III,47), S. 90ff. Kaznelson, Beethovens ferne und unsterbliche Geliebte (Anm. III,47), S. 351. Kopitz, Antonie Brentano in Wien (Anm. II,9), S. 142. Chronik, S. 89.

180 Diel/Kreiten 1, S. 383. Köpke 1, S. 357f. Ferner: Uwe Schweikert, Eduard von Bülow. Aufzeichnungen über Ludwig Tieck, in: JbFDH 1972, S. 318–368, dort S. 341f. Zu Tieck und Beethoven: Kalischer, Brentanos Beziehungen zu Beethoven (Anm. III,7), S. 48f. Frimmel 2, S. 453. Roger Paulin, Ludwig Tieck. Eine literarische Biographie, München 1988, S. 106, 163 und 329, Anm. 91. Klaus Martin Kopitz, Das Beethoven-Erlebnis Ludwig Tiecks und Beethovens Zerwürfnis mit Fürst Lichnowsky, in: ÖMZ 53 (1998), S. 16–23, dort S. 22, Anm. 2.

181 Thayer/Deiters/Riemann 3, S. 392ff., 399. Beethoven, Werke. Hrsg. vom Beethoven-Haus Bonn, begründet von Joseph Schmidt-Görg, Abt. II, Bd. 1: Ouverturen und Wellingtons Sieg. Kritischer Bericht, hrsg. von Hans-Werner Küthen, München 1991, S. 49. Moore, Beethoven and Musical Economics (Anm. I,50), S. 391f. – Wellington ist Gegenstand des dritten und vierten Gedichts der *Vier Lieder von Beethoven an sich selbst* und des vierten und fünften Gedichts der *Nachklänge Beethovenscher Musik.* Die Strophen des vierten der *Vier Lieder*, das in den *Nachklängen* nicht wieder verwendet wurde, stehen weitgehend textidentisch auch in den gleichzeitg entstandenen Werken *Rheinübergang Kriegsrundgesang* (v. 84–127, W 1, S. 302–304) und in *Valeria oder Vaterlist* (FBA 12, S. 693). Vgl. Guignard, S. 64; W 1, S. 1110f. Beethovens Schlachtgemälde wird auch in einem nur handschriftlich vorliegenden fiktiven Briefwechsel über das Theater erwähnt („Lieber Freund! Sie scheinen mich…", Sammlung Varnhagen, Kasten 36, Biblioteka Jagiellońska, Kraków, Bl. 1^{r}).

182 Solomon, Beethoven (Anm. I,95), S. 286–291.

ihn gemacht hat.[183] John Fetzer hat zutreffend auf das Dilettantische in Brentanos Äußerungen zu Beethovens Musik hingewiesen, aber Vagheit in den Äußerungen über Musik war damals eher die Regel als die Ausnahme.[184]

1813 war für Beethoven ein in finanzieller, persönlicher und künstlerischer Hinsicht schwieriges Jahr, „the most unproductive to date in Beethoven's lifetime".[185] Es gibt zahlreiche Berichte, die sein verwahrlostes Aussehen und erratisches Betragen in jener Zeit beschreiben. Den Sommer verbrachte er dieses Jahr nicht in Böhmen, sondern von Anfang Juni bis Mitte September nur einige Meilen von Wien entfernt in Baden, mit einer längeren Rückkehr nach Wien im Juli und August.[186] In Wien pflegte er, wie es in einem von mehreren ähnlich lautenden Berichten heißt, „in jener Zeit seine Mittagsmahlzeit meist in einem Gasthause zu nehmen, welches seitdem niedergerissen worden ist, um einem Bazar Platz zu machen". Dort sah ihn der Maler Blasius Höfel „oft in einer entfernten Ecke an einem Tische sitzen, welcher, obwohl er groß genug war, wegen der wenig einladenden Gewohnheiten, in die Beethoven verfallen war, von den übrigen Gästen gemieden wurde".[187] Auch Louis Spohr traf Beethoven im Herbst 1813 eines Tages „ganz unerwartet in dem Speisehause, wohin ich jeden Mittag mit meiner Frau zu gehen pflegte".[188] Vermutlich war es zu einer solchen Gelegenheit, bei der Brentano Beethoven anzusprechen versuchte und dann den Brief entwarf, in dem er sich für sein Verhalten entschuldigt.[189]

Am oder kurz nach dem 2. Januar 1814 sandte Brentano dem Komponisten seine *Vier Lieder von Beethoven an sich selbst*, die dann in überarbeiteter und veränderter

183 Zu dem Werk: Karin Schulin, Musikalische Schlachtengemälde in der Zeit von 1756–1815, Tutzing 1986 (Eichstätter Abhandlungen zur Musikwissenschaft 3), S. 242–248. Hans-Werner Küthen, Wellingtons Sieg oder die Schlacht bei Vittoria. Beethoven und das Epochenproblem Napoleon, in: Beethoven. Zwischen Revolution und Restauration, hrsg. von Helga Lühning und Sieghard Brandenburg, Bonn 1989 (Sonderveröffentlichungen des Beethoven-Hauses), S. 259–273.

184 John Fetzer, Clemens Brentano on Music and Musicians, in: Studies in Romanticism 7 (1967), S. 218–230. Siehe jedoch Ute Jung-Kaiser, Mit Brentanos Versen Beethovens Schlachtengemälde deuten, in: Musikpädagogik als Aufgabe. Festschrift zum 65. Geburtstag von Siegmund Helms, hrsg. von Matthias Kruse und Reinhard Schneider, Kassel 2003 (Perspektiven zur Musikpädagogik und Musikwissenschaft 29), S. 137–153. Über die damalige Musikkritik vgl. Hoffmann an Cotta, 11.6.1814, Schnapp 1, S. 470f.

185 Lewis Lockwood, Beethoven's Emergence from Crisis: the Cello Sonatas of Op. 102 (1815), in: JMus 16 (1998), S. 301–322, dort S. 303. Ferner: Thayer/Deiters/Riemann 3, S. 361ff. Jean und Brigitte Massin, Beethoven. Materialbiographie, Daten zum Werk und Essay, München 1970, S. 223ff., 419. Stefan Wolf, Beethovens Neffenkonflikt. Eine psychologisch-biographische Studie, München 1995 (Veröffentlichungen des Beethovenhauses in Bonn IV/12), S. 57–60.

186 Thayer/Deiters/Riemann 3, S. 379, 381, 387.

187 Ebd., S. 438f. Kopitz/Cadenbach 1, S. 455.

188 Spohr 1, S. 177.

189 Brentano an Beethoven, zwischen Juli und Dezember 1813, FBA 33, S. 108; vgl. Anhang VIII, zu Nr. 648.

Form und unter dem Titel *Nachklänge Beethovenscher Musik* am 7. Januar 1814 im *Dramaturgischen Beobachter* erschienen.[190] Das Billet, das auf die Gedichte folgt, lässt in seiner Kürze auf eine bereits bestehende Bekanntschaft mit dem Komponisten schließen.[191] Allzu enge Vertrautheit sollte aber vielleicht nicht angenommen werden. Beethovens Sympathien für die ihm sonst bekannten Mitglieder der Familie Brentano waren anderer Art, und schließlich sind auch keine weiteren Zeugnisse des Umgangs mit Clemens Brentano überliefert.[192] Soweit die wenigen Zeugnisse ein Urteil zulassen, scheint es so auszusehen, als sei Beethoven an Brentano desinteressiert gewesen.[193] Wenn dieser 1813 an den Komponisten schreibt, er wolle ihm „meine Muse zu jedem Gebrauch" übergeben,[194] so könnte sich dies, wie vermutet wurde, auf die *Vier Lieder* beziehen,[195] wahrscheinlicher ist der Formulierung nach zu urteilen aber, dass sich der Dichter als Librettist anbot. Obwohl *Fidelio* vor den Berliner Aufführungen im Jahr 1815 nicht sonderlich erfolgreich war, trug sich Beethoven jahre- und jahrzehntelang mit dem Gedanken weiterer Opern und bemühte sich um passende Libretti unter anderem bei Varnhagen und Oliva, Kotzebue, Körner, Castelli, Fouqué und später bei Grillparzer.[196]

[190] Staatsbibliothek zu Berlin – Sammlung Preußischer Kulturbesitz, Ms.mus.autogr. Beethoven 37,28 fol. 1–4. Kalischer (Anm. III,7), S. 55–58 = FBA 33, S. 108–112 (Druck nach Kalischer, nicht nach der Handschrift). Vorstufen finden sich auf Hs. FDH 7719,3 (vgl. Katalog 1978, S. 73; Jung, S. 204 und 205). – DrB 2. Jg., Nr. 3, 7.1.1814, S. 10f. Zur Textgeschichte und zum Verhältnis der *Vier Gedichte* zu den *Nachklängen*: Gerhard Friesen, Clemens Brentano's *Nachklänge Beethovenscher Musik*, in: Traditions and Transitions. Studies in Honor of Harold Jantz, ed. by Lieselotte E. Kurth, William McLain, Holger Homann, München 1972, S. 194–209, dort S. 197ff. Wolfgang Frühwald, Zu neueren Brentano-Ausgaben, in: LJb N. F. 5 (1964), S. 361–380, dort S. 362ff. Ders., Stationen der Brentano-Forschung (Vorbemerkung, Anm. 3), S. 191*f. Pravida, Die Erfindung des Rosenkranzes (Anm. I,22), S. 339, Anm. 1069.

[191] Brentano an Beethoven, wahrscheinlich 2.1.1814, Staatsbibliothek zu Berlin – Sammlung Preußischer Kulturbesitz, Ms.mus.autogr. Beethoven 37,28 fol. 4^r, Beethoven, Bfw 3, S. 4. Zur Datierung siehe Anhang VIII, zu Brief-Nr. 648. Vgl. Kalischer, Brentanos Beziehungen zu Beethoven (Anm. III,7), S. 58f.

[192] Die Behauptung bei Thayer/Deiters/Riemann 3, S. 371, Brentano habe Beethoven Geld geliehen, ist natürlich auf Franz zu beziehen und nicht, wie im Register zur Stelle unterstellt wird, auf Clemens Brentano. Zu Beethovens Geldgeschäften mit Franz Brentano: Goldschmidt, S. 110. Aus geschäftlichen Anlässen kam es später zum Abbruch der Beziehungen.

[193] So jedenfalls Arnold Schmitz, Das romantische Beethovenbild. Darstellung und Kritik, Berlin, Bonn 1927, S. 33.

[194] Brentano an Beethoven, zwischen Juli und Dezember 1813, FBA 33, S. 108.

[195] Schultz, in: Katalog 1978, S. 72.

[196] Varnhagen an Rahel Robert, 23.9.1811, 24.10.1811, Rahel-Bibliothek 4,2, S. 152, 173. Beethoven an Kotzebue, 28.1.1812, Beethoven, Bfw 2, S. 238. Kotzebue an Beethoven, 6.3.1812, ebd., S. 250. Beethoven an Körner, 21.4.1812, ebd., S. 260f. Beethoven an Castelli, etwa 25.5.1813, ebd., S. 348. Beethoven an Anna Milder-Hauptmann, 16.1.1816, ebd. 3, S. 204f. Beethoven an Grillparzer, Ende April 1823, ebd. 5, S. 115f., vgl. ebd., S. 116, Anm. 3. Beethoven an Grillparzer, zwischen 14.12.1823 und Ende Januar 1824, ebd., S. 242. Grillparzer, Meine Erinnerungen an Beethoven, HKA I,16, S. 29–37, dort S. 32ff. Zu Beethovens Opern-

An den in Erwägung gezogenen Autoren und an den Zeitpunkten, zu denen sich Beethoven an sie wandte, lässt sich ersehen, dass es ihm nicht zuletzt darum zu tun war, einen erfolgreichen oder doch wenigstens etablierten Autor zu gewinnen, der entweder am Wiener Theater beschäftigt war, wie Kotzebue, Körner, Castelli und Grillparzer, oder der wie Fouqué in Berlin erfolgreich war in einem Moment, als Beethoven nach den Berliner *Fidelio*-Aufführungen seine Hoffnungen auf diese Stadt setzte.[197]

Ob Beethoven gerade im Herbst 1813 Interesse zeigte, stehe dahin; es ist nicht einmal sicher, ob der Brief überhaupt abgesandt worden ist, denn er ist in Brentanos Nachlass erhalten. Brentano, der schon im Jahr 1803 gerne eine Oper geschrieben hätte[198], gehörte weder zu der einen noch zu der anderen der beiden Gruppen und wäre deswegen vielleicht auch kein bevorzugter Kandidat für den Komponisten gewesen. Andererseits aber hat Beethoven auch die Wahl von Textvorlagen aus der Feder damals wie heute unbekannter und drittrangiger junger Autoren wenigstens zeitweise erwogen und stand, anders als eine gewisse Tradition der Beethovenforschung versichert,[199] der im weiteren Sinn romantischen Literatur nicht gar so fern. Es mag so weniger an sachlichen als an persönlichen, auch aktuell lebensgeschichtlich bedingten Gründen gelegen haben, dass es zu keiner Zusammenarbeit kam. Auch aus anderen Opernplänen Brentanos ist nichts geworden, etwa aus dem Plan eines für Louise Reichardt zu schreibenden Singspiels[200] oder aus dem 1816 in Berlin gefassten Vorhaben einer gemeinsam mit Carl Maria von Weber zu schreibenden Oper *Der Venusberg*, von dem Max Maria von Weber berichtet und von dem sich sehr knappe Skizzen erhalten haben, die heute zusammen mit der Berliner Handschrift von *Aloys und Imelde* überliefert sind.[201] Viel-

plänen: Frimmel 1, S. 468–470. Otto Erich Deutsch, Beethovens Theaterpläne, in: SMZ 85 (1945), S. 76–78. Rudolf Pečman, Beethovens Opernpläne, Brno 1981 (Opera universitatis Purkynianae Brunensis. Facultas Philosophica 228). Klaus Kropfinger, Beethoven, Basel, Stuttgart 2001 (MGG Prisma), S. 158–160.

197 Zu Kotzebue, Körner, Grillparzer und Castelli: Lucia Dorninger, Die Hausdichter des Burgtheaters, Diss. (masch.) Wien 1961, S. 42ff., 69ff., 83ff., 135ff. Fouqué war auch in Wien erfolgreich; vgl. Friedrich Schlegel an Fouqué, 1.7.1815, Körner 1, S. 192, siehe auch ebd., S. 533.

198 FBA 12, S. 801. Siehe auch Brentano an Arnim, 15.2.1805, WAA 32,1, S. 22.

199 Schmitz, Das romantische Beethovenbild (Anm. III,193), S. 35. Vgl. Carl Dahlhaus, Ludwig van Beethoven und seine Zeit, Laaber [3]1993 (Große Komponisten und ihre Zeit), S. 314.

200 Louise Reichardt an Brentano, 14.8.1808, in: Pravida, Die Erfindung des Rosenkranzes (Anm. I,22), S. 451.

201 Zur Oper Venusberg, Staatsbibliothek zu Berlin – Sammlung Preußischer Kulturbesitz, Ms. germ. fol. 1241, Bl. 37[r–v]. Das Blatt ist dem Konvolut mit der zweiten Fassung von *Aloys und Imelde* offenbar erst nachträglich beigefügt worden und enthält Gedichtentwürfe, die erst ins Jahr 1816 zu datieren sind (FBA 15,2, S. 82). Siehe auch Weber 1, S. 456f. Agnes Harnack, SW 9,2, S. LXXIII. Preitz 1, S. 71*f., 417. Wolfgang Pfeiffer-Belli, Clemens Brentano. Ein romantisches Dichterleben, Freiburg i. Br. 1947, S. 154f. Pravida, Die Erfindung des Rosenkranzes (Anm. I,22), S. 16, Anm. 19. Nach John Warrack, Carl Maria von Weber. Eine Biographie, Hamburg, Düsseldorf 1972, S. 188 soll „ein großer Teil“ des Textbuchs geschrieben worden sein, was wohl bezweifelt werden muss.

leicht wären Brentano die Verfertigung eines Opernlibrettos und die Zusammenarbeit mit einem Komponisten zuletzt ebenso schwer geworden wie sie es allen anderen deutschen Schriftstellern der Zeit geworden sind. Die Klage über deren Unfähigkeit als Librettisten ist in den Briefen und Schriften von Komponisten des 18. und 19. Jahrhunderts nachgerade ein Topos.[202]

In späteren Jahren gehörte ein Schriftsteller und Publizist zu den engsten Vertrauten Beethovens, der in Wien auch Brentanos Wege kreuzte, Joseph Carl Bernard. In der Literatur- und Theaterwissenschaft ist von dessen Lebensdaten außer einigen Jahreszahlen wenig bekannt.[203] Dabei hatte schon Steig darauf hingewiesen, dass Bernard mit Beethoven befreundet war. Allerdings stilisierte Steig seine vermeintliche Entdeckung derart, als sei ihm ein auch für die Beethoven-Biographie ganz neuer Fund gelungen.[204] Bernard wird aber bereits von Beethovens erstem Biographen Anton Schindler erwähnt.[205] Er hat einige Texte zu ausgeführten oder geplanten Kompositionen Beethovens verfasst, einige seiner Gedichte wurden von Beethoven und Schubert vertont.[206] Auch als Librettist von Louis Spohrs im Frühjahr und Sommer 1813 in Wien entstandenem *Faust* (1816 in Prag aufgeführt) ist er der Musikgeschichte bekannt.[207] Weiterführende Angaben zu Bernard finden sich in den geläufigen Nachschlagewerken der Musikwissenschaft,[208] wenngleich auch hier manche Unklarheit bis heute nicht behoben

202 Vgl. Dieter Martin, Beethovens ‚verhinderter Librettist' Heinrich Joseph Collin. Zum Problem deutscher Operntexte in Wien nach 1800, in: Österreichische Oper oder Oper in Österreich? Die Libretto-Problematik, hrsg. von Pierre Béhar, Hildesheim 2005 (Musikwissenschaftliche Publikationen 26), S. 133–156, dort S. 133f., Anm. 2; Krämer, Deutschsprachiges Musiktheater (Anm. I,103), Bd. 1, S. 86ff.

203 Goedeke 11,2, 1953, S. 30–32; 6, 1898, S. 591f. Gustav Gugitz, in: NDB 2, 1955, S. 102. Deutsches Literatur-Lexikon. Biographisch-bibliographisches Handbuch. Begründet von Wilhelm Kosch, 3., völlig neu bearb. Aufl., hrsg. von Bruno Beyer und Heinz Rapp, Bd. 1, Bern, München 1968, Sp. 433f. Fellner, S. 255–257. Jung, S. 184f.

204 Reinhold Steig, Rezension von: Hermann Cardauns, Die Märchen Clemens Brentanos, Köln 1895, in: Euphorion 3 (1896), S. 791–799, dort S. 797ff.

205 Anton Schindler, Ludwig van Beethoven, 5. Aufl., neu hrsg., mit einer Einleitung und Anmerkungen versehen von Fritz Volbach, 2 Bde., Münster i. W. 1927, Bd. 1, S. 72, 227 u. ö.

206 Thayer/Deiters/Riemann 3, S. 418, 449, 526, 539, 565, 581; siehe auch die Registereinträge zu Bd. 4 und 5. Kinsky/Halm, S. 411ff., 552, 680f., 702. – Schubert, Vergebliche Liebe („Ja ich weiß es, diese treue Liebe…"), op.post. 173,3 = D 177. Vgl. Otto Erich Deutsch, Franz Schubert. Thematisches Verzeichnis seiner Werke in chronologischer Folge. Neuausgabe in deutscher Sprache bearbeitet und hrsg. von der Editionsleitung der Neuen Schubert-Ausgabe und Werner Aderhold, Kassel u. a. 1978 (Franz Schubert. Neue Ausgabe sämtlicher Werke, hrsg. von der Internationalen Schubert-Gesellschaft VIII/4), S. 124; Walther Dürr, Franz Schuberts Werke in Abschriften: Liederalben und Sammlungen, Kassel u. a. 1975 (Neue Ausgabe sämtlicher Werke VIII/8), S. 80: Reihe Witteczek, Bd. 26, S. 30–34, 6. April 1815.

207 Spohr 1, S. 172. Clive Brown und Mathias Spohr, PEM 5, 1994, S. 756–758. Hans Joachim Kreutzer, Faust: Mythos und Musik, München 2003, S. 39ff.

208 Frimmel 1, S. 36–38 mit weiteren Literaturangaben. Hermann Ullrich, Ludwig van Beethovens letzte Oratorienpläne. Eine Studie, in: StMw 33 (1982), S. 21–47, dort S. 26–38.

werden konnte und manches als sicher geltende Datum bislang unbelegt ist.[209] Die ersten dokumentarisch nachweisbaren Beziehungen Beethovens zu Bernard fallen in das Jahr 1814. Zu Anfang des Jahres, spätestens im Februar, hatte Beethoven die Absicht, die Kantate *Europens Befreyungsstunde* nach einem Text Bernards zu vertonen, was aber wegen Zensurschwierigkeiten unterblieb.[210] Im September komponierte Beethoven einen Text Bernards für einen Chor auf die verbündeten Fürsten.[211] Ob, wie Steig behauptet, Brentano durch den Komponisten mit Bernard bekannt wurde, bleibe dahingestellt.[212] Brentano besaß genügend Kontakte in Wien, durch die ihm die Bekanntschaft mit dem Journalisten und Literaten Bernard vermittelt werden konnte. Dass Bernard zu dieser Zeit bereits seit längerem mit Beethoven bekannt war, ist indessen – trotz anderslautenden Angaben in anscheinend allen einschlägigen Nachschlagewerken und Abhandlungen der Beethovenforschung – wahrscheinlich. Bernard war der Verfasser eines Opernlibrettos *Libussa*, von dem Teile bereits in der *Neuen Thalia* respektive *Thalia*, der Vorgängerin des *Dramaturgischen Beobachters*, im Jahr 1812 erschienen sind.[213] Bernard hat sein Libretto auch mit Beethoven diskutiert, ausweislich der Kon-

Czeike 1, S. 336f. Peter Clive, Beethoven and His World. A Biographical Dictionary, Oxford 2001, S. 29f. Franz Schubert. Dokumente. 1801–1830, hrsg. von Ernst Hilmar unter Mitarbeit von Werner Bodendorff, Bd. 1/II, Tutzing 2003 (Veröffentlichungen des Internationalen Franz-Schubert-Instituts 10,II), S. 504. – Willkürlich ist der Bezug auf Joseph Carl Bernard in der Erläuterung zu einem in dem Brief von Caspar Voght an Johanna Margaretha Sieveking vom 29.1.1803 erwähnten Bernard, in: Caspar Voght und sein Hamburger Freundeskreis. Briefe aus dem tätigen Leben. Teil 2: Briefe aus den Jahren 1785–1812 an Johanna Margaretha Sieveking, geb. Reimarus, bearb. von Anneliese Tecke, Hamburg 1964 (Veröffentlichungen des Vereins für Hamburgische Geschichte 15,2), S. 107 und S. 109, Anm. 4.

209 Vgl. Ullrich, Beethovens letzte Oratorienpläne (Anm. III,208), S. 26f.

210 The New Hess Catalog of Beethoven's Works. Edited, updated and translated from the original German with a new foreword by James F. Green, West Newbury, Vermont 2003, S. 182f., Nr. 317. Wilhelm Virneisel, Kleine Beethoveniana, in: Festschrift Joseph Schmidt-Görg zum 60. Geburtstag, hrsg. von Dagmar Weise, Bonn 1957, S. 361–376, dort S. 363–368. Michael Ladenburger, Der Wiener Kongreß im Spiegel der Musik, in: Beethoven, Zwischen Revolution und Restauration, hrsg. von Helga Lühning und Sieghard Brandenburg (Sonderveröffentlichungen des Beethoven-Hauses), Bonn 1989, S. 275–306, dort S. 294ff.

211 WoO 95 (vgl. Kinsky/Halm, S. 552). Thayer/Deiters/Riemann 3, S. 440, 446, 483. Ullrich, Beethovens letzte Oratorienpläne (Anm. III,208), S. 28.

212 Steig, Rezension von: Cardauns, Die Märchen Clemens Brentanos (Anm. III,204), S. 798.

213 [Anonym,] Aus der großen Oper: Libussa, in: Thalia, [hrsg. von Johann Erichson,] Wien und Triest: Geistinger, 1812, Nr. 15/16, 14.11.1812, S. 113–125 (Erster Aufzug, 1.–5. Auftritt); Nr. 17/18, 18.11.1812, S. 136–144 (6.–10. Auftritt) [Österreichische Nationalbibliothek, Bibliothek des Österreichischen Theatermuseums, Signatur 237.925-B. The 1]. Unvollständige Nachweise bei Goedeke 6, 1898, S. 511f.; 11,2, 1953, S. 31 und Beethoven, Bfw 5, S. 261, Anm. 7. Zur Erscheinungsweise und variierenden Titelgebung der Zeitschrift vgl. August Sauer, Bibliographie, in: Euphorion 4 (1897), S. 148–203, dort S. 178f.; Josef Körner, Die Wiener *Friedensblätter* 1814–1815, eine romantische Zeitschrift, in: ZfBf N. F. 14,2 (1922), S. 90–98, dort S. 95. Zu Bernards Libretto: Arnošt Kraus, Stará historie česká v německé literatuře, Praha 1902, S. 72 (eine deutsche Zusammenfassung dieses Werks findet sich in:

versationshefte zwar erst im Jahr 1820.[214] Aber ein Brief Beethovens vom 23. Januar 1824 an die Wiener Gesellschaft der Musikfreunde bei Gelegenheit des schließlich nicht ausgeführten Kompositionsauftrags für Bernards Oratorientext *Der Sieg des Kreuzes* enthält weitere Angaben:[215]

> das *oratorium* betreffend, so hoffe ich *veritas odium non parit* nicht ich wählte H. *v. B.* dasselbe zu schreiben, mir ward versichert, der Verein habe ihn Hiezu beauftragt, denn da H. *v. B.* die Zeitung zu redigiren hat, so ist es schwer sich viel mit ihm zu besprechen, Es muste daher eine Lange Geschichte werden, ja sehr verdrießlich für mich, da H. *v. B.* für Musick nichts als die *Libussa* geschrieben hatte, u. welche damals noch nicht aufgeführt war, welche ich aber seit 1809 kenne u. seit der Zeit sehr vieles daran auch geändert worden ware, so konnte ich mit vollem vertrauen nicht anders als das Unternehmen mit ihm schwierig betrachten, ich muste um so mehr darauf halten, deswegen das ganze zu haben, freylich erhielte ich endlich einmal den ersten Theil, allein nach *B.* Aussagen muste derselbe wieder geändert werden u. ich muste ihn wieder zurückgeben, so viel ich mich erinnere (…).

Der Brief an die ungeduldigen Auftraggeber, in welchem er dem Freund alle Schuld an der jahrelangen Verzögerung zuschreibt, mag taktisch motiviert. Es scheint aber keine Indizien zu geben, die dagegen sprächen, dass der Komponist tatsächlich bereits seit 1809 einen von Libussa handelnden dramatischen Text aus der Feder Bernards und damit wohl auch diesen selbst kannte. Das Thema war um 1810 sehr beliebt und wurde vielfach behandelt. Daher wird man Otto Brechlers Behauptung, Brentanos *Gründung Prags* habe auf Bernards Libretto, das in der Komposition Conradin Kreutzers am 4. Dezember 1822 im Wiener Hoftheater am Kärntner Tor aufgeführt wurde, einigen Einfluss gehabt, solange mit Skepsis betrachten müssen, wie solche behaupteten Bezüge nicht durch nähere Nachweise belegt sind.[216] Dass es sich bei dem 1823 veröffentlichten

Ernst Kraus, Die alte böhmische Sage und Geschichte in der deutschen Literatur, in: ZföG 53 [1902], S. 577–594; Bernard wird S. 580 nur knapp erwähnt; siehe auch Johann Krejčí, Rezension von: Arnošt Kraus, Stará historie česká v německé literatuře, Praha 1902, in: Euphorion 10 [1903], S. 669–680, dort S. 678 und S. 680, Anm.); Pečman, Beethovens Opernpläne (Anm. III,196), S. 79f. (siehe auch ebd., S. 85f.); Reinhold Backmann, in: Grillparzer, HKA I,8, S. 320; Jan Trojan, Die deutsche Muse ließ sich in Böhmen küssen. Tschechische Sujets in der deutschen Oper, in: Deutsche und Tschechen. Geschichte – Kultur – Politik, hrsg. von Walter Koschmal, Marek Nekula, Joachim Rogall, München 2001, S. 192–199, dort S. 196f. Keine Erwähnung bei Emanuel Grigorovitza, Libussa in der deutschen Litteratur, Berlin 1901.

214 Beethoven, Konversationshefte 1, S. 209 (H. 6, Anfang–Ende Januar 1820, Bl. 58^{v}). – Im Jahr 1819 erkundigte sich Beethoven bei Bernard auch nach den Aufenthaltsorten Clemens und Christian Brentanos (H. 2, Mitte März–Mitte Mai 1819, Bl. 36^{v}; ebd., S. 53); daraus darf man wohl schließen, dass auch Christian Brentano den Komponisten in Wien kennegelernt hatte.

215 Beethoven, Bfw 5, S. 260. Siehe auch Beethoven an Bernard, vermutlich 23.1.1824, ebd., S. 263/265. Vgl. Ullrich, Beethovens letzte Oratorienpläne (Anm. III,208), S. 24ff.

216 Brechler, SW 10, S. LXV. Libussa. Romantische Oper in 3 Aufzügen, in Musik gesetzt von Conradin Kreutzer. Op. 48. Vollständiger Clavierauszug, Wien o. J. (1823). Einen Librettodruck scheint es nicht zu geben. Vgl. Jürgen Schläder, in: PEM 3, 1989, S. 345–347. Zum Einfluss auf Grillparzer vgl. Karl Kaderschafka, in: Grillparzer, HKA I,6, S. XI, 347, 349.

Libretto um eine gegenüber einer wohl um 1809 entstandenen und im Jahr 1812 im Auszug gedruckten Version überarbeitete Fassung handelt, ist aber ohnehin wahrscheinlich und wird durch den zitierten Brief Beethovens bestätigt. Die erheblichen Unterschiede, die zwischen einem romantischen Buchdrama und einem sehr viel weniger umfangreichen Libretto notwendig bestehen, schränken die möglichen Übereinstimmungen der beiden Texte, die über die bloß stoffliche Verwandtschaft hinausging, stark ein. Aus Brentanos Gedicht „Es ist Gebrauch seit langer Zeit…" geht außerdem hervor, dass Bernard auch Teilnehmer der „Gesellschaft aus dem Strobelkopf" war.[217]

Wiener Literatenkreise

Über die sogenannte Strobelkopf-Gesellschaft waren lange Zeit nur unzureichende Nachrichten aus zweiter Hand verfügbar. Es handelt sich bei dem Namen nicht um eine Selbstbezeichnung der Gesellschaft, „Strobelkopf" war der Name des Bierhauses „Zum Strobelkopf" in der Wollzeile, nahe dem Stephansdom, in dem sich zahlreiche kleinere Gruppen von Schriftstellern und Kulturbeflissenen getroffen zu haben scheinen. Auch für den Wiener Bekanntenkreis Brentanos bildete es wöchentlich am Mittwoch den Versammlungsort.[218] Von diesem Kreis berichtete zuerst die im Jahr 1858 erschienene Hofbauer-Biographie Sebastian Brunners, die sich auf Informationen Emanuel Veiths stützen konnte.[219] Der Sachverhalt, dass es vor allem katholische Autoren waren, die von der sogenannten Wiener Romantik berichteten und dabei die Strobelkopf-Gesellschaft erwähnten, führte dazu, dass dieser Kreis junger Literaten allzu nahe an Pater Hofbauer herangerückt und katholisch eingefärbt wurde.[220] Dabei dürfte er eher der aus den Biographien Grillparzers und Castellis bekannten Ludlamshöhle (1816–1826) geglichen haben oder der erst unlängst bekanntgewordenen, 1817 gegründeten Unsinnsgesellschaft, in der Franz Schubert verkehrte, als einem frommen Zirkel.[221] Der skato-

[217] Jung, S. 178.

[218] Fellner, S. 124f. Jung, S. 174f. Vgl. Gugitz 3, S. 431; Czeike 5, S. 381. Zur Rolle der Wiener Bierhäuser vgl. Bodi, Tauwetter in Wien (Anm. III,33), S. 74f.

[219] Brunner, S. 11.

[220] Diel/Kreiten 1, S. 390ff. Eckardt, Hofbauer und die Wiener Romantikerkreise (Anm. III,14), S. 26f., 347f. René Guignard, Un poète romantique allemand. Clemens Brentano (1778 à 1842), Paris 1933 (Publications de la Faculté des Lettres d'Alger. IIe Série. T. 5), S. 244. Seidler, Österreichischer Vormärz und Goethezeit (Vorbemerkung, Anm. 14), S. 178. Die Liste ließe sich beliebig verlängern.

[221] Otto Zausmer, Der Ludlamshöhle Glück und Ende, in: JbGG 33 (1935), S. 86–112. Lucia Porhansl, Auf Schuberts Spuren in der „Ludlamshöhle", in: Schubert durch die Brille 7 (1991), S. 52–78. Horst Belke, Ludlamshöhle (Wien), in: Handbuch literarisch-kultureller Vereine, Gruppen und Bünde 1825–1933, hrsg. von Wulf Wülfing, Karin Bruns und Rolf Parr, Stuttgart, Weimar 1998 (Repertorien zur Deutschen Literaturgeschichte 18), S. 311–320. Rita Steblin, Die Unsinnsgesellschaft. Franz Schubert, Leopold Kupelwieser und ihr Freundeskreis, Wien u. a. 1998. Martella Gutiérrez-Denhoff, Beethoven und die Wiener Phäaken. Ludlamiten und Paternostergässler, in: BBS 8 (2009), S. 35–42.

logische Wortschatz in dem Gedicht „Es ist Gebrauch seit langer Zeit…" das für die Silvesterfeier 1813 in dieser Gesellschaft geschrieben wurde, spricht jedenfalls dafür.[222] Auch die in der älteren Literatur oft anzutreffende weitgehende Identifikation der Gesellschaft mit den Kreisen um Adam Müller und Friedrich Schlegel, die sich ebenfalls im Strobelkopf getroffen haben mögen, verwischt den Sachverhalt, dass es sich um unterscheidbare Gruppenbildungen handelt, wobei sich auch einzelne Personen finden, die in allen Zirkeln verkehrten. Wie bereits erwähnt, haben sich die Kreise um Schlegel und um Müller im April und September des Jahres 1813 aufgelöst, und Hofbauer begann erst während der Kongresszeit, einen eigenen Kreis zu bilden.[223]

Brentano berichtete erstmals in einem Brief an Arnim, der zwischen Mitte und Ende August und Anfang Oktober geschrieben wurde, von seinem neuen Bekanntenkreis. Er spricht von „etwa sechs" jungen Leuten, denen er sich angeschlossen habe.[224] Besonders eng befreundete er sich mit Eckstein, „der Buchhalter der Schaumburgischen Buchhandlung, ein alter Jenenser", der auch alle Jugendfreunde Brentanos kenne.[225] Es handelt sich um H. Eckstein, Buchhändler „aus dem Magdeburgischen". Joseph von Laßberg nennt ihn den „ersten Commis in der Schaumburg'schen Buchhandlung",[226] und Brentano schreibt, er – Eckstein – sei um die Jahrhundertwende „bei Frommann" gewesen, das heißt als Buchhandelslehrling.[227] Das meiste von dem wenigen, was von ihm

222 Jung, S. 191–203. Das Gedicht ist ein weiteres Mal von Boëtius, S. 129–145 veröffentlicht worden. Dort werden die beiden Entwurfshandschriften (Hs. FDH 7719,1–3) kontaminiert, die – hier nach Jungs Abdruck durchnumerierte – Strophenabfolge vertauscht (S. 138f.: Strophen 80–92–81; S. 140: 88–90 unter Auslassung von 89, die wegfällt; S. 140: 91–93 unter Auslassung von Strophe 92, die schon nach Strophe 80 steht) und S. 143f. nach Strophe 113 elf weitere (von der elften ist nur der erste Vers ausgeführt) sowie S. 145 nach Strophe 118 eine zusätzliche wiedergegeben. Diese Strophen stammen aus dem ersten Entwurf (vgl. Jung, a.a.O., S. 204f.) und wurden unorganisch eingefügt. Darüber hinaus gibt es eine Reihe schwerer Lesefehler.

223 Zu Schlegel und Hofbauer: Otto Weiß, Klemens Maria Hofbauer, Repräsentant des konservativen Katholizismus und Begründer und Begründer der katholischen Restauration in Österreich. Eine Studie zu seinem 150. Todestag, in: ZBLG 34 (1971), S. 211–237, dort S. 223ff. Ders., Die Redemptoristen in Bayern (Anm. III,61), S. 139–141. Lucjan Puchalski, Eine romantische Freundschaft. K. M. Hofbauer und die Romantiker, in: Sprachkunst 23,1 (1992), S. 65–85. Ferner: Otto Weiß, Klemens Hofbauer – Ordensmann und Redemptorist – auch in seinen Wiener Jahren 1808–1820, in: SHCSR 46 (1998), S. 341–365.

224 FBA 33, S. 75.

225 Ebd., S. 79.

226 Nach einem von Karl August Barack aus den hinterlassenen Schriften Laßbergs zusammengestellten Bericht, der von Karl Bartsch, Bericht über die Sitzungen der germanistischen Section der XXIV. Versammlung deutscher Philologen und Schulmänner zu Heidelberg, 27.–30. September 1865, in: Germania 10 (1865), S. 498–508, dort S. 506 referiert wird. Siehe auch Klaus Gantert, Die Bibliothek des Freiherrn Joseph von Laßberg. Ein gescheiterter Erwerbungsversuch der Königlichen Bibliothek zu Berlin in der Mitte des 19. Jahrhunderts, Heidelberg 2001 (Beihefte zum Euphorion 42), S. 69–72, dort S. 71f.

227 FBA 33, S. 79. In den veröffentlichten Briefwechseln der Familie und der Buchhandlung Frommann wird Eckstein nicht erwähnt.

bekannt ist, stammt aus den Briefen Jacob Grimms, der ihn durch eine Empfehlung Brentanos 1814 in Wien kennenlernte und mit ihm in den Jahren 1816–1821 in gelegentlichem Briefwechsel stand.[228] Brentano hatte Eckstein, nach Jakob Baxas Vermutung, durch Vermittlung Adam Müllers bei der Suche nach einem Verleger für *Die Gründung Prags* kennengelernt, denn Müller stand in den Jahren 1811 und 1812 selbst in Verbindung mit der Schaumburgschen Buchhandlung.[229] Dem Typ nach gehört Eckstein zu den studentischen Bekanntschaften, die Brentanos Lebensweg säumen. Zu diesen Beziehungen gehört für Brentano ebenso sehr das Einnisten in die Hausgemeinschaft des Freundes („In seinem engen Familien Kreise bin ich das tägliche Brod“[230]), wie auch die von Brentano stimulierte gemeinsame Projektemacherei, in diesem Fall die Eröffnung einer eigenen Buchhandlung („von seinen Plänen ist er auch hier für sich und andere immer voll gewesen, am Ende hat er damit Leute, wie Ecksteins, aufs argste geplagt“[231]). In seinen Briefen gibt Brentano die Schaumburgische Buchhandlung als Adresse für Billets von Wiener Bekannten an. Ein Brief Ecksteins an Brentano aus dem Jahr 1814 ist erhalten.[232] Er entspricht darin in seinen Klagen über mangelnde Zeit zum

[228] Jacob an Wilhelm Grimm, 23.11.1814, Rölleke, S. 390. Jacob Grimm an Laßberg, 30.3.1818, Wagner, S. 11. Zu Eckstein: Leitzmann, S. 1035, Anm. 2. Schoof, S. 513. Volker Schupp, „Wollzeilergesellschaft“ und „Kette“. Impulse der frühen Volkskunde und Germanistik, in: ZfdPh 100, 1981, S. 4–31, dort S. 9 (mit der nicht zu rechtfertigenden Behauptung, Eckstein sei durch Brentano „geschäftlich auch ins Unglück geraten“). Brüder Grimm, Kinder- und Hausmärchen. Ausgabe letzter Hand mit den Original-Anmerkungen der Brüder Grimm, hrsg. von Heinz Rölleke, Bd. 3, Stuttgart 1984, S. 482, 560. Ralf Breslau, Der Nachlaß der Brüder Grimm. Katalog, Bd. 2, Wiesbaden 1997 (Staatsbibliothek zu Berlin – Sammlung Preußischer Kulturbesitz. Kataloge der Handschriftenabteilung. Reihe 2: Nachlässe 3,2), S. 468. In manchen jüngeren Arbeiten ist in der Grimmforschung die Rede von „Heinrich Eckstein aus Magdeburg“ geläufig geworden, der Vorname scheint aber nicht belegt zu sein (vgl. etwa Doris Wagner, Zeugnisse der Briefbekanntschaft zwischen dem Altertumsforscher Julius Maximilian Schottky und Jacob Grimm, in: BGG 12 [1997], S. 147 bis 159, dort S. 150, Anm. 17). – Zu Grimms Wien-Aufenthalt 1814/15: Anton von Mailly, Die Wiener Märchengesellschaft. Eine vergessene Wiener Literaturrunde, in: ÖRs 4 (1938), S. 27–30. Ludwig Denecke, Die Brüder Grimm und der Entwicklungsgang der österreichischen Volkskunde, in: BGG 1 (1963), S. 309–331, dort S. 312ff. Konrad Kienesberger, P. Matthias Höfer von Kremsmünster, Sprachforscher zwischen Aufklärung und Romantik. Mit einem ungedruckten Brief Jacob Grimms, in: SMGBZ 88 (1977), S. 188–223, dort S. 216ff. Ulrich Hussong, Jacob Grimm und der Wiener Kongreß. Mit einem Anhang größtenteils unveröffentlichter Dokumente, Kassel 2002 (Schriften der Brüder-Grimm-Gesellschaft Kassel e. V. 33).

[229] Baxa 1, S. 743f. Vgl. ebd., S. 687, 713.

[230] Brentano an Arnim, Ende August bis Anfang Oktober 1813, FBA 33, S. 79. Zu Brentanos Schnorrermanieren: Bettine an Achim von Arnim, 13.8.1824, Vordtriede 2, S. 467.

[231] Jacob an Wilhelm Grimm, Wien 18.3.1815, Rölleke, S. 430. Brentano an Savigny, 27.11. 1813, FBA 33, S. 106. Eckstein an Brentano, 24.9.1814, Sammlung Varnhagen, Kasten 55, Biblioteka Jagiellońska, Kraków (vgl. Anhang II).

[232] Stern, S. 198. Martin Goes, „Clemens Brentano ein gutes Andenken zu sichern…“ Zur Tauschaktion der Familie Brentano mit der Königlichen Bibliothek in Berlin, in: AschJb 10 (1986), S. 245–274, dort S. 272.

Schreiben recht genau seinem später von Jacob Grimm gezeichneten Porträt.[233] Eckstein beklagt sich aber seinerseits über Brentanos anhaltendes Schweigen; Brentano scheint den Kontakt nach seiner Abreise aus Wien nicht aufrechterhalten und die gemeinsam erwogenen Pläne, Brentanos in Österreich gebundenes Vermögen in eine Buchhandlung zu investieren, rasch fallengelassen zu haben.

Enger befreundet war Brentano noch mit Anton und Georg Passy; beiden ist Brentano auch in späteren Lebensjahren wiederbegegnet.[234] Auch an Emanuel Veith – der später Redemptorist wurde, aber in Konflikt mit der reaktionären Linie des Ordens und der antigermanischen theologischen Tendenz der Kirche geriet – erinnert sich Brentano in späteren Jahren gelegentlich.[235] Die Größe der Gesellschaft scheint nach Brentanos Beitritt sehr schnell gewachsen zu sein. Spricht dieser in der ersten Erwähnung noch von lediglich sieben Teilnehmern, so sind es in dem Silvestergedicht neben Brentano bereits elf. In Brunners Darstellung schließlich wird die Zahl der Mitglieder auf zwanzig bis dreißig angesetzt.[236] Man wird von einem geringen Organisationsgrad ausgehen und entsprechend die Fluktuation der Teilnehmer hoch ansetzen müssen. Dass die Zusammenkünfte hauptsächlich literarischen Dingen gewidmet waren, geht aus einem Spitzelbericht hervor.[237] Nach Anton Fellners gut begründeter Vermutung fun-

[233] Jacob Grimm an Laßberg, 30.3.1818, Wagner, S. 11 (ebenfalls in: Laßberg, Briefe, S. 245).

[234] Jung, S. 181f. Chronik, S. 145. Literatur zu den Brüdern Passy bei Weiß, Hofbauer und seine Biographen (Anm. III,14), S. 30, Anm. 75. Siehe auch Gertrud Palocsay, Anton Passy (1788 bis 1847). Leben und Wirken eines Historikers und Publizisten der katholischen Romantik, Diss. (masch.) Wien 1968; Seibert, Jugendliteratur im Übergang (Anm. III,57), S. 164ff.

[235] Brentano an Dietz, Oktober 1829, FBA 35, S. 569f. Brentano an Joseph Maria Settegast, 28.10.1831, in: Drei Briefe von Clemens Brentano, mitgeteilt von Klemens Löffler, in: KVZ 26.7.1932. Ebenso in einem nach 1835 geschriebenen Brief, den Wilhelm Kosch referiert; ders., Clemens Brentano. Sein Leben und Schaffen. Nymwegen, Würzburg, Brünn 1943, S. 90, Anm. 67 (nach dem Autographenkatalog 11. Antiquariat D. Salomon, Berlin-Halensee 1924). – Zu Veith: Weiß, Hofbauer und seine Biographen (Anm. III,14), S. 24, Anm. 43. Robert A. Kann, Konversion und Predigt in der Restaurationszeit, 1814–1848. Zacharias Werner und Johann Emanuel Veith, in: VISAL 30 (1981), S. 46–60. Vordermayer, Antisemitismus und Judentum bei Brentano (Anm. III,133), S. 221. Veith war später auch mit dem Görreskreis und mit Döllinger enger verbunden; vgl. die Hinweise bei Franz Xaver Bischof, Theologie und Geschichte. Ignaz von Döllinger (1799–1890) in der zweiten Hälfte seines Lebens, Stuttgart u. a. 1997 (Münchener Kirchenhistorische Schriften 9), S. 318, Anm. 69. – Zu Brentanos späteren Kontakten mit Wiener Katholiken: Konrad Feilchenfeldt, Clemens Brentano an Andreas Räß. Die wiedergefundene Druckvorlage der von Wilhelm Kreiten 1878 publizierten Briefe und unbekannte Erstdrucke aus der Zeitschrift *Der Katholik*. I. Räß' Abschrift der an ihn gerichteten Briefe Brentanos. Nach Vorarbeiten von Rosa Pregler neu hrsg. und kommentiert, in: LJb N. F. 14 (1973), S. 237–336, dort, S. 314. Für die Zeitgenossen lag der Vergleich zwischen Brentanos erbaulichen lyrischen Produktionen und denen der Wiener *Ölzweige* offenbar nahe, vgl. Schönholz 2, S. 283; Clemens an Christian Brentano, zwischen 9. und 18.7.1822, FBA 34, S. 307. Vgl. Xavier Vicat, Johann Peter Silbert (1778–1844) und die katholische Romantik in Wien, in: JbWGV 99 (1995), S. 119–158.

[236] Brunner, S. 173.

[237] Zitiert bei M. Baptista Schweitzer, Kirchliche Romantik. Die Einwirkung des hl. Clemens

gierte die Gesellschaft als Träger der Zeitschrift *Die Friedensblätter*, die den *Dramaturgischen Beobachter* ablöste;[238] der Verleger des ersten Jahrgangs war die Schaumburgsche Buchhandlung, wo Eckstein angestellt war.

Von den Teilnehmern sind zwei noch besonderer Erwähnung wert, ein in dem Polizeibericht genannter „Dr. Schäfer" und August Gottlieb Hornbostel. Schäfer wird von Fellner und Wolfgang Jung als Joseph Scheffer identifiziert, der als Vetter Grillparzers bekannt ist.[239] In der seit Dezember 1814 im Strobelkopf tagenden „Wollzeilergesellschaft", die auch Eckstein, Hornbostel, Veith, die Brüder Passy und zahlreiche weitere von Brentanos Bekannten besuchten, war jedoch ein sonst nicht weiter bekannter Friedrich von Schäfer (auch geschrieben „Schäffer") Mitglied.[240] Welcher von beiden (falls es sich um zwei verschiedene Personen handeln sollte) in Frage kommt, ist nicht zu entscheiden, der Doktortitel könnte immerhin für den erstgenannten sprechen. Hornbostel war Arzt und in seinen Nebenstunden Dichter; seine Schriften verraten laut Komorzynski einen deutlichen Einfluss Tiecks. Grillparzer hatte ein ausgesprochen positives Urteil von den Produktionen des Freundes.[241]

Naheliegend ist die Frage, ob nicht auch der beeidigte Konzeptspraktikant Grillparzer gelegentlicher Besucher der Strobelkopf-Gesellschaft gewesen sein könnte.[242] Dieser Zeitraum von Grillparzers Leben ist schlecht dokumentiert, zwischen 1812 und 1816 liegen keine Tagebuchaufzeichnungen vor, und aus der Zeit zwischen Oktober 1813 und Juli 1814 sind keine Briefe erhalten.[243] Die überlieferten Äußerungen über Grillparzer aus den hier interessierenden Monaten sind spärlich.[244] Während des Sommers 1813 befand er sich auf einer Reise nach Mähren und hatte im Oktober erneut Urlaub von seinem Amt auf der k.k. Hofbibliothek. In Caroline Pichlers Salon wird Grillparzer erst als erfolgreicher Dichter der *Ahnfrau* durch Schreyvogel eingeführt.[245] Es gibt also keinen Anhaltspunkt für die von Fellner erwogene These, die auch besser nicht weiterverfolgt werden sollte. Grillparzer suchte den Kontakt mit den sogenannten romantischen Autoren nicht, und dass etwa die frühen Entwürfe zur *Libussa* Spuren der *Gründung Prags* aufweisen, die Grillparzer im Jahr 1824 gelesen haben dürfte, ist für

Maria Hofbauer auf das Geistesleben in Wien, in: HistJb 48 (1928), S. 389–460, dort S. 443. Korrekturen einzelner Fehllesungen M. Schweitzers bei Fellner, S. 121f.

238 Fellner, S. 218ff.

239 Ebd., S. 124. Jung, S. 187.

240 Schupp, „Wollzeilergesellschaft" und „Kette" (Anm. III,228), S. 11.

241 Vgl. Egon von Komorzynski, August Gottlieb Hornbostel, in: JbGG 14 (1904), S. 60–113. Grillparzer, HKA II,9, S. 48 (20.12.1831). Goedeke 10, 1913, S. 255f. Bauer, La réalité royaume de Dieu (Vorbemerkung, Anm. 14), S. 483ff. Ferner: Jacob Grimm an Brentano, 18.12.1814, Steig 4, S. 198f. Fellner, S. 124. Jung, S. 187f.

242 Fellner, S. 124, 132.

243 Grillparzer, HKA II,7; III,1. Zur Biographie dieser Zeit vgl. Eugen Wohlhaupter, Dichterjuristen, hrsg. von H. G. Seifert, Bd. 1, Tübingen 1953, S. 391–466, dort S. 401f.

244 Vgl. Grillparzer, Gespräche II,1, S. 12f.

245 Pichler 2, S. 95, 114ff.

die Frage, ob Brentano und er einander einmal persönlich begegnet sind, ohne Belang.[246]

Die Teilnehmer der Strobelkopf-Gesellschaft waren meist jünger als Brentano und einige von ihnen machten sich erst in späteren Jahren einen Namen. Neben Brentano waren Matthäus von Collin und Hornbostel die einzigen Autoren von einem gewissen Format.[247] Die Namen der halbwegs erfolgreichen Dramatiker und anderer mehr oder minder arrivierter Schriftsteller fehlen nicht nur unter den Teilnehmern des Strobelkopf, sondern werden auch in Brentanos Briefen nicht als näherer Umgang erwähnt. Rahel Varnhagen hat Brentanos Verhalten in Gesellschaft später gelegentlich einer Charakteristik seines Bruders Franz Brentano beschrieben:[248]

> Dieser Kaufmann, mit einem hübschen gelben, konvulsivischen Gesichte, war ganz wie Brentano's, von allem was vorging bis zu Nervenanfällen ennuyirt, daß es ihn nicht betraf, und nichts Höllen- oder Himmelartiges war; und so degoutirt von den Personen, und daß er sich doch mit ihnen abgeben mußte, daß er lieber so viel grob wurde, als es anging; sie so mißhandelte, daß er sich wenigstens in seinem Gewissen sagen konnte, wenn sie nur Menschenverstand hätten, müßten sie beleidigt sein; und doch solch Bedürfniß von menschlicher Mittheilung in sich, Talent zum Scherzen und Eitelkeit. (...).

Es steht zu vermuten, dass auch die Freunde aus dem Strobelkopf Brentanos hohen Ansprüchen keineswegs genügten, mag er auch immer eine Schwäche für Studentenfreundschaften und -vergnügungen gehabt haben. Natürlich hat er in Wien daneben auch zahlreiche weitere Personen kennengelernt, bei Damen vorgesprochen, Visiten gemacht, Fasching gefeiert, an Bällen teilgenommen, Bordelle heimgesucht, Kaffeehäuser frequentiert, Promenaden im Prater absolviert, an öffentlichen Mittagstafeln radotiert, vielleicht in Kirchen gebetet, in Theaterfoyers geplaudert und seine Auftritte in den bürgerlichen Salons in Szene gesetzt. Dass aber gerade dieser sich in einem Bierhaus versammelnde Kreis junger Männer ohne Einfluss und Ansehen der wichtigste war, in dem er sich während der Dauer seines Wiener Aufenthalts am liebsten und dauerhaftesten bewegte, lässt Rückschlüsse auf die tiefe persönliche und künstlerische Isolation zu, in der Brentano, der von Berlin und selbst von Prag her anderes gewohnt war, in diesen Monaten lebte.

246 Herbert Seidler, Grillparzers Bild von der deutschen Literatur der Goethezeit, in: Grillparzer-Forum Forchenstein 1973, S. 63–84, dort S. 77. – Libussa: Kraus, Die alte böhmische Sage und Geschichte (Anm. III,213), S. 580f. Brechler, SW 10, S. LXVI. Kaderschafka, in: Grillparzer HKA I,6, S. XII, XXII. Reinhold Backmann, in: Grillparzer, HKA I,20, S. 320. Der Vergleich der beiden Dramen ist ein populärer sujet divers für Beiträge zu Festschriften und Sammelbänden, eine Zusammenstellung der Parallelen findet sich in Kaderschafkas Kommentar, HKA I,6, S. 343–411.

247 Vgl. Bauer, La réalité royaume de Dieu (Vorbemerkung, Anm. 14), S. 43. Siehe auch Turtur, Situation der deutschen Romantiker in Wien (Vorbemerkung, Anm. 11), S. 181.

248 Rahel an Karl August Varnhagen, 2.9.1815, Hahn 3, S. 295. – Verwechslungen der älteren Brüder mit Clemens Brentano gibt es öfter; siehe etwa Spohr 2, S. 228, Anm. 3.

Von den in der älteren Literatur unzulässig hergestellten Affiliationen zwischen dem Literatenkreis und Pater Hofbauer war schon die Rede. Später, während der Zeit des Wiener Kongresses, haben sich einige der Teilnehmer der „Strobelkopf-Gesellschaft" tatsächlich eng an Hofbauer angeschlossen, besonders Emanuel Veith und die Brüder Passy. Für Brentano wurde angenommen, besonders von Diel und Kreiten, aber auch von Erika Tunner, dass Hofbauer auch auf seine religiöse Haltung mehr oder minder stark eingewirkt habe, was sich aber nicht belegen lässt.[249] Nach Auskunft von Ringseis war Brentano zu jener Zeit „noch ganz antikatholisch gesinnt", was auch durch seine Äußerungen gegenüber Emma von Suckow bestätigt wird.[250] Neuerdings wurde wieder einmal behauptet, die spätere religiöse Wende kündige sich schon während der Wiener Zeit an, namentlich in den Briefen an Rahel Robert und an Susanne von Hügel.[251] Neben den Erwähnungen Hofbauers in den ersten Briefen aus Wien, in denen jener lediglich als Mitglied eines Trio von Patres figuriert, das Brentanos Aufmerksamkeit nur unter anderem weckte, gibt es drei scheinbar unabhängig voneinander entstandene Berichte über eine Begegnung Hofbauers mit Brentano am Tag nach dem desaströsen Valeria-Abend, bei der der Pater dem Dichter aus seiner finanziellen Verlegenheit geholfen haben soll. Neben den Darstellungen bei Brunner und Stramberg ist auch ein österreichischer Polizeibericht vom 24. September 1815 überliefert, in dem von diesem Geldgeschenk die Rede ist. Die polizeiliche Aufmerksamkeit war übrigens insofern nicht ungerechtfertigt, als die Besucher des Wirtshauses „passablen Braten mit schlechtem Bier und Wein" zu sich nahmen.[252] Hannibal Ritter, der Wirt des Gasthauses „Zum Strobelkopf", besaß lediglich eine Lizenz für den Bierausschank und servierte den schlechten Wein illegal.[253] – Zacharias Werner, so heißt es in dem Bericht, sei als Jesuit und Proselytenmacher im Grunde harmlos:[254]

> Der Pater Hofbauer scheint dagegen mit der Sache mehr im Reinen zu seyn, und systematischer zu handeln. Diese Vermuthung wird mir durch folgenden Vorfall – den ich als wahr verbürge – zur Gewißheit. Vor zwey Jahren lebte hier als Privatgelehrter der Clemens Brentano, welcher sein Trauerspiel Valeria im Theater nächst der Burg zur Aufführung brachte. Es fiel durch und wurde kaum ausgespielt. Wenige Tage drauf kam Hofbauer, ohne

249 Diel/Kreiten 1, S. 390ff. Tunner, Clemens Brentano (Anm. I,91), Bd. 1, S. 578.

250 Oehring, Untersuchungen zur Brentano-Forschung von Diel und Kreiten (Anm. III,3), S. 107. Niendorf, S. 44.

251 Isselstein, Rahel und Brentano (Anm. III,172), S. 178. Schultz, in: Katalog 1978, S. 59 und ders., Schwarzer Schmetterling (Anm. III,148), S. 346f.

252 Jacob Grimm an Brentano, 18.12.1814, Steig 4, S. 198.

253 Fellner, S. 125.

254 Floeck 1, S. 652f. Derselbe Polizeibericht nach den Akten zitiert auch bei Innerkofler, Der heilige Clemens Maria Hofbauer (Anm. III,61), S. 604 und in Monum. Hofb. 13, 1939, S. 54f. sowie bei Schweitzer, Kirchliche Romantik (Anm. III,237), S. 428. M. Schweitzer ist Floecks Erstveröffentlichung entgangen, wie übrigens auch Fellner. Ferner: Stramberg II,1, 1845, S. 117. Brunner, S. 172. Angesichts des Konfidentenberichts ist die Kritik von Otto Weiß (Hofbauer und seine Biographen [Anm. III,14], S. 135f.) an der gesamten Hofbauerbiographik in diesem einen Punkt nicht ganz gerechtfertigt.

> Brentano vorher gekannt zu haben, zu ihm, bat um Entschuldigung und sagte: Sie haben durch die Aufführung Ihres Trauerspieles weltliche Ehre und vielleicht Gewinn gesucht. Sie sind nicht zum Ziel gelangt, und werden sich unglücklich fühlen. Ich bedaure Sie, und mehrere Personen mit mir nehmen Theil an Ihrer Lage. Ich bin von letzteren beauftragt Ihnen diese Kleinigkeit (es waren 100 fl. W. W.) zu behändigen, und mir Ihr Zutrauen zu erbitten pp.

Die Übereinstimmung aller drei Berichte ist frappant, und Brentanos finanzielle Lage in dieser Zeit scheint dazu zu passen. Allerdings ist auch die Möglichkeit nicht abzuweisen, dass alle drei Schilderungen demselben Klatsch aufgesessen sind, denn der militante Katholik war von genügend Gerüchten über seinen Bekehrungseifer umschwärmt. Trotz der Verbürgung des Informanten scheinen die Nachrichten des Polizeiberichtes aus zweiter Hand zu stammen. Die Stilisierung des Berichtes samt eingelegter Ansprache Hofbauers und mit der Anspielung auf den Leitspruch der Jesuiten, alles möge ad maiorem gloriam Dei geschehen, weckt wenig Vertrauen. Möchte man aber der Versicherung des Spitzels dennoch Glauben schenken, so liegt hier ein bemerkenswertes Zeugnis von Brentanos Zustand zur Zeit seines Wiener Aufenthalts vor.

Den Ansichten über die „Strobelkopf-Gesellschaft" ähnlich liegen die Dinge im Fall der sogenannten „Rebhühner-Gesellschaft", in der Brentano verkehrte. Nach Fellner nahm diese Gesellschaft ihren Namen „von dem Hausschild eines Bierhauses ‚Zum goldenen Rebhuhn' in der Goldschmiedgasse". Im Nachfolger des Nachfolgers dieses Lokals, dem „Café Rebhuhn", das auf das „Rebhendlgasthaus" folgte, war später Joseph Roth Stammgast.[255] – Der einzige authentische Hinweis auf den Kreis scheint eine vom 29. Dezember 1813 datierende Erwähnung Johann Carl Passavants in seinem Tagebuch zu sein.[256] Nach einer Fußnote zu diesem Eintrag, vermutlich vom Herausgeber herrührend, hatte Brentano Passavant dort eingeführt. Diel und Kreiten, die sich auf diese Quelle stützten, haben die Gesellschaft zu einer Versammlung von Religionsspöttern stilisiert. In ihrer Biographie wird folgender Tagebucheintrag Passavants vom 23. Juli zitiert und auf die „Rebhühner-Gesellschaft" bezogen: „Brentano sitzt dabei wie ein gutmüthiger Mephistopheles und sieht alles von der komischen Seite an."[257] In dem Tagebuch steht dieser Satz aber gerade in Zusammenhang mit Passavants missbilligendem Bericht von seiner Ansicht nach outrierten Äußerungen Adam Müllers wie der, dass selbst das kleine Einmaleins „ohne das Evangelium keine Wahrheit" hätte. Diel und Kreiten fingieren, gestützt auf die bloße Erwähnung des Namens eines Kreises bei Passavant einerseits, auf den Bericht von Ringseis andererseits, „daß der poetisch gestimmte Brentano trotz seines Unglaubens sich in jenem katholisch-warmen Kreis behagte" – gemeint ist der Kreis um Müller –, „dagegen sich höchlich mißfiel in der Berührung mit der nüchternen trockenen Unausstehlichkeit der josephinischen Unglau-

[255] Fellner, S. 109. Vgl. Gugitz 3, S. 410; Czeike 4, S. 642.

[256] Helfferich, S. 365.

[257] Ebd., S. 361. Diel/Kreiten 1, S. 396. Zu Passavant: Hermann Dechent, in: ADB 25, 1887, S. 203–207. Brentano hatte mit Passavant auch in späteren Jahren Kontakt; vgl. Radowitz, S. 543, Nr. 7059 mit einer Empfehlung für Moriz Carrière, wohl aus dem Jahr 1841.

bensphilister",[258] eine Gesellschaft mit josephinischer und antikatholischer Haltung, welche eben die „Rebhühner-Gesellschaft" gewesen sein soll. Der Mangel an exakten Informationen fordert offenbar geradezu dazu auf, nach Maßgabe der Leitlinien der biographischen Darstellung – bei Diel und Kreiten ist es die Annahme einer schwankenden Haltung Brentanos zur Religion während der Zeit vor seinem offenen Bekenntnis zur Kirche (der fälschlich sogenannten „Reversion") – die wenig informativen Hinweise auszumalen. So wird dann eine zur angeblich streng katholischen Strobelkopf-Gesellschaft in ihrer religiösen Haltung antithetisch entgegengesetzte Rebhühner-Gesellschaft konstruiert. Da anderweitige Auskünfte nicht verfügbar sind, ist diese Schilderung in spätere Darstellungen bereitwillig übernommen worden, zumal auch der bibliographische Hinweis auf das Tagebuch Passavants bei Diel und Kreiten so unvollständig ist, dass der Anschein entsteht, es würden Äußerungen Passavants referiert, ohne dass die angeführten Zitate überprüft werden konnten. Fellner blieb die Passavant-Biographie Helfferichs unbekannt; er vermutete angesichts des kryptischen Zitatnachweises bei Diel und Kreiten, das Tagebuch sei ungedruckt. Allerdings hätte er die Quelle nach den Hinweisen Mallons, die ihrerseits in den Nachträgen zur Brentano-Bibliographie versteckt genug sind, identifizieren können.[259] So übernimmt er guten Glaubens die Konstruktion der beiden Brentano-Biographen, und eine jüngere Arbeit verweist in der Darstellung der Rebhühner-Gesellschaft wiederum auf Fellner, obwohl dem Verfasser die in Rede stehende Publikation bekannt war.[260] Eine jüngere Erwähnung dieser Gesellschaft tradiert dieselbe Version, wobei zusätzlich noch – hierin der Behauptung der Brentano-Chronik folgend – Caroline Pichler zum Oberhaupt gemacht wird.[261] Diese Variante ist daraus entstanden, dass die im Jahr 1813 bereits gut katholische Caroline Pichler – ihr Roman *Agathokles* erschien im Jahr 1803 –, die eng mit Dorothea Schlegel befreundet war, bei Diel und Kreiten als Haupt eines Kreises dargestellt wird, in dem sich die „Reste der frivolen Aufklärung, des Josephinismus und der Enzyklopädie sammelten".[262] Dies dürfte indessen allenfalls für die frühere Zeit zutreffen, in der noch Caroline Pichlers Mutter, Charlotte von Greiner, ehemals Hofmädchen Maria Theresias, Mittelpunkt des Salons war.[263] Der Enzyklopädismus der deutschen oder österreichischen Aufklärung existierte wohl ohnehin nur in der Einbildung

258 Ringseis 1, S. 147.

259 Fellner, S. 109. Mallon 2, S. 252, Nachtrag zu Nr. 55.

260 Jung, S. 186.

261 Oehring, Untersuchungen zur Brentano-Forschung von Diel und Kreiten (Anm. III,3), S. 99. Chronik, S. 92.

262 Diel/Kreiten 1, S. 395.

263 Zum Salon Greiner: Roswitha Sommer, Wiener literarische Salons zur Zeit Joseph Haydns, in: Joseph Haydn und die Literatur seiner Zeit, hrsg. von Herbert Zeman, Eisenstadt 1976 (JbÖKG 6), S. 97–106. – Es seien hier noch zwei weitere Corrigenda zu Sabine Oehrings Arbeit vermerkt: Die angeführte Episode mit Emanuel Veith findet sich nicht nur, wie S. 101f. behauptet wird, in den biographischen Notizen von Emilie Ringseis, sondern auch bei Brunner, S. 173f. Die falsche Datierung des Wien-Aufenthaltes haben Diel und Kreiten nicht nur von George Philipps (S. 103), sondern sie folgen darin vor allem Emilie Brentanos Lebensabriss in den *Gesammelten Schriften*, der seinerseits von Stramberg abhängig ist.

frommer Polemiker. Nebenbei sei noch erwähnt, dass in einer anderen Arbeit Caroline Pichler auch als die „Seele" der Strobelkopf-Gesellschaft bezeichnet wird.[264]

Nach Diel und Kreiten soll der Schauspieler Anton Hasenhut Brentano in die Rebhühner-Gesellschaft eingeführt haben.[265] Ob Brentano, wie die beiden Biographen berichten, Hasenhut im Salon der Pichler kennenlernte, muss unausgemacht bleiben. In ihren Denkwürdigkeiten wird Hasenhut nicht erwähnt, ebensowenig finden sich in dessen Lebenserinnerungen Hinweise auf eine Bekanntschaft mit Brentano.[266]

264 Robert Mühlher, Lebendige Allegorie. Studien zu Eichendorffs Leben und Werk, Sigmaringen 1990 (Aurora-Buchreihe 6), S. 101.

265 Diel/Kreiten 1, S. 396.

266 Biographie des Schauspielers Anton Hasenhut. In der Gestalt des Originals „Wien 1834. Gedruckt bey Franz Ludwig" hrsg. mit Anmerkungen von Michael Maria Rabenlechner, Wien 1941 (Jahresgabe der Wiener Bibliophilengesellschaft für das Jahr 1940). Vgl. Gottfried Schwarz, Anton Hasenhut, Diss. (masch.) Wien 1963.

4 Die Überlieferung der Wiener Werke

Aus den Briefen, die Arnim im Jahr 1827 an Thomas und an Böhmer schrieb, geht hervor, dass er eine sehr geringe Meinung von Brentanos dichterischer Produktion aus der Wiener Zeit hatte:[1]

> Außer diesen dramatischen Sachen besitze ich von ihm allerlei politische Verse, besonders eine Art Lobgedicht auf Schwarzenberg, wohl das Schlechteste, das er geschrieben, meist im Wunsche sich zu Wien als Schriftsteller zu begründen, zuweilen im Auftrage. Seine politischen Lieder besitze ich nicht, er hatte mancherlei für die Tyroler gedichtet, was gelobt wurde. Das Beste der Art von ihm steht in seiner Victoria. Ferner besitze ich ein Convolut Theater-Kritiken, meist aus Wien, für eine dortige Zeitschrift geschrieben, worin mancher gute Einfall, doch in der Art verfaßt, daß er sie hätte schreiben können ohne je ein wirkliches Theater zu sehen.

Von den Werken, an denen Brentano während seines Aufenthaltes in Wien arbeitete, ist nur ein Bruchteil vollendet und zu Lebzeiten des Verfassers veröffentlicht worden, und auch nach Brentanos Tod ist nicht viel hinzugekommen. Vor allem von der offenbar umfangreichen lyrischen Produktion ist außer den in die *Viktoria* eingefügten Liedern wenig zu Tage getreten.[2] Übrigens mögen Brentanos patriotische Lieder aus gegenwärtiger Sicht an der Peripherie seines Werkes liegen, in rezeptionsgeschichtlicher Perspektive ist das aber nicht der Fall. Unter dem wie immer auch irreführenden Etikett „Lyrik der Befreiungskriege“ waren sie durch Erwähnung in den Literaturgeschichten und Verwendung in der Schule lange Zeit sogar die bei weitem bekanntesten und verbreitetesten seiner Texte.[3] Für die Rezeption war es von entscheidender Bedeutung, dass Brentano der Buchausgabe der *Viktoria* einen Notenanhang beigab, der volksläufige Melodien wiedergibt, die zum Teil auch nur hier oder erstmals hier überliefert sind.

1 Arnim an Thomas, 7.4.1827, in: Hermann Cardauns, Die Märchen Clemens Brentano's, Köln 1895 (Vereinsschrift der Görres-Gesellschaft 1895,3), S. 102. Arnim an Böhmer, 7.4.1827 (Konzept), in: Steig, Rezension von: Cardauns, Die Märchen Clemens Brentanos (Anm. III,204), S. 796. Varnhagen bezieht sich in einer Tagebuchnotiz vom 20.8.1856 (Tgb 13, S. 124) auf dasselbe Material („unbrauchbares Zeug“).

2 Zu Brentanos Wiener Lyrik: Kurt Schubert, Clemens Brentanos weltliche Lyrik, Breslau 1910 (Breslauer Beiträge zur Literaturgeschichte 20), S. 51–63.

3 Vgl. Pravida, Die Erfindung des Rosenkranzes (Anm. I,22), S. 308; Gajek, Homo poeta (Anm. I,22), S. 434. Siehe Max Preitz, Clemens Brentano im Unterricht, in: ZfdB 6 (1930), S. 81–91.

Hoffmann von Fallersleben hat in seinem Handbuch *Unsere volksthümlichen Lieder* zwei der Gedichte aus dem Drama zu den volkstümlichen Liedern gerechnet, „Es leben die Soldaten…“ und „Auf! Glück auf! mein Deutschland…“, für beide Lieder sind im Anhang des Dramas Melodien beigegeben. In demselben Handbuch sind außer den genannten nur noch drei weitere Lieder Brentanos verzeichnet, „Es sang vor langen Jahren…“, „Ich wollt ein Sträußlein binden…“ und „Nach Sevilla, nach Sevilla…“. Alle drei sind von Louise Reichardt vertont worden.[4]

Handschriften und Drucke

Bei seinem Umzug von Berlin nach Dülmen im Jahr 1818 hat Brentano „eine Masse politischer, dramatischer Versuche aus Wien, sämtlich unvollständig“ hinterlassen, die in Arnims Besitz blieb und schließlich im Jahr 1929 veräußert wurde.[5] Die hier vor allem interessierenden Handschriften wurden teils vom Freien Deutschen Hochstift, so vor allem zwei Sammelkonvolute mit Gedichtentwürfen aus der ganzen Zeit von Brentanos Schaffen bis 1816/17 (Inventarnummern FDH 7718 und 7719), außerdem *Die deutschen Flüsse* (FDH 7527) und das Lustspiel *Oranje boven*, FDH 7519),[6] teils vom heutigen Goethe- und Schiller-Archiv (Signatur GSA 03/1045,1–2),[7] teils von Franz Dessauer erworben (heute Stadtbibliothek Mainz, Dauerleihgabe Universitätsbibliothek Mainz, Signatur 4° Ms 87–12)[8]. Das Mainzer und eines der Weimarer Konvolute befinden sich in willkürlicher Unordnung. Nicht zu diesem Bestand gehörten die Handschriften, die noch zu Bettine von Arnims Lebzeiten in Varnhagens Hände gelangten und heute in Kraków liegen (hier bezeichnet als BJ 1–8, ebenso ungeordnet),[9] sowie

4 August Heinrich Hoffmann von Fallersleben, Unsere volksthümlichen Lieder, Leipzig ^{3}1869, S. 12, Nr. 60 („Auf Glück auf! mein Deutschland…“), S. 47f., Nr. 311 („Es leben die Soldaten…“), S. 49, Nr. 317 („Es sang vor langen Jahren…“), S. 84, Nr. 528 („Ich wollt ein Sträußlein binden…“), S. 106, Nr. 687 („Nach Sevilla, nach Sevilla…“). Zu „Es leben die Soldaten…“ siehe auch Otto Schell, Volkslieder aus dem Bergischen, in: ZfrhwVk 9 (1912), S. 10 bis 26, 112–129, 188–207, 278–292, dort S. 284f., Nr. 71 (mit weiteren Verweisen).

5 Arnim an Böhmer, Berlin 7.4.1827 (Konzept), in: Steig, Rezension von: Cardauns, Die Märchen Clemens Brentanos (Anm. III,204), S. 796. Siehe auch Pravida, Die Erfindung des Rosenkranzes (Anm. I,22), S. 339f.

6 Katalog Henrici 149, S. 48, Nr. 132–133 = Katalog Henrici 155, S. 38f., Nr. 115–116; Katalog Henrici 149, S. 46, Nr. 114, S. 47, Nr. 119. Ernst Beutler, Jahresbericht, JbFDH 1929, S. 375–379, dort S. 377 (*Oranje boven* ist als „Spiel von Lehnchen an der Nordsee“ aufgeführt). Katalog FDH, S. 87ff. Die vom Hochstift erworbenen Handschriften laufen unter den Inventarnummern 7201–7721. Vgl. Anhang VI.

7 Katalog Henrici 149, S. 47f., Nr. 125–126. Karl-Heinz Hahn, Goethe- und Schiller-Archiv. Ein Bestandsverzeichnis, Weimar 1961, S. 229. Simone Leidinger, FBA 15,4, S. 226, 236ff.

8 Katalog Henrici 149, S. 48, Nr. 131. Baader, S. 18, Nr. B 3b (4° Ms 87–14). Pravida, FBA 15,4, S. 39. Vgl. Martin Goes, Franz Dessauers Bemühungen um ein Brentanoarchiv in Aschaffenburg, in: AschJb 20 (1999), S. 263–273.

9 Sammlung Varnhagen, Kasten 36, Biblioteka Jagiellońska, Kraków. Stern, S. 106. Pravida,

eine Reihe von Gedichten, die Brentano bei sich behielt und die nach seinem Tod in Christian Brentanos Besitz übergingen. Zuletzt gelangten sie auf verschiedenen Wegen in das Freie Deutsche Hochstift. Verstreut gibt es noch weitere Handschriften, die sich im Besitz anderer Institutionen befinden. In den Handschriften kommen nur vergleichsweise wenige unbekannte patriotische Dichtungen vor, die sich in den Jahren 1813 und 1814 zur Publikation geeignet hätten, ein anderer Teil ist satirischen Inhalts und für private Zwecke oder kleine Öffentlichkeiten geschrieben worden. Einiges davon wurde 1985 von Henning Boëtius veröffentlicht.

Die verwendeten Papiersorten zeigen, dass die Überlieferungssituation bemerkenswert homogen ist: Es kommen verschiedenen Sorten vor, aber innerhalb von Zeiträumen von jeweils etwa einem Monat scheint für die Niederschrift von Gedichten und Dramen immer nur Papier einer Sorte gebraucht worden zu sein, Überschneidungen durch gleichzeitigen Gebrauch verschiedener Sorten gibt es nur an den Rändern der jeweils durch den Gebrauch einer Sorte bestimmten Zeitabschnitte. Da für jede verwendete Papiersorte mehrere Texte durch unabhängige Indizien sicher datiert werden können, lässt sich so für jede ungefähr auf den Monat genau sagen, wann sie in Gebrauch war. So ergibt sich auch für Handschriften, für die keine sicheren Indizien vorliegen, die Möglichkeit zur Datierung. Zu beachten ist jedoch, dass der durch die verwendete Papiersorte gegebene chronologische Anhaltspunkt im Prinzip nur für die Texte gilt, die zuerst auf dem betreffenden Blatt niedergeschrieben wurden, die übrigen können auch erst nachträglich hinzugekommen sein. Aber auch hier gibt es meist ausreichende Hinweise, um die Zeit der Niederschrift zu bestimmen. In erster Näherung ergibt sich die folgende Zeittafel:[10]

Prag 1811–1813

(1) Wasserzeichen: Wappen von Ungarn / Gegenzeichen: AKIESLING
- Dramennotizen

Wien, Juli bis September 1813

(2) Lamm / EICHWALD
- Brief an Rahel Robert, 18. oder 19. August 1813[11]

(3) Gekreuzte Schlüssel / STOCKAU
- Dramenentwürfe
- *Blutschuld Todtenbraut*
- *Lissabonne*
- Notiz 1 und Entwürfe zu *Victoria* und zu den Liedern in *Victoria*

FBA 15,4, S. 38f. Konrad Feilchenfeldt, Bettine, Rahel und Varnhagen, in: Herzhaft in die Dornen der Zeit greifen. Bettine von Arnim 1785–1859, hrsg. von Christoph Perels, Frankfurt a. M. 1985, S. 233–243.

10 Vgl. Anhang VI und Pravida, FBA 15,4, S. 38–46, 181f.; Leidinger, ebd., S. 226–238. Die Handschriften zu den Theaterkritiken sind hier mangels Autopsie nicht berücksichtigt.

11 Vgl. Konrad Feilchenfeldt, in: Der Brief – Ereignis & Objekt, hrsg. von Waltraud Wiethölter und Anne Bohnenkamp, Frankfurt a. M. 2010, S. 10. Zur Datierung vgl. Anhang VIII, zu Brief-Nr. 631.

(4) W. W.
- Prolog zur *Gründung Prags*
- *Klage- und Siegsgeschrei der Elbnymphe*
- „Nach dem ernsten Nachtgesichte…“
- *Klage eines vertriebenen Hamburger Bootsmannes*
- *Wohlriechendes Franziskerl*

Wien, September bis Oktober 1813

(5) P A M
- *Tiroler Wetter und Barometter*
- *Österreichs Adlergejauchze und Wappengruß*
- *Victoria*

Wien, November 1813

(6) St. Nepomuk / GRAZ
- Entwurf zu *Rheinübergang Kriegsrundgesang* / Notiz 6 zu *Victoria*
- *Die deutschen Flüsse*
- *Rheinübergang Kriegsrundgesang* (Dezember 1813/Januar 1814)
- *Du langweiliger Mann von Wort* (Februar 1814)

Wien, Dezember 1813

(7) St. Nepomuk
- „Es war Gebrauch seit langer Zeit…“
- Entwürfe zu *Vier Lieder von Beethoven an sich selbst*

Wien, Februar 1814

(8) Wappen von Ungarn / JRIHTER
- *Oranje boven*
- *Östreichs Muth, Sieg und Hofnung*
- *Die drey Nahmen der Liebe des Österreichers*
- Vorrede zu *Valeria oder Vaterlist*

Die Lage der handschriftlichen Überlieferung ist im einzelnen etwas komplizierter, da sich auf den einzelnen Blättern oft mehrere verschiedene Texte finden, die nicht immer zu einem einzigen Werk gehören. Auch ist für Brentanos Wiener Werke charakteristisch, dass alle Texte Beziehungen zueinander unterhalten, da das Repertoire der Motive und Formulierungen sehr begrenzt ist, so dass sich die Zugehörigkeit eines Entwurfes zu einem bestimmten Werk erst bei genauerem Hinsehen entscheiden lässt (was dann aber meist dennoch eindeutig möglich ist). In den meisten größeren Werken gibt es wörtliche oder motivische Selbstzitate oder Übernahmen aus anderen Werken, und zwar in einem Maß, das weit über das in früheren Arbeiten Brentanos Übliche hinausgeht. Besonders bemerkenswert sind solche Bezüge zwischen den frühesten Gedichten der Wiener Zeit und den einige Wochen später entstandenen Dramen. So muss das Gedicht *Klage- und Siegsgeschrei der Elbnymphe an die Donaunymphe über Dresdens Untergang* als erste Fassung des Werkes *Die deutschen Flüsse* angesehen werden und das Gedicht „Nach dem ernsten Nachtgesichte…" kann als Vorstufe der *Victoria* verstanden werden. Im Lauf der Werkgenese gab es also zumindest im erstgenannten Fall in einem frühen Stadium einen Sprung über die Gattungsgrenze von der Lyrik zum Drama. Aus eher privaten Gedichttexten wurden so Dramen, die auf eine öffentliche Aufführung hin konzipiert wurden. Als die Aufführungsabsichten scheiterten, wurden die abgeschlossenen Fassungen wieder aufgelöst und entweder in private Texte zurückverwandelt oder für eine andere Veröffentlichungsform und für eine andere Öffentlichkeit umgeschrieben. Im unmittelbaren Anschluss an die Fertigstellung einer ersten Reinschrift von *Östreichs Muth, Sieg und Hofnung* arbeitete Brentano an dem Projekt weiter und nahm so das offiziöse Deklamatorium und dessen sich konventionell gebende Rhetorik zunächst wieder in sein eigenes öffentlichkeitsabgewandtes Schreiben zurück, indem er es von der idiosynkratischen Bildlichkeit überwuchern ließ, die für seine mittlere Werkphase charakteristisch ist. Veröffentlicht wurden daraus dann – wie Christina Sauer festgestellt hat – nur einige wenige Verse, die im November 1815 unter dem Titel *Bei dem Gedenk-Feuer der Berlinischen Turner auf die Leipziger Schlacht* als Gedicht erschienen, sowie weitere Verse, die in die erst unlängst ebenfalls von Christina Sauer entdeckte, wohl gegen Ende 1815 erschienene Verssatire *Das Maifeld von St. Helena* eingingen.[12] Die Edition dieser Werke im Rahmen der *Sämtlichen Werke*, deren Präsentationsmodus zudem die konstituierten Texte der letzten Fassungen in den Vordergrund rückt, kann diese Zusammenhänge nicht oder nur an peripherer Stelle in der Beschreibung der Überlieferung, der Entstehungsgeschichte oder in Konkordanzen abbilden, was um so bedauerlicher ist, als diese mehr oder weniger fertigen Werke spröde und ästhetisch reizlos erscheinen, während die Dynamik ihrer Entstehung von weitaus größerem Interesse ist. Denn die heute auf vier verschiedene Institutionen verteilten Handschriften bilden insgesamt das Material für ein umfangreiches dossier génétique zu Brentanos Wiener Werkentwürfen, die nur auf der der Öffentlichkeit zugewandten Seite als patriotische Dichtungen im herkömmlichen Sinn angesehen werden können. Eine künftige genetische Untersuchung, die „die Logik der Arbeit am Schreiben, verstanden als unter den Strukturzwängen des Feldes und der von ihm gebotenen Möglichkeiten durchgeführtes Erfinden, zu rekonstruieren unternähme",[13] muss so auf die Handschriften zurückgehen, deren Benutzung durch die verfügbaren Editionen sehr erleichtert wird.

Dem umfangreichen handschriftlichen Bestand steht eine Reihe von Drucken zu Lebzeiten zur Seite, bei denen aber für die ersten beiden und für die letzten drei Nummern die Autorisation nicht unzweifelhaft ist:

12 Berlinische Nachrichten von Staats- und gelehrten Sachen Nr. 131, 2.11.1815, o. S.; GS 2, S. 61–65. Mallon 2, S. 63, Nr. 64. Guignard, S. 69. Vgl. Sauer, Brentanos Dramenfragmente (Anm. I,66), S. 123, Anm. 674. – Das Maifeld von St. Helena. (…) Gedruckt im St. Helenenthal bei Baden (Berlin 1815), FBA 21,1, S. 179–216 (hrsg. von Christina Sauer und Wolfgang Bunzel). Vgl. Wolfgang Bunzel und Christina Sauer, *Das Maifeld von St. Helena* (1815) – eine neu entdeckte Verssatire Clemens Brentanos, in: JbFDH 2012 (i. E.).

13 Pierre Bourdieu, Die Regeln der Kunst. Genese und Struktur des literarischen Feldes, Frankfurt a. M. 1999, S. 315f.

(1) Des Österreichischen Adlers Frohlocken und Wappengruß. Volkslied. In Musik gesetzt von Wenzel Müller, Kapellmeister. Wien, 1813. In: Theater-Zeitung 6. Jg., Nr. 120, 7.10.1813, Beylage, S. 26f. (nicht bei Mallon)

(2) Frohlocken und Wappengruß des Österreichischen Adlers. Patriotisches Volkslied, Gesungen bey Widereröffnung des deutschen Theaters in Laibach, am 19. Dezember 1813. Laibach 1813. (kein Exemplar bekannt; Nachdruck in: Laibacher Zeitung 129. Jg., Nr. 258, 12.11.1910, S. 2365) (nicht bei Mallon)

(3) Österreichs Adlergejauchze und Wappengruß in Krieg und Sieg. 1814. Von Clemens Brentano, in: Taschenbuch für vaterländische Geschichte. Vierter Jahrgang. Wien, 1814. Im Verlage bey Anton Doll, S. 101–107. (Mallon, Nr. 53)

(4) Rheinübergang Kriegsrundgesang. Von Clemens Brentano. Wien, 1814. (Mallon, Nr. 51; Exemplar im Freien Deutschen Hochstift, FDH 7995a, aus dem Besitz Johann Friedrich Böhmers[14])

(5) Rheinübergang Kriegsrundgesang von Clemens Brentano für Gesang und Piano-Forte componirt von F.A. Kanne auf eigene Kosten verlegt und zu haben bey F.A. Kanne in der Himmelpfortgasse Nr. 1007 im 2ten Stock und in der Kunst- und Musikhandlung der Chemischen Druckerey bey Herrn Steiner im Paternostergäßel. K. (Mallon, Nr. 52)

(6) Dramaturgischer Beobachter. Wien, gedruckt bey Matthias Andreas Schmidt, Universitäts-Buchdrucker. 2. Jg. 1814. (Mallon, Nr. 54)

(7) Friedensblätter. Eine Zeitschrift für Leben, Litteratur und Kunst. Von einer Gesellschaft herausgegeben. Zweites Jahr, Januar–November 1815. Wien. Bey Rudolph Gräffer, Freyburg im Breisgau in der Herderschen Buchhandlung, und Leipzig in der Ambros Barthschen Buchhandlung. (Mallon, Nr. 61)

(8) Die Gründung Prags. Ein historisch-romantisches Drama. Von Clemens Brentano. Pesth, 1815; bei Conrad Adolph Hartleben, Leipzig, bei Gerhard Fleischer dem Jüngeren. (Mallon, Nr. 55)

14 Weitere Exemplare: Ludwig Denecke und Irmgard Teitge, Die Bibliothek der Brüder Grimm. Annotiertes Verzeichnis des festgestellten Bestandes, Stuttgart 1989, S. 272, Nr. 3242 (Verlust). Renate Moering, Fritz Schlosser und die Brentanos. Mit unbekannten Handschriften, in: Goethekult und katholische Romantik. Fritz Schlosser (1780–1851), hrsg. von Helmut Hinkel, Bonn 2002 (Neues Jahrbuch für das Bistum Mainz, Sonderband 2001/2002), S. 45–104, dort S. 59. Verband Deutscher Antiquare e.V., Wertvolle Bücher – Autographen – Illustrierte Werke – Graphik. 49. Verkaufsausstellung [d. i. Stuttgarter Antiquariatsmesse] 2010, S. 158 (Antiquariat J. Voerster, Stuttgart). Zur Seltenheit der Ausgabe – in den letzten hundert Jahren ist der Titel nur zweimal, 1931 und 2010, antiquarisch angeboten worden – vgl. Michael Maria Rabenlechner, Streifzüge eines Bibliophilen durch die deutsche Dichtung Österreichs der letzten hundertfünfzig Jahre, Wien 1931 (Nachdruck der Ausgaben von 1931 und 1935, Wien 1994), S. 29f.

(9) Tyroler Wetter und Barometter, in: Friedrich Förster, Beiträge zur neueren Kriegsgeschichte, Bd. 1, Berlin, 1816. In der Maurerschen Buchhandlung, S. 214–219. (nicht bei Mallon)

(10) Viktoria und ihre Geschwister mit fliegenden Fahnen und klingendem Spiel, Berlin, 1817. In der Maurerschen Buchhandlung. (Mallon, Nr. 60)

(11) Tyroler Jägerlied, in: Friedrich Förster's Gedichte, Berlin, Heymann 1838, Bd. 1, S. 48f. (nicht bei Mallon)

(12) Der große Jahrstag. Am Rhein, am Rhein! Schluß-Scene eines Festspiels von Clemens Brentano, in: Der Gesellschafter oder Blätter für Geist und Herz, 1stes Blatt, 1. Januar 1838, S. 1–2; 2tes Blatt, 3. Januar 1838, S. 6–7. (nicht bei Mallon)

(13) Am Rhein, am Rhein! Festspiel von Clemens Brentano, in: Blätter und Blüthen. Taschenbuch in einem einzigen Jahrgange. Herausgegeben von F. W. Gubitz, Berlin. Vereins-Buchhandlung (1841). (Mallon, Nr. 124)

Daneben ist mit Verlusten zu rechnen. Verloren sind die meisten Handschriften zu den gedruckten Werken sowie zu den in Brentanos Briefen erwähnten Bearbeitungen von drei Dramen aus Arnims *Schaubühne* und die in Wien entstandene, und nach Brentanos eigenen Angaben gegen Ende November 1813 vollendete Bühnenfassung der *Gründung Prags*,[15] die nach dem Erscheinen der Buchausgabe zusammen mit den anderen Handschriften zu dem Drama vernichtet worden sein dürfte. Einige Gedichthandschriften, die sich im Nachlass von Johann Friedrich Böhmer befanden und im Jahr 1873 von Johannes Baptista Diel ediert wurden, sind verschollen, dazu zählen zumindest Reinschriften der beiden Gedichte *Klage- und Siegsgeschrei der Elbnymphe an die Donaunymphe über Dresdens Untergang* und *Österreichs Adlergejauchze und Wappengruß*.[16] Angesichts der insgesamt intakten Überlieferung ist es wenig wahrscheinlich, dass sonst noch eine größere Zahl weiterer Werke verloren gegangen wäre. Eine Ausnahme könnten einige politischer Lieder zu Tiroler Ereignissen bilden, die Arnim nicht besaß und die daher, falls es sie gab, nicht auf die Nachwelt gekommen sein könnten. Ebenso gibt es keinen eindeutigen Hinweis auf unbekannte journalistische Arbeiten, die an anderen Publikationsorten erschienen wären als den beiden Zeitschriften, wo Brentano während und nach den hier interessierenden Monaten der Jahre 1813 und 1814 veröffentlichte.[17]

15 Brentano an Arnim, Ende November 1813, FBA 33, S. 99.

16 Zu Böhmers Nachlass vgl. Pravida, Die Erfindung des Rosenkranzes (Anm. I,22), S. 405.

17 Die anderslautenden Vermutungen und Zuschreibungen sowie die Kritik an der Brentanoforschung bei Johann Sonnleitner, Romantische und Wiener Komödie. Affinitäten und Divergenzen, in: Paradoxien der Romantik (Vorbemerkung, Anm. 16), S. 380–400, dort S. 389f. sind gegenstandslos; siehe auch Kapitel 7, Anm. 128. – In einem Brief an Böhmer vom 12.2. 1837 schreibt Brentano über seine verstreuten Veröffentlichungen: „Dann fehlt noch die Wiener Theaterzeitung, aber welcher Jahrgang? Ich denke, es wird ungefähr derselbe sein, in welchem die Victoria erschien." (Janssen 2, S. 242) Gemeint ist nicht Adolf Bäuerles *Wiener Theaterzeitung*, sondern der zweite Jahrgang des *Dramaturgischen Beobachters* (1814), in dem einige sonst nicht wieder veröffentlichte Gedichte stehen; Brentano besaß in der Mün-

Veröffentlichungen in Zeitschriften

Nach der Angabe der Lebensbeschreibung in den *Gesammelten Schriften* soll Brentano „Bernhards Theaterzeitung (...) einige Wochen lang redigirt" haben.[18] Zwar findet sich für diese Behauptung kein Beleg, doch ist in der Tat auffällig, dass seit dem Beginn des Jahres 1814 die Seiten des von Bernard herausgegebenen Theaterblattes mit dem Titel *Dramaturgischer Beobachter* zum größten Teil von Brentanos Beiträgen eingenommen wurden. Mit der Verbindung von Theaterjournalismus und Dramenproduktion scheint Brentano eine ähnliche Strategie zu verfolgen wie Adolf Bäuerle. Dieser war ebenfalls Theaterkritiker und Hauptautor seines eigenen Blattes, der *Theater-Zeitung*, und stand am Beginn seiner Karriere als Dramatiker. Auch bei anderen Autoren gibt es diesen Parallelismus von kritischer und dramatischer Tätigkeit, etwa bei Ludwig Wieland und, in geringerem Maß, bei Joseph Carl Bernard. An Arnim schreibt Brentano Anfang April 1814, er habe „zwei Monate lang in einem Blatt der dramatische Beobachter genannt, weitläufige Theaterkriticken umsonst geschrieben".[19] Diese – von Hofmannsthal geschätzten[20] – Besprechungen bedürften einer neuen monographischen Untersuchung, die

chener Zeit weder von dieser Zeitschrift ein Exemplar – das er in Wiepersdorf zurückgelassen hatte – noch von dem zweiten Jahrgang der *Friedensblätter* (1815), die er nie zu Gesicht bekommen zu haben scheint. Siehe auch Kapitel 6, Anm. 85.

18 GS 8, S. 54. – Die zweifelsfrei von Brentano stammenden Beiträge des zweiten Jahrganges sind: DrB 2. Jg., Nr. 3, 7.1.1814, S. 10–11; Nr. 6, 14.1., S. 21–23; Nr. 7, 17.1., S. 25–27; Nr. 8, 19.1., S. 29–32; Nr. 9, 21.1., S. 33–36; Nr. 10, 24.1., S. 37–40; Nr. 11, 26.1., S. 41–44; Nr. 12, 28.1., S. 47–48; Nr. 13, 31.1., S. 49–51; Nr. 14, 2.2., S. 53–55, 55–56; Nr. 15, 4.2., S. 57–58, 58–60; Nr. 16, 7.2., S. 61–62, 62–64; Nr. 17, 9.2., S. 65–68; Nr. 18, 11.2., S. 70–72; Nr. 19, 14.2., S. 73–75; Nr. 21, 18.2., S. 81–82, 82–83, 83–84; Nr. 22, 21.2., S. 85–88; Nr. 23, 23.2., S. 89–92; Nr. 24, 25.2., S. 93–94. Zum *Dramaturgischen Beobachter*: Goedeke 6, 1898, S. 513. Fellner, S. 58ff. Estermann, S. 487–490.. Ferner: Helmut W. Lang, Die Zeitschriften in Österreich zwischen 1740 und 1815, in: Zeman 1, S. 203–227.

19 Brentano an Arnim, 5.4.1814, FBA 33, S. 123. – Zur Einschätzung von Brentanos Wirksamkeit als Theaterkritiker: Teuber/Weilen 2,1, S. 197f. (über diese Charakteristik gehen die meisten späteren oft nicht einmal im Wortlaut hinaus). Heinz Kindermann, Brentano und das Burgtheater. Mit Abdruck seiner kritischen Beiträge im *Dramaturgischen Beobachter*, in: MK 22 (1976), S. 54–153 (dazu Gajek, Die Brentano-Literatur 1973–1978 [Vorbemerkung, Anm. 3], S. 453; W 1, S. 1112). Seidler, Österreichischer Vormärz und Goethezeit (Vorbemerkung, Anm. 14), S. 178–181. Norbert Oellers, Zur Schiller-Rezeption in Österreich um 1800, in: Zeman 2, S. 677–696, dort S. 696. Dieter Dennerle, Kunst als Kommunikationsprozeß. Zur Kunsttheorie Clemens Brentanos. Dargestellt anhand seines außerdichterischen Werkes (Briefe, Theaterrezensionen, Schriften zur Bildenden Kunst), Frankfurt a. M. 1976 (Regensburger Beiträge zur Deutschen Sprach- und Literaturwissenschaft B/9), S. 19ff. Turtur, Situation der deutschen Romantiker in Wien (Vorbemerkung, Anm. 11), S. 168–170.

20 Hofmannsthal an Efraim Frisch, 3.8.1922, in: Max Kreutzberger, Hofmannsthal und Efraim Frisch. Zwölf Briefe 1910–1927, in: Hofmannsthal-Blätter H. 5 (Herbst 1970), S. 356–372, dort S. 364f. Hugo von Hofmannsthal, Brief-Chronik. Regest-Ausgabe. Hrsg. von Martin E. Schmidt, unter Mitarbeit von Regula Hauer und Severin Perrig, Bd. 2, Heidelberg 2003, Sp. 2343f. Zum Forschungsstand vgl. Wolfgang Frühwald, Zu neueren Brentano-Ausgaben,

auch die zahlreichen Äußerungen zum Theater in vielen anderen journalistischen und satirischen Schriften, in Vorworten und in den Briefen beachtet, sowie die im Sinn einer Theaterästhetik lesbaren Stellen in den poetischen Werken – im *Gustav Wasa*, im *Bogs*, in der Philisterabhandlung, in der *Erfindung des Rosenkranzes* und in vielen Gedichten – berücksichtigt und daneben auch die zeitgnössische Theatertradition und -kritik erfasst. Bislang sind noch nicht einmal die Zuschreibungsfragen endgültig geklärt.

Bernard verfasste von der ersten Nummer der dreimal wöchentlich erscheinenden Zeitschrift an von Mitte September 1813 bis zum Anfang des Jahres 1814 den Großteil der Artikel für den *Dramaturgischen Beobachter* selbst.[21] Es gibt keinen Hinweis darauf, dass Brentano schon im ersten Jahrgang mit mehr als einer Ankündigung künftiger Rezensententätigkeit beteiligt war. Diese findet sich in dem Leserbrief „An den Herausgeber des dramaturgischen Beobachters“ in Nr. 17/18 vom 20. Oktober 1813, und Fellner möchte ihn des ironischen Tones halben Brentano zuweisen.[22] Der Schreiber des Artikels führt sich als „Privatschauspieler“ ein, was auf die Theaterliebhaberei des Theaterkritikers aus Langensalza – in dieser Rolle schreibt Brentano seine ersten Kritiken – verweist. Mit dieser Rollenfiktion folgt Brentano übrigens einer Idee Arnims, der 1808 gegenüber Savigny den Plan äußerte, er wolle für seine *Zeitung für Einsiedler* Theaterkritiken „aus Trages“ schreiben, „das soll ein Suchen werden auf der Karte“.[23] Auch die Form des fingierten Leserbriefes trägt zur Plausibilität einer Zuschreibung des Schreibens an den Herausgeber an Brentano bei, denn dies war die Brentano eigentümliche Form bei journalistischen Arbeiten, vom *Brief einer Apfelhüterin* für die *Zeitung für Einsiedler* über den Beitrag *Dir geht es wie dem Hündlein von Bretten* in der *Badischen Wochenschrift* bis zu dem Ratschlag an Räß, solche fingierten Leserbriefe in den *Katholiken* einzurücken.[24] Ein fingierter Brief, eine wohl aus dem Jahr 1839 stammende Satire auf einen jüdischen Börne-Anhänger, der sich über den Regensburger Dom ereifert, ist in den *Gesammelten Schriften* sogar unter die echten Briefe Brentanos geraten.[25] Vom ersten Jahrgang erwägt August Sauer noch für das Gedicht *Turenne und Montecuculi* Brentanos Verfasserschaft, entscheidet jedoch zu recht abschlägig.[26]

in: LJb N. F. 5 (1964), S. 361–380, dort S. 377, Anm. 55; Hartwig Schultz, JbFDH 1996, S. 336 (Jahresbericht).

21 Sauer, Über Brentanos Beiträge zum Dramaturgischen Beobachter (Anm. III,8), S. 65. Fellner, S. 156.

22 Fellner, S. 157f. DrB 1. Jg., Nr.17/18, 20.10.1813, S. 65–68.

23 Arnim an Savigny, 27.2.1808, Härtl 2, S. 37.

24 Brentano an Räß, 25.1.1827, in: Feilchenfeldt, Clemens Brentano an Andreas Räß (Anm. III,235), S. 261f., vgl. ebd., S. 308. Zu Brentanos Vorliebe für fingierte eingesandte Briefe vgl. Heinz und Ursula Härtl, Ein fingierter Brief Clemens Brentanos, in: JbBvA 20/21 (2008/09), S. 23–36, dort S. 32f.

25 Brentano an einen ungenannten Adressaten, München o. J. (1839), GS 9, S. 303–310. Vgl. Walter Schmitz, Der „ästhetische Staat“. Die Kulturpolitik Ludwigs I. von Bayern und ihre literarischen Wirkungen in Deutschland, Habil. (masch.) München 1987, S. 223.

26 DrB 1. Jg., Nr. 47/48, 31.12.1813, S. 189f. Sauer, Über Brentanos Beiträge zum Dramaturgischen Beobachter (Anm. III,8), S. 66f.

Brentanos Mitarbeit an der Zeitschrift beginnt nach Sauer mit der ersten Nummer des zweiten Jahrgangs, Brentano setzt also direkt nach dem Verlagswechsel der Zeitschrift von Kupfer & Wimmer zur Geistingerschen Buchhandlung ein.[27] Den ersten Beitrag bildet nach einer von Sauer überlieferten Vermutung Steigs das Gedicht *Geheime Liebe*, gezeichnet mit der Initiale B. Eine Handschrift liegt nicht vor. Gemäß Sauers Zuschreibung ist dieses Gedicht dann in die Brentano-Ausgaben eingegangen, so in die Lyrikbände der Editionen von Preitz und von Amelung und Viëtor sowie auch in die Hanser-Ausgabe.[28] Immerhin aber kommt die Sigle B im *Dramaturgischen Beobachter* nur dieses einzige Mal vor, die übrigen Texte Brentanos sind mit dem Verfasservermerk C. B. versehen. Das genügt zwar noch nicht, das Gedicht anstatt Brentano Bernard zuzuschreiben, da dessen Artikel überhaupt nicht gezeichnet und von ihm stammende Gedichte mit voller Namensnennung abgedruckt sind, rechtfertigt aber Fellners Zweifel an der Verfasserschaft Brentanos.[29] In anderen Zeitschriften, wenn auch nicht im *Dramaturgischen Beobachter*, steht B nach Fellner auch für die Autorschaft Bernards an dort gedruckten Gedichten.[30] Für Bernard spräche immerhin die Möglichkeit, *Geheime Liebe* als Seitenstück zu dem im ersten Jahrgang des Blattes gedruckten Gedicht *Preis der Geliebten* zu lesen, das mit seinem Namen unterzeichnet ist. Das Gegeneinander von Liebesglück, der morgendlichen Tageszeit und dem Gang durch die schönen Felder auf der einen, Liebesleid, durchwachter Nacht und der Klage, unbeglückt durch das Leben gehen zu müssen, auf der anderen Seite legt diese Auffassung nahe.[31] Wenn dies zutreffen sollte, dann wären Sauer und die ihm folgenden Brentano-Herausgeber einem biographistischen Roman von der unglücklichen Liebe Brentanos zu Auguste Brede aufgesessen, die diesem Gedicht zugrunde liegen soll.[32] Es kann aber

[27] Siehe die Ankündigung des Verlagswechsels in: DrB 1. Jg., Nr. 47./48., 31.12.1813, S. 192. Vgl. Peter R. Frank und Johannes Frimmel, Buchwesen in Wien 1750–1850. Kommentiertes Verzeichnis der Buchdrucker, Buchhändler und Verleger, Wiesbaden 2008 (Buchforschung 4), S. 109 (Kupfer & Wimmer), 50f. (Geistinger).

[28] DrB 2. Jg., Nr. 1, 3.1.1814, S. 4. Sauer, Über Brentanos Beiträge zum Dramaturgischen Beobachter (Anm. III,8), S. 68. Guignard, S. 57. Preitz 2, S. 95. Clemens Brentano, Gesammelte Werke, hrsg. von Heinz Amelung und Karl Viëtor, Bd. 1, Frankfurt a. M. 1923, S. 141f. W 1, S. 258f.

[29] Fellner, S. 160.

[30] Ebd., S. 73. Ein Sonett mit der Verfasserangabe B findet sich auch in: Frbl 1. Jg., Nr. 32, 13.9.1814, S. 131. Fellner, S. 336 schreibt es Bernard zu.

[31] DrB 1. Jg., Nr. 11, 6.10.1813, S. 44.

[32] Sauer, Über Brentanos Beiträge zum Dramaturgischen Beobachter (Anm. III,8), S. 68. Preitz 3, S. 473f. W 1, S. 1092ff. – Zu Brentano und Auguste Brede: Varnhagen an Rahel Robert, 24.10.1811 und 8.12.1811, Rahel-Bibliothek 4,2, S. 171, 187. Brentano an Auguste Brede, zwischen Ende Oktober und 10.–11. Dezember 1811, FBA 32, S. 338ff. (zur Datierung ebd., S. 487 und Hans-Joachim Fortmüller, Clemens Brentano als Briefschreiber, Frankfurt a. M. u. a. 1975 [EHS I/143], S. 50 mit Anm. 173). Brentano an Arnim, 10.12.1811, FBA 32, S. 368f. Arnim an Savigny, 27.12.1811, Härtl 2, S. 59. Varnhagen an Rahel Robert, 20.1.1812 und 24.1.1812, Rahel-Bibliothek 4,2, S. 225, 229. Brentano an Rahel Robert, spätestens 26.7.1813, FBA 33, S. 38. Varnhagen, Biographische Porträts, WW 4, S. 350. Ders., Tage-

zugegeben werden, dass das Gedicht auch in letzteren Zusammenhang gut passen würde, zumal es gewisse Ähnlichkeiten mit dem zweifelsfrei an die Brede gerichteten Gedicht „Durch die stummen Wälder irrte…“ aufweist und auch zu Brentanos eigener Äußerung, er habe „eine ganze Nacht unter ihrem Fenster den Kometen angeschaut“.[33] Bei der gegenwärtigen Lage der Dinge muss das Gedicht in einer künftigen Ausgabe der Lyrik Brentanos in die Sparte der „Texte, für die Brentanos Autorschaft nicht gesichert ist“ verwiesen werden.[34] Die übrigen Gedichtdrucke, die gewöhnlich Brentano zugeschrieben werden, stammen dagegen mit Sicherheit auch von ihm. Es handelt sich um die Gedichtgruppe *Nachklänge Beethovenscher Musik* sowie um das Prologgedicht „Zum schönsten Worte ist es mir vergönnt…“, *Die drey Nahmen der Liebe des Österreichers* – die beiden Gedichte sind am 11. Februar 1814 im Theater nächst der Burg gesprochen worden, wozu Brentano eine Besprechung im *Dramaturgischen Beobachter* schrieb – und „Du langweiliger Mann von Wort…“. Sie sind entweder mit vollem Namen gezeichnet oder liegen handschriftlich vor.[35] Den Bericht *Ludwig van Beethovens Akademie* in Nr. 3 des zweiten Jahrganges hat Kalischer – wie vor ihm schon Nohl – Bernard zugeschrieben, Sauer dagegen Brentano zugewiesen, und danach wurde er unter Brentanos Texten in der ersten Auflage der Hanser-Ausgabe abgedruckt. Fellner war sich sicher, dass dieser Artikel nicht von Brentano herrühre, und nach Frühwalds erneuten Einwänden gegen die Zuschreibung an Brentano ist er in der zweiten Auflage aus dem Textteil verschwunden.[36]

blätter, 17.1.1854, 22.8.1856, 19.7.1857, WW 5, S. 673, 779, 808. Auguste Brede scheint Brentano in guter Erinnerung behalten zu haben; vgl. Varnhagen, Tgb 10, 1868, S. 145 (8.5.1853). Ferner zu Brentano und Auguste Brede: Reinhold Steig, Sophie Mereau's Bild in Clemens Brentano's Dichtung, in: AZ Nr. 178, 30.6.1894, Beilage Nr. 148, S. 4–6, dort S. 5f. Rehm, Der schiffbrüchige Galeerensklave vom todten Meer (Anm. II,80), S. 15ff. Gerhard Kluge, FBA 19, S. 629ff. Harmut Binder, Eine der anmutigsten Holdseligkeiten der Welt. Clemens Brentano und die Stuttgarter Hofschauspielerin Auguste Brede, in: NZZ, Fernausgabe, Nr. 75, 31. März 1988, S. 43. Zu Auguste Brede vgl. Barbara Hahn, „Antworten Sie mir“. Rahel Levin Varnhagens Briefwechsel, Frankfurt a. M., Basel 1990, S. 169ff.

33 W 1, S. 252ff., 1092ff. Guignard, S. 57. Brentano an Arnim, 10.–11.12.1811, FBA 32, S. 369. Vgl. Fortmüller, Brentano als Briefschreiber (Anm. IV,32), S. 49ff.

34 Konrad Feilchenfeldt, „Texte, für die Brentanos Autorschaft nicht gesichert ist“. Ein literarisches Genre der „Frankfurter Brentano-Ausgabe“, in: Studia theodisca II, a cura di Fausto Cercignani, Milano 1995, S. 125–145.

35 DrB 2. Jg., Nr. 3, 7.1.1814, S. 10f.; Nr. 21, 18.2., S. 81, 82f.; Nr. 23, 23.2., S. 91. Guignard, S. 65f. Sauer, Über Brentanos Beiträge zum Dramaturgischen Beobachter (Anm. III,8), S. 71f. Brentanos Besprechung: DrB 2. Jg., Nr. 21, 18.2.1814, S. 83f. (Handschrift des Textes in der Sammlung Varnhagen). *Die drey Nahmen der Liebe des Österreichers* ist wieder abgedruckt in W 1, S. 311f. Die Besprechung des *Mann von Wort* ist nicht unter den Theaterkritiken im zweiten Band der Hanser-Ausgabe aufgenommen worden, ist jedoch sicher von Brentano und wird in W 1, S. 1112 auch als von ihm stammender Text angeführt.

36 DrB 2. Jg., Nr. 3, 7.1.1814, S. 9f. Nohl 3, S. 75f., Anm. ***. Kalischer, Brentanos Beziehungen zu Beethoven (Anm. III,7), S. 55, Anm. 1. Sauer, Über Brentanos Beiträge zum Dramaturgischen Beobachter (Anm. III,8), S. 71. W 2 (1. Auflage), S. 1057f. Fellner, S. 160.

Im September 1813 verfasste Brentano Rezensionen der Aufführungen von Theodor Körners *Toni* (aufgeführt am 29. September) und von Ernst Friedrich Jesters Schauspiel *Freemann oder Wie wird das ablaufen?* (aufgeführt am 2. Oktober) auf dem Burgtheater, die nicht im Druck erschienen und erst aus Brentanos Nachlass ediert wurden.[37] Die eigentliche Rezensententätigkeit beginnt aber erst im Januar 1814. Von den Besprechungen der fünfzehn Theaterabende sind nur zu sechs Handschriften in der Sammlung Varnhagen erhalten.[38] Brentanos Aufsätze hören nach dem Scheitern der Valeria-Aufführung am 18. Februar 1814 beinahe schlagartig auf. Die letzte der bis zum 23. Februar erschienenen Kritiken wird sehr viel früher entstanden sein, schon wegen der Zeitspanne, die zwischen der Besprechung und der Aufführung des Stückes am 27. Januar liegt.[39]

Von den Stücken, die Sauer mit der Bemerkung, Brentano habe neben C. B. auch andere Chiffren benutzt, dem Dichter zuweist, kann ihm kein einziges mit Sicherheit zugesprochen werden. Josef Körner hat Anton Passy als den mutmaßlichen Verfasser der

Frühwald, Stationen der Brentano-Forschung (Vorbemerkung, Anm. 3), S. 191*, 194*, Anm. 54. Vgl. W 2 (3. Auflage), S. 1235, W 1, S. 1111f.; Fetzer, Brentano on Music and Musicians (Anm. III,184), S. 224. – Das Beethoven-Haus, Bonn (Bibliothek, Signatur NE 103, I,1) besitzt eine Abschrift eines Berichts über die am 8. Dezember veranstaltete Akademie von Antonie Brentanos Hand nach einer unbekannten Zeitung vom 20. Dezember 1813 (identifiziert von Klaus Martin Kopitz). Vgl. Georg Kinsky, Manuskripte, Briefe, Dokumente von Scarlatti bis Stravinsky. Katalog der Musikautographen-Sammlung Louis Koch, Stuttgart 1953, S. 128f.

37 Richard Smekal, Zwei unbekannte Burgtheaterkritiken von Clemens Brentano. Aus der Handschrift mitgeteilt, in: BBC 53. Jg., Nr. 333, 20.7.1921, S. 5, Beilage. Ders., Clemens Brentano als Burgtheater-Kritiker, in: Alt-Wiener Kalender für das Jahr 1825, hrsg. von Alois Trost, Wien 1925, S. 119–146, dort S. 126–128. W 2, S. 1055f. (nur die Besprechung von *Toni*). Mallon 2, S. 201, Nr. 340. – *Toni*: Alth/Obzyna 1, S. 114 (Erstaufführung: 17.4.1812); Smekals Angabe, der von Brentano besprochene Theaterabend sei der 13. September 1813 gewesen, ist unzutreffend, seine Besetzungsangaben beziehen sich auf den Theaterzettel vom 29. September (Österreichische Nationalbibliothek, Theaterzettelsammlung, Oper und Burgtheater). *Freemann*: Alth/Obzyna 1, S. 89 (29.6.1802).

38 Es handelt sich um folgende Besprechungen: *Der Ring von Schröder* (fragmentarisch, entspricht DrB 2. Jg., Nr. 12–13, 28.–31,1.1814, S. 47–51), *Das Mädchen von Marienburg etc.* (fragmentarisch, entspricht Nr. 15, 4.2.1814, S. 59, r. Sp. – Nr. 16, 7.2., S. 62), *Othello* (ebd., S. 62–64), *Die beiden kleinen Auvergnaten; die seltsame Audienz von Lippert* mit der *Erklärung der sogenannten Golem in der Rabinischen Kabala* (fragmentarisch, Nr. 22, 21.2.1814, S. 87f.), *Der Mann von Wort, von Iffland* (Nr. 23, 23.3.1814, S. 89–92). Außerdem: *Schauspielabend im k.k. Hoftheater am 12. Februar, dem Geburtstag unsers allgeliebten Monarchen* (Nr. 21, 18.2.1814, S. 83–84), in der Handschrift direkt daran anschließend *Allerlei Gedancken, die mir bei großem Gedräng im Theater eingefallen sind*. Smekal hat die Besprechungen von Körners *Toni* und *Othello* nach der Handschrift wiedergegeben. Danach auch in W 2, S. 1055–1056, 1103–1108. Die Besprechungen von *Die Braut von Messina* und *Kabale und Liebe*, die Smekal ebenfalls abdruckt, sind anders als in W 2, S. 1224 und 1227 angegeben wird, nicht handschriftlich erhalten.

39 DrB 2. Jg., Nr. 23, S. 89–92.

mit A. P. gezeichneten Artikel identifiziert.[40] Für den fingierten Leserbrief *An den ornithologischen Langensalzer*, der sich auf die Besprechung in Nr. 9 vom 21. Januar bezieht und ebenfalls mit A. P. gezeichnet ist, darf Brentanos Autorschaft jedoch als wahrscheinlich gelten.[41] Es fällt schwer zu glauben, ein anderer als Brentano selbst habe in diesem Stil schreiben können. Man muss nur die missglückten Versuche der Rezensenten der Valeria-Aufführung lesen, die es angestrengt unternehmen, Brentanos witzige Schreibart zu parodieren, dabei aber kläglich scheitern. Eine Handschrift ist jedoch nicht erhalten, dafür gibt es aber eine Handschrift mit dem Titel *Ernsthaftes Wort an den neuangekommenen Kritiker*, die wie der Leserbrief in witziger Weise auf die früheren Kritiken bis einschließlich Nr. 14 vom 2. Februar Bezug nimmt und mit „B. A. aus W. J." gezeichnet ist.[42] Die mit Eunm. signierten Beiträge könnten, so Fellner, von demselben Verfasser herrühren, der auch in den *Friedensblättern* mit Eun. zeichnet, also von Karl Fischer.[43] Bei einem am 16. Februar 1814 erschienenen Artikel eines Dr. Grossing, dessen Name in der Zeitschrift nur dieses eine Mal vorkommt, dachte Sauer „einen Augenblick lang (…) wegen des Namens in der Geschichte vom braven Kasperl an ein Brentanosches Pseudonym".[44] Die Identität dieses Rezensenten ist unbekannt. Sauer, Bearbeiter des Goedeke und mit den zeitgenössischen Zeitschriften wohlvertraut, kannte keinen Schriftsteller dieses Namens, der als Verfasser der Rezension in Frage käme. Die einschlägigen biographischen Lexika liefern ebenfalls keinen Hinweis. In die Literatur zu Brentanos Kasperl-Geschichte ist indessen der Hinweis übernommen worden, ein „Dr. Grossinger" sei Mitarbeiter am *Dramaturgischen Beobachter* gewesen.[45] Brentanos Kritiken enden, wie bemerkt, nach dem Misserfolg der *Valeria*. Die übrige Zeit bis zum Ende der Zeitschrift im März 1814 gehört der Polemik. In auffälliger Weise häufen sich nach dem 18. Februar Chiffren, die auf Bekannte Brentanos aus der „Strobelkopf-Gesellschaft" verweisen. Fellner ist also zuzustimmen, wenn er schreibt: „Die Freunde des Dichters waren ganz sichtlich bestrebt, nach dem Valeria-Skandal sein Prestige durch eine regere Mitarbeit am *Dramaturgischen Beobachter* zu wahren, denn irgendwie stehen alle fraglichen Beiträge in Beziehung auf das Ereignis vom 18. Februar."[46] Wahrscheinlich hat Brentano seine Wiener Bekannten an seinen Theaterplänen teilnehmen lassen. Ebenso sprechen dafür die Bemühungen Bernards und Georg Passys um das Druckmanuskript der *Valeria*, von denen Passy in einem Brief an Brentano berichtet.[47] Brentanos gezeichnete Beiträge hören dagegen auf, abgesehen von den

40 Körner, Die Wiener *Friedensblätter* (Anm. III,213), S. 95, Anm. 2.

41 DrB 2. Jg., Nr. 22, 21.2.1814, S. 88. Vgl. W 2, S. 1228.

42 Sammlung Varnhagen, Kasten 36, Biblioteka Jagiellońska, Kraków.

43 Fellner, S. 171, 371.

44 Sauer, Über Brentanos Beiträge zum Dramaturgischen Beobachter (Anm. III,8), S. 80, Anm. 1.

45 Gerhard Schaub, Erläuterungen und Dokumente. Clemens Brentano. Geschichte vom braven Kasperl und dem schönen Annerl, Stuttgart 1990 (Universal-Bibliothek 8186), S. 13.

46 Fellner, S. 171.

47 Georg Passy an Brentano, 20.5.1814, UB Heidelberg, Heid.Hs.2110,13 Bl. 107^r–108^v (vgl. Anhang II). Vgl. Jung, S. 185.

zum Zweck der Auseinandersetzung im Gefolge der Valeria-Aufführung veröffentlichten Stücken. Die bereits erwähnte ungezeichnete Kritik vom 23. Februar gehört jedoch noch zu Brentanos Kritiken, da das darin angeführte Gedicht in seiner Handschrift vorliegt.[48] Heinz Kindermann schreibt Brentano des weiteren noch den Artikel *Ein Wort über die Tauglichkeit der Februare für die öffentliche Bühne* wegen der Abgrenzung des sogenannten Schicksalsdramas von Schillers *Die Braut von Messina* zu, da sich diese Ausführungen in Übereinstimmung mit denen in Brentanos Besprechung von Schillers Drama befänden.[49] Außerdem nimmt er ohne weitere Argumente Brentanos Autorschaft für die Kritiken vom 7. und 14. März 1814 an.[50] Steig und Schultz halten die *Kurzgefaßte Anweisung ein jedes Schauspiel, es sey von welchem Werthe es wolle, auf eine unfehlbare Art durchfallen zu machen. Von einem alten Praktikus* für ein Werk Brentanos, weil, so Steig, die Schilderung der Lese- und Spielproben Parallelen zu Brentanos eigener Darstellung in seinem ersten Entwurf einer Erklärung im *Dramaturgischen Beobachter* aufweise. Fellner begegnet dieser Annahme zu recht mit Skepsis. Eine Handschrift liegt anders als bei den meisten anderen Texten, die in den Zusammenhang der Auseinandersetzung um die *Valeria* gehören, nicht vor, trotzdem hat der Herausgeber den Text als von Brentano stammend akzeptiert und ohne weitere Umstände im zwölften Band der *Sämtlichen Werke* im Textteil abgedruckt.[51] Brentanos Verfasserschaft ist unbeweisbar und nicht einmal wahrscheinlich.

Durch die Gleichheit der Namensinitialen waren Carl Bernard und Clemens Brentano zum Autorenkollektiv sozusagen vorherbestimmt. Wie eng die beiden zusammenarbeiteten, zeigen Brentanos Entwürfe, die er nach dem Skandal der Aufführung seiner *Valeria* und der im *Dramaturgischen Beobachter* veröffentlichten Rechtfertigung des Schauspielers Friedrich Roose gegen die Kritik eines mit D–n unterzeichneten Artikels in derselben Zeitschrift verfasste. „Es wurde nun fingirt, dass der Anonymus D–n eine Antikritik gegen Roose eingesandt habe, welche von Bernard als Herausgeber motivirt abzulehnen sei. Bei scheinbarer Ignorirung Roose's konnte man doch das Nöthige gegen ihn einfliessen lassen. Brentano entwarf nach einander zwei Schriftstücke in diesem Sinne, welche, die Unterfertigung des Namens Bernard mit eingeschlossen, ganz von seiner Hand geschrieben sind."[52] Sauer führte, allein gestützt auf die Übereinstimmung der Anfangs- und Endbuchstaben, den Namen Deinhardstein als den des mutmaßlichen Verfassers des mit D–n gezeichneten Artikels im *Dramaturgischen Beobachter* in die Diskussion ein.[53] Der (zu dieser Zeit neunzehnjährige) junge Mann war in der Tat Ver-

48 Guignard, S. 66. In die Hanser-Ausgabe wurde diese Besprechung nicht aufgenommen.

49 DrB 2. Jg., Nr. 24, 25.2.1814, S. 94–96. Kindermann, Brentano und das Burgtheater (Anm. IV,19), S. 78.

50 DrB 2. Jg., Nr. 28, S. 109ff.; Nr. 31, S. 124.

51 Ebd. 2. Jg., Nr. 26, 2.3.1814, S. 103f. = FBA 12, S. 937–939. Steig, Valeria, S. XVIII. Fellner, S. 174. Schultz, Schwarzer Schmetterling (Anm. III,148), S. 345. Siehe unten, S. 312.

52 Steig, Valeria, S. XXV. Brentano, [Der Herausgeber des Dramaturgischen Beobachters an einen Rezensenten,] FBA 12, S. 950f., 952f.

53 D–n, An den Herausgeber des dramaturgischen Beobachters, in: DrB 2. Jg., Nr. 24, 25.2. 1814, S. 93f. Sauer, Brentanos Beiträge zum Dramaturgischen Beobachter (Anm. III,8), S. 77.

fasser mehrerer Beiträge in dieser Zeitschrift, und der Vorschlag wurde auch ohne weitere Diskussion übernommen, so von Roethe, Kindermann, Maurer-Adam und Schultz.[54] Bedenken dagegen meldete bereits Steig an, und Fellner lehnt diese Identifizierung rundweg ab; es sei nicht zu sehen, welche Verbindungen Deinhardstein zu Brentano gehabt haben könnte, die ihn motiviert hätten, Brentano zu verteidigen.[55] Er führt Georg Peter Dambmann als einleuchtenden Gegenvorschlag an. Mit ihm stand Brentano im März 1814 jedenfalls in engem Umgang, und der Sekretär Steigenteschs dürfte auch schon seit dem Ende der Kriegshandlungen des Jahres 1813 in Wien gewesen sein, da aus dieser Zeit auch die Beziehungen Brentanos zur Familie Hügel datieren, die Dambmann vermittelt hat. Aus der anscheinend guten Bekanntschaft ließe sich das von Steig unterstellte stillschweigende Einverständnis in der Polemik gegen Roose erklären. Außerdem kannte Brentano auch Moritz Graf Dietrichstein, der in den Jahren nach 1821 das Hoftheater leiten sollte. Offenbar verband beide das Interesse an altdeutscher Literatur und Brentano hat in ihm einen „sehr zugänglichen Mann" gefunden.[56]

In der „Anzeige" der letzten Nummer des ersten Jahrganges hieß es, der *Dramaturgische Beobachter* sei „vorläufig bis Ende 1816 begründet".[57] Mit Nr. 36 des zweiten Jahrganges endet das Blatt dann aber ohne vorherige Ankündigung am 25. März 1814, daher vermutete Josef Körner, das einzige annähernd komplette Exemplar, das sich im Besitz der Österreichischen Nationalbibliothek befindet, sei auch am Schluss nur unvollständig erhalten. Da die Nr. 36 den herausfordernden Artikel *Das Publikum. Einzig mögliche kritische Theater-Zeitung* bringt, könnte man dies mit Fellner jedoch als Abschluss der Zeitschrift betrachten.[58] Aber die Bemerkung des Herausgebers, die diesem Aufsatz beigegeben ist, verspricht, dass künftige Nummern der Zeitschrift auch die Reaktion des Publikums in der Theaterchronik vermerken werden und das lässt sich schwerlich ironisch verstehen. Ob der Beitrag von Brentano stammt, ist umstritten. Sauer und Kindermann schreiben ihn ihm zu, Fellner spricht ihn ihm ab.[59] Das Verfahren, in der letzten (oder einer der letzten) Nummer(n) einer aus mangelndem Interesse

[54] Roethe, Brentanos *Ponce de Leon* (Anm. I,86), S. 83. Kindermann, Brentano und das Burgtheater (Anm. IV,19), S. 81. Maurer-Adam, Deklamatorisches Theater (Anm. II,29), S. 87. FBA 12, S. 958. Schultz, Schwarzer Schmetterling (Anm. III,148), S. 344f.

[55] Steig, Valeria, S. XVIII. Fellner, S. 168f. Zu Deinhardstein: Wurzbach 5, 1858, S. 207–210. Goedeke 6, 1898, S. 598; 9, 1910, S. 88–102 und 548. Karl Weiß, in: ADB 5, 1877, S. 29–30. Gustav Gugitz, in: NDB 3, 1957, S. 571. Bauer, La réalité royaume de Dieu (Vorbemerkung, Anm. 14), S. 273ff. Silvester Lechner, Eine Ästhetik der Zensur. Johann Ludwig Deinhardstein als Kritiker, in: Literatur in der sozialen Bewegung. Aufsätze und Forschungsberichte zum 19. Jahrhundert. In Verbindung mit Günter Häntzschel und Georg Jäger hrsg. von Alberto Martino, Tübingen 1977, S. 284–326.

[56] Brentano an Jacob Grimm, 1.10.1814, FBA 33, S. 136. Brentano an Wilhelm Grimm, 15.2.1815, ebd., S. 146. Zu Dietrichstein: Wurzbach 3, 1858, S. 303–305. Philipp von Sommaruga, in: ADB 5, 1877, S. 204–206. Karl Otmar von Aretin, in: NDB 3, 1957, S. 702.

[57] DrB 1. Jg., Nr. 47/48, 31.12.1813, S. 192.

[58] Körner, Die Wiener *Friedensblätter* (Anm. III,213), S. 95, Anm. 3. Fellner, S. 177.

[59] DrB 2. Jg., Nr. 34–36, 21.3.–25.3.1814, S. 135f., 137–140, 141f. Kindermann, Brentano und das Burgtheater (Anm. IV,19), S. 83f. Fellner, S. 170.

der Leser eingehenden Zeitschrift dem Publikum offen zu verstehen zu geben, was man von ihm halte, erinnert an Friedrich Schlegels provozierenden Schlussbeitrag zum *Athenäum*. Mit dem war aber nicht allein Brentano vertraut, es besteht kein hinreichender Grund, ihm den Text zuzuweisen.

An Arnim schrieb Brentano, dass das Theaterblatt „durch Komödiantenfreunde und dinnen" unterdrückt worden sei.[60] Gleich im Anschluss daran berichtet er aber von neuen Plänen, aus denen die *Friedensblätter* hervorgehen sollten; die Ankündigung dieser Zeitschrift im Intelligenzblatt der *Wiener Zeitung* (Nr. 149/150, 1814) ist unterzeichnet von Carl Bernard.[61] Eine Stelle des Briefes vom 5. April an Arnim scheint besagen zu wollen, dass Brentano seine Beiträge zum *Dramaturgischen Beobachter* lieferte, ohne dafür bezahlt zu werden; wenn er an derselben Stelle davon spricht, das Publikum habe die Kritiken „den Lessingschen" vorgezogen, dann ist die Lesart von „umsonst" im Sinne von „unentgeltlich" auf den ersten Blick plausibler als die alternative Lesart „vergebens". [62] Die Stelle ist wohl so zu verstehen, dass Brentano den Erfolg seiner Theaterjournalistik gering veranschlagte, weil sie bei Schauspielern und Regisseuren keine Wirkungen zeigte, wiewohl es auch Leser gab, die die Rezensionen zu schätzen wussten. Mit Lessing werden sie ihn aber trotzdem nicht verwechselt haben.

Der Geschichte der *Friedensblätter* braucht hier nicht dargestellt zu werden, da die Zeitschrift erst zu erscheinen begann, als Brentano Wien schon wieder verlassen hatte. Für Details kann auf die zuverlässige Arbeit Fellners verwiesen werden.[63] Nach Brentanos Angabe in dem Brief an Arnim sind die *Friedensblätter* noch von ihm selbst „projecktirt" worden. Es war eine frühe Idee Brentanos, eine Zeitung im Stil des *Morgenblattes für gebildete Stände* herauszugeben, und der Herausgebervermerk im Untertitel der Zeitschrift scheint wiederum eine Idee Arnims aufzunehmen, doch ist letztere Vermutung alles andere als zwingend.[64] Die Erzählung *Die Schachtel mit der Friedenspuppe* ist allem Anschein nach in genauer Abstimmung mit der Konzeption des Blattes entstanden, die in den ersten, von Karl Fischer herrührenden Artikeln dargelegt wird, in welchen die Erwartungen der beginnenden Nachkriegszeit zur Sprache kommen.[65] Die Erzählung erschien im Januar 1815;[66] „Brentano hat", so Jacob Grimm, „seine Erzähl.

60 Brentano an Arnim, 5.4.1814, FBA 33, S. 123. Zur Zensur: Großegger 2, S. 524ff.

61 Fellner, S. 193f.

62 Brentano an Arnim, 5.4.1814, FBA 33, S. 123.

63 Fellner, S. 190ff. Siehe auch Hildegard Goger, Der Einfluß der Romantik auf die Wiener Zeitschriften von 1808 bis 1823, Diss. (masch.) Wien 1965.

64 Brentano an Zimmer, 29.11.1807, FBA 31, S. 624; an Arnim, 5.4.1814, FBA 33, S. 123. Arnim, Ankündigung der allgemeinsten Zeitung. Zeitung für Einsiedler herausgegeben von einer Gesellschaft, WW 6, S. 228–230. Vgl. Ernst Manheim, Aufklärung und öffentliche Meinung. Studien zur Soziologie der Öffentlichkeit im 18. Jahrhundert. Hrsg. und eingeleitet von Norbert Schindler, Stuttgart, Bad Cannstatt 1979 (Kultur und Gesellschaft 4), S. 100 u. ö.

65 Karl Fischer, [Die Ankunft des österreichischen Kaisers,] in: Frbl 1. Jg., Nr. 1, 16.6.1814, S. 1 bis 2. Ders., Plan und Zweck dieser Zeitschrift, ebd., S. 2–3, Nr. 2, 21.6.1814, S. 7–8. Ders., Themata aus dem Texte: Lasset uns Deutsche seyn!, ebd., Nr. 2, 21.6.1814, S. 5–7; Nr. 3, 28.6.1814, S. 9–10.

66 Frbl 2. Jg., Nr. 1, 3.1.1815, S. 1–3; Nr. 2, 5.1., S. 5–6; Nr. 3, 7.1., S. 9–11; Nr. 4, 10.1., S. 13

von der Friedenspuppe (…), nur gegen Bezahlung eines Honorars verabfolgt, welches bei dem geringen Abwurf die Herausgeber vermuthlich aus ihrer Tasche zahlen".[67] Er scheint demnach an der Zeitschrift keinen weiteren Anteil genommen zu haben, denn Grimms Verwunderung darüber, dass sich Brentano bezahlen ließ, besagt doch wohl, dass er das nicht von ihm erwartet hätte, wo es sich um ein gemeinsam mit Freunden unternommenes Projekt handelte. Auf die Gleichgültigkeit Brentanos verweist auch eine Bemerkung über die Erzählung in dem Brief, den Arnim im Jahr 1827 an Thomas schrieb: Brentano „schickte sie nach Wien an einen seiner dortigen Freunde, hat aber nie etwas von deren Schicksal vernommen".[68] Zwar irrt Arnim darin, dass sich Brentano um die Erzählung nicht gekümmert habe, da er ja, wie Grimm drei Monate nach ihrem Erscheinen zu berichten weiß, Geld dafür verlangte und wohl auch erhielt, aber die Tatsache, dass die Erzählung danach vergessen und erst im Jahr 1922 von Josef Körner wiederentdeckt wurde, spricht für sich. Brentano scheint kein Belegexemplar besessen zu haben. Dagegen findet sich in der Sammlung Varnhagen der zweite Jahrgang des *Dramaturgischen Beobachters*, der mit Sicherheit aus Brentanos eigenem Besitz stammt; es ist neben dem Exemplar der Österreichischen Nationalbibliothek offenbar das einzige, das erhalten geblieben ist.[69] Bei den beiden Gedichten, die in den letzten Nummern der *Friedensblätter* erschienen, kann daran gezweifelt werden, ob sie von einer aktiven Teilnahme an der Zeitschrift auch noch zu diesem Zeitpunkt zeugen. Das Gedicht *In das Stammbuch eines starkaugigten Mädchens*, das nach Josef Körner an Anna von Hügel gerichtet ist, ist wahrscheinlich bereits in Wien entstanden und könnte dort in einer Abschrift zirkuliert haben und danach abgedruckt worden sein.[70] Das andere Gedicht, *An Frau Milder-Hauptmann bey Gelegenheit der zweyten Aufführung des Fidelio in Berlin*, ist zunächst am 19. Oktober 1815 in der Spenerschen Zeitung erschienen und wird hiernach dann in die *Friedensblätter* vom 2. November aufgenommen worden sein; beide Drucke sind textgleich.[71]

bis 14; Nr. 5, 12.1., S. 16–19; Nr. 6, 14.1., S. 21–23; Nr. 7, 17.1., S. 25–27; Nr. 8, 19.1., S. 29 bis 31; Nr. 9, 21.1., S. 33–35; Nr. 10, 24.1., S. 39; Nr. 11, 26.1., S. 43; Nr. 12, 28.1., S. 47–48. Mallon 2, S. 62, Nr. 61. Körner, Die Wiener *Friedensblätter* (Anm. III,213), S. 91f. Josef Körner, Eine unbekannte Novelle von Clemens Brentano, in: PrJbb 187 (1922), S. 151–186, dort S. 154f. Gerhard Kluge, FBA 19, S. 699ff.

67 Jacob an Wilhelm Grimm, Wien 6.3.1815, Rölleke, S. 426f.

68 Arnim an Thomas, Berlin 7.4.1827, in: Cardauns, Die Märchen Clemens Brentano's (Anm. IV,1), S. 102.

69 Mallon 2, S. 58. Stern, S. 106. Kluge, FBA 19, S. 701.

70 Frbl 2. Jg., Nr. 92, 3.8.1815, S. 323. W 1, S. 314f., 1113. Körner, Die Wiener *Friedensblätter* (Anm. III,213), S. 92, Anm. 2. Mallon 2, S. 62, Nr. 61. Guignard, S. 66. Zu Anna von Hügel vgl. Dorda, Johann Aloys Joseph von Hügel (Anm. III,101), S. 277f.

71 Frbl 2. Jg., Nr. 131, S. 524. W 1, S. 323, 1118. Körner, Die Wiener *Friedensblätter* (Anm. III,213), S. 92. Mallon 2, S. 63, Nr. 64. Guignard, S. 69.

5 Österreichische Kriegsdichtung in preußischem Kontext

Die Wiener Arbeiten sind, wie Arnim bemerkte, „im Wunsche sich zu Wien als Schriftsteller zu begründen“ verfasst worden. Die Chancen dafür standen nicht allzu günstig. Friedrich Schlegel hatte Helmina von Chézy im Jahr 1810 davon abgeraten, nach Wien zu kommen, da dort an eine Schriftstellerexistenz nicht zu denken sei: „Hier rechnen Sie nur auf gar keine Art von litterarischer Thätigkeit. Was Sie immer unternehmen könnten, so würden Sie bei der Censur fast unüberwindliche Hindernisse finden; der Buchhandel ist hier elend, und die Verbindung mit dem auswärtigen wegen der weiten Entfernung auch nicht sehr gelegen.“ Ungefähr dasselbe schrieb drei Jahre später Dorothea Schlegel an Sulpiz Boisserée, über den Görres bei den Schlegel hatte anfragen lassen, ob sie einem Aufenthalt in Wien zuraten würden.[1] Die Erfahrungen, die Brentano machen sollte, sind hier vorweggenommen.

Brentano hatte, wie aus seinem Brief an Bettine von Arnim vom 24. August 1813 hervorgeht, „mannichfaltige recht gelungene Kriegslieder geschrieben, die aber hier, wo man ist, wie man ist und noch schlechter nicht das Tageslicht erblicken dürfen“.[2] Brentano hat sich nach seiner Ankunft sogleich mit Kriegslyrik und den historisch-politischen Liedern der Jahre 1796 und 1809 (und wohl noch früherer Jahre) befasst, seine Gedichte sind diesen Vorlagen mehr oder weniger eng nachempfunden.[3] An Arnim berichtet er anfangs Oktober, Adam Müller habe seine – Brentanos – Lieder bei seiner Abreise mit nach Tirol genommen, vielleicht um sie gemäß einer Praxis, die auch im Jahr 1809 geübt worden war, auf Flugblättern zu verbreiten.[4] Im selben Brief entwickelt er den Plan, die Lieder an Arnim zu senden, damit dieser sie zum Druck bringen könne.[5] In Wien dagegen war an eine publizistische Verwertung von Kriegslyrik, wie sie andernorts zu derselben Zeit aufkam, nicht zu denken. Diese marginale Rolle der Kriegslyrik in der Zeit der Befreiungskriege in Österreich hat Ernst Weber untersucht und den Unterschied zum übrigen Deutschland betont.[6] Danach war angesichts der Verhältnisse

1 Friedrich Schlegel an Helmina von Chézy, 15.4.1810, Körner 1, S. 121f. Dorothea Schlegel an Sulpiz Boisserée, 10.4.1813, Boisserée 1, S. 184.

2 Brentano an Bettine von Arnim, 24.8.1813, FBA 33, S. 65.

3 Brentano an Arnim, 14.8.1815, FBA 33, S. 164. Zum *Wohlriechenden Franziskerl* vgl. Kapitel 6, Anm. 71; zum *Lied vom Korporal* (GS 2, S. 18ff.; Preitz 1, S. 172ff.) vgl. etwa *Napoleon der große Held*, in: Schmidt, WND 1, S. 131ff. Siehe den Hinweis bei Arnold, S. 283.

4 Brentano an Arnim, Ende August bis Anfang Oktober 1813, FBA 33, S. 78.

5 Ebd., S. 81.

6 Ernst Weber, Lyrik der Befreiungskriege (1812–1815). Gesellschaftspolitische Meinungs-

in Österreich nur ein sehr traditioneller Typ von Kriegslyrik möglich, der landespatriotisch, kaisertreu, panegyrisch und in konventioneller Weise staatsreligiös zu sein hatte.[7] Brentano war aber mit einer politischen Auffassung nach Wien gekommen, wie er sie vor allem dem Berliner Salon von Luise von Voß, seinem Freund Arnim samt der deutschen Tischgesellschaft sowie seinen Prager Bekannten abgelernt hatte, und trat auch im Salon der Caroline Pichler als Vertreter eines von preußischen Ideen genährten Patriotismus auf. Caroline Pichlers Berichte über dieses ihr anstößige Benehmen zeigen, dass sein Verhalten den Äußerungen entsprochen haben muss, wie sie sich in seinen Briefen an Arnim finden.[8] Dass er Schwierigkeiten mit der Zensur bekommen würde, war damit von vornherein unvermeidlich. Den Weg, den er gewählt zu haben scheint, durch Müller für die Verbreitung seiner Lieder sorgen zu lassen, hat er von Arnim übernommen, der im Jahr 1806 zuerst versucht hatte, durch Verteilung von Flugblättern den Kampfesmut anzuregen.[9] Falls es solche Flugblätter gegeben haben sollte, so ist davon zumindest bislang noch nichts bekannt geworden. In einem späteren Plan zu einer Sammlung seiner patriotischen Lyrik war ein Oktavband von „20–25 Bogen (…) patriotischer Spiele und Gedichte“ vorgesehen, also zwischen drei- und vierhundert Seiten, den Bogen zu sechzehn Seiten gerechnet; tatsächlich gedruckt worden ist (mit *Viktoria und ihre Geschwister*) aber nur erheblich weniger, ein Oktavband mit wenig mehr als zweihundert großzügig bedruckten Seiten.[10] Es kann allein daraus aber nicht gefolgert werden, dass eine größere Menge von Soldatenliedern ungedruckt geblieben und verschollen sei, denn laut der Nachschrift zu der geplanten Sammlung sollten dort neben den drei Dramen nur *Österreichs Adlergejauchze* und *Rheinübergang Kriegsrundgesang* wiedergegeben werden.[11] Immerhin war Brentano noch im Juni 1815 auf der Suche nach einem Verleger für eine Gedichtsammlung; in einem Brief an Görres, dem er das Gedicht *Aufgang des Sterns von der Katzbach, à la belle Alliance. Den 19. Juni 1815* sandte, schrieb er, er habe „eine Menge Kriegslieder aus dem vorigen Krieg in solchem Charackter in Östreich geschrieben, kein Buchhändler hat sie drucken wollen“, und bat Görres um Vermittlung bei dem Koblenzer Buchhändler Pauli, der den *Rheinischen Merkur* druckte und verlegte.[12] Nach der Charakterisierung, es handle sich um Gedichte von der Art wie die des Spottliedes auf Napoleon anlässlich der Niederlage

und Willensbildung durch Literatur, Stuttgart 1991 (Germanistische Abhandlungen 65), S. 325ff.

7 Ebd., S. 330f. Zur österreichischen Kriegsdichtung vgl. Puchalski, Imaginärer Name Österreich (Anm. III,29), S. 177–203.

8 Pichler 1, S. 424f.

9 Steig 1, S. 197ff. Mallon 1, S. 22. Heinz Rölleke, Kriegslieder. Achim von Arnims Imitation eines fliegenden Blattes im Jahre 1806, in: JbVF 16 (1971), S. 73–80. Weber, Lyrik der Befreiungskriege (Anm. V,6), S. 38. Arnim an Bettine Brentano, 28.9.1806, WAA 32,1, S. 336. Arnim an Brentano, 6.10.1806, ebd., S. 347; vgl. Heinz und Ursula Härtl, WAA 32,2, S. 976.

10 FBA 13,3, S. 461. Vgl. Preitz 1, S. 4; Preitz 2, S. 465.

11 FBA 13,3, S. 457. Die „Nachschrift“ ist ebenfalls wiedergegeben bei Grus, S. 119f. und bei Preitz 1, S. 67* und S. 416.

12 Brentano an Görres, 26.6.1815, FBA 33, S. 151. Zu dem Gedicht vgl. Mallon 2, S. 62f., Nr. 62; Preitz 1, S. 169–172; Preitz 2, S. 482.

bei Belle Alliance, ist hier von den satirisch-politischen Gedichten der Wiener Zeit die Rede, die weiter unten kurz behandelt werden. Auch diese Briefstelle gibt keinen Hinweis auf nicht erhaltene Texte.

Tiroler Wetter und Barometter

Zu den Liedern, die Müller mit nach Tirol genommen hatte, könnte *Tiroler Wetter und Barometter* gehören, das sich als einziges erhaltenes Gedicht auf Tirol bezieht. Frühwald nimmt zwar an, „daß es erst im Zusammenhang mit Müllers Berichten aus Tirol (...) im November 1813 entstand".[13] Nach der Papiersorte des Blattes, auf dem der erste Entwurf überliefert ist, muss das Gedicht aber früher angesetzt werden. In dem Lied wird der Tiroler Insurgent Joseph Speckbacher genannt, was Frühwald zu seiner Datierung veranlasst haben wird, wohl in der Annahme, Brentano habe erstmals zwischen Anfang und Mitte November durch Adam Müller von ihm erfahren.[14] Indessen ist von dem Tiroler Aufstand bereits in dem Brief Brentanos an Arnim die Rede, der zwischen Ende August und Anfang Oktober geschrieben wurde; daher ist eine Entstehung im September 1813 am wahrscheinlichsten. Das in der Strophenform an ein Schnadahüpfl erinnernde Gedicht schließt an einen besonderen Typus des historisch-politischen Liedes an, der im Tiroler Krieg der Jahre 1796/97 gegen die französische Armee aufgekommen ist.[15] Es handelt sich um Aufrufe zum Kampf gegen den Besetzer, der nun endlich vertrieben werden solle. Charakteristisch ist die Erwähnung des Gewehrstutzens in der ersten oder zweiten Strophe. Beinahe alle bekannten Exemplare sind in Tiroler Dialekt gehalten. Im Jahr 1809 war dieser Liedtypus weniger verbreitet.[16] Ohne Kenntnis der Vorlage sind Aussagen über Brentanos Bearbeitungstendenzen müßig; vermutlich handelt es sich um eine freie Nachgestaltung. Aber selbst die Verbindung des Feindes mit den Illuminaten ist nicht, wie vermutet werden könnte, typisch für Brentano, sondern schon in den verwandten Liedern zu finden.[17] Der erste Vers zitiert das Horazische Naturam expelles furca, tamen usque recurret,[18] welche Stelle schon dem jungen Bren-

[13] W 1, S. 1108. Siehe auch Guignard, S. 64; Preitz 2, S. 480.

[14] Brentano an Arnim, Ende November 1813, FBA 33, S. 101–104.

[15] Zum Krieg von 1796/97: Wohlfeil, Spanien und die deutsche Erhebung (Anm. II,94), S. 216ff. – Dietmar Sauermann, Das historisch-politische Lied, in: Handbuch des Volksliedes, hrsg. von Rolf Wilhelm Brednich, Lutz Röhrich, Wolfgang Suppan, Bd. 1, München 1973 (Motive. Freiburger folkloristische Forschungen 1/I), S. 293–322. Leopold Schmidt, Nachwort, in: Schmidt, WND 1, S. 190–212. Zu dem in Rede stehenden Gedichttyp: Ditfurth 1,II, S. 176ff. (*A Lied im Franzosen-Rummel 1796*), 217f. (*Aufruf der Tyroler 1797*), 219ff. (*Duxer Lied*). Vgl. Preitz 2, S. 480. – Bettina Dolif, Einfache Strophenformen, besonders die Volksliedstrophen in der neueren Lyrik seit Goethe, Diss. Hamburg 1968, S. 116, Anm. 164.

[16] Arnold/Wagner, S. 235ff. (*Passeirer Landsturm*), 253f. („Tiroler, laßt uns streiten..."), 269f. (*Lied auf Speckbacher*). Bei dieser Sammlung handelt es sich um eine auf Vollständigkeit abzielende Zusammenstellung aller bekannten Gedichte des Jahres 1809.

[17] Ebd., S. 236 (Passeirer Landsturm, 5. Str.).

[18] Horaz, epistulae 1,10,24.

tano geläufig war, da er sie auch in den zwischen ihm und seiner Schwester Sophie gewechselten Sprichwortbriefen anführt.[19] Die Verbindung von Frühlingserwachen und Schneeschmelze mit Freiheit und insurrektionellem Aufbruch ist ein Topos politischer Lyrik.[20] Neben „Mußt ma nit in Übel aufnehma…" ist *Tiroler Wetter und Baromettet* das einzige in Dialekt gehaltene Gedicht aus der Wiener Zeit. Der in Wien geborene und dort lehrende Robert Arnold spricht übrigens von „grauenhafter Mundart", Max Kommerell hingegen konstatiert unbefangen und treffend eine „genial aufgesetzte Mundartfärbung".[21] Dass Brentano dadurch, wie Günter Adam meint, „eine größere – zugleich allerdings lokal begrenzte – volkstümliche Wirkung" erstrebt und erreicht habe, war aber wohl nicht der Fall.[22]

Der in den *Gesammelten Schriften* nach einer Reinschrift (Hs FDH 7073) und unter dem (von Brentano selbst herrührenden) Titel *Tiroler Wetter und Barometter bei'm Aufstande gegen die Franzosen* gedruckte Text gibt jedoch in seiner zeitgeschichtlichen Situierung Rätsel auf, die es überhaupt zweifelhaft erscheinen lassen könnten, ob das Lied in einem unmittelbaren Zusammenhang mit der Erhebung gegen Bayern im Jahr 1813 steht, da es mit den Franzosen den falschen Gegner benennt.[23] Allerdings hat sich eine frühere – und wohl die ursprüngliche – Fassung in einer Abschrift von derzeit unbekannter Hand erhalten, die im Nachlass Ernst Ludwig von Gerlachs erhalten und in welcher dann auch richtig Bayern als eigentlicher Gegner benannt ist.[24] Die Reinschrift ersetzt den Bezug auf Bayern durch den auf Frankreich und verschleiert auch weitere Anspielungen auf namentlich genannte Personen, wodurch der Text für spätere Leser an mehreren Stellen unverständlich wird.[25] (Auch der Vergleich Napoleons mit dem „Zerstörer" Apollyon aus der Offenbarung des Johannes 9,11 nach dem Wortlaut der Septua-

19 Clemens an Sophie Brentano, 13.3.1797, FBA 29, S. 63.

20 Hans-Wolf Jäger, Politische Metaphorik im Jakobinismus und im Vormärz, Stuttgart 1971 (Texte Metzler 20), S. 12ff. Zur Tiroler Schneeschmelze vgl. Carl Friedrich von Wiebeking, Theoretisch-practische Wasserbaukunst. Neue umgearbeitete und vermehrte Auflage, Bd. 4, München 1817, S. 95.

21 Arnold, S. 284. Max Kommerell, Das Volkslied und das deutsche Lied, in: JbFDH 1932/33, S. 1–51, dort S. 30.

22 Adam, Die vaterländische Lyrik (Anm. II,62), S. 252.

23 Hs. FDH 8073: Entwurf (2 Dbl. + Bl., 10 S., kein Wz.) und Reinschrift (Dbl. + Bl. + Dbl., 8 ½ S.). GS 2, S. 23–32 = W 1, S. 291–298. – Die Gedichtbearbeitung „O Himmel ich verspür…" (Hs. FDH 7938: Reinschrift, Bl., kein Wz.) enthält keinen Verweis auf Tiroler Umstände, obwohl in einigen Fassungen der Vorlage Andreas Hofer erwähnt wird. Vgl. Sabine Gruber, FBA 5,1, S. 284.

24 Nachlass Ernst Ludwig von Gerlach, Institut für politische Wissenschaft, Lehrstuhl II, Friedrich-Alexander-Universität Erlangen-Nürnberg. Vgl. Hans-Joachim Schoeps, Clemens Brentano. Nach Ludwig von Gerlachs Tagebüchern und Briefwechsel, in: ders., Ein weites Feld. Gesammelte Aufsätze, Berlin 1980, S. 201–224, dort S. 204, Anm. 5.

25 So im Fall des „Wasserbarons" Carl Friedrich von Wiebeking, bayerischer Generaldirektor des Straßen- und Wasserbauwesens (siehe Anm. 20), der in der Hanser-Ausgabe, die die antifranzösische Fassung druckt, nicht identifiziert werden konnte; vgl. Frühwald, W 1, S. 1109 (zu v. 186).

ginta findet sich erst hier.[26]) Insgesamt ist diese antifranzösische Fassung trotz den vielen Änderungen nur eine notdürftige Überarbeitung, deren hastige und oberflächliche Umlenkung der Angriffe von Bayern auf Frankreich für die Zeitgenossen unschwer zu durchschauen gewesen wäre. Die Papiersorte der Reinschrift weist jedoch auf eine Entstehung noch im Herbst 1813. Da Bayern zu Anfang Oktober zur Koalition übergetreten ist, wird sie kurze Zeit nach Bekanntwerden dieser Nachricht entstanden sein; damit dürfte eine Publikationsabsicht verbunden gewesen sein, wenngleich schwer vorstellbar ist, wem mit einem so inkonsistenten Text hätte gedient sein können. Adam Müller dagegen wird die ursprüngliche antibayerische Fassung erhalten haben. Die Wirkung, die damit erzielt wurde, lässt sich nicht ermitteln, die im Oktober 1813 entstandene Reinschrift konnte dagegen schon kurz nach dem ersten Entstehen des Textes wegen der fiktiven historischen Konstellation, die sie zeichnet, nicht mehr im Sinn einer „politischen Funktionalisierung" im „publizistischen Einsatz" gebraucht werden, welche nach Weber die kennzeichnende Bestimmung der Lyrik der Befreiungskriege ist und die diese von der innerhalb der literarischen Sphäre verbleibenden patriotischen Lyrik trenne.[27] Dagegen nähert sich die antifranzösische reinschriftliche Fassung wieder Brentanos Vorbildern aus dem Krieg von 1796/97 an, die tatsächlich von einem Befreiungskrieg gegen den französischen Besetzer handeln. Als 1852 die *Gesammelten Schriften* erschienen, konnte die reinschriftliche Fassung unter die patriotischen Dichtungen eingereiht werden. Die historische Inkonsistenz spielte jetzt keine Rolle mehr und wurde auch von späteren Herausgebern nicht bemerkt.

Während die antibayerische Fassung so bis heute unbekannt geblieben ist, hat sie doch noch – und noch vor der ebenfalls zu Lebzeiten des Dichters ungedruckt gebliebenen reinschriftlichen Fassung – eine Rezeption erfahren. *Tiroler Wetter und Barometter* ist noch in zwei Drucken innerhalb von Veröffentlichungen Friedrich Försters überliefert, die als Erstdrucke jeweils abweichender Fassungen anzusehen sind.[28] Der früheste Druck der um einige Strophen gekürzten ersten Fassung erschien im Jahr 1816 unter dem Titel *Tyroler Wetter und Barometter* im ersten Band von Försters *Beiträgen zur neueren Kriegsgeschichte*.[29] Försters Darstellung ist den Kriegsereignissen der Jahre zwischen 1809 und 1815 gewidmet, vornehmlich dem Tiroler Befreiungskrieg des Jahres 1809, aber auch anderen Unternehmungen; seine Quellen sind für die Tirol betref-

[26] Werke 1, S. 291, v. 14; vgl. ebd., S. 1108 z. St. Zu dem Vergleich in der zeitgenössischen Kriegslyrik vgl. Karl Scheibenberger, Der Einfluß der Bibel und des Kirchenliedes auf die Lyrik der deutschen Befreiungskriege, Diss. Frankfurt a. M. 1936, S. 37f.; Klaus Vondung, Die Apokalypse in Deutschland, München 1988 (dtv 4488), S. 155f.

[27] Weber, Lyrik der Befreiungskriege (Anm. V,6), S. 23ff., besonders S. 32ff.

[28] Vgl. Arnold, S. 284; Erwin Scheuch, Der Dichter und Historiker Dr. Friedrich Foerster (1791 bis 1868). (Mit besonderer Berücksichtigung seiner Dichtung), Diss. (masch.) Wien 1933, S. 135f.

[29] Friedrich Förster, Beiträge zur neueren Kriegsgeschichte, 2 Bde., Berlin 1816, Bd. 1, S. 214 bis 219. Vgl. Anhang III. In Bd. 2, S. 225ff. findet sich das in Kapitel 2 zitierte Gedicht Ernst Moritz Arndts u. d. T. *Scharnhorsts Tod.*

fenden Abschnitte des Buches Joseph von Hormayrs Darstellungen.[30] In diesem Kontext ist Brentanos Lied nun – ohne Verfasserangabe – abgedruckt, als wäre es ein Zeugnis für die damalige politische Stimmung zur Zeit der Erhebung. Ernst Weber hat festgestellt, dass sich die publizistisch verwendete Lyrik der Befreiungskriege unmittelbar nach dem Ende des Krieges wieder in die literarische Sphäre zurückgezogen hat. Sammlungen solcher Gedichte erschienen jetzt zur Messezeit und mit Verfasserangaben: „Die Mehrzahl der Titel präsentiert sich nun als Autorenlyrik, als Literatur eines dichtenden, für den Gebildeten schreibenden Individuums."[31] Dass die Verhältnisse nicht immer so einfach liegen, wie Webers weithin rezipierte Abhandlung es darstellt, zeigen – nicht nur in diesem Fall – Brentanos Werke, denen Weber daher auch mit seinen gelegentlichen Erwähnungen nicht gerecht wird. Gemessen an Webers Darstellung ist es nicht ohne Witz, dass ein während der Befreiungskriege innerhalb der Sphäre der Literatur verbliebenes Produkt nur wenig später in einer Dokumentation zur Zeitgeschichte auftritt, und mit dieser Veröffentlichung eine publizistische Wirkung des Liedes fingiert wird, die es zuvor nie gehabt hatte.

Brentano lernte Förster wohl Ende 1815 oder Anfang 1816 kennen. Förster war Lützower Jäger gewesen und im Jahr 1815 in preußischen Diensten in Paris, um dort an der Rückführung der Beutekunst nach Deutschland mitzuwirken.[32] Brentano hat mit ihm zusammen den Almanach *Die Sängerfahrt* herausgegeben. Obwohl wenige Zeugnisse vorliegen, muss eine engere Beziehung angenommen werden, denn Brentano verfasste zu Försters Hochzeit im Jahr 1816 ein langes Gedicht, *Die Monate*.[33] Da Brentano und Förster gerade im Jahr 1816 eng zusammengearbeitet haben, muss für den Abdruck in den *Beiträgen* angenommen werden, dass Förster zu seinem Vorgehen autorisiert war; der Text ist daher in eine künftige Ausgabe aufzunehmen.[34]

Auch die erhaltene Abschrift der antibayerischen Fassung weist nach Berlin und in den Freundeskreis Brentanos. Aus Gerlachs Tagebüchern ist bekannt, dass Brentano dort im Jahr 1816 seine ungedruckt gebliebenen patriotischen Dichtungen in dem „Klub" um die Brüder Gerlach vorlas. Ludwig von Gerlach nennt in einer kurz vor seinem Tod (1877) niedergeschriebenen Notiz die Gedichte „Eine Mauer um uns baue" (*Die Gottesmauer*), „Napoleon sprach im Aberwitz" (*Aufgang des Sterns von der Katzbach*), „Ein jeder bleib auf seiner Stell..." und „Mußt ma nit in Übel aufnehma..."

30 Förster, Beiträge zur neueren Kriegsgeschichte, a.a.O., Bd. 1, S. 162ff. Hormayr an Caroline Pichler, 4.11.1816, in: Karl Glossy, Hormayr und Karoline Pichler, in: JbGG 12 (1902), S. 212–343, dort S. 307. Scheuch, Der Dichter und Historiker Friedrich Förster (Anm. V,28), S. 97f. Zu Hormayrs zwiespältiger Rolle in der Historiographie des tirolischen Aufstandes vgl. Meinrad Pizzinini, Zur Entstehung des Andreas-Hofer-Bildes, in: Tirol im Jahrhundert nach Anno Neun, hrsg. von Egon Kühebacher, Innsbruck 1986 (Schlern-Schriften 279), S. 57 bis 67.

31 Weber, Lyrik der Befreiungskriege (Anm. V,6), S. 52.

32 Ernst Förster, Friedrich Christoph Förster, in: ADB 7, 1878, S. 185–189.

33 FBA 3,2, S. 48–75 (hrsg. von Jutta Kroeger und Hartwig Schultz).

34 Die neugermanistische Editionswissenschaft verwendet bei solchen Umständen gerne den Ausdruck „passive Autorisation", der sich aus begrifflichen Gründen zwingend verbietet.

(*Wohlriechendes Franziskerl*).[35] Bei den genannten Gedichten dürfte es sich um die vier Texte handeln, die sich in seinem Nachlass neben der Abschrift von *Tiroler Wetter und Barometter* erhalten haben. *Tiroler Wetter und Barometter* wird in der zitierten Notiz nicht erwähnt, und die Art der Titelformulierung mit der Angabe „vom Verfasser des Philister. Cl.Br." spricht auch dafür, dass der Text zu einem relativ frühen Zeitpunkt abgeschrieben worden ist. Als Abschreiber der Brentanotexte im Erlanger Gerlachnachlass kommen laut Schoeps Ludwig Berger, Friedrich Carl von Bülow und Wilhelm von Gerlach in Frage.[36] Da der erste nähere Umgang mit den Brüdern Gerlach (abgesehen von Wilhelm von Gerlach) in den März 1815 fällt,[37] dürfte die Abschrift in dieser Zeit entstanden sein. Sie wird daher von Wilhelm von Gerlach stammen, der in der kurzen Friedensperiode 1814/15 tatsächlich auch in Berlin anwesend und der auch mit der Philisterabhandlung vertraut war.[38]

Damit ist die Geschichte der Überlieferung dieses Liedes noch nicht zu Ende. Schon in der ursprünglichen Fassung werden die Tiroler erwähnt, die „bei den Preußen" gegen Napoleon kämpfen. Tatsächlich hatte nach 1810 eine Anzahl von Tirolern, die in ihrer besetzten Heimat – dem Zillertal – steckbrieflich gesucht wurden, die Erlaubnis des preußischen Königs erhalten, sich in Berlin aufzuhalten und schließlich 1813 bei den Lützower Jägern einzutreten.[39] Das Zillertal erregte in der zweiten Hälfte der dreißiger Jahre des 19. Jahrhunderts die Aufmerksamkeit der Öffentlichkeit, als es aus konfessionellen Gründen zur Vertreibung der sogenannten Zillertaler Inklinanten kam. Sie wurden in Preußen aufgenommen, ein Vorgang, der in Brentanos Briefen an Emilie Linder mehrmals zur Sprache kommt.[40] Im Jahr 1838 veröffentlichte Förster eine Sammlung seiner Gedichte. Der erste Band dokumentiert die Geschichte der Lützower Jäger und der Befreiungskriege, auch Försters Gedichte aus der *Sängerfahrt* finden Eingang. Die Sammlung von 1838 steht in Zusammenhang mit der vor dem Regierungsantritt und in den ersten Jahren der Regierung Friedrich Wilhelms IV. herrschenden, von Heinrich von Treitschke so genannten „frohen Tage der Erwartung", das heißt der Hoffnung auf Liberalisierung der Verhältnisse in Preußen und der endlichen Einlösung des Verfassungsversprechens. In dieser Zeit hat die Erinnerung an die Kriege von 1813 und 1814 Konjunktur.[41] Um den Anspruch auf Verwirklichung dessen, was

35 Gerlach 1, S. 94.

36 Vgl. Schoeps, Ein weites Feld (Anm. V,25), S. 204, Anm. 5.

37 Schoeps, S. 532.

38 Ebd., S. 101.

39 Fritz Jagwitz, Geschichte des Lützowschen Freikorps. Nach archivalischen Quellen bearbeitet, Berlin 1892, S. 111, 308.

40 Ekkart Sauser, Die Zillertaler Inklinanten und ihre Ausweisung im Jahre 1837, Innsbruck 1959 (Schern-Schriften 159). Brentano an Emilie Linder, 7.7., 11.7. und 17.7.1837, Frühwald, S. 70f., 73, 79f.; vgl. ebd., S. 248ff.

41 Vgl. Konrad Feilchenfeldt, Runge – der patriotische Künstler, in: Runge. Fragen und Antworten. Ein Symposion der Hamburger Kunsthalle, hrsg. von der Hamburger Kunsthalle, München 1979, S. 31–44, 126–129, dort S. 43. Siehe auch Pravida, Die Erfindung des Rosenkranzes (Anm. I,22), S. 294.

1815 versäumt wurde, ganz deutlich zu machen, druckt Förster im Anhang seiner Sammlung Friedrich Wilhelms III. Aufruf *An mein Volk* und den Aufruf zur Bildung der Landwehr ab.[42] In dieser Sammlung erscheint auch Brentanos Lied in einer nunmehr stark abweichenden Fassung.[43] Für diesen Druck durfte Förster keine Autorisation durch den Verfasser mehr beanspruchen. Im Jahr 1835 hatte sich Brentano über Bettine von Arnims Begeisterung für die Tiroler, die sie in ihr Goethe-Buch eingeflochten hatte, skeptisch geäußert. (Natürlich standen auch die Interpolationen in diesem Werk – denn um solche handelt es sich, keine der in Frage stehenden Passagen findet sich im Originalbriefwechsel – im Dienst einer politischen Konzeption, die sich am deutlichsten in dem – selbstverständlich interpolierten – Satz Bettine von Arnims „Ich auch bin in Gärung, und zwar in revolutionairer" äußert.[44]) Im Jahr 1838 ist *Tiroler Wetter und Barometter* – trotz der Veröffentlichung in einem Gedichtband und mit, wenn auch nur bedingt zutreffender, Verfasserangabe – nun wirklich ein in publizistischer Absicht veröffentlichter Text, und diese Publikation dient unmittelbar einem politischen Zweck. Die konservative *Militär-Literatur-Zeitung* schrieb im Jahr 1820 aus Anlass von Försters Buch über Blücher, dieses Werk diene dazu, „Meinungen und Absichten über seine Zeit auszusprechen, die tief versteckt und verwahrt liegen, etwa wie in Apotheken die Gifte in doppelten Gefässen und heimlichen Schränken".[45] Diese Charakterisierung von Försters schriftstellerischer Praxis ist vollkommen zutreffend. Man muss Friedrich Förster als einen Könner im taktischen Umgang mit literarischen Texten im politischen Tagesgeschehen ansehen; es ließe sich zeigen, dass die für das Jahr 1816 geplante Veröffentlichung des Almanachs *Die Sängerfahrt* ein Politikum ersten Ranges war.[46] Försters Aktualisierung im Zeichen der politischen und konfessionellen Situation der dreißiger Jahre ist zwar ein Unternehmen, dessen Stoßrichtung der politischen Haltung des späten Brentano grundsätzlich entgegengesetzt sein dürfte: Aber sie widerspricht nicht Brentanos Autorschaftsverständnis, das die Anonymisierung des einzelnen Werkes und die Dispersion der ursprünglich womöglich vorhandenen politischen Absicht (oder im hier interessierenden Fall: die Persistenz einer vom Verfasser selbst längst geänder-

[42] Förster, Gedichte 1, S. 156ff., 160ff. Zu den Aufrufen des Frühjahrs 1813: Ibbeken, Preußen 1807–1813 (Anm. II,65), S. 393ff.

[43] Förster, a.a.O., Bd. 1, S. 48f. Vgl. Anhang I.

[44] Bettine von Arnim, WW 2, S. 248. Zu den Interpolationen: ebd., S. 875. Waldemar Oehlke, Bettina von Arnims Briefromane, Berlin 1905 (Palaestra 41), S. 104ff. Brentano an Bettine von Arnim, April 1835, in: Lujo Brentano, Der jugendliche und der gealterte Clemens Brentano über Bettine und Goethe, in: JbFDH 1929, S. 325–352, dort S. 345 (zur Datierung dieses Briefes vgl. Konrad Feilchenfeldt und Wolfgang Frühwald, Clemens Brentano: Briefe und Gedichte an Emilie Linder. Ungedruckte Handschriften aus dem Nachlaß von Johannes Baptista Diel S.J., in: JbFDH 1976, S. 216–315, dort S. 304; Jürgen Behrens, JbFDH 1983, S. 367f., Jahresbericht).

[45] Zitiert nach Scheuch, Der Dichter und Historiker Friedrich Förster (Anm. V,28), S. 101.

[46] Zum Erscheinungsdatum der *Sängerfahrt*, Anfang Dezember 1817: Hermann F. Weiss, Zur Datierung von Erstdrucken des frühen neunzehnten Jahrhunderts, in: ZfdPh 112 (1993), Sonderheft, S. 129–136, dort S. 131ff. Die Chronik ist S. 107 entsprechend zu korrigieren.

ten politischen Haltung) im Lauf der Überlieferungsgeschichte zur Folge hat.[47] Als einmal eines von Friedrich Försters Gedichten, das unter die Werke Goethes geraten war, dem größeren Dichter abgesprochen wurde, bedauerte Förster den Verlust seiner Hoffnung, „auf diese Weise zur Unsterblichkeit zu gelangen", der Hoffnung auf eine Unsterblichkeit nicht des Namens, sondern des unter dem Namen eines Größeren auftretenden Textes.[48]

Die Darlegung dieses Überlieferungsschicksals,[49] das aufschlussreicher ist, als es ein unter rein textbezogenen Gesichtspunkten geführte Vergleich der Fassungen sein könnte, sagt im Grunde mehr über die Stellung Brentanos zu Preußen aus als über den Einfluss Österreichs auf sein Werk. Zwar sind die Materialien des Liedes von österreichischer Provenienz, und die Entstehung lässt sich einer bestimmten zeitgeschichtlichen Situation im Österreich des Jahres 1813 zuordnen, doch führen die Spuren der weiteren Überlieferung nach Preußen, zu personellen Konstellationen wie der zwischen Brentano und dem Gerlachkreis und dem später so genannten „Hofdemagogen" Förster[50] sowie zu politischen Aktualisierungen wie der Veröffentlichung eines Gedichts von Brentano im Zusammenhang des preußischen Verfassungskampfes im Vormärz. Dieser überlieferungsgeschichtliche Befund wird sich der Sache nach auch bei den im folgenden zu besprechenden Werken immer wieder einstellen. Von einer vergleichbaren Wirkungsgeschichte der Brentanoschen Dichtungen in Österreich ist nichts bekannt. Es wäre denkbar, dass die Überlieferungslage durch kontingente Umstände verzerrt ist, so dass eine Wirkung von Brentanos Arbeiten innerhalb Österreichs zwar vorhanden, aber leider nicht mehr an einschlägigen Zeugnissen zu belegen wäre. Es ist aber ebenso gut denkbar, dass die Voraussetzungen des literarischen Betriebs in Österreich im Jahr 1813 – die Zeitschriften, die Redakteure, die Zensur, die Kritik, die politische Situation, das Publikum – eine literarisch-publizistische Strategie, wie sie an den Veröffentlichungen der einzelnen Werken Brentanos ablesbar ist, erschwerten oder sie unmöglich machten. Eine erfolgreiche literarisch-politische Zusammenarbeit, wie die mit Förster, hat es in der Wiener Zeit nur in dem einen, politisch gänzlich unverfänglichen Fall von *Österreichs Adlergejauchze und Wappengruß* gegeben.

47 Feilchenfeldt, Clemens Brentano und Johannes Neumann (Anm. III,129), S. 295. Ders., „Ich bin durch die Wüste gezogen". Zu einem Gedicht von Clemens Brentano für Luise Hensel, in: MSt 8 (1993), S. 161–178, dort S. 165f. Ders., Brentano-Funde (Anm. II,53), S. 57ff. Ders., „Texte, für die Brentanos Autorschaft nicht gesichert ist" (Anm. IV,34), S. 143f.

48 Gustav von Loeper, Zu Goethes Gedichten. Mit Rücksicht auf die „historisch-kritische" Ausgabe, welche als Theil der Stuttgarter *Deutschen National-Litteratur* erschienen ist, Berlin 1886, S. 16. Scheuch, Der Dichter und Historiker Friedrich Förster (Anm. V,28), S. 266.

49 Vgl. Günter Jachmann, Eine Elegie des Properz – ein Überlieferungsschicksal (1935), in: ders., Ausgewählte Schriften, hrsg. von Christian Gnilka, Königstein i. Ts. 1981 (Beiträge zur klassischen Philologie 128), S. 363–410.

50 Varnhagen, Tageblätter, 4.1.1826, WW 5, S. 127. Vgl. Hubertus Fischer, „Hofdemagoge" und preußischer Patriot. Anmerkungen zu Friedrich Förster anläßlich eines unbekannten Briefwechsels, in: FBPG N. F. 20 (2010), S. 199–217.

„Es ist ein Schnitter..."

Ein weiteres Beispiel für die politische Indienstnahme Brentanoscher Arbeiten in Norddeutschland ist eine bisher kaum beachtete Veröffentlichung eines Liedes aus dem *Wunderhorn* im *Liederbuch der Hanseatischen Legion*. Zwar gehört diese Veröffentlichung nicht in den engeren Rahmen der Wiener Gelegenheitswerke, doch ist sie dazu geeignet, die vorangegangenen Darlegungen weiter zu unterstützen. Auch hier gilt: Während es Brentano in Wien nicht gelang, sich mit seinen Arbeiten zu etablieren, gibt es eine nicht-österreichische, norddeutsche Geschichte der Wirkung Brentanoscher Texte, die verständlich machen kann, warum Brentano das Wiener Unternehmen schließlich abbrach und sich nach Preußen begab, wo die Umstände für seine Arbeit so viel günstiger zu sein scheinen konnten. Das *Liederbuch der Hanseatischen Legion* erschien während der Zeit der Entsetzung Hamburgs von der französischen Okkupation und diente als Gesangbuch für das aus Hamburger Bürgern gebildete Streitcorps, Herausgeber war Johann Daniel Runge.[51] Es handelt sich um eine Anthologie vaterländischer Gedichte mit Texten aus der Zeit aus dem 17. Jahrhundert bis zur damaligen Gegenwart. Das Spektrum dessen, was hier als vaterländische Lyrik bezeichnet wird, ist sehr weit, es reicht von Mathias Claudius' *Rheinweinlied* zu Kleists *Germania* und Arndts „Was ist des Deutschen Vaterland...", letzteres Gedicht ohne Verfasserangabe, da das Lied vermutlich nach einem Flugblatt abgedruckt wurde, welches den Verfassernamen nicht preisgab (wie dies auch für den Abdruck dieses Gedichtes im *Dramaturgischen Beobachter* anzunehmen ist; letzterer Abdruck ist in jener Zeitschrift der einzige in engerem Sinn politische Beitrag, wird einmal von den zur Huldigung an Körner wiedergegebenen Gedichten abgesehen).[52] Dass ein Lied von Claudius in einer Gedichtsammlung erscheint, deren Druckort Hamburg ist, ist ohne weiteres einsichtig, auch von Klopstock sind mehrere Werke abgedruckt. Obwohl das *Rheinweinlied* kein Kriegsgedicht ist, konnte es als patriotische Dichtung, in der mit dem Rhein zugleich ein Symbol des einen Deutschland benannt wird, in dieser Sammlung Eingang finden.[53] Die

[51] Varnhagen, Denkwürdigkeiten, WW 2, S. 319. Ders., Geschichte der hamburgischen Begebenheiten während des Frühjahrs 1813, London 1813 (recte: Bremen 1814; anonym erschienen). Varnhagen, Denkwürdigkeiten, WW 2, S. 290ff. Vgl. Konrad Feilchenfeldt, Varnhagen von Ense als Historiker, Amsterdam 1970, S. 33ff., 67f. Zum Verhältnis der Fassung von 1814 und der Fassung in den *Denkwürdigkeiten*: Cornelia Fuhrmann, Varnhagen von Enses Denkwürdigkeiten als „Dichtung und Wahrheit", Frankfurt a. M. u. a. 1992 (EHS I/1322), S. 141f. und S. 222, Anm. 13.

[52] Weber, Lyrik der Befreiungskriege (Anm. V,6), gibt S. 140ff. eine Charakteristik der Anthologie. Weitere Erwähnungen dieser Sammlung: Ludwig Geiger, Deutsche Dichtung in den Befreiungskriegen, in: ders., Dichter und Frauen. Vorträge und Abhandlungen, Berlin 1896, S. 206–227 und 381–382, dort besonders S. 221 und 381f. Möller, S. 201f. Feilchenfeldt, Varnhagen von Ense als Historiker (Anm. V,51), S. 77. Ders., Runge und die Dichter, in: JbDSG 21 (1977), S. 297–326, dort S. 325. – Arndts Gedicht: AW 3, S. 25f. DrB 2. Jg., Nr. 10, 24.1.1814, S. 40. Zur Verbreitung der Gedichte und Schriften Arndts: Weber, a.a.O., S. 151ff.

[53] Zur Bedeutung von Claudius' *Rheinweinlied* in der Zeit der Befreiungskriege vgl. Susanne

Vielfalt der verschiedenen Gedichttypen, die diese Anthologie enthält, verhindert, so Ernst Weber, „eine politisch brauchbare Perspektivierung der Gegenwart", da die in den einzelnen Liedern zum Ausdruck kommenden Haltungen einander neutralisierten.[54] Was diese Sammlung aber um so deutlicher macht, ist das in Sammlungen jener Zeit vielfach anzutreffende Verfahren der politischen Ausdeutung einer scheinbar rein literarischen und unpolitischen Bildlichkeit. In dem Wunderhornlied „Es ist ein Schnitter, der heißt Tod..." ist gewiss nicht vom Tod fürs Vaterland die Rede, sondern allgemeiner von der Vergänglichkeit des Menschen gemäß der christlichen Auffassung vom Tod. In einer Sammlung allerdings, die thematisch so umfassend angelegt ist wie das *Liederbuch der Hanseatischen Legion*, in der zugleich an der intendierten patriotisch-politischen Durchdringung aller Lebensbereiche kein Zweifel bestehen kann, ist die Spezifizierung des Todes auf eine ganz besondere Todesart unvermeidlich, ebenso wie der besungene Genuss von Rheinwein hier zu einer patriotisch relevanten Tat wird.[55] Die Sammlung einschlägiger Gedichte stellt einen Konnotationsraum bereit, in dem auch ganz unverfängliche Lieder in den Sog einer politischen Ausdeutung geraten, die auf verdeutlichende Texteingriffe zur Not auch verzichten kann.[56]

Daniel Runge druckt drei der sechs Strophen der seinerzeit von Brentano bearbeiteten Wunderhornfassung,[57] die erste, dritte und sechste. Die Abweichungen beschränken sich abgesehen davon auf solche der Interpunktion und der Orthographie. Das Lied trägt keine Verfasserangabe, was im *Liederbuch* sonst die Ausnahme ist. (Ohne eine solche erscheint aus dem bereits angegebenen Grund auch „Was ist des Deutschen Vaterland...".) Runge, der ein begeisterter Leser des *Wunderhorn* war („Mein Bruder D.", schreibt Philipp Otto Runge im Jahr 1806 in einem Brief an Zimmer, „hat sich vorzüglich daran erbaut, und erbaut sich noch, denn ich habe es noch nicht wieder"),[58] hat sich also wahrscheinlich eines Kirchenliedes aus der von Arnim und Brentano herausgegebenen Sammlung bedient. Es ist nicht völlig auszuschließen, dass die Aufnahme in das *Liederbuch* von Brentano selbst veranlasst wurde und der Herausgeber zu dem Abdruck im *Liederbuch der Hanseatischen Legion* autorisiert war. Im Jahr 1812 wandte sich Daniel Runge an Brentano, mit der Bitte, die in seinem Besitz befindlichen Briefe von

Kiewitz, Poetische Rheinlandschaft. Die Geschichte des Rheins in der Lyrik des 19. Jahrhunderts, Köln u. a. 2003 (Literatur und Leben [N. F.] 61), S. 144ff.

54 Weber (Anm. V,6), S. 143.

55 Liederbuch der Hanseatischen Legion gewidmet. Alphabetisch geordnet, Hamburg 1813, S. 46. Vgl. Anhang III. Auf den Abdruck eines Gedichtes von Brentano in dieser Sammlung hat Weber, Lyrik der Befreiungskriege (Anm. V,6), S. 140, Anm. 203 aufmerksam gemacht. FBA 6, S. 52f.; FBA 9,1, S. 142; FBA 1, S. 463f.; FBA 5,1, S. 247f. Vgl. Berndt Tilp, Das Regensburger Volkslied „Es ist ein Schnitter, der heißt Tod" und seine Rezeption bei Clemens Brentano, Georg Büchner, Joseph von Eichendorff und Alfred Döblin, in: LiB 49 (1997), S. 12–29.

56 Das Prinzip, das hier wirksam ist, wird gut beschrieben von Echternkamp, Der Aufstieg des deutschen Nationalismus (Anm. II,93), S. 213.

57 Vgl. FBA 9,1, S. 141f.

58 Philipp Otto Runge an Zimmer, 24.1.1806, Runge, HS 1, S. 64. Siehe auch Jürgen Behrens, JbFDH 1972, S. 434 (Jahresbericht).

Philipp Otto Runge für eine Ausgabe von dessen Schriften zur Verfügung zu stellen.[59] Ob Brentano hierauf geantwortet hat, ist nicht bekannt. Jedenfalls hat es im Jahr 1815 Beziehungen zwischen ihm und Runge gegeben, bei denen es zudem um die Veröffentlichung Brentanoscher Artikel in Hamburger Zeitungen ging, die Runge vermittelte.[60] Es ist daher nicht auszuschließen, dass auch im Jahr 1813 schon Kontakte nach Hamburg bestanden, und eine aktive Mitarbeit am *Liederbuch der Hanseatischen Legion* wäre ebenso denkbar, wenngleich nicht eben wahrscheinlich.

Österreichs Adlergejauchze und Wappengruß

Wie schwierig die Lage eines patriotischen Dichters sich in Österreich gestaltete, hatte Brentano in dem bereits zitierten Brief vom 24. August 1813 an Bettine von Arnim beschrieben, in dem erstmals von Zensurschwierigkeiten die Rede ist.[61] Mit seinem Gedicht *Österreichs Adlergejauchze und Wappengruß in Krieg und Sieg* erlebte er einen ersten Zusammenstoß mit den Zensurbehörden. Die umfangreiche Überlieferung des Gedichts erlaubt es, die Auseinandersetzung im Detail zu rekonstruieren.[62] Erste Entwürfe finden sich auf dem Doppelblatt M 6 des Mainzer Konvoluts (Seite 1 und 3). Das Papier mit dem Wasserzeichen W. W. ist von Brentano im August und September benutzt worden. Die im September zur Vorzensur für einen öffentlichen Vortrag (nicht bloß für den Druck) eingereichte Fassung ist nicht überliefert. Dass der Zensor an einigen Formulierungen des ursprünglichen Textes Anstoß nahm, ergibt sich aus den überlieferten Notizen Brentanos.[63] Die nach diesen Maßgaben bearbeitete Fassung des Lie-

59 Johann Daniel Runge an Brentano, 3.5.1812, Bergemann, S. 244f. Johann Daniel Runge an Arnim, 27.8.1812, Möller, S. 221f. (Weiss ist dieser Erstdruck des Briefes Daniel Runges an Arnim entgangen; vgl. Weiss 3, S. 242f.). Arnim an Brentano, etwa 10.–15. Mai 1812 und 23.10.1812, Schultz/Schwinn 2, S. 644 und 665.

60 Johann Daniel Runge an Brentano, 8.12.1815, Möller, S. 229f. Brentano an Arnim, 14.8.1815, FBA 33, S. 165. Vgl. Feilchenfeldt, Clemens Brentano und Runge (Anm. I,115), S. 30; ders., Clemens Brentanos publizistische Kontakte mit Hamburg. Neuentdeckte Beiträge zum *Franckfurter Staats-Ristretto* und zu *Der deutsche Beobachter* im Jahre 1815, in: Aurora 36 (1976), S. 47–60, dort S. 52ff.

61 Zur Zensur in Österreich: Oskar Sashegyi, Zensur und Geistesfreiheit unter Joseph II. Beitrag zur Kulturgeschichte der Habsburgischen Länder, Budapest 1958 (Studia historica Academiae Scientiarum Hungaricae 16). Julius Marx, Die österreichische Zensur im Vormärz, München 1959 (Österreich-Archiv). Lechner, Gelehrte Kritik und Restauration (Anm. II,44), S. 79ff. Franz Hadamowsky, Ein Jahrhundert Literatur- und Theaterzensur in Österreich (1751–1848), in: Zeman 1, S. 289–305. Norbert Bachleitner, Die Theaterzensur in der Habsburgermonarchie im 19. Jahrhundert, in: LiTheS 5 (November 2010), S. 71–105. Allgemein: Peter Höyng, Die Sterne, die Zensur und das Vaterland. Geschichte und Theater im späten 18. Jahrhundert, Köln 2003, S. 96–117.

62 Zur Überlieferung vgl. Pravida, FBA 15,4, S. 58 und die unvollständigen Angaben bei Guignard, S. 61–63. Mallon 2, S. 55, Nr. 53. W 1, 1100f.

63 Hs. FDH 7719,14, S. 1 und FDH 7718,6, S. 1. Vgl. Grus, S. 126ff.

des wurde am 5. Oktober im Leopoldstädter Theater im Anschluss an eine Aufführung des Lustspiels *Liebe zum Fürsten* von Hermann Herzenskron vor einer eigens errichteten Dekorationskulisse zu einer Komposition von Wenzel Müller vorgetragen.[64] Am 7. Oktober erschien eine Besprechung, die eigens dieser Aufführung gewidmet war, in Adolf Bäuerles *Theater-Zeitung*.[65] Diese war Brentano gegenüber vor der Valeria-Aufführung wohlgesinnt, was angesichts von Bäuerles publizistischem Gebaren darauf hindeuten dürfte, dass er Brentano nicht als Konkurrenten betrachtete.[66] Hier wird auch der Text des „Volksliedes" ohne Angabe des Verfassernamens wiedergegeben. Das Wort „Volkslied" kann nicht in einem heute geläufigen Sinn verstanden werden. In derselben Nummer der *Theater-Zeitung* wird mit dieser Bezeichnung auch auf „Gott erhalte Franz den Kaiser…" Bezug genommen, und mit dieser Gattungsangabe war die Kaiserhymne im Jahr 1797 auch veröffentlicht worden.[67] Sie war nach ihrer Entstehungsgeschichte buchstäblich ein von Graf Saurau bei Haschka und Haydn in Auftrag gegebenes, von Saurau selbst so genanntes „Volkslied".[68] Da sich der Zensor – wie es vollkommen üblich war – auch für ästhetische Fragen zuständig fühlte, ist das „unsonore Wort, Adler Gejauchze" im Titel von Brentanos Gedicht zu „Frohlocken" geändert worden.[69] Außerdem dürfte der Text in der *Theater-Zeitung* durch den Redakteur des Blattes um mindestens eine Strophe gekürzt worden sein, denn in der dem Abdruck vorangehenden Beschreibung der Dekoration werden spanische Türme erwähnt, die in den anderen Fassungen des Gedichts auch vorkommen, nicht aber in dem Journaldruck. Da sich in den Entwürfen und Zensurnotizen auch weitere Strophen finden, die in dem

64 Die Erstaufführung des Dramas war am 2.10.1813, weitere Aufführungen fanden am 5. und 7.10. statt. ThZ 6. Jg., Nr. 119, 5.10.1813, S. 465–466. Hadamowsky 1, S. 194. Rommel, S. 669. Angermüller, S. 103. In Wenzel Müllers Tagebuch findet sich keine Erwähnung (vgl. Angermüller, S. 215).

65 ThZ 6. Jg., Nr. 120, 7.10.1814, Beylage, S. 25–27 (vgl. Anhang III). Dieser Druck wird ohne Identifikation des Verfassers des Gedichtes erwähnt bei Goedeke 6, 1898, S. 508 und Rommel, S. 669. Er ist bei Mallon nicht verzeichnet. Die Vermutungen von Grus, S. 123, Anm. 10 und Oehring, FBA 33, S. 475 zum ersten Vortrag von Brentanos Lied sind zu korrigieren, es konnte im Anschluss an jedes beliebige Drama gesungen werden und war an Henslers Lustspiel *Der vornehme Gast* nicht gebunden. – Zur *Theater-Zeitung*: Goedeke 6, 1898, S. 23f. Lieselotte Kretzer, Die Wiener Allgemeine Theaterzeitung Bäuerles 1806–1860, Diss. (masch.) Berlin 1941. Gudrun Schobel, Beiträge zur Wiener Theaterkritik im Vormärz. Unter besonderer Berücksichtigung von Bäuerles *Theaterzeitung*, Diss. (masch.) Wien 1951. Rommel, S. 655ff. Estermann, S. 309–352.

66 Siehe die Erwähnung Brentanos in der Besprechung der Feier des Geburtstags des Kaisers am 11.2.1814, in: ThZ 7. Jg., Nr. 19, 14.2.1814, S. 73.

67 ThZ 6. Jg., Nr. 120, 7.10.1813, Beylage, S. 25. Lorenz Leopold Haschka, Gott erhalte den Kaiser! Ein Volkslied, Innsbruck 1797 (Bayerische Staatsbibliothek München, Rar. 1335). Siehe auch Johann Carl Unger, Der Österreichische Monarch als Erbkaiser. Ein Volkslied, gesungen am Tage der Huldigungsfeier, in: NTM 1805, Bd. 2, 6. Stück, Junius, S. 77–79.

68 Franz Josef von Saurau an Moritz von Dietrichstein, 28.2.1820, in: Nohl 2, S. 153f. Gustav Gugitz, Lorenz Leopold Haschka, in: JbGG 17 (1907), S. 32–127, dort S. 106ff.

69 Hs. FDH 7719,14, S. 1. Vgl. Grus, S. 126.

ersten Druck nicht wiedergegeben sind, ist zudem von weiteren Auslassungen auszugehen. Ob der Redakteur der *Theater-Zeitung* zu solchen Änderungen autorisiert war, ist nicht bekannt. Zwar scheint die Frage nach der Autorisation bei einem solchen anonym verbreiteten und als „Volkslied" ausgegebenen Text ohnehin unzulässig, doch hat der Urheber selbst das in diesem Fall keineswegs so aufgefasst. Wie Brentano in seiner Nachschrift zu einer geplanten Ausgabe der Wiener Arbeiten glaubhaft versichert, ist das Lied auf den Theatern Wiens – gemeint sein dürfte die Leopoldstädter Bühne – „oft abgesungen" worden, vermutlich mehrmals in rascher Folge nach dem 5. Oktober.[70] Belegt ist, dass es in einer Vorstellung des Lustspiels *Der vornehme Gast* am 16. Oktober 1813 in der Leopoldstadt vorgetragen wurde. Diese wiederholte Aufführung erregte anscheinend erstmals die Aufmerksamkeit der Theateraufsicht. Karl Glossy referiert den Vorgang nach den heute wohl nicht mehr erhaltenen Akten wie folgt:[71]

> Der Inspektionskommissär des Leopoldstädter Theaters meldet, das bei der Vorstellung des Lustspieles *Der vornehme Gast* die Wappenschilder der alliierten Mächte gezeigt und hiebei das Volkslied *Des österreichischen Adlers Frohlocken und Wappengruß* von dem Theaterpersonale gesungen wurde. Nach dem vierten Absatze sei ganz unerwartet ein Genius mit dem bayrischen Wappen, gleichsam in den Wolken schwebend, erschienen und von dem Publikum mit lautem Vivatrufen begrüßt worden.
>
> Die Polizeihofstelle rügt (18. Oktober) diese Überraschung, denn obgleich das Lied die Zensur erhalten habe, so liege dennoch in der Vorstellung selbst etwas in die höhere Staatspolitik Eingreifendes, welches ein Theaterunternehmen ohne vorläufige Anfrage wegen möglicher Mißgriffe nicht aufführen sollte.

Anstoß erregte nicht der ursprüngliche Text selbst, sondern die Art der Aufführung, die einzelne Länder konkret beim Namen nannte und sie in Form von Wappen vorstellte. Da das Lied zuvor die Zensur passiert hatte, scheint nicht so sehr die namentliche Erwähnung der Alliierten problematisch gewesen zu sein, obwohl die Identifikation von kriegführenden Mächten prinzipiell durch die Zensurordnung ausgeschlossen war (noch bei der Erstaufführung von *König Ottokars Glück und Ende* im Jahr 1825 mussten die „Ungarn" durch das Wort „Feind" ersetzt werden).[72] Vielmehr war es die Erwähnung eines tagesaktuellen Ereignisses, die Anstoß erregte, und zwar des Vertrages von Ried vom 8. Oktober, durch welchen sich Bayern aus dem Rheinbund gelöst hatte und zur antinapoleonischen Koalition übergetreten war. Wahrscheinlich ist hierauf Brentanos Klage zu beziehen, sein Gedicht sei „von dortigen Poeten bei vorkommender Occasion ohne mein Wissen amplificiret worden".[73] Eine solche Erweiterung sollte eigentlich der

[70] FBA 13,3, S. 457. Grus, S. 119.

[71] Glossy, S. 165. Zum Datum der Aufführung vgl. ebd., S. 303. Siehe auch Grus, S. 122ff.

[72] Carl Glossy, Zur Geschichte der Wiener Theatercensur I, in: JbGG 7 (1897), S. 238–340, dort S. 313. Susanna Jauker, Die Uraufführungen der Dramen Franz Grillparzers auf dem Burgtheater, Diss. (masch.) Wien 1962, S. 67. Brentano täuscht sich also, wenn er das Verbot der ausdrücklichen namentlichen Nennung eines Kriegsgegners nur auf die Kriegszeit um 1813 bezieht (Vorwort, Viktoria, S. XIIIf.; FBA 13,3, S. 83).

[73] FBA 13,3, S. 457. Grus, S. 119.

Zensur erneut vorgelegt worden sein, was aber offenbar unterblieben war. Die Formulierung „Volkslied" fand sich, wie bemerkt, schon in dem Druck der *Theater-Zeitung*. Gegenüber dessen Text ist der am 16. Oktober vorgetragene Wortlaut wahrscheinlich bereits verändert worden, denn in der Journalfassung war von Bayern noch keine Rede. Trotz dem polizeilichen Eingreifen scheint das Lied auch weiterhin vorgetragen worden zu sein. Angermüller verzeichnet in seinem auf Wenzel Müllers Tagebuch beruhenden Spielplan des Leopoldstädter Theaters ein Werk „Österreichs Wappengruß. Großer Chor. Festspiel", dessen Erstaufführung am 18. Oktober 1813 stattgefunden habe.[74] Es ist unklar, ob die Angabe „Festspiel" aus den Quellen stammt oder vom Bearbeiter des Verzeichnisses ergänzt wurde, wenngleich letzteres weitaus wahrscheinlicher sein dürfte. Bei der „Erstaufführung" könnte es sich um eine erneute Amplifikation des Textes handeln, wenn nicht einfach ein Irrtum vorliegt. Der *Österreichische Beobachter* kündigt am 24. Oktober 1813 die Aufführung eines Werks mit dem Titel „Wappengruß" auf dem Leopoldstädter Theater an, das zusammen mit dem Lustspiel *Der Landwehrist* von Johann Baptist Hirschfeld und der komischen Pantomime *Die Unterhaltung in der Ukraine* von Karl Hampel, Musik von Franz Volckert, gegeben werden sollte.[75] Nach Hadamowskys Spielplan fand diese Aufführung am 27. Oktober statt, ein „Wappengruß" wird dort aber nicht genannt und auch sonst nicht erwähnt.[76] Die beiden anderen Stücke füllten öfter zusammen einen Theaterabend, bei dem *Wappengruß* kann es sich also nur um eine kurze Einlage gehandelt haben. Binnen kurzer Zeit scheint das Gedicht seinen Weg auch über weitere Bühnen des Habsburgerreichs gemacht zu haben, und bis zum Jahresende ist es sogar bis nach Slowenien vorgedrungen. Peter von Radics schreibt in seiner Geschichte des Laibacher Theaters:[77]

> Nach dem Abzuge der Franzosen aus Krain und dem Einzuge des österreichischen Zivil- und Militärgouverneurs F[eld]Z[eug]M[eister]. Freiherrn von Lattermann in Laibach, 13. Oktober 1813, wenige Tage vor der ewig denkwürdigen Schlacht bei Leipzig, konnte unter dem österreichischen Adler das hiesige ständische Schauspielhaus seine Tore dauernd der deutschen Muse auftun. Als Direktor der ersten Saison erscheint der in der Theaterwelt bestbekannte Unternehmer Xavier Deutsch (...). Als Kapellmeister hatte Deutsch den tüchtigen Wenzel Müller für unsere Bühne zu gewinnen gewußt (...). Nachdem Sonntag den 28. November 1813 im Laibacher Schauspielhause Ludwig Hiepe, Mitglied des ständischen Theaters in Graz, ein großes Deklamatorium in drei Abteilungen gegeben, fand die Eröff-

74 Angermüller, S. 152.

75 ÖB Nr. 297, 24.10.1813, S. 1506. Zu *Der Landwehrist*: Goedeke 11,2, 1953, S. 198. Zu *Die Unterhaltung in der Ukraine*: Meyerbeer, Tagebuch, 1.7.1813, Bfw 1, S. 229. Wien, d. 8ten July. Übersicht des Monats Juny, in: AmZ Nr. 30, 28.7.1813, Sp. 495–497, dort Sp. 497.

76 Hadamowsky 1, S. 336.

77 Peter von Radics, Die Entwicklung des deutschen Bühnenwesens in Laibach, Laibach 1912, S. 82f. Zum Theater in Ljubljana: H. Costa, Versuch einer Geschichte des Theaters zu Laibach, in: ÖBLK 4. Jg., Nr. 29, 3.2.1847, S. 115–116; Walter Puchner, Historisches Drama und gesellschaftskritische Komödie in den Ländern Südosteuropas im 19. Jahrhundert. Vom Theater des Nationalismus zum Nationaltheater, Frankfurt a. M. u. a. 1994 (EHS XXX/57), S. 23ff.

nungsveranstaltung der Gesellschaft Deutsch am 19. Dezember mit einem Festabende statt, wobei das „patriotische Volkslied“ Frohlocken und Wappengruß des Österreichischen Adlers, Musik von Kapellmeister Wenzel Müller, mit rauschendem Beifalle abgesungen wurde; es beginnt mit den Worten:

Frohlocke nun, Österreich!
Es schwindet die Nacht
Die Träne der Völker,
Dein Adler erwacht!
Mit ernstem Besinnen
Erhebt er das Schwert,
Zu rächen nun Deutschlands
Beleidigten Werth.

Das Lied schließt mit der Apostrophe an Kaiser Franz:

Frohlocke nun, Österreich!
Doch wende den Blick
Zu jenem dort oben,
Nur er wirkt dein Glück!
Frohlocke nun, Österreich,
Und rufe ihm zu
Heil Franzen! Er gibt uns
Die Palme der Ruh.

Von Wenzel Müller stammte zwar die Komposition, aber er war keineswegs Kapellmeister des Laibacher Theaters. Wie oben schon bemerkt, ist eine Vertonung ausschlaggebend für die weitere Verbreitung eines Liedes, das andernfalls völlig unbeachtet bliebe. Das nunmehr neunstrophige Gedicht weicht stark von der Brentanoschen Fassung ab, hat aber die generelle Machart, die Strophenform und manche Reimwörter bewahrt.[78] Bei diesem Gedicht darf von einem kleinen Theatererfolg gesprochen werden, Brentanos Name blieb stets ungenannt.

Außer dem Erstdruck des Gedichts und den von fremden Händen bearbeiteten Versionen des „Volksliedes“ gibt es noch zwei weitere gedruckte Fassungen. Die erste wurde nach einer im Besitz Johann Friedrich Böhmers befindlichen Reinschrift von Johannes Baptista Diel im Jahr 1871 gedruckt.[79] Diese Version entspricht weitgehend dem Text, wie er vor der Zensur aussah, denn die letzte Strophe stimmt mit wenigen Abweichungen mit dem Wortlaut überein, den Brentano in seinem Brief an Pálffy von Anfang Oktober zitiert. Ob der Druck bei Diel mit der Fassung, die im September 1813

[78] Es gibt einen Druck des Liedes: Frohlocken und Wappengruß des Österreichischen Adlers. Patriotisches Volkslied, Gesungen bey Wiedereröffnung des deutschen Theaters in Laibach, am 19. Dezember 1813, Laibach 1813 (zur Zeit ist kein Exemplar bekannt). Wiederabdruck durch Peter von Radics auch in: Laibacher Zeitung 129. Jg., Nr. 258, 12.11.1910, S. 2365. Vgl. Radics, Die Entwicklung des deutschen Bühnenwesens in Laibach (Anm. V,77), S. 83, Anm. 89.

[79] Diel 1, S. 148–152. Zur Überlieferung vgl. ebd., S. 220; Preitz 1, S. 415f.

der Zensur vorgelegt wurde, identisch ist, hängt von der Einschätzung der neunten Strophe ab. Bei Diel lautet sie:[80]

Nun jauchze, mein Östreich!
Dein Adler weit spannt
Den Flug vor der Sonne
Und schattet in's Land;
Und bald ward auch darum
Der rheinische Bund
Wohl unter den Schwingen
Des Aares gesund.

Auch die unzensierte Fassung muss eine vergleichbare Strophe enthalten haben, denn nach Ansicht des Zensors war „das, was vom Rheinischen Bund gesagt wird nicht zuläßig".[81] Der Journaldruck ersetzt an der entsprechenden Stelle (7. Strophe) die politische Bezugnahme durch zwei Bibelstellen, Genesis 8,11 und Psalm 17,8:[82]

Nun jauchze, mein Östreich!
  Dein Adler weit spannt,
Den Flug vor der Sonne,
  Und schattet ins Land.
Mit Gott! Wohl uns darum
  Der Ölzweig ergrünt,
Sub umbra alarum
  Tuarum versühnt.

Die Dielsche Fassung ist aber im Präteritum gehalten und setzt damit die Auflösung des Rheinbundes nach der Leipziger Schlacht (16.–19. Oktober 1813) voraus. Es handelt sich also um eine zumindest in einem Wort (wird/ward) überarbeitete Fassung, nicht um die bei der Zensur eingereichte Version. Obwohl sie also der unzensierten Fassung im Wortlaut näher steht als der Journaldruck, dürfte dessen Text einen chronologisch früher anzusetzenden Textzustand überliefern. Die Befreiung Triests, die in der zwölften Strophe erwähnt wird, fand im Oktober 1813 statt, und mit der Befreiung des Rheins (13. Strophe) ist die Situation am Ende des Herbstfeldzugs Ende Oktober/Anfang November 1813 gemeint, die auch Gegenstand des Festspiels *Die deutschen Flüsse* ist. Es gibt sogar direkte Entsprechungen der letzten Strophen der Dielschen Fassung (und auch der im *Taschenbuch für vaterländische Geschichte*) mit dem Schluss dieses kleinen Dramas. Die Verse der vorvorletzten und der vorletzten Strophen haben in den Motiven des Bacchusaltars, des sühnenden Tranks und der in den Rhein hinab geworfenen Fesseln genaue Parallelen in dem Gedicht *Klage- und Siegsgeschrei der Elbnymphe* sowie

80 Diel 1, S. 150.

81 Hs. FDH 7719,14, S. 1. Vgl. Grus, S. 126f.

82 ThZ 6. Jg., Nr. 120, Beylage, S. 26f. Zu Gen 8,11 vgl. Pravida, FBA 11,2, S. 283f. Zu Ps 17,8 (oder vergleichbaren Stellen) vgl. Werner Bellmann, FBA 16, S. 658.

im Chor der Nymphen und der letzten Rede der Germania in dem Festspiel.[83] Es liegt nahe, eine Entstehung der überarbeiteten Fassung des Gedichts im Oktober oder November anzunehmen, bei der dann auch zuvor zensierte Passagen wiederhergestellt wurden.[84] Da die letzte erhaltene Fassung im *Taschenbuch für vaterländische Geschichte* für das Jahr 1814 erschien und da solche Publikationen gegen Ende des Vorjahres zu erscheinen pflegten, wird eine entsprechende Datierung auch für diesen Druck gelten. Das ursprünglich von Hormayr herausgegebene Taschenbuch wurde, als er selbst wegen einer anhängigen Klage auf Hochverrat verhindert war, für das Jahr 1814 von Johann Wilhelm Ridler besorgt. Dies legt schon der Inhalt des Jahrgangs nahe, der zum größten Teil von ihm herrührt. Den positiven Nachweis liefern eine Besprechung Fischers in den *Friedensblättern* sowie ein Brief Ecksteins an Brentano, wo Ridler als Herausgeber genannt wird.[85] Ridler war mit Caroline Pichler befreundet und verkehrte in deren Salon;[86] vielleicht lernte ihn Brentano dort kennen und verschaffte sich dadurch die Publikationsgelegenheit.

Der Abdruck im *Taschenbuch für vaterländische Geschichte* enthält wie die Dielsche Fassung wieder eine Reihe der seinerzeit beanstandeten Formulierungen, übernimmt aber anscheinend auch Elemente der nach der Zensur vorgenommenen Überarbeitung, so in der oben zitierten Strophe das Psalmenzitat.[87] Gegenüber der Dielschen Fassung musste vor allem die dort vorletzte Strophe mit ihrer Anspielung auf die Ehe Napoleons mit Marie Louise von Habsburg ersatzlos wegfallen, die im April 1810 an den korsischen Parvenu verheiratet worden war. Anzügliche Anspielungen auf diese Verbindung der beiden Kaiserhäuser scheinen nicht selten gewesen zu sein und finden sich auch in Brentanos Rheinmärchen.[88] In Wien führten sie regelmäßig zu aller-

83 Diel 1, S. 151. W 1, S. 281, v. 100–112. Die deutschen Flüsse, FBA 13,3, S. 330f.

84 Diel 1, S. 221 nimmt eine Entstehung „in den letzten Tagen des Jahres 1813 oder im Anfang 1814" an. Von der „Überschreitung des Rheins" ist aber in dem Gedicht noch nicht die Rede.

85 Karl Fischer, Schöne Literatur. Einheimische Almanache, in: Frbl 2. Jg., Nr. 30, 11.3.1815, S. 119; Nr. 31, 14.3., S. 123–124, dort S. 123. Die Identifikation des unterzeichneten K als Fischer ergibt sich aus dem Vermerk Fischers im 2. Jg., Nr. 77, 29.6.1815, S. 308. Eckstein an Brentano, 24.9.1814, Sammlung Varnhagen, Kasten 55, Biblioteka Jagiellońska, Kraków (vgl. Anhang II). Zu Ridler: Körner 3, Bd. 3, S. 368. Wurzbach 26, 1874, S. 73–76. Hubert Reitterer, in: ÖBL 9, 1988, S. 134f. Ridlers Beiträge im Taschenbuch für die vaterländische Geschichte 4. Jg., 1814, füllen dort von den Seiten 9–300 die Seiten 9–46, 50–68, 86–93, 108 bis 161, 162–266, 267–269, 270–300. Grus, S. 126 vermutet, es sei der Zensor Joseph Friedrich von Retzer gewesen, dem Brentano den Druck seines Gedichtes zu verdanken habe. Durch die Identifikation Ridlers als Herausgeber, der zugleich Habitué im Pichlerschen Salon war, verliert dieser Zuschreibungsversuch an Interesse. Vgl. Goedeke 6, 1898, S. 508; Arthur Rümann, Historische Almanache und Taschenbücher, in: Philobiblon 11 (1939), S. 185–200, dort S. 198.

86 Pichler 1, S. 307, 395f., 397f.; 2, S. 406; zusammenfassend Blümml, ebd. 1, S. 569, Anm. 503.

87 Taschenbuch für die vaterländische Geschichte 4. Jg., 1814, S. 103–107. W 1, S. 278–281.

88 Friedhelm Kemp und Wolfgang Frühwald möchten die „Staatskatze" (FBA 17, S. 83) als

gischen Reaktionen der Zensur. Die Aufführung des Stücks *Mit Mord und Totschlag oder: So kriegt man die Louise* von Karl Koch konnte im Oktober 1810 wegen „allerlei unliebsamer Deutungen" nur mit geändertem Titel über die Wiener Bühnen gehen. Zuerst war es 1806 – also lange vor der kaiserlichen Hochzeit – auf die Bühne gebracht worden. Vielleicht muss auch schon die Erstaufführung des *Käthchen von Heilbronn* am 17. März 1810 in Wien unter diesem Gesichtspunkt betrachtet werden. Ähnliche Anspielungen wurden laufend von der Zensur beanstandet, im April 1813 mussten die Worte „Ich habe meine Tochter dem Vaterlande und nicht das Vaterland meiner Tochter geopfert" aus Johanna von Weißenthurns *Belagerung von Smolensk* gestrichen werden.[89] Noch 1823 geriet Grillparzers Trauerspiel *König Ottokars Glück und Ende* unter anderem wegen „unangenehmen Erinnerungen" an die berüchtigte Heirat in die Mühlen der Zensur.[90]

Österreichs Adlergejauchze und Wappengruß ist ein für die im engeren Sinne auf die österreichische Lage hin geschriebenen Werke typisches Produkt. Brentanos heraldische Phantasie bedient sich ausgiebig der Embleme der alliierten Mächte und verknüpft sie mit der Motivik der literarischen Tradition, so dem Phönix aus der Asche für den russischen Adler und dem Einhorn für England. Es war ein, wenn auch nicht wahres, so doch gut erfundenes Gerücht, von dem Görres im Jahr 1810 berichtet und das Brentano den Plan unterstellt, als neubestallter Professor der Kameralistik Privatissima in Heraldik halten zu wollen.[91] Brentanos heraldische Adaptionen stehen im Dienst einer zeitbezogenen Deutung, die politische Ereignisse als Taten der Wappentiere dar-

Marie Louise identifizieren (W 3, 1. Auflage, S. 1074, die betreffende Passage findet sich in der 2. Auflage nicht mehr).

89 Glossy, S. 136 (*Mit Mord und Totschlag*) und 160 (*Die Belagerung von Smolensk*). Sembdner 1, S. 322. Vgl. Karl Glossy, Die Vermählung der Erzherzogin Maria Louise mit Napoleon I. (Aus dem Tagebuch eines Wieners), in: ders., Kleinere Schriften, hrsg. von seinen Freunden, Wien, Leipzig 1918, S. 438–455. August Fournier, Napoleon I. Eine Biographie, Bd. 2, Wien ^{3}1913, S. 314ff.

90 Josef Graf Sedlnitzky an die k.k. Hof- und Staatskanzlei, 21.12.1823, in: Grillparzer, Gespräche II,1, S. 207. Jakob Zeidler, Ein Censurexemplar von Grillparzer's *König Ottokars Glück und Ende*, in: Ein Wiener Stammbuch. Dem Director der Bibliothek und des Historischen Museums der Stadt Wien Dr. Carl Glossy zum 50. Geburtstag, 7. März 1898, gewidmet von Freunden und Landsleuten, Wien 1898, S. 287–311, besonders S. 310. Karl Glossy, Zur Geschichte des Trauerspiels *König Ottokars Glück und Ende*, in: JbGG 9 (1899), S. 213–247, dort S. 230f. Christian Grawe, Grillparzers Dramatik als Problem der zeitgenössischen österreichischen Theaterzensur, in: „Was nützt der Glaube ohne Werke …" Studien zu Franz Grillparzer anläßlich seines 200. Geburtstages, hrsg. von August Obermayer, Dunedin 1992 (Otago German Studies 7), S. 162–190, dort S. 186f. Michal Chvojka, Josef Graf Sedlnitzky als Präsident der Polizei- und Zensurhofstelle in Wien (1817–1848). Ein Beitrag zur Geschichte der Staatspolizei in der Habsburgermonarchie, Frankfurt a. M. u. a. 2010 (Schriftenreihe der Internationalen Forschungsstelle Demokratische Bewegungen in Mitteleuropa 1770 bis 1850 42), S. 201ff.

91 Einhorn: Brentano, Mährchen vom Schneider Siebentodt, FBA 17, S. 317. Heraldik: Görres an Arnim, 1.1.1810, in: Steig, Görres 1, S. 137.

stellt. Es konnte sich nur um sinnfällige Geschehnisse wie den Brand Moskaus handeln, der auch in anderen Werken Brentanos oft erwähnt wird. Zeitgeschichte wird so zu einer Sequenz sinnfälliger Taten. Die Allianz der drei Adler – des österreichischen, des preußischen und des russischen – ist das am häufigsten verwendete Motiv seiner patriotisch-panegyrischen Lyrik, und nicht nur seiner.[92] Brentano folgt damit einer Tradition der Bildlichkeit heraldischer Tiere, die auch im historisch-politischen Lied anzutreffen ist.[93] Daneben kommt sie in freier Gestaltung auch in seinen eigenen Werken vielfach vor, so in den Märchen und in den Dramen *Aloys und Imelde* und *Die Gründung Prags*.[94] Die Verwendung konservativer Formtraditionen lässt sich jedoch nicht auf bestimmte Vorlieben und autortypische Gestaltungsweisen Brentanos reduzieren. Mit der Verwendung heraldischer Embleme ist zugleich die politische Deutung der zeitgeschichtlichen Ereignisse festgelegt: Es handelt sich um einen Krieg der Häuser und Dynastien gegen einen nichtlegitimierten Usurpator, nicht um eine Erhebung der Völker. Wenn Brentano trotzdem mit der Zensur in Konflikt geriet, dann geschah dies deshalb, weil er den Gegenwartsbezug der von ihm verwendeten Bildersprache zu deutlich herausstellte, also die traditionelle Formensprache aktualisierend auf die Ereignisse der Gegenwart hin transparent zu machen versuchte. Die Ahndung dieses Versuchs durch die Zensur zeigt, wie gering der Spielraum auch noch innerhalb einer doch grundsätz-

92 Vgl. Pross, FBA 15,4, S. 129.

93 Zur heraldischen Deutung politischer Ereignisse: Dietmar Sauermann, Historische Volkslieder des 18. und 19. Jahrhunderts: Ein Beitrag zur Volksliedforschung und zum Problem der volkstümlichen Geschichtsbetrachtung, Münster 1966 (Schriften der Volkskundlichen Kommission des Landschaftsverbandes Westfalen-Lippe 18), S. 45f. Zum österreichischen Wappentier: Peter Diem, Die Symbole Österreichs. Zeit und Geschichte in Zeichen, Wien 1995, S. 109ff. Claus D. Bleisteiner, Der Doppeladler von Kaiser und Reich im Mittelalter. Imagination und Realität, in: MIÖG 109 (2001), S. 4–52. – Ernst Weber (Die nationale Idee in der Zeit der Romantik und des Vormärz, in: Die Intellektuellen und die nationale Frage, hrsg. von Gerd Langguth, Frankfurt a. M., New York 1997, S. 65–106, dort S. 81f). glaubt in der Formen- und Bildersprache derjenigen Brentanoschen Texten, die 1813/14 den Weg in die österreichische Öffentlichkeit fanden, eine Nähe zur patriotischen Enkomiastik des 18. Jahrhunderts, etwa Gleims, feststellen zu können und zieht aus dieser immerhin diskutablen Behauptung unzulässige Schlüsse auf Brentanos politischen Standort. Henning Herrmann-Trentepohl (Art. Adler/Aar, in: Metzler-Lexikon literarischer Symbole, hrsg. von Günter Butzer und Joachim Jacob, Stuttgart, Weimar 2008, S. 5–6, dort S. 5) hält Brentanos Verwendung des Adler-Bildes in dem vorliegenden Gedicht für „patriotisch bis chauvinistisch“. Als ein „peinliches Dokument der Polemik“ prangert Mathias Mayer (Klassik und Romantik, in: Franz-Josef Holznagel u. a., Geschichte der deutschen Lyrik, Stuttgart 2004, S. 261–374, dort S. 359) das Lied an. Aufschlussreich ist hingegen Walter Pape, „Juchheirassa, Kosacken sind da!“ Russen und Rußland in der politischen Lyrik der Befreiungskriege, in: Russen und Rußland aus deutscher Sicht. Teil 3: 19. Jahrhundert. Von der Jahrhundertwende bis zur Reichsgründung (1800–1871), hrsg. von Mechthild Keller und Claudia Pawlik, München 1992 (West-östliche Spiegelungen A/3), S. 289–314, dort S. 312f.

94 Oskar Seidlin, Brentanos Heraldik, in: Clemens Brentano. Beiträge des Kolloquiums im Freien Deutschen Hochstift 1978 (Anm. I,25), S. 349–358. Ursula Reber, Formenverschleifung. Zu einer Theorie der Metamorphose, München 2009, S. 205–210.

lich den an die österreichischen Dichter gestellten Erwartungen gemäßen Formensprache war. Dennoch wird selbst an diesem Gedicht deutlich, dass nicht ein österreichischer Landespatriot spricht, sondern ein Schriftsteller, für den der österreichische Adler in der Volière der heraldischen Vögel nur einer unter anderen und bestenfalls primus inter pares ist. Wo seine Sympathien liegen, zeigen die Verse in der vierten Strophe, in denen von dem preußischen Wappentier die Rede ist. Dieses sei „ein Aar, / So brav als in Habsburg / Wohl einer je war“,[95] was aber auch das äußerste gewesen sein dürfte, was Brentano meinte sich an politischer Aussage zutrauen zu dürfen.[96] Über die offiziöse Bildlichkeit können die Bezüge leicht übersehen werden, die zu Brentanos eigenen Werken führen. Von Brentanos heraldischer Phantasie war schon die Rede. Das Bild vom Adler, der in die Sonne blickt, ist traditionell und in der Österreichpanegyrik verbreitet, aber Brentano entnimmt es durch Selbstrezeption seinem eigenen Motivrepertoire. Es dürfte bei ihm zuerst im *Godwi* vorkommen.[97] In demselben Werk findet sich wohl auch erstmals das Zitat aus den Psalmen.[98] Und über die letzten Strophen, die gleichlautende Entsprechungen in *Rheinübergang Kriegsrundgesang* und in dem Festspiel *Die deutschen Flüssen* haben, verweist das Gedicht auf die *Mährchen vom Rhein.*[99]

Rheinübergang Kriegsrundgesang

Dasselbe Bild wie bei *Österreichs Adlergejauchze* ergibt sich bei dem Gedicht *Rheinübergang Kriegsrundgesang*, das anlässlich der Überschreitung des Rheins zur Jahreswende 1813/14 entstand.[100] Günter Adam, der sich in neuerer Zeit als erster wieder etwas einlässlicher mit Brentanos patriotischer Lyrik befasst hat, gibt folgende Zusammenfassung des Inhalts dieses Gedichts: „Brentano nimmt den Rheinübergang zum Anlass eines Preisgedichts auf die hervorragenden Ereignisse des Kampfes gegen Napoleon, vom Brand Moskaus bis zum Sieg bei Vittoria, auf die Herrscher, vom österreichischen Kaiser bis zum schwedischen Kronprinzen, sowie auf die gegen Napoleon kämpfenden Völker, von den Preußen bis zu den Spaniern, deren Gesang die

[95] Taschenbuch für die vaterländische Geschichte 4. Jg., 1814, S. 104. W 1, S. 279.

[96] Vgl. Brentano an Pálffy, Anfang Oktober 1813 (Entwurf), FBA 33, S. 71.

[97] Godwi, FBA 16, S. 42 und Werner Bellmann, ebd., S. 641 z. St. Aristoteles, historia animalium 9,8,34. Plinius, naturalis historia 10,8,26. Aelian, de natura animalium 2,26. Albrecht Schöne, Emblematik und Drama im Zeitalter des Barock. 3. Aufl. mit Anmerkungen, München 1993, S. 108ff. Eher irreführend für Brentanos Gebrauch des Topos ist Anil Bhatti, Clemens Brentano und die Barocktradition, Diss. München 1971, S. 121.

[98] FBA 16, S. 79.

[99] Vgl. Kiewitz, Poetische Rheinlandschaft (Anm. V,53), S. 142f.

[100] Mallon 2, S. 54, Nr. 51. Guignard, S. 64. W 1, S. 298–308, 1109f. Zum Übergang des Rheins: Albert Pfister, Aus dem Lager der Verbündeten 1814 und 1815, Stuttgart, Leipzig 1897, S. 59 bis 80. Friedrich 3, S. 51ff. Michael V. Leggiere, The Fall of Napoleon, Vol. 1: The Allied Invasion of France, 1813–1814, Cambridge 2007, S. 228ff.

Kämpfe auf französischem Boden begleiten soll.“[101] Die Lobeserhebungen, mit denen Brentano die Herrscher der alliierten Mächte feiert, können angesichts der Zwänge, denen patriotische Veröffentlichungen in Österreich unterlagen, nicht au pied de la lettre für die Einschätzung seiner politischen Haltung in Anspruch genommen werden.[102] In seinen Briefen vertritt Brentano eine gerade entgegengesetzte Auffassung: „die Geschichte geht ihren Gang wie die Natur, Feldzüge und Könige können keine Freiheit erringen, die Völker werden es einstens thun!“[103] Umgekehrt lassen sich allein aus dem Auftreten von lauter „Gemeinen“ in *Viktoria und ihre Geschwister* ebensowenig Schlüsse auf Brentanos politische Überzeugungen ziehen.[104] In einer Komödie, die zum Teil im niederen Stil gehalten ist, dürfen schon aus Gründen der Gattungstradition keine Personen höheren Standes auftreten. Bemerkenswert an *Rheinübergang Kriegsrundgesang* ist vielmehr, mit welcher Anzüglichkeit hier der österreichische Kaiser behandelt wird. In der dritten Strophe heißt es in freier Variation neutestamentlicher Sprache, Franz sei der Hingabe des Blutes aller verbündeten Soldaten würdig, da „er doch sein Blut gegeben“. Brentano bedient sich eines Wortspiels, in dem verschiedene synekdochische Verwendungen des Wortes „Blut“ zu einem inkongruenten semantischen Zeugma zusammengeführt werden. Meint die eine Bedeutung die Hingabe des Lebens im Kampf, so ist das hingegebene Blut im Fall des Kaisers die Tochter Marie-Louise. Brentano hatte die Anspielung auf die Kaiserhochzeit schon aus *Österreichs Adlergejauchze und Wappengruß* tilgen lassen müssen. Dass sie in *Rheinübergang Kriegsrundgesang* stehenbleiben konnte, ist bemerkenswert. Vielleicht war die Formulierung durch ihre Anklänge an die entsprechenden Ausführungen im österreichischen Kriegsmanifest, an dessen Wortlaut der Kaiser immerhin selbst redigierend beteiligt war, ausreichend gedeckt.[105] Auch hier ging es jedoch nicht ohne Probleme ab. Preitz hat zuerst aus Brentanos Nachschrift zu einer geplanten Sammelausgabe der Wiener Werke zitiert, wonach das Gedicht „‚den Tag nach der Nachricht dieses Übergangs‘ vollendet, von der Zensur

[101] Adam, Die vaterländische Lyrik (Anm. II,62), S. 149. Siehe auch Carol Lisa Tully, Creating a National Identity. A Comparative Study of German and Spanish Romanticism, Stuttgart 1997 (Stuttgarter Arbeiten zur Germanistik 347), S. 203ff. Kiewitz, Poetische Rheinlandschaft (Anm. V,53), S. 142f. Alois Stockmann S.J., Klemens Brentano als vaterländischer Dichter, in: Stimmen der Zeit 89 (1915), S. 50–69, dort S. 67 spricht übrigens von dem „noch heute ziemlich bekannte(n) Kriegsrundgesang“.

[102] So aber Kiewitz, Poetische Rheinlandschaft (Anm. V,53), S. 149 und Weber, Die nationale Idee in der Zeit der Romantik (Anm. V,93), S. 81f.

[103] Brentano an Gunda von Savigny, Ende Juli 1813, FBA 33, S. 39. Vgl. Gerhard Kluge, FBA 19, S. 703ff.; Caroline Pross, FBA 15,4, S. 18 Zur Geschichte dieser averroistischen (und tolstoischen), nicht spezifisch „romantischen“ Denkfigur vgl. Wolfgang Hübener, Neuzeit und Handlung, in: ders., Zum Geist der Prämoderne, hrsg. von Norbert Bolz, Sven K. Knebel, Stephan Meier, Würzburg 1985, S. 9–24.

[104] So aber Pross, Kunstfeste (Anm. II,97), S. 264 und 282, nach Peter Sprengel, Die inszenierte Nation. Deutsche Festspiele 1813–1914. Mit ausgewählten Texten, Tübingen 1991, S. 42.

[105] Gentz, Schriften 2, S. 371: „Für die Monarchie, für das heiligste Interesse der Menschheit, als Schutzwehr gegen unabsehliche Übel, als Unterpfand einer bessern Ordnung der Dinge, gaben Se. Majestät, was Ihrem Herzen das Theuerste war, hin.“

sechs Wochen zurückbehalten und dann in der Vertonung Friedrich August Kannes im k.k. Operntheater gesungen wurde", das heißt im Kärntnertortheater.[106] Die Vertonung ist zusammen mit der ersten Strophe des Gedichtes durch Friedrich August Kanne als Einblattdruck erschienen.[107] Im *Rheinischen Merkur* wird das Gedicht sogar erst am 1. Oktober 1814 als Neuerscheinung vermeldet, was aber weniger mit der Zensur als mit der Entfernung zwischen Koblenz und Österreich zu tun haben wird.[108]

Wie Susanne Kiewitz in ihrer kurzen Interpretation feststellt, stammen zentrale Motive des Gedichts aus den *Mährchen vom Rhein*. Wegen ihrer für Brentanos Wiener Werke zentralen Wichtigkeit sei die betreffende Stelle vollständig ausgeschrieben:[109]

> In *Rheinübergang Kriegsrundgesang* ist der Rhein als Ort der kriegerischen Entscheidung ein Triumphplatz der Freiheit. Er wird dabei ganz ähnlich wie in den *Rheinmärchen* dargestellt, wo Brentano den Strom als Festplatz der Kunst zeigte. Während dort aber die Vereinigung alles Wunderbaren stattfand, schließen sich hier die soldatischen „Siegesbrüder" (v. 5) zusammen. Zogen die deutschen Ströme in den *Rheinmärchen* vom poetischen Klangspiel zum Rheinschloß, treffen sich nun die deutschen Stämme „Bayern, Schwaben, Baden" am Ufer, um „deutsch gesinnt" (v. 13f.) gegen Napoleon anzutreten. Und war die Rheinlandschaft der Märchen die Heimat alles Poetischen der europäischen Kulturen, bejubelt dieses Rheinlied Europas siegende Kriegsheere: „Wellington" (v. 79), „Hispaniens heilg'e Schar" (v. 90) und „Hollands freie Männer" (v. 152). Die utopischen Bilder haben politische Tragweite gewonnen. In der Landschaft feiert nun nicht mehr die poetische, sondern die militärische Vereinigung der Nation: „Alle, alle sind berufen / und es eilt die deutsche Schar / Auf des Rheines Rebenstufen / Zu des Bacchus Siegaltar" (v. 134–137). In den Märchen lautete das Lied der Ströme ganz ähnlich: „All ihr hochgeherzten Helden, / Die zu Bacchus Hochaltar / Sich zum blauen Spiegel stellten / Seyd gegrüßt von unsrer Schaar!"[[110]] Gemeint waren die Protagonisten der Kulturnation. Die Helden der Sage und des Märchens. Im Jahr 1813 meinte Brentano dagegen die siegreichen alliierten Truppen.
>
> An ihrer Spitze steht der im Jahr 1806 zurückgetretene Kaiser des Heiligen Römischen Reichs, Franz II. Ihm, „Vater Franz" (v. 11), dem „getreuesten Kaiser" (v. 22), dem „Held" (v. 27) scheint Brentano jene Rolle, die Radlof als Märchenkönig spielte, im politischen Getriebe des Jahres 1814 zubilligen zu wollen. Doch während Brentano die Nation in den Märchen nur allegorisch aus dem bildhaften Bezug zum höheren Reich der Kunst legitimierte, fehlt dem Kriegslied diese doppelte Deutungsebene. Seine poetischen Bilder beziehen sich ohne Umweg direkt auf das Tagesgeschehen.

[106] Preitz 1, S. 67*, 416; FBA 13,3, S. 457. Vgl. W 1, S. 1109. Zum Kärntnertortheater vgl. Hadamowsky 5, S. 362. Zu Kanne: ÖBL 3, 1965, S. 217. Hermann Ullrich, Beethovens Freund Friedrich August Kanne, in: ÖMZ 29 (1974), S. 75–80. Ders., Friedrich August Kanne (1779–1833). Leben und Umwelt, in: StMw 29 (1978), S. 89–154. Ders., Friedrich August Kanne (1779–1833). Das Schaffen. Musikkritiker und Schriftsteller in Wien, in: StMw 30 (1979), S. 155–262, dort S. 227 zu der Vertonung von *Rheinübergang Kriegsrundgesang*.

[107] Mallon 2, S. 54f., Nr. 52.

[108] RhM 1. Jg., Nr. 126, 1.10.1814, ⟨S. 6⟩, Verlagsanzeige: „In der Paulischen Buchhandlung in Koblenz sind nachstehende neue Bücher zu haben: (…)".

[109] Kiewitz, Poetische Rheinlandschaft (Anm. V,53), S. 142f.

[110] FBA 17, S. 102.

> Die Ideale des poetischen Staates, Liebe und Frieden, verkünden aber auch die Verse von 1813. Die nationale Sache und der Kampf gegen Napoleon werden auf diese Weise durch die Kunst moralisch legitimiert. Wie das Lied der Ströme ersteht auch dieses Lied aus dem Klangmaterial der Worte, das die wiederkehrenden Chorstrophen verarbeiten. Sie feiern lustig den Triumph eines Krieges für den Frieden: „Singen, klingen, Fahnen schwingen, / Feinde zwingen, Sieg erringen, / Nach den Friedenspalmen springen, / und wenn sie am Himmel hingen!“ (v. 5–8). Der Krieg von 1813 gleicht, so wie Brentano ihn ohne Blut und Brutalität poetisiert, dem fabelhaften Feldzug der Mäuse, von dem die *Rheinmärchen* erzählen.

Wie hier deutlich wird und wie sich an allen folgenden patriotischen Werken der Wiener Zeit zeigen lässt, entstehen Brentanos Wiener Werke aus einer Selbstrezeption des früheren Werkes oder aus einer erneuten Rezeption früher bereits rezipierter Werke anderer Autoren. (Eine gewisse Unsicherheit entsteht dadurch, dass die Rheinmärchen nach Brentanos Rückkehr von Wien noch einmal überarbeitet und mit politischen Anspielungen versehen wurden, die so also später sind als die Wiener Werke und die Erfahrungen der politischen Situation der Wiener Zeit kommentieren.[111]) Es läge nahe, dieses Verfahren einfach als Hantieren mit bereitliegenden Materialien aufzufassen. Selbstrezeption ist in Brentanos später und spätester Lyrik ein wohlbekanntes Phänomen.[112] Dass ihr jedoch in den Werken der Wiener, und übrigens bereits der Prager Zeit – angefangen mit *Aloys und Imelde* – eine eigenständige Periode vorausgeht, in der Brentano diese Verfahren zum ersten Mal in größerem Stil praktiziert, ist weniger geläufig. Dafür ist vor allem die – vermeintliche oder tatsächliche – qualitative Unbeträchtlichkeit und zum Teil vielleicht auch die inhaltliche Widerwärtigkeit der so entstandenen Werke für den gegenwärtigen Geschmack und historischen Horizont verantwortlich zu machen, sowie die sichtliche Grobschlächtigkeit von manchen der von Brentano gebrauchten literarischen Mittel. Zu diesen Verfahrensweisen gehört seit *Aloys und Imelde* die einfache, kaum modifizierte Übernahme ganzer Strophen und die ständige Wiederaufnahme und wenig variierte Reproduktion eines beschränkten Inven-

[111] Friedhelm Kemp, in: W 3 (1. Auflage), S. 1074, (2. Auflage), S. 1084. Brigitte Schillbach, FBA 17, S. 525. Lawrence O. Frye, Poetic Wreaths. Art, Death and Narration in the Märchen of Clemens Brentano, Heidelberg 1989 (Beiträge zur neueren Literaturgeschichte III,99), S. 200ff., zu Kaiser Franz besonders S. 202–204. Der „Kautzen Veitel“ aus dem *Märchen von dem Hause Starenberg* wird erwähnt in Susanne von Hügels Brief an Brentano vom 17.5. 1814, UB Mainz 4° Ms 88–26.

[112] Wilhelm Schellberg, Untersuchung des Märchens *Gockel, Hinkel und Gackeleia* und des *Tagebuchs der Ahnfrau* von Clemens Brentano, Diss. Münster 1903. Hans Magnus Enzensberger, Brentanos Poetik, München ^{2}1964 (Literatur als Kunst). Wilhelm Fraenger, Clemens Brentanos Alhambra. Eine Nachprüfung. 2., veränderte Auflage, Amsterdam 1964 (Castrum Peregrini 61). Grus, Brentanos Gedichte *An Görres* und *An Schinkel* (Anm. I,53), S. 315 bis 318. – Allgemeine literaturwissenschaftliche Untersuchungen zum Thema scheinen zu fehlen. Auf die Bedeutung der literarischen Selbstrezeption hat erstmals wohl T. S. Eliot aufmerksam gemacht; ders., Poets’ Borrowings, in: Times Literary Supplement, No. 1366, 5 April 1928, S. 255 und wiederholt in späteren Äußerungen; vgl. ders., Inventions of the March Hare. Poems 1909–1917, ed. by Christopher Ricks, London 1996, S. 391–394.

tars an Formeln und Motiven, das auch im Vergleich zu Brentanos sonst schon begrenztem Motivarsenal noch einmal restringiert erscheint. (Ähnlich ließe sich bei der Untersuchung von Brentanos Rezeption des *Wunderhorn* in seinen späteren Werken zeigen, dass er das einst von ihm selbst herausgegebene Werk stark selektiv rezipiert.) So entsteht allzu leicht der Eindruck, es würden einige wenige mittelmäßige poetische Ideen ausgereizt und überstark beansprucht, ohne dass Brentanos in früherer Zeit so entschiedenes Qualitätsbewusstsein dem noch eine Grenze zu setzen vermag.

Susanne Kiewitz versteht die Übernahme und Fortentwicklung früherer Motive in den patriotischen Werken als einen „Umschlag der poetischen in eine nationale Utopie", und sie tut dies mit guten Gründen.[113] Indessen stellt sich doch die Frage, ob es wirklich der zeitgeschichtliche Gehalt und die politische Intention sind, die für die Eigenart der Werke dieser Periode verantwortlich sind. Diese Erklärung lässt vor allem die für die ästhetischen Missbildungen verantwortlichen Interferenzeffekte unerklärt, die bei den größeren patriotischen Werken auftreten, wenn die alte poetische Schreibart von einer neuen zweckliterarischen und politischen überlagert und mit ihr kontaminiert wird. Eine um ein Geringes anders gewendete Deutung, die die im ersten Kapitel geschilderte objektive Zweideutigkeit von Brentanos Lage und seinem Verhalten in Wien in Rechnung stellt, kann diesem Phänomen eher gerecht werden, wenn sie die patriotischen Dichtungen als ambivalente Werke begreift, die sich nur auf der Außenseite der Öffentlichkeit zuwenden, insgeheim aber weiterhin der Poesie angehörig bleiben und aus diesen widerstrebenden Tendenzen ihre problematische Erscheinung gewinnen.[114]

Panegyrische Gedichte

Nicht zur patriotischen Dichtung gehören die beiden Gedichte, die Brentano für den Geburtstag des Kaisers zum 12. Februar 1814 geschrieben hat.[115] Bei den beiden Ge-

[113] Kiewitz, Poetische Rheinlandschaft (Anm. V,53), S. 142.

[114] Ähnliches konstatiert für Brentanos religiöse Lyrik Uta Maley, Clemens Brentano: „Frühlingsschrei eines Knechtes aus der Tiefe". Dokument einer religiösen Lyriktradition oder Zeugnis der „poetischen Existenz"? Versuch einer Neuinterpretation, in: Tradition und Entwicklung. Festschrift Eugen Thurnher zum 60. Geburtstag, hrsg. von Werner M. Bauer, Achim Masser und Guntram A. Plangg, Innsbruck 1982 (Innsbrucker Beiträge zur Kulturwissenschaft. Germanistische Reihe 14), S. 309–321, dort S. 318.

[115] DrB 2. Jg., Nr. 21, 18.2.1814, S. 81f. und 82f. Zu *Die drey Nahmen* ist ein Entwurf von ca. zehn Strophen, Hs. FDH 7719,21 (vgl. Preitz 2, S. 416), und eine Reinschrift, Hs. FDH 7547, überliefert. Guignard, S. 65. W 1, S. 311f., 1112. Eine Handschrift zu der Besprechung liegt in der Sammlung Varnhagen. – Zur Feier der Geburts- und Namenstage der kaiserlichen Familie in den Wiener Theatern vgl. Hanson, Musical Life in Biedermeier Vienna (Vorbemerkung, Anm. 18), S. 84. Zur panegyrischen Dichtung der Goethezeit am Beispiel Goethes: Stefanie Stockhorst, Fürstenpreis und Kunstprogramm. Sozial- und gattungsgeschichtliche Studien zu Goethes Gelegenheitsgedichten für den Weimarer Hof, Tübingen 2002 (Studien zur deutschen Literatur 167), S. 89–169; siehe auch Jan Andres, „Auf Poesie ist die Sicherheit

dichten, dem *Prolog. Am Geburtstag unsers Kaisers in einer Privatgesellschaft vor dem Bilde Sr. Majestät; gesprochen durch einen Österreicher* in Ottaverime und *Die drey Nahmen der Liebe des Österreichers. Am Geburtstage Ihrer k. k. Majestät von Österreich am 11. (!) Februar 1814 im k.k. Theater nächst der Burg – durch Madam Korn in der Rolle des Theodor im kleinen Deklamator von Kotzebue* nach Schillers *Die Worte des Glaubens* in einer sechszeiligen stanzenähnlichen Form, handelt es sich um gewöhnliche Panegyrik, die den Vergleich des Kaisers als dem „Herrscher, Freund und Vater" mit „Sonne, Feuer, Licht und Glanz" auf hergebrachte Weise anstellt. Die *Theater-Zeitung* lobte in ihrem Bericht über den Abend „die gemüthlichsten Äußerungen eines warmen patriotischen Dichters".[116] Brentano hätte sich als Verfertiger von Casualcarmina geeignet – eine Rolle übrigens, die von Theaterdichtern erwartet wurde –, nur hätte er dann nicht eine Besprechung der Feier abdrucken lassen dürfen, worin er zu verstehen gibt, wie wenig ihn die ganze Angelegenheit angeht. Der Hinweis auf die Inhaltsleere der Topoi des Herrscherlobs („Wir freuen uns seines Siegs, denn er ist der Sieg, den Er uns durch sich, dem wir Ihm durch uns erringen u. s. w.") wie die vielfache Wiederholung des Adjektivs „vortrefflich" zeugen vom Überdruss des Rezensenten, der die Veranstaltung, wie er berichtet, vor ihrem Ende verlassen hat.[117]

Verwienerungen von Arnims Werken

Dass es Brentano schon im Oktober 1813, wenige Monate nach seiner Ankunft in Wien, gelungen war, einen seiner Texte (*Österreichs Adlergejauchze*) auf dem Theater vorgetragen zu sehen, sprach für die weiteren Aussichten des Dichters. Bis zum Ende des Jahres 1813 arbeitete er – nach seinen eigenen Angaben auf Drängen von Graf Pálffy – intensiv an weiteren bühnentauglichen Stücken. Er bearbeitete Dramen aus Arnims *Schaubühne*, namentlich *Die Vertreibung der Spanier aus Wesel*, *Die Mißverständnisse* und *Die Appelmänner*, für die Wiener Theaterverhältnisse.[118] In dem Brief bittet er den Freund um weitere anspruchslose Vorlagen im patriotischen Ton, die er – mit einem von Brentano selbst gebrauchten Ausdruck – „verwienern" wollte. Dass sich die Stücke für die Bühne eigneten, war übrigens nicht nur Brentanos Ansicht, sondern auch die des Rezensenten der *Wiener Allgemeinen Literaturzeitung*, eines gewissen Wolfram.[119]

der Throne gegründet". Huldigungsrituale und Gelegenheitslyrik im 19. Jahrhundert, Frankfurt a. M., New York 2005.

116 ThZ 7. Jg., Nr. 19, 14.2.1814, S. 73.

117 DrB 2. Jg., Nr. 21, 18.2.1814, S. 83f. Die Besprechung ist nicht in der Hanser-Ausgabe enthalten.

118 Brentano an Arnim, Ende November 1813 und 5.4.1814, FBA 33, S. 100 und 121. Brentano an Pálffy, 22.1.1814 (Entwurf), ebd., S. 115. Vgl. Yvonne Pietsch, WAA 13, S. 627, 655f., 858. Die Behauptung (ebd., S. 655), die Aufführung sei wegen der „miserablen finanziellen Situation der beiden Hoftheater" unterblieben, lässt sich nicht belegen.

119 WALZ 1814, Nr. 6, Sp. 99–104. Brentano an Arnim, 5.4.1814, FBA 33, S. 123. Yvonne Pietsch, WAA 13, S. 495.

Der Ausdruck „Verwienerung“ ist seit Moriz Enzinger, einem Schüler August Sauers und durch Publikationen ausgewiesenem Kenner Clemens Brentanos, und seit Otto Rommel ein Fachausdruck der Wiener Theatergeschichte geworden, besonders in der Raimund- und Nestroyforschung.[120] Belege für die Verwendung dieses an sich geläufigen Ausdrucks im Sinn einer anverwandelnden Lokalisierung einer Dramenhandlung vor Brentano oder als Fachausdruck in der Theatergeschichte vor Steigs Publikation des Brentanoschen Briefes sind anscheinend nicht bekannt.[121] Jürgen Hein führt den Ausdruck auf Enzinger zurück.[122] Damit soll nicht schlechtweg behauptet werden, Brentano sei der Urheber oder auch nur Anreger eines zentralen Begriffs der Forschung zum Wiener Volkstheater, aber immerhin: Da die jüngere Nestroyphilologie Brentanos Äußerungen zum Wiener Theater erst über hundert Jahre nach der Veröffentlichung der Briefe an Arnim und zudem nach der veralteten Ausgabe von Friedrich Seebaß wieder zur Kenntnis genommen hat, wäre das nur billig.[123]

Auch Arnims *Der Auerhahn* beabsichtigte Brentano für die Bühne herzurichten, erhalten ist aber nur die – in seinen Briefen nirgends erwähnte – unvollendet gebliebene Dramatisierung von Arnims Erzählung *Die drei liebreichen Schwestern* aus der Novellensammlung von 1812 unter dem Titel *Oranje boven.*[124] Die Bearbeitungen, die im Herbst 1813 für das Theater an der Wien und gegen Ende Januar 1814 für das Burgtheater bestimmt waren, wurden nicht aufgeführt, was wenigstens im Fall der *Vertreibung der Spanier aus Wesel* auch am konfessionellen Thema gelegen haben wird. Weder in Brentanos Nachlass noch in Wiener Theaterarchiven scheint sich eine Spur der *Schaubühne*-Bearbeitungen erhalten zu haben, obwohl Brentano sonst sorgsam mit all seinen Zetteln und Papieren unveröffentlichter Arbeiten, bedeutender wie unbedeutender, umging. Aus einem Brief an Arnim und dem Entwurf zum Schreiben an einen unbekannten Freund geht hervor, dass zumindest die im Herbst 1813 entstandene Bearbeitung der *Vertreibung der Spanier aus Wesel* und der *Mißverständnisse* im November 1813 in den Händen von Ferdinand Graf Pálffy war, dem Leiter des Theaters an der

120 Zur „Verwienerung“ als Form der Dramenbearbeitung: Moriz Enzinger, Die Entwicklung des Wiener Theaters vom 16. zum 19. Jahrhundert. (Stoffe und Motive). 2 Tle., Berlin 1918 bis 1919 (Schriften der Gesellschaft für Theatergeschichte 28/29), Tl. 1, S. 292–297; Tl. 2, S. 460 u. ö. Siehe auch John R. P. McKenzie, The Technique of ‘Verwienerung’ in Nestroy’s *Judith und Holofernes*, in: New German Studies 1 (1973), S. 119–132. Jürgen Hein, Das Wiener Volkstheater. 3., neubearb. Aufl., Darmstadt 1997, S. 75f., 106. Ferner: Wolfgang Frühwald, Rezension von: Clemens Brentano. Werke. Vierter Band, hrsg. von Friedhelm Kemp, München 1966, in: LJb N. F. 8 (1967), S. 352–357, dort S. 353, Anm. 5.

121 Siehe dagegen Pross, Kunstfeste (Anm. II,97), S. 274, Anm. 78.

122 Jürgen Hein, Ferdinand Raimund, Stuttgart 1970 (Sammlung Metzer 92), S. 10. Ders., Spiel und Satire in der Komödie Johann Nestroys, Bad Homburg u. a. 1970 (Ars poetica. Studien 11), S. 31, Anm. 10.

123 Jürgen Hein, „Ich verwienere es ebenso schnell“. Clemens Brentanos Wiener Theater-Eindrücke, in: Nestroyana 22 (2002), H. 1/2, S. 9–12.

124 Vgl. Sauer, Brentanos Dramenfragmente (Anm. I,66), S. 90f., 273.

Wien, dem gegenüber Brentano auch im Januar 1814 wieder von den Stücken spricht.[125] Es mag sein dass Pálffy über die drängenden und bittenden Briefe verärgert war, die ihm Brentano zuvor hatte zukommen lassen (und von denen auch nur die Entwürfe bekannt sind, so dass nicht sicher ist, welcher Wortlaut den Grafen wirklich erreicht hat), und dass Brentano die Stücke dann auch nach wiederholter Mahnung nicht mehr zurückerhielt.

Christina Sauer datiert das Drama *Oranje boven*, das ausweislich der erhaltenen Besetzungsliste für das Burgtheater bestimmt war, in den Herbst 1813.[126] Wegen der verwendeten Papiersorte ist dies als unwahrscheinlich auszuschließen. Außerdem hatte Brentano überhaupt erst seit seiner Bekanntschaft mit Joseph Hartl Kontakte zum Burgtheater und war zudem in den letzten Monaten des Jahres 1813 mit den Bühnenfassungen der *Gründung Prags* und von *Valeria oder Vaterlist* beschäftigt. *Oranje boven* ist erst zwischen Ende Januar und Mitte Februar 1814 entstanden, wofür auch spricht, dass das Stück in Brentanos Entwürfen zu einem Brief an Pálffy vom 22. Januar noch nicht erwähnt wird.[127] Dieselbe Entstehungszeit ist auch für *Östreichs Muth, Sieg und Hofnung* anzusetzen. Dass sich in *Oranje boven* einige explizitere Erwähnungen zeitgeschichtlicher Umstände finden, dürfte damit zu tun haben, dass solche Erwähnungen im Frühjahr 1814 eher möglich waren oder für Brentano zu sein schienen als noch im Herbst des Vorjahrs. Auch andere Dramatiker sind in diesen Monaten bei der Darstellung tagesaktueller Ereignisse deutlicher geworden, nicht immer mit Erfolg bei den Zensoren.[128] Wahrscheinlich ist die Bearbeitung nach dem Misserfolg der *Valeria* unvollendet liegengeblieben.

Übrigens hat Brentano dem in dem Brief an Arnim skizzierten Vorhaben, in großem Umfang Stücke ohne literarischen Anspruch für die verschiedensten Wiener Bühnen zu schreiben, mit seinen eigenen Wiener Werken in keiner Weise entsprochen und sich im Gegenteil um eine deutliche Distanzierung von der kurrenten Unterhaltungsdramatik bemüht. Das Theater an der Wien mit seiner Zwischenstellung zwischen Volks- und Hoftheater und mit der dort üblichen Pflege des theatralisch Effektvollen wäre für Verwienerungen, die auf den schnellen Erfolg berechnet waren, eher geeignet gewesen als das vornehmere Burgtheater, für das auch *Oranje boven* bestimmt war. Daher ist es bedauerlich, dass die Bearbeitungen der Stücke aus der *Schaubühne* nicht überliefert sind. Es bleiben so zu wenige Anhaltspunkte, die abzuschätzen erlaubten, inwiefern er sich in diesen Stücken dennoch als genuiner Unterhaltungsdramatiker versucht haben könnte.[129]

125 Brentano an Arnim, Ende November 1813, FBA 33, S. 99. Brentano an einen Freund, gegen Ende November 1813, ebd., S. 97.

126 Sauer, Brentanos Dramenfragmente (Anm. I,66), S. 228. Zur Datierung vgl. ebd., S. 271–276.

127 FBA 33, S. 115.

128 Vgl. Rommel, S. 669f.

129 Die knappe Deutung des Fragments *Oranje boven* bei Sauer, Brentanos Dramenfragmente (Anm. I,66), S. 102ff., die das Drama als patriotisches Rührstück versteht, ist zu sehr von dem Bemühen geleitet, das Stück in bruchlose Übereinstimmung mit Brentanos brieflichen Äußerungen gegenüber Arnim zu bringen, und gelangt daher nicht zu haltbaren Ergebnissen.

Klage- und Siegsgeschrei der Elbnymphe / Die deutschen Flüsse

Das Festspiel *Die deutschen Flüsse* soll laut der Vorbemerkung zu der späteren Fassung „als die Nachricht von der Befreiung des Rheins kam, auf Begehren in wenigen Stunden niedergeschrieben“ worden sein.[130] Brentano sandte das Stück mit einem undatierten Brief an den interimistischen Verwalter des Hofburgtheaters, Joseph Hartl von Luchsenstein. Dieser war seit September 1813 Hofagent und stellvertretender kommissarischer Leiter des Burgtheaters und bis etwa 1817 dessen graue Eminenz. Hofagent – „bei dem bloßen Titel“, schreibt der Kenner Jacob Minor über Hartl, „ohne den Mann selber zu kennen, wird den alten Freunden des Burgtheaters schlecht: denn Hofagenten oder Intendanten (nicht die Directoren) waren es, die das Burgtheater von jeher matt gesetzt haben“.[131] – Die Bekanntschaft mit Hartl war, wie aus dem Brief hervorgeht, durch Graf Herberstein vermittelt worden. Dem ersten Gespräch mit Hartl entnahm Brentano die Anregung zur Niederschrift des Stücks, woraus er in der Nachschrift das zitierte „Begehren“ macht. Nach dem Brief soll das Werk „in diesen zwei Tagen“ entstanden sein.[132] In der Nachschrift wiederholt Brentano, er habe das Stück nach seiner ersten Bekanntschaft mit Hartl geschrieben und habe es „drei Tage nach meiner Berührung mit ihm“ überreicht.[133] Daraus hat man unter Berufung auf ähnliche – in Wahrheit ebenso nicht zu beanstandende – Äußerungen zur Entstehung des Victoria-Dramas ohne Not Widersprüche konstruiert, die die behauptete Kürze der Entstehung in Zweifel ziehen sollen.[134] Dass Brentano eine „in wenigen Stunden“ entstandene erste Niederschrift – bei welcher er zudem auf Vorarbeiten in dem Gedicht *Klage- und Siegsgeschrei der Elbnymphe an die Donaunymphe über Dresdens Untergang* zurückgreifen konnte – nicht sogleich überreicht, sondern zuerst ins Reine geschrieben haben wird, und dass dies an zwei aufeinanderfolgenden Tagen geschehen ist, wonach das Drama am dritten Tag übergeben wurde, wird man trotzdem für glaubhaft halten dürfen.

In der Literatur finden sich zur Datierung dieses Gelegenheitswerkes einander widersprechende Äußerungen. Die Mehrheit der Forscher, die sich zu diesem Thema geäußert haben, identifiziert das Festspiel *Siegsfeier Deutschlands am Rhein*, das in dem

[130] FBA 13,3, S. 335. Blätter und Blüthen. Taschenbuch in einem einzigen Jahrgange, hrsg. von Friedrich Wilhelm Gubitz, Berlin 1841, S. 1.

[131] Jacob Minor, Rezension von: Gustav Roethe, Brentanos *Ponce de Leon*, eine Säcularstudie, Berlin 1901, Clemens Brentano. Valeria oder Vaterlist, ein Lustspiel in fünf Aufzügen (die Bühnenbearbeitung des *Ponce de Leon*), hrsg. von Reinhold Steig, Berlin 1901, in: ZföG 53 (1902), S. 318–331, dort S. 330. Zu Hartl: Wurzbach 7, 1861, S. 405f. Teuber/Weilen 2,1, S. 166 und passim. Lier, Böttigers Reise nach Wien (Anm. II,46), S. 146, Anm. 80. Glossy, S. 294. Hadamowsky 5, S. 311, 319f.

[132] Brentano an Hartl, vor dem 30. November 1813, FBA 33, S. 95. Ferner: Brentano an Arnim, Ende November 1813, ebd., S. 99.

[133] FBA 13,3, S. 457. Grus, S. 120.

[134] Caroline Pross, FBA 15,4, S. 172. Der Tendenz nach ähnlich Sauer, Brentanos Dramenfragmente (Anm. I,66), S. 85.

auf Ende November oder spätestens auf den 1. Dezember 1813 zu datierenden Brief an Arnim genannt wird, mit den *Deutschen Flüssen* (respektive *Am Rhein, Am Rhein*), was nahe liegt und durch die erst unlängst bekannt gewordene Vorbemerkung bestätigt wird.[135] Die Brentano-Chronik hingegen datiert das Stück „um Mitte Januar" und unterstellt als Terminus post quem offenbar das Datum des Rheinübertritts der schlesischen Armee am Neujahrstag und der russisch-preußischen Garden am russischen Neujahrstag, dem 13. Januar. Anscheinend folgt sie der Angabe bei Diel und Kreiten, die ihrerseits auf einem Missverständnis Gubitz' beruhen dürfte. Dieser fasste Brentanos Auskunft in der Vorrede zu dem Teildruck in den *Blättern und Blüthen*, wonach das Drama geschrieben worden sei, „als die Nachricht von der Befreiung des Rheins nach Wien kam", falsch auf.[136] In dem Stück ist vom Rheinübergang nicht die Rede, vielmehr ist dieser Gegenstand des Gedichts *Rheinübergang Kriegsrundgesang*. Die Situation, die in *Die deutschen Flüsse* dargestellt wird, ist die des Winters 1813. Der Herbstfeldzug endete mit dem Rückzug Napoleons hinter den Rhein und dem Einzug des russischen und österreichischen Kaisers am 5. und 6. November sowie des preußischen Königs am 13. November in Frankfurt.[137] Der Bündnisvertrag der Alliierten mit Württemberg wurde am 2. November geschlossen, der mit Hessen am 23. des Monats.[138] Die Stadt Dresden, die ebenfalls in dem Stück erwähnt wird, kapitulierte am 11. November.[139] Passavants Tagebuch verzeichnet am 7. November die Ankunft von Siegesnachrichten und am Abend desselben Tages das Eintreffen der Nachricht von der Schlacht bei Hanau in Wien.[140] Aber wegen der Erwähnung der Ankunft des preußischen Königs in Frankfurt ist der Terminus post quem mindestens auf den 14. oder 15. November zu rücken. Es lässt sich daher mit ziemlicher Sicherheit sagen, dass das Werk in der dritten Novemberwoche entstanden ist. Zu Misstrauen gegenüber Brentanos Angaben über die Entstehungszeit gibt es keinen Anlass. Hartls Antwort datiert vom 30. November. Er sandte das Stück zurück und wies auf die Vielzahl der bereits über die Bühne gegangenen patriotischen Stücke hin, die ihm eine Aufführung nicht geraten sein ließ.[141] Die

[135] FBA 13,3, S. 309: „Siegsfest". Steig 1, S. 329. W 4, S. 900. Tunner, Clemens Brentano (Anm. I,91), Bd. 1, S. 553. Schultz/Schwinn 2, S. 694. Schultz, Schwarzer Schmetterling (Anm. III,148), S. 333. Caroline Pross, FBA 15,4, S. 171–181.

[136] Der große Jahrstag. Am Rhein, am Rhein! Schluß-Scene eines Festspiels von Clemens Brentano, in: Der Gesellschafter oder Blätter für Geist und Herz, 1stes Blatt, 1. Januar 1838, S. 1 bis 2; 2tes Blatt, 3. Januar 1838, S. 6–7, dort S. 1 = FBA 15,4, S. 197. Am Rhein, Am Rhein, Vorbemerkung, FBA 13,3, S. 335. Diel/Kreiten 1, S. 405. Chronik, S. 93. Roman Polsakiewicz, Zwischen Revolution und Restauration. Clemens Brentanos politische Ansichten bis 1815, in: GWr 80 (1990), S. 233–258, dort S. 251.

[137] FBA 13,3, S. 321.

[138] Friedrich 2, S. 389. Rössler, Österreichs Kampf um Deutschlands Befreiung (Anm. II,91), Bd. 2, S. 169f. FBA 13,3, S. 311f.

[139] Friedrich 2, S. 403. FBA 13,3, S. 359. Vgl. Hoffmann, Erscheinungen, SW 3, S. 863–870; Hoffmann an Hitzig, Dresden 1.12.1813, Schnapp 1, S. 420.

[140] Helfferich, S. 363. Vgl. Friedrich 2, S. 382ff.

[141] Hartl an Brentano, 30.11.1813, Hs. FDH 8173. Katalog Henrici 149, S. 46, Nr. 116, Anm. Katalog 1978, S. 75, Nr. 68 (mit falscher Zuweisung). Grus, S. 136. FBA 15,4, S. 173.

Anekdote bei Diel und Kreiten, in welcher von einer bejubelten Aufführung berichtet wird, ist frei erfunden.[142] Erika Tunner hat die handschriftliche Überlieferung wie folgt geschildert:[143]

> Brentano semble avoir traité le même sujet en trois versions successives: une version rimée dont 93 strophes de quatre vers (la dernière incomplète) ont été conservées (manuscrit FDH 329, 4 pages); une version intitulée *Les fleuves allemands* (manuscrit FDH W I, 7527, 3 pages), considérée toujours par erreur comme une pièce à part, puis une dernière version, reproduite dans les *Gesammelte Schriften* (tome VII), et dont nous ne possédons plus le manuscrit. Il s'agit de trois versions indépendants, mais il est difficile de se prononcer d'une façon définitive sur leur genèse. De grandes parties de la deuxième version se retrouvent, presque littéralement, mais en vers blancs, dans la dernière. La première version comporte plus d'allusions directes que les deux autres: dans un ‚récit-cadre' le poète se réveille au cours d'une nuit de tempête et part pour les bords du Danube; certains noms propres comme ceux de Blücher et Bernadotte ont été ajoutés. Il nous paraît vraisemblable que Brentano a tout d'abord rédigé cette version, et que par la suite, et pour des motifs inconnus, il a repris le même sujet afin de le transposer en prose, en conservant quelques intermèdes lyriques empruntés à la première version. La dernière version représente une nouvelle transformation du texte, de la prose en vers blancs, (due vraisemblablement à Emilie Brentano et à Joseph Merkel) et accorde une place plus large aux parties rimées. La note de Brentano, affirmant que cette pièce à été écrite ‚en quelques jours' doit être accueillie avec quelque scepticisme.

Der Text der Handschrift zu *Die deutschen Flüsse* ist nicht identisch mit dem des Erstdruckes von *Am Rhein, am Rhein!* aus dem Jahr 1841,[144] dem eine von Brentano durchkorrigierte Abschrift von unbekannter Hand zugrundegelegen hat (dort lautet der Titel: *Am Rhein, Am Rhein*). Gegenüber den *Deutschen Flüssen* ist der Text dieser Fassung etwas erweitert. Bei der genannten Gedichthandschrift, dessen Besitzer und Signatur

[142] Diel/Kreiten 1, S. 405. Danach auch Florian Asanger, Clemens Brentano und Wien, in: Der Wächter 6 (1923), S. 454–455.

[143] Tunner, Clemens Brentano (Anm. I,91), Bd. 1, S. 554f. Ferner: Beutler, JbFDH 1929, S. 377 (Jahresbericht). Henning Boëtius, Typoskript, Freies Deutsches Hochstift, Dramen I/II, datiert 7.9.1966. Ders., Zur Entstehung und Textqualität von Clemens Brentanos *Gesammelten Schriften*, in: JbFDH 1967, S. 406–457, dort S. 441. Boëtius hat die Zusammenhänge als erster erkannt und im einzelnen dargelegt, auf ihn gehen offenbar Tunners Ausführungen zurück. Aber auch ihm ist der Erstdruck des Gedichts unbekannt geblieben.

[144] Hs. FDH 7527a–c: 4 Dbl., 13 S. (1 S. Titel und Verzeichnis der dramatis personae, 4. Dbl., S. 4: Entwürfe; 11 S. Text); vgl. Katalog Henrici 149, S. 46, Nr. 114. FBA 13,3, S. 305–331 (wegen der typographischen Konventionen der Ausgabe ist die korrekte Schreibung des Titels nur dem Inhaltsverzeichnis zu entnehmen). Pravida, FBA 15,4, S. 181–184. – *Am Rhein, Am Rhein*: Heft, 13 Bl., Staatsbibliothek zu Berlin/Sammlung Preußischer Kulturbesitz, Autographensammlung Hermann Härtel. FBA 13,3, S. 333–364. Erstdruck: Am Rhein, am Rhein! Festspiel von Clemens Brentano, in: Blätter und Blüthen. Taschenbuch in einem einzigen Jahrgange, hrsg. von F. W. Gubitz, Berlin o. J. (1841), S. 1–30. Mallon 2, S. 104f., Nr. 124 (zum Erscheinungsjahr: Pross, FBA 15,4, S. 181). Wiederabdruck in: Sprengel, Die inszenierte Nation (Anm. V,104), S. 107–124.

von Tunner falsch angegeben werden,[145] handelt es sich um einen Entwurf zu *Klage- und Siegsgeschrei der Elbnymphe an die Donaunymphe über Dresdens Untergang. Ein Traum auf dem Schlachtfeld von Aspern in der Nacht des 30. August 1813*. Das Gedicht wurde nach einer Reinschrift aus dem Böhmerschen Nachlass, die inzwischen verschollen ist, bereits 1873 von Diel veröffentlicht und mit historischen Erläuterungen versehen.[146] In der Anmerkung schreibt der Herausgeber:

> Wir fanden das bisher nur theilweise in dem Festspiele Am Rhein, am Rhein! veröffentlichte Gedicht vollständig im Böhmerschen Nachlasse. Brentano dichtete es, als das Gerücht von der mißlungenen Attaque auf Dresden in Wien ankam. Zum besseren Verständniß geben wir kurz die geschichtlichen Thatsachen, deren in dem Liede Erwähnung geschieht. Nach dem unglücklichen Feldzuge hatten sich zuerst die Preußen mit Rußland verbündet (16. März 1813) und zogen gegen Dresden vor. Die Elbbrücke wurde am 19. März von Davoust gesprengt („meines Gürtels Schloß zerbrochen hatte des Tyrannen Knecht"). Es war umsonst; schon am 27. März rückten Russen in der Altstadt Dresdens ein; der König von Sachsen floh mit seinen Schätzen nach Prag; Blücher kam am 1. April gleichfalls in Dresden an und wartete dort auf die russische Hauptarmee. Nun eilte Napoleon heran, bei Groß-Görschen (Lützen) kam es zur Schlacht, die den Franzosen zu einem unvollkommenen Siege verhalf. Napoleon zog wieder in Dresden ein (8. Mai), der König von Sachsen kehrte zurück, von Napoleon halb gebeten, halb genöthigt. Freudenfeste wurden gefeiert. Nach verschiedenen Kämpfen kam es endlich zu einem Waffenstillstand zwischen Preußen, Russen und Franzosen (4. Juni – 20. Juli, dann verlängert bis 10. August). Unterdessen bot Napoleon alles auf, um Österreich von einer Verbindung mit den Alliirten abzuhalten; es gelang nicht. Am 12. August erklärte auch Österreich den Krieg, und ließ seine Streitkräfte zu den Verbündeten stoßen. Drei große Armeen wurden gebildet; die erste und bedeutendste, sogenannte böhmische, unter dem Fürsten Schwarzenberg; die zweite, schlesische unter Blücher, die dritte unter dem Kronprinz von Schweden. Jede der drei Armeen sollte, sowie sich Napoleon mit seiner Hauptmacht gegen sie wende, zurückweichen, jede hingegen, von der er sich entfernte, in dessen Rücken auf seine Verbindungslinien losegehen, das Unternehmen aber sogleich wieder aufgeben, sobald Napoleon gegen sie einen Hauptschlag zu führen gedächte, während nun wieder die früher von ihm bedrängte Armee hervorbräche. Diese Schachzüge sollten solange fortgesetzt werden, bis der Kreis allmählich enger die Streitmacht Napoleons umschlösse und man durch ineinandergreifende Bewegungen die Entscheidung herbeiführen könnte. Fürst Schwarzenberg trat an die Spitze des Ganzen. Am 10. August lief der Waffenstillstand ab und am 16. ging die nach Aufkündigung desselben

[145] Tunner hat die von der Brentano-Redaktion für interne Zwecke vergebene Signatur KF 329/ KW 6, die auf eine Kopie des Mainzer Entwurfs M 12 verweist, mit einer Inventarnummer des Hochstifts verwechselt. Ein weiterer Entwurf, dessen Text zwischen dem des Mainzer Entwurfs und dem des Dramas steht, findet sich auf Hs. FDH 7718,12. Dem Wasserzeichen nach ist dieses Bruchstück wohl noch zu den Entwürfen zu dem Gedicht zu rechnen.

[146] Diel 1, S. 130–141 und 220f. Guignard, S. 61. In der von Gerhard Gietmann S.J. besorgten zweiten, durchgesehenen Auflage der Werkauswahl aus dem Jahr 1906 wurde das Gedicht ausgelassen und stattdessen *Am Rhein, am Rhein!* nach der Fassung der *Gesammelten Schriften* aufgenommen (vgl. Vordermayer, Antisemitismus und Judentum bei Brentano [Anm. III,133], S. 17f., Anm. 29). In der Literatur zu Brentano wird das Gedicht sonst nur bei Schubert, Brentanos weltliche Lyrik (Anm. IV,2), S. 61f. erwähnt.

bedungene Frist zu Ende. Napoleon stand nördlich der böhmischen Grenze in Sachsen, Dresden war sein Hauptquartier. Es kam zuerst mit Blücher zum Kampfe. Aber Blücher hielt sich genau an die Vorschriften und wich zurück, Schwarzenberg und die Russen wagten sich vor. So drängten die Verbündeten den Feind enger um Dresden, und gegen den 20. August rückten sie gemeinsam nach der Elbe vor. Wittgenstein eroberte auf dem Marsche Pirna; Schwarzenberg eilte von Leipzig heran; am 25. standen die Verbündeten vor der Hauptstadt. Am 26. kam es zum Kampf; anfangs war das Glück gegen Napoleon; da ließ er seine Garden vorrücken und die verlorenen Positionen wurden wieder erobert. Mit großen Verlusten standen die Armeen am Abende, wo sie am Morgen begonnen hatten. Der folgende Tag, an welchem die Schlacht fortgesetzt wurde, entschied völlig gegen die Verbündeten. Die Attaque auf Dresden war mißlungen. – Das Gerücht von diesen unglücklichen Kämpfen bot Brentano die Veranlassung zu diesem Gedichte, das, wie aus diesen kurzen Notizen ersichtlich ist, bei wirklich prächtiger Poesie, doch strenge die historischen Thatsachen wiedergibt. Es ist ein kleines Epos aus dem Beginne des großen Freiheitskampfes.

Die erste Fassung war also ein langes Gedicht von 93 vierzeiligen Strophen, nicht ein für die Bühne bestimmtes Werk gewesen. Die Einführung einer Dichtergestalt und die traumhafte Atmosphäre erinnern an den im nächsten Abschnitt vorzustellenden Typus der erzählenden Stadtgedichte Brentanos.[147] Übereinstimmend ist in dem Gedicht und in den *Deutschen Flüssen* die Schilderung der Elbnymphe und der Kriegsereignisse bei Dresden, die in dem Gedicht in größerem Detail und mit Namensnennungen von Feldherrn genannt werden, wo in dem Festspiel kürzere und abstrakter gehaltene Schilderungen stehen. In der zweiten Fassung des Festspiels sind Ergänzungen hinzugekommen, unter anderem die Schilderung der Donau in der ersten Szene. Woher einige dieser Erweiterungen stammen, zeigt wiederum ein Vergleich mit dem *Klage- und Siegsgeschrei der Elbnymphe an die Donaunymphe über Dresdens Untergang* (Tabelle 1): Insgesamt wurden in die zweite Fassung des Festspiels 28 Strophen aus dem Gedicht übernommen (bei dem Gedicht werden Nummern der Strophen nach dem Text von Diels Ausgabe angegeben, bei dem Festspiel Seiten- und Zeilenzahlen der Edition von Christina Sauer in dem „Festspiele“-Band der *Sämtlichen Werke*). Bemerkenswert sind die Strophen 69–72 mit dem Motiv „Eine Mauer um uns baue…“, das sich in dem Gedicht und in einer Rede der Germania in der zweiten Fassung findet, nicht aber in den *Deutschen Flüssen.*[148] Diese Stelle ist für die Entstehungsgeschichte des Gedichts „Draus bei Schleswig vor der Pforte…“ bislang übersehen worden, da dafür nur Texte aus den Jahren 1815 und 1816 in Betracht gezogen wurden, während das zentrale Motiv bereits im Sommer 1813 zu Brentanos univers imaginaire gehörte.[149] Das Übersehen

[147] Caroline Pross (persönliche Mitteilung) vertrat die Auffassung, die auch der Konzeption von FBA 13,3 zugrundeliegt, dass es sich bei dem Gedicht um ein selbständiges Werk handle, nicht um einen Teil eines zusammenhängenden genetischen Werkkomplexes.

[148] Vgl. FBA 3,1, S. 210–212; FBA 15,4, S. 218. – Die Strophen 61–62 des Gedichts = DF 360,21–361,2 finden sich auch in dem Entwurf Hs. FDH 7718,12.

[149] Dasselbe gilt für ein Zitat aus Hardenbergs Gedicht *An Adolph Selmnitz*, dessen Anverwandlung durch Brentano ebenfalls meist in den Kontext des „Neupietismus“ gestellt wird, aber schon in Werken der Wiener Zeit gebraucht wird; vgl. unten, Anm. V,217.

Siegslied	*DF*	*AR*
11–14	–	349,4–14
16	–	349,15–16
24–27	327,2–11	357,21–23
		358,6–10
30	327,14–17	358,15–17
32	327,18–19	358,19f.
37–39	327,19–25	358,20–25
40–41	–	358,27–359,4
42–44	327,25–328,3	358,5–35911
47	328,5–6	359,12–13
53	328,8–10	359,16–18
61–62	328,24–329,3	360,21–361,2
63	–	361,6–8
64–65	329,7–10	361,8–12
69–72	–	359,23–360,1
81	329,10–17	361,13–20

Tabelle 1: Konkordanz zu *Die deutschen Flüsse*

des Bezugs auf einen Wiener Text kam der Forschung wohl auch insofern gelegen, als dadurch die geistesgeschichtlich motivierte, aber sachlich kaum zu rechtfertigende Annahme einer „neupietistischen“ Phase in Brentanos Werk um 1815/16 aufrechterhalten werden konnte.[150] – Weitere Ergänzungen betreffen die ausführlichere Schilderung der preußischen Reformen, das aus den *Mährchen vom Rhein* übernommene Lied des Rheins und der Nebenflüsse sowie die auf der letzten Seite der Reinschrift der *Deutschen Flüsse* entworfenen Verse zum Chor der Nymphen und zur Schlussrede der Germania, die auch die offenbar unverzichtbaren arguten Reim und Wortspiele enthält und mit der Erwähnung des Granatapfels als Symbol der Eintracht schon auf *Östreichs Muth Sieg und Hofnung* vorausweist.[151]

150 Wolfgang Frühwald, Das Spätwerk Clemens Brentanos (1815–1842). Romantik im Zeitalter der Metternich'schen Restauration, Tübingen 1977 (Hermaea N. F. 37), S. 116ff. und vielfach in neueren Veröfffentlichungen. Vgl. daagegen: Eugen Jedele, Die kirchenpolitischen Anschauungen des Ernst Ludwig von Gerlach, Diss. Tübingen, Ansbach 1910, S. 5; Keyserling, Studien zu den Entwicklungsjahren der Brüder Gerlach (Anm. III,77), S. 64 und Fritz Fischer, Moritz August von Bethmann-Hollweg und der Protestantismus. Religion, Rechts- und Staatsgedanke, Berlin 1937 (Historische Studien 338), S. 72. Siehe aber Stephan Nobbe, Der Einfluß religiöser Überzeugung auf die politische Ideenwelt Leopold von Gerlachs, Diss. Erlangen-Nürnberg 1970, S. 259, Anm. 24. – Zu Brentano und dem Berliner Klub der Maikäferei vgl. Dietmar Pravida, Art. Maikäferklub, in: Handbuch der Berliner Vereine 1786 bis 1815, hrsg. von Uta Motschmann, Berlin (erscheint 2014).

151 FBA 13,3, S. 348,11–23 (Preußen). Ebd., S. 355,11–359,326 = FBA 17, S. 98f. und S. 102 (Lied des Rheins und der Nebenflüsse; vgl. FBA 17, S. 355; FBA 15,4, S. 217). FBA 13,3, S. 362f. = FBA 15,4, S. 187f. (Nymphenchor und Germania). Zur „Goldgranate“ vgl.

Die Abschrift mit dem Titel *Am Rhein, Am Rhein* hatte Brentano Gubitz geschenkt, der sie dann in den *Blättern und Blüthen* veröffentlichte.[152] Die Grundschicht hH^a stammt von unbekannter Hand und gibt die Vorlage Brentanos samt dessen Schreibgewohnheiten sehr genau wieder, Brentanos eigene Durchsicht hH^b stellt die Orthographie auf die seinerzeit im Druck üblichen Schreibkonventionen um, eine dritte Hand sorgt in hH^c für die letzte Konsequenz. Diese durchkorrigierte Abschrift ist ein interessantes Zeugnis dafür, dass Brentano die damals üblichen Gewohnheiten kannte und beherrschte, wenn er sich in seinen eigenen Handschriften auch in keiner Weise daran gebunden fühlte. Der Titel *Am Rhein, Am Rhein* ist offensichtlich aus Matthias Claudius' *Rheinweinlied* entlehnt, von dessen Aktualität in den Jahren der Befreiungskriege schon die Rede war.[153] Wie im Erstdruck ist der Text fortlaufend wie Prosa gesetzt. Die Entstehung dieser zweiten Dramenfassung, deren eigenhändige Handschrift nicht mehr vorhanden ist, lässt sich mit einiger Gewissheit bestimmen. In den *Deutschen Flüssen* sind alle drei Oderfestungen noch besetzt, in *Am Rhein, Am Rhein* aber wird die Übergabe Stettins an die Alliierten erwähnt, die am 30. November stattfand, während die anderen Festungen noch bis ins Frühjahr 1814 in französischer Hand blieben.[154] Daher ist anzunehmen, dass die zweite Dramenfassung nicht lange nach Anfang Dezember entstanden ist, aber nicht zu weit im Jahr 1814, weil dann die Befreiung Stettins gegen die andauernde Besatzung von Küstrin und Glogau nicht mehr ins Gewicht gefallen und noch weitere Ereignisse jüngeren Datums erwähnenswert gewesen wären.[155] Ähnlich verhält es sich mit der erwähnten Festung Mainz, die ebenfalls bis weit ins Frühjahr von der französischen Besatzung gehalten werden konnte.[156] Für die in den *Gesammelten Schriften* wiedergegebene Versfassung des Dramas ist kein Autograph erhalten, nur die von Emilie Brentano stammende Druckvorlage.[157] Nach Peter Sprengels zutreffender

Östreichs Muth, Sieg und Hofnung, 1. Fassung, v. 337, 450, 494, 704, 732f., FBA 13,3, S. 379, 383, 384, 392, 392.

152 Gubitz an Emilie Brentano, 4.6.1851, in: Clemens Brentano, Geschichte vom braven Kasperl und dem schönen Annerl, hrsg. von Gerhard Schaub, Stuttgart 1990 (Universal-Bibliothek 411), S. 46. Vgl. FBA 15,4, S. 178f. Im Apparat (ebd., S. 190–197) sind sämtliche Revisionen wiedergegeben.

153 Lothar Kempter, „Vater Rhein". Zur Geschichte eines Sinnbildes, in: HJb19/20 (1975–1977), S. 1–35, dort S. 3. Zum *Rheinweinlied* und seiner Wirkungsgeschichte: Wolfgang Stammler, Matthias Claudius und sein *Rheinweinlied*, in: ZfdU 29 (1915), S. 194–201, 262–270; ohne Erwähnung Brentanos. In Frbl 1. Jg., Nr. 37, 24.9.1814, S. 153f., findet sich eine christliche Kontrafaktur des Liedes von Zacharias Werner, vgl. den Leserbrief in Nr. 51, 27.10.1814, Beilage, S. 211.

154 Die deutschen Flüsse, FBA 13,3, S. 326. Am Rhein, Am Rhein, ebd., S. 357. Friedrich 2, S. 406. Pross, FBA 15,4, S. 208 z. St.

155 Caroline Pross, FBA 15,4, S. 174f. datiert auf „spätestens Frühjahr 1814", gelangt also im wesentlichen zu derselben Datierung. Für Christina Sauers Behauptung, die Überarbeitung sei erst in Berlin entstanden, gibt es keinen Anhaltspunkt; dies., Brentanos Dramenfragmente (Anm. I,66), S. 295.

156 FBA 13,3, S. 363. Vgl. Pross, FBA 15,4, S. 219 z. St.

157 Hs. FDH 22245: 3 Bl. + 7 Dbl., 33 S. GS 7, S. 467–498.

Feststellung handelt es sich um eine von den Herausgebern angefertigte „glättende Versfassung" des Erstdrucks.[158]

Das Festspiel *Die deutschen Flüsse* wurde anlässlich der Zusammenkunft der Herrscher der alliierten Mächte in Frankfurt im November 1813 geschrieben. Die Bedeutung der dort getroffenen Entscheidungen ist nicht zu unterschätzen, da durch die Verträge mit den ehemaligen Rheinbundstaaten das Ergebnis des Wiener Kongresses im wesentlichen schon festgeschrieben wurde: Deutschland sollte in Zukunft ein Bund von Fürsten sein, nicht ein einheitlicher Staat unter einer Kaiserkrone. Humboldt, Stein und andere „Patrioten" konnten sich mit ihren Plänen nicht durchsetzen.[159] Insbesondere wandte sich Metternich nach einigem Schwanken gegen alle Pläne, aus dem österreichischen Kaisertum wieder ein Reichskaisertum zu machen. Napoleon erhielt das Angebot, sich mit der Rheingrenze zu begnügen. Brentano macht seine entgegengesetzte politische Option durch eine unscheinbare Angabe im Argumentum zu den *Deutschen Flüssen* deutlich:[160]

> Der Rhein ruht in einer Felsengrotte, und schläft, der Main, der Necker, die Lahn, die Sieg, treten auf, ob sie ihn erwecken? er erwacht (...). Die Donau tritt auf und die Spree und die Newa, sie erneuern ihren Bund, die Germania kömmt gefesselt, die Elbe, die Oder und die Weichsel begleiten sie (...) – sie feiern das Siegsfest auf dem Kaiser Stuhl bei Rense, die Germania wird von der Sieg als Viktoria gekrönt (...).

Der alte Königsstuhl von Rhens war während eines kurzen Zeitraums im Spätmittelalter der Ort, an dem der in Frankfurt neugewählte König den sogenannten Königsstuhl bestieg und einen Treueeid leistete oder bekräftigte, bevor er nach Aachen zur Krönung weiterreiste.[161] Der Bau war 1794 zerstört worden und „ward vollständig abgetragen im J. 1808, indem er der Anlegung der neuen Rheinstraße hinderlich".[162] Während Bren-

158 Sprengel, Die inszenierte Nation (Anm. V,104), S. 41, Anm. 78.

159 Metternich/Klinkowström 2, S. 117ff. Pfister, Aus dem Lager der Verbündeten (Anm. V,100), S. 3–30. Gebhardt, Humboldt als Staatsmann (Anm. III,111), Bd. 2, S. 14ff. Heinrich von Srbik, Metternich. Der Staatsmann und der Mensch, Bd. 1, München 1925, S. 194ff. Richard Schwemer, Geschichte der freien Stadt Frankfurt a. M. (1814–1866), Bd. 1, Frankfurt a. M. 1910 (Veröffentlichungen der Historischen Kommission der Stadt Frankfurt am Main 3), S. 5ff. Schnabel 1, S. 526f. Rössler, Österreichs Kampf um Deutschlands Befreiung (Anm. II,91), Bd. 2, S. 165ff. Leggiere, The Allied Invasion of France (Anm. V,100), S. 21–41.

160 FBA 13,3, S. 309. Siehe auch ebd., S. 322, 324; Am Rhein, Am Rhein, ebd., S. 354.

161 Julius Weizsäcker, Rense als Wahlort, Berlin 1890 (AAWB,PH 1890,2). Ulrich Stutz, Die rheinischen Erzbischöfe und die deutsche Königswahl, in: Festschrift Heinrich Brunner zum siebzigsten Geburtstag dargebracht von Schülern und Verehrern, Weimar 1910. Nachdruck Frankfurt a. M. 1987, S. 57–78. Helmut Prößler, Rhens, die Kurfürsten und die deutsche Königswahl, in: AHVN 165 (1963), 228–240. Gerd Kleinheyer, Die kaiserlichen Wahlkapitulationen. Geschichte, Wesen und Funktion, Karlsruhe 1968 (Studien und Quellen zur Geschichte des deutschen Verfassungsrechts A/1), S. 57ff.

162 Stramberg II,4, 1854, S. 327. Niklas Vogt, Ansichten des Rheins, H. 2, Frankfurt 1805. Ludwig Müller, Königsstuhl, in: Allgemeine Encyclopädie der Wissenschaften und Künste in alphabetischer Folge von genannten Schriftstellern bearbeitet und hrsg. von Johann Samuel

tano in anderen Werken, wie etwa in den Rheinmärchen, den geläufigen Namen Königsstuhl gebraucht, heißt der nahe bei Ehrenbreitstein gelegene Bau hier „Kaiser Stuhl".[163] Dieser Ausdruck scheint als Bezeichnung für das Königsgestühl von Rhens zu Brentanos Zeit noch völlig ungebräuchlich gewesen zu sein, kommt in späteren Jahrzehnten des 19. Jahrhunderts aber gelegentlich vor, je später, desto häufiger.[164]

Die bisherigen Versuche, Brentanos auffallende Verwendung des Ausdrucks mit Reminiszenzen an historische Vorkommnisse zu erklären, befriedigen nicht.[165] Vielmehr ist darin eine politische Stellungnahme im Sinn jener preußischen Spielart des Reichspatriotismus zu erkennen, die während der Jahre 1806–1813 aufkam.[166] Sie dürfte in der Dichtung – etwa auch bei Max von Schenkendorf – erheblich verbreiteter gewesen sein als in der Politik und Diplomatie, wo es sie aber ebenfalls gab: Dieser vielleicht als romantisch zu bezeichnende Reichspatriotismus zielt auf eine Wiederherstellung des alten Reichs oder aber auf eine politisch und territorial nicht näher charakterisierte Einheit der Angehörigen der verschiedenen deutschen Länder unter einem gemeinsamen Herrscher in einem Gebilde, das verfassungspolitisch den Charakter eines Bundesstaates oder eines Staatenbundes mit alt- oder neuständischer Repräsentation haben mochte, der weder von dem Egoismus der Fürsten noch von den Atavismen des alten Reichs beeinträchtigt ist und in dem sich die nicht näher bestimmte Freiheit der Deutschen entfalten konnte.[167] Solche Wünsche konnte man zu der Zeit noch mit einem Eintreten auf der Seite Preußens für vereinbar halten, und während des Wiener Kongresses wurden sie noch in gescheiterten Verfassungsplänen zur Wiederherstellung eines deutschen Wahlkaisertums vertreten und danach in Görres' politischen Schriften bis zu seiner Koblenzer Adresse, wobei die Vorstellungen im einzelnen sehr

Ersch und Johann Gottfried Gruber, Sektion II, Bd. 38, Leipzig 1885, S. 267–270, dort S. 269. Vgl. Brentano an Arnim, 15.2.1805, WAA 32,1, S. 19.

163 FBA 17, S. 76f. Zum Königsstuhl von Rhens bei Brentano: Diel/Kreiten 1, S. 37. Brigitte Schillbach, FBA 17, S. 524f. Nicht hierher gehört der „Königsstuhl" im *Lied von eines Studenten Ankunft in Heidelberg*, v. 41, W 1, S. 174.

164 Ein frühes Beispiel ist Karl Julius Weber, Deutschland, oder Briefe eines in Deutschland reisenden Deutschen, Bd. 2, Stuttgart 1827, S. 405.

165 Renate Böschenstein, Der Rhein als Mythos in Deutschland und Frankreich, in: Aurora 53 (1993), S. 25–46, dort S. 32, Anm. 26. Ebenso Caroline Pross, FBA 15,4, S. 208.

166 Matthias Pape, Revolution und Reichsverfassung – die Verfassungsdiskussion zwischen Fürstenbund und Rheinbund, in: Verfassung und Revolution. Hegels Verfassungskonzeption und die Revolutionen der Neuzeit, hrsg. von Elisabeth Weisser-Lohmann, Hamburg 2000 (HSt, Beiheft 42), S. 40–84, dort S. 83f.

167 Peter Moraw/Karl Otmar von Aretin/Elisabeth Fehrenbach, Reich, in: Geschichtliche Grundbegriffe. Historisches Lexikon zur politisch-sozialen Sprache in Deutschland, hrsg. von Otto Brunner, Werner Conze, Reinhart Koselleck, Bd. 5, Stuttgart 1984, S. 423–508, dort S. 489ff. Heinz Angermeier, Deutschland zwischen Reichstradition und Nationalstaat. Verfassungspolitische Konzeptionen und nationales Denken von 1801–1815 (1990), in: ders., Das alte Reich in der deutschen Geschichte. Studien über Kontinuitäten und Zäsuren, München 1991, S. 449–521.

verschieden ausfielen.[168] An die Möglichkeit eines preußischen Kaisers dürfte im Jahr 1813 noch kaum jemand gedacht haben.[169]

Dem Sinn des Stückes fügt die Bezeichnung „Kaiserstuhl" – in *Am Rhein, Am Rhein* ist am Ende der ersten Szene verdeutlichend sogar noch von „Kaiserwahl" die Rede[170] – eigentlich nichts hinzu, denn die Thronbesteigung der Germania, die am Ende des Werks dargestellt wird, ist deutlich genug.[171] Für die Deutung ist sie jedoch wertvoll, weil sie es unmöglich macht, das allegorische Geschehen nur als Festspielstaffage aufzufassen. Sie zeigt, dass Brentano völlig bekannt war, was in jenen Tagen politisch auf dem Spiel stand, und dass er wusste, welche politischen Implikationen seine literarischen Werke hatten. Und zu diesen Implikationen gehört die Ablehnung des habsburgisch-österreichischen Erbkaisertums. Aber seine Motivation dürfte trotzdem nicht in erster Linie oder zumindest nicht ausschließlich politischer Art gewesen sein: Nur als alter und neuer Kaiser des heiligen römischen Reichs deutscher Nation konnte Franz II. die Rolle des Märchenkönigs Radlof einnehmen, nicht aber als Franz I., Kaiser von Österreich.

Friedrich Schlegel dachte in diesem Punkt ganz ähnlich. Auch er hat in seinen historischen und publizistischen Schriften und Entwürfen seit seiner Konversion nicht im

[168] Arnold Berney, Reichstradition und Nationalstaatsgedanke, in: HZ 140 (1929), S. 57–86. Wilhelm Mommsen, Zur Bedeutung des Reichsgedankens, in: HZ 174 (1952), S. 385–415. Otto Dann, Die Tradition des Reiches in der frühen deutschen Nationalbewegung (1988), in: ders., Vereinsbildung und Nationsbildung. Sieben Beiträge, Köln 2003, S. 161–177. Georg Schmidt, Von der Nationaleinheit zum Nationalismus. Der gedanklichen Kontinuitätsbruch in Deutschland zu Beginn des 19. Jahrhunderts, in: EvDia 63 (1994), S. 59–75. Michael Hundt, Die mindermächtigen deutschen Staaten auf dem Wiener Kongreß, Mainz 1996 (VIEG 164). Hans-Christof Kraus, Das Ende des alten Deutschland. Krise und Auflösung des Heiligen Römischen Reiches Deutscher Nation 1806, Berlin ^{2}2007 (Wissenschaftliche Abhandlungen und Reden zur Philosophie, Politik und Geistesgeschichte 37), S. 87ff. Zum Kaisergedanken: Robert Davidsohn, Die Vorstellungen vom alten Reich in ihrer Einwirkung auf die neuere deutsche Geschichte, München 1917 (SBAW,PH 1917,5). Helmut Tiedemann, Der deutsche Kaisergedanke vor und nach dem Wiener Kongress, Breslau 1932 (Untersuchungen zur deutschen Staats- und Rechts-Geschichte 143). Frank Möller, Historische Erinnerung und politische Vision. Die Idee des Kaisers im deutschen Liberalismus 1815–1871, in: Historie und Leben. Der Historiker als Wissenschaftler und Zeitgenosse. Festschrift für Lothar Gall zum 70. Geburtstag, hrsg. von Dieter Hein, Klaus Hildebrand und Andreas Schulz, München 2006, S. 657–670.

[169] Vgl. Portmann-Tinguely, Romantik und Krieg (Anm. III,159), S. 260f. Zu früheren Plänen einer preußischen Kaiserkrone vgl. Pape, Revolution und Reichsverfassung (Anm. V,166), S. 60. – Eine in diesem Zusammenhang gern und oft zitierte Stelle aus dem zweiten Teil von Arndts *Geist der Zeit*, „Österreich ist der Vereinigungspunkt, das Haus Habsburg soll herrschen", datiert aus dem Jahr 1808; Arndt, Letztes Wort an die Deutschen, gesprochen im Herbst 1808, in: ders., AW 10, S. 118–189, dort S. 184.

[170] FBA 13,3, S. 353.

[171] Ebd., S. 350f., 363f. Zu dieser Stelle vgl. Joist und Ingeborg Grolle, „Der Hort im Rhein". Zur Geschichte eines politischen Mythos, in: Gedenkschrift Martin Göhring, hrsg. von Ernst Schulin, Wiesbaden 1968 (VIEG 50), S. 214–238, dort S. 217f.

Sinn einer Eigenstaatlichkeit Österreichs agitiert, sondern sich für das Alte Reich und dessen überstaatliches Kaisertum ausgesprochen.[172] Es ist daher kein Zufall, dass der Rhein gerade durch Schlegel zum Symbol Deutschlands, seiner Geschichte, seines Charakters, seiner Leiden und der politischen Erwartungen geworden ist, die man von einer bevorstehenden Einigung unter der Führung Österreichs, widrigenfalls aber Preußens hegte.[173] In den Jahren nach 1813 waren die Flussallegorie wie auch die Verwendung der Personifikationen des Rheinstroms und der Germania in patriotischen „Festspielen" weithin üblich.[174] Auftritte von Flüssen oder Flussgottheiten gibt es traditionell in höfischen und panegyrischen Darbietungen wie in Racines Ode *La Nymphe de la Seine à la Reyne* (1660), die zur Hochzeit von Louis XIV mit María Teresa de Austria geschrieben wurde.[175] Klaus Sauer und German Werth haben an deren Vorkommen in Barockdramen – etwa in den Prologen und Reyen der Trauerspiele Lohensteins und Hallmanns – erinnert.[176] Theodor Körner ließ in einem in Wien geschriebenen Geburtstagsstück für Wilhelm von Humboldt aus dem Jahr 1812, von späteren Herausgebern „Festspiel zu Wilhelm von Humboldts Geburtstage. Wien, den 22. Juni 1812" genannt, die Nymphe der Donau und des Tibers auftreten. Der kleine Dialog wurde von Humboldts Töchtern Adelheid und Gabriele – beide gerade Teenager – im privaten Kreis aufgeführt.[177] Wie diese literarischen Formen der Prosopopoiie von Flüssen hat auch die Flussallegorie der *Deutschen Flüsse* die traditionelle Verwendung von Strömen in der bildenden Kunst zur Voraussetzung.[178] Während die Versammlung von Flüssen zur Darstellung einer

[172] Vgl. Karl Konrad Polheim, Friedrich Schlegel und Österreich, in: Aurora 41 (1981), S. 75 bis 92; Puchalski, Imaginärer Name Österreich (Anm. III,29), S. 256–280, besonders S. 268, Anm. 573; Pape, Revolution und Reichsverfassung (Anm. V,166), S. 77ff.

[173] Friedrich Schlegel, Reise nach Frankreich, in: Europa 1,1 (1803), S. 5–40 = KA 7, S. 56–79, dort S. 63. Schlegels patriotische Schriften und Gedichte waren von sehr beträchtlicher Wirkung; vgl. Detlev W. Schumann, Friedrich Schlegels Bedeutung für Eichendorff, in: JbFDH 1966, S. 336–383; Kiewitz, Poetische Rheinlandschaft (Anm. V,53), S. 63ff.

[174] Varnhagen, Bühnenfeier der Leipziger Schlacht, in: Mbl Nr. 288, 2.12.1814 = WW 4, S. 399 bis 402, dort S. 402. Böschenstein, Der Rhein als Mythos (Anm. V,165), S. 32.

[175] Jean Racine, Œuvres complètes. 1. Théâtre, poésie. Édition présentée, établie et annotée par Georges Forestier, Paris 1999 (Bibliothèque de la Pléiade 5), S. 40–46. Vgl. Karl Möseneder, Zeremoniell und monumentale Poesie. Die „Entrée solennelle" Ludwigs XIV. 1660 in Paris, Berlin 1983.

[176] Klaus Sauer und German Werth, Lorbeer und Palme. Patriotismus in deutschen Festspielen, München 1971 (dtv 795), S. 44. Ebenso Sprengel, Die inszenierte Nation (Anm. V,104), S. 42. Eine Untersuchung dazu scheint zu fehlen. Siehe auch Caroline Pross, Land art. Formen der Inszenierung des kulturellen Raums zwischen Aufklärung und Romantik, in: Theatralität und Räumlichkeit. Raumordnungen und Raumpraktiken im theatralen Mediendispositiv, hrsg. von Jörg Dünne, Sabine Friedrich, Kirsten Kramer, Würzburg 2009, S. 87–105.

[177] Körner, WW II,1, S. 36–41. Zur Aufführung: Gabriele an Wilhelm von Humboldt, nach 22.6.1812, Sydow 1, S. 74f. Siehe auch JbFDH 1907, S. 350.

[178] Sibylle Appuhn-Radtke, Flußgott, in: RDK 10, 2003, Sp. 53–118. Siehe auch Ruth Rubinstein, The Renaissance Discovery of Antique Rivergod Personifications, in: Scritti di storia dell'arte in onore di Roberto Salvini, Firenze 1984, S. 257–263.

regionalen, nationalen oder staatlichen Einheit in der bildenden Kunst aber keine ikonographisch fixierten Vorbilder zu haben scheint, ist die Nennung von Flüssen als Teilen eines geographischen Ganzen ein literarisch wohlbekanntes Verfahren: Sie findet sich bereits in der *Germania* des Tacitus und in Klaudios Ptolemaios' *Geographie*, in Conrad Celtis' Gedichtbüchern und in seiner *Germania generalis*;[179] „von der Elbe unz an den Rîn" reicht „unser lant" in Walthers Preislied, und diese Form der Nennung von Flüssen zur Repräsentation des Ganzen übernahm dann Hoffmann von Fallersleben im *Lied der Deutschen.*[180] In allen diesen Fällen aber werden durch die topische Flussformel die Grenzen oder die Grenzregionen Deutschlands benannt, nicht jedoch – außer allenfalls in Celtis' *Amores* – die innere Gliederung und die Vielfalt des Landes und seiner Völker (sowie bei Celtis auch seiner Mädchen) bezeichnet. Es ist nicht damit zu rechnen, dass Brentano der Urheber des Motivs ist. Indessen ist die Versammlung der personifizierten Flüsse auch schon in Brentanos eigenem Werk vorgebildet, und zwar in den *Mährchen vom Rhein*. Susanne Kiewitz hat mit Recht hervorgehoben, dass eine klare Verbindung zwischen den Märchen und dem Drama besteht, „denn das politische Stück übernimmt sein Material zuzeiten direkt aus dem Märchentext", jedenfalls in der zweiten Fassung.[181] Aber direkter Zitate bedarf es gar nicht, denn die ganze Konzeption von der Versammlung der Flüsse bis zur Zusammenkunft am Königsstuhl stammt auch in nicht durch verbale Übereinstimmungen gedeckten Passagen direkt aus den Rheinmärchen.[182] Da sich die innere Entwicklung des Motivs in Brentanos Werk von den Märchen über *Rheinübergang Kriegsrundgesang* zu dem Festspiel der Flussgötter zwanglos nachvollziehen lässt, wird man das Vorkommen von Flussallegorien in anderen Texten, zeitgenössischen oder älteren, vorerst nur als Parallele werten dürfen und eine vermeintliche oder tatsächliche Gattungstradition des Festspiels mit Vorsicht behandeln müssen, solange jedenfalls, als keine präzisen Entsprechungen in einzelnen Texten namhaft gemacht werden können.[183] Es wird hier deutlich, wie irreführend die

[179] Raimund Kemper, Die Redaktion der *Epigramme* des Celtis, Kronberg/Ts. 1975 (Scriptor Hochschulschriften Literaturwissenschaft 9), S. 261f., Anm. 193. Gernot Michael Müller, Die *Germania generalis* des Conrad Celtis. Studien mit Edition, Übersetzung und Kommentar, Tübingen 2001 (Frühe Neuzeit 67), S. 366ff. Jörg Robert, Konrad Celtis und das Projekt der deutschen Dichtung. Studien zur humanistischen Konstitution von Poetik, Philosophie, Nation und Ich, Tübingen 2003 (Frühe Neuzeit 76), S. 174ff.

[180] Herbert Blume, Maas, Memel, Etsch und Belt. Die Gewässer in Hoffmanns *Lied der Deutschen* und die Grenzen des Vaterlands, in: Hoffmann von Fallersleben. Internationales Symposion Wrocław/Breslau 2003, hrsg. von Marek Halub und Kurt G. P. Schuster, Bielefeld 2005 (Braunschweiger Beiträge zur Geschichte der deutschen Sprache und Literatur 8), S. 247 bis 266. Eberhard Rohse, *Das Lied der Deutschen* in seiner politischen, literarischen und literaturwissenschaftlichen Rezeption, in: August Heinrich Hoffmann von Fallersleben 1798 bis 1998. Festschrift zum 200. Geburtstag, hrsg. von Hans-Joachim Behr, Herbert Blume und Eberhard Rohse, Bielefeld 1999 (Braunschweiger Beiträge zur Geschichte der deutschen Sprache und Literatur 1), S. 51–100, dort S. 60f.

[181] Kiewitz, Poetische Rheinlandschaft (Anm. V,53), S. 143.

[182] Siehe besonders FBA 17, S. 98–100.

[183] Vgl. dagegen Caroline Pross, FBA 15,4, S. 16f., 199.

ausschließliche Inanspruchnahme einer behaupteten literarischen Tradition allegorischer Festspielbildlichkeit sein kann, und man darf daraus für Brentanos patriotische Werke ohne sichere Gattungseinordnung (und das heißt: ausnahmslos für *alle* patriotischen Werke größeren Umfangs) auch schließen, dass dies auch immer dort der Fall sein wird, wo zentrale Motive und Bildlichkeit ebenso gut und besser aus Brentanos eigenen Werken hergeleitet werden können.[184] Die Eigenart sämtlicher patriotischer Dichtungen Brentanos kann so bestimmt werden als das Ergebnis einer Aufnahme von überkommenen Formtraditionen okkasioneller und zweckgebundener Dichtung, die der Autor mit den literarischen Mitteln, die er aus der Selbstrezeption seiner eigenen Werke bezieht, zu neuen Gebilden umformt, so dass sie sich auf der dem Publikum zugewandten Seite wie konventionelle Produkte ausnehmen mögen, auf der Innenseite aber in nahezu bruchloser Kontinuität zu seinem eigenen Schreiben stehen. Welche Seite die andere in Dienst nimmt, lässt sich dann gar nicht mehr ohne weiteres eindeutig bestimmen, und das macht die Zweideutigkeit von Brentanos patriotischen Werken aus. Es kann zum Beispiel kein ernstlicher Zweifel daran bestehen, dass Brentanos Selbstrezeption seiner Märchen in dem patriotischen Festspiel tatsächlich eine bestehende Tradition panegyrischer Flussdarstellungen voraussetzt, die jene erst ermöglicht. Die für das Festspiel *Die deutschen Flüsse* spezifische Interferenz von gattungstypischer und von autorenspezifischer Bildlichkeit wird sich aber solange nicht sinnvoll weiterverfolgen lassen können, als die Flussbildlichkeit festiver und panegyrischer Dichtungen literaturhistorisch nicht hinreichend aufgearbeitet ist.

In der politischen Situation des Monats November 1813 hatte die Versammlung der nymphae horum locorum eine eindeutige politische Bedeutung: Sie stellt eine Einheit in der Vielheit vor, die mehr ist als ein Aggregat der durch die Flüsse stellvertretend bezeichneten Länder, die Einheit der Nation Deutschland, so in Ernst Moritz Arndts *Des Deutschen Vaterland* oder im Titelblatt des Almanachs *Die Sängerfahrt*.[185] Die Umgestaltung der Flussformel bei Brentano hat ihre Entsprechung in Arndts Abhandlung *Der Rhein, Teutschlands Strom, aber nicht Teutschlands Grenze*, die im November oder Dezember des Jahres 1813 erschien und ein politisches Programm formulierte, dem in der Folge kein dauerhafter Erfolg beschieden sein sollte.[186] Als Symbol der Einheit kann

[184] Siehe auch Pravida, FBA 11,2, S. 74f.

[185] Arndt, AW 3, S. 25f. Zur Wirkungsgeschichte: Heinrich Meisner, Was ist des Deutschen Vaterland? Die Geschichte eines Liedes, in: TRs Nr. 302, 25.12.1897, S. 1205–1207. Schäfer/Schlawe, S. 130ff. Sigrid Nieberle, „Und Gott im Himmel Lieder singt". Zur prekären Rezeption von Ernst Moritz Arndts *Des Deutschen Vaterland*, in: Ernst Moritz Arndt (1769 bis 1860). Deutscher Nationalismus – Europa – transatlantische Perspektiven, hrsg. von Walter Erhart und Arne Koch, Tübingen 2007 (STSL 112), S. 121–136.

[186] Arndt, AW 13, S. 145–197. Zum Erscheinungsdatum und zur Verbreitung der Schrift: Czygan 2,1, S. 267f. Ernst Müsebeck, Ernst Moritz Arndt. Ein Lebensbild, Bd. 1: Der junge Arndt 1769–1815, Gotha 1914, S. 470: „Etwa Mitte November 1813". Schäfer/Schlawe, S. 153: „Dez. 1813 (vor dem 23.12.)". Vgl. Kiewitz, Poetische Rheinlandschaft (Anm. V,53), S. 134 bis 141. Zum Rhein als politischem Symbol: Schulz 2, S. 143ff. Böschenstein, Der Rhein als Mythos (Anm. V,165).

der bedeutendste und größte der deutschen Flüsse dienen, der Rhein, der als Deutschlands Strom nicht zugleich seine Grenze sei. Da dieses Projekt mit Österreich nicht zu verwirklichen war, erhielt ein Werk wie *Die deutschen Flüsse* allein schon mit seiner aus den Märchen stammenden patriotischen Sinnbildlichkeit nationaler Einheit, dargestellt anhand der Versammlung an einem Ort, der in der Imagination wieder intakt ist, in der Realität aber dem Erdboden gleichgemacht wurde, eine politische Aussage, die gegen die eher pragmatisch verfahrende Politik Österreichs gerichtet war. Der Herausstellung der Spree als der deutschen „Helden-Nymphe" – die in der späteren Fassung noch stärker betont wird, da zu dieser Zeit die Hoffnungen der Vertreter der Nationalbewegung auf Preußen ruhten – hätte es gar nicht erst bedurft.[187]

Die Überlieferungsgeschichte bestärkt den Eindruck, dass alle Spuren von Brentanos patriotischer Dichtung von Österreich weg hin nach Preußen führen. Nach Gubitz' Berichten hat ihm Brentano das Stück zur freien Verfügung überlassen.[188] Es erschien in einem Vorabdruck im Jahr 1838 – in den „frohen Tagen der Erwartung" – und schließlich im vollständigen Druck im Jahr 1841, also zur Zeit der deutsch-französischen Rheinkrise, in der in den Almanachen die patriotische Dichtung wiederbelebt wurde.[189] Mit besonderem Verweis auf den patriotischen Gehalt von Brentanos Werk sind später auch die anderen Rheindichtungen Brentanos publiziert worden, Guido Görres' Ausgabe von Clemens Brentanos Märchen erschien im Jahr 1846/47.[190]

[187] „Heldennymphe": FBA 13,3, S. 319, 324f., 354f. Die Rede der Spreenymphe wird in *Am Rhein, Am Rhein* erweitert; vgl. ebd., S. 347f. im Vergleich zu S. 319.

[188] Gubitz an Emilie Brentano, Berlin 4.6.1851, in: Brentano, Geschichte vom braven Kasperl (Anm. V,152), S. 46. Ferner: Gubitz 2, S. 143f. FBA 19, S. 802. Dass Arnim und Brentano, wie Gubitz berichtet, als Entlohnung für Zeitschriftenbeiträge Holzschnitte forderten, ist auch sonst überliefert; vgl. Hauser, Zur Geschichte der Wiener Zeitschrift *Prometheus* (Anm. I,27), S. 317.

[189] Mallon 2, S. 104. Feilchenfeldt, Brentano-Funde (Anm. II,53), S. 70. Tunner, Clemens Brentano (Anm. I,91), Bd. 1, S. 553, Anm. 2 (nach einer Information Feilchenfeldts). Pross, FBA 15,4, S. 180 (dito). Siehe auch Margarete Zuber, Die deutschen Musenalmanache und schöngeistigen Taschenbücher des Biedermeier 1815–1848, in: AGB 6 (1957), S. 398–487, dort S. 410. Niklaus Flüeler, Der mißbrauchte Rhein. Untersuchungen zu einem Thema der Geschichte deutsch-französischer Beziehungen, Diss. Zürich, Luzern 1966 (Teildruck), S. 19ff. Irmline Veit-Brause, Die deutsch-französische Krise von 1840. Studien zur deutschen Einheitsbewegung, Diss. Köln 1967, S. 125ff. Kiewitz, Poetische Rheinlandschaft (Anm. V,53), S. 192–202.

[190] Mallon 2, S. 116ff., 123f. Guido Görres, Vorwort zur Erinnerung an den Dichter dieser Märchen, in: Görres, Märchen 1, S. V–LVIII, dort S. XIf., XXIXff. Dasselbe schon in: Görres, Erinnerungen an den Dichter Clemens Brentano (Anm. I,24), S. 7f., 27ff. Vgl. Janssen 1, S. 108. Doris Strack, Poetisierung und Politisierung des Rheinstroms bei Moritz von Schwind, in: JbFDH 1992, S. 255–293, dort S. 269ff. Die Geschichte der mit Guido Görres (Märchen 1, S. XXXIII) beginnenden Funktionalisierung von Brentanos patriotischen Dichtungen durch seine katholischen Bewunderer wäre eine eigene Studie wert. Siehe auch Pravida, Die Erfindung des Rosenkranzes (Anm. I,22), S. 308.

Östreichs Muth, Sieg und Hofnung

Ein „Deklamatorium" mit dem Titel *Östreichs Muth, Sieg und Hofnung* wurde für eine „am Ostersonntag", am 10. April 1814, geplante Aufführung ausgearbeitet und ist erst 2007 von Christina Sauer und Simone Leidinger ediert worden.[191] In Brentanos Nachschrift heißt es, mit einer Formulierung, die dann in der Vorbemerkung zu *Am Rhein, Am Rhein* wiederaufgenommen wird, das Stück sei auf das „Begehren" des „Direcktors des Burgtheaters" ausgearbeitet worden.[192] Gemeint ist damit Joseph Hartl, der Brentano in seinem Brief vom 30. November 1813, mit dem er *Die deutschen Flüsse* zurücksandte, zu weiteren Festspielen „für den Zeitpunckt der Rückkehr Seiner Majestät, oder des abgeschlossenen Friedens" aufgefordert hatte.[193]

Festspiele hatten im Frühjahr 1814 in Wien Konjunktur. Louis Spohr berichtet in seinen Erinnerungen, dass seit Anfang des Jahres alle Wiener Theater mit Vorbereitungen zu festlichen Aufführungen beschäftigt waren und Stücke und Kompositionen in Auftrag gaben, die sämtlich unveröffentlicht sind und noch nie Gegenstand einer Untersuchung waren.[194] In dem Brief vom 5. April 1814, in welchem Brentano Arnim seine Abreise „die Woche nach Ostern" ankündigt, ist von einer Aufführung des „Deklamatoriums" schon keine Rede mehr. Vielleicht hat Brentano nach der Valeria-Aufführung tatsächlich alle weiteren Pläne mit den Wiener Theatern aufgegeben, wie er mehrmals in den unmittelbar nach der Aufführung des Lustspiels am 18. Februar 1814 verfassten Briefen schreibt. In diesem Fall wäre zumindest die erste Fassung des Werks zwischen dem 22. Januar – dem Datum des letzten Briefentwurfs an Pálffy, in welchem das Werk noch nicht erwähnt wird – und dem 18. Februar entstanden.[195] Dass sämtliche Entwürfe der ersten und zweiten Fassung wie auch die Reinschrift der ersten Fassung auf Papier derselben Sorte geschrieben sind, das Brentano seit Anfang des Jahres 1814 gebrauchte, spricht ebenfalls für eine Datierung in diese Zeit, da die Papiersorten während des Wiener Aufenthalts sonst nie länger als zwei Monate dieselben bleiben. Daher ist auch davon auszugehen, dass die zweite Fassung im unmittelbaren Anschluss an die erste entstanden ist. Im Fall der *Valeria* vergingen zwischen Einreichung des Manuskripts Mitte Dezember 1813 und Aufführung Mitte Februar 1814 zwei Monate, einige Wochen Vorlauf müssen auch bei dem Deklamatorium angenommen werden. Mitte Februar wäre sogar ein ziemlich später Zeitpunkt für die Entstehung des Werks, das aber immerhin theatralisch weniger aufwendig ist als *Valeria oder Vaterlist*. Der unvollendete Zustand der zweiten Fassung dürfte unmittelbar auf das Scheitern des noch in Wien gefassten Plans einer Sammelpublikation zurückzuführen sein, wie er in der Nachschrift bezeugt ist. Diese Nachschrift ist auf Papier derselben Sorte überliefert wie die Ent-

[191] FBA 13,3, S. 365–454, das Zitat ebd., S. 458 (Nachschrift). Zur Überlieferung: Simone Leidinger, FBA 15,4, S. 226–238. Siehe auch W 4, S. 899; Tunner, Clemens Brentano (Anm. I,91), Bd. 1, S. 555ff.; Grus, S. 120.

[192] FBA 13,3, S. 457.

[193] Hs. FDH 8173, zitiert in FBA 15,4, S. 222.

[194] Spohr 1, S. 175.

[195] Siehe auch Caroline Pross, FBA 15,4, S. 223.

würfe zu dem Deklamatorium und ist daher in dieselbe Zeit, Anfang 1814, noch während des Wiener Aufenthalts, zu datieren.[196] Auch die zeitgeschichtliche Situation von Nachschrift und Dramen ist dieselbe, beide sind in Hinblick auf das bevorstehende Ende des Krieges verfasst.

Der Form nach handelt es sich bei *Östreichs Muth, Sieg und Hofnung* um eine Folge langer zu deklamierender Reden ohne ariose Teile, aber mit kürzeren dialogischen Passagen und gesungen zu denkenden Chorpartien. Das Werk ist wie die *Gründung Prags*, der es in vieler Hinsicht besonders nahe steht, in gereimten fünfhebigen Jamben geschrieben, einem Versmaß, das Brentano schon in seinem Frühwerk gerne für umfangreiche und feierliche Gedichte verwendet hat. Der weiträumige Vers eignet sich in Brentanos Verwendung besonders für weit ausholende Reden mit ausgedehnter erhabener Bildersprache.[197] Gegenwärtig sind keine genaueren Informationen über die Gattungstradition verfügbar, in die dieses „Deklamatorium" zu stellen wäre, daher ist auch die zu unterstellende Überblendung der überkommenen Formensprache mit Brentanos eigener Bildlichkeit in ihrer Eigenart nur ungefähr zu bestimmen. Offensichtlich ist jedoch, wie eng die Motivik des Werks mit anderen Hauptwerken Brentanos verwandt ist, und zwar in viel stärkerem Maß als bei allen übrigen Wiener Werken. Über die spezifische Faktur der Motive in dem Werk ist damit zwar noch wenig gesagt, aber es muss festgehalten werden, dass *Östreichs Sieg Muth und Hofnung* ein integraler und wegen der ausführlichen, so sonst nicht wieder zu findenden Geschichtsdarstellung auch nicht verzichtbarer Teil von Brentanos Werk und dessen univers imaginaire ist, der nicht aufgrund eines literaturkritischen Urteils als Nebenprodukt beiseite geschoben werden kann. Aus Umfangsgründen kann das Deklamatorium hier nicht in der Ausführlichkeit behandelt werden, die diesem interessantesten und potentiell aufschlussreichsten der Wiener Werke Brentanos eigentlich zukäme. Da das Stück bislang nur ganz unzulänglich erschlossen ist, bedürfte es eines eingehenden Kommentars, der die sehr engen Beziehungen dieser scheinbar so erratischen Dichtung zu Brentanos übrigen Arbeiten im Detail nachweist. Es muss hier mit einigen Hinweisen sein Bewenden haben.

Dem Inhalt nach gibt das Werk in der Wechselrede zwischen den beiden Chören der Schutzgeister (fünf in der ersten, zehn in der zweiten Fassung) und Österreich und vor allem in langen, in die Vergangenheit zurückblickenden Reden letzterer eine allegorisch eingekleidete Darstellung der historischen Ereignisse von dem Ende des Friedens durch die Französische Revolution bis zum Sieg über Napoleon und bis zur erwarteten Wiederkehr des Friedens. Das Ganze ist zeitlich situiert in eine Wende vom Winter zum Frühling, ähnlich der *Gründung Prags*, deren „ganze Handlung auch in die slavische Frühlingsfeyer (…) eingekleidet" ist.[198] Die zweite Fassung ist ebenso allegorisch, je-

[196] Grus, S. 120 und Pross, FBA 15,4, S. 30, 174, 224 wollen die Nachschrift erst nach der Abreise von Wien entstanden sein lassen, geben dafür aber keine Begründung.

[197] Zu Brentanos Verssprache im fünfhebigen jambischen Metrum vgl. Kurt Eigl, Clemens Brentanos *Romanzen vom Rosenkranz*. Eine verskünstlerische Kritik, Diss. (masch.) Wien 1936, S. 95–99.

[198] FBA 14, S. 485. Siehe auch Anmerkung 102 zur *Gründung Prags*, ebd., S. 516. – Zu den Korrespondenzen mit dem Libussa-Drama vgl. Östreichs Muth, Sieg und Hofnung, 1. Fas-

doch in der konkreten Darstellung der Zeitereignisse weit weniger zurückhaltend als die erste. Wiederholt wird Fürst Schwarzenberg genannt, der während der Schlachten des Jahres 1813 der maßgebliche Feldherr auf österreichischer Seite war.[199] Diese unvollendet gebliebene zweite Fassung des Deklamatoriums also ist jenes Werk, das Arnim als „eine Art Lobgedicht auf Schwarzenberg, wohl das Schlechteste, das er geschrieben", bezeichnete.[200] Übrigens stand die Eigentümergesellschaft der Güter Bukowan und Rzetsch gerade zu Anfang des Jahres 1814 in Verhandlungen mit dem General über den Verkauf der böhmischen Güter, und Brentanos Abreise von Wien scheint in direktem Zusammenhang mit diesen Plänen gestanden zu haben.[201] Dass Brentano im März 1814 durch seine Beziehung zu Susanne von Hügel auch mit Schwarzenbergs früherem Generaladjutanten Steigentesch in Verbindung stand, dürfte für die Entstehung der zweiten Fassung aber schon aus chronologischen Gründen keine Rolle mehr gespielt haben.

Wie bei wohl ausnahmslos sämtlichen Neufassungen seiner Werke hat Brentano auch bei dieser zweiten Fassung den Text der ersten Version weitgehend unverändert übernommen und ihn mit umfangreichen Stücken interpoliert.[202] Vers 1591, mit dem die Überarbeitung abbricht, entspricht Vers 469 der ersten Version, der Umfang ist so mehr als verdreifacht. Die Überarbeitung hört gerade dort auf, wo in der ersten Fassung die Schilderung des personifizierten Krieges (der in der zweiten Fassung mit Napoleon verschwimmt, welcher vor allem von der Personifikation Österreichs ausführlich geschildert wird) zum endgültigen Sieg über Napoleon übergeht. Die Amplifikationen betreffen die Traumberichte Österreichs – die auch ohne verbale Reminiszenzen stark an die entsprechenden Passagen des Prologs und der „sibyllischen Worte" der drei Schwestern der *Gründung Prags* erinnern – sowie die breite und detaillierte Darstellung der historischen Ereignisse der Revolution und der napoleonischen Kriege.

Im großen verhalten sich die beiden Fassungen wie in Tabelle 2 dargestellt. Wie zu ersehen ist, erfuhren die Reden Österreichs eine erhebliche Ausweitung und eine Rede des Muts wurde ebenfalls dieser zugeschlagen, was so die dialogische Struktur zugunsten des Gewichts der Einzelrede abschwächt, innerhalb dieser aber vielfach zu einer Staffelung narrativer Instanzen anstelle der direkten Figurenrede führt.

sung, v. 393–433, 471–487, FBA 13,3, S. 381, 384 ≅ Die Gründung Prags, 4. Akt, v. 6440 bis 6481, 3. Akt, v. 3341–3358, FBA 14, S. 340f., 180; Östreichs Muth, Sieg und Hofnung, 2. Fassung, v. 727–750, 821–826, S. 426f., 429 ≅ Prolog, v. 209–232, 233–240, S. 16f. Vgl. Pross, FBA 15,4, S. 378, 391.

199 Siehe 2. Fassung, v. 1183, 1350, 1570, FBA 13,3, S. 440, 446, 453.

200 Arnim an Thomas, 7.4.1827, in: Cardauns, Die Märchen Clemens Brentano's (Anm. IV,1), S. 102. Schwarzenberg spielt zwar auch im *Klage- und Siegsgeschrei der Elbnymphe* eine prominente Rolle, doch passt dieses Gedicht kaum zu Arnims abwertendem Urteil.

201 UL, S. 487f. Günther, Savigny als Grundherr (Anm. I,40), S. 131.

202 Zu Brentanos Bearbeitungstendenzen: Rolf Spinnler, Clemens Brentano oder die Schwierigkeit, naiv zu sein. Das Märchen von Fanferlieschen Schönefüßchen, Frankfurt a. M. 1990 (Athenäum Monographien Literaturwissenschaft 95), S. 108ff. Pravida, Die Erfindung des Rosenkranzes (Anm. I,22), S. 49, Anm. 153. Zum folgenden vgl. die Verskonkordanz von Simone Leidinger, in: FBA 15,4, S. 399–445.

Tabelle 2: Konkordanz zu *Östreichs Muth, Sieg und Hofnung*, 1. und 2. Fassung (links und rechts); ungefähre wörtliche Entsprechung stehen in runden, entferntere inhaltliche Ähnlichkeiten in eckigen Klammern, geringere Abweichungen werden vernachlässigt.

1. Fassung		*2. Fassung*	
Chöre	1–12	*Chöre*	1–12
1. Rede Österreichs	13–28	*1. Rede Österreichs*	13–28
Chöre	29–36	*Chöre*	29–36
Beide Chöre	37–40		–
2. Rede	[41–64]	*2. Rede*	37–227
	43		37
Chöre	65–76	*Chöre*	228–239
3. Rede	77–129	*3. Rede*	240–288
Chöre	130–141	*Chöre*	289–300
4. Rede	[142–240]	*4.–8. Rede*	301–1255
		4. Rede	301–580
	152–153		309–310
	151		316
	150		319
	154–155		331–332
	156–157		337–338
	158–159		396–397
	(163–178)		401–422
	(179)		468
	181		479
	192		490
	195–203		571–579
		Chöre	581–604
		5. Rede	605–675
		Chor	676–707
		6. Rede	708–905
		Chöre	906–917
		7. Rede	918–1222
	(210)		1167
		Chöre	1223–1234
		8. Rede	1235–1255
	231–240		1246–1255
Chöre	241–252	*Chöre*	1256–1267
5. Rede	253–265	*9. Rede*	1268–1278
Chor	266–271	*Chor*	1279–1284
Dialog Österreich-Mut	272–277	*Dialog Österreich-Mut*	1285–1290
		Rede des Muts	1291–1486
Mut	278–281		1291–1294

Österreich	281–285		1295–1296
1. Rede des Muts	286–346		1297–1356
	–		1357–1416
	347–368		1417–1438
	–		1439–1459
	370–382		1460–1472
	–		1473–1486
	383–384		–
Österreich	385–388	*10. Rede Österreichs*	1487–1591
			1487–1490
2. Rede des Muts	389–392		–
	393–405		1491–1503
	–		1504–1505
	(412)		1506–1507
	413		1508
	408		1509
	409		1510
	410		1511
	(411)		1512
	406		1513
	407		1514
	414–422		1515–1523
	–		1524–1526
	423		1527
	–		1528
	424		1529
	–		1530–1535
	430–431		1536–1537
	426		1538
	–		1539–1540
	427		1541
	–		1542–1543
	432		1544
	–		1545–1547
	433–434		1548–1549
	–		1550–1568
	453		1569
	–		1570
	454		1571
	–		1572–1579
	(458)		1580
	459–469		1581–1591

Wegen der Vorherrschaft des Monologischen könnte das „Deklamatorium“ in beiden Fassungen eigentlich in die Nähe des Melodramas gerückt werden, für welches ein ausgeprägt monologischer Charakter gattungskonstitutiv ist, doch enden die Gemeinsamkeiten an dieser Stelle auch schon wieder, denn die berichtenden Monologe des Deklamatoriums sind viel zu inhaltsreich und entsprechen kaum der Rhetorik des melodramatischen Monologs.[203] Die Einschübe der zweiten Fassung sind als Blöcke auf den Entwurfshandschriften entstanden, doch wurde auch der übrige Text überarbeitet und neu geschrieben. Im ganzen ist die Entstehungsweise der zweiten Fassung der Entstehung der zwölften Romanze des Versepos *Die Erfindung des Rosenkranzes* ähnlich.[204] Hier wie dort handelt es sich um besonders spröde und – zumindest für den heutigen Leser – reizlose Texte, denen Brentano eine ausgiebige Erweiterung des Umfangs und eine durch sukzessive Amplifikation zustande kommende Massierung zugedacht hat. Ohne strenge Vorstellung eines Ziels häuft er unausgesetzt Bruchstücke, nimmt Stereotypen für Steigerung, ganz so, als erwarte er sich von einer solch rohen Kumulation ein Wunder.[205] Die Einfügungen bieten jene Bildlichkeit vorwiegend aus dem Bereich der entfesselten Naturgewalten, des Tierischen und Hässlichen, mit der die Greuel der französischen und napoleonischen Politik und des Krieges ausführlich geschildert werden.[206] Damit wird ein starkes Gegengewicht zu dem idealischen Ton der Verssprache, der an den Stil der frühen Gedichte in jambischen Langversen, stellenweise auch an die Verstragödien mit antiken Sujets der Klassiker anklingt, und zu dem antikisierenden mythologischen und allegorischen Apparat gesetzt, mit denen das Deklamatorium einsetzt und die die erste Fassung prägen. Stilistisch entsprechen die hinzugekommenen Passagen vielfach der Sprache der späten Lyrik Brentanos, haben aber in ihrer breit ausmalenden Drastik, ihrer Anhäufung greller – an sich zeitüblicher[207] – Bilder und ihrem stellenweise ungezügelt scheinenden Hang zum Extrem im übrigen Werk keine Paral-

[203] Vgl. Wolfgang Schimpf, Lyrisches Theater. Das Melodrama des 18. Jahrhunderts, Göttingen 1988 (Palaestra 282), S. 132ff.; Krämer, Deutschsprachiges Musiktheater (Anm. I,103), Bd. 1, S. 298ff.

[204] FBA 11,1, S. 361–439. Vgl. Pravida, Die Erfindung des Rosenkranzes (Anm. I,22), S. 94f.

[205] Walter Benjamin, Ursprung des deutschen Trauerspiels. Revidierte Ausgabe besorgt von Rolf Tiedemann, Frankfurt a. M. 1963, S. 198.

[206] Zu den Bildelementen und ihrer Herkunft aus Brentanos eigenem Werk vgl. Mechthild Clauss, Die Bildlichkeit in der Lyrik Brentanos. Mit Berücksichtigung des Entwicklungsmoments, Diss. (masch.) Köln 1952, S. 9f. („Flamme, Glut, Brand“), 11 („häßliche, ekelhafte, meist am Boden kriechende Tiere“), passim zur „Neigung zu den Extremen“. Zu Brentanos Haltung zur Französischen Revolution: Roman Polsakiewicz, Weltgeschichte als Heilsgeschichte Untersuchung zur Geschichtsauffassung Clemens Brentanos, Frankfurt a. M. u. a. 1986 (Regensburger Beiträge zur Literaturwissenschaft B/31), S. 72–87.

[207] Vgl. Oskar Richter, Die Lieblingsvorstellungen der Dichter des deutschen Befreiungskrieges, Diss., Leipzig 1909, dort S. 35–37 zur Bildlichkeit der Darstellung Napoleons. Dazu ist auch Brentanos handschriftlicher Entwurf „Die Nachricht gelangte nach Deutschland…“ (wohl von Ende 1815) zu vergleichen, der die ausführlichsten Äußerungen zu Napoleon enthält, die Brentano in Prosa geschrieben hat (Sammlung Varnhagen, Kasten 36, Biblioteka Jagiellońska, Kraków).

lele. Die zweite Fassung reicht genau bis zu der Stelle, an der in der ersten Fassung Victoria der Gefangenschaft entflieht und sich mit dem Mut verbindet. In der ersten Fassung kehrt die Darstellung daraufhin von den ausführlichen Reden allmählich wieder zur dialogischen Gestaltung zurück. Brentano hat in der zweiten Fassung das Dialogische stark beschnitten. Es ist denkbar, dass an der Stelle, wo die Reden wieder in Gespräche übergehen, diese formale Entscheidung nicht mehr aufrechterhalten werden konnte und das Werk wegen dieses Formproblems abbrach. Vielleicht ließ sich nach der ausgiebigen Schilderung der Kriegsgreuel das Werk auch nicht mehr einfach so abschließen, wie es in der ersten Fassung geschehen war.

Die Schilderung des Friedensknabens in der dritten und vierten Rede Österreichs nimmt – wie Simone Leidinger in einer bislang leider ungeschrieben gebliebenen Abhandlung festgestellt hat – die Bildlichkeit auf, die Brentano in dem Prager Aufsatz *Erklärung der Sinnbilder auf dem Umschlage dieser Zeitschrift* beschrieben hat. In dem Aufsatz wird der weibliche Genius in der rechten Hälfte des Titelblatts als Darstellung der Natur, des Bildungstriebs und der Kunst geschildert, sowie als Gegensatz zu dem auf der linken Seite dargestellten Knaben, der den Genius der Geschichte darstellt.[208]

> Der weibliche blos mit einer Blumenkrone und seiner Unschuld bekleidete Genius der Natur füttert mit den Kernen eines Granatapfels junge Tauben, nistend in einem Helme, der von den abgeronnenen Wassern zwischen den Kristallen eines Felsens zurük gelassen worden. Die Granate durch die Menge der Kerne in einer Schale ein Sinnbild des Reichthums durch Eintracht, ist der Reichsapfel seiner milden Regierung (…). Dies ist ein Bild der nährenden heilenden Natur und ihrer milden Liebe, siegend hat sie die friedlichen Tauben in den Helm gebettet, die wilde Fluth des Zorns ist gesunken, der Felsenkern der Erde gestaltet sich gegen die Sonne hinan, es trägt die Natur die selbst gewachsene Feste, wo gegenüber das Menschenwerk nur auf Mauern ruht; wo dort das Schwerd steht, wächst hier die Schwertlilie (…).

Der Prosatext gibt so auch Hinweise zu dem Geschichtsverständnis, das dem Deklamatorium zugrundeliegt, in dem Geschichte als zerstörerischer Einbruch in eine friedliche natürliche Ordnung dargestellt wird, die es dann wiederherzustellen gilt. Der Genius des Friedens lebt in einer naturhaften und geschichtsfernen Welt voll stiller Sanftheit:[209]

[208] Hesperus, ein Nationalblatt für gebildete Leser, hrsg. von Christian Carl André in Brünn, Jahrgang 1812. I. Band oder Jänner bis Juny, Prag, bei Johann Gottfried Calve, S. III–VII, dort S. V; W 2, S. 1046–1054, dort S. 1049f. Mallon 2, S. 53, Nr. 48. Zum *Hesperus*: Estermann, S. 423–431. Zur Interpretation des Textes: Horst Meixner, Denkstein und Bildersaal in Clemens Brentanos *Godwi*. Ein Beitrag zur romantischen Allegorie, in: JbDSG 11 (1967), S. 435–468, dort S. 435–440; Bhatti, Brentano und die Barocktradition (Anm. V,97), S. 117 bis 128; Dennerle, Kunst als Kommunikationsprozeß (Anm. IV,19), S. 101–111; Andreas Lorenczuk, Die Bilder der Wahrheit und die Wahrheit der Bilder. Zum „Großen Gockelmärchen“ 1838 und den Emmerick-Schriften von Clemens Brentano, Sigmaringen 1994 (Aurora-Buchreihe 8), S. 83–90. Die Rezeption dieses wichtigen Textes litt bislang darunter, dass es überhaupt keine Reproduktionen des beschriebenen Kupfers gab, obwohl der Text wiederholt nachgedruckt worden ist.

[209] 1. Fassung, v. 158–164, FBA 13,3, S. 373.

Abb. 1 Hesperus, hrsg. von Christian Carl André, 1. Heft, Prag, bei J. G. Calve, 1812, Titelkupfer.

Mein Friede schlief, so senckt die volle Rose
Ihr düfteschweres Haupt in Mittagsgluth,
Und unter seinen Händen, ihm im Schooße
Lag schlummernd seiner Tauben fromme Brut,
Gebettet auf dem Flaum von zartem Moose
Im Helme, den der freie kühne Muth,
Mein erstgebohrner Sohn dem Frieden ließ.

In dieses natürliche Idyll des Friedens bricht die Geschichte ein. Dies wird geschildert im Ausgang von der zunächst noch ungestörten Situation des Muts, der ruhend am Ufer des Rheines lagert:[210]

> Verspätet durch der Würger irre Flucht
> Lag von des Tages heißer Gluht umschwült,
> Zu Ruhn am Absturz er der Felsenbucht
> Von einer Riesen Eiche Dom umkühlt
> Und aß mit Danck der deutschen Vorzeit Frucht,
> Die sie zum Schoos ihm warf, vom Wind erwühlt,
> Wo unter ihm aus freier Alpen Schlucht
> Des Rheines Weinumrankte Woge spült
> Und Ufersegnend Meeres Tiefe sucht
> Saß sinnend er und hat sich frei gefühlt,
> In deutscher Treue und in deutscher Zucht.
> Da heulte jenseits auf der Wölfe Stimme
> Die hirtenloser Lämmer Schaar zerrissen
> Und thalwärts eilt mein Muth mit heilgem Grimme
> (…)

Zur Beschreibung des Losbrechens der Revolution und der Selbstermächtigung der Menschen bedient sich Brentano sichtlich einer anderen Referenz, und zwar der ihm aus dem Erstdruck in Seckendorfs *Musenalmanach auf das Jahr 1808* bekannten und von ihm bewunderten Hymne *Der Rhein*:[211]

> Im dunkeln Efeu sass ich, an der Pforte
> Des Waldes, eben, da der goldene Mittag,
> Den Quell besuchend, herunter kam
> Von Treppen des Alpengebirgs,
> Das mir die göttlich gebaute,
> Die Burg der Himmlischen heisst,
> Nach alter Meinung, wo aber
> Geheim noch manches entschieden
> Zu Menschen gelanget; von da
> Vernahm ich ohne Vermuten,
> Ein Schicksal, denn noch kaum
> War mir im warmen Schatten
> Sich manches beredend, die Seele
> Italia zugeschweift,
> Und fernhin an die Küsten Morea's.

[210] 1. Fassung, v. 168–181, ebd. Vgl. 2. Fassung, v. 412–421, 457–479, ebd., S. 416, 417f. Siehe auch Die Gründung Prags, 1. Akt, v. 454–473, FBA 14, S. 51.

[211] Musenalmanach auf das Jahr 1808, hrsg. von Leo Freiherrn von Seckendorf, Regensburg 1808, S. 94–102, dort S. 94f. Vgl. ZfE 1808, Nr. 6, 20.4.1808, S. 40, wo v. 204–209 der Rheinhymne wiedergegeben sind. Brentano erwähnt das Gedicht in seinem Brief an Philipp Otto Runge, um den 21.1.1810, FBA 32, S. 204.

Jezt aber, drinn im Gebirg,
Tief unter den silbernen Gipfeln,
Und unter fröhlichem Grün,
Wo die Wälder schauernd zu ihm,
Und der Felsen Häupter übereinander
Hinabschaun, taglang, dort
Im kältesten Abgrund hört'
Ich um Erlösung jammern
Den Jüngling, es hörten ihn, wie er tobt'
Und die Mutter Erd' anklagt',
Und den Donnerer, der ihn gezeuget,
Erbarmend die Eltern, doch
Die Sterblichen flohn von dem Ort,
Denn furchtbar war, da lichtlos er
In den Fesseln sich wälzte,
Das Rasen des Halbgotts.

Gerade diese Eingangsstrophen mit ihrer Verbindung einer Schilderung des Rheines und einer ansetzenden großangelegten Geschichtsdeutung haben auf Brentano Eindruck gemacht. Durch das vermittelnde Zwischenglied der Verse aus *Östreichs Muth, Sieg und Hofnung* wird übrigens deutlich, dass auch eine Strophe in dem ersten Entwurf zu dem Widmungsgedicht *An Görres* auf dieselbe Stelle der Rheinhymne Bezug nimmt. Dass dies in Verbindung mit der Gestalt des Freundes Görres geschieht, zeigt Brentanos Bewunderung für dessen in seinen mythologischen Schriften und seinen publizistischen Arbeiten dargelegtes Verständnis der Vor- und Zeitgeschichte und ihres organischen Hervorgehens aus der Natur und dem Mythos.[212]

Brentano übernimmt aus der Hymne die Situierung an einem schattigen Platz am Rhein in der Nähe der Alpen und den Gegensatz von anfänglicher Ruhe und plötzlichem, zunächst nur akustisch wahrgenommenen Einbruch eines Unerwarteten. Im weiteren weicht er aber von der Hymne ab, da im folgenden nicht der Aufbruch und Weg des Stromes geschildert wird, sondern der Anbruch der französischen Revolution. Indessen bleibt er auch hier in großer Nähe zu seinem Referenztext, denn auch in diesem wird in den folgenden Strophen die aufbegehrende Selbstermächtigung der Heroen dargestellt, die bei ihm wie bei Brentano mit dem Bild des prometheischen Feuerraubes

[212] An Görres, H^1, v. 25–38, FBA 3,1, S. 424:

Wenn unterm Eichbaum du in solchem Dencken
Die Nachtigall doch hörst an deutschem Quelle
Und deine Geister auf der Murmelwelle
Hinschlüpfend in die Ozeane lenken
Will dir ein Vöglein auf die Hand sich senken
Hüpft dir ein Einhorn zu als Spießgeselle
Und springt dir in den Schoos die Goldforrelle
Trag sie nach Haus, die Kinder zu beschenken*(.)*

verbunden ist.[213] Aber auch die Geschichte der menschlichen Selbstermächtigung wird bei Brentano noch zurückgenommen in ein natürliches Geschehen einer göttlich bestimmten Ordnung, das – ähnlich wie in den Rheinmärchen – als ein empedokleischer Vorgang der Trennung und Verbindung der vier Elemente durch Krieg und Liebe dargestellt wird. Wie der Mut berichtet, kam ihm während des Kampfes die Einsicht in die naturphilosophisch begründete Notwendigkeit des Streites, welcher aus der Absonderung der zur Einigkeit bestimmten vier Elemente im Menschen voneinander entstand.[214] Man mag darin eine letzte, in diesem Fall antithetische Parallele zu der Rheinhymne sehen, die in ihrer letzten Strophe auf ein zyklisches Geschehen von Ordnung des Wohlgetrennten am Tag und ordnungsloser Vermischung bei Nacht verweist.[215]

Östreichs Muth Sieg und Hofnung wäre also – zumindest in einem weiträumigen und umfänglichen Binnenteil – eine zeitgeschichtlich und geschichtsphilosophisch motivierte Umschreibung der Rheinhymne ähnlich der erst 1836 entstandenen Umarbeitung und Fortsetzung der Elegie *Brod und Wein* (von der Brentano nur den ersten Teil kannte).[216] Die Materialverwertung für die Wiener patriotischen Werke machte offenkundig bei der Rezeption des eigenen Werkes nicht Halt, sondern bediente sich auch desjenigen Autors, der Brentano der nächste und der von ihm am meisten bewunderte von allen war. Dass Brentano mit diesem monströsen „Lobgedicht auf Schwarzenberg, wohl das Schlechteste, das er geschrieben“, das Isaac von Sinclair gewidmete und zugleich das doch wohl bedeutendste lyrische Gedicht in deutscher Sprache adaptiert, mag eine Art Rezeptionsunfall oder -skandal sein. Es zeigt aber eindringlich, wie wenig selbst bei diesem ursprünglich für die denkbar größte Öffentlichkeit einer festlichen Burgtheaterfeier am Ostersonntag bestimmten Werk lediglich mit panegyrischer Zweckdichtung und mit bloßer Anpassung an durch eine Gattungstradition vorgegebene Konventionen der Topik und der Bildlichkeit zu rechnen ist.[217]

213 Der Rhein, v. 96–104, S. 97. Vgl. Östreichs Muth, Sieg und Hofnung, 1. Fassung, v. 778–803, FBA 13,3, S. 395. Zum Prometheusbild in der Goethezeit: Carl Hinrichs, Ranke und die Geschichtstheologie der Goethezeit, Göttingen u. a. 1954 (Bausteine zur Geschichtswissenschaft 19), dort S. 47f. zu Hölderlin und Görres.

214 FBA 17, S. 234. Östreichs Muth, Sieg und Hofnung, 1. Fassung, v. 347–364, FBA 13,3, S. 380; 2. Fassung, v. 1417–1424, ebd., S. 449. Zu verwandten Gedanken bei romantischen Autoren vgl. Portmann-Tinguely, Romantik und Krieg (Anm. III,159), S. 56f. (Adam Müller), 84ff. (Görres).

215 Der Rhein, v. 216–221, S. 102.

216 Vgl. Gabriele Brandstetter, Hieroglyphik der Liebe. Überlegungen zu Brentanos *Fortsetzung von Hölderlins Nacht*, in: JbFDH 1983, S. 213–266.

217 Hingewiesen sei auf das Zitat aus Hardenbergs *An Adolph Selmnitz* in der 2. Fassung, v. 1145, FBA 13,3, S. 439: „Wer ist es, der mir treu die Hand jezt reiche“, das in Brentanos späteren Werken wieder auftritt. Vgl. Frühwald, Das Spätwerk Clemens Brentanos (Anm. V,150), S. 128ff.; Konrad Feilchenfeldt, „Da sang ich, reich treulich die Hände“. Zur Überlieferungsgeschichte eines Novalis-Zitats im Freundeskreis Luise Hensels, in: Romantik und Moderne. Neue Beiträge aus Forschung und Lehre. Festschrift für Helmut Motekat, hrsg. von Erich Huber-Thoma und Ghemla Adler, Frankfurt a. M. u. a. 1986, S. 135–159. Erneut kommt hier ein Motiv der Lyrik des dritten Berliner Aufenthalts bereits in einem der Wiener Werke vor.

Notizen zu Dramen

Die Verzeichnisse von Brentanos dramatischen Arbeiten weisen eine ganze Reihe von Dramenentwürfen nach, darunter ein Versdrama mit dem von Bettine von Arnim herrührenden Titel *Die Zigeunerin*, das von Nicholas Saul und erneut von Christina Sauer veröffentlicht wurde, das aber schwerlich in Wien entstanden ist.[218] Außerdem sind noch mehrere kurze, nur wenige Zeilen umfassende Entwürfe, meist wohl zu Lustspielen, überliefert, die Hanns Grössel in die Wiener Zeit datiert hat.[219] Im einzelnen ist häufig unklar, ob es sich tatsächlich um Notizen zu Dramen handelt. Nach den Papiersorten gehören wahrscheinlich in die Prager Zeit die Notizen zu *Das Fest auf dem Schloß / Habsburg* (FDH 7518,1), *Trimalcio – Bärenhäuter – Pomona und Vertumnus* (FDH 7518,7) und „Rosaura allein…" (FDH 7718,10), in die Wiener Zeit „Ich heiße Lorenzo…" (FDH 7518,3),[220] *Der verliebte Postmeister* (FDH 7518,4) und *Pugaschef* (FDH 7518,5).[221] Die Titel lassen allerdings keine besondere Beziehung auf Österreich vermuten, mit Ausnahme der dreizeiligen Notiz zu einem erwogenen Werk mit dem Titel *Das Fest auf dem Schloß / Habsburg*. Überliefert ist weiterhin eine dreizehnzeilige Notiz zu einer (dramatischen?) Satire mit dem Titel *Östreichisch Stückelchen* (FDH 10140,12), die aber nicht mit Sicherheit datiert werden kann und sich inhaltlich mit anderen Gegenständen befasst als die patriotischen Dichtungen, nämlich mit der Kritik des aufgeklärten Katholizismus.

Moreaus Tod

Neben den sich patriotisch gebenden offiziellen Dichtungen schrieb Brentano auch für eine kleinere Öffentlichkeit der Gesellschaften bestimmte oder überhaupt nur private Texte, die denselben Gegenstand mit ätzender Schärfe aufs Korn nehmen.[222] Auf eine

[218] Nicholas Saul, Leiche und Humor. Clemens Brentanos Schauspielfragment *Zigeunerin* und der Patriotismus um 1813, in: JbFDH 1998, S. 111–165, hier: S. 138–158. Katalog Henrici 149, S. 47, Nr. 121. Pfeiffer-Belli, Clemens Brentano (Anm. III,201), S. 148f. W 4, S. 898f., 900. Tunner, Clemens Brentano (Anm. I,91), Bd. 1, S. 557f., 558, Anm. 2. Katalog FDH, S. 101. Vgl. Sauer, Brentanos Dramenfragmente (Anm. I,66), S. 117–166, 291–318.

[219] Katalog Henrici 149, S. 47, Nr. 122. Hanns Grössel, Brentanos Drama *Aloys und Imelde*. Untersuchungen zu seiner Motivik und Struktur, Diss. (masch.) Göttingen 1959, S. 9ff. Weitere, hier nicht berücksichtigte Dramennotizen finden sich in der Sammlung Varnhagen. Christina Sauer wird alle Dramenpläne und -notizen in FBA 13,2 herausgeben.

[220] Vgl. Pravida, Die Erfindung des Rosenkranzes (Anm. I,22), S. 373f. (mit ungenauer Angabe des Wasserzeichens in Anm. 1198).

[221] Vgl. Sauer, Brentanos Dramenfragmente (Anm. I,66), S. 43 und 321.

[222] Saul, Leiche und Humor (Anm. V,218), S. 125ff. Sauer, Brentanos Dramenfragmente (Anm. I,66), S. 155–159. – Die Annahme, Brentano sei während der Wiener Zeit auf einer Woge patriotischen Hochgefühls gesegelt – so Frühwald, Das Spätwerk Clemens Brentanos (Anm. V, 150), S. 74 –, hat sehr wenig für sich. So aber auch Grus, Brentanos Gedichte *An Görres* und *An Schinkel* (Anm. I,53), S. 359 und Sauer, a.a.O., S. 112.

Reihe weiterer Gedichte politischen Inhalts, die auf Wiener Papieren überliefert sind (M 5 und FDH 7718,7), hat Henning Boëtius aufmerksam gemacht.[223] Sie sind im Ton respektloser und verzichten auf die traditionelle heraldische und panegyrische Bildlichkeit. Es handelt sich um Spottlieder und – wie Boëtius sagt – „Moritaten" auf Napoleon, die unveröffentlicht blieben.

Das in diesem Zusammenhang zentrale, umfangreiche Gedicht wurde ebenfalls in Boëtius' Raubdruck veröffentlicht.[224] Es ist in einem der beiden Wiepersdorfer Konvolute mit Versentwürfen überliefert, das heute im Besitz des Freien Deutschen Hochstifts ist (FDH 7719) und das u. a. auch „Es ist Gebrauch seit langer Zeit…" enthält. Ein fragmentiertes Folioblatt beginnt recto mit „Nach dem ernsten Nachtgesichte…" und schließt auf derselben Seite mit dem Vers „Ja ein Brief b⟨ei Ho⟩f einlief.", verso findet sich eine Vorstufe zur zehnten Strophe der *Klage eines vertriebenen Hamburger Bootsmanns…* (FDH 7719,8).[225] Ein weiteres Folioblatt ist beidseitig beschrieben und enthält die Verse von „Daß man noch bei Dresden stürme…" bis „Um mich und das Kind herbei." (FDH 7719,13). Ein Doppelblatt desselben Formats fängt recto mit „Und es hob sich ein Geklage…" an und bricht verso mit „Babilonsche Hur gezeugt." ab (FDH 7719,23). Alle drei Blätter gehören zu Papiersorten, die Brentano in den ersten Wochen seiner Wiener Zeit verwendete. Boëtius hat diese Teilentwürfe zusammengefügt und die Formulierung „Preußens Dank an ihr Volk. – Moreaus Tod.", die auf dem zweiten Blatt steht, als Titel für den gesamten Text übernommen. Sie befindet sich dort recto in der rechten Spalte oben und ist vom übrigen Text durch eine mit Tinte gezogene Linie abgetrennt, steht also nicht an der Stelle, wo Titel sonst zu stehen pflegen. Es muss bezweifelt werden, dass es sich überhaupt um einen solchen handelt. Nur das zweite Glied, „Moreaus Tod", lässt sich mit dem Gedichttext in Verbindung bringen. Boëtius hat den Text orthographisch normalisiert, die zahlreichen Lesefehler sind hier aber nicht so schlimm wie in anderen Texten seiner Edition. An der Berechtigung, die Texte auf

223 Boëtius, S. 86f. Grus, Brentanos Gedichte *An Görres* und *An Schinkel* (Anm. I,53), S. 355, Anm. 185. Zu Boëtius' Ausgabe: Pravida, Die Erfindung des Rosenkranzes (Anm. I,22), S. 351, Anm. 1102. Vgl. FBA 15,4, S. 38f.

224 Boëtius, S. 94–112.

225 Ebd., S. 88–91. Das Gedicht wurde noch während der Zeit geschrieben, in der Hamburg nach der ersten Befreiung am 18. März 1813 zum zweiten Mal besetzt war, also nach der Einnahme durch Davoust am 1. Juni 1813, und bevor Brentano die Nachricht von der Aufgabe der Besetzung am 25. Mai 1814 erhalten hat (Friedrich 1, S. 312; 3, S. 334). Nach dem Papier der überlieferten Handschriften ist das Gedicht im Spätsommer oder Herbst 1813 in Wien entstanden (Reinschrift = Hs. FDH 7941 a–b; Bl., 2 S., Entwurf = Hs. FDH 7941 c; Bl., 1 S., Entwurf = Hs. FDH 7941 d; Vorstufen auf Hs. FDH 7718,12 und FDH 7719,8). Vgl. Katalog Henrici 149, S. 47, Nr. 124. Die sechste Strophe, in der davon die Rede ist, Hamburg hätte dem Beispiel Moskaus folgen und in Flammen aufgehen sollen, erinnert an die entsprechenden, jedoch erst im Jahr 1814 erschienenen Überlegungen in Varnhagens *Geschichte der hamburgischen Begebenheiten während des Frühjahrs 1813* (Anm. V,51, S.145ff.; Denkwürdigkeiten, WW 2, S. 376ff), die seinerzeit auch in der öffentlichen Auseinandersetzung eine Rolle spielten (vgl. Arnim an Wilhelm Grimm, 28.1.1814, Steig 3, S. 293; Feilchenfeldt, Varnhagen von Ense als Historiker [Anm. V,51], S. 81ff.).

den drei Blättern zu einem Gesamttext zusammenzufügen, lässt sich aber nicht sinnvoll zweifeln, wenngleich dieser erhebliche Verständnisschwierigkeiten bereitet. Im folgenden wird der Text nach Boëtius zitiert und mit Strophenzählung versehen.

Das Gedicht gehört zu einer in Brentanos Werk abgrenzbaren Gruppe von Stadtgedichten, wie Brentano sie auch über Heidelberg (*Lied von eines Studenten Ankunft in Heidelberg*[226]) und Berlin (*Vom großen Kurfürsten*[227]) verfasst hat. In gewissem Sinn gehört hierzu auch der – in Wien entstandene[228] – Prolog zu dem Drama *Die Gründung Prags*, für den aber die nachfolgend genannten Charakteristika nur bedingt zutreffen. Friedrich Förster setzt diese Form in seinen Gedichten auf die Rundgänge des Großen Kurfürsten in den Neujahrsnächten der Jahre 1822 bis 1861 fort. Der Anschluss an Brentanos Berlin-Gedicht ist offenkundig und zeigt sich auch an einigen wörtlichen Übernahmen.[229] Es sind erzählende Gedichte von verhältnismäßig großem Umfang, die

[226] W 1, S. 173–184, 1076ff. Mallon 2, S. 35. Guignard, S. 48. Vgl. Klaus Manger, Clemens Brentano 1806 im Umkreis des Heidelberger Neuhumanismus, in: HJbb 32 (1988), S. 91 bis 118.

[227] GS 2, S. 70–83. Arno Barnert in Zusammenarbeit mit Roland Reuß und Peter Staengle, Zwei literarische Quellen aus dem Umkreis der *Berliner Abendblätter*, in: BKB 11 (1997), S. 355 bis 367, dort S. 360–367. Vgl. Guignard, S. 52; Steig 5, S. 433ff.; Mario Krammer, Clemens Brentano und Berlin. Bilder aus den Tagen der Romantik, in: JbbLG 6 (1955), S. 26–43; 7 (1956), S. 52–71, dort S. 60; Polsakiewicz, Zwischen Revolution und Restauration (Anm. V,136), S. 245ff. Das Gedicht war für die *Berliner Abendblätter* geschrieben, ist dort aber vermutlich wegen des Streites um Kleists Eingriffe in Brentanos und Arnims *Verschiedene Empfindungen vor Friedrichs Seelandschaft* nicht erschienen.

[228] Gemäß den Papiersorten von Hs. FDH 7718,7 und 7719,11. FBA 14, S. 9–20. Trotz der ausdrücklichen Datumsangabe „Im Monat Juni 1813" sind wesentliche Teile des Prologs frühestens im August vollendet worden, wie die Anspielung auf das Treffen der Herrscher Österreichs, Preußens und Russlands in v. 249 zeigt (ebd., S. 17), und das Erlaubnisschreiben der Großfürstin Katharina Paulowna zur Dedikation des Dramas an sie stammt sogar erst vom 1. November des Jahres (Brentano an Arnim, Ende November 1813, FBA 33, S. 104); vgl. Jakob Merkle, Die Großfürstin Katharina Paulowna, Herzogin von Oldenburg, nachmalige Königin von Württemberg in den Kriegsjahren 1812–1815. Nach russischen Quellen mitgeteilt, in: Staats-Anzeiger für Württemberg, Jg. 1898, Besondere Beilage, S. 232–242; Jg. 1899, Besondere Beilage, S. 16–32. Die enge Verbindung der *Sibyllischen Worte* zu *Östreichs Muth Sieg und Hofnung* könnten sogar eine noch spätere Datierung nahelegen. Zum Entstehungsdatum vgl. Otto Brechler, Clemens Brentanos Prolog zur *Gründung Prags*. Nachtrag zu den Erläuterungen, in: DtArb 9 (1910), H. 9, S. 582f. Zum Prolog: ders., Prag in der deutschen Dichtung. Clemens Brentanos Prolog zur *Gründung Prags*, in: DtArb 9 (1910), H. 5, S. 282–292; Walter Schmitz, Utraquismus als poetisches Programm. Karl Egon Eberts Nationalepos *Wlasta* zwischen ‚Romantik' und ‚jungem Deutschland', in: Prozesse kultureller Integration und Desintegration: Deutsche, Tschechen, Böhmen im 19. Jahrhundert, hrsg. von Steffen Höhne und Andreas Ohme, München 2005 (Veröffentlichungen des Collegium Carolinum 103), S. 161–209, dort S. 188ff.

[229] Förster, Gedichte 2, S. 153ff. Die Gedichte auf die Runden des Großen Kurfürsten in den Neujahrsnächten der Jahre 1838ff. wurden in Einzeldrucken veröffentlicht. Vgl. Scheuch, Der Dichter und Historiker Friedrich Förster (Anm. V,28), S. 194ff., besonders S. 199f. Weitere

den Gang einer Gestalt, die in allen Fällen dem Verfasser Clemens Brentano zum Verwechseln ähnlich ist (und die insoweit in den Einleitungsterzinen der *Erfindung des Rosenkranzes* und dem Prolog zur *Gründung Prags* ihre Entsprechung haben), durch die jeweilige Stadt schildern. Ort der Handlung der Gedichte sind immer besonders bedeutende und geschichtsträchtige Gebäude oder Denkmale. Sie werden Schauplatz einer auf die jeweilige Lokalität bezogenen Geschichtsdeutung oder Weissagung durch Denkmalfiguren, mythische Gestalten oder sonstige Personifikationen. Diese Verkündigungen geschehen sämtlich in einer irrealen Situation, zum Beispiel im Traum oder, wie im hier interessierenden Gedicht, im alkoholisierten Zustand. Ob es sich um einen fest umreißbaren Gedichttyp handelt, der auch bei anderen Autoren anzutreffen wäre, wie etwa in Hagedorns *Beschreibung des Jenischen Paradieses* oder in Schillers *Spaziergang*, muss hier offenbleiben.[230] Fictio personae und Prosopopoiie sind vorherrschende Gestaltungsmittel. Das in dieser Weise Vorgetragene ist in jedem Fall unmittelbar zeitbezogen, bezieht sich auf Ereignisse der unmittelbaren Gegenwart – auf das Dankfest zur Genesung des Kurfürsten von Baden, auf die Schlacht bei Jena oder auf die Schlacht bei Dresden am 26. und 27. August 1813, bei der der ehemals napoleonische General Moreau, der auf Seiten der Alliierten als Berater des Zaren teilnahm, beide Beine verlor und starb:[231]

> Moreau, qui accompagnait l'empereur, venait de lui communiquer quelques observations et s'avançait pour observer le mouvement de l'ennemi lorsqu'un boulet lui fracassa le genou de la jambe droite et, traversant le cheval, emporta le mollet de l'autre jambe. Il tomba dans les bras du colonel Papatel, en lui disant: ‚Je suis perdu, mais il est doux de mourir pour une si belle cause.' Alexandre lui prodigua en pleurant tous les secours. On fit un brancard avec des piques de Cosaques et on emporta Moreau dans une maison voisine. Le premier chirurgien de l'empereur lui coupa la jambe droite. Le général le pria d'examiner l'autre, et sur la

Brentano-Adaptionen im zweiten Band von Försters Gedichten: *Zu Bacharach*, ebd., S. 24f., *Lureley*, ebd., S. 58f.

230 Friedrich von Hagedorn, Versuch einiger Gedichte, oder Erlesene Proben Poetischer Neben-Stunden, hrsg. von August Sauer, Heilbronn 1883 (DLD 10), S. 75–85. Vgl. Steffen Martus, Friedrich von Hagedorn – Konstellationen der Aufklärung, Berlin, New York 1999 (QuF 15 [249]), S. 434ff. – Zu Schiller: Günther Debon, Schiller und der englisch-chinesische Garten, in: ders., China zu Gast in Weimar. 18 Studien und Streiflichter, Heidelberg 1994, S. 89–102, 277–281 (dort auch die übrige Literatur zum Thema).

231 Biographie universelle ancienne et moderne (Michaud). Nouvelle édition, Bd. 29, Paris, Leipzig 1860, S. 256–265, dort S. 264f. Österreichischer Beobachter, Nr. 259, 16.9.1813, S. 1307. Zur Schlacht bei Dresden: Friedrich 2, S. 51ff. Hoffmann, Der Dichter und der Komponist, SW 3, S. 76–99, dort S. 76ff. Ders., Tgb, S. 219ff., vgl. ebd., S. 426f. Hoffmann an Kunz, Dresden 8.9.1813, Schnapp 1, S. 415. Ders., Die Vision auf dem Schlachtfelde bei Dresden, Bamberg: Kunz 1814. Nachdruck der Erstausgabe mit einem Nachwort von Hartmut Steinecke, Stuttgart, Zürich 1988 (Seltene und wertvolle Werke aus der Fürstlichen Bibliothek Corvey in Nachdrucken). Ernst-Michael Stiegler, Im Strudel der Befreiungskriege. E. T. A. Hoffmann als Augenzeuge der Schlacht bei Dresden 1813, in: Damals 24 (1992), S. 462–480. Günter Jäckel, Goethezeit und Napoleonszeit. Marginalien zur Kulturgeschichte Dresdens zwischen 1760 und 1825, in: Vita pro litteris (Anm. III,108), S. 219–229, dort S. 227f. Siehe auch Varnhagen, Bfw 3, S. 1170.

réponse qu'il était impossible de la sauver! ‚Eh bien, coupez-la donc,' dit-il froidement. L'armée alliée étant en retraite, on le transporta plus loin sur un brancard fermé par des rideaux. Le lendemain il avança jusqu'à Laun, où il écrivit, malgré sa faiblesse, une lettre à sa femme et une autre à l'empereur de Russie. Pendant cinq jours ses amis, qu'il consolait, le virent lentement descendre dans la tombe; il expira dans la nuit du 1er au 2 septembre. Son corps, conduit d'abord à Prague pour y être embaumé, fut transféré et enterré dans l'église catholique de St-Pétersbourg avec tous les honneurs qui avaient été rendus au maréchal prince Kutusoff.

Wie in den anderen Stadtgedichten ist auch in diesem Gedicht das Geschehen in eine genau gezeichnete städtische Umgebung eingebettet. Den Stephansdom erwähnte Brentano schon in den Briefen an Tieck, Rahel Robert und Gunda von Savigny, er ist auch hier der Hauptort des Geschehens.[232] Das Verfahren in diesen Briefen, von einer lokalen Situierung zu einer Deutung der als Zeichen aufgefassten Bauwerke überzugehen, ist dasselbe wie in dem Gedicht. Wie in dem Brief an die Schwester ist auch im Gedicht der Prater, der seit dem Jahr 1766 für das Publikum geöffnete große Park Wiens, der Ort der zeitlichen Vergnügungen und der Einsamkeit des Dichters in einer genussfreudigen Welt. „Nach dem ernsten Nachtgesichte" (worum es sich dabei handelt, wird unten noch geklärt) begibt sich die in der ersten Person Singular sprechende Hauptgestalt dorthin. Sie wandert mit zwei Flaschen Wein in den Wald im hinteren Teil des Praters.[233] (Strophen 1–3) Die folgenden Ereignisse müssen auch als Schilderung aus dem Mund eines Erzählers verstanden werden, der sich zum Zeitpunkt, als die erzählten Ereignisse sich abspielen, in angetrunkenem Zustand befindet.[234] (Übrigens sollte man sich die Handlung nicht zu spät am Abend vorstellen, denn im Sommer hörte das städtische Leben Wiens um zehn Uhr abends auf.[235]) – Unterwegs vernimmt der Erzähler Stimmen, die Gerüchte und Nachrichten über die Ereignisse bei Dresden verbreiten (Strophen 4–19). Die allgemeine Stimmung in Wien war im Sommer 1813 stark schwankend zwischen Entrüstung über die lavierende Haltung Österreichs und Niedergeschlagenheit angesichts des drohenden Krieges. Diese Unentschiedenheit, die sich in der Hoffnung auf kommende Siege wie in der Furcht vor einer erneuten Einnahme Wiens durch die Franzosen äußerte, prägte auch noch die Zeit bis zum Leipziger Sieg. Hinzu kam, dass es keine reguläre Berichterstattung vom Kriegsschauplatz gab, Gerüchte daher eine um so größere Bedeutung erhielten. Besonders nach der Niederlage bei Dresden war die Stimmung außerordentlich gedrückt.[236] Gentz war über die mit der Lenkung der öffentlichen Meinung beauftragten Beamten aufgebracht und versuchte mit seinen Artikeln in Prager Zeitungen und im *Österreichischen Beobachter* der verbreiteten

[232] Czeike 5, S. 335ff., s. v. Stephansdom.

[233] Czeike 4, S. 592–594, s. v. Prater.

[234] Siehe Heinrich Heine, Die Nordsee, Zweiter Cyklus, IX: Im Hafen.

[235] Hanson, Musical Life in Biedermeier Vienna (Vorbemerkung, Anm. 18), S. 37.

[236] Wertheimer, Wien und das Kriegsjahr 1813 (Anm. II,96), S. 375f. Scharnhorst an Knesebeck, 23.5.1813, Lehmann 2, S. 631f. Ernst Victor Zenker, Geschichte der Wiener Journalistik von den Anfängen bis zum Jahre 1848. Ein Beitrag zur deutschen Culturgeschichte. Mit einem bibliographischen Anhang, Wien, Leipzig 1892, S. 98ff.

Niedergeschlagenheit entgegenzuwirken.[237] Zur Zeit des Krieges war er in Prag „durch mehrere Monate die Mittelsperson aller wichtigen politischen Verbindungen zwischen Wien und dem Hauptquartier, der Kanal aller authentischen Neuigkeiten, der Mittelpunkt aller Diplomaten und aller Diplomatie".[238] Die Erwähnung des „Beobachters" in Strophe 27 des Gedichts bezieht sich auf diesen pressepolitischen Hintergrund.[239] Die Gerüchte über Briefe des Kaisers aus Teplitz an die Kaiserin Maria Ludovica (Strophe 17) gehören ebenfalls hierher. Franz I. war aus Missbilligung der strategischen Entscheidungen für die Schlacht bei Dresden in dem Badeort geblieben, wohingegen der preußische König und der Zar mit dem Hauptquartier zogen.[240]

Erbittert über den Defaitismus gerade der Gebildeten, begibt sich der Erzähler zum Wurstelprater am Eingang des Praters, wo allerlei Buden und Vergnügungseinrichtungen stehen, die den Spaziergänger sämtlich an die politischen Zeitläufte erinnern, die ihm wie ein sinnloses Spiel erschienen. Das Ringelspiel (Karussell) und die Haspeln oder russischen Schaukeln, „senkrecht stehende Räder mit freischwebenden Sitzen",[241] geben den Anlass zu einer pessimistischen Auslegung der europäischen Gleichgewichtspolitik in der gegenwärtigen historischen Situation, die als ein sinnfreies Auf und Ab erscheint (Strophen 20–29).[242] Ist damit der Rahmen skizziert, so setzt mit der folgenden Strophe die Ereignisfolge ein, die die Handlung der Erzählung ausmacht. Auf einer der Schaukeln (der Geschichte) befinden sich eine Jungfrau (wohl die Sibylle, als welche sie in Strophe 113–123 identifiziert wird) und eine Amme (die lange Bank, wie in Strophe 123 zu hören ist), die beim heftigen Steigen und Sinken der Schaukel (der Geschichte) das Kind (den später in Strophe 64 und 121 so genannten „Helden") erdrückt und zugleich in Siegesjubel ausbricht. Sie übergibt den Leichnam dem Erzähler. Während ein herbeieilender Invalide (der hinkende Bote) die fliehende Amme verfolgt, begibt sich der Erzähler mit dem toten Kind in den Stephansdom. (Strophen 30–41) Unterwegs hört er wieder die neuesten Gerüchte von Dresden und vom Tod Moreaus und begegnet einer Prozession, die in dieselbe Richtung unterwegs ist. Im Dom angelangt, entdeckt der Erzähler, dass dem Kind – wie dem General – beide Beine fehlen.

237 Gentz an Metternich, 5.11.1813, Gentz, Bfw 3,1, S. 198f. Mendelssohn-Bartholdy 1, S. 48ff. Zum *Österreichischen Beobachter* und zur Wiener Presse: Salomon, Geschichte des deutschen Zeitungswesens (Anm. III,65), Bd. 2, S. 216ff. Lechner, Gelehrte Kritik und Restauration (Anm. II,44), S. 61ff. Zu Gentz' Publizistik: Kronenbitter, Wort und Macht (Anm. II,94), S. 180ff.

238 Gentz, Tgb 1, S. 266.

239 Boëtius, S. 97.

240 Metternich, Materialien zur Geschichte meines öffentlichen Lebens (1773–1815), in: Metternich/Klinkowström 1, Bd. 1, S. 1–219, dort S. 169.

241 Czeike 4, S. 677, s. v. Ringelspiel; Czeike 5, S. 68, s. v. Schaukel. Ursula Storch, Das Pratermuseum. 62 Stichwörter zur Geschichte des Praters, Wien 1993, S. 59f., 55f. Vgl. Hoffmann, Nußknacker und Mausekönig, SW 3, S. 198–252, dort S. 235.

242 Der Vergleich des Krieges mit dem Kinderspiel war zeittypisch; vgl. etwa Gerlach 1, S. 72 (März 1815): „Einige Tage vorher heißt es in meinem T. B.: ‚Manchmal wünsche ich Krieg, also Napoleon jetzt Glück, dann steigen wir zu Pferde und reiten in das Feld,' aber dann denke ich wieder: ‚es ist Übermuth, mit Weltkugeln Ball spielen zu wollen.'"

(Strophen 42–57) Die Entdeckung des toten Kindes führt zum Auftritt des hinkenden Invaliden, der zusammen mit der Amme plötzlich auftaucht, die Aufbahrung des toten Kindes anordnet und die Kanzel besteigt. (Strophen 58–67) Die lange Rede (Strophen 68–126) erzählt zunächst die Geschichte und Familienverhältnisse des Redners, der von den Zuhörern als der hinkende Bote identifiziert wird.[243] – Der „hinkende Bote“ ist bei Brentano zunächst eine Redewendung, die bei ihm in engem Zusammenhang mit anderen Sprichwörtern und Redewendungen steht, die auch in dem Gedicht wiederkehren. In seinem Brief an Andreas Räß vom 25. Januar 1827 heißt es:[244]

> Dabei komme ich auf den *Litter. u. Kirch. Korrespondent*, welcher bei „Kommst du heut nicht, so kommst du Morgen“ verlegt, und vom hinkenden Boten expedirt scheint; auf der langen Bank wird er gedruckt, von Hanns Guck in die Welt corrigirt, denn er übersieht die Tollsten Druckfehler.

„Hinkender Bote“ besagt soviel wie eine zu spät kommende unangenehme Nachricht und ist in dieser Bedeutung zugleich der Reihentitel einer Zahl von Kalendern, die seit dem 17. Jahrhundert erschienen.[245] Die häufige Erwähnung dieses Volkskalenders in Brentanos Werken, im hier interessierenden Gedicht, in den Rheinmärchen und in *Viktoria und ihre Geschwister*, verlangte eine ausführlichere Darstellung.[246] Brentano erwähnt ihn bereits in einem Brief an Savigny aus dem Jahr 1802.[247] Nach Max Preitz ist bei Brentanos Erwähnungen des hinkenden Boten in seinen Werken „vermutlich der in Offenbach erschienene ‚hinkend- und stolpernde, doch eilfertig fliegend- und laufende Reichsbott etc.‘ (gemeint), den Matthisson in seinen ‚Vaterländischen Besuchen‘ (1794) ‚berüchtigt, von Aberglauben und Unsinn strotzend‘ nennt“.[248] In diesem für einen Nachrichtenkalender typischen Titel findet sich die Verbindung von Kalender, Geschichte und Heiligem Römischem Reich, die für Brentanos Gestaltung des Motivs vom

243 Boëtius, S. 102ff.

244 FBA 35, S. 303. Vgl. Feilchenfeldt, Brentano an Andreas Räß (Anm. III,235), S. 301.

245 DWb IV,2, Sp. 1446, s. v. hinken; DWb II, Sp. 273, s. v. Bote. Adolf Dresler, Der „Hinkende Bote“ als Kalendertitel, in: AdPG 5 (1957), H. 2, S. 50/52. Hartmut Sührig, Der „Hinkende Bote“ als Kalendertitel seit 1607 – ein Irrtum, in: AGB 21 (1980), Sp. 1535–1542. Populäre Kalender im vorindustriellen Europa: Der „Hinkende Bote“ / „Messager boiteux“. Kulturwissenschaftliche Analysen und bibliographisches Repertorium. Ein Handbuch, hrsg. von Susanne Greilich und York-Gothart Mix, Berlin, New York 2006, S. 416–424.

246 FBA 17, S. 181. Vgl. Preitz 2, S. 520; W 3, S. 1091; Brigitte Schillbach, FBA 17, S. 548. Von Brentano hat Hofmannsthal den hinkenden Boten übernommen; vgl. ders., Florindos Werk, in: Hugo von Hofmannsthal, Sämtliche Werke, Bd. XI. Dramen 9, hrsg. von Mathias Mayer, Frankfurt a. M. 1992, S. 119 sowie die Erläuterung ebd., S. 848.

247 Brentano an Savigny, 7.11.1802, FBA 29, S. 540.

248 Preitz 2, S. 520. Frankfurter Volkskalender mit dem Namen „Hinkender Bote“ verzeichnen Greilich/Mix, Populäre Kalender im vorindustriellen Europa (Anm. V,245), S. 416–424, Rudolf Schenda, Volk ohne Buch. Studien zur Sozialgeschichte der populären Lesestoffe 1770–1910, Frankfurt a. M. 1970 (Studien zur Philosophie und Literatur des 19. Jahrhunderts 5), S. 286 (aus dem Jahr 1638) und Adolf Dresler, Kalender-Kunde. Eine kulturhistorische Studie, München 1972, S. 62 (aus dem Jahr 1774).

hinkenden Boten in dem Gedicht *Moreaus Tod* und dann wieder in *Viktoria und ihre Geschwister* maßgeblich ist. Brentano scheint aber noch sehr viel bestimmtere Verhältnisse im Sinn zu haben und überhaupt mit der Geschichte der Kalenderform vertraut gewesen zu sein. Dies wird besonders deutlich an vielen Anspielungen in dem Gedicht. So wird der personifizierte Kalender auch „Sorge“ genannt, und es ist davon die Rede, dass er seine „Ausgeburten“ auch nach Frankreich ausgeschickt habe (Strophe 110).[249] Als Verfasser zahlreicher Kalender mit dem Titel „Hinkender Bote“ wird Anthonius Sorgmann genannt, so auch als Verfasser des Colmarer Hinkenden Boten – des bekanntesten und am weitesten verbreiteten Vertreters seiner Gattung –, der unter dem Titel „Messager boiteux“ und mit dem französisierten Verfassernamen Antoine Souci auch in französischer Sprache erschien.[250] In den Kalendern tritt der Hinkende Bote übrigens erst im ausgehenden 18. Jahrhundert und im Zusammenhang einer zunehmenden Literarisierung der Kalenderform als Erzählerfigur auf.[251] – Die Eltern des hinkenden Boten, der sich als die personifizierte Sorge vorstellt (Strophe 69), sind der Vater „Kannst du heut nicht kannst du morgen“ (wie oben in dem Brief an Räß zitiert) und die Mutter „ohne Sorgen“, die Amme hieß „Zuversicht“ und der Bruder „Übermut“. (Strophen 83–85) Übermut und Sorge treten als Paar auf, Übermut kommt zuerst, Sorge folgt auf dem Fuß und, da sie nachhinkt, mit Verzögerung. Der Redner verlegte sich auf die Sternenkunde (Strophe 92), heiratete eine „alte Weltsibylle“ (Strophe 93, vgl. Strophe 79) und bekam mit ihr zwei Söhne, den Kalender (Strophen 95, 105) und das Aderlassmännlein (Strophe 70). Das Aderlassmännlein – das auch in den Märchen und in *Valeria oder Vaterlist* Erwähnung findet – ist die in vielen Volkskalendern übliche Ta-

249 Boëtius, S. 107.

250 Schenda, Volk ohne Buch (Anm. V,248), S. 286. Friedrich Voit, Vom „Landkalender“ zum „Rheinländischen Hausfreund“ Johann Peter Hebels. Das südwestdeutsche Kalenderwesen im 18. und beginnenden 19. Jahrhundert, Frankfurt a. M. u. a. 1994 (Forschungen zur Literatur- und Kulturgeschichte 41), S. 141. Susanne Greilich, Der Hinkende Bote/Messager boiteux: Strukturen, Spezifika und Entwicklungen eines populären Almanachtyps, in: Greilich/Mix, Populäre Kalender im vorindustriellen Europa (Anm. V,245), S. 9–42, dort S. 16. – Zum Hinkenden Boten: Joseph Lefftz, Der Colmarer Hinkende Bote. Ein Streifzug durch seine mehr als 250-jährige Geschichte, in: ColJb 2 (1936), S. 120–149. Dresler, Kalender-Kunde (Anm. V,248), S. 61ff. Schenda, a.a.O., S. 279ff. Inga Wiedemann, „Der hinkende Bote“ und seine Vettern. Familien-, Haus- und Volkskalender von 1757–1929. Katalog der Kalendersammlung des Museums für Deutsche Volkskunde, Berlin 1984 (Schriften des Museums für Deutsche Volkskunde Berlin 10), S. 34ff. Stadtbibliothek Worms. Der „Hinkende Bote“ und seine Nachkommen. Lesekalender als Volksliteratur, Worms 1987. Achim Hölter, Die Invaliden. Die vergessene Geschichte der Kriegskrüppel in der europäischen Literatur bis zum 19. Jahrhundert, Stuttgart, Weimar 1995, S. 359ff., dort S. 368ff. auch zu Brentanos *Viktoria.* Rolf Reichardt und Christine Vogel, Textes et images. Évènements visualisés dans les ‚Messagers Boiteux‘ franco-allemands (1750 à 1850), in: Presse et évènement: journaux, gazettes, almanachs (XVIIIe–XIXe siècles). Études réunies par Hans-Jürgen Lüsebrink et Jean-Yves Collier, Bern u. a. 2000 (Convergences 16), S. 207–274.

251 Voit, Vom „Landkalender“ zum „Rheinländischen Hausfreund“ (Anm. V,250), S. 141f.

fel mit der Anzeige für günstige und ungünstige Termine zum Aderlassen.[252] Beide treten nur gemeinsam auf. (Strophen 72–75)[253]

> Und sein Bruder der Kalender
> Trug ihn auf den Rücken mit.
>
> Frankfurt wars, wo er gelebet,
> Bis zu Deutschlands Untergang,
> Als das freie Reich erbebet
> Als das franke Reich uns zwang.
>
> (...)
>
> Und mit meinem Vaterlande
> Kam ich aus der Mode sehr,
> Männer von Verstand und Stande
> Wollten meinen Sohn nicht mehr.

Die Verbindung des Kalenders mit den Schicksalen des Alten Reichs ergibt sich aus dem erwähnten Titel des Offenbacher „Reichsboten". Mit dem Ende des Reichs endet auch der Absatz des Kalenders (Viktoria, v. 2851). In der Zeit der französischen Besatzung und der damit einhergehenden Zensurbestimmungen wurde es für die südwestdeutschen Kalender zunehmend schwierig, weiterhin als Erzählungen von denkwürdigen Sachen vorgetragene zeitgeschichtliche Nachrichten zu bringen.[254] Da in Frankreich seit der Terreur und den Revolutionskriegen nunmehr im großen Maßstab zur Ader gelassen wird und Napoleon als der „große Bader" auftritt, wird das Aderlass-

[252] Wilhelm Heinrich Riehl, Volkskalender im achtzehnten Jahrhundert, in: ders., Culturstudien aus drei Jahrhunderten, Stuttgart ^{2}1859, S. 38–56, dort S. 43f. Vgl. FBA 17, S. 172f. sowie Brigitte Schillbachs Erläuterung ebd., S. 545; Valeria oder Vaterlist, FBA 12, S. 662. Ferner: Görres, Die teutschen Volksbücher (1807), GS 3, S. 187. Bettine von Arnim, Die Günderode, WW 1, S. 435. Dies., Dies Buch gehört dem König, WW 3, S. 21, vgl. die Erläuterung ebd., S. 918f. Cardauns, Die Märchen Clemens Brentano's (Anm. IV,1), S. 74. Zur Bedeutung der Kalender bei Brentano: Oskar Seidlin, Brentanos Spätfassung seines Märchens vom Fanferlieschen Schönefüßchen, in: ders., Klassische und moderne Klassiker, Göttingen 1972 (Kleine Vandenhoeck-Reihe 355), S. 38–60, 141–145, dort S. 49f.

[253] Boëtius, S. 103. Vgl. Viktoria und ihre Geschwister, v. 2832–2853, Viktoria, S. 172f. = FBA 13,3, S. 248f.

[254] Voit, Vom „Landkalender" zum „Rheinländischen Hausfreund" (Anm. V,250), S. 119f. – Zur zeitgenössischen Wahrnehmung des Reichsendes vgl. Wolfgang Burgdorf, Ein Weltbild verliert seine Welt. Der Untergang des Alten Reiches und die Generation 1806, München ^{2}2009 (Bibliothek Altes Reich 2), S. 173–224; Kraus, Das Ende des alten Deutschland (Anm. V,168). Zum Niedergang des alten Kalenders als publizistischer Form allerspätestens seit Ende des 18. Jahrhunderts: Riehl, Volkskalender im achtzehnten Jahrhundert (Anm. V,252), S. 38f. Hellmut Kohlbecker, Allgemeine Entwicklungsgeschichte des badischen Kalenders in der Zeit von 1700–1840, Baden-Baden 1928. Katharina Masel, Kalender und Volksaufklärung in Bayern. Zur Entwicklung des Kalenderwesens, 1750–1830, St. Ottilien 1991 (Forschungen zur Landes- und Regionalgeschichte 2). Voit, a.a.O.

männlein anachronistisch (Strophe 76; vgl. Viktoria, v. 2846f.), und die unheilverheißenden Prognosen der Sibylle erregen Ärgernis (Strophe 79). Nach einem Zusammentreffen des redensartlichen hinkenden Boten – der immer zu spät kommt – mit der (ebenfalls im Brief an Räß erwähnten) redensartlichen langen Bank – auf die die dringenden Geschäfte und alle guten Pläne bis auf weiteres abgeschoben werden (Strophe 102) – in einem heruntergekommenen Bierhaus (Strophe 97, 103) kommt es zu einer weiteren Verbindung (Strophen 97–110). Wie der hinkende Bote, so steht auch die lange Bank in engem Zusammenhang mit den Institutionen des Alten Reichs, namentlich den „Bänken" des Regensburger Reichstages, die die Schwestern der langen Bank sind (Strophe 100). Die „Ausgeburten" aus der Vereinigung von aufgeschobenen guten Vorhaben und Sorge werden gegen Frankreich ins Feld geschickt, doch mit keinem anderen Erfolg als dem eines Waffenstillstandes (Strophen 111–112). Da tritt die die Zukunft vorhersagende Sibylle wieder auf und bringt den Knaben (Moreau), der aus ihrer Verbindung mit der Freiheit hervorgegangen und zum endzeitlichen Kampf gegen den Satan Napoleon bestimmt ist (Strophen 113–122).[255] Die lange Bank nimmt den Knaben als Pflegesohn auf (Strophe 124):

Sie ward stolz ganz aus dermaßen,
Pralte mit dem klugen Kind,
Und begann herum zu rasen,
Auf der rußschen Schaukel blind.

Und ist so herumgelümmelt
Bis der Trost der neuen Zeit,
Gleich im Anfang ward verstümmelt
Wer weiß unser tiefes Leid.

So scheitern die Verfügungen höherer Mächte an der Schlamperei und Saumseligkeit des mit der Sorge um den heroenhaften Hoffnungsträger betrauten Personals. Ebenso

[255] Zu der apokalyptischen und allgemein biblischen Bildlichkeit der patriotischen Dichtungen der Befreiungskriege: Scheibenberger, Der Einfluß der Bibel und des Kirchenliedes auf die Lyrik der deutschen Befreiungskriege (Anm. V,26), S. 30ff. Hasko Zimmer, Auf dem Altar des Vaterlands. Religion und Patriotismus in der deutschen Kriegslyrik des 19. Jahrhunderts, Frankfurt a. M. 1971 (Germanistik 3), S. 49–58. Vondung, Die Apokalypse in Deutschland (Anm. V,26), S. 152–161. Peter Philipp Riedl, „Hört den Antichrist erschallen…" Die Bibel als Kampfschrift in der antinapoleonischen Propaganda, in: Das Buch und die Bücher. Beiträge zum Verhältnis von Bibel, Religion und Literatur, hrsg. von Bettina Knauer, Würzburg 1997, S. 41–68. Erich Pelzer, Die Wiedergeburt Deutschlands 1813 und die Dämonisierung Napoleons, in: Deutschlandbilder – Frankreichbilder 1700–1850. Rezeption und Abgrenzung zweier Kulturen, hrsg. von Thomas Höpel, Leipzig 2001 (Veröffentlichungen des Frankreich-Zentrums 6), S. 271–284. Barbara Beßlich, Der deutsche Napoleon-Mythos. Literatur und Erinnerung 1800–1945, Darmstadt 2007, S. 92ff., 108ff. Zu Bibelzitaten in Brentanos Lyrik: Abraham Albert Avni, The Bible and Romanticism. The Old Testament in German and French Romantic Poetry, The Hague u. a. 1969 (Studies in General and Comparative Literature 6), S. 50–81.

war Moreau ein Hoffnungsschimmer, aber seine Verletzung und sein Tod drohten den entgegengesetzten Effekt zu erzielen (Strophe 45–48). Damit hat die Erzählung in der Erzählung den Einsatzpunkt der Strophen 30–32 erreicht. Bevor sich der Unmut der Umstehenden an der langen Bank auslassen kann, wird ihr durch eine Homonymie die Wiener Bank adjungiert[256] und Aufrührern werden paronomastische „Antizipations Streich" (Anticipationsscheine waren das seit 1813 in Österreich gültige Papiergeld) angedroht (Strophen 131). Doch in diesem Augenblick trifft Graf Paar mit den erbeuteten Feldzeichen aus den Schlachten bei Kulm, Großbeeren und an der Katzbach ein (Strophen 138–141), wodurch den Vorgängen im Stephansdom ein Ende gemacht wird; da der Übermut kommt, versteckt sich die Sorge (Strophen 135–136). Der Erzähler erblickt seinerseits in dem napoleonischen Adler das Zeichen einer teuflischen Macht,[257] die ihm das Vivatrufen im Hals steckenbleiben lässt. Damit bricht das Gedicht ab. An diesen Einzug, der am 4. September „unter großem Volkszulauf" stattfand, erinnerte sich Caroline Pichler noch im Jahr 1844. Das angegebene Datum liefert den Terminus post quem für die Entstehung des Gedichts.[258]

Manche Aussagen des Gedichts bleiben unverständlich und auch bei weitem nicht jede in dem Text hergestellte Korrespondenz ist einfach einsichtig. Zum Teil mag dies an unzureichender Kenntnis der Realien liegen, doch ist das schwerlich der einzige Grund. Denn die in dem Gedicht eingesetzten Verfahren der konstruierten Parallelisierung, der Anspielungen, der Assoziation und der Verknüpfung durch lokale Ähnlichkeitsbeziehungen benachbarter Glieder ohne übergreifende Einheit, stehen nicht immer unter einer streng sinnbezogenen Kontrolle, sondern werden an manchen Stellen auch ohne solche Rücksichten gebraucht, etwa dort, wo – wie bei der Verbindung von langer Bank und Wiener Bank – scheinbar nur noch Wortassoziation und Wortspiel den Gedichtzusammenhang tragen.[259] Trotzdem bleibt durchweg erkennbar, dass die beiden Stränge der Erzählung – die historischen Vorgänge der Augusttage und die erzählerisch eingebettete allegorische Parallelaktion der Kalenderfamilie – streng und in artikulierter

[256] H. Ignaz Bidermann, Die Wiener Stadtbank, ihre Entstehung, ihre Eintheilung und Wirksamkeit, ihre Schicksale, in: AÖG 20 (1859), S. 341–445. Rudolf Fuchs, Die Wiener Stadtbank. Ein Beitrag zur österreichischen Finanzgeschichte des 18. Jahrhunderts, Frankfurt a. M. 1998 (Beiträge zur neueren Geschichte Österreichs 8). Czeike 5, S. 285f., s. v. Wiener Stadt-Banco.

[257] Vgl. August Wilhelm Schlegel, Berichtigung einiger Mißdeutungen (1828), in: ders., Sämmtliche Werke, hrsg. von Eduard Böcking, Bd. 8, Leipzig 1846, S. 220–284, dort S. 253, mit Bezug auf sein Sonett *An die Irrführer*: „Welcher Leser konnte wohl in dem riesenhaften Geier das Feldzeichen Napoleons, den usurpierten römischen Adler, verkennen?"

[258] Boëtius, S. 111. Kulm: Pichler 1, S. 432, 431. Blümml, in: Pichler 1, S. 649, Anm. 736. Franz Xavier Ritter von Sickingen, Darstellung der k.k. Haupt- und Residenzstadt Wien. Zweite Abtheilung. Fortsetzung der Geschichte und Hauptdarstellung der Stadt, Wien 1832, S. 125 (dort das Zitat). Vgl. Wurzbach 21, 1870, S. 143f. Zu den erwähnten Schlachten: Friedrich 2, S. 103ff., 139ff. Zu den Feldzeichen: ebd., S. 134, 188.

[259] Das interpretatorische Problem, das solche Brentanoschen Texte bereiten, hat Friedmar Apel, Die Phantasie im Leerlauf. Zur Theorie des Blödelns, in: STZ H. 64 (1977), S. 359–374, dort S. 368f. exakt benannt. Siehe auch August W. Sladek, Kompositionsverfahren in Clemens Brentanos Lyrik, Diss. Tübingen 1970.

Weise aufeinander bezogen bleiben und dass die allegorische Handlung einen deutenden Kommentar zum politischen Tagesgeschehen formuliert und diese so mit einem endzeitlichen Horizont versieht. Der erste Leseeindruck, bei dem Gedicht handle es sich um eine „bizarre und ausufernde Moritat“, in der Brentano einen „autobiographischen Zusammenhang (…) zu fantastischen Visionen und Allegorien“ ausarten lasse, ist als Gesamtcharakteristik nicht ausreichend.[260]

Die Schilderung der Eindrücke von der Nachricht der Dresdener Schlacht ist auch Gegenstand des im vorigen Kapitel genannten Gedichtes *Klage- und Siegsgeschrei der Elbnymphe an die Donaunymphe über Dresdens Untergang. Ein Traum auf dem Schlachtfeld von Aspern in der Nacht des 30. August 1813.* Wird das mit den Worten „Nach dem ernsten Nachtgesichte…“ beginnende Gedicht im unmittelbaren Anschluss daran gelesen, dann erschließt sich auch der Sinn des ersten Verses als unmittelbarer Bezug auf das andere Gedicht. Es läge nahe, beide Gedichte zu einem Paar oder überhaupt einem einzigen Text zusammenzufassen, da jenes Gedicht vom selben Typ ist, wie das hier behandelte und auch die Strophenformen identisch sind. Der Entwurf zum *Klage- und Siegsgeschreis* auf Hs. M 12 ist auf Papier mit dem Wasserzeichen W. W. überliefert, also derselben Sorte wie Hs. FDH 7719,8 („Nach dem ernsten Nachtgesichte…“) und 7719,13 („Daß man noch bei Dresden stürme…“). Die beiden Texte gehören zeitlich engstens zusammen. Die Formulierung „Preußens Dank an ihr Volk. – Moreaus Tod“ auf Hs. FDH 7719,13, die auf der Handschrift so eigenartig überliefert ist, sieht ohnehin aus wie ein Entwurf eines Doppeltitels für ein Gedichtdiptychon, wenngleich *Klage- und Siegsgeschrei der Elbnymphe an die Donaunymphe über Dresdens Untergang* nicht dessen erster Teil sein kann, da von einem Dank des weiblich personifizierten Preußen an das Volk dort keine Rede ist. Der versuchsweise vorgesehene Titel des Gedichts „Nach dem ernsten Nachtgesichte…“ wäre dann *Moreaus Tod*, der im folgenden auch verwendet werden soll.[261] Die Übereinstimmungen zwischen *Klage- und Siegsgeschrei* und *Die deutschen Flüsse* auf der einen und die Parallelen zwischen *Moreaus Tod* und *Viktoria und ihre Geschwister* auf der anderen Seite lassen so einen engen thematischen Zusammenhang der im Spätsommer und Herbst 1813 geschriebenen lyrischen und dramatischen Werke erkennen.

Dass daneben noch ganz andere Beziehungen bestehen, ergibt sich aus einem etwa eine Seite langen, *Lissabonne* überschriebenen Prosatext, der bisher als Dramenentwurf gehandelt wurde.[262] Das Papier ist dasselbe wie bei Hs. FDH 7719,23. Ein Terminus post quem ergibt sich aus der Erwähnung von „Moreaus Ankunft in Prag“ am 16. August 1813.[263] Geschildert wird eine Reihe von Szenen traumartigen Charakters, wie

260 So Boëtius, S. 112.

261 Siehe auch Notiz 1 zu *Victoria,* FBA 15,4, S. 47–49.

262 Hs. FDH 7518,2: Dbl., 1 S. (S. 1) + 2 Z. (S. 2). Vgl. Anhang I. Katalog Henrici 149, S. 47, Nr. 122. Grössel, Brentanos Drama *Aloys und Imelde* (Anm. V,219), S. 10f. Sauer, Brentanos Dramenfragmente (Anm. I,66), S. 253.

263 AZ Nr. 240, 28.8.1813, S. 960. Moreaus Wege seit seiner Ankunft aus den Vereinigten Staaten in Schweden im Juli 1813 wurden in der zeitgenössischen Presse kontinuierlich nachverfolgt; vgl. Matthias Wolfes, Öffentlichkeit und Bürgergesellschaft. Friedrich Schleier-

sie auch in dem Gedicht vorkommen, und man könnte sich eine Ausarbeitung im Stil des fragmentarischen Erzähltextes *Bekenntniße eines fahrenden Schülers* vorstellen,[264] Spuren davon finden sich noch in den (um diese Zeit entstandenen) Anmerkungen zur *Gründung Prags* und in der (womöglich ebenfalls in dieser Zeit konzipierten) Wehmüller-Erzählung. Der Verfahren des Textes ähnelt ein wenig der witzigen Verbindung von unzusammenhängend Heterogenem in den Briefen an Freunde,[265] ist aber weniger schlicht in der Ausbildung grotesker Konstellationen durch die Zusammenstellung von Gegensätzlichem. Nach der Erwähnung einer burlesken Verfolgungsgeschichte, die im Schrank eines smyrnischen Kaffeehauses endet, einer Szene des Dichters St⟨aegemann⟩, der zusammen mit Henriette Hendel-Schütz im Theater eingeschlossen wurde, eines wunderschönen Tirolers und seiner Tochter, einer Wienerin, die ihrem Kind „Schweins Gehörknochen" anhängt, einer Begegnung Brentanos mit einem Juden, den er mit Reichardt verwechselt, einer aus einem Totenwagen herausspringenden Hure und dem metaleptischen Eintritt Brentanos in ein niederländisches Landschaftsgemälde mit labyrinthischen Waldgängen findet sich die unterstrichene Notiz: „Plan eines Gedichtes vom Prater", womit *Moreaus Tod* gemeint sein muss. Dass es sich in der Tat so verhält, ergibt sich daraus, dass im folgenden nach einer ganzen Reihe weiterer grotesker Situationen auch noch die Postillions des Grafen Paar erwähnt werden, die von ihm kein Trinkgeld angenommen hätten, womit auch Datierung und historischer Bezug gesichert sind.[266] Das Verhältnis des in der Prosanotiz skizzierten Werkes und dem Gedicht ist nicht geklärt, vielleicht sollte das Gedicht Teil davon sein, eher aber handelt es sich um eine Gedichtidee, die unabhängig davon ausgearbeitet werden sollte. Mehrfachverwertungen von Situationen und Motiven gibt es in den Wiener Arbeiten zuhauf. Denkbar wäre auch, dass das „Gedicht vom Prater" ein Teil einer größer angelegten Reihe von Gedichten war, zu dem auch das *Klage- und Siegsgeschrei* gehören könnte.

Da Brentanos politische und patriotische Gelegenheitsdichtungen zum größeren Teil nicht veröffentlicht wurden, ist die Frage nach dem Charakter dieser Produktionen, ihrem intendierten Publikumsbezug und den beabsichtigten Publikationsweisen nicht

machers politische Wirksamkeit, Bd. 1, Berlin, New York 2004 (Arbeiten zur Kirchengeschichte 85,1), S. 483, Anm. 284.

264 Der Text ist auch bekannt unter dem wahrscheinlich viel späteren Titel *Der schiffbrüchige Galeerensklave vom todten Meer*. Vgl. FBA 19, S. 633; Pravida, Die Erfindung des Rosenkranzes (Anm. I,22), S. 50, 344.

265 Auch die von Heinz Härtl Brentano und Arnim zugeschriebenen *Zufälligkeiten im Zusammentrefen beyder gespaltnen Kolumnen einer Zeitung* weisen diesen Zug auf: Vgl. Heinz Härtl, Ein journalistischer Scherz-Artikel der Heidelberger Romantik, in: NZfE 1 (2000/01), S. 29 bis 34, dort S. 31–34.

266 Die Erwähnung des „Wechslers Smitmer" kann nicht auf Pálffys Sekretär Smitmer bezogen werden, sondern geht auf den Besitzer des Bankhauses Gebr. Smitmer; vgl. etwa Lulu von Thürheim, Mein Leben. Erinnerungen aus Österreichs großer Welt, 1788–1852. In deutscher Übersetzung hrsg. von René van Rhyn [d. i. Philipp Freiherr von Blittersdorf], Bd. 1, München 1913 (Denkwürdigkeiten aus Alt-Österreich 7), S. 211, Anm. 4 (Hinweis von Michael Grus). Daher ist das Datum der ersten Bekanntschaft mit dem Hofagenten auch für die Datierung des Textes irrelevant.

ohne weiteres zu beantworten. Am ehesten konnte diese Dichtung, zumal die Spottgedichte auf Napoleon, die vielleicht zu einem populären zeitgenössischen Genre gehörten,[267] in Österreich als Gesellschaftslyrik wirken, bezogen also auf einen engeren Kreis von Bekannten, etwa in der Strobelkopf-Gesellschaft oder einem literarisch geprägten Salon wie dem Caroline Pichlers. Die Gattungsbezeichnung Rundgesang im Fall des Gedichts *Rheinübergang* wäre in diesem Sinne zu verstehen, obgleich sie auch thematisch verstehbar ist im Sinne der alliierten Armeen, von denen im Gedicht die Rede ist. (Erhalten ist auch der *Rundgesang der deutschen Gesellschaft in Berlin*; die Vaudeville-Form dürfte ohnehin auf Erfahrungen in der Berliner Liedertafel zurückgehen.)[268] Bemerkenswert ist jedoch, dass die beiden im Herbst 1813 entstandenen Dramen *Viktoria und ihre Geschwister* und *Die deutschen Flüsse* jeweils in einem nicht für ein größeres Publikum bestimmten, in einzelnen Zügen autobiographischen Gedicht jeweils einen thematisch engstens verwandten Vorläufer haben. Der Weg aus der privaten Lyrik in die Öffentlichkeit des Theaters wird so in kleinen Schritten vollzogen. Wie sich an der ersten Notiz zu *Victoria* zeigt, war ein Gedicht mit dem Titel *Moreaus Tod* zunächst sogar noch als eine der Liedeinlagen vorgesehen.[269] Die Lieder der *Victoria* sind dann aber von ganz anderem Charakter.

[267] Zur großen Verbreitung von gezeichneten Karikaturen und Satiren auf Napoleon vgl. Sabine und Ernst Scheffler, Deutsche Karikaturen gegen Napoleon I., oder: Wahre Abbildung des Eroberers, in: dies. (unter Mitarbeit von Gert Unverfehrt), So zerstieben geträumte Weltreiche. Napoleon I. in der deutschen Karikatur, Stuttgart 1995, S. 10–23. Siehe auch Wulf Segebrecht, E. T. A. Hoffmanns *Nußknacker und Mausekönig* – nicht nur ein Weihnachtsmärchen, in: E. T. A. Hoffmann-Jahrbuch 17 (2009), S. 62–87, dort S. 67ff.

[268] Hs. FDH 7946: Bl. 2, 2 S. („Vor allem hoch das Vaterland…"). Katalog FDH, S. 97. Adolf Beck, in: Hölderlin, StA 7,4, S. 334f. Zur patriotischen Gesellschaftsdichtung in der deutschen Tischgesellschaft: Nienhaus, Geschichte der deutschen Tischgesellschaft (Anm. II,64), S. 109–138. Zur Form des Rundgesangs in der Lyrik der Freiheitskriege vgl. Weber, Lyrik der Befreiungskriege (Anm. V,6), S. 100.

[269] FBA 15,4, S. 47.

6 „ein immer währendes Siegsfest": *Victoria*

Entstehungsumstände

Brentano stand in Verbindung mit Ferdinand Graf Pálffy von Erdőd, der seit Anfang 1813 Inhaber des Privilegs für das Theater an der Wien war, zu dessen Eigentümer er am 31. März 1814 wurde.[1] Es ist nicht bekannt, ob Brentanos Hinwendung zum Theater an der Wien strategische Gründe hatte oder ob sie durch den zufälligen Umstand veranlasst wurde, dass er Pálffy persönlich kennengelernt hatte und diese erste Begegnung für seine Wiener Karriere zu nutzen gedachte. (Sobald ihm Hartl vorgestellt worden war, bemühte er sich bei diesem um die Aufführung seiner Stücke am Burgtheater.) Pálffy hegte zumindest zu Beginn seines Theaterengagements ein Interesse an der Hebung des literarischen Niveaus seines Spielplans, wie seine Bemühungen bei Goethe und die Schiller-Aufführungen unter seiner Direktion zeigen, und er war so auch für Brentanos Theatervorhaben die geeignetste leitende Persönlichkeit, die es in Wien gab.[2] Auf welche Weise Brentano mit dem Theaterdirektor in Berührung kam, ist ungewiss. Den Kontakt könnte Tieck vermittelt haben, der um 1808 als künftiger Dramaturg für das Burgtheater im Gespräch war, oder auch Carl Maria von Weber, der ebenfalls mit dem Grafen in Verbindung stand.[3] In seinem ersten Schreiben spricht Brentano von „der in näherer Berührung mit Eurer Hochgebohren stehenden Mitwelt", durch die er zuerst von Pálffy erfahren habe.[4] Die Geschichte seiner Beziehungen zu ihm, die in mehreren undatierten Briefen und Briefentwürfen dokumentiert ist, gestaltete sich so unglücklich wie nur möglich. Bei diesen Briefen ist zu beachten, dass nur die in Wiener Archiven liegenden Schriftstücke auch nachweislich ihren Adressaten erreicht haben, während bei den in Brentanos Nachlass überlieferten Entwürfen unsicher bleibt, ob von ihnen auch reinschriftliche Ausfertigungen abgesandt wurden.[5] Dass so viele Entwürfe

1 Hadamowsky 3, S. 16ff. Hadamowsky 5, S. 507ff. Zu Pálffy: Wurzbach 21, S. 202–204. Rudolfine Ofenschüssel, Ferdinand Graf Palffy. Ein Leben für das Theater, Diss. (masch.) Wien 1965. Edith Marktl, in: ÖBL 7, 1978, S. 299. Hadamowsky 5, S. 512. Czeike 4, S. 481. Die Identifikation in der Chronik, S. 93 ist zu korrigieren.

2 Pálffy an Goethe, 12.10.1808, Sauer 2, S. 48–50.

3 Köpke 1, S. 339ff. Weber 1, S. 411. Zu Tiecks Bekanntschaft mit Pálffy siehe auch Tieck an Henriette von Pereira, 2.4.1839, Schweikert, S. 360.

4 Brentano an Pálffy, Anfang Oktober 1813 (Entwurf), FBA 33, S. 67.

5 Das Konvolut mit nicht abgesandten Briefentwürfen an Pálffy, Hartl, Arnim und an Schauspieler sowie Hartls Brief an Brentano ist verzeichnet im Katalog Henrici 149, S. 46, Nr. 116.

vorliegen, weist auf die Schwierigkeiten der Beziehung hin und vielleicht auch auf Brentanos Bedürfnis, seinem Unbehagen über das als problematisch empfundene Verhältnis zu dem Grafen und zuletzt auch seiner ehrlichen Empörung über dessen Betragen Ausdruck zu geben. Bei einer ersten Begegnung hatte Pálffy Brentano ermuntert, „ein Schauspiel in dem Charackter des so lebhaft von dem Östreichischen Publikum aufgenommen modernisirten Wallensteins Lager von Schiller" zu schreiben.[6] In der Unsicherheit darüber, wie den Anforderungen der strikten Zensur zu entsprechen sei, fiel Brentano nichts besseres ein, als dem Grafen schriftlich und in aller Ausführlichkeit auseinanderzusetzen, welche Schlüsse über das Erlaubte und Unerlaubte er – Brentano – aus den ihm bekanntgewordenen Verfügungen gegen stattgehabte Verfehlungen ziehe.[7] Er scheint niemand in Wien gekannt zu haben, der ihm sonst hätte helfen können.[8] Zu allem Unglück vergriff sich Brentano alias Herr Peter Squentz in der Anrede Seiner Exzellenz als „Euer Hochgebohren" und beging damit einen Fehler, der dem Schriftsteller „Clemens v. Brentano de la Roche" ein subalternes Ansehen geben musste. Immerhin war er klug genug, sein Entschuldigungsschreiben nicht abzusenden. Dass er tatsächlich nicht wusste, wie er sich Pálffy gegenüber zu verhalten hatte, den er als gesellschaftlich übergeordnet wusste, dem er jedoch zugleich als Dichter auf Augenhöhe gegenübertreten wollte, zeigen auch die Briefentwürfe. Deren Ergebenheitsformeln wechseln unversehens in krudes Schimpfen über, das der Empfänger, sollte auch das ausgefertigte Schreiben dergleichen enthalten haben, als Taktlosigkeit hätte empfinden müssen. Brentano hatte in Berlin in der Tischgesellschaft und in Salons mit Adeligen und hohen Beamten verkehrt, aber gerade diese Erfahrungen könnten ihm in der Wiener Gesellschaft, die den engen Umgang zwischen so heterogenen Gruppen nicht zuließ, hinderlich gewesen sein, als er in die Situation geriet, „mit einem Manne des Ranges Euer Exzellenz in allgemeinen Verhältnissen, wo keine vertrautere Sprache erlaubt ist, schriftlichen Verkehr zu haben".[9] Der Wunsch, sich nicht mit irgendwelchen Skribenten verwechselt zu sehen, die für Geld schreiben, brachte Brentano schließlich sogar dazu, Pálffy in aller „Aufrichtigkeit" zu schreiben, sich dabei auf die legitime Reizbarkeit eines Dichters zu berufen und zu insinuieren, Einflüstereien hätten die Gewogenheit des Grafen seinem selbsternannten Protegé gegenüber erkalten lassen. Am Vorabend hatte es im Theater eine oder zwei kurze Aussprachen vor Pálffys Loge gegeben, vor der

6 Brentano an Pálffy, Anfang Oktober 1813 (Entwurf, Sammlung Varnhagen, Kasten 36, Biblioteka Jagiellońska, Kraków), FBA 33, S. 67.

7 Brentano an Pálffy, nach dem 4.10.1813 (Entwurf, Hs. FDH 8172), FBA 33, S. 67–71. Vgl. Grus, S. 131ff. Ein weiterer Entwurf zu einem Brief an Pálffy, der sich ebenfalls mit der Theaterzensur und mit Schmidts *Österreichischem Feldlager* befasst, findet sich auf Hs. FDH 7718,6, S. 1 („Wohlklang, (sonoritaet), keinen Jubel…"); zitiert in FBA 15,4, S. 43 und bei Sauer, Brentanos Dramenfragmente (Anm. I,66), S. 325.

8 Brentano an Pálffy, 22.1.1814 (Entwurf, Hs. FDH 8168), FBA 33, S. 116: „da mich hier Niemand kennt, als Graf Herberstein Moltke und wenige Freunde".

9 Brentano an Pálffy, nach dem 4.10.1813 (Entwurf, Hs. FDH 8171), FBA 33, S. 88. Vgl. Sabine Oehring, ebd., S. 472. Zur Wiener Gesellschaft: Bauer, La réalité royaume de Dieu (Vorbemerkung, Anm. 14), S. 38ff. Zu Anredeformen: Koselleck, Preußen zwischen Reform und Revolution (Anm. I,110), S. 114f., Anm. 129.

Brentano wie ein Bedienter „auf einem kalten Vorplatz auf den Befehl Euer Exzellenz (…) gewartet“ und eine „Ungeschicklichkeit“ begangen hatte; der Text des Briefes ist hier alles andere als deutlich.[10] Von allen erdenklichen Missgriffen ließ Brentano anscheinend keinen aus. Für seine Fauxpas entschädigte er sich mit einer bösartigen Charakteristik des Grafen in seinen brieflichen Äußerungen an Dritte. Arnim gegenüber wird Pálffy – in der Sache treffend, aber mit einem moralisierenden Unterton, der gerade Brentano schlecht ansteht – als ein „in Händen von Wucherern, Kammerdienern, Regisseuren, lebender Roué, ohne Treu und Glauben, ja selbst ohne Unterschrifts Glaubwürdigkeit“ geschildert, der ihm Versprechungen gemacht habe, ohne sie einhalten zu können.[11] Der „Theaterdoge“, dem die Kritik von Brentanos Gedicht „Einstens glaubt ich in den Künsten…“ (in den *Gesammelten Schriften* unter dem Titel *Mäcenas*) gilt, in welchem er sich für die erlittenen Erniedrigungen rächt, ist niemand anderes als Pálffy, den er in einem der Entwürfe zu an den Grafen gerichteten Briefen „Mäzen“ nennt und der auch sonst so genannt wurde, und zwar mit Recht.[12] Brentano verrät wenig Kenntnis von der schwierigen Lage eines Theaterdirektors in Wien, der auf eigene Kosten ein aufwendiges Theater zu unterhalten hatte, sich auf kaiserliche Unterstützung jedoch niemals verlassen konnte.[13] Vergleichbare personalisierende Beurteilungen finden sich aber auch in anderen Schilderungen Pálffys, so etwa bei Franz von Andlaw, der auch im Urteil über Varnhagen mit Brentano übereinstimmt.[14]

Immerhin geht aus all diesen Äußerungen auch hervor, dass Brentanos Theaterambitionen zumindest nicht von Anfang an aussichtslos waren. Brentano hatte dem Grafen seine Ausstellungen am Wiener Theater mitgeteilt und glaubte, Pálffys Reaktion auf seine Kritik als wohlwollende Ermutigung auffassen zu dürfen. Er schrieb darauf das Drama *Victoria*, von dem er ihm nach vorherigen Anfragen über die durch die Zensurverhältnisse gezogenen Grenzen „viel Einzelnes, (…) obschon in der grösten Abgerissenheit vortrug“, wie er an Pálffys Sekretär Smitmer schreibt.[15] Es ist nicht bekannt, bei

10 Brentano an Pálffy, November 1813 (Entwurf, Hs. FDH 8169), FBA 33, S. 91–93, dort S. 92f. Brentano an Arnim, vermutlich 5.4.1814, FBA 33, S. 121. Genauer ist hier das Gedicht „Einstens glaubt ich in den Künsten…“, v. 57–64, FBA 3,1, S. 24.

11 Brentano an Arnim, Ende November 1813, FBA 33, S. 98f.

12 FBA 3,1, S. 22–29, dort S. 24, v. 59. Guignard, S. 66 (mit irreführenden Angaben zur Datierung). Cardauns, S. 73f. Wolfgang Frühwald, Anmerkungen Luise Hensels zu den *Gesammelten Schriften* Clemens Brentanos, in: Aurora 42 (1982), S. 178–187, dort S. 186. Michael Grus, FBA 3,1, S. 246–248 (mit unzutreffenden Angaben zur Datierung der ersten Entwürfe H^1 auf Hs. FDH 7949 und H^2 auf Hs. FDH 8129 a–c,die nicht schon in Wien, sondern erst Ende 1815 in Berlin entstanden sind). – Mäzen: Brentano an Pálffy, Anfang Oktober 1813 (Entwurf), FBA 33, S. 67.

13 Zur schwierigen Lage Pálffys: Teuber/Weilen 2,1, S. 181f. Großegger 1, S. 31f.

14 Andlaw 1, S. 295f. (zu Pálffy), 294f. (zu Varnhagen).

15 Brentano an Smitmer, November 1813, Wienbibliothek im Rathaus (Stadt- und Landesbibliothek Wien), H.I.N. 43.221, FBA 33, S. 89. Für ein ungetrübtes Verhältnis Brentanos zu Smitmer spricht sowohl der Ton in diesem einzigen erhaltenen Brief von Brentano an ihn wie auch eine Erwähnung Smitmers in dem Schreiben von Georg Passy an Brentano vom 20.5. 1814, UB Heidelberg, Heid.Hs.2110,13 Bl. 107^r–108^v (vgl. Anhang II).

welchen Gelegenheiten dies geschah, vielleicht im Theater, vielleicht bei persönlichen Audienzen, kaum aber in Salons der ersten Gesellschaft, zu welchen Brentano keinen Zugang hatte. In dem Brief an Arnim berichtet Brentano, er habe Pálffy „unter der Arbeit, Scene vor Scene vorgelesen“ und „keine Zeile ohne seinen Willen geschrieben“, was als im wesentlichen zutreffende Behauptung angesehen werden kann.[16] Der Graf trug, wie aus dem Brief an Smitmer und aus dem – erst in Berlin entstandenen – Gedicht „Einstens glaubt ich in den Künsten...“ hervorgeht, das ihm überlassene Stück in einer Gesellschaft vor, wo es das Unglück hatte, einer Fürstin zu missfallen, womit auch alle Aufführungschancen dahin waren (Brentano hatte sich inzwischen wegen der Anredekonventionen kundig gemacht und wusste, dass eine Fürstin als Durchlaucht anzusprechen war[17]). Da Brentano die früheren Äußerungen Pálffys stets im für ihn günstigsten Sinn aufgefasst hatte, fiel er durch die Zurückweisung des Stücks aus allen Wolken. Smitmer gegenüber versuchte er sich gegen die ihm zu Ohren gekommenen Vorwürfe wegen der schlechten Verse, der langweiligen Handlung und der unverständlichen Allegorie (wohl der auf den ersten Blick nur durch Wortspiele und entlegene Assoziationen motivierten Rolle des Curtius) zu rechtfertigen, gab sich jedoch mit seinen Rechtfertigungsversuchen nur noch weitere Blößen, zumal mit dem in dieser Situation ungeschickten Vorschlag, der monierten Unverständlichkeit durch auszuteilende Inhaltsangaben entgegenzuwirken.[18] Danach suchte er eine persönliche Aussprache vor der besagten Loge herbeizuführen. Als ihm Pálffy dort ungnädig begegnete, schrieb der gekränkte Dichter den erwähnten Brief, in dem er unterstellte, der Graf habe sich durch Zuträgereien beeinflussen lassen. Da dieser sich auch nach viermaliger Aufforderung nicht dazu bewegen ließ, das Manuskript des Dramas zurückzugeben, musste Brentano ein weiteres Mal zur Feder greifen, wobei er die letzte Zurückhaltung fahren ließ und seiner Indignation Luft machte.[19] Von der Rückgabe wird dann in einem undatierten Entwurf zu einem Brief an einen unbekannten Freund gesprochen.[20]

Chronologie der Entstehung

Zur Entstehung und Datierung des Victoria-Dramas gibt es eine Reihe von Anhaltspunkten, die nicht leicht zu vereinbaren scheinen:

1. Nach dem Vorwort zur späteren Buchausgabe soll das Drama „in dem Zeitraum

[16] Brentano an Arnim, Ende November 1813, FBA 33, S. 99.

[17] v. 103, FBA 3,1, S. 25; ebd., S. 256 (H^1, v. 64).

[18] Brentano an Smitmer, November 1813, FBA 33, S. 90.

[19] Brentano an Pálffy, November 1813, Wienbibliothek im Rathaus (Stadt- und Landesbibliothek Wien), H.I.N. 43.220, FBA 33, S. 93f.

[20] Ebd., S. 97. Der von Schultz im Katalog 1978, S. 75, Nr. 68 auf Pálffy und auf *Victoria* bezogene Brief vom 30. November 1813 an Brentano hat hier außer Betrachtung zu bleiben; er stammt von Joseph Hartl und bezieht sich auf die Rücksendung der *Siegsfeier Deutschlands am Rhein*; vgl. FBA 33, S. 478.

von etwa vier Wochen" „zwischen dem Kulmer und Leipziger Sieg" entstanden sein, also zwischen 30. August und dem 19. Oktober 1813.[21]

2. Der erste Entwurf zu dem Brief an Pálffy, in welchem von Brentanos Plan die Rede ist, „ein Schauspiel in dem Character des so lebhaft von dem Östreichischen Publikum aufgenommen modernisirten Wallensteins Lager von Schiller" zu schreiben, ist auf Anfang Oktober zu datieren.[22]
3. Die Nachschrift zu einer nicht zustande gekommenen Sammlung der patriotischen Werke gibt an, *Victoria* sei „binnen vierzehn Tagen nach der Schlacht von Leipzig" geschrieben worden.[23]

4a. An Arnim schreibt Brentano Ende November/Anfang Dezember 1813, das Werk sei als abendfüllendes Festspiel auf den Leipziger Sieg (19. Oktober 1813) gedacht, das er „in Vierzehn Tagen, mit einer Anstrengung, die ich nicht gekannt bis jezt, geschrieben" haben will.[24]

4b. Im selben Brief heißt es, Brentano habe das Stück „nach sechs Wochen" mit abschlägigem Bescheid von Pálffy zurückerhalten.

4c. Außerdem sagt er in demselben Brief, die Geburt Siegmund von Arnims (2. Oktober 1813) habe ihn erfreut, weil er „in demselben Moment das Spiel Victoria schrieb", in dem eine der „Haubtpersonen" Siegmuth heißt.

Zu 1: Die Angabe „zwischen dem Kulmer und Leipziger Sieg" heißt nicht, dass das Stück exakt zwischen dem 30. August und dem 19. Oktober geschrieben worden wäre, sondern in der Zeit zwischen dem Eintreffen der jeweils ersten Berichte von den beiden Siegen. Die offizielle Nachricht vom Kulmer Sieg datiert vom 2. September, Graf Paar kam, wie schon erwähnt, am 4. September mit den Siegeszeichen nach Wien, und vom Leipziger Sieg berichtete Gentz, der davon am 21. Oktober erfuhr, im *Österreichischen Beobachter*, nach Caroline Pichlers Bericht kamen die Nachrichten aus Leipzig „wenige Tage" nach der Schlacht, laut Heinrich Schmidt war es am 23. Oktober, die offizielle Nachricht wurde am Tag darauf durch Graf Neipperg verkündet.[25] Das früheste Datum für die Entstehung ist also Anfang September, das späteste gegen Ende Oktober. Bei

21 Viktoria, S. XIII. FBA 13,3, S. 83.

22 FBA 33, S. 67; vgl. Anhang VIII, zu Brief-Nr. 636.

23 FBA 13,3, S. 457. Preitz 1, S. 416. Grus, S. 119f.

24 Brentano an Arnim, Ende November 1813, FBA 33, S. 99. Das in dem Brief genannte Stück identifizieren Steig 1, S. 329, Preitz 1, S. 68* und 416, Fellner, S. 140, W 4, S. 899, Tunner, Clemens Brentano (Anm. I,91), Bd. 1, S. 546, Anm. 2 und Pross, FBA 15,4, S. 26 mit *Victoria*. Es kann ausgeschlossen werden, dass von zwei verschiedenen Festspielen die Rede ist, von denen das eine („auf den Leipziger Sieg") vor und das andere (das Viktoria-Drama) nach dem 19. Oktober 1813 entstanden wäre.

25 Leipzig: Gentz, Tgb 1, S. 269. Gentz an Metternich, 21.10.1813, 22.10.1813, 5.11.1813, Gentz, Bfw 3,1, S. 179f., S. 180ff., S. 198f. Angermüller, S. 215. Pichler 1, S. 432. Blümml, ebd., S. 650, Anm. 743. Schmidt, S. 208. [Josef Richter,] Briefe des jungen Eipeldauers an seinen Herrn Vettern in Krakau. Mit Noten von einem Wiener. Jahrgang 1813. Erstes Heft, Wien, S. 28f. Sickingen, Darstellung der k.k. Haupt- und Residenzstadt Wien (Anm. V,258), Abt. 2, S. 125. Glossy, S. 165f. Rommel, S. 671. Vgl. Pross, FBA 15,4, S. 26.

dem Vorwort handelt es sich um einen Text, der zeitlich relativ weit von der Entstehung des Stückes abliegt.[26]

Zu 2: Die Datierung des Briefes setzt aller Wahrscheinlichkeit nach die Erstaufführung von Heinrich Schmidts *Österreichischem Feldlager* am 4. Oktober 1813 im Theater an der Wien voraus.[27] Auch Brentanos Drama selbst kann, soweit es Schmidts Stück voraussetzt, frühestens Anfang Oktober entstanden sein. Dies ist der sicherste Anhaltspunkt überhaupt, allerdings folgt daraus nicht, dass Brentano nicht auch schon vorher an ein Bühnenwerk mit einer Handlung ähnlich der des späteren Victoria-Dramas gedacht haben könnte. Auch der Bezug auf *Wallensteins Lager* muss nicht notwendig die Aufführung von Schmidts Adaption voraussetzen.

Zu 3: Nach dieser Angabe ist das Drama Ende Oktober oder Anfang November 1813 fertiggestellt worden. Die Nachschrift ist 1814 in Wien entstanden und befindet sich zwar noch in zeitlicher Nähe zur Niederschrift des Stücks, datiert aber in eine Zeit, in der Brentano bereits zahlreiche weitere Werke geschrieben hatte.

Zu 4a: Die Angabe „in Vierzehn Tagen" ist weniger bestimmt als die der Nachschrift, legt sich aber auf dieselbe Dauer fest. Selbst wenn Brentano ein wenig untertreiben sollte, kann die sehr bestimmte Angabe nicht einfach ignoriert werden: Die Fassung des Stücks, die Pálffy erhielt, ist zumindest in weniger als drei Wochen entstanden. Der Brief an Arnim steht unmittelbar unter dem Eindruck der Ablehnung. Er ist die zeitlich früheste und wichtigste Quelle nach der Fertigstellung der Pálffy-Fassung.

Zu 4b: Aus dem (erschlossenen) Datum des Briefes und der Angabe „nach sechs Wochen" ergibt sich, dass Brentano Pálffy nach Mitte Oktober oder – gegen Ende des Monats eine vollständige und abgeschlossene Fassung überließ.

Zu 4c: Die Gleichzeitigkeit von Entstehung des Werks und Geburt des Kindes bezieht sich entweder auf den Geburtstag von Arnims Sohn am 2. Oktober oder aber auf den Tag, an dem Brentano durch Arnims Brief davon erfuhr, also etwa Mitte November.[28] Letzterer Fall wäre mit der Angabe des Vorworts und mit dem Umstand, dass das

[26] Die von Pross, Kunstfeste (Anm. II,97), S. 276 vorgeschlagene Deutung, die die Glaubwürdigkeit von Brentanos Angaben in Zweifel zieht, ist aus mehreren Gründen abzulehnen. Sie setzte eine Spätdatierung des ersten Briefes an Pálffy voraus, für die es keinen Anlass gibt. (Dieser Brief war aber zu dem Zeitpunkt der Veröffentlichung von Pross' Buch im Druck nur in der Form von Zitaten zugänglich: Katalog 1970, S. 84; Grus, S. 131, 133.)

[27] Zum Aufführungsdatum: DrB 1. Jg., 1813, Nr. 13, 11.10., S. 51f. Schmidt, S. 207. Bauer, S. 293. Bettina von Seyfried, Ignaz Ritter von Seyfried. Thematisch-Bibliographisches Verzeichnis. Aspekte der Biographie und des Werkes, Frankfurt a. M. u. a. 1990 (EHS XXXVI/32), S. 353. Clemens Höslinger, „O Du Gigant im Reiche des Gesangs". Zur frühen Laufbahn des Tenorsängers Franz Wild (1811–1816), in: Festschrift Otto Biba zum 60. Geburtstag, hrsg. von Ingrid Fuchs, Tutzing 2006, S. 235–248, dort S. 239. In die Forschungsliteratur ist auch ein falsches Datum einer Erstaufführung am 23. Oktober eingedrungen, so bei Oliver Huck, Von der *Silvana* zum *Freischütz*. Die Konzertarien, die Einlagen zu Opern und die Schauspielmusik Carl Maria von Webers, Mainz 1999 (Weber-Studien 5), S. 62 und womöglich auch bei Sabine Oehring, FBA 32, S. 476.

[28] Brentano an Arnim, Ende November 1813, FBA 33, S. 101. Vgl. Heinz Härtl, Bettine von Arnim 1785–1859. Eine Chronik. Daten und Zitate zu Leben und Werk. Wiepersdorf 1985,

Werk im November schon in Pálffys Händen war, schwer zu vereinbaren. Da es sich bei der Metaphorisierung der Entstehung literarischer Werke als Kindsgeburten um einen seit Aristophanes belegten Topos handelt, der gerade bei Brentano häufig vorkommt,[29] und da Behauptungen zu solch sinnfälligen Koinzidenzen hinsichtlich ihrer chronologischen Präzision ohnehin nicht zu sehr belastet werden dürfen, hat diese Angabe an sich das geringste sachliche Gewicht, sie stimmt aber im ersten der beiden möglichen Verständnisse mit den anderen Aussagen zusammen.

Es führt kein Weg an dem Schluss vorbei, dass die Niederschrift von Brentanos Stück „auf den Leipziger Sieg", das „in Vierzehn Tagen" geschrieben worden sein soll, spätestens Anfang Oktober begonnen worden ist, schon *vor* dem Einlaufen der Siegesnachricht aus Leipzig.[30] Der 4. Oktober ist, wo nicht für den Beginn der Arbeit, so doch für einige thematische und konzeptionelle Entscheidungen ein Terminus post quem. Das Drama war gegen Ende Oktober oder Anfang November fertig und wurde Pálffy übergeben. Nach einem Brief Brentanos an den Theaterdirektor vom 22. Januar 1814 hatte dieser Brentano gebeten, „das Mspt so zu vollenden, wie ich es zum Druck bestimmte".[31] Zwischen Beginn und Fertigstellung dieser für Pálffy bestimmten Fassung liegen etwa zwei Wochen. Damit ist durchaus vereinbar, wenn Brentano im „Vorwort" den Beginn der Arbeit sogar noch weiter zurückverlegt und für die Entstehung einen Zeitraum von „etwa vier Wochen" ansetzt. In einer ersten Entstehungsphase Ende September und Anfang Oktober 1813 hätte es demnach die Orientierung an Heinrich Schmidts *Österreichischem Feldlager* zunächst noch nicht gegeben, doch entstand aus diesen Entwürfen das Victoria-Drama. Die Angabe in der Nachschrift, die *Victoria* sei „binnen vierzehn Tagen nach der Schlacht von Leipzig" geschrieben worden, lässt sich mit den übrigen vereinbaren, wenn sie in dem Sinn verstanden wird, dass ein bereits seit längerem entstehendes Stück nun direkt im Hinblick auf einen bestimmten zeitgeschichtlichen Anlass adaptiert wird. Die Angabe des Entstehungszeitraums im Vorwort „in dem Zeitraum von etwa vier Wochen" und „in Vierzehn Tagen" in dem Brief an Arnim und in der Nachschrift könnten sich dann auf die Entstehungsdauer des gesamten Dramas bis zur Pálffy-Fassung einerseits und einer ersten Konzeptionsphase oder einer ersten Niederschrift andererseits beziehen. (Dass sich in dem Drama manche Angaben finden, die zur Leipziger Schlacht nicht passen – etwa die behauptete Beteiligung der

S. 20; Arnim an Brentano, Anfang November 1813, Schultz/Schwinn 2, S. 689. Anderer Ansicht ist Fellner, S. 141.

29 Aristophanes, nubes 528–536. Mittag, Eine Autobiographie in der Form (Anm. II,25), S. 112. Stephan Jaeger, Theorie lyrischen Ausdrucks. Das unmarkierte Zwischen in Gedichten von Brentano, Eichendorff, Trakl und Rilke, München 2001, S. 60, Anm. 28. Ernst Robert Curtius, Europäische Literatur und lateinisches Mittelalter, Tübingen, Basel [2]1960, S. 143. T. W. Baldwin, On the Literary Genetics of Shakspere's Poems and Sonnets, Urbana, Ill. 1950, S. 181–218.

30 Siehe auch Grus, S. 134, Anm. 46; Pross, Kunstfeste (Anm. II,97), S. 281f., Anm. 110 (nach einer Information von Michael Grus); dies., FBA 15,4, S. 25f.; Sauer, Brentanos Dramenfragmente (Anm. I,66), S. 85.

31 FBA 33, S. 112f.

Lützower Jäger und der Deutschen Legion –, erklärt sich dann vielleicht auch aus diesen Entstehungsumständen.) Nach der Ablehnung des Stücks muss die Erstellung einer Buchfassung über einen längeren Zeitraum und in mehreren Stadien vor sich gegangen sein, die sich zeitlich aber nicht mehr so genau eingrenzen lassen. Die dafür aufgewandte Zeit wird in der Angabe des Vorworts nicht berücksichtigt, daraus darf aber nicht geschlossen werden, dass das druckfertige Manuskript der Pálffy-Fassung mit der schließlich erschienenen Buchfassung von 1817 weitgehend identisch gewesen wäre. Jedenfalls hat Brentano mit der Überarbeitung noch in Wien begonnen, bis zu seinem Erscheinen erfuhr das Werk dann aber noch wiederholt Modifikationen. Nach der verfügbaren Kenntnis von Brentanos Überarbeitungstendenzen bei anderen seiner Werke wird es sich dabei im wesentlichen um Erweiterungen und Hinzufügung von Anspielungen gehandelt haben. Die Rede von den vier Wochen sollte dann noch Vorwand für abfällige Bemerkungen in Vulpius' Besprechung des Dramas sowie für eine Polemik Kotzebues werden: Die beiden Vielschreiber wandten sich gegen den alexandrinischen Dichter, der es selbst bei an die Zeitumstände gebundenen Gelegenheitswerken nicht lassen konnte, die Feile wieder und wieder anzulegen.[32]

Es ist zuzugeben, dass Brentanos diverse Angaben zur Entstehungszeit seiner Werke oft topisch sind und zudem von der Neigung bestimmt, den tatsächlich betriebenen Aufwand herunterzuspielen.[33] In dem hier interessierenden Fall dürften sie aber dennoch nicht *bloß* topisch sein, denn die brieflich gegebenen Auskünfte sind sehr bestimmt und erweisen sich als konsistent. Außerdem hat Brentano in den letzten Monaten des Jahres 1813 an so vielen Werken gearbeitet, dass seine Angaben über die kurzen Entstehungszeiten einzelner Stücke vollkommen glaubwürdig sind. Wären überhaupt keine Zeugnisse erhalten, dann könnte die Abschätzung der Zeit, die Brentano für die Ausarbeitung des Dramas benötigt hat, zu keinen wesentlich anderen Ergebnissen kommen als sie sich aus seinen eigenen Äußerungen ergeben. Allenfalls könnte man dazu neigen, noch kürzere Entstehungszeiten anzunehmen.

Erste Notizen und Lieder

Die erhaltenen Handschriften des Stücks sind in den Besitz verschiedener Institutionen gelangt. Das Freie Deutsche Hochstift besitzt drei Entwurfsskizzen und die Handschriften einiger Lieder; der Entwurf der ersten Fassung des Dramas und Entwürfe zur Schlussszene befinden sich in der Sammlung Varnhagen; Prosanotizen, Entwürfe zu kleineren Versgruppen des Dramas und zu den Liedeinlagen in der Stadtbibliothek

32 Vulpius, in: Ergänzungsblätter zur JALZ 7 (1819), Nr. 77, Sp. 232. Kotzebue, Literarisches Wochenblatt 3, Nr. 2, Januar 1819, S. 15. Kotzebues Sottisen gegen Brentanos *Viktoria* werden auch angeführt in: Die Leuchte. Ein Zeitblatt für Wissenschaft, Kunst und Leben, hrsg. von J. D. Symanski, Berlin, in der Maurerschen Buchhandlung. Nr. 69, 29.8.1818, S. 276.

33 So Caroline Pross, FBA 15,4, S. 14f. Siehe auch Pravida, Die Erfindung des Rosenkranzes (Anm. I,22), S. 38.

Mainz.[34] Vor die Niederschrift der ersten Fassung datieren die ersten beiden Notizen auf BJ 8 und M 6, da die weibliche Hauptgestalt dort noch Liese oder Lieschen heißt. Die Notizen enthalten eine Personenliste und sehen bereits die lustige Person und den hinkenden Boten vor. Handlungszüge werden nur wenige notiert, aber es gibt ja in dem Stück kaum eine Handlung. Liese wird in der ersten Notiz als „Böhmische Amazone" charakterisiert, und in der zweiten Notiz wird die „Ausstellung des Mädels" (als Siegespreis) vorgesehen.[35] Der allegorische Kern des Dramas – dass Anne die Victoria ist und der Sieg der Preis der Soldaten – ist also bereits von Anfang an angelegt und auch in den frühesten Notizen schon Teil des Planes.[36] Ein Rührspiel- oder Schauspiel-Schluss, bei dem am Ende Friedrich (der spätere Siegmuth) seine Liese (Anne) als Braut nach Hause führt, war so von Anfang an nicht geplant. Wie fremd Brentano zu dieser Zeit noch den Wiener Theaterpraktiken und Zensurbestimmungen gegenüberstand, zeigt die geplante „Erwähnung von Schill, Charackter des eignen Willens, Mittel, Zweck, Schill hat andern Klarheit erworben".[37]

In dem ersten Entwurf zu einem Brief an Pálffy von Anfang Oktober findet sich eine kurze Inhaltsangabe zu dem Schauspiel *Der Kampf fürs Vaterland* von Josef Alois Gleich, das am 27. September erstmals auf die Bühne des Theaters in der Josephstadt kam und insgesamt siebzehn Aufführungen erlebte:[38]

> Hier sehen wir recht schön und liebenswürdig für das allgemeine Heil begeisterte Bauern aus der Gegend von Peterswalde das kaiserlich Östreichische und russische Heer unterstützen, der ganze Gang der Handlung (ein französischer Anführer wird auf der Bühne gefangen) bezeichnet das Glorreiche Gefecht bei Culm. (…) Weiter erscheint in diesem Schauspiel ein kaiserlich Östreichischer General in voller Uniform, theilt Avancements und Ehrenzeichen aus. Weiter Ein Kosack, der feiner, gebildeter und Comödienhaft edelthuender spricht, als der ästhetische Volontair, und blessirt ist. Weiter wird ein in kaiserlichen Landen angestellter Schullehrer nebst seinem Sohn in so unnatürlicher herabwürdigender Karikatur, als pralend und feig dargestellt, als in irgend einem der ärmsten Sing-

34 Vgl. FBA 15,4, S. 38f. Siehe auch Anhang VI.

35 FBA 15,4, S. 47–52. Zu den weiblichen „Heldenjungfrauen" der Befreiungskriege gibt es inzwischen eine umfangreiche Literatur, u. a. Dirk Alexander Reder, Frauenbewegung und Nation. Patriotische Frauenvereine in Deutschland im frühen 19. Jahrhundert (1813–1830), Köln 1998 (Kölner Beiträge zur Nationsforschung 4), S. 431–435; Karen Hagemann, „Mannlicher Muth und Teutsche Ehre". Nation, Militär und Geschlecht zur Zeit der Antinapoleonischen Kriege Preußens, Paderborn u. a. 2002 (Krieg in der Geschichte 8), S. 383–393.

36 Vgl. Victoria, Z. 663–667, FBA 13,3, S. 50. Zur Verbindung von allegorischen und historischen Figuren, die in der bildenden Kunst erst seit dem frühen 19. Jahrhundert als problematisch empfunden wurde, vgl. Monika Wagner, Allegorie und Geschichte. Ausstattungsprogramme öffentlicher Gebäude des 19. Jahrhunderts in Deutschland von der Cornelius-Schule zur Malerei der Wilhelminischen Ära, Tübingen 1989 (Tübinger Studien zur Archäologie und Kunstgeschichte 9).

37 FBA 15,4, S. 48.

38 FBA 33, S. 70f. ThZ 6. Jg., Nr. 120, 7.10.1813, S. 468–469. DrB 1. Jg., Nr. 15, 15.10.1813, S. 59. Rommel, S. 669, 1033. Goedeke 11,1, 1953, S. 113. Bauer/Kropatschek, S. 231. Grus, S. 132.

> spiele. Weiter verrichtet ein Verliebter aus Liebe Heldenthaten, die er fürs Vaterland unterließ. (…) Weiter werden die preussischen Waffen in diesem Schauspiel nicht nur nicht *(!)* erwähnt, sondern dem König von Preußen wird neben Sr Majestät *( ) (bricht ab)*

Unschwer lassen sich hier einige Gestalten und Züge des Victoria-Dramas erkennen, die verletzten Soldaten des ersten Akts, der Schulmeister und die „Theaterkarikatur" des Lippel, die Liebesgeschichte von Friedrich und Anne, die nicht ausschließlich an Österreich orientierte politische Tendenz. Dabei handelt es sich um recht allgemeine Züge, die so oder ähnlich in zahlreichen anderen patriotischen Werken dieser Zeit ebenfalls vorkommen. Von einer direkten Anregung durch Gleich braucht nicht ausgegangen zu werden, obwohl Brentano eine Aufführung des Stücks besucht haben wird. Da der Briefentwurf vor der Behandlung weiterer Stücke, die noch besprochen werden sollten, abbricht, sollte darauf auch kein zu großes Gewicht gelegt werden.

Bereits von Beginn an waren für das Drama zahlreiche Lieder geplant. Schon die erste Notiz nennt:

> Moreaus Tod *(sc. „Nach dem ernsten Nachtgesichte…")*. Körners Tod *(„Ich weiß es wohl, du hast um mich geweint…")*, Sturmlied *(„Auf ihr Brüder!...), (...)* Werber Tanz – Kosacken Tanz – Ungrischer Tanz – Hanackischer Tanz – Spanischer Fadango – (…) Trinklied vor der Schlacht *(„Auf mit Gott zum Kampf ihr Brüder…")*.

Die zweite, ebenfalls vor der Niederschrift der frühen Fassung entstandene Notiz führt als vorgesehene Titel auf:

> Dancklied an Franz *(sc. „Wir danken dir, o Vater Franz!")*. Trinklied – *(...)* Preusenlied *(„Der Herr hat einen Kampf bestellt…") (...)* Te Deum. – Gesänge. Sturmmarsch – Tirolerlied *(„Treibt mit der Ofengabel…")*. – Husarenlied *(„Ah bassa manelki teremtete"[39])* Uhlanenlied – Bootmannslied *(„Hamburg o Hamburg!")*. Sollst mirs nit in Übel aufnehma. Engländer Rule *(„Rule Britannia…")*. – Dancklied an Franz *(„Wir danken dir, o Vater Franz!")* – Siegs und Hochzeitslied.

Abgesehen von den bereits in den ersten Wochen des Wiener Aufenthaltes entstandenen „Nach dem ernsten Nachtgesichte…" und „Hamburg o Hamburg!" sowie vielleicht auch „Treibt mit der Ofengabel…" – die schließlich in keine der beiden erhaltenen Fassungen aufgenommen wurden –, sind die Lieder ausweislich der handschriftlichen Überlieferung erst parallel zu oder kurz vor oder nach der frühesten Fassung entstanden.[40] Die „mannichfaltige(n) recht gelungene(n) Kriegslieder", von denen Brentano im

[39] Zu dem ungarischen Fluch „Ah bassa manelki teremete" vgl. neben Kleists *Anekdote aus dem letzten preußischen Krieg* (vgl. W 1, S. 1102; FBA 15,4, S. 137) auch Hoffmann, Nußknacker und Mausekönig, SW 3, S. 234. Siehe auch Albertsen (Anm. VI,220), S. 186.

[40] Auf Hs. M 10 findet sich der Entwurf zu „Mußt ma nit in Übel aufnehma"; auf M 6 ein Entwurf zu *Östreichs Adlergejauchze und Wappengruß* und Entwürfe zu *Theodor Körner an Viktoria* und zu „Ein kühler Wind aus Orient…"; auf M 3 ein Entwurf zu „Der Herr hat einen Kampf bestellt…"; auf M 4 Entwürfe zu „Wir danken dir, o Vater Franz!", „Auf mit Gott zum Kampf ihr Brüder…", „Wer den Krieg will soll ihn haben…" und zu dem schließlich nicht verwerteten, aber für das Festspiel gedachten „Nun dran und drauf…". Vgl. FBA 15,4, S. 41f.

August 1813 spricht, stehen also nur in den Notizen noch in einem engeren Zusammenhang mit dem Stück, das nicht einfach als Sammelbecken für aus Zensurgründen nicht anderweitig publizierbare patriotische Lyrik angesehen werden sollte.[41] Die Zensur wurde gemäß der lange Zeit maßgeblichen Denkschrift von Franz Carl Hägelin aus dem Jahr 1795 für das Theater noch weit strenger gehandhabt als für im Druck erscheinende Publikationen.[42] Soweit ersichtlich sind sämtliche Gedichte aus dem Umkreis des Victoria-Dramas – abgesehen von den Widmungsgedichten an Görres und Schinkel sowie von den Gedichtreinschriften, die Brentano später in Berlin anlegte – in Wien entstanden. Die anderslautenden Behauptungen in Arnims Rezension der Buchausgabe lassen sich nicht bestätigen.[43] Bei den Gedichten, die in den Notizen und in der frühen Fassung nicht erwähnt werden und die nur in der Buchfassung überliefert sind, lassen sich hier keine sicheren Aussagen machen. Es handelt sich aber auch nur um das Lied der Deutschen Legion (Viktoria, v. 2536–2548) sowie das Lied „Es leben die Soldaten…“, das wie viele von Brentanos Wiener Liedern an eine volksläufige Vorlage anknüpft, und zwar an Schillers *Reiterlied*, vermutlich in einer auf einem Flugblatt überlieferten Fassung.[44] Beide legen eine Datierung in die Berliner Zeit nicht nahe. Gut möglich ist aber, dass die Lieder der Waisenkinder, die im 19. Jahrhundert von katholischen Autoren besonders gern zitiert wurden, erst im Jahr 1815 entstanden sind.[45]

In der Buchfassung, schwerlich bereits in einer früheren, für die Bühne bestimmten Version, lässt Brentano die Dramenfiguren kritische Äußerungen über die aktuellen patriotischen Dichtungen von sich geben, die „neumodischen Kriegslieder“, denen das wahrhaftige Gefühl abzusprechen sei. Besonders gegen Schillers *Reiterlied* ereifert sich einer seiner Protagonisten, da es in seiner Darstellung des Soldatenlebens so wenig an das vaterländische Gefühl gebunden sei, dass es sich für jederlei soldatisches Unter-

41 So aber Caroline Pross, FBA 15,4, S. 35.

42 Hägelin, [Denkschrift über die Theaterzensur, 1795,] in: Glossy, Zur Geschichte der Wiener Theatercensur (Anm. V,72), S. 298–340, dort S. 301f. Siehe auch Sashegyi, Zensur und Geistesfreiheit unter Joseph II. (Anm. V,61), S. 215ff.

43 Arnim, Rezension von: Viktoria und ihre Geschwister (…), in: Der Gesellschafter oder Blätter für Geist und Herz 1. Jg., Nr. 161, 1.10.1817, S. 644 = WW 6, S. 571–572, dort S. 571 = FBA 15,4, S. 37. Dass einige der Liedeinlagen erst in Berlin entstanden seien, glaubt Frühwald, Das Spätwerk Clemens Brentanos (Anm. V,150), S. 107ff. und W 1, S. 1119. Gerade das *Lied beim Charpiezupfen*, das Frühwald mit Bestimmtheit der Berliner Zeit zuweist, ist bereits im vollen Wortlaut in der Handschrift der ersten Fassung enthalten.

44 Vgl. Karl Bode, Die Bearbeitung der Vorlagen in Des Knaben Wunderhorn, Berlin 1909 (Palaestra 76), S. 328, Anm. – In der fünften Strophe werden Verse aus dem Wunderhornlied *Husarenglaube* verwendet (Viktoria, v. 1558–1560, FBA 13,3, S. 173; FBA 6, S. 40; Arnim, Die Appelmänner, WAA 13, S. 299). Brentano zitiert sie auch in der Berliner Rezension *Über das moderne Theaterwesen im größten Theile von Europa, vielleicht überall* (W 2, S. 1132; vgl. Heinz Rölleke, FBA 9,1, S. 123) und in dem späten Gedicht „Zum Hassen oder Lieben…“ in Carl Künzels Stammbuch, November 1838 (Hinweis von Cornelia Ilbrig).

45 v. 2469–2480, 2529–2535, 3425–3431. Vgl. Pross, FBA 15,4, S. 34. Zu den Zitaten: Görres, Märchen 1, S. XII; Diel/Kreiten 1, S. 403f. und danach vielfach in der Brentano-Literatur des 19. Jahrhunderts. Vgl. Reder, Frauenbewegung und Nation (Anm. VI,35), S. 434 und 206ff.

nehmen zur Anfeuerung eigne, sogar zum Kampf Deutscher gegen Deutsche.[46] Brentano übernimmt hier – wie auch Eichendorff in *Ahnung und Gegenwart* – die Kritik, die Arnim in seiner Novellensammlung *Wintergarten* (1809) und später in *Seltsames Begegnen und Wiedersehen* (1817) geübt hat.[47] Arnim hatte sich 1806 selbst noch an der Glorifizierung von Krieg und Heldentod beteiligt, sich in den folgenden Jahren aber sowohl in seinen brieflichen und öffentlichen Äußerungen wie auch in der Lyrik zurückgehalten.[48] Für Robert Arnold sind die Urteile aus dem Mund von Brentanos Dramenfiguren eine „absurde Kritik der Kriegslyrik von 1813", „deren Durchschnitt Br⟨entano⟩ jedenfalls nicht übertrifft".[49] In dem fraglichen Punkt, der gegen Schiller sprechen soll, ist es zumindest aus Arnims Perspektive um Brentanos eigene Produktionen kaum besser bestellt. Brentano übernimmt die Kritik am mangelnden patriotischen Gehalt des Reiterlieds, ignoriert aber Arnims allgemeine Bedenken gegen die verharmlosende Darstellung des Krieges, die Scharen junger Menschen in den Tod geführt habe. Wenn diese Wirkungsgeschichte den Gedichten Brentanos nicht zuteil wurde, dann deswegen, weil sie zum einen nicht rechtzeitig veröffentlicht wurden, zum anderen weil sie einfach nicht die literarische Qualität von Schillers Lied haben.[50] Immerhin hat das schon von Ernst Ludwig von Gerlach hervorgehobene *Sturmlied* mit seinen blutrünstigen – nur in der Übersteigerung der Bildersprache, nicht in der Bildfindung originellen – Reimen eine gewisse literaturhistorische Berühmtheit erlangt, die beinahe an Kleists *Germania*-Ode heranreicht. Nach einer vielzitierten Bemerkung von Karl Barthel galt es als die „fulminanteste patriotische Dichtung jener ganzen Zeit" und wurde in den meisten älteren Literaturgeschichten des 19. Jahrhunderts, die alle voneinander abschreiben, mit erkennbarer Vorliebe als angeblich charakteristisches Beispiel für die Lyrik der Befreiungskriege angeführt, während es in genauer Umkehrung der Wertmaßstäbe in neueren Veröffentlichungen ebenso gerne verurteilt wird.[51] Auf einer Wiener Bühne hätte das Lied – neben mehreren anderen – schwerlich gesungen werden dürfen, schon das Wort

46 Viktoria, S. 69f. FBA 13,3, S. 149f.

47 Arnim, Der Wintergarten (1809), WW 3, S. 202f. (Der tolle Invalide auf dem Fort Ratonneau; das Zitat auf S. 203). Ders., Seltsames Begegnen und Wiedersehen (1817), ebd., S. 957, vgl. ebd., S. 1140f. Eichendorff, Ahnung und Gegenwart III,18 (1816), ^{2}HKA 3, S. 235f.

48 Portmann-Tinguely, Romantik und Krieg (Anm. III,159), S. 202f., 223f.

49 Arnold, S. 283.

50 Vgl. Adam, Die vaterländische Lyrik (Anm. II,62), S. 129f.; Sprengel, Die inszenierte Nation (Anm. V,104), S. 46; Schenda, Volk ohne Buch (Anm. V,248), S. 376. Zur politischen Profillosigkeit von Brentanos Kriegslyrik: Wohlfeil, Spanien und die deutsche Erhebung (Anm. II,94), S. 230f. Einseitig moralisierend urteilt Puschner, Antisemitismus im Kontext der politischen Romantik (Anm. II,89), S. 419–424.

51 Schoeps, S. 209 (7.1.1817). Karl Barthel's Vorlesungen über die deutsche Nationallitteratur, 9. bearb. Aufl. begonnen von Emil Barthel, fortgesetzt und bis auf die Gegenwart geführt von Georg Reinhard Röpe, Gütersloh 1879, S. 133 (Zitat). Eberhard Lämmert, Die vaterländische Lyrik und Goethes Westöstlicher Divan (1975), in: ders., Respekt vor den Poeten. Studien zum Status des freien Schriftstellers, Göttingen 2009 (Manhattan Manuscripts 1), S. 80–95, dort S. 84f. Puschner, Antisemitismus im Kontext der politischen Romantik (Anm. II,89), S. 424. U. a. m. Treffend dagegen Schulz 2, S. 64.

„Freiheit“ war dort nicht gelitten.[52] Brentano selbst scheint dieses Gedicht geschätzt und auch in späterer Zeit noch vorgelesen zu haben, denn Emma von Suckows Charakteristik „prächtig und schäumend“ dürfte wohl nur auf das *Sturmlied* zutreffen.[53] – Arnim hatte noch weitere Bedenken gegen Brentanos patriotische Gedichte. Er warf ihnen vor, sie seien „nicht ehrlich“. Brentano verteidigte sich dagegen mit dem (sachlich zutreffenden) Argument, die meisten von ihnen seien „beinah wörtlich nach Volkssagen“ verfasst. Das Lob der alten Kriegsgesänge ist es ja, das in der *Viktoria* den Anlass zur Verurteilung der „neumodischen Kriegslieder“ gibt.[54] Aber die von Arnim konstatierte Unehrlichkeit hängt mit dem unter anderen auch von Ernst Weber bemerkten primär literarischen Charakter der Gedichte zusammen, und dagegen verschlug auch die Berufung auf Vorlagen nichts.[55]

Das gemeinsame Singen der Lieder, die Anne von Friedrich erhalten und im Lager an ihre Kunden verteilt hat, steht für den Geist und den Enthusiasmus, für die das Drama als ganzes wirbt. Der Gesang stellt mit der Gemeinschaft der begeistert Singenden jene festliche Verbundenheit unter den Personen des Dramas und jenen Kampfesmut her, welche den für die Erringung des Sieges nötigen Zusammenhalt und die dafür erforderliche Opferbereitschaft schaffen. Die Vergemeinschaftung im Singen dient so zugleich als Modell für die Herstellung einer familialen Beziehungsform des gesamten politischen Verbandes. Anders als behauptet wurde,[56] kann dem Gesang diese Rolle im Drama aber nicht einfach auf der Ebene des pragmatischen Zusammenhanges der Dramenhandlung zugewiesen werden, wie wenn die singenden Protagonisten des Dramas Barden aus Klopstocks Hermann-Dramen wären. Die Figuren des Dramas befinden sich von Beginn an in freudiger Siegesstimmung und stehen bereits im Bewusstsein der so lange schmerzlich vermissten, nun aber endlich erfahrenen Einheit. Genau deshalb hat das Stück statt einer fortschreitenden, in klare Schritte von der Dissoziation zur Vergemeinschaftung führenden Handlung eine stationäre Prozessform, bei der immer schon alle Probleme so gut wie gelöst sind. Das Publikum soll gar nicht erst durch die Schürzung und Lösung überflüssiger Konflikte aus der patriotischen Feierstimmung

52 Hägelin, Denkschrift über die Theaterzensur (Anm. VI,42), S. 328f.

53 Niendorf, S. 18. Man könnte allenfalls auch an das *Lied beim Charpiezupfen* denken.

54 Brentano an Arnim, Berlin 14.8.1815, FBA 33, S. 164. Zu den an der zitierten Stelle (Viktoria, S. 69, FBA 13,3, S. 149f.) genannten alten Kriegsliedern: Bode, Die Bearbeitung der Vorlagen in Des Knaben Wunderhorn (Anm. VI,44), S. 794 (Register, s. v. Victoria); Pravida, FBA 15,4, S. 142. Siehe auch Caroline Pross, Texte in Bewegung. Typologien intertextuellen Schreibens in der Romantik: Clemens Brentano, Wien 1813/14, in: Gabe, Tausch, Verwandlung. Übertragungsökonomien im Werk Clemens Brentanos, hrsg. von Ulrike Landfester und Ralf Simon, Würzburg 2009, S. 109–126, wo aber die Hinweise zu Brentanos Vorlagen bei Bode und in Röllekes Wunderhorn-Kommentar nicht ausgeschöpft sind.

55 Vgl. Weber, Die nationale Idee in der Zeit der Romantik (Anm. V,93), S. 79–82 mit einigen treffenden Bemerkungen, aber auch verständnislosen Reduktionen der durch die Entstehungsumstände bedingten inhaltlichen Eigenheiten einiger Gedichte auf die vermeintlichen politischen und poetologischen Einstellungen ihres Verfassers. Richtig gesehen ist jedoch der große Abstand, der Brentano vom gewöhnlichen Patriotismus der Befreiungskriege trennt.

56 Pross, Kunstfeste (Anm. II,97), S. 272–274.

gebracht werden, die das Stück von Anfang an verbreiten soll und mit der die – wenn man so sagen darf – impliziten Besucher schon ins Theater gekommen sein sollten. Die Herstellung der Gemeinsamkeit wird also im Drama auf der Handlungsebene nicht direkt zum Thema, sie wird durch gemeinsames Singen nur noch bekräftigt. Dass der Weg vom beinahe schon errungenen Siegeszustand zum endlichen Sieg schlimm genug war (und dass die Leipziger Schlacht ein Gemetzel war, dürfte allen Zeitgenossen bewusst gewesen sein), kann durch wohlklingende blutrünstige Lieder und verschwommene Allegorien des heroischen Selbstopfers angedeutet werden. Auf der Handlungsebene bleibt allenfalls die Mauerschau, eine zu verbindende Kopfwunde und ein blessierter Arm.

Die erste Fassung

Die Niederschrift auf H^1, bei welcher es sich überhaupt um die erste handeln wird, setzt auf Handschrift BJ 6 mitten im Text ein, wird auf BJ 4 fortgesetzt und bricht auf BJ 7 am Ende des ersten Aktes mitten im Satz ab (es liegt kein Textverlust vor), um auf BJ 3 mit dem zweiten Akt fortzufahren, der dann ebenfalls abbricht, wobei der Text auf der vierten Seite des Doppelblattes bis knapp zum Ende der rechten Spalte läuft. Es ist nicht eindeutig, ob am Beginn und am Schluss Blätter verlorengingen oder ob der Text in dieser fragmentarischen Form niedergeschrieben wurde. Brentano schrieb selbst an Smitmer, er habe Pálffy den Text „in der grösten Abgerissenheit“ vorgetragen,[57] was aber nicht notwendig auf einen gleichartigen Zustand der ersten Niederschrift schließen lässt. Und vergleichbare Fälle dürfte es bei Brentano sonst kaum geben. Andererseits deuten die Notizen deutlich darauf hin, dass der Beginn des ersten Aktes und der Dramenschluss noch nicht endgültig konzipiert waren, als H^1 entstand. Die Entstehung des Werks noch vor dem Anlass, zu dessen Feier es bestimmt war, macht eine so ungewöhnliche Entstehungsweise denkbar, die nicht vom Beginn des Stückes ausging und kontinuierlich bis zum Ende fortschritt. Für die Lagerszenen und die Handlung der komischen Person waren die aktuellsten tageshistorischen Ereignisse ohne großen Belang, und sie konnten auch unabhängig von der allegorisch-zeitpolitischen Konzeption und der Haupthandlung ausgearbeitet werden, für deren Gestaltung und politische Implikationen Brentano sich zudem mit dem Theaterleiter und mit der Zensur abstimmen musste. Der eigenartig bruchstückhafte Charakter von H^1 ist daher aus den Entstehungsumständen erklärbar, überlieferungsgeschichtliche Zufälle müssen nicht bemüht werden. Dafür spricht auch, dass der Text auf Hs. BJ 6 nicht, wie bei fortlaufenden Niederschriften gewöhnlich, in der linken Spalte einsetzt, sondern in der rechten, nach Zeile 28 in die linke Spalte wechselt und dort bis zum Seitenende läuft, um dann wieder in die rechte Spalte zu wechseln.[58] Solche irregulären Beschriftungsfolgen kommen in Brentanos Handschriften öfter vor, vor allem bei der Niederschrift von Textblöcken, die nicht notwendig in der Reihenfolge erfolgen muss, die ihnen im Werktext zukommt.

[57] FBA 33, S. 89.
[58] Vgl. FBA 15,4, S. 40.

Eine ähnliche und sogar noch viel ausgeprägtere nichtlineare Textgenese findet sich auch bei der zweiten Fassung von *Östreichs Muth, Sieg und Hofnung* und bereits in den Entwürfen zur *Erfindung des Rosenkranzes*.[59] Aber selbst wenn das Drama in dieser Weise entstand, was unabhängig vom archivalischen und handschriftlichen Befund wahrscheinlich ist, könnten immer noch ein oder mehrere Blätter am Schluss verloren gegangen sein. – Die fünfundzwanzig Seiten der ersten Fassung H^1 enthalten im wesentlichen die Soldaten- und Hanackszenen des ersten Aktes sowie die Gespräche zwischen Anne und der Marketenderin und mit Friedrich zu Beginn des zweiten Akts.[60] Die Soldatenszenen schildern das fröhliche Treiben und die gemütliche Brutalität in der Hochstimmung nach den ersten Siegen. Es ist keineswegs zutreffend, die Soldatenszenen des ersten Aktes als von Demoralisierung und Vereinzelung geprägt anzusehen, von einer „lähmende(n) Dissoziation des sozialen Verbandes“ kann keine Rede sein.[61] Diese werden von den auftretenden Figuren vielmehr als Erscheinungen der Vergangenheit vor dem Beginn des gemeinsamen Kampfes gegen Napoleon angesprochen.

Die einzigen datierbaren historischen Ereignisse in den Notizen und in der frühen Fassung sind Scharnhorsts Tod im Juni 1813, Körners Tod am 26. August 1813, die Schlacht am Kulm am 30. August, bei der General Osterman den Oberbefehl über die alliierten Truppen innehatte (hierauf bezieht sich der erwähnte „Ostermannsche Grenadier“ in Notiz 1) und bei der sich ein Colloredo – wohl Hieronymus Graf von Colloredo-Mansfeld – auszeichnete (wovon einer seiner Korporale in *Victoria*, Zeilen 72–85 berichtet)[62], sowie Moreaus Tod nach der Schlacht bei Dresden Anfang September 1813. Es spräche nichts gegen die Annahme, dass die frühe Fassung noch im September 1813 entstanden sein könnte. Da Körners Tod in Wien nicht sogleich bekannt geworden zu sein scheint, ist eine Entstehung gegen Ende des Monats oder zu Anfang Oktober wahrscheinlicher.[63] Das Fehlen späterer Ereignisse spricht gegen eine Datierung allzu

59 Pravida, Die Erfindung des Rosenkranzes (Anm. I,22), S. 94f. FBA 11,1, S. 361f.

60 FBA 13,3, S. 11–69.

61 So aber Pross, Kunstfeste (Anm. II,97), S. 256f. und 263 (Zitat).

62 Vgl. Wilhelm von Janko, in: ADB 4, 1876, S. 417–419, dort S. 418: „Im Feldzuge von 1812 brach C. zuerst in Sachsen ein, nahm bei Dresden trotz des erbittertsten Widerstandes die starkbefestigte und vertheidigte Schanze an der Dippoldiswaldaer Straße, wo ihm drei Pferde unter dem Leibe getödtet wurden, und führte sodann seine Division nach Kulm, woselbst er im entscheidenden Augenblicke des 30. August den Befehl des rechten Flügels der verbündeten Truppen übernahm. Nachdem er von der Strifowitzer Höhe aus das feindliche Fußvolk mit dem Bajonette zurückgetrieben hatte, warf er sich auf den Geschützpark bei Kulm, eroberte denselben und fiel sodann mit größter Raschheit in die linke Flanke der Franzosen, nahm das hartnäckig vertheidigte Dorf Arbesau und wollendete dadurch die Umzingelung und Entwaffnung des Feindes.“ Die im Drama berichtete Verkleidung Colloredos als einfacher Soldat wird in den Quellen aber nicht berichtet; womöglich handelt es sich um tralatizisches Gut. Vgl. FBA 15,4, S. 98.

63 DrB 1. Jg., Nr. 7, 27.9.1813, S. 28 (Todesnachricht). Eine Notiz, die das Datum des Todestages berichtigt, findet sich in Nr. 28/29, 15.11.1813, S. 115, samt Abdruck des *Schwertliedes*, ebd., S. 115f. Dass die Legendenbildung um Körner sehr schnell einsetzte, zeigt sich an der Rezension von *Leyer und Schwert* im 2. Jg., Nr. 26, 3.3.1814, S. 101–103. Zum Körner-Kult

weit im Oktober. Zwar ist auf Papier derselben Sorte auf Handschrift M 6 auch der Entwurf zu dem Gedicht „Nun jauchze mein Österreich…“ überliefert. Die Erwähnung Bayerns, Württembergs und Badens als deutscher Staaten im Erstdruck setzt das Ende des Rheinbunds und mithin die Leipziger Schlacht voraus, doch finden sich diese Bezüge in dem Gedichtentwurf noch nicht. Die erhaltene frühe Fassung des Victoria-Dramas weist keine direkten Bezüge zum *Östreichischen Feldlager* auf, doch könnte die grundlegende Ähnlichkeit der beiden Werke trotzdem dafür sprechen, dass Brentanos frühe Fassung in Kenntnis dieses Stücks geschrieben worden ist. Selbst eine Kenntnis vom Hörensagen reichte vollkommen aus. Damit wäre das Datum der Erstaufführung, der 4. Oktober, ein denkbarer Terminus post quem. Auch diese Annahme würde die rekonstruierbare Entstehungschronologie noch nicht sprengen.

In der ersten Fassung fehlen noch die allegorischen Szenenanfänge des ersten und zweiten Aktes mit Curtius und Gloria, sowie im ersten Akt die Dialoge zwischen Anne, der Marketenderin und Friedrich/Siegmuth. Weitere Dispositionen zum szenischen Aufbau des noch auf drei Akte angelegten Stückes finden sich in Notiz 2: Der erste Akt enthielt die „Ausstellung des Mädels“ und die Szenen im Soldatenlager, der zweite die Begegnung von Friedrich mit dem „Mädel“, der dritte sollte der „Braut“ gewidmet sein, also dem Sieg. Die Beschränkung auf zwei Akte ist in der – auf derselben Seite stehenden, aber etwas später anzusetzenden – Notiz 3 vorgesehen. Zum zweiten Akt heißt es dort:[64]

2ter Akt.
Anne läuft in die Schlacht in Kosacken Tracht.
Kosack bringt das Pferd, er habe diesem jungen Kosacken alles zu dancken, und Friedrich auch
Ungemeine Trauer, ihm gehöre die Braut,
die Braut wird vermißt; der Kosack will sie holen, sie kehrt wieder als Viktoria.
Leichenmarsch –
sie deklamirt den Curtius.
Siegesmärsche. –

Die in den Entwürfen nicht enthaltenen Szenen – auch die mit dem Hinkenden Boten, der bereits in den Notizen 1 und 2 genannt wird – waren also schon so ähnlich geplant, wie sie schließlich in der Buchausgabe stehen. Auch die Bezugnahme auf das Curtius-Exempel gibt es schon in Notiz 3. Da Curtius in erster Linie für die religiös motivierte Selbstaufopferung für das Vaterland steht und er erst in zweiter Linie der Vater der vier Geschwister ist, konnte er auch ohne eine detaillierte Vorgeschichte in das Drama ein-

vgl. u. a. Ernst Weber, Der Krieg und die Poeten. Theodor Körners Kriegsdichtung und ihre Rezeption im Kontext des reformpolitischen Bellizismus der Befreiungskriegslyrik, in: Die Wiedergeburt des Krieges aus dem Geist der Revolution. Studien zum bellizistischen Diskurs des ausgehenden 18. und beginnenden 19. Jahrhunderts, hrsg. von Johannes Kunisch und Herfried Münkler, Berlin 1999 (Beiträge zur politischen Wissenschaft 110), S. 285–326; Hagemann, Nation, Militär und Geschlecht (Anm. VI,35), S. 331–340.

64 FBA 15,4, S. 52.

geführt werden. Das Motiv der getrennten Geschwister tritt zuerst auf in Notiz 4 am Ende des ersten Aktes der frühen Fassung – welcher mitten im Satz abbricht, nicht etwa nachträglich durch Textverlust fragmentiert wurde. Diese Notiz disponiert den weiteren Verlauf der Handlung und dürfte erst nach der Niederschrift des gesamten erhaltenen Textes der frühen Fassung geschrieben worden sein:[65]

> Am Ende des Ehrsten Akts. –
> Die Gloria muß die Kinder früher empfangen vom Hinckend Bot. –
> Landwehrist ist der vierte Sohn, er kömmt mit dem Vater, sie erkennen sich alle, die Mutter umarmt sie
>
> Vater giebt ihr ein Schwerd,
> Freiwillige liebt den Landwehristen
> Nannerl Liebt den Freiwilligen. Nannerl

Die Verbindung der Victoria-Allegorie mit dem Motiv der getrennten Geschwister, die nunmehr als Eifer, Mut, Gewalt und Sieg figurieren, kommt erstmals auf einem Blatt mit einem Entwurf zum Titelkupfer (FDH 7718,5) und im Entwurf zum Schluss des Dramas vor (H^6).[66] Die Zeichnung steht auf österreichischem Papier, könnte aber auch erst später entstanden sein als die übrigen Texte auf dem Einzelblatt. Da die Konzeption des Werkes es erforderlich macht, dass auch die Geschwister der Anne Victoria Allegorien sind und da die vier Abstrakta auch in dem Deklamatorium *Östreichs Muth, Sieg und Hofnung* eine zentrale Rolle spielen, spricht vieles dafür, dass Eifer, Mut, Gewalt und Sieg bereits in der Wiener Zeit vorgesehen waren.[67] Die unsichere Zuordnung von H^6 verbietet es aber, weiter reichende Schlüsse zu ziehen (weiter dazu unten).

Noch kaum eine Spur findet sich in den ersten Entwürfen von der in der Buchfassung stark ausgeprägten Nachahmung des niederösterreichischen Dialekts (oder was Brentano dafür hielt) in den Soldaten- und vor allem in den Lippelszenen.[68] Für diesen Kunstdialekt ist charakteristisch, dass er aus sehr wenigen immer wieder gebrauchten Worten besteht, die sich fast ausnahmslos auf ein einziges zeitgenössische Idiotikon zurückführen lassen. (Aber immerhin verweist der junge Gelehrte Julius Maximilian Schottky, der selbst aus Oberschlesien stammte, im Jahr 1818 in einem Beitrag zu den Wiener *Jahrbüchern für Literatur* auf die *Viktoria* als auf eine Quelle für Dialektlexikographen.[69]) Da eine solche Sprache in einer Wiener Bühnenfassung kaum vorstellbar ist,

65 Ebd., S. 53.

66 Ebd., S. 453, Abb. 1 und S. 86–89. Siehe unten, S. 268, Abb. 3.

67 Vgl. Östreichs Muth, Sieg und Hofnung, 1. Fassung, v. 738f., FBA 13,3, S. 393.

68 Zu Brentanos Vorliebe für Mundarten: Bode, Die Bearbeitung der Vorlagen in Des Knaben Wunderhorn (Anm. VI,44), S. 251–253. Vgl. Brentano, Besprechung von: Das Räthsel, der Verräther, die Proberollen. Aufgeführt im Theater nächst der Burg, in: DrB 2. Jg., Nr. 18–19, 11.–14.2.1814, S. 70–72, 73–75, dort S. 74, W 2, S. 1113–1119, dort S. 1118.

69 Julius Maximilian Schottky, Österreichs deutsche Mundarten. Einige Andeutungen, in: WJbb 4 (1818), Anzeige-Blatt, Nr. IV, S. 31–40, dort S. 37. Zu Schottky: Anton Schlossar, in: ADB 32, 1891, S. 418f. Karl M. Klier, Zur Biographie J. M. Schottkys, in: DVl 27 (1925), S. 9–11. Wagner, Zeugnisse der Briefbekanntschaft zwischen Schottky und Grimm (Anm. III,228).

dürfte das Drama erst in der Buchfassung in größerem Maß mit dialektalen Wörtern angereichert worden sein. Immerhin war auch in Schriften österreichischer Autoren die Verwendung eines stilisierten Dialekts und makkaronischer Sprachmischung üblich.[70] Brentano erhielt die Anregung dazu aus dem seinerzeit sehr bekannten und vielfach in Musik gesetzten Gassenhauer „Müßts mas nit in Übel aufnehma...“, dessen erster bekannter Druck aus dem Jahr 1810 stammt.[71] Die Bearbeitung, die der Vorlage bei aller politischen Umdeutung sehr eng folgt, ist bereits in den ersten Notizen verzeichnet und wurde schließlich auch in der Buchfassung in einem Anhang wiedergegeben.[72] Zwischen dem dialektalen Vokabular des Lieds und dem des Dramas bestehen viele Übereinstimmungen. Hofmannsthal hat sich für einige Szenen des *Rosenkavalier* dann an der Kunstsprache von Brentanos *Viktoria* orientiert. Zusammen mit Wilhelm Lehmanns Eintreten für das Drama sollte dies zumindest voreiligen ästhetischen Verurteilungen Einhalt gebieten.[73]

[70] Bodi, Tauwetter in Wien (Anm. III,33), S. 150. Siehe auch: Krista Zeeh, Die Wiener Mundart bei Ferdinand Raimund, Diss. (masch.) Wien 1965. Richard Reutner, Der Mundartwortschatz in den gedruckten Volksstücken Karl Meisls. Ein Beitrag zur lexikalischen Erforschung des Altwienerischen, in: Sprachnormung und Sprachplanung. Festschrift für Otto Back zum 70. Geburtstag, hrsg. von Heiner Eichner, Peter Ernst, Sergios Katsikas, Wien 1996, S. 65–136. Ders., Lexikalische Studien zum Dialekt im Wiener Volksstück vor Nestroy. Mit einer Edition von Bäuerles *Die Fremden in Wien*, Bern u. a. 1998 (Schriften zur deutschen Sprache in Österreich 25).

[71] Zwey schöne Neue Lieder. Der Birkenhain. Erster Theil. Müßts ma nix in Übel aufnahma (...). – Zweyter Theil. Müßts mas nit in übel aufnehma. (...) Wien, zu finden bey Ignaz Eder, Kupferstichhändler, auf den oberen Jesuiterplatzel oder sogenannten Schulhof. – Exemplare besitzt die Wienbibliothek im Rathaus (Stadt- und Landesbibliothek Wien), Signatur A 21961. Der bei Bode, Die Bearbeitung der Vorlagen in Des Knaben Wunderhorn (Anm. VI,44), S. 328, Anm. 1 nachgewiesene Druck (Staatsbibliothek zu Berlin – Sammlung Preußischer Kulturbesitz, Signatur Yd 7910,47) ist ein Kriegsverlust. Siehe auch: Auswahl der schönsten Lieder und Gesänge für fröhliche Gesellschaften, nebst einem Anhang der auf allen Universitäten Deutschlands üblichen Commerce-Lieder, gesammelt und hrsg. von J[ohann] M[ichael] Bauer. Zweyte viel vermehrte, und mit Gesängen für den 18ten October versehene Auflage, Nürnberg 1815, S. 28–33. Das Deutsche Volksliedarchiv, Freiburg i. Br. weist zahlreiche Varianten des Liedes nach, keines mit politischer Tendenz. Zahlreiche Nachweise gibt der Verbundkatalog der Volksliedarchive in Österreich und Südtirol (normierter Liedanfang: „Mußt es mir nicht in Übel aufnehmen...“). Vgl. Emil Karl Blümml und Gustav Gugitz, Altwienerisches, Wien u. a. 1920, S. 83 mit weiteren Literaturhinweisen auf S. 424, Anm. 46–48; Karl Klier, Über drei Kunstlieder unbekannter Verfasser im Volksmund, in: JbVF 3 (1930), S. 161–164, dort S. 162f. (dort auch zur Melodie); ders., Einige Wiener Drucker von Flugblättern 1780–1888 (1. Teil), in: JbÖVw 2 (1953), S. 14–38, dort S. 25.

[72] Viktoria, S. 211–215. FBA 13,3, S. 286–289.

[73] Zu Hofmannsthal vgl. Pravida, Die Erfindung des Rosenkranzes (Anm. I,22), S. 392. Wilhelm Lehmann, Clemens Brentano, in: ders., Gesammelte Werke in acht Bänden, Bd. 6: Essays I, hrsg. von Wolfgang W. Menzel, Stuttgart 2006, S. 13–46, dort S. 40. – Das allgemeine Urteil über *Viktoria und ihre Geschwister* ist ungünstig: Stramberg II,1, 1845, S. 145: „Ein offenbar mißlungenes Werk“. Guignard, Un poète romantique allemand (Anm. III,220), S. 337ff.

Die Entwürfe zur Pálffy-Fassung

Für Pálffy hat Brentano eine vollständige reinschriftliche und bereits für den Druck geeignete Fassung angefertigt, die er in seinem Schreiben gegen Ende November 1813 zurückforderte und auf die er in einem Briefentwurf vom 22. Januar 1814 noch einmal zu sprechen kommt, von der aber keine handschriftlichen Spuren erhalten geblieben sind. Die Entwürfe H^2, H^3, H^4 und H^5 – auf Wiener Papier, das Brentano nachweislich im Oktober 1813 benutzt hat – sind Vorstufen dieser ersten vollständigen Fassung.[74] (Auf dem Überlieferungsträger von H^4 findet sich auch ein Briefentwurf, der nach dem 4. Oktober entstanden ist.[75]) An der Konkordanz der frühen Fassung, der Entwürfe und der Buchfassung in Tabelle 3 (am Ende des Kapitels, Seite 265–267) lässt sich ersehen, dass die Versentwürfe dieser Handschriften Zusätze zu der ersten Fassung darstellen, da sie als Erweiterungen von H^1 anzusehen sind. Ihr Umfang ist zu gering, als dass sie weiter reichende Schlüsse über die konzeptionelle Entwicklung erlaubten.

H^6 ist auf Handschrift BJ 5 – in einem Konvolut, das auch Blätter mit dem Text von H^1 enthält – überliefert und stellt eine unmittelbare Vorstufe des Schlusses dar.[76] Dieser Entwurf lässt sich nicht leicht datieren, er könnte ebenso eine Vorstufe des Schlusses der Pálffy-Fassung sein wie eine solche der Buchfassung von 1814/15. Da Brentano für die Buchfassung von der vollständigen Pálffy-Version ausging – die vielleicht auch deswegen nicht erhalten ist, wie fast alle übrigen Vorarbeiten der Ausgabe –, liegt es nahe, H^6 vor der Pálffy-Fassung anzusetzen und den Text zu deren Vorstufen zu rechnen. Als Teil von H^1 kann der Entwurf wegen seiner fortgeschrittenen allegorischen Konzeption nicht verstanden werden.[77] Leider lässt sich die Frage der Zuordnung von H^6 nicht mit Sicherheit entscheiden, denn hier wird die vollständige Vorgeschichte der Eltern Curtius und Gloria und der Trennung und Wiederzusammenführung der Geschwister erstmals skizziert, die dann in H^8 durch zusätzliche Verse in die Handlung des Dramas integriert wird.[78] Da aber H^8 spät zu datieren ist, könnte dies auch für einen

Tunner, Clemens Brentano (Anm. I,91), Bd. 1, S. 546ff. Werner Hoffmann, Clemens Brentano. Leben und Werk, München, Bern 1966, S. 265. Hans Eichner, Rezension von: Clemens Brentano, Sämtliche Werke und Briefe, Bd. 13,3: Dramen II,3. Wiener Festspiele, hrsg. (…) von Caroline Pross, Stuttgart 2007, in: Germanistik 49 (2008), S. 789. Immerhin haben sich zwei Autoritäten der Brentanoforschung positiv zu dem Werk geäußert, nämlich Wolfgang Frühwald, der in dem Stück sogar Reizvolles gefunden hat (Rezension von: Brentano, Werke IV [Anm. V,120], S. 354), und Michael Grus (persönliche Mitteilung). Auch German Sauer und Klaus Werth, Lorbeer und Palme (Anm. V,176), S. 44–48 schätzen das Drama, und sie geben auch Gründe an, die eine positive Beurteilung rechtfertigen können.

74 FBA 15,4, S. 77–94.

75 Hs. FDH 7718,6 (vgl. Anhang VIII, zu Nr. 638a). FBA 15,4, S. 43.

76 FBA 15,4, S. 86–89.

77 Zu H^6, v. 42–54 und Viktoria und ihre Geschwister, v. 3241–3253 vgl. die Wunderhornlieder „Auf, auf, auf ihr Helden, waget Gut und Blut…“, „Auf Triumph. Es kommt die Stunde…“ und „Triumph, Triumph! Es kommt mit Pracht!…“ (FBA 8, S. 202, 205, 117). Vgl. Bode, Die Bearbeitung der Vorlagen in Des Knaben Wunderhorn (Anm. VI,44), S. 207, 376, 411.

78 FBA 15,4, S. 86–89, 94.

späten Ansatz von H^6 sprechen. Die Einzelheiten der Vorgeschichte scheinen jedenfalls noch kein Bestandteil der ersten Fassung gewesen zu sein. Ähnlich wurde die Vorgeschichte auch in der *Erfindung des Rosenkranzes* erst sehr spät entworfen.[79] Aber die Gestaltung der Vorgeschichten folgt in allen Werken Brentanos einem konstanten Muster, so dass man die üblichen Bestandteile aller dieser Vorgeschichten ohne weiteres auch für das Drama voraussetzen darf. Damit ist noch keine Lizenz gegeben, die seelischen Verlusterfahrungen, die in manchen anderen der nachgeholten Vorgeschichten im Werk Brentanos geschildert werden, telles quelles auf das Drama zu projizieren.[80]

Von den weiteren Überarbeitungen des Werkes sind nur noch zwei durch Zufall erhaltene Entwürfe überliefert.[81] H^7 enthält Entwürfe zu den Versen 2956–2967 der Buchfassung. Der Text lässt sich recht genau datieren: Er ist überliefert auf Handschrift FDH 8122, auf deren erster Seite das Gedicht „Als mich Gott der Herr erschaffen…“ steht, dass jedenfalls frühestens gegen Ende des Wiener Aufenthalts entstanden ist.[82] Die Entstehungszeit des Gedichts gibt den Terminus post quem für H^7. Der Entwurf zum Victoria-Drama befindet sich auf der zweiten Seite, in der rechten Spalte der ersten Seite in der unteren Hälfte des Blattes steht:[83]

Lieb wer da
Lieb, wer dort
Lieb

Brentano hielt sich im August 1814 in Liebwerda auf, und es liegt nahe, die Verse auf diese Zeit zu beziehen.[84] Diese Datierung passt zwanglos zu dem Text, der mit der Wahl des Vornamens Siegfried eine fortgeschrittene allegorische Konzeption des Stücks verrät. H^7 ist also eine Vorstufe einer geplanten Buchfassung des Dramas, an der Brentano im Sommer 1814 gearbeitet hat.[85]

79 Pravida, Die Erfindung des Rosenkranzes (Anm. I,22), S. 90f. Zur Bedeutung der Vorgeschichten bei Brentano vgl. ders., FBA 11,2, S. 233.

80 So aber Pross, Kunstfeste (Anm. II,97), S. 256.

81 FBA 15,4, S. 93 und 94.

82 Guignard, S. 70. FBA 3,1, S. 257.

83 Vgl. FBA 15,4, S. 45.

84 Chronik, S. 94 und mündlicher Hinweis von Michael Grus. – Die Lutherhalle/Reformationsgeschichtliches Museum Wittenberg besaß früher einen kurzen Brief Brentanos vom 1. August 1814 (1 Seite), der im oder nach dem Zweiten Weltkrieg verschollen ist (Schreiben der Lutherhalle an Detlev Lüders, 23.1.1965, Freies Deutsches Hochstift, Brentano-Abteilung, Bibliotheks-Umfrage).

85 In dem in Kapitel 4, Anm. 17 zitierten Brief an Böhmer vom 12.2.1837 spricht Brentano von dem „Jahrgang“ der „Wiener Theaterzeitung (…) in welchem die Victoria erschien“ (Janssen 2, S. 242). Es ist hier nicht von einem Abdruck des Dramas im Jahrgang einer Theaterzeitschrift die Rede, sondern von dem Jahr, in dem das Drama erschienen sei und in welchem auch die Gedichte in einer Wiener Theaterzeitung erschienen. Dass das Victoria-Drama erst einige Jahre später erschienen ist, ist Brentano, der hier sogar die genauen Jahreszahlen seines Wiener Aufenthaltes vergessen hat, offenbar entfallen.

H^8 ist auf preußischem Papier der Mühle I W Ebart überliefert (FDH 7745) und enthält einen Entwurf zu den Versen 2016–2029 der veröffentlichten Buchfassung.[86] Auf demselben Blatt steht ein – früher entstandener – Entwurf zu dem Maskenspiel *Merlin und die Tafelrunde*, das Brentano für den preußischen Hof geschrieben hat und das in den November oder Anfang Dezember des Jahres 1815 datiert werden kann.[87] H^8 ist also spät anzusetzen und der jüngste der erhaltenen Entwürfe.

Das Victoria-Drama im Kontext des Wiener Theaters

Brentano nennt sein Drama „ein groses Festspiel, das einen ganzen Abend füllt, voll Leben und Getümmel und in recht braven Versen".[88] Das Stück war dem Theater an der Wien zugedacht, dem bei weitem größten und technisch leistungsfähigsten der Wiener Theater.[89] Brentanos beschreibt es recht ausführlich in seinem nur handschriftlich vorliegenden Aufsatz *Über den Zustand des Theaters in den meisten europäischen Hauptstädten*:[90]

> Das dritte und gröste Theater in Wien, ist das Theater an der Wieden. Es ist [in] den lezten Jahrzehnten durch Vornehme Privatunternehmung entstanden, und mag mehr als irgend ein andres Theater der neuen Zeit, aus der gänzlich falschen, alle wahre Kunst zu Grabe führenden äußerlichen Spektakelsucht entstanden sein. (...) Dieses ganze Hauß ist in Bezug auf Pomp, Deckorationsspecktakel, Kavallerieeffeckt, Feuersbrunsterei, und dergleichen Fieberfantasismus der in den letzten Zügen liegenden Kunst eingerichtet, und wäre es das einzige Theater in Wien, so wäre allerdings zu befürchten, die kranke Kunst könne endlich in diesen künstlich unterhaltenen Paroxismus versterben. (...) Da nun jenes Pomp Theater, das mit dem neusten Triebe des Schauspielwesens, ins Kraut zu schießen, entstanden ist, dennoch immer mit den neben ihm bestehenden natürlichen Theatern eine gewisse Wage des inneren Wehrtes halten muß, so hat es sich aus allen Prachtelementen der andern gewissermaaßen kombiniert, es hat trefliche komische Prinzipe der komischen Wiener Theater, und auch die würdigen Veranlassungen zur Pracht der ernsten Bühne aufgenommen, und seine Darstellungen haben dadurch häufig einen blendenderen, oft einen gleichen Wehrt mit denen der andern Bühnen, und sind diesen zugleich eine Ableitung der Versuchung, auch aus der Kunst in den blauen Dunst zu fallen.

Das alte Theater an der Wieden war nach der Eröffnung des zu Jahrhundertbeginn nach den Vorgaben von Emanuel Schikaneder erbauten Theaters an der Wien im Jahr 1801

86 FBA 15,4, S. 94.

87 Gunda von Savigny an Bettine von Arnim, 5.12.1815, AM, S. 209. Vgl. Tunner, Clemens Brentano (Anm. I,91), Bd. 2, S. 696 (ohne Kenntnis der zitierten Briefstelle). Sauer, Brentanos Dramenfragmente (Anm. I,66), S. 125–127.

88 Brentano an Arnim, Ende November 1813, FBA 33, S. 99.

89 Sprengel, Die inszenierte Nation (Anm. V,104), S. 43 spricht von dem „kleine(n) Theater an der Wien". Ebenso schon Hartwig Schultz, Katalog 1978, S. 75 und erneut Sauer, Brentanos Dramenfragmente (Anm. I,66), S. 101.

90 Sammlung Varnhagen, Kasten 36, Biblioteka Jagiellońska, Kraków, Bl. 1^{r-v}.

abgerissen worden. Das Privileg des Wiedener Theaters wurde auf das neue Schauspielhaus übertragen. Alteingesessene Bürger Wiens und mit ihnen die Zugereisten nannten das Theater an der Wien aufgrund dieser Translation des Privilegs auch das Wiedener Theater, wie es auch Brentano in seinen Briefen und in der zitierten Charakteristik tut.[91] Die Passage mag von Brentanos Enttäuschungen mit dem Theater an der Wien beeinflusst sein, nahezu alle einzelnen Kritikpunkte sind aber schon aus der Berliner Zeit und aus den Wiener Theaterkritiken bekannt und mit beinahe gleichlautenden Worten belegt, wenn auch nicht ausdrücklich mit Bezug auf das Theater an der Wien. Schon die Größe des neuen Hauses und der Zwang, täglich über 2 000 Besucherplätze – etwa doppelt soviel wie im Burgtheater – füllen zu sollen, vielleicht auch schon das Abgrenzungsbedürfnis zu den von Brentano so genannten „natürlichen Theatern", nötigten zu aufwendigen und prachtvollen Inszenierungen, die den Bühnenstil des Theaters prägten.[92] Verwiesen sei etwa auf die Tanz- und Ballettszenen in Stegmayers ungeheuer erfolgreichem Quodlibet *Rochus Pumpernickel*, das 1809 im Theater an der Wien erstmals aufgeführt und Jahrzehnte lang gespielt worden ist.[93] Die Bühnenanweisungen von Brentanos Victoria-Drama verdienen einige Aufmerksamkeit, da hier am genauesten auf die Inszenierungspraxis des Theaters an der Wien – etwa auf Feuerwerke – Bezug genommen wird.[94] Die Bühnenkonventionen des Theaters an der Wien sind aber im Detail weit weniger gut bekannt als die des Leopoldstädter Theaters, auf das sich die Forschungen zum älteren Wiener Volkstheater konzentrieren.[95] Immerhin ergeben sich aus der von Brentano konstatierten Zwischenstellung des Theaters an der Wien, die von der theatergeschichtlichen Forschung bestätigt wird, wichtige Anhaltspunkte für das Verständnis der Eigenart des Victoria-Dramas. Denn den von dieser Bühne gestellten Ansprüchen versuchte er mit seinem Drama trotz allen Vorbehalten Genüge zu tun.

Das Theater an der Wien lässt sich zumindest in der Zeit von Pálffys Direktion nicht zum „Volkstheater" rechnen und spielte in dem hier interessierenden Zeitraum auch

[91] Hadamowsky 3, S. 11f. Hadamowsky 5, S. 507ff.

[92] Vgl. Rommel, S. 521f. Hadamowsky 5, S. 509, 512ff., 522ff. Zu den variierenden Angaben zum Fassungsvermögen der einzelnen Theater vgl. Hansjörg Schenker, Theaterdirektor Carl und die Staberl-Figur. Eine Studie zum Wiener Volkstheater vor und neben Nestroy, Diss. Zürich 1986, S. 215, Anm. 119.

[93] Quodlibets of the Viennese Theater, ed. by Lisa Feurzeig and John Sienicki, Middleton, Wisconsin 2008 (Recent Researches in the Music of the Nineteenth and Early Twentieth Centuries 47), S. xiii–xvi, besonders S. xvi.

[94] Als einzige sind darauf bisher Sauer/Werth, Lorbeer und Palme (Anm. V,176), S. 47f. eingegangen. Die kurzen Bemerkungen bei Caroline Pross, Verschobene Anfänge, Bruch und Begründung in Kleist *Hermannsschlacht*, Arnims *Die Vertreibung der Spanier* und Brentanos *Viktoria und ihre Geschwister*, in: KJb 2003, S. 140–164, dort S. 160f., Anm. 27 sind kaum ausreichend; die Angaben bei Sprengel, Die inszenierte Nation (Anm. V,104), S. 44f. führen eher in die Irre.

[95] Zum Theater an der Wien nach 1810: Rommel, S. 942ff. Siehe auch Hüttner, Literarische Parodie und Wiener Vorstadtpublikum vor Nestroy (Vorbemerkung, Anm. 10), S. 104; Schenker, Theaterdirektor Carl und die Staberl-Figur (Anm. VI,92), S. 46–49; W. E. Yates, Theatre in Vienna. A Critical History, 1776–1995, Cambridge 1996, S. 87, 96.

keine Dialektstücke. Christian August Vulpius allerdings schreibt in seiner Rezension von *Viktoria und Ihre Geschwister*, am Theater an der Wien sei „das gemein Komische daheim". Als Bearbeiter von Wiener Stücken für die Weimarer Bühne war Vulpius über das Wiener Vorstadttheater ausgezeichnet informiert, aber seine Bearbeitungen zeigen auch, wie begrenzt die Verständnisbereitschaft war, die man im nördlichen Deutschland der Wiener Theaterkultur gegenüber aufzubringen vermochte.[96] Bezüge zwischen Brentanos Stück und der Alt-Wiener Theatertradition können nur mit Vorsicht und nicht allein auf der Grundlage der verfügbaren Standardwerke der Sekundärliteratur hergestellt werden.[97] Überhaupt sind die in zahlreichen literaturwissenschaftlichen Arbeiten zu diversen nicht-österreichischen Autoren und ihren Werken anzutreffenden Bezugnahmen auf das Wiener Volkstheater meist mit Vorsicht aufzunehmen.[98]

Ursprünglich gehörte Brentanos Drama zu den seinerzeit auf den Wiener Hof- und vor allem den Vorstadttheatern gängigen patriotischen Stücken, von denen er in einem Brief an Arnim schreibt und denen er auch sein eigenes Werk zuordnet.[99] Die Zahl dieser Stücke war sehr groß, die Theaterchronik im *Dramaturgischen Beobachter* berichtet von ihnen ab Januar 1814 nur mehr pauschal, wie häufig sie alle insgesamt innerhalb des Berichtszeitraumes aufgeführt worden seien.[100] „Neben den aufgeführten Dramen stehen aber viele abgelehnte deutsch-patriotische Stücke, die 1813 zu einer Zahl anschwollen, die das Entsetzen des zum Lesen verurteilten Sonnleithner begreiflich machen."[101] Nach Rommel war diese Masse an Dramen aber nicht geeignet, die dringliche Nachfrage wirklich zu befriedigen, ein Urteil das jedenfalls Brentanos Ansicht und der der zeitgenössischen Theaterkritik entspricht.[102] Eines dieser Stücke war auch Heinrich

96 Ergänzungsblätter zur JALZ 7 (1819), Nr. 77, Sp. 232. Zu Vulpius' Vertrautheit mit dem Wiener Theater vgl. Eduard Groag, Der Ausgleich zwischen dem norddeutschen und süddeutschen Repertoire am Weimarer Hoftheater unter Goethes Leitung, Diss. (masch.) Wien 1933; Rommel, S. 1002f.

97 Einige Hinweise gibt Sprengel, Die inszenierte Nation (Anm. V,104), S. 44, der aber stark auf aus der Literatur geläufige Charakteristika abhebt. Eduard Castle, *Melusina* von Grillparzer, in: JbGWThF 1944, S. 69–104, dort S. 70f. betrachtet *Viktoria und ihre Geschwister* nicht unzutreffend, aber etwas einseitig als verunglückten Versuch eines „sich volkstümlich gebärdenden Bildungsdichters".

98 Die anscheinend einzige Ausnahme hiervon bildet Joachim Reiber, Bewahrung und Bewährung. Das Libretto zu Carl Maria von Webers *Freischütz* im literarischen Horizont seiner Zeit, München 1990 (Literatur aus Bayern und Österreich 2), S. 135–184.

99 Brentano an Arnim, Ende November 1813, FBA 33, S. 100. Siehe auch die Besprechung von: Kabale und Liebe, Trauerspiel in 5 Aufzügen von Friedrich von Schiller. Aufgeführt am Theater nächst der Burg, in: DrB 2. Jg., Nr. 17, 9.2.1814, S. 65–68, dort S. 66, W 2, S. 1108 bis 1113, dort 1110f.

100 DrB 2. Jg., Nr. 19, 14.2.1814, S. 76; Nr. 30, 11.3.1814, S. 120; Nr. 36, 25.3.1814, S. 144. Zu den patriotischen Volksstücken vgl. Rommel, S. 444f., 668f.; Puchalski, Imaginärer Name Österreich (Anm. III,29), S. 203–228.

101 Teuber/Weilen 2,1, S. 191f.

102 Rommel, S. 668f.

Schmidts *Das Österreichische Feldlager,*[103] das am 4. Oktober 1813 zuerst auf dem Theater an der Wien mit großem Erfolg aufgeführt worden war und im Oktober noch zahlreiche weitere Aufführungen erlebte, und zwar am 5.–8., 12., 17. und 23. des Monats.[104] Im *Dramaturgischen Beobachter* erfuhr das Stück in zwei Rezensionen eine sehr ungnädige Behandlung, obwohl und weil es vom Publikum „mit den Äußerungen der lautesten Freude aufgenommen" worden war.[105] Der erste Rezensent stellt fest, das Stück sei nicht mehr als „eine chaotisch an einander geknüpfte Scenenreihe", „es enthält nur Scenen aus dem Soldatenleben, und liefert, wie ein optischer Kasten vorübergleitende Gemälde". „Die Auftritte selbst", heißt es weiter, „hängen aber so wenig zusammen, daß überall ein Anfangs- und Endpunkt gefunden werden kann, was in Wallensteins Lager, aus dem hier der größte Theil der Scenen und Worte genommen ward, nicht der Fall ist, indem dort der geheime Geist der Meuterey die einzelnen Partien unsichtbar an einander knüpft und sich durch das Ganze immer wachsend fortspinnt". Gleichlautend war die Besprechung in der *Theater-Zeitung.*[106] Die in diesen Rezensionen getroffenen Feststellungen sind zutreffend, konnten aber am Publikumserfolg nichts ändern.[107] Schmidts nach eigener Auskunft in aller Eile zusammengeschriebenes Schauspiel ist eine Montage Schillerscher Szenen. Sie zeigt das eifrige Bemühen, alle anstößigen Stellen zu tilgen, die in der Vorlage der Darstellung des hasardierenden und ge-

[103] Heinrich Schmidt, Das Österreichische Feldlager. Ein Gemählde mit Gesang. Nach Wallensteins Lager, Wien 1814. Siehe dazu Huck, Von der *Silvana* zum *Freischütz* (Anm. VI,27), S. 63–65. – Zu Heinrich Schmidt: Wurzbach 30, S. 258. Goedeke 6, 1898, S. 478f., 810f.; 10, 1913, S. 529. Robert Eitner, in: ADB 31, 1890, S. 732f. Sauer 2, S. XVIf. Deutsches Theater-Lexikon. Biographisches und bibliographisches Handbuch. Begründet von Wilhelm Kosch. Fortgeführt von Ingrid Bigler-Marschall, Bd. 3, Klagenfurt, Wien, Bern 1992, S. 2033. Andrea Hofmann-Wellenhof und Hubert Reitterer, in: ÖBL 10, 1994, S. 268.

[104] Seyfried, Ignaz Ritter von Seyfried (Anm. VI,27), S. 353. Nach Bauer, S. 293 ist das Stück bis zum 22. November 1813 zehnmal aufgeführt worden.

[105] DrB 1. Jg., Nr. 13, 11.10.1813, S. 51f., das Zitat dort S. 51. Siehe auch ebd., Nr. 30, 17.11.1813, S. 117–119. Zum folgenden vgl. Grus, S. 133ff., der S. 135 mutmaßt, der Verfasser der zweiten Rezension im *Dramaturgischer Beobachter* sei „eine Brentano nahestehende Person". – Schmidts *Feldlager* wurde auch auf anderen Theatern gespielt, so auch in Prag (vgl. Oscar Teuber, Geschichte des Prager Theaters. Von den Anfängen des Schauspielwesens bis auf die neueste Zeit, Bd. 2, Prag 1885, S. 411). Carl Maria von Weber soll eine verschollene Ouvertüre und vielleicht auch weitere Nummern für die Prager Aufführung am 24. Oktober komponiert haben (vgl. Friedrich Wilhelm Jähns, Carl Maria von Weber in seinen Werken. Chronologisch-thematisches Verzeichniß seiner sämmtlichen Compositionen, Berlin, Leipzig 1871, S. 432, Anhang 43–45 = WeV F 3; Huck, Von der *Silvana* zum *Freischütz* [Anm. VI,27], S. 62f.).

[106] ThZ 6. Jg., Nr. 120, 7.101.1813, S. 467–468. Ferner: Der Sammler Nr. 160, 7.10.1813, S. 640 (zitiert bei Ferdinand Laban, Heinrich Joseph Collin. Ein Beitrag zur Geschichte der neueren deutschen Literatur in Österreich, Wien 1879, S. 71). Mbl Nr. 275, 17.11.1813, S. 1100.

[107] Über diesen berichtet Friedrich S–z, Schreiben eines Preußen an seinen Freund in Berlin, über den Enthusiasmus der Wiener im Theater bey der Aufführung solcher Stücke, welche auf den gegenwärtigen Krieg einigen Bezug haben. (Eingesendet), in: ThZ 6. Jg., Nr. 123, 14.10.1813, S. 479–480.

sinnungslosen Charakters der Wallenstein ergebenen Soldaten dienen. Weggefallen ist selbstverständlich auch die expositorische Funktion, die das Vorspiel bei Schiller hat. Der regierungsfromme Ton kommt durch eingefügte Flickverse – die Schillers Text in nicht immer glücklicher Weise durch Lobeserhebungen auf den Kaiser neutralisieren sollen – und durch Übernahme mehrerer Gedichte aus Heinrich Joseph von Collins *Liedern Österreichischer Wehrmänner* zustande.[108] Die realistische Schilderung des Soldatenwesens mit seinem Materialismus, seiner Brutalität, seinem Schmarotzerdasein auf Kosten der Bevölkerung etc. wird dadurch in ihr Gegenteil verkehrt. Übriggeblieben ist ein harmloses Gemälde des Lebens der Soldaten, die bei einer gewissen Keckheit doch tugendhaft und kaisertreu sind und den Tod im Einsatz für den politischen status quo nicht scheuen. Da Schmidt auf die schönen Stellen, wie etwa auf das *Reiterlied*, nicht verzichten wollte, ließ sich diese Bearbeitungstendenz allerdings nicht konsequent durchhalten. Schillers *Wallenstein*-Trilogie war des heiklen Gegenstandes wegen auf den Wiener Bühnen zu der Zeit übrigens noch nicht gespielt worden – „Schilling's Wallenstein kann nie in Wien vorgestellt werden"[109] – und erlebte seine Erstaufführung als das erste von Joseph Schreyvogel auf dem Burgtheater einstudierte Stück am 1. April 1814, unter Weglassung des Vorspiels.[110]

Brentano schrieb *Victoria* ausdrücklich im Gegenzug zu Schmidts *Österreichischem Feldlager* und berücksichtigte dabei offenbar die im *Dramaturgischen Beobach-*

[108] Die wichtigsten Übernahmen bei Schmidt: I. Auftritt: Wallensteins Lager, 11. Szene. – II. Auftritt: Wallensteins Lager, 7. Szene. – III. Auftritt: H. J. Collin, Kriegseid (Arnold/Wagner, S. 41f.); ders., Marsch (ebd., S. 56f.). – IV. Auftritt: H. J. Collin, Der Bräutigam (ebd., S. 46f.); Goethe, „Die Trommel gerühret…" (aus *Egmont*) – VI. Auftritt: Wallensteins Lager, 9. Szene. – VII. Auftritt: Wallensteins Lager, 10. Szene. – VIII. Auftritt: Wallensteins Lager, 11. Szene. – IX. Auftritt: Wallensteins Lager, 5. Szene. – X. Auftritt: Wallensteins Lager, 5. Szene, 6. Szene, 8. Szene, 11. Szene; Theodor Körner, Jägerlied (Körner, WW 1, S. 93f.); Goethe/Schiller, „Es leben die Soldaten…". – XI. Auftritt: Wallensteins Lager, 8. Szene. – XII. Auftritt: I. F. Castelli: Wehrmanns-Abschied (Arnold/Wagner, S. 374). – XV. Auftritt: Wallensteins Lager, 8. Szene. – XVI. Auftritt: Wallensteins Lager, 3. Szene. – XVII. Auftritt: Wallensteins Lager, 7. Szene. – **Schluss**: Schiller, Reiterlied. Vgl. Schmidt, S. 207; Arnold/Wagner, S. 333; Huck, Von der *Silvana* zum *Freischütz* (Anm. VI,27), S. 64f.

[109] Retzer an Böttiger, 7.5.1799, in: Robert Boxberger, Zeitgenössische Mitteilungen über Schiller. Neue Folge. Aus Handschriften der Dresdner Bibliothek veröffentlicht, in: Akademische Blätter. Beiträge zur Litteratur-Wissenschaft, hrsg. von Otto Sievers, 1. Jg., H. 6, Braunschweig 1884, S. 350–359, dort S. 353.

[110] Glossy, S. 169. Hadamowsky 2, S. 96f. Julius Petersen, Schiller und die Bühne, Berlin 1904 (Palaestra 32), S. 49ff. Alth/Obzyna 1, S. 120. August Fournier, Schillers Wallenstein und die österreichische Zensur, in: ders., Historische Studien und Skizzen. Dritte Reihe (Anm. II,78), S. 30–38; Margarete Künzel, *Wallenstein* auf dem Wiener Burgtheater, Diss. (masch.) Wien 1944. Nachahmungen von *Wallensteins Lager* zur Zeit der Befreiungskriege in Österreich; vgl. Arnold, S. 283; Arnold/Wagner, S. 106ff. Zur Rolle Schillers in den Befreiungskriegen: Oellers, Schiller (Anm. I,102), S. 295ff. Ute Gerhard, Schiller als Religion. Literarische Signaturen des XIX. Jahrhunderts, München 1994, S. 128ff. Annemarie Fischer, Schauspiel und Nationale Frage. Kostümstil und Aufführungspraxis im Burgtheater der Schreyvogel- und Laubezeit, Tübingen 2011 (Forum Modernes Theater, Schriftenreihe 36), S. 90ff.

ter und anderen Blättern geäußerte Kritik. Gegenüber Pálffys Sekretär Smitmer bekennt er, seine Absicht bei dieser Arbeit sei es gewesen, „statt dieser Arbeit eine aufzustellen, die jene ganz aufhebe, die jene und mehr sei, ein immer währendes Siegsfest, ohne armselige Zusammenstoppelung…". Er behauptet, Schmidts Stück nicht zu kennen und, wenn man ihm das Bühnenmanuskript mitteilte, alle Ähnlichkeiten vermeiden zu wollen, „deren ich mich schäme, wenn sie nicht besser, oder vortrefliche(r) sind".[111] In der Tat finden sich bei Brentano keine wörtlichen Übernahmen aus *Wallensteins Lager*, wiewohl die Gesamtkonzeption auch bei Brentano diesem Stück zugegebenermaßen verpflichtet ist.[112] Eine Reihe von Parallelen macht überdies wahrscheinlich, dass er auch Schmidts Werk in die Hände bekommen oder doch noch eine Aufführung davon gesehen hat. Die Marketenderin heißt bei Brentano wie bei Schmidt Liese – bei Schiller heißt sie Gustel –,[113] der Name des hinkenden Boten in Brentanos Drama – noch nicht in den ersten Entwürfen – ist derselbe, auf den sich bei Schmidt der Name des Seppel reimt, „Trommel-Klöppel".[114] Seppel als die lustige Person ist aber eher das Vorbild für Brentanos Lippel, der als Sohn des hinkenden Boten den Nachnamen Trommelklippel führt. Die Invalidengestalt „mit einem Stelzfuß" bei Schmidt, die bei ihm die Rolle des Kapuziners aus *Wallensteins Lager* einnimmt,[115] hat auch Brentano beibehalten. Bei ihm ist der Invalide eine allegorische Figur, der personifizierte Hinkende Bote. Ebenso weist die Gestaltung anderer Szenen – und zwar gerade solcher, in denen Schmidt nicht von der Schillerschen Vorlage geleitet wird – darauf hin, dass sich Brentano auf das *Österreichische Feldlager* gestützt hat. Zu bestimmen bleibt, inwiefern er der Meinung sein konnte, in den Parallelstellen jeweils „besser und vortrefflicher" zu sein. Schon der Anlage nach möchte Brentano der Forderung nach strengerer Organisation als der eines bloßen Szenenreigens gerecht werden. „In einem real-verständlichen Lagerspiel ein allegorisches Festspiel zu bilden", ist die im Vorwort geäußerte Absicht seines Stücks.[116] Vermissten Schmidts Rezensenten im *Dramaturgischen Beobachter* eine dramatische Handlung und stellten sie fest, dass bei Schiller das Vorspiel nur insofern dramatische Funktion habe, als es die Exposition der Handlung der nachfolgenden Dramen sei, so entgeht Brentano einem solchen Vorwurf, indem er das Lager zum Ort eines allegorischen Vorgangs werden lässt, der wie im bürgerlichen Rührstück (und übrigens häufig auch im Wiener Volkstheater) als Familienzusammenführung gearbeitet

111 Brentano an Smitmer, November 1813, FBA 33, S. 89f.

112 Viktoria, S. XIVf. FBA 13,3, S. 84. Vgl. Friedrich Heininger, Clemens Brentano als Dramatiker, Diss. Breslau 1916, S. 48f.; Arnold/Wagner, S. 365; Florian Asanger, Brentanos *Viktoria und ihre Geschwister* und Schillers *Wallensteins Lager*, in: Der Wächter 4 (1921), S. 250f.; Alfred Liede, Dichtung als Spiel. Studien zur Unsinnspoesie an den Grenzen der Sprache, 2. Aufl. neu hrsg. von Walter Pape, Bd. 1, Berlin, New York 1992, S. 401.

113 Der Charakter der Schmidtschen Anverwandlungen von *Wallensteins Lager* lässt sich hier durch einfache Gegenüberstellung der betreffenden (von Adorno kritisierten) Stellen zeigen: „Was? der Blitz! / Das ist ja die Gustel aus Blasewitz." (Wallensteins Lager, 4. Szene). – „Ey der Geyer! / Das ist ja die kleine Liesel aus Steyer!" (Österreichisches Feldlager, S. 36).

114 Österreichisches Feldlager, S. 28.

115 Ebd., S. 47ff.

116 Viktoria, S. XV. FBA 13,3, S. 84.

ist.[117] Die doppelte Motivierung als „realverständliches Lagerspiel“ und als „allegorisches Festspiel“ zeigt sich in einer Regiebemerkung, in der gefordert wird, die Kleidung der Gloria solle „weder vorwiegend modisch, noch idealisch“ erscheinen, „sondern durchaus zwischen Beidem“.[118]

In welcher Tradition die allegorische Form des Dramas steht, ist eine offene Frage. Die Berufung auf die angebliche Gattungstradition des mythologischen Schau- oder Festspiels liegt nahe, ebenso aber der Bezug auf die Gestaltungsweisen des zeitgenössischen sogenannten Wiener Volkstheaters, die von Herbert Zeman wie folgt beschrieben werden: „zwei Reiche etablieren sich auf der Bühne, die Welt des realen Diesseits (...) und die Überwelt der Allegorien, der mythologischen Figuren. Diese Überwelt steht in engstem Zusammenhang mit der realistisch-komisch abgebildeten diesseitigen Welt“.[119] Wie sich aus dem Kontext der zitierten Aussage ergibt, darf aus dieser Beschreibung jedoch nicht auf direkte Parallelen zum allegorischen Apparat der *Viktoria* in Stücken des Volkstheaters gehofft werden. Jede weitergehende Aussage bedürfte eigener Forschungen, die stark synthetisierenden Beschreibungen des Wiener Volkstheaters in der Sekundärliteratur erlauben es nicht, detailliertere Bezüge herzustellen. Gegenüber den im Wiener Theater geläufigen Personifikationen von Tugenden und Lastern handelt es sich in dem Victoria-Drama um eine gelehrte und anspruchsvolle Konzeption, die auch von einem Publikum, für welches die Personifikation der Viktoria und andere Mythologeme noch bis in die geläufigsten Redewendungen hinein lebendig waren,[120] nicht leicht verstanden und akzeptiert werden konnte. Schließlich wurde gerade die Unverständlichkeit von Brentanos allegorischer Fabel kritisiert. Diese beruht auf der entlegenen hesiodeischen Konstruktion einer Verwandtschaft zwischen Viktoria und ihren Geschwistern sowie der durch mythographische Quellen gar nicht motivierten Verknüpfung mit der Gestalt des Marcus Curtius. Eine Figur aus der römischen Sage mag sich in einem patriotischen deutschen Festspiel ausnehmen wie Pontius im Credo, könnte aber durch die Bestimmungen der Zensur motiviert sein, welche historische und sagenhafte Gestalten aus der griechischen und römischen Antike als „Muster von vater-

117 Vgl. Wolfgang Schaer, Die Gesellschaft im bürgerlichen Drama des 18. Jahrhunderts. Grundlagen und Bedrohung im Spiegel der dramatischen Literatur, Bonn 1963 (Bonner Arbeiten zur deutschen Literatur 7), S. 94ff.; Enzinger, Die Entwicklung des Wiener Theaters (Anm. V,120), Bd. 1, S. 292–343. Zum Motiv der Familienzusammenführung und seiner Tradition vgl. Pravida, FBA 11,2, S. 72, Anm. 52.

118 Viktoria, S. 107. FBA 13,3, S. 186.

119 Herbert Zeman, Die Alt-Wiener Volkskomödie des 18. und frühen 19. Jahrhunderts, in: Österreich im Europa der Aufklärung. Kontinuität und Zäsur in Europa zur Zeit Maria Theresias und Josephs II., Bd. 2, Wien 1985, S. 717–741 (auch an vielen weiteren Orten veröffentlicht), dort S. 737. Zur Allegorie im Wiener Volkstheater vgl. Enzinger, Die Entwicklung des Wiener Theaters (Anm. V,120), Bd. 1, S. 30ff.; Rommel, S. 123–144, 993f. Eine übergreifende monographische Darstellung zur Allegorie im Wiener Theater fehlt; aber vgl. Frank Schaumann, Gestalt und Funktion des Mythos in Ferdinand Raimunds Bühnenwerken, Wien 1970, S. 95–132. Zu Brentanos Verhältnis zum Wiener Volkstheater vgl. Anhang IX.

120 Vgl. Margret Dietrich, Jupiter in Wien oder Götter und Helden der Antike im Alt-Wiener Volkstheater, Graz u. a. 1967, S. 7–18.

ländischen Tugenden“ zuließ, bei Herrschern und Feldherren anderer Herkunft aber rasch nervös wurde.[121] Auch das Selbstopfer konnte bei Römern und Griechen eher geduldet werden denn bei Personen der christlichen Ära.[122] Wie sich an Theodor Körners *Zriny* zeigt, wäre dies aber im Wien des Jahres 1813 nicht unabdingbar gewesen, wenngleich Körners Schauspiel noch nicht mit direktem Bezug auf den Krieg gegen Frankreich verfasst und rezipiert worden ist.[123] Trotzdem wird man Brentanos beinahe spielerische Gestaltung des Heldentodes nicht ausschließlich mit Zensurrücksichten begründen wollen. Selbst eine Auflösung der Allegorie im Hinblick etwa auf die Toten der Leipziger Schlacht wird durch den Text nicht nahegelegt, der hier jederzeit im Bereich der Abstrakta verbleibt. Die verspielte allegorische Konzeption und Darstellung des Heldentums ist so ungewöhnlich und weicht von den geläufigen Mustern so stark ab, dass Curtius in den bisherigen Interpretationen entweder ganz übergangen oder aber gründlich missverstanden wurde. Im symbolischen Zentrum von Brentanos Drama steht keine deutsche oder auch nur mit nationalen Konnotationen erfassbare Gestalt, sondern eine klassische Exempelfigur. So ist in Curtius auch kein Bezug auf das heilige römische Reich zu erkennen, und als Repräsentant der „alten reichsdeutschen Tradition“ lässt er sich schon gar nicht verstehen.[124] Text und Titelkupfer geben für eine solche Deutung nicht den geringsten Anhaltspunkt – selbst wenn man die heutigen Lesern fremdgewordene Geläufigkeit von historischen Parallelen unterstellt, die es in panegyrischen Dichtungen immer gegeben hat –, und der Bezug auf die Reichstradition wird in dem Drama auf ganz andere und viel beiläufigere Weise hergestellt. Daher sind auch alle aus dieser unzutreffenden Deutung der Curtius-Gestalt gezogenen Schlüsse zum politischen Sinn des Stücks unbegründet.

Wie dem aber auch sein mag, Brentanos allegorisches Drama ist auf jeden Fall eine Literaturkomödie, die aller politischen Äußerungen ungeachtet ebenso sehr ein Spiel mit der Theatertradition ist wie das dem Victoria-Drama nächstverwandte Singspiel *Die lustigen Musikanten*, das im Grunde zu dem späteren Werk in ganz dem nämlichen Verhältnis steht wie *Ponce de Leon* zu *Valeria oder Vaterlist*.[125] Wie in den *Lustigen Musikanten* die Protagonisten im dritten Auftritt einander als Gestalten der commedia dell’arte erkennen, so steht auch am Schluss des Victoria-Dramas das gegenseitige Erkennen der allegorischen Gestalten als Personifikationen kriegerischer Tugenden, das heißt als nur nach Maßgabe literarischer Gestaltung existierende Wesen.[126]

[121] Hägelin, Denkschrift über die Theaterzensur (Anm. VI,42), S. 310.

[122] Ebd., S. 324.

[123] Vgl. Arthur Weber, Theodor Körner und seine Beziehungen zu Ungarn, in: URs 3 (1914), S. 223–251, dort S. 225f. Siehe auch Wolfgang Struck, Konfigurationen der Vergangenheit. Deutsche Geschichtsdramen im Zeitalter der Restauration, Tübingen 1997 (Studien zur deutschen Literatur 143), S. 90–100.

[124] So aber Pross, Kunstfeste (Anm. II,97), S. 264.

[125] Den spielerisch-literarischen Charakter betonen auch Sauer/Werth, Lorbeer und Palme (Anm. V,176), S. 45–47. Diese für den Rundfunk entstandene Kurzinterpretation ist immer noch bei weitem das Treffendste, was bislang über Brentanos Drama gesagt wurde.

[126] Vgl. Walter Hinck, Das deutsche Lustspiel des 17. und 18. Jahrhunderts und die italienische

Gattungsfragen

Als Pálffy dem Plan Brentanos zustimmte, sich an ein Stück für das Theater an der Wien zu wagen, wurde vereinbart, der Dichter „möge die Sache ganz in dem Umfang ausarbeiten, wie ich sie wolle drucken laßen".[127] Theaterautoren suchten im 18. und 19. Jahrhundert normalerweise, den Druck ihrer Stücke eher hinauszuzögern oder diese gar nicht publik zu machen, da ein Drama durch eine Buchveröffentlichung für die Aufführung durch jedes andere Theater frei wurde. Pálffy wird kaum von sich aus den Vorschlag gemacht haben, Brentano möge erst einmal eine für den Druck geeignete Fassung ausarbeiten. Im Gegenteil, Brentano dachte wohl von Anfang an an eine Buchausgabe, die für ihn offensichtlich Priorität vor der Bühnenfassung hatte. Wenn er wiederholt den Gelegenheitscharakter seiner Werke betont, so zeigt sich hier eine ähnliche Verkehrung der Verhältnisse wie sie schon bei seiner patriotischen Lyrik und ihrer Veröffentlichungsgeschichte zu beobachten war. Wie diese primär literarischen Charakter hat und erst in einer späteren Publikation eine publizistische Wirkungsabsicht vortäuscht, so schreibt Brentano auch hier ein für die Buchveröffentlichung bestimmtes Werk, das dann durch die Vorrede und die Bezeichnung „Festspiel" vorgibt, ein Gelegenheitsstück gewesen zu sein.[128] In der Buchausgabe ist die Angabe „Festspiel", so gesehen, ein lucus a non lucendo.

Viktoria und ihre Geschwister erschien im Druck mit dem Untertitel „mit fliegenden Fahnen und brennender Lunte. Ein klingendes Spiel von Clemens Brentano". Die Formulierung „mit klingendem Spiel und fliegenden Fahnen" ist eine stehende Redewendung, die für marschierende Armeeregimenter gebraucht wird und etwa auch in den Regieanweisungen von Shakespeares Historiendramen, die August Wilhelm Schlegel übersetzt hat, sehr häufig vorkommt. Auf dem Titelkupfer heißt es: „Festspiel / mit fliegenden Fahnen / mit klingendem Spiel". Die Bezeichnung „Festspiel" kommt außer auf dem Titelkupfer nicht nur in Brentanos Vorwort und in seinen Briefen an Arnim vor, sondern auch in der Nachschrift zu einer geplanten Sammelausgabe. Auch die anderen beiden Wiener Dramen werden von Brentano selbst wiederholt als Festspiele bezeichnet. Interpretationen, die von dieser Bezeichnung „Festspiel" ausgehen,[129] sehen sich mit der Schwierigkeit konfrontiert zu bestimmen, was unter diesem Terminus eigentlich verstanden werden soll. Als erster Beleg für das Wort „Festspiel" gilt der Untertitel von *Paläophron und Neoterpe* (1800). Goethe selbst hat diese Gattungsbezeichnung anscheinend erheblich früher verwendet, so im Untertitel der dritten Bearbeitung von *Lila*, die den Untertitel *Festspiel mit Gesang und Tanz* trägt und die Her-

Komödie. Commedia dell'arte und Théâtre italien, Stuttgart 1965 (Germanistische Abhandlungen 8), S. 389.

[127] Brentano an Smitmer, November 1813, Wienbibliothek im Rathaus (Stadt- und Landesbibliothek Wien), H.I.N. 43.221, FBA 33, S. 89.

[128] Entgegengesetzte Ansichten vertritt Caroline Pross, Kunstfeste (Anm. II,97), S. 254, die sich sonst aber häufig auf den topischen Charakter von Brentanos Äußerungen beruft.

[129] Sprengel, Die inszenierte Nation (Anm. V,104), S. 44ff. Pross, Kunstfeste (Anm. II,97), S. 255–274.

zogin Anna Amalia zu ihrem Geburtstag am 24. Oktober 1782 überreicht wurde.[130] Zwar ist der Gebrauch des Wortes hier nur handschriftlich, nicht in den Drucken belegt (und es sind anscheinend keine Angaben verfügbar, ob die Titelangabe nicht etwa aus späterer Zeit stammt), aber es ist ohnehin wenig wahrscheinlich, dass dies die erste Verwendung des Ausdrucks ist. Vielleicht ist das Wort als Lehnbildung der – etwa bei Metastasio – gut bezeugten ‚festa teatrale' zu verstehen.[131] Es mag aber sein, dass die weitere Verbreitung des Ausdrucks durch die Rezeption von Goethes Wortgebrauch vermittelt wurde. August Wilhelm Schlegel verwendet es in seinen Wiener Vorlesungen im Zusammenhang mit Calderóns mythologischen Fiestas.[132] Danach hat sich das Wort rasch durchgesetzt und scheint nach 1810 en vogue gewesen zu sein, die Terminologie ist aber unfest und schwankend geblieben.[133] Die Erfahrungen, die die Literaturwissenschaft in den Diskussionen um bestimmte Gattungstypen, wie etwa das bürgerliche Trauerspiel, gemacht hat, nötigen bei einem so prekären Befund zur Vorsicht und sollten undurchschaute Unterstellungen, ungerechtfertigte Bevorzugung einzelner theoretischer Äußerungen ohne Berücksichtigung eines möglichst breiten Spektrums an Stellungnahmen sowie ungedeckte Bezugnahmen auf angebliche Traditionen verhindern. Als literaturwissenschaftlicher Terminus ist der Ausdruck nicht fest etabliert. Werner Kohlschmidts einschlägiger Artikel in der zweiten Auflage des *Reallexikons*

130 Goethes Werke. Hrsg. im Auftrage der Großherzogin Sophie von Sachsen, Abt. I, Bd. 12, Weimar 1892, S. 347f. (in der Handschrift wurde die Gattungsbezeichnung von einem Schreiber geschrieben). Vgl. Gottfried Diener, Goethes *Lila*. Heilung eines „Wahnsinns" durch „psychische Kur". Vergleichende Interpretation der drei Fassungen. Mit ungedruckten Texten und Noten und einem Anhang über psychische Kuren der Goethe-Zeit und das Psychodrama, Frankfurt a. M. 1971, S. 25; Krämer, Deutschsprachiges Musiktheater (Anm. I,103), Bd. 1, S. 523, Anm. 199; Thomas Frantzke, Goethes Schauspiele mit Gesang und Singspiele 1773 bis 1782, Frankfurt a. M. u. a. 1998 (EHS I/1671), S. 130–134 (dort auch zu der nicht abschließend geklärten Geschichte der Fassungen). Volkmar Braunbehrens, Walter Salmen, Karim Hassan, Lila, in: Goethe-Handbuch, Supplemente 1: Musik und Tanz in den Bühnenwerken, hrsg. von Gabriele Busch-Salmen unter Mitarbeit von Benedikt Jeßing, Stuttgart, Weimar 2008, S. 200–220, bes. S. 201.

131 Raymond Monelle, Gluck and the "festa teatrale", in: ML 54 (1973), S. 308–325. Hans Tintelnot, Die Bedeutung der „festa teatrale" für das dynastische und künstlerische Leben im Barock, in: AKG 37 (1955), S. 336–351.

132 August Wilhelm Schlegel, Vorlesungen über dramatische Kunst und Literatur, 33. Vorlesung, in: ders., Kritische Schriften und Briefe, hrsg. von Edgar Lohner, Bd. 6, Stuttgart 1967, S. 265. Siehe dazu Swana L. Hardy, Goethe, Calderón und die romantische Theorie des Dramas, Heidelberg 1965 (Heidelberger Forschungen 19), S. 86 und 155. – Zu Goethes Festspielen, die als einzige Werke dieser „Gattung" im 18. und 19. Jahrhundert gut erforscht sind: Stockhorst, Fürstenpreis und Kunstprogramm (Anm. V,115), S. 244ff. Tina Hartmann, Goethes Musiktheater. Singspiele, Opern, Festspiele, *Faust*, Tübingen 2004 (Hermaea N. F. 105), S. 417–446.

133 Zur Unfestigkeit der Terminologie vgl. die Diskussionsbemerkung von Silke Leopold, in: Geschichte und Dramaturgie des Operneinakters, hrsg. von Winfried Kirsch und Sieghart Döhring, Laaber 1991 (Thurnauer Schriften zum Musiktheater 10), S. 84. Siehe auch Detken, Im Nebenraum des Textes (Anm. I,67), S. 80ff.

mangelt es an begriffsgeschichtlicher und historischer Präzision, und in der Neubearbeitung gibt es überhaupt keinen Eintrag „Festspiel“, stattdessen aber ein Stichwort „Vorspiel“.[134] Der Verzicht auf ein solches Lemma indiziert eine Schwierigkeit in der Sache, denn es bestehen erhebliche Unsicherheiten, ob es so etwas wie eine einheitliche dramatische Gattung des Festspiels – in Deutschland beginnend mit Conrad Celtis' *Ludus Dianae* bis zu Brentanos *Östreichs Muth, Sieg und Hofnung* und eine Erneuerung der Gattung im 19. Jahrhundert – überhaupt gibt.[135] Im Gegenteil könnte es sich bis zur Etablierung der patriotischen und konfessionellen Festspiele im 19. Jahrhundert, die ungefähr gleichzeitig mit der Rezeption des Ausdrucks „Festspiel“ stattfindet, um einen ‚genere non-genere‘ handeln.[136] In diesem Sinn geht Dietz-Rüdiger Moser davon aus, dass die Gattung des Festspiels zwar eine lange Vorgeschichte und diverse Vorläufergestalten habe, dass sich das „Festspiel im engeren Sinne einer dramatischen Gattung“ aber im deutschsprachigen Bereich erst im 19. und 20. Jahrhundert entfaltet habe.[137] Vorher kann der Ausdruck „Festspiel“ sinnvoll wohl nur als Bezeichnung einer festlichen Aufführung eines Dramas gebraucht werden. Wurde das Drama eigens für diese Aufführung konzipiert, so kann auch es ein „Festspiel“ genannt werden. Es handelt sich aber zuallererst um eine Funktionsbezeichnung.[138] Obwohl es eine ganze Reihe theatralischer Verfahren gibt, die sich zur Erfüllung solcher Funktionen entwickelt und die eine gewisse Traditionsbildung erlebt haben, hat sich bis zum Beginn des 19. Jahrhunderts anscheinend keine eigenständige dramatische Gattung des „Festspiels“ ausgebildet. (Sulzers Einteilung der „Schauspiele“, auf die man sich berufen hat, ist keine gattungspoetische, sondern eine wirkungsästhetische Einteilung, neben der die gewöhnliche

[134] Werner Kohlschmidt, Festspiel, in: Reallexikon der deutschen Literaturgeschichte, 2. Aufl., hrsg. von Werner Kohlschmidt und Wolfgang Mohr, Bd. 1, Berlin 1958, S. 458–461. Klaus Haberkamm, Vorspiel, in: Reallexikon der deutschen Literaturwissenschaft. Neubearbeitung des Reallexikons der deutschen Literaturgeschichte, hrsg. von Klaus Weimar, Harald Fricke, Jan-Dirk Müller, Bd. 3, Berlin, New York 2003, S. 806–809. Siehe auch Jürgen Kühnel und Lena Immer, Festspiel, in: Metzler Lexikon Literatur. Begriffe und Definitionen, 3., völlig neu bearb. Aufl., hrsg. von Dieter Burdorf und Burkhard Moennighoff, Stuttgart, Weimar 2007, S. 236. Diese knappen Lexikonartikel repräsentieren beinahe schon den gesamten Stand der Forschung; die angegebenen Literaturverweise führen nicht viel weiter.

[135] Vgl. Detken, Im Nebenraum des Textes (Anm. I,67), S. 88 (mit nicht ganz klarem Bezug auf Festspiele und/oder Festbeschreibungen). Die beste (und auch die einzige) Überblicksdarstellung zum deutschsprachigen Festspiel stammt von Sauer/Werth, Lorbeer und Palme (Anm. V,176).

[136] David Bryant, La farsa musicale: coordinate per la storia di un genere non-genere, in: I vicini di Mozart. La farsa musicale veneziana (1750–1810), a cura di David Bryant, Firenze 1989 (Studi di musica veneta 15), S. 431–455.

[137] Dietz-Rüdiger Moser, Festspiel, in: Literatur-Lexikon, hrsg. von Walther Killy, Bd. 13, Gütersloh 1992, S. 298–301, dort S. 299. Siehe auch ders., Patriotische und historische Festspiele im deutschsprachigen Raum, in: Das Festspiel. Formen, Funktionen, Perspektiven, hrsg. von Balz Engler und Georg Kreise, Willisau 1988 (Schweizer Theaterjahrbuch 49), S. 50–72, dort S. 50f.

[138] Vgl. Hartmann, Goethes Musiktheater (Anm. VI,132), S. 417f.

gattungspoetische Einteilung auch bei Sulzer unverändert weitertradiert wird.[139]) Die intensive Erforschung der Festkultur der frühen Neuzeit in den letzten Jahrzehnten dürfte jedenfalls keine Anhaltspunkte geliefert haben, die die Annahme einer Gattung Festspiel in dieser Zeit stützen könnten. Die Übebietungsdynamik der frühneuzeitlichen Festkultur war der Konkreszierung tradierbarer generischer Formen nicht förderlich.[140] Um 1800 war es allgemein nicht mehr üblich, in der Buchausgabe von Dramen, die ihre erste Aufführung zu einer bestimmten Gelegenheit erlebt hatten, den Anlass der Entstehung oder Erstaufführung anzugeben.[141] Dass *Emilia Galotti* zuerst zur Feier des Geburtstages von Herzogin Philippine Charlotte von Braunschweig-Wolfenbüttel aufgeführt wurde, lässt sich dem Erstdruck ebensowenig entnehmen wie die festlichen Anlässe, zu denen Goethes Dramen zuerst in Weimar aufgeführt wurden, in den Drucken genannt werden. Reine Gelegenheitswerke erlebten nach der früheren Kritik an diesem Schrifttum überhaupt nur noch selten ihre Drucklegung.[142] Konnte vom Anlass nicht ohne weiteres abstrahiert werden, dann scheint sich so die Notwendigkeit ergeben zu haben, Publikationen von Werken mit offenkundigem Gelegenheitsbezug mit einer eigenen Rechtfertigung zu legitimieren. Entweder wurden die Drucke – wie schon im 17. Jahrhundert – als Bericht über oder als Erinnerung an die Gelegenheit, bei der sie zur Aufführung gekommen waren, konzipiert,[143] oder aber der okkasionelle Charakter wurde mit einer eigenen Gattungsbezeichnung substantialisiert. Das mag die Situation gewesen sein, in der die rasche Rezeption des von Goethe ins Spiel gebrachten Ausdrucks möglich wurde.

Im Hinblick auf die vielen offenen Fragen erscheint die Entscheidung der Bandherausgeberin, die in der historisch-kritischen Brentano-Ausgabe ohnehin maßgebliche Gattungstrennung in der Präsentation eines Teils der Wiener dramatischen Werke noch einmal zu verschärfen und drei der Wiener Stücke als sogenannte Festspiele zusammen edieren zu lassen, problematisch.[144] Brentanos Verwendung des Ausdrucks „Festspiel" für all diese Stücke scheint ein solches Vorgehen zwar in ausreichendem Maß zu rechtfertigen. Trotzdem lässt sich mancherlei einwenden, so etwa der Umstand, dass die Ver-

[139] Siehe dagegen Pross, Kunstfeste (Anm. II,97), S. 57f., 83; dies., FBA 15,4, S. 16. Zu Sulzer vgl. Hilde Haider-Pregler, Des sittlichen Bürgers Abendschule. Bildungsanspruch und Bildungsauftrag des Berufstheaters im 18. Jahrhundert, Wien, München 1977, S. 176.

[140] Jörg Jochen Berns, Die Festkultur der deutschen Höfe zwischen 1580 und 1730. Eine Problemskizze in typologischer Absicht, in: GRM N. F. 34 (1984), S. 295–311, dort S. 305. Zu „Festspielen" des 17. Jahrhunderts vgl. Robert J. Alexander, Das deutsche Barockdrama, Stuttgart 1984 (Sammlung Metzler 209), S. 151f. (mit Literaturhinweisen).

[141] Vgl. Reinhart Meyer, Limitierte Aufklärung. Untersuchungen zum bürgerlichen Kulturbewußtsein im ausgehenden 18. und 19. Jahrhunderts, in: Über den Prozeß der Aufklärung in Deutschland im 18. Jahrhundert. Personen, Institutionen und Medien, hrsg. von Hans Erich Bödeker und Ulrich Herrmann, Göttingen 1987 (Veröffentlichungen des Max-Planck-Instituts für Geschichte 85), S. 139–200, dort S. 149ff. (auch zum folgenden).

[142] Vgl. Wulf Segebrecht, Das Gelegenheitsgedicht. Ein Beitrag zur Geschichte und Poetik der deutschen Lyrik, Stuttgart 1977, S. 225–254.

[143] Vgl. Detken, Im Nebenraum des Textes (Anm. I,67), S. 89f.

[144] Caroline Pross, FBA 15,4, S. 15–19.

schiedenheiten der drei Dramen untereinander weit größer sind als die Familienähnlichkeiten einzelner dieser Stücke mit jeweils anderen Dramen Brentanos. Die Abtrennung dreier Wiener Dramen unter einem – von Brentano in bezug auf sie zugegebenermaßen häufig gebrauchten – gemeinsamen Gattungsnamen ist dazu geeignet, den Sachverhalt zu verdecken, dass Brentanos Wiener Dramen fast sämtlich durch die Transformation früherer eigener Werke entstanden sind – *Viktoria* aus den *Lustigen Musikanten* und aus *Moreaus Tod*, *Die deutschen Flüsse* aus den *Mährchen vom Rhein* und aus dem *Klage- und Siegsgeschrei der Elbnymphe an die Donaunymphe über Dresdens Untergang*, *Valeria oder Vaterlist* aus *Ponce de Leon* und *Östreichs Muth Sieg und Hofnung* aus der *Gründung Prags*. Genausowenig rechtfertigt der Gelegenheitscharakter der Wiener Dramen eine Absonderung von den übrigen dramatischen Werken Brentanos, denn weitaus die meisten seiner Dramen sind ebenso gelegenheitsbezogen wie die „Festspiele". Der Unterschied liegt darin, dass letztere auf ein größeres Publikum zielten und veröffentlicht werden sollten, und erstere nicht; aber die Nichtaufführung sämtlicher dieser Werke war nicht lediglich kontingenten Umständen geschuldet. Die Angabe „Festspiel" fingiert hier eher den Gelegenheitscharakter als dass es ihn dokumentiert. Problematisch ist es auch, dass die Herausgeberin – ähnlich wie der Herausgeber von *Valeria oder Vaterlist* im zwölften Band der *Sämtlichen Werke*, wo die Bühnenbearbeitung zudem schlecht plaziert ist, – ein Publikationsvorhaben zu realisieren unternimmt, das Brentano selbst zuletzt aufgegeben hat und dessen genauer Textbestand in beiden Fällen auch nicht rekonstruierbar ist, denn *Viktoria und ihre Geschwister* zum Beispiel ist vollständig nur in der Buchfassung von 1817 bekannt. Die Bezugnahmen auf bestimmte postulierte Eigenschaften von Festspielen werden von keinerlei Forschungsdiskussion gestützt. Vor allem erinnert die Inanspruchnahme einer vorgeblich an den Wiener Theatern wirksamen, angeblich ungebrochenen Kontinuität höfischer Festkultur auch nach den josephinischen Theaterreformen verdächtig an den in der älteren Forschung beliebten unqualifizierten Appell an die österreichische „Barocktradition", die selten wirklich belegt worden ist.[145] Und der Versuch der Herausgeberin, einen Bezug der „Poetologie" der Wiener Festspiele zu frühromantischen Theoremen herzustellen, ist eine etwas bemüht wirkende Legitimationsstrategie, die hier wie auch sonst oft bei Brentano die Eigenart und Problematik der in Rede stehenden Werke eher verdeckt.

Vorbehalte sind besonders gegen alle Versuche anzumelden, in einem Werk wie *Viktoria und ihre Geschwister* eine Transformation der Gattung „Festspiel" erkennen zu wollen, weil das Personal dort aus gemeinen Gestalten bestehe.[146] Anstatt aus dem Befund zu schließen, dass die unterstellte Gattungstradition des „höfischen Festspiels" für das Drama *Viktoria und ihre Geschwister* keine Relevanz haben kann, weil es zu

[145] Zur Kritik der „Barocktradition": Schaumann, Gestalt und Funktion des Mythos in Raimunds Bühnenwerken (Anm. VI,119), S. 44ff. Zeman, Die Alt-Wiener Volkskomödie (Anm. VI, 119), S. 735f. Wolfgang Neuber, Poetica confessionis cognitio. Erkenntnisfunktionale Ansätze zu einer induktiven Poetik des Altwiener Volkskomödie, in: Das österreichische Volkstheater im europäischen Zusammenhang 1830–1880, hrsg. von Jean-Marie Valentin, Bern 1988 (Contacts I,5), S. 13–31, dort S. 20ff.

[146] Sprengel, Die inszenierte Nation (Anm. V,104), S. 46. Pross, FBA 15,4, S. 16.

einem wesentlichen Anteil eine Komödie im niederen Stil ist, halten sich die Vertreter dieser Auffassung an ein zu enges Verständnis dieser vermeintlichen Tradition, ganz so als wäre es erwiesen, dass Festspiele nur im hohen Stil gehalten sein dürfen. Das Auftreten bloß gemeiner Gestalten ist zumindest ebenso sehr durch die lokale Theatertradition und durch die Zensurvorschriften bestimmt, wie durch eine unterstellte nationalpolitische Konzeption.[147] Obwohl es an einem Bewusstsein für diese Problematik nicht ganz fehlt, wird eine kontinuierliche und homogene Gattungstradition angenommen und ein (wie immer transformierter) Bezug zur höfischen Festkultur unterstellt, wo das Drama eher auf die Bühnenkonventionen des Theaters an der Wien und auf zeitgenössische Vorlieben für Ballett- und Tanzszenen und Tableaus zu beziehen ist.

Die Angabe „klingendes Spiel" auf dem Titelblatt der Buchausgabe verweist auf den großen Anteil der Musik, der durch die zahlreichen Liedeinlagen gegeben ist.[148] Sie könnte eine Nähe zum Singspiel indizieren, als welches das Stück in den Literaturgeschichten des 19. Jahrhunderts häufig und manchmal auch in neueren Arbeiten bezeichnet wird. Diese Literaturgeschichten nennen das Drama übrigens auffallend oft in einem Atem mit den *Lustigen Musikanten*.[149] Die Nähe dieses Singspiels zum Festspiel indiziert eine Bemerkung Brentanos in einem Brief an Arnim vom 13. Februar 1805:[150]

> Die Musikanten werden nächstens in Mannheim wieder gegeben, für welche Bühne ich auch eine kleine Oper zur Vermählung des Kurprinz von Baden mit der Baierschen Prinzessin zu schreiben Auftrag habe, es wird etwas ähnliches wie die Musikanten.

147 Zeman, Die Alt-Wiener Volkskomödie (Anm. VI,119), S. 723f. Pross, FBA 15,4, S. 18.

148 Zu Liedeinlagen im Wiener Theater: Herbert Zeman, Die Liedeinlagen in den Märchen- und Zauberspielen Ferdinand Raimunds, in: Die Andere Welt. Aspekte der österreichischen Literatur des 19. und 20. Jahrhunderts. Festschrift für Hellmuth Himmel, hrsg. von Kurt Bartsch, Dietmar Goltschnigg, Gerhard Melzer, Wolfgang Heinz Schober, München 1979, S. 107–131. Birgit Amlinger, Dramaturgische Strukturen der Gesangseinlage in der Alt-Wiener Volkskomödie, Diss. (masch.) Wien 1985. Jürgen Hein, Zur Funktion der „Einlagen" in den Stücken des Wiener Volkstheaters, in: Volk – Volksstück – Volkstheater im deutschen Sprachraum des 18.–20. Jahrhunderts, hrsg. von Jean-Marie Valentin, Bern u. a. 1986 (JbIG A/15), S. 103 bis 126.

149 Heinrich Kurz, Geschichte der deutschen Literatur mit ausgewählten Stücken aus den Werken der vorzüglichsten Schriftsteller, Bd. 3, Leipzig 1859, S. 385. Wolfgang Menzel, Deutsche Dichtung von der ältesten bis auf die neueste Zeit, Bd. 3, Stuttgart 1859, S. 348. August Koberstein, Geschichte der deutschen Nationalliteratur. 5., umgearb. Aufl. von Karl Bartsch, Bd. 5, Leipzig 1873, S. 492. Von einem Singspiel sprechen u. a. Bernhard Gajek, Der romantische Dichter und das Christentum. Clemens Brentanos religiöse Schriften, in: Clemens Brentano zum 150. Todestag (Anm. II,82), S. 109–131, dort S. 111; Martina Steinig, „Wo man singt, da lass' dich ruhig nieder…" Lied- und Gedichteinlagen im Roman der Romantik. Eine exemplarische Analyse von Novalis' *Heinrich von Ofterdingen* und Joseph von Eichendorffs *Ahnung und Gegenwart*. Mit Anmerkungen zu Achim von Arnims *Armut, Reichtum, Schuld und Buße der Gräfin Dolores*, Berlin 2006 (Literaturwissenschaft 3), S. 118.

150 WAA 32,1, S. 22. Vgl. Heinz Härtl, in: WAA 32,2, S. 560 und Bernhard Gajeks Erläuterung zu den *Lustigen Musikanten* in FBA 2,1, S. 292f.

Aber für ein Singspiel ähnelt das Drama *Viktoria und ihre Geschwister* doch in zu geringem Maß einem musikdramatischen Werk, selbst wenn man die Unfestigkeit der Terminologie in Rechnung stellt.[151] Nach der in den Notizen niedergelegten Absicht oder nach der tatsächlichen Ausführung ließe sich das Stück vielleicht auch als Liederspiel ansehen.[152] Das von Johann Friedrich Reichardt geschaffene Liederspiel ist eine musikdramatische Form, bei der eine Reihe von bekannten Liedern durch eine einfache Handlung verbunden wird, wobei die Lieder keine geschulten Stimmen erfordern sollen.[153] Diese Beschreibung passt ziemlich genau auf *Viktoria*, wenn man in Rechnung stellt, dass die meisten Gedichte nach bekannten Vorlagen gedichtet worden sind und nach geläufigen Melodien gesungen werden sollten, die keine ausgebildeten Stimmen verlangen. Brentanos abendfüllende zweiaktige Komödie mit ihren ungewöhnlichen wechselnden Metren im gereimten Sprechvers entspricht jedoch kaum der Kleinform der Reichardtschen Liederspiele, und die Handlung nimmt dann doch zu viel Raum ein, außerdem war das Liederspiel keine in Wien gängige Form, daher sollte der Ausdruck doch besser vermieden werden. Anstatt den Namen einer so klar auf ein bestimmtes Verbreitungsgebiet begrenzten Gattung zu verwenden, wäre immerhin noch besser von einem allegorischen Schauspiel mit Vaudeville-Struktur zu sprechen, da der Ausdruck „Vaudeville" am geläufigsten ist und wohl am wenigsten falsche Assoziationen weckt. Und vielleicht ist das Drama in der heute allein erhaltenen Form der Buchausgabe zuletzt doch ein in seiner Art singuläres Monstrum. Solange die Frage der architextuellen Beziehungen nicht hinreichend geklärt ist, wird man bei der Bezeichnung „allegorische Komödie" bleiben müssen, die Hedwig von Staegemann schon 1816 gebrauchte.[154]

Die Buchfassung von 1817 und ihr zeitgeschichtlicher Kontext

Viktoria und ihre Geschwister erschien – so Wolfgang Frühwald – „für den Druck grundlegend überarbeitet" und „auf die veränderte Zeitsituation (1816/17) bezogen" zum (hohen) Preis von 1 Taler und 12 Groschen im Juni 1817 in der Maurerschen

151 Krämer, Deutschsprachiges Musiktheater (Anm. I,103), Bd. 1, S. 13f. Siehe auch Reinhart Meyer, Der Anteil des Singspiels und der Oper am Repertoire der deutschen Bühnen in der zweiten Hälfte des 18. Jahrhunderts, in: Das deutsche Singspiel im 18. Jahrhundert, Heidelberg 1981 (Beiträge zur Geschichte der Literatur und Kunst 5), S. 27–76, dort S. 48; Eugene F. Timpe, The Austrian Singspiel and the German Singspiel, in: MAL 17 (1984), H. 3/4, S. 53 bis 65.

152 So Pfeiffer-Belli, Clemens Brentano (Anm. III,201), S. 149.

153 Renate Moering, Johann Friedrich Reichardts Liederspiele, in: Das deutsche Singspiel im 18. Jahrhundert (Anm. VI,151), S. 191–211. Susanne Johns, Das szenische Liederspiel zwischen 1800 und 1830. Ein Beitrag zur Berliner Theatergeschichte, Bd. 1, Frankfurt a. M. 1988 (Quellen und Studien zur Musikgeschichte von der Antike bis in die Gegenwart 20), S. 67–75.

154 Abeken 2, S. 14f.

Buchhandlung.[155] Gubitz berichtet zwar bereits in einer Korrespondenznachricht vom 19. November 1816 im *Morgenblatt* vom bevorstehenden Erscheinungstermin,[156] aber die Sorge um die Ausstattung des Buches scheint das Erscheinen weiter verzögert zu haben. In einer im zweiten Quartal 1817 erschienenen Anzeige der Maurerschen Buchhandlung in den *Freimüthigen Blättern* heißt es zu dem dort angeführten Buchtitel:[157]

> Ein dem Inhalt des Buches ganz entsprechendes Titelkupfer, welches dem Buche eine eigne Zierde geben wird, hält die Herausgabe desselben noch auf: Kunstsachen lassen sich nicht über einen Leisten schlagen, und so mag ein geehrtes Publikum noch immer ein wenig Geduld haben, um nichts Unvollständiges liefern zu dürfen.

Es ist aber keineswegs sicher, ob das – so Friedrich Heininger – „geschmacklose Titelblatt", das schließlich am Anfang des Buches steht, die Erfüllung von Brentanos letzten Wünschen darstellt.[158] Die vielen Nachlässigkeiten des Drucks deuten darauf hin, dass Brentano zuletzt die Überwachung der Drucklegung aufgegeben und nicht mehr sorgfältig Korrektur gelesen hat. Im *Gesellschafter* wird das Drama dann zusammen mit den *Kronenwächtern* in einer Beilage, die zur Ostermesse erschienene Titel anzeigt, als „so eben erschienen" gemeldet.[159] Wahrscheinlich im Juni oder Juli 1817 schaltet die Maurersche Buchhandlung eine identische Anzeige.[160] Arnim hatte das Erscheinen des ersten Teils seines Romans bereits für den Mai angekündigt, und dies ist der früheste denkbare Termin auch für Brentanos Stück.[161] Auch Max Preitz gibt ohne Beleg Mai 1817 als Erscheinungsdatum für Brentanos Drama an.[162] Da Preitz der nach Friedrich Fuchs unzweifelhaft beste Brentanokenner des vorigen Jahrhunderts war und diesem auch in Sorgfalt wenig nachstand, wird man unterstellen dürfen, dass er einen Nachweis kannte, der dieses Datum belegte. Eine weitere Verlagsanzeige für die *Kronenwächter* und für *Viktoria und ihre Geschwister* erschien „um den 20. Juli 1817" in der Halle-

155 Frühwald, Rezension von: Brentano, Werke IV (Anm. V,120), S. 354. Mallon 2, S. 64ff. Zu den Veränderungen: Diel/Kreiten 1, S. 402. Preitz 1, S. 68*. Frühwald, Das Spätwerk Clemens Brentanos (Anm. V,150), S. 107.

156 Gtz., Berlin, den 19. Nov., in: Mbl Nr. 299, 13.12.1816, S. 1196 (vgl. FBA 3,1, S. 377f.; FBA 15,4, S. 36).

157 In der Maurerschen Buchhandlung sind folgende neue Schriften im Jahre 1816 erschienen, in: Freimüthige Blätter für Deutsche, in Beziehung auf Krieg, Politik und Staatswirthschaft, hrsg. von Friedrich von Cölln. Vierter Band, XIV. Heft, Berlin 1817. In der Maurerschen Buchhandlung, Poststraße Nr. 29, separat paginiert (17 S.), dort S. 3. Zum Erscheinungstermin siehe auch Michael Grus, FBA 3,1, S. 377f.

158 Heininger, Clemens Brentano als Dramatiker (Anm. VI,112), S. 48. Zu dem Titelkupfer und seiner Entstehung vgl. Caroline Pross, FBA 15,4, S. 35, 121f.

159 Der Gesellschafter oder Blätter für Geist und Herz Jg. 1 (1817), II. Blatt der Ankündigungen, o. S.

160 Intelligenz-Blatt zum Morgenblatt 1817, Nr. 21, S. 81.

161 Arnim an Ringseis, 25.4.1817, Pfülf, S. 411. Die Arnimforschung geht von einem Erscheinungsdatum der *Kronenwächter* im Juni 1817 aus (so etwa Härtl 2, S. 342), hat aber anscheinend durchweg den zitierten Brief übersehen.

162 Preitz 1, S. 68*.

schen *Allgemeinen Literatur-Zeitung*.[163] Wohl kurz nach dem Erscheinen bittet Brentano Carl Detlev Vetter, den Mitinhaber der Maurerschen Buchhandlung, in einem undatierten, aber aus unabhängigen Gründen in den Juni 1817 zu datierenden Schreiben um ein Freiexemplar der *Viktoria* und der *Kronenwächter* für Leopold von Gerlach.[164] Das Drama ist also einige Wochen später erschienen als *Trutz Nachtigal*, die im März des Jahres herauskam.[165] Aus dem späten Erscheinungstermin erklärt sich, weshalb Arnims Besprechung des Werks erst im Oktober 1817 in der Hauszeitschrift des Verlages – im *Gesellschafter* – zu finden ist. Sie dürfte die einzige positive Reaktion auf das Erscheinen des Werkes sein. Sonst sind nur zwei weitere Besprechungen zu ermitteln, in denen sich zwei bekannte Autoren, August von Kotzebue und Christian August Vulpius, dazu herbeiließen, den neuerdings schriftstellerisch so umtriebigen Brentano zu verreißen.[166] (Der Schlagabtausch zwischen Kotzebue und Brentano hatte aber schon ein Jahr früher begonnen.[167]) Zugleich ist Arnims Besprechung das wichtigste Zeugnis für das Verhältnis der Buchfassung zu den handschriftlichen Vorstufen:[168]

163 Hermann F. Weiss, Unbekannte Dokumente zur Entstehungsgeschichte von Achim von Arnims *Kronenwächtern*, in: GRM N. F. 44 (1994), S. 95–99, dort S. 97, Anm. 9.

164 FBA 33, S. 283. Siehe dazu ebd., S. 511f.; Rupprich, Wilhelm von Gerlach (Anm. III,75), S. 764 (der Erstdruck des Briefes an dieser Stelle wurde in FBA 33, S. 512 übersehen); Schoeps, S. 576. Zu Vetter: Hermann F. Weiss, Georg Andreas Reimers „Großes Hauptbuch" als Quelle für das Literarische Leben, in: AGB 41 (1994), S. 261–269, dort S. 265, Anm. 71.

165 Sabine Gruber, FBA 5,2, S. 403f.

166 August von Kotzebue, in: Literarisches Wochenblatt 3 (1819), Nr. 2, Januar, S. 15. Die Leuchte. Ein Zeitblatt für Wissenschaft, Kunst und Leben, hrsg. von J[ohann] D[aniel] Symanski, Berlin, in der Maurerschen Buchhandlung, Jg. 1818 Nr. 69, 29.8.1818, S. 276 (Wiederholung des Schlussabsatzes von Kotzebues Kritik). N. E. [d. i. Christian August Vulpius], [Sammelbesprechung patriotischer Dramen,] in: Ergänzungsblätter zur JALZ 7 (1819), Nr. 77, Sp. 230–232, dort Sp. 232. Zur Identifikation des Verfassers vgl. Karl Bulling, Die Rezensenten der Jenaischen Allgemeinen Literaturzeitung im zweiten Jahrzehnt ihres Bestehens 1814–1823, Weimar 1963 (Claves Jenenses 12), S. 167. Vgl. Anhang V.

167 Kotzebue, Gedichte, in: Literarisches Wochenblatt 1 (1818), Nr. 14, S. 107–109, dort S. 108f. zur *Sängerfahrt*. Brentano, „Herr von Kotzebue…", in: Wünschelruthe. Ein Zeitblatt, hrsg. von H. Straube und J. P. v. Hornthal, Nr. 13, 12.2.1818, S. 52. Vgl. Erich Schmidt, Findlinge aus der jüngeren Romantik, in: Vjs 2 (1889), S. 476–477.

168 Arnim, Rezension von: Viktoria und ihre Geschwister (…), in: Der Gesellschafter oder Blätter für Geist und Herz 1. Jg., Nr. 161, 1.10.1817, S. 644 = WW 6, S. 571–572, dort S. 571 = FBA 15,4, S. 37f. Vgl. Mallon 1, S. 62. Die von Arnim zitierte Stelle: Viktoria, S. 209. FBA 13,3, S. 284. – Zu der Rezeption des Werks „in geselligen Kreisen": Hedwig von Staegemann an Antoinette Schwinck, 17.10.1816, Abeken 2, S. 16. Clemens Heselhaus, Aus Annettes Jugendzeit. Tagebuch-Aufzeichnungen von Jenny von Droste-Hülshoff, in: JbDG 1 (1947), S. 83–95, dort S. 94f. (1.3.1818); dazu Bernd Kortländer, Annette von Droste-Hülshoff und die deutsche Literatur. Kenntnis, Beurteilung, Beeinflussung, Münster 1979 (Veröffentlichungen der Historischen Kommission Westfalens 34. Geschichtliche Arbeiten zur Meinungsbildung und zu den Kommunikationsmitteln in Westfalen 3), S. 187f. – Im Jahr 1826 wurde das Werk verramscht, eine Anzeige im Gesellschafter Nr. 10, 18.1.1826, S. 52, Blatt der Ankündigungen No. 1 berichtet von der Herabsetzung des Preises auf 20 Groschen.

Ein heiteres Festspiel, ursprünglich für die komische Bühne zu Wien in geringerem Umfange gedichtet, jetzt für die Lesewelt mit vielerlei guten Liedern in guten Singweisen und mit manchem ernsten Zusatze ausgestattet. Dieser schöne Überfluß wäre bei jeder Aufführung in geselligen Kreisen leicht nach dem Geschick der Spielenden abzusondern, und für die Kunst ist es immer besser zu viel als zu wenig Stoff in ihre bunte Waffelform eingegossen zu bekommen, wenn gleich dabei Manches in die Quiste geht, was sich an rechter Stelle erhalten hätte. Sehr trefflich ist das Wort des Schulmeisters am Schlusse, als sich die komischen Personen nach kaum errungenem Siege auf Schneiderkünste legen: (...)

Danach wären also einige Lieder hinzugekommen – wie schon gezeigt, ist diese Auskunft im wesentlichen unzutreffend – und aktuelle zeitgeschichtliche Anspielungen eingefügt worden, deren eine Arnim auch gleich zitiert. Sie geht gegen gewisse Auswüchse des Patriotismus, gegen den fremdwortfeindlichen Purismus der „Berlinischen Gesellschaft für deutsche Sprache" und die Pläne zur Reform der Kleidermode in altdeutschem Sinn, beides Erscheinungen, die in Berlin in den Jahren 1815 und 1816 auf der Tagesordnung standen. Brentano hat übrigens selbst ein Vorwort zu einem Buch über altdeutsche Tracht geschrieben; gegen Puristen spottet er schon in seinen Märchen und in der Heidelberger Zeit.[169]

Die genaue Entstehungszeit der Buchfassung ist nicht leicht zu bestimmen, jedenfalls lag das Drama lange vor seinem Erscheinen fertig vor. Brentano sprach ja bereits im November 1813 von einer bevorstehenden Buchausgabe der *Viktoria*, für die er zu dieser Zeit – nach seinen eigenen Aussagen gegenüber Pálffy – auch bereits einen dringend das Manuskript anmahnenden Verleger gewonnen hatte, den der dann aber wieder verlor.[170] Womöglich handelte es sich um die Schaumburgsche Buchhandlung, bei der Eckstein einen gewissen Einfluss ausübte. Es wäre natürlich möglich, dass der ungeduldige Verleger nur vorgeschoben wurde, um Pálffy zur Herausgabe des in seinem Besitz befindlichen Manuskripts zu nötigen, doch besteht kein hinreichender Grund, Brentanos Aussage anzuzweifeln. Dass die Ausgabe nicht zustande kam, kann alle möglichen Gründe gehabt haben. Die Anspielung auf die *Friedensblätter* in den letzten Versen des Stückes lässt sich kaum anders denn als ein Hinweis auf die bevorstehende Gründung der Wiener Zeitschrift beziehen: „O laß die Taube fliehen, / Vielleicht kehrt sie uns wieder / Mit einem Friedensblatt, / Das Gott gesegnet hat!" [171] Sie steht auch in der Buchfassung von 1817 noch im Text und zeigt, dass das Stück nicht gänzlich und konsequent auf die Lage des Jahres 1815 hin überarbeitet wurde und noch Spuren einer

[169] Altdeutsche Mode: Hs. FDH 20262. Jürgen Behrens, JbFDH 1984, S. 333f. (Jahresbericht). Vgl. Helene Dihle, Altdeutsche Tracht und turnerische Jugendbewegung in Berlin nach den Freiheitskriegen, in: MVGB 44 (1927), S. 104–108; Rommel, S. 1007f.; Hagemann, Nation, Militär und Geschlecht (Anm. VI,35), S. 437–447. – Purismus: Brentano, Das Mährchen von Murmelthier, FBA 17, S. 267–301, dort S. 281ff. Schoeps, S. 179 (Tagebuchaufzeichnung vom 5.3.1816). Zur Deutschtümelei der „Gesellschaft für deutsche Sprache": Geiger, Berlin 1688–1840 (Anm. I,71), Bd. 2, S. 389ff.

[170] Brentano an Pálffy, November 1813, FBA 33, S. 93f.

[171] v. 3434–3437, Viktoria, S. 210, FBA 13,3, S. 284. Vgl. Arnim an Wilhelm Grimm, 1.10. 1814, Steig 3, S. 311.

für ein österreichisches Publikum intendierten Ausgabe trägt. Die *Friedensblätter* waren wohl nur in Österreich verbreitet, jedenfalls hat sich außerhalb Wiens kein einziges Exemplar der Zeitschrift erhalten. Immerhin scheint das nicht in der Absicht der Herausgeber gelegen zu haben, denn im Titel werden als Verleger auch Freiburger und Leipziger Buchhandlungen genannt. Es muss also bereits in den letzten Wiener Monaten oder kurz danach eine erneute Überarbeitung im Hinblick auf eine Buchfassung stattgefunden haben. Handschrift H^7 belegt für den Sommer 1814 weitere Arbeit an dem Text, ebenso H^8 für den Winter 1815. Diese Arbeit zog sich zumindest bei den Paratexten der Buchausgabe noch länger hin. Wilhelm Grimm berichtet am 6. Dezember 1816 von einem Besuch bei Brentano zu Pfingsten desselben Jahres:[172]

> Er fuhr dabei fort, wobei er aufgehört hatte, als ich ihn das letztemal sah, nämlich daß er nun nicht mehr dichten wolle, jedoch habe er noch vor Thorschluß eine Viktoria mit fliegenden Fahnen beendigt, ein dramatisches Werk, dessen Proben mir recht gut gefallen haben, und ein paar Bände Märchen aus eigner Erfindung.

Trotz dieser Briefstelle gibt es Indizien dafür, dass die Weiterarbeit an dem Text des Dramas nicht zu weit über das Jahr 1815 hinausreicht. Einen Hinweis zur Datierung gibt eine Anspielung auf die Auseinandersetzungen zwischen Joseph Görres, von 1814 bis 1816 Herausgeber des *Rheinischen Merkur*, und einem Zensor namens Sack. Am Schluss des Stückes wird der Hinkende Bote vom Volkskalender zu einer höheren Stellung befördert (v. 3342–3347):[173]

VIKTORIA.

(…)
Kein Ehrenbote mehr, nein ein Merkurius
Ein Götterbote sei, die Ehrenkrücke
Nimm hier als Merkurius geschmückt zurücke.

(Sie reicht ihm seine Krücke in einen Merkurstab verwandelt zurück.)

HINKENDE BOTE.

Viktoria! Nun soll die Welt erwachen,
Wollt Satan gleich 'ne Faust im Sack mir machen.

Der als Merkurius geschmückte „Götterbote" ist eine Anspielung auf Joseph Görres' und den *Rheinischen Merkur*. Der Bezug war für die Zeitgenossen eindeutig: Am 26. Juni 1814 ehrte der Stadtrat von Kreuznach Görres und seine Frau mit einem Festmahl für seine Verdienste um das Vaterland, Bürgermeister Stanislaus Schmitt erhob dabei

[172] Görres, Schriften 8, S. 504f.

[173] Viktoria, S. 206. FBA 13,3, S. 281. Eine ähnliche Redewendung („dem Teufel eine Faust machen") findet sich auch in der Philister-Abhandlung; FBA 21,1, S. 160. Vgl. Viktor Heydemann, Der Name „Merkur" zur Bezeichnung von Zeitschriften und Zeitungen, in: ZfBf N. F. 18 (1926), S. 34–36.

einen Toast auf den „geflügelten Götterboten".[174] Görres vertrat mit seiner Zeitung, die die Losung „Kaiser und Reich" auf dem Titelblatt führte, die reichsdeutschen Forderungen der ehedem so genannten „Nationalbewegung" und der Kleinmächte nach einer Wiedereinsetzung des deutschen Kaisertums, die auf dem Wiener Kongress von Österreich und Preußen desavouiert wurden.[175] Sein publizistischer Stil ist treffend als „prophetische Publizistik" beschrieben worden, daher ist auch Brentanos (und Bürgermeister Schmitts) Bezeichnung „Götterbote" sehr passend.[176] Brentano, der seit 1810 keinen Kontakt mehr zu dem Freund aus Heidelberger Tagen gehabt hatte, war seit dem Erscheinen der Zeitung ein eifriger Leser derselben geworden und schrieb Görres im Juni 1815 einen Brief, in dem er ihm seiner und seiner Freunde Zustimmung und Bewunderung versichert.[177] Daher verfolgte er auch die Zensurkonflikte des *Rheinischen Merkur* mit Aufmerksamkeit und nahm darauf mit der zeitlich spätesten Anspielung des Dramas Bezug.

Die Identifizierung des „Sack", auf welchen in der zitierten Stelle mit der Redewendung von der „Faust im Sack" angespielt und der als Gegner des Merkurius bezeichnet wird, ist nicht ganz leicht, denn es gibt zwei hier in Frage kommende Personen. Johann August Sack, ehemaliger Mitarbeiter Steins in der Zeit des Reformministeriums, war 1814 zum Oberpräsidenten der preußischen Rheinprovinz mit dem Regierungssitz Aachen geworden. Er trat für Joseph Görres und seine politische Publizistik ein und versuchte, ihn vor allen Zensurschikanen zu schützen.[178] Sein Bruder Ernst Heinrich

[174] Kreuznach, vom 26. Juni, in: Neue Kreuznacher Zeitung Nr. 74, 28.6.1814. Vgl. Görres, GS Erg.-Bd. 2, S. 245, B 963.

[175] Wilhelm Adolf Schmidt, Geschichte der deutschen Verfassungsfrage während der Befreiungskriege und des Wiener Kongresses 1812–1815, hrsg. von Alfred Stern, Stuttgart 1890, S. 402 bis 424. Heinz Bergmann, Der deutsche Beobachter und die deutsche Verfassungsbewegung vom Beginn der Befreiungskriege bis zum Ausgang des Wiener Kongresses, Diss. Köln 1940, S. 80ff. Jacques Droz, Le libéralisme Rhénan 1815–1848. Contribution à l'histoire du libéralisme allemand, Paris 1940, S. 44–88.

[176] Zur prophetischen Publizistik vgl. Sengle, Biedermeierzeit (Anm. II,27), Bd. 2, S. 59.

[177] Brentano an Görres, 26.6.1815, FBA 33, S. 149–151.

[178] Sack an Hardenberg, 24.6.1815, Czygan 2,2, 1911, S. 346ff. Sack an Gneisenau, 8.12.1815, Steffens, S. 110. Staegemann an Varnhagen, 30.12.1815, in: Varnhagen, Nachlaß, S. 20f. Sack an Gneisenau, 9.1.1816, Steffens, S. 115. Sack an Friedrich Wilhelm III., Czygan 2,2, S. 370f. Sack an Hardenberg, ebd., S. 377ff. Vgl. Steffens, S. 39ff., die Einleitung des Herausgebers. Ferner: Hermann Petrich, in: ADB 30, 1890, S. 152f. Zum *Rheinischen Merkur*: Salomon, Geschichte des deutschen Zeitungswesens (Anm. III,65), Bd. 3, S. 33ff., über Sacks liberale Zensur S. 62ff. Czygan 1, S. 335ff.; 2,2, S. 299ff. Justus von Gruner, Die Zensur des *Rheinischen Merkur* 1814–1816, in: WZGK 32 (1913), S. 465–471, dort S. 470f. Otto Tschirch, Joseph Görres, der Rheinische Merkur und der preußische Staat, in: PrJbb 157 (1914), S. 225–247. Paul Wentzcke, Die politische Bedeutung des Rheinischen Merkurs, in: Görres, GS 6–8, S. 7–14 der Einleitung, dort S. 14 zur Zensurfrage. Reinhard Hagmann, Josef Görres und sein Rheinischer Merkur im zeitgenössischen Urteil 1814–1816, in: JbGKMr 10 (1958), S. 59–97, dort S. 81ff. Branig, Fürst Wittgenstein (Anm. II,81), S. 102f. Hofmeister-Hunger, Pressepolitik und Staatsreform (Anm. II,77), S. 300–310.

Eberhard Sack war ihm als Generalgouvernements-Commissar in Koblenz unterstellt. Er war in Zensurfragen ein entschiedener Gegner von Görres. Die Verwechslung der beiden Brüder ist üblich, aber nicht grundlos, denn auch gegen Johann August Sack gab es Beschwerden auf Seiten der Patrioten, so bei Gneisenau, Gruner und Schenkendorf.[179] Trotzdem ist der Sack, der in Sachen *Rheinischer Merkur* als Gegner von Görres anzusehen ist, der Generalgouvernements-Commissar Sack. Der Schriftwechsel mit diesem ist unter dem Titel „Zur Geschichte des Rheinischen Merkur“ in Görres' *Gesammelten Schriften* abgedruckt.[180]

Brentano berichtet von den Zensurschwierigkeiten des *Rheinischen Merkur* in einem Brief an Arnim aus dem August des Jahres 1815: „Der Merkur ist jezt unter Saks Censur, er war durch ein äußerst ordinaires Handbillet Hardenbergs unterdrückt.“[181] Bei der hier in Frage stehenden Affäre geht es um die Folgen der Kabinettsordre vom 6. Juni 1815, in welcher der König von Preußen die Zensur des *Rheinischen Merkur* angeordnet hatte. Der Oberpräsident Sack schrieb daraufhin am 24. Juni an Hardenberg und nahm Görres in Schutz. Der Generalgouvernements-Commissar aber setzte den Herausgeber unter Druck und ließ das Erscheinen des Blattes vier Tage lang sistieren, worauf dieser sich an den Oberpräsidenten wandte, der dann seinen Bruder an die Zügel nahm.[182] Der in Brentanos Brief an Arnim gemeinte Sack ist demnach der wohlwollende Oberpräsident Sack, wie auch aus einem Brief Arnims an Görres hervorgeht, der auf Brentanos zitierten Brief fußt. Der in diesem Brief gemeinte Sack ist zweifellos Johann August Sack, da nur von ihm als vom „allmächtigen Sack“ die Rede sein kann.[183] In einem Brief Brentanos an Arnim vom Anfang April 1816 ist ein weiteres Mal von einem Sack die Rede: „Sack ist abgewießen und Görres hat gesiegt. Sack hat appellirt.“[184] Hier handelt es sich um Ernst Heinrich Eberhard Sack, die in Frage ste-

179 Steffens, S. 111, Anm. 3. Ferner: Gruner an Hardenberg, 7./19.4.1815, Gruner 2, S. 494. Schenkendorf an Hardenberg, 29.11.1815, in: Paul Kaufmann, Max von Schenkendorfs Kampf um ein Amt am Rhein. Ein Beitrag zur Geschichte der Reaktion, in: PrJbb 217 (1929), S. 184–209, dort S. 187f. eine ausführliche Schilderung der Vorwürfe, zu denen unter anderem der der Vetternwirtschaft gehört.

180 Görres, Schriften 3, 1855, S. 374–394. Vgl. Czygan 1, S. 337f. Ferner: Görres an Gruner, 17.7.1814, 1.9.1814, 27.9.1814, Gruner 1, S. 357, 359, 360. Die Identifizierung des in Görres' Briefen an Gruner genannten Sack mit Johann August Sack in: Josef von Görres' Ausgewählte Werke und Briefe. Hrsg. mit Einleitung und Anmerkungen von Wilhelm Schellberg, Bd. 2, Kempten, München 1911, S. 835 ist irrig.

181 Brentano an Arnim, 14.8.1815, FBA 33, S. 164.

182 Friedrich Wilhelm III. an Johann August Sack, 6.6.1815, Czygan 2,2, S. 345f. Sack an Hardenberg, 24.6.1815, ebd., S. 346ff. Ernst Sack an Görres, 18.7.1815, in: Görres, Schriften 3, S. 376f. RhM Nr. 272, 23.7.1815; Nr. 280, 8.8.1815. Görres an Johann August Sack, 25.7.1815, in: Görres, Schriften 3, S. 377ff. Johann August an Ernst Sack, 26.7.1815 (Abschrift für Görres), ebd., S. 382ff. Johann August Sack an Görres, Aachen 30.7.1815, ebd., S. 381ff. Vgl. Czygan 1, S. 346f.

183 Arnim an Görres, nach dem 14.8.1815, in: Görres, Schriften 8, S. 450. Vgl. Steig 5, S. 43.

184 Brentano an Arnim, Anfang April 1816, FBA 33, S. 212 (falsch identifiziert bei Schultz/Schwinn 2, S. 938, zu S. 738,16 und in FBA 33, S. 552).

hende Affäre ist der gegen Görres angestrengte Ehrbeleidigungsprozess, der großes Aufsehen erregte. Nach dem Verbot des *Rheinischen Merkur* leitete aber auch Johann August Sack Anklage gegen Görres wegen „der dem Gouvern.-Commissair in seinen amtlichen Verhältnissen zugefügten Beleidigungen gegen den Görres eine gerichtliche Untersuchung“ ein.[185] Görres war nach diesen Vorgängen natürlich auch auf den Oberpräsidenten nicht mehr gut zu sprechen.[186] – Das Wortspiel mit dem Namen Sack in Arnims Brief zeigt, dass Brentanos Erwähnung Sacks in der *Viktoria* auf einen Sprachgebrauch politisch interessierter Berliner aufbauen kann, der die Verständlichkeit dieser Anspielung sichert. Der in der zitierten Stelle des Dramas genannte Sack dürfte hingegen der Generalgouvernements-Kommissar sein, da mit der gegen den Merkur geballten „Faust im Sack“ ein missliebiger Zensor gemeint ist, wie der Koblenzer Sack einer war, nicht hingegen der Aachener Oberpräsident. Der *Rheinische Merkur* wurde am 3. Januar 1816 verboten, Johann August Sack erhielt eine königliche Rüge und wurde infolge seiner lässigen Zensur des *Rheinischen Merkur* (und anderer Beschwerden) versetzt.[187] Aktuell konnte die Anspielung auf die Zensurschwierigkeiten mit Sack nur vor diesem Datum sein. Die betreffende Stelle am Schluss des Dramas ist auf die hier geschilderte Angelegenheit zu beziehen. Wie die vom 15. August 1815 datierenden Anzeigen der geplanten Buchausgabe zeigen, die im September 1815 erschienen sind, muss im Sommer 1815 ein abgeschlossener oder doch nahezu fertiger Text einer geplanten Buchfassung im August 1815 vorgelegen haben.[188] Die Entstehung von

[185] Johann August Sack an Hardenberg, 17.6.1816, Czygan 2,2, S. 378; Hardenbergs ad acta-Vermerk datiert vom 25. Juni des Jahres. Nicht zugänglich war die Untersuchung von Karl-Ludwig Spies, Der Beleidigungsprozeß zwischen dem Herausgeber Joseph Görres und dem Generalgouvernementskommissar Ernst H. E. S. Sack. Ein Nachspiel zum Verbot des *Rheinischen Merkurs* im Januar 1816, Phil. Liz.-Arbeit (masch.) Fribourg 1991; vgl. Görres, GS Erg.-Bd. 2, S. 244, B 961. Siehe auch ebd., S. 249f., B 1009ff. zu der zeitgenössischen Zeitschriftenberichterstattung über den Ehrbeleidigungsprozess gegen Görres.

[186] Benzenberg an Gneisenau, 4.12.1816, Pertz/Delbrück 5, S. 175.

[187] Friedrich Wilhelm III. an Johann August Sack, 3.1.1816, Czygan 2,2, S. 370. Sack an Friedrich Wilhelm III., 9.1.1816, ebd., S. 370f. Sack an Hardenberg, 17.1.1816, ebd., S. 377ff. – Neben den beiden im Text genannten Brüdern Sack gibt es einen weiteren Sack, Oberhofprediger Friedrich Samuel Gottfried Sack, der im Briefwechsel zwischen Arnim und Brentano erwähnt wird; vgl. Brentano an Arnim, 3.2.1816, FBA 33, S. 178. Falsch ist dessen Identifikation als Johann August Sack in den Registern in FBA 33, S. 552 und Schultz/Schwinn 2, S. 960. Vgl. Arnim an Ringseis, 25.3.1816, in: Pfülf, S. 407; Ringseis an Arnim, 16.6.1816, Weiss 3, S. 274; Ernst Benz, Bischofsamt und apostolische Sukzession im deutschen Protestantismus, Stuttgart 1953, S. 123.

[188] Franckfurter Staats-Ristretto Nr. 257, 14.9.1815, S. 1039; Nr. 261, 18.9.1815, S. 1056; Nr. 268 (recte: 269), 26.9.1815, S. 1088. Orient oder Hamburgisches Morgenblatt Nr. 114, 23. September 1815, S. 910–911, dort S. 911. Nieder-Elbischer Merkur Nr. 29, 1816 (das genaue Erscheinungsdatum ist nicht bekannt), Zugabe, S. 8–10, dort S. 10. Mallon 2, S. 64, Nr. 65 und S. 62, Nr. 62. Preitz 2, S. 464f. Chronik, S. 97. FBA 13,3, S. 459–461, dort S. 461. FBA 15,4, S. 448. Vgl. Feilchenfeldt, Brentanos publizistische Kontakte mit Hamburg (Anm. V,60), S. 52ff.

Handschrift H^8 im November 1815 muss zur allerletzten Bearbeitungsphase gehören. Für eine Datierung einzelner Partien nach dem Jahresende 1815 gibt es bislang keine Hinweise.

Die Verlagsanzeigen kündigen eine Veröffentlichung mit dem Titel „Viktoria und ihre Geschwister. Festspiele und Lieder des Deutschen Krieges. Den Frauenvereinen der freyen Städte Frankfurt, Bremen, Hamburg und Lübeck, zu milden Zwecken gewidmet von Clemens Brentano. Frankfurt, bey Bernhard Körner, 1816" an. Die Ausgabe sollte, so der Verfasser, „ein Geschenk mit der Handschrift der mannichfaltigen Kriegs- und Siegs-Festspiele und Lieder, welche er von ganzem Herzen gedichtet hat" enthalten. Bernhard Körner veröffentlichte zu dieser Zeit vor allem patriotische Schriften, hatte aber seinerzeit auch schon dasjenige dramatische Gelegenheitswerk gedruckt hatte, das der Wiener allegorischen Komödie von allen Stücken Brentanos am engsten verwandt ist, das Singspiel *Die lustigen Musikanten*, und war insofern der ideale Verleger.[189] Feilchenfeldt hat jedoch aus den wechselnden Versionen der Anzeige, mit denen Brentano zur Pränumeration aufruft, auf einen Konflikt zwischen Autor und Verleger um die Verwendung der Einnahmen, die Brentano wohltätigen Zwecken zudachte, schließen wollen. Diese Auseinandersetzung mag der Grund für die ausgebliebene Realisierung des Projekts gewesen sein.[190]

Als *Viktoria und ihre Geschwister* im Sommer 1817 erschien, waren die zahlreichen Anspielungen längst nicht mehr aktuell. Der Gelegenheitscharakter und Zeitbezug von *Viktoria und ihre Geschwister* wurde so zu einem ernsthaften Hindernis für die Fertigstellung des Werks, denn jede Verzögerung führte dazu, dass das Werk in seiner jeweils jüngsten Überarbeitung noch vor dem geplanten Erscheinungstermin bereits durch die Zeitgeschichte überholt war. Man kann geradezu von zeithistorischen Schichten sprechen, die jeweils auf eine bestimmte Überarbeitung zurückgehen und auf einen bestimmten vorgesehen Erscheinungstermin weisen, zu welchem sie aktuell gewesen wären. Bemerkenswert ist, dass all diese verflossenen Anspielungen im Text stehen blieben. Nach so vielen Verzögerungen wird sich Brentano dann auch vom Verbot des *Rheinischen Merkurs* nicht mehr haben beeindrucken lassen. Ein aktueller Bezug auf Görres allerdings wird auch in der Buchfassung von 1817 noch aufrechterhalten durch das an ihn gerichtete Widmungsgedicht. Diese Widmungsverse an Görres und an Schin-

[189] Zu Bernhard Körners patriotischer Verlagstätigkeit: Karl Heinz Schäfer, Ernst Moritz Arndt als politischer Publizist. Studien zu Publizistik, Pressepolitik und kollektivem Bewußtsein im frühen 19. Jahrhundert, Bonn 1974 (Veröffentlichungen des Stadtarchivs Bonn 13), S. 177. Zur früheren Bekanntschaft Brentanos mit Körner: Bernhard Gajek, Rezension von: Clemens Brentano. Briefwechsel mit Heinrich Remigius Sauerländer, hrsg. von Anton Krättli, Zürich 1962, in: Euphorion 61 (1967), S. 364–369, dort S. 366.

[190] Vgl. Feilchenfeldt, Brentanos publizistische Kontakte mit Hamburg (Anm. V,60), S. 52ff.; ders., Öffentlichkeit und Chiffrensprache in Briefen der späteren Romantik, in: Probleme der Briefedition. Kolloquium der Deutschen Forschungsgemeinschaft. Referate und Diskussionsbeiträge hrsg. von Wolfgang Frühwald, Hans-Joachim Mähl und Walter Müller-Seidel, Boppard 1977 (Kommission für Germanistische Forschung. Mitteilung II), S. 125–154, dort S. 131. Siehe auch Preitz 2, S. 464f.

kel, die nach (nicht etwa vor) einer Begegnung der beiden während Schinkels Kunstreise an den Rhein, die er im Sommer 1816 unternahm, entstanden sind, bilden – außer dem Titelkupfer, dessen Anfertigung oder Fertigstellung sich so lange verzögerte – den spätesten Bestandteil der Buchausgabe. Sie sind im September 1816 geschrieben worden.[191]

Es ist mit einer sukzessiven Entstehung des Werks im Oktober 1813 vor und nach der Leipziger Schlacht und mit mindestens fünf Überarbeitungsschichten – Dezember 1813 für die erste geplante Buchausgabe, März/April 1814 für die geplante österreichische Sammelpublikation der Festspiele, Sommer 1814 für eine projektierte Veröffentlichung, Frühjahr bis August (und sogar Dezember) 1815 für die angekündigte und September 1816 für die tatsächlich erschienene Ausgabe – zu rechnen, die durch die immer wieder verzögerte Buchausgabe für das Zeitstück nötig oder möglich wurden. Die verwickelte Entstehungsgeschichte hat in dem Drama ihre Spuren hinterlassen und ein angemessenes Verständnis nachhaltig erschwert. Da mit Ausnahme von Frühwald alle bisherigen Interpreten die allein vollständig erhaltene Buchfassung ohne größere Abstriche auf die Entstehungssituation der Bühnenfassung im Herbst 1813 bezogen haben, waren sie außerstande, das Werk in seiner Komplexität wirklich zu erhellen. Damit soll nicht gesagt werden, dass sich der Text des Dramas nicht auch sinnvoll auf die Zeit der ersten Entstehung beziehen lasse, denn Brentanos amplifizierende Bearbeitungsweisen bei der Erstellung späterer Versionen seiner Werke sind hinreichend bekannt, um Schlüsse auf den Textzustand früherer Fassungen zuzulassen. Weil im Fall von *Viktoria und ihre Geschwister* allein die letzte Fassung vollständig erhalten ist, muss jede Deutung aber notwendig al rovescio vorgehen.

Die Widmungsgedichte und der Text der Buchfassung

Die Buchausgabe von *Viktoria und ihre Geschwister* gibt sich im Vorwort als ein Werk „ohne alle Prätension“, in den Widmungsgedichten als „leichtes Lied“ und somit, in der Terminologie alexandrinischer Poetik, als eine Form der nugae.[192] Dass das Drama hier „Lied“ genannt wird, gehört traditionell zur Sprache der Widmungsdichtung, ebenso

[191] Grus, Brentanos Gedichte *An Görres* und *An Schinkel* (Anm. I,53), S. 60–62; ders., FBA 3,1, S. 376–380. Guignard, S. 72 hat eine Entstehung vor der Begegnung angenommen.

[192] Viktoria, S. XV, FBA 13,3, S. 84. An Görres, v. 1 und 25, FBA 3,1, S. 80, 81. – Zu Brentanos Buchgestaltungen: Bernhard Gajek, Brentanos Verhältnis zur Bildenden Kunst, in: Bildende Kunst und Literatur. Beiträge zum Problem ihrer Wechselbeziehungen im neunzehnten Jahrhundert, hrsg. von Wolfdietrich Rasch, Frankfurt a. M. 1970 (Studien zur Philosophie und Literatur des neunzehnten Jahrhunderts 6), S. 35–56. Misako Hori, Das *Wunderhorn*. Zur konzeptionellen Bedeutung der Titelkupfer zu Achim von Arnims und Clemens Brentanos Liedersammlung *Des Knaben Wunderhorn*, Frankfurt a. M. u. a. 2007 (Helicon 33); dazu die Rezension von Dietmar Pravida, in: JbBvA 22/23 (2010/2011), S. 284–287. Rita M. Lennartz, Inszenierung der Lektüre. Das Zusammenspiel von Buchgestaltung, Narration und Metaphorik in Brentanos *Godwi*, Paderborn u. a. 2010.

wird auch im Prolog zur *Gründung Prags* das Drama mit dem Ausdruck „Lieder“ bezeichnet.[193] Man könnte Zueignungen und Prologe geradezu dadurch definieren, dass in ihnen auf das eigene Werk als auf ein „Lied“ Bezug genommen wird. Der deutsche Ausdruck ist hier als eine direkte Übersetzung des lateinischen „carmen“ aufzufassen, das seit mittellateinischer Zeit auch auf Komödien und Tragödien angewandt wird.[194] Die sorgfältige Komposition teilt das Werk mit den meisten übrigen Büchern, die Brentano selbst besorgt hat – wie *Des Knaben Wunderhorn*, *Trutz Nachtigal*, *Die Sängerfahrt*, das *Güldene Tugendbuch*, *Gockel, Hinkel und Gackeleia* und die religiösen Schriften. Das Drama wird von textuellem Beiwerk eingerahmt, bestehend aus Titelkupfer und Titelei, Widmung und Widmungsgedichten, Vorwort und witzigem Personenverzeichnis, das in der Anführung kurioser Beschreibungen der dramatis personae luxuriert. Selbst das Druckfehlerverzeichnis enthält in der Nachfolge Jean Pauls und von Brentanos eigenem *Gustav Wasa* einen Scherz, der sich in harmloser Weise noch einmal mit dem Problem zensurverdächtiger Passagen auseinandersetzt: Vers 843 lautet im Erstdruck „Ihr habt unter’n Märschen nur Wölf’ und kein Pferd“. Das Druckfehlerverzeichnis bemerkt dazu lakonisch: „Seite 51, Zeile 5 stehet ein m zu viel“. Die *Gesammelten Schriften* und die *Sämtlichen Werke* korrigieren entsprechend in Vers 843 „Märschen“ zu „Ärschen“.[195] Das Vorbild hierfür dürfte in den Kunstgriffen freidenkerischer Traktate der radikalen Aufklärung zu suchen sein: So vereinfachte William Whiston im einzigen Erratum seiner *Essays and Sermons on Several Subjects* (1709) den Wortlaut der Doxologie zu einer im Januar 1705 in der Trinity Church gehaltenen Predigt – „To whom *(sc. Jesus Christus)* with the Father and the Holy Ghost, three Persons and One God, be all Honour, Glory, Thanksgiving, Adoration and Obedience *(...)*“ – mit der Anweisung: „Pagina 123. l. 23, 24. *r(ead)* in the Holy Ghost, *and dele*, Three Persons and One God“. Aus einer orthodox trinitarischen Gebetsformel wurde so im Handumdrehen eine sozinianische.[196]

Dem Dramentext folgen ein Anhang mit einem Gedichtdruck, auf welchen im laufenden Text des Dramas verwiesen wird,[197] Erläuterungen zu niederösterreichischen Dialektausdrücken sowie den Melodien zu sechs Liedern, die aller Wahrscheinlichkeit

[193] Prolog, v. 321, 328, FBA 14, S. 20. Zueignung (zu *Trutz Nachtigal*), FBA 5,2, S. 15, v. 73. Siehe auch Faust, v. 21: „Mein Lied ertönt der unbekannten Menge“; vgl. Ernst Grumach, Zueignung v. 21–24, in: Goethe 24 (1962), S. 288–290.

[194] Belege zur Verwendung von „carmen“ im Eingang von Gedichten finden sich bei Paul Klopsch, Einführung in die Dichtungslehren des lateinischen Mittelalters, Darmstadt 1980 (Das lateinische Mittelalter), S. 21ff. Zur Anwendung auf Komödie und Tragödie vgl. Wilhelm Cloetta, Beiträge zur Litteraturgeschichte des Mittelalters und der Renaissance. I. Komödie und Tragödie im Mittelalter, Halle a. S. 1890, Nachdruck Leipzig 1976, S. 17, 28.

[195] Viktoria, S. 224, Verbesserungen. FBA 15,4, S. 95 z. St. Vgl. GS 7, S. 330; FBA 13,3, S. 132. Vgl. Barbara Hunfeld, Die Autographen sind schuld. Jean Pauls (un)absichtliche Errata, in: Autoren und Redaktoren als Editoren, hrsg. von Jochen Golz und Manfred Koltes, Tübingen 2008 (Beihefte zu Editio 29), S. 204–214.

[196] Vgl. Richard S. Westfall, Never at Rest. A Biography of Isaac Newton, Cambridge, New York 1980, S. 651.

[197] Viktoria, S. 128 und 211–215, FBA 13,3, S. 205 und 286–289.

nach von Brentanos Freund August Wilhelm Goetze in Noten gebracht wurden.[198] Selbst bei einem Gelegenheitswerk treibt Brentano die konzeptionelle Sorgfalt der Buchgestaltung so weit, dass es beinahe sinnlos wird, noch von Texten und Paratexten zu sprechen. Aber trotz allen diesen Bemühungen scheint Brentano die Drucklegung nicht streng genug überwacht zu haben. Der Text ist schlecht und auf schlechtem Papier gedruckt und enthält überdies zahlreiche Satzfehler, sogar die Erläuterung des Titelkupfers im Vorwort beschreibt (wie das etwa auch bei Hoffmanns *Prinzessin Brambilla* der Fall ist) das Bild mit verkehrter Angabe der Seiten, denn Brentano orientierte sich an der Zeichnung. Die mangelhafte Qualität der Buchgestaltung zeigt so, dass Brentanos Interesse an seinem Werk zuletzt erloschen sein dürfte.

Die wichtigsten Nebentexte sind die Widmungen, denn wie die beiden anderen in Buchform publizierten Dramen, *Ponce de Leon* und *Die Gründung Prags*, enthält das Werk am Beginn eine persönliche Zueignung, die aus dem Schritt des Werks auf den Buchmarkt zu einem anonymen Publikum eine persönlichen Adressierung an namentlich genannte Personen macht und so eine Verbundenheit zwischen Autor und den für ihn maßgeblichen Lesern herstellt. In *Viktoria und ihre Geschwister* ist diese Aufgabe noch verwickelter, denn hier sollen zwei Freunde Brentanos auch ihrerseits miteinander durch die Ansprache in der Widmung und durch das „Liederband" des Liederspiels enger verbunden werden.[199] Dieser Ausgriff aus einer Verbindung von Autor und Leser auf die Verbindung zweier Leser untereinander, die zugleich auch freundschaftlich auf den Autor bezogen sind, entspricht dem patriotischen Inhalt des Stücks, das seinerseits die Herstellung gesellschaftlicher Beziehungen durch Gesang zum Thema hatte. Der politische Anspruch, nur scheinbar in den privaten Bereich zurückgenommen, ist in der Person von Görres unübersehbar präsent, der aber im Sommer 1816 selbst nur noch ein gefesselter Löwe war. Da der „Götterbote" Görres in dem Drama sogar selbst vorkommt und am Ende des Stückes ähnlich direkt genannt wird wie der ungenannte Freund Arnim am Ende von *Ponce de Leon*, ist *Viktoria und ihre Geschwister* in seinem dedikatorischen Aufbau dem Lustspiel nahe verwandt. Da Görres schon im Dramentext bedacht wurde, wendet sich der Sprecher des Widmungsgedichts, Brentano, dem Architekten Schinkel eindringlicher zu. Wie der prophetische Publizist Görres hat auch der Künstler Schinkel ein überzeitliches, von Gott verliehenes Amt inne, das er gegen die Zeit durchzusetzen hat, und wie Görres ist er Gegenstand der Verhöhnung durch die Zeit, die jener – mit einem Wort aus Hölderlins Rheinhymne – ‚lächelnd' erträgt.[200] Welche Vorbehalte Brentano gegen Schinkels Umgang mit seinem Künstlertum hatte, hielt er nur in den Entwürfen zu einem unvollendet gebliebenen umfangreicheren Gedicht an den Freund fest, aus dessen Materialien dann das Widmungsgedicht entstand.

Das „Liederband" führt die Verbindung zwischen den Freunden Görres und Schinkel nicht herbei, sondern spricht von einer Begegnung zwischen beiden, die zum realen

[198] Vgl. Marie und Hildegard Goetze, Unsere Voreltern und unsere Eltern. Zum 15. Mai 1895 für die Familie als Manuskript gedruckt, Wernigerode 1895, S. 112f.; Frühwald, Das Spätwerk Clemens Brentanos (Anm. V,150), S. 112, Anm. 28.

[199] An Görres, v. 33, FBA 3,1, S. 81.

[200] v. 17, ebd., S. 80.

Zeitpunkt der Entstehung des Gedichtes bereits stattgefunden hatte und die sich in der imaginierten Gegenwart, in der der Sprecher des Gedichts, Brentano, die Begegnung besingt, gerade in der Ferne ereignet. Ebenso wird, wie bemerkt, in dem Drama selbst die Gemeinschaft der dramatis personae und der Nation auf der Ebene des pragmatischen Handlungszusammenhanges nicht erst durch die gemeinsam gesungenen Lieder begründet. Zumindest in der Buchfassung von 1817 wird der Zusammenhalt der erreichten familialen Gemeinschaft ganz am Ende des Dramas wieder durch den Schulmeister in seiner Reichweite eingeschränkt, da sich Lippel und Lieschen doch – in der für die Komödientradition typischen Schlussszene, in der die komischen Nebenfiguren auftreten und ein letztes Mal den Kontrast zur Haupthandlung geben – als unverbesserlich erweisen. Sie zeigen aber nicht so sehr ein Verhalten, das für Nebenfiguren oder für Angehörige niederer Gesellschaftsschichten typisch ist, sondern sie erweisen sich für Formen patriotischer Übersteigerung anfällig, wie sie um 1814/15 bei Gebildeten üblich waren, Fremdwortpurismus und altdeutsche Trachtenmode, die beide auch in der Wiener Publizistik und in Stücken des Wiener Vorstadttheaters gelegentlich als spezifisch norddeutsche Erscheinungen verspottet werden.[201] Kaum soll durch diese Kritik an scheinbar harmlosen zeittypischen Geschmacklosigkeiten die vorangegangene Handlung und ihre ideelle Motivierung aufgehoben werden, wohl aber wird die Erfahrung der triumphierenden Gemeinschaft damit auf die kurze Dauer eines Festes begrenzt. Bei allen Bemühungen, die pragmatische und die ideelle Ebene – entsprechend der Unterscheidung von „real-verständlichem Lagerspiel“ und „allegorischem Festspiel“ – bis zur Ununterscheidbarkeit zu überblenden – am deutlichsten in der Bühnenanweisung am Beginn des zweiten Aufzugs, Gloria müsse so gekleidet sein „daß sie weder vorwiegend modisch, noch idealisch erscheint, sondern durchaus zwischen Beidem“[202] – ist dem Drama (in der Buchfassung) nicht daran gelegen, diese Ebenen dauerhaft in eins zu setzen. Im Gegenteil geben sich die Hauptgestalten am Ende der Buchfassung ausdrücklich als Allegorien zu erkennen. Entsprechend erhält das Buchdrama von 1817 die Differenz zwischen dem Modell einer imaginierten Vereinigung im Fest und der schlichten Realität aufrecht und bietet so außer dem Fest auch schon dessen Ende. Dies gilt übrigens nur für die Buchfassung, denn in dem Brief an Smitmer nannte Brentano sein Drama gerade „ein immer währendes Siegsfest“.[203] Dem entspricht die Notiz 3 zu dem Drama, wo am Ende nur „Siegesmärsche“ genannt sind.[204] Diese Programmatik wird durch die Buchfassung desavouiert, denn die Stiftung einer die Festsituation überdauernden realen Gemeinschaft wird am Ende des Buches mit abgeklärtem Humor geleugnet. Der mit den letzten Dialogreden vollzogene Verzicht auf die Überführung des

[201] v. 3378–3424, Viktoria S. 207–209, FBA 13,3, S. 282–284. Vgl. Arnim, Rezension von: Viktoria und ihre Geschwister (...), FBA 15,4, S. 37f. dort S. 38. Zur Kritik daran in Wien vgl. Rommel, S. 1007f.

[202] Viktoria S. 107, FBA 13,3, S. 186.

[203] FBA 33, S. 89. Zum Verhältnis von Festspiel, verstanden als einmalige festliche Aufführung, und Druck des seinerzeit aufgeführten Textes als Erinnerung an das Fest vgl. Detken, Im Nebenraum des Textes (Anm. I,67), S. 88ff.

[204] FBA 15,4, S. 52.

Dramas in das anhaltende Fest, in dem Poesie und Zeit länger als einen Augenblick, in dem sie zur Deckung kommen, ununterschieden wären, führt das Festspiel in die Komödientradition zurück. Er entspricht der begrenzten Rolle, die den Widmungsgedichten selbst bei der Stiftung freundschaftlicher Beziehungen zwischen Gleichgesinnten zukommt. Ist *Viktoria und ihre Geschwister* in der Fassung des Jahres 1817 so ein poetologisches Werk, dann handelt es nicht von der dauerhaften Vereinigung von Poesie und Realität im Fest, sondern von deren bloß intermittierender, zur Zeit der Veröffentlichung längst schon wieder vergangener Möglichkeit, die imaginiert und erinnert, aber nicht durch die Poesie herbeigeführt oder als dauerhaft verwirklicht dargestellt wird. Es scheint so, als ob auch die Konzeption des Werks zuletzt das ständige Überholtwerden der Poesie durch die Wirklichkeit während der Entstehungsgeschichte der Buchfassung noch reflektieren sollte: Die erkennbaren zeithistorischen Schichtungen nicht mehr aktueller Anspielungen, die jeweils einen optimistischen Ausblick auf eine erhoffte, aber dann nicht eingetretene Zukunft boten, lassen es zu, das Buchdrama in seiner internen, noch im Buchtext nachvollziehbaren Genese als Darstellung einer Folge von Stationen der ständigen Verfehlung von Poesie und jeweiliger Gegenwart mit ihren Zukunftshorizonten zu lesen.[205] Die einzige Überschreitung auf eine noch offene Zukunft hin erlaubt sich die Buchfassung in der Nobilitierung des hinkenden zum Götterboten. Wie der hinkende Bote früher die Missgeschicke des Reiches hinterbrachte, so soll er als Merkur prophetische Publizistik im Hinblick auf die Zukunft Deutschlands betreiben und die im Drama imaginierte und für einen Augenblick als realisiert vorgestellte Versammlung der Nation als politisches Projekt weiterverfolgen. Aber auch dieses einzige greifbare Ergebnis der Dramenhandlung war zum Erscheinungstermin des Buches durch das Verbot des *Rheinischen Merkur* längst schon wieder entwertet: Das im Mai 1817 erschienene Buch ist selbst ein hinkender Bote. *Viktoria und ihre Geschwister* ist in der Buchfassung und seinem Beiwerk nicht das Dokument einer Festaufführung zu einer bestimmten Gelegenheit und auch nicht die Darstellung eines immerwährenden Siegesfestes, sondern eine Reflexion über die Flüchtigkeit des festlichen Moments und die Asynchronie von Poesie und Zeitgeschichte. Man könnte sogar so weit gehen, die mangelnde Qualität des Drucks, die durch die nachlassende Aufmerksamkeit des Korrekturen lesenden und den Druck überwachenden Autors zustande kam, selbst noch der Bedeutung des Werkes zuzuschlagen. Es überrascht nicht, dass Brentano danach auf die Publikation der *Mährchen vom Rhein* samt der in diesen vertretenen Kunstutopie verzichtete und nur noch geistliche Lyrik veröffentlichte.

Allegorien der Selbstopferung und des Sieges

Die vier Hauptgestalten des Dramas sind Siegmuth, ein Lützower Jäger aus Sachsen, Siegewalt, ein – wie es zunächst heißt – preußischer freiwilliger Jäger, Eiferried, ein österreichischer Wehrmann, und Anne Viktoria. Sie fungieren zugleich als handelnde

[205] Vgl. Paul de Man, The Rhetoric of Temporality, in: ders., Blindness and Insight. Essays in the Rhetoric of Contemporary Criticism. Second edition, Minneapolis 1983, S. 187–228.

Gestalten und als Personifikationen der Eigenschaften Kratos, Bia und Zelos, deren es bedarf, um Nike zu erringen.[206] Die Zusammenstellung der vier griechischen Begriffe in ihrer Personifikation als Geschwister, wie sie sich bei Hesiod erstmals findet, hat Brentano wohl aus einem Lexikon übernommen.[207] Er lässt sie in seinem Drama – anders als bei Hesiod und später in *Östreichs Muth, Sieg und Hofnung* – die Kinder nicht der Styx und des Pallas, sondern des Curtius von Siegen und der Gloria sein. Dieser mythologische Eklektizismus ist Brentanos eigene Zutat und in ihm verbindet er die Mythologie der Stygeskinder in eigenwilliger Weise mit der Aitiologie des Lacus Curtius auf dem Römischen Forum, die in Curtius' Rede bei seinem Auftritt im zweiten Akt wiedergegeben wird (v. 3198–3214):[208] „Die am meisten verbreitete und auch wohl älteste Erklärung des Namens Lacus Curtius (…) auf dem Forum lautete, dass sich hier einst ein tiefer Spalt in der Erde gebildet habe, und eine Weissagung verkündet habe, er werde sich schliessen, wenn Rom das Gut, das seine grösste Stärke ausmache, zum Opfer bringe; ein edler Jüngling, M. Curtius, habe sich darauf in der Erkenntnis, dass Waffen und Heldenmut dieses höchste Gut seien, selbst zum Opfer gebracht, indem er sich mit seinem Rosse in voller Rüstung in den Abgrund stürzte, worauf sich die Erde wieder geschlossen habe." Curtius von Siegen ist der Nachfahr jener Inkarnation des sich selbst aufopfernden Heldentums. Er ist wohnhaft zu Siegen, wo einst die Sigambrer die Römer geschlagen haben sollen, wie Florian Trommelklippel aus seinem Kalender zu vermelden weiß (v. 3100–3114).[209] Die Wahl des Ortsnamens Siegen hat nichts mit Ereignissen aus der germanischen Lokalgeschichte dieses Orts zu tun, sondern ist allein der Verwendbarkeit des Wortes in Wortspielen zu verdanken.[210] Die Sigambrer treten auf, wann immer Deutschland Krieg droht oder der Frieden wieder einzieht. Curtius wird bei jedem in Deutschland auftretendem Kriegslärm an die einstige Schlacht erinnert und zu „Heldenwuth" (v. 3171) angestachelt. Bei solcher Gelegenheit verließ er einst das

[206] Viktoria, S. XV, 14, 138ff., 201, 203. FBA 13,3, S. 84, 96 (v. 197f.), 215ff. (v. 5359ff.), 268 (v. 3130–3132), 275 (v. 3254f.), 276 (Bühnenanweisung). Vgl. Brentano an Arnim, Ende November 1813, FBA 33, S. 101.

[207] Hesiod, Theogonia 383ff. Pseudo-Apollodorus, bibliotheca 1,9 Wagner. Vgl. Pross, FBA 15,4, S. 121, 380. Siehe dazu Marina Warner, Monuments & Maidens. The Allegory of the Female Form, New York 1985, S. 127–145.

[208] Viktoria, S. 197f. FBA 13,3, S. 275. Vgl. Östreichs Muth, Sieg und Hofnung, 1. Fassung, v. 684–686, FBA 13,3, S. 391. Livius VII,6,1–6. Valerius Maximus V,6,2. Zum folgenden: Friedrich Münzer, M. Curtius (7.), in: RE 4,2, 1901, Sp. 1864f. (das Zitat in Sp. 1864). Edmund W. Braun, M. Curtius, in: RDK 3, 1954, Sp. 881–891. German Hafner, Sieg und Frieden. Zur Deutung des Reiterreliefs vom Forum Romanum, in: JbDAI 93 (1978), S. 228–251. Maria Berbara, Civic Self-Offering: Some Renaissance representations of Marcus Curtius, in: Recreating Ancient History. Episodes from the Greek and Roman past in the arts and literature of the early modern period, ed. by Karl Enenkel, Jan L. de Jong, Janine De Landtsheer, Leiden u. a. 2001 (Intersections 1), S. 147–165.

[209] Viktoria, S. 190. FBA 13,3, S. 266. Brentano spielt auch in dem *Sonett während dem Abendessen an H. Professor Creuzer Geburtstag* auf Curtius an (Handschrift UB Mainz 4° 87–4; vgl. Katalog Henrici 149, S. 48, Nr. 130; Baader, S. 18).

[210] Vgl. Die deutschen Flüsse, FBA 13,3, S. 314; Am Rhein, Am Rhein, ebd., S. 341.

Schloss bei Siegen, und die Gemahlin Gloria lief ihm nach, die vier Kinder als Waisen zurücklassend (v. 3147–3161).[211] Erst nach dem Sieg, so lautet die Verkündigung, werden die vier Kinder wieder zusammenfinden (v. 3169–3172) und der Kriegsheld im Angesicht des Ruhms in die Ewigkeit eingehen (v. 3224–3233).[212] Einen Hinweis auf den allegorischen Sinn von Curtius' Tod gibt an früherer Stelle und in anderem Zusammenhang der personifizierte Siegmuth (v. 1999–2002):[213]

SIEGMUTH.

(…)
Meines Deutschland Blut zu stillen,
Quellend aus der Wunde Schmerz,
Muß ich sie mit Feinden füllen,
Oder sinken an sein Herz.

Der Tod der Helden ist das Opfer, das die Wunde des Vaterlandes schließt und das Getrennte wieder zusammenfügt.[214] Die nunmehr geschlossene Wunde wird dann in Vers 3243, kurz nach Curtius' Tod, genannt. Hier wird der Bezug auf die „Feinde" noch aufrecht erhalten, der in Curtius' eigenen Äußerungen schon keine Rolle mehr spielt, wo alles Tun nur noch Selbstopfer zu sein scheint. (Entsprechend bleibt in dem Drama auch nur der innere Feind zu erledigen übrig, und das auch nur in der Nebenhandlung und am Rand des Titelkupfers.)

Nicht zu übersehen ist die bedeutende Rolle, die Curtius wiederholten Berufungen auf Gott zukommt, so dass sich Curtius' Selbstopfer wie eine Nachfolge Christi und der Sieg wie das Ergebnis eines direkten Eingriffs Gottes in die Geschichte ausnimmt.[215] Gajek hat diesen Aspekt als einziger der bisherigen Interpreten gebührend hervorgehoben und die Konstanz des Motivs in den patriotischen Schriften Brentanos festgestellt: „Die Gedichte auf den Marschall Blücher oder den Tod des jungen Christian von Stolberg, das (…) Singspiel *Victoria und ihre Geschwister* oder die Ballade von der wunderbar geretteten Familie bei Schleswig (…) verherrlichten das unmittelbare Eingreifen Gottes, wodurch das Vaterland ebenso geheilt (wird) wie der einzelne Mensch".[216] In der zeitgenössischen Auseinandersetzung zwischen Adam Müller und Joseph Görres um die rechte Deutung der historischen Ereignisse, ob sie von den Völkern herbeigeführt oder von Gott gewirkt seien, steht Brentano so wohl Müller näher,

211 Viktoria, S. 193. FBA 13,3, S. 269.

212 Ebd., S. 194, 198 = S. 270, 274.

213 Ebd., S. 119f. = S. 197.

214 Zum Bild der „deutschen Wunde" vgl. Elke Brüns, Nach dem Mauerfall. Eine Literaturgeschichte der Entgrenzung, München 2006, S. 155ff. Zur Bedeutung der Verwundungen in dem Drama vgl. Hölter, Die Invaliden (Anm. V,250), S. 369: „die ganze Generation ist verwundet, ja invalid".

215 v. 3231–3233, Viktoria, S. 198, FBA 13,3, S. 274.

216 Gajek, Der romantische Dichter und das Christentum (Anm. VI,149), S. 111. Siehe auch Weber, Die nationale Idee in der Zeit der Romantik (Anm. V,93), S. 81; ders., Der Krieg und die Poeten (Anm. VI,63), S. 317f.

wenn man nicht einige Äußerungen bei Görres als Relativierung des von Müller aufgestellten Gegensatzes gelten lassen will.[217] Die starke Betonung des religiösen Moments ist im Zusammenhang mit den patriotischen Verlautbarungen der Zeit aber zeittypisch:[218] Sie braucht nicht direkt mit den Brentano gemeinhin unterstellten religiösen Gesinnungen in Verbindung gebracht zu werden, selbst wenn sich innerhalb von Brentanos Werk Motivparallelen anscheinend ausschließlich zu Schriften der Berliner Zeit finden lassen. Die religiöse Überhöhung des Krieges, die Sakralisierung des Todes fürs Vaterland als Martyrium oder als imitatio Christi ist ein Topos der zeitgenössischen Dichtung und nicht allein für Brentano charakteristisch.[219] Besondere Bedeutung kommt wieder Friedrich Schlegels patriotischer Lyrik zu. Sein *Gelübde. Zu Anfang des Jahres 1809* stand am Ende der ersten Ausgabe seiner Gedichte. Dass es aus Zensurgründen in den Ausgaben hätte entfernt werden müssen, hat seiner Wirkung nicht geschadet:[220]

Es sei mein Herz und Blut geweiht,
Dich Vaterland zu retten.
(…)
Ja, sinken wir der Übermacht,
So woll'n wir doch zur Todesnacht
Glorreich hinüber wallen.

Das Bild der Wunde dürfte aber dann doch zuerst aus Brentanos eigener Motivik stammen, selbst wenn es Parallelen in der übrigen patriotischen Lyrik geben sollte.[221] Es läge dann wieder jene Überlagerung von autoreigener und gattungstypischer Schreibart vor, die auch schon bei den anderen patriotischen Werken Brentanos festzustellen war.

217 Adam Müller, Der rheinische Merkur, in: Der Bote aus Tyrol Nr. 4, 7.7.1814, S. 15–16 (Baxa 1, S. 932f.) Joseph Görres, RhM 1. Jg., Nr. 123, 25.9.1814 (Baxa 1, S. 933). Arnim an Brentano, 15.8.1814, Schultz/Schwinn 2, S. 711. Baxa, Adam Müller (Anm. II,40), S. 295. Zur Rolle Gottes bei Görres vgl. Portmann-Tinguely, Romantik und Krieg (Anm. III,159), S. 85f.; zu verwandten Vorstellungen bei romantischen Autoren: ebd., S. 57f., 294ff., 303ff.

218 Angermeier, Deutschland zwischen Reichstradition und Nationalstaat (Anm. V,167), S. 508ff.

219 Zimmer, Auf dem Altar des Vaterlands (Anm. V,255), S. 58ff. Portmann-Tinguely, Romantik und Krieg (Anm. III,159), S. 149f., 202ff., 246f., 280ff., 334ff. René Schilling, Kriegshelden. Deutungsmuster heroischer Männlichkeit in Deutschland 1813–1945, Paderborn 2002 (Krieg in der Geschichte 15), S. 66f. Zur religiösen Kodierung des patriotischen Diskurses vgl. Hans-Christof Kraus, Freiheitskriege als Heilige Kriege 1792–1815, in: Heilige Kriege. Religiöse Begründungen militärischer Gewaltanwendung: Judentum, Christentum und Islam im Vergleich, hrsg. von Klaus Schreiner unter Mitarbeit von Elisabeth Müller-Luckner, München 2008 (Schriften des Historischen Kollegs. Kolloquien 78), S. 193–218.

220 v. 1–2, 26–28, in: Friedrich Schlegels Gedichte, Berlin 1809, S. 387f. = Schlegel, KA 5, S. 397. Zur Wirkungslosigkeit der Zensur dieses Bandes vgl. Leif Ludwig Albertsen, Einleitung, in: Die Eintagsliteratur in der Goethezeit. Proben aus den Werken von Julius von Voß. Mit einer Einleitung von Leif Ludwig Albertsen, Bern u. a. 1975 (Regensburger Beiträge zur deutschen Sprach- und Literaturwissenschaft A/2), S. 9–229, dort S. 78f. Unzutreffend sind dagegen die Ausführungen von Hans Eichner, KA 5, S. XCI.

221 Vgl. Pravida, FBA 11,2, S. 334.

Abb. 2. Viktoria und ihre Geschwister, Berlin: Maurersche Buchhandlung, 1817, Titelkupfer. Das Titelkupfer ist ebenfalls reproduziert in: Arnim, Klemens und Bettina Brentano, J. Görres. Erster Teil, hrsg. von Max Koch, Stuttgart o. J. (DNL 146, I,1), S. CXI; Hölter, Die Invaliden (Anm. V,250), S. 372, Abb. 26; Pross, Kunstfeste (Anm. II,97), S. 262 sowie in FBA 13,3, S. 72. Ein Entwurf des Bildes findet sich auf Hs. FDH 7718,5: Bl., verso (vgl. FBA 15,4, Abb. 1, nach S. 452; im vorliegenden Band auf Seite 268).

Das Titelkupfer zeigt Curtius in römischer Toga und mit Lorbeerkranz und weist ihn so als eine rein allegorische Gestalt aus. Weit davon entfernt, ein Repräsentant des Alten Reichs zu sein, hat sie keinerlei „nationalen" Gehalt.[222] Zu Beginn des ersten und des zweiten Aufzugs verleihen Curtius respektive Gloria der Tochter nach dem Vorbild der *Jungfrau von Orleans* Helm nebst Lorbeerkranz und Schwert, nachdem sie sie an ihrem Ring erkannt haben.[223] Diese beiden Verleihungsakte durch Curtius und durch Gloria (nicht durch Curtius allein) lassen sich nicht als eine „Abdankung" verstehen, wie in einer Interpretation des allegorischen Geschehens behauptet wurde, sondern stellen im ersten Aufzug eine Verheißung des Sieges im Traum dar, den der alte (römische) Heldenmut eingibt (v. 9–37), und in zeilengenauer Entsprechung im zweiten Akt die Ankündigung der bevorstehenden Erfüllung durch den künftigen Ruhm (v. 1787–1815), beide mit dem Verweis auf Gott als der letzten und einzig maßgeblichen Instanz, an der sich alles Handeln und Denken zu orientieren hat.[224] Daher sind auch die übrigen Ausdeutungen der Curtius-Gestalt in der genannten Interpretation als einer Figur bloß der Vorzeit und Verkörperung des Alten Reichs hinfällig. Zu seinem Auftreten im zweiten Akt ertönt Beethovens Trauermarsch, und in der nachfolgenden Rede legt Curtius dar, dass erst der Tod des Helden zum Sieg führt. Nach seinem auf der Bühne verhüllt dargestellten Tod beginnt die Feier des Triumphs mit einem Siegesmarsch. Dass vor dem Siegesfest erst eine Totenfeier und die Verherrlichung des Selbstopfers aus patriotischer und religiöser Gesinnung steht, ergibt im Kontext der patriotischen Rhetorik der Befreiungskriege und der Nachkriegszeit Sinn, wie jeder flüchtige Blick auf die rhetorischen Beschwörungen von Gemeingeist und Opferwille in den Studentenverbindungen und bei deren Ideengebern lehren kann.[225] Brentano hatte bereits in seinem Brief an Pálffy von Anfang Oktober 1813 geschrieben, dass der eigentliche Zweck der patriotischen Dramen in der Anerkennung „des schönen Enthusiasmußes dieser freiwilligen Opfer durch die Feier der Kunst" liege, womit zugleich der Sinn der Curtius-Gestalt und

[222] Das Victoria-Drama ließe sich daher auch nicht in eine Linie einordnen, die von den allgemein patriotischen Idealen in den Dramen Schillers zum konkreten Geschichtsbezug bei Grillparzer führte (vgl. Fischer, Schauspiel und Nationale Frage [Anm. VI,110], S. 86).

[223] Viktoria, S. 4f., 108f. FBA 13,3, S. 87f, 186f. Schiller, Die Jungfrau von Orleans I,3 und 10. Curtius' Sterbeszene (Viktoria, S. 198f., FBA 13,3, S. 273f.) ist ebenfalls Schiller nachempfunden (V,14). Die Vorbereitung der Sterbeszene ist nach dem Vorbild Schmidts gestaltet; Österreichisches Feldlager, S. 54f., Viktoria, S. 195, FBA 13,3, S. 271f. Bei Schmidt sollte sie dem Gedächtnis Moreaus gewidmet sein; Schmidt, S. 207.

[224] Viktoria, S. 4f., 109f. FBA 13,3, S. 87f., 186f. Vgl. dagegen Caroline Pross, Kunstfeste (Anm. II,97), S. 264; dies., Verschobene Anfänge (Anm. VI,94), S. 160. Die Vernachlässigung der die Einführung der Gestalt in das Drama überhaupt erst motivierenden Curtius-Aitiologie als Exempel heldenhafter Selbstaufopferung führt dort zu einer erneut den allegorischen Sinn verfehlenden Auslegung des weiteren Geschehens im zweiten Akt. Tatsächlich sollte in Notiz 4 (FBA 15,4, S. 53) der Vater seiner Tochter das Schwert überreichen, in der Buchfassung ist es dann aber Gloria.

[225] Vgl. George S. Williamson, What Killed August von Kotzebue? The Temptations of Virtue and the Political Theology of German Nationalism, 1789–1819, in: JMH 72 (2000), S. 890 bis 943, dort S. 926.

des Victoria-Dramas überhaupt genau bezeichnet ist.[226] Am Schluss des Stücks stehen die Geschwister um den im Tod verklärten Kriegshelden Curtius wie die allegorischen Attribute der Denkmalsfigur auf einem Siegesdenkmal. Brentano bezeichnet diese Szene als „den Hauptmoment des Spiels", der auch auf dem Titelkupfer dargestellt ist, auf welches Brentano ja größten Wert gelegt hat.[227]

Der Widerruf der Ringparabel

Die Konfiguration personifizierter Begriffe ist aus vielen Werken Brentanos bekannt, so aus den paulinischen Prädikationen von Ehre und Liebe in *Ponce de Leon*, in der *Geschichte vom braven Kasperl und dem schönen Annerl* und auch in seinen Briefen.[228] Dieses Tableau kann sich aber erst einstellen, nachdem zuvor eine Doppelhochzeit zwischen den Geschwistern verhindert wurde. Siegewalt entpuppt sich als verkleidete Frau und wird fortan Siegewalte genannt, die sogleich als Braut dienen soll.[229] Zur Steuer der Wahrheit sei bemerkt, dass die Verletzung, dank deren es zu dieser Enthüllung kommt, nicht etwa in der Lendengegend zu vermuten ist. Die Bühnenanweisung gibt ausdrücklich an, dass Siegewalte „mit dem Arm in der Binde" erscheint. Wie bei Eleonore Prochaska, die allerdings zu den Lützowern gehörte und die am 5. Oktober gefallen war, wurde ihre Verkleidung nach ihrer Verletzung entdeckt. Bereits die früheren Dialogszenen zwischen Siegewalt und Anne lassen vermuten, dass sich hinter dem preußischen freiwilligen Jäger eine junge Frau verbirgt.[230] An den Ringen aber erkennen

[226] FBA 33, S. 84.

[227] Viktoria, S. XIVf. FBA 13,3, S. 83. Siehe auch die Verlagsanzeige der Maurerschen Buchhandlung, in: Freimüthige Blätter für Deutsche 4 (1817), H. 14, separat paginiert, dort S. 3. Dass Brentano großen Wert auf den Stich legte, geht aus einem Brief von Carl Detlev Vetter an Brentano vom 30. Juli 1816 hervor; Hs. FDH 7967,3 (vgl. FBA 15,4, S. 36). Zu Tableauszenen vgl. Willy R. Berger, Das Tableau. Rührende Schluß-Szenen im Drama, in: Arcadia 24 (1989), S. 131–147.

[228] Ponce de Leon, FBA 12, S. 426. Geschichte vom braven Kasperl, FBA 19, S. 430. Vgl. Armin Renker, Georg Büchner und das Lustspiel der Romantik, Berlin 1924 (Germanische Studien 34), S. 123, Anm. 15; Anthony J. Harper, Projected plasticity: the conclusion of Clemens Brentano's story *Geschichte vom braven Kasperl und dem schönen Annerl*, in: ders., Time and Change. Essays on German and European Literature, Frankfurt a. M. 1982, S. 37–42; Pravida, FBA 11,2, S. 275.

[229] Viktoria, S. 183ff. FBA 13,3, S. 259ff. In GS 7, S. 434ff. wurde die Namensschreibung normalisiert.

[230] Vgl. v. 1060f., 1072–1077, 1182–1199, Viktoria, S. 64f., 71; FBA 13,3, S. 145f., 151. Siehe auch Östreichs Muth, Sieg und Hofnung, 2. Fassung, v. 864f., 1093, ebd., S. 430, 438. Zum cross dressing bei Brentano vgl. Gajek, Homo poeta (Anm. I,22), S. 416f., der S. 416, Anm. 19 aus chronologischen Gründen gegen einen Bezug auf Eleonore Prochaska argumentiert. Da das Buchdrama erst 1817 erschien, ist dieser Einwand unbegründet.

sich die vier Geschwister, und die Hochzeit unterbleibt.[231] In spielerischer Form ist dies ein unmissverständlicher Verweis auf die Handlung und auf die Ringparabel von Lessings *Nathan*. Nachdem der kinderräuberische Jude Emmes Gänsefett, der wie der hinkende Bote nach einer Redensart benannt ist, schon im voraus beseitigt wurde,[232] kann die nunmehr unbezweifelbare Echtheit der Ringe als Anlass zur Wiedererkennung dienen. Wie hier in verdeckter Weise zu verstehen gegeben wird, findet die Zusammenführung der Familie im Namen des Patriotismus an der Todesstätte des Juden statt. Dieser durch eine Kontrafaktur der Ringparabel vollzogene Widerruf des Lessingschen Projekts der „aufgeklärten Familie" im Zeichen der gewaltlosen konfessions- und nationenübergreifenden Verständigung hat zahlreiche Parallelen in der Literatur des 19. Jahrhunderts im allgemeinen und bei Brentano im besonderen.[233] Brentano setzt die Motivumkehrung der Ringparabel unverkennbar in der tableauartigen Schlussszene der Erzählung *Die Schachtel mit der Friedenspuppe* fort – die christlichen Deutschen und Franzosen verständigen sich hier neben dem Grab des eingescharrten jüdischen Kinderräubers Dumoulin – sowie im großen Gockelmärchen.[234] – Brentano mag diese Konstellation – Zusammenführung der Geschwister im christlichen Geist, der sich in der symbolisch vollzogenen Abkehr vom Gehalt der Ringparabel Lessings äußert – von Fouqués *Zauberring* übernommen haben. Wie bei Brentano finden sich am Ende die Geschwister zusammen. Die Zerstörung des Zauberringes ist hier als Zeichen der Gemeinschaftsbildung in christlicher Gesinnung zu verstehen: „Sie betete still, dann warf

231 Viktoria, S. 187. FBA 13,3, S. 263f. Zur Anagnorisis durch Zeichen im Drama vgl. Alfred Hähnle, ΓΝΩΡΙΣΜΑΤΑ, Diss. Tübingen 1929.

232 Viktoria, S. 84f. FBA 13,3, S. 164f. Zum Namen: Stramberg III,14, 1869, S. 712. Julius Wegeler, Coblenz in seiner Mundart und seinen hervorragenden Persönlichkeiten. 2. Aufl., bearb. von Karl Schwarz, Coblenz 1906, S. 19. Der Deckname Rinaldo Rinaldini ist weniger eine Anspielung auf den Roman von Vulpius als auf die Schneidersatiren, die den Namen aus dem Roman übernommen haben. Vgl. FBA 7, S. 364ff.; Rölleke, FBA 9,2, S. 569; FBA 17, S. 330, siehe Brigitte Schillbachs Erläuterung ebd., S. 573; Jung, S. 210.

233 Günther Saße, Die aufgeklärte Familie. Untersuchungen zur Genese, Funktion und Realitätsbezogenheit des familialen Wertsystems im Drama der Aufklärung, Tübingen 1988 (Studien zur deutschen Literatur 95). Zu Nathan-Widerrufen in der Literatur des 19. Jahrhunderts: Schulz 2, S. 148f. (Julius von Voß), 153f. (Arnim). Schmitz, Der „ästhetische Staat" (Anm. IV,25), S. 152 (Harro Harring), 191 (Immermann). Zum Zusammenhang von Patriotismus und Antisemitismus: Hagemann, Nation, Militär und Geschlecht (Anm. VI,35), S. 255–270; Puschner, Antisemitismus im Kontext der politischen Romantik (Anm. II,89).

234 Schulz 2, S. 63 (*Viktoria*), 151 (*Die Schachtel mit der Friedenspuppe*). Ruth Klüger, Die Leiche unterm Tisch. Jüdische Gestalten aus der deutschen Literatur des neunzehnten Jahrhunderts (1985), in: dies., Katastrophen. Über deutsche Literatur, Göttingen 1994, S. 83–106, dort S. 89ff. (*Gockel, Hinkel und Gackeleia*). Wolfgang Frühwald, Antijudaismus in der Zeit der deutschen Romantik, in: Conditio judaica. Judentum, Antisemitismus und deutschsprachige Literatur vom 18. Jahrhundert bis zum Ersten Weltkrieg, hrsg. von Hans-Otto Horch und Horst Denkler. Teil 2, Tübingen 1989, S. 72–91, dort S. 89f. Vordermayer, Antisemitismus und Judentum bei Brentano (Anm. III,133), S. 74–85, besonders S. 77f. zu *Viktoria.* Puschner, Antisemitismus im Kontext der politischen Romantik (Anm. II,89), S. 427–430.

sie den Zauberring mitten in die Flamme, das Zeichen des Kreuzes darüber beschreibend (...)".[235] Im Jahr 1813 (und danach) ist dies zugleich zeitgeschichtlich beziehbar auf das Programm einer künftigen Allianz in christlichem Geist. Die Verbindung von nationaler Selbstbesinnung und Widerruf der Ringparabel gibt es schon in Kleists Aufsatz *Was gilt es in diesem Kriege?*, dort allerdings ohne explizit judenfeindliche Wendung, die Kleists Sache nicht war.[236] Brentano hat Fouqués Roman zur Zeit seines Wiener Aufenthalts gelesen; zudem konnte er dort sein eigenes Porträt in der Gestalt des Tebaldo erkennen, eines Frankfurter Kaufmanns von italienischer Herkunft und quirligem, etwas zweideutigen Temperament, überdies mit einem in der Vokalfolge an den Namen Brentano anklingenden Namen.[237] Allerdings hätte Brentano einer solchen Anregung nicht bedurft. Zum einen ist *Der Zauberring* selbst in seiner Fabel von Brentanos *Godwi* beeinflusst, zum anderen ist es eine bei Brentano typische Verfahrensweise, in von ihm bearbeitete Vorlagen eine verstrickte Familiengeschichte als die Handlung strukturierendes und -verwirrendes Gerüst einzuarbeiten, so etwa in *Blutschuld Todtenbraut*, einem nicht vollendeten Drama nach einer Vorlage Friedrich Launs, oder auch in *Aloys und Imelde*.[238]

In den ersten Notizen zum Drama hat die offenbar von Anfang an erwogene Einführung einer Außenseitergestalt einige Spuren hinterlassen, die auf ein Zögern oder auf Unsicherheit über die Identität der Figur und über die Art, wie sie eingeführt werden sollte, hindeuten: In Notiz 1 hat Brentano in Zeile 15 bei der Nennung der „Zigeunerin" zuerst mit „Ein J" angesetzt und dann abgebrochen, und auch in Zeile 21 hat er neben den „Chirurchus" das Wort „Jude" geschrieben und wieder ausgestrichen.[239] In den weiteren Notizen ist nur von einer „Zigeunerinn" die Rede, die Strangulierung von Emmes Gänsefett wird erst in H^1 berichtet, wo dessen jüdische Herkunft erwähnt wird, die Zigeunerin-Szene aber noch nicht ausgeführt ist.[240] Dieses Zögern könnte damit zu tun haben, dass durchaus zweifelhaft sein musste, ob die Theaterzensur eine jüdische Gestalt wie Emmes Gänsefett akzeptieren würde.[241] Im ausgeführten Drama ist die jüdische Herkunft zunächst nur ein, wenn auch wesentlicher, Aspekt der multiplen Identität der Gestalt. Es gab in der Wiener Bühnentradition keine Entsprechung zum „Theater-

[235] Friedrich de la Motte Fouqué, Der Zauberring. Ein Ritterroman, hrsg. von Gerhard Schulz, München 1984, S. 437. Vgl. das Nachwort von Gerhard Schulz, ebd., S. 471–494, dort S. 474ff., zum Nathan-Widerruf S. 475f.

[236] Kleist, SW 2, S. 334–336, dort S. 336.

[237] Brentano an Fouqué, 1810 bis Februar 1816, FBA 33, S. 186. Vgl. Schulz, Nachwort (Anm. VI,235), S. 486. Siehe oben, Kapitel 3, Anm.86 und Fortmüller, Brentano als Briefschreiber (Anm. IV,32), S. 81ff.

[238] Grössel, Brentanos Drama *Aloys und Imelde* (Anm. V,219), S. 39ff. (*Blutschuld Todtenbraut*). Agnes Harnack, SW 9,2, S. XXIII (*Aloys und Imelde*). Sauer, Brentanos Dramenfragmente (Anm. I,66), S. 23–77, 291–318. Vgl. Weber, Die Phantasiebühne der Romantiker (Anm. I,71), S. 78ff.; Walter Schmitz, „Experimentum medietatis". Lebensmythen bei Clemens und Bettine Brentano, in: JbBvA 4 (1990), S. 17–44, dort S. 18f.

[239] FBA 15,4, S. 47 und 49.

[240] Notiz 2, ebd., S. 50. Victoria, Z. 317ff., FBA 13,3, S. 29ff.

[241] Vgl. Hägelin, Denkschrift über die Theaterzensur (Anm. VI,42), S. 313, 315.

juden" des norddeutschen Theaters.[242] Judenfeindschaft war in Österreich im Jahr 1813 nicht virulent (die bürgerliche Befreiung der Juden war hier noch kein Thema), und die Darstelllung des Emmes Gänsefett ist auch nicht so giftig wie etwa die Schilderung des „blauangelaufenen" Kollaborateurs in Bäuerles *Mädchen von Potsdam* (aufgeführt am 1. März 1814 im Leopoldstädter Theater), der dort die Funktion der Negativgestalt erfüllt.[243] Zu erheblicherer Bedeutung gelangt der außerhalb der Bühne in aller brutalen Gutmütigkeit, wie sie die soldatischen Protagonisten kennzeichnet, exekutierte Jude allerdings auf dem Kupferstich der Buchausgabe, auf das Brentano so großen Wert legte und das er im Vorwort noch einmal beschreibt: Hier hängt er stranguliert auf der rechten Seite der Szenerie und ist damit – anders als im Drama selbst – ganz ausdrücklich Teil des Tableaus. Man wird daraus auf die zentrale Bedeutung schließen müssen, die der Exekution des Juden auch im symbolischen Nexus des Dramas selbst zukommt.[244]

Familie, Vaterland und Heldentum

Wie an *Viktoria und ihre Geschwister* und an *Valeria oder Vaterlist* sichtbar wird, hat Brentano in der Familie als Gesinnungsgemeinschaft ein Modell gefunden, das für ihn auch den Patriotismus als eine Form von Familienbildung verstehbar machte.[245] Vereinigung mit Vater und Mutter, Familiengründung durch Heirat und Aufbruch in den

[242] Jürgen Hein, Judenthematik im Wiener Volkstheater, in: Conditio judaica. Judentum, Antisemitismus und deutschsprachige Literatur vom 18. Jahrhundert bis zum Ersten Weltkrieg, hrsg. von Hans-Otto Horch und Horst Denkler, Teil 1, Tübingen 1988, S. 164–186. Zum Antisemitismus in Österreich im 18. und 19. Jahrhundert vgl. Wolfgang Häusler, „Aus dem Ghetto". Der Aufbruch des österreichischen Judentums in das bürgerliche Zeitalter (1780 bis 1867), ebd., S. 47–70.

[243] Vgl. Rommel, S. 670.

[244] Vgl. Nicholas Saul, Die Kunstthematik in Clemens Brentanos Novelle *Die Schachtel mit der Friedenspuppe*, in: ZfdPh 112 (1993), Sonderheft, S. 117–128; ders., Leiche und Humor (Anm. V,218), S. 123; Ethel Matala de Mazza, Der verfaßte Körper. Zum Projekt einer organischen Gemeinschaft in der Politischen Romantik, Freiburg i. Br. 1999 (Litterae 68), S. 426f.; Pross, Kunstfeste (Anm. II,97), S. 261/263; Puschner, Antisemitismus im Kontext der politischen Romantik (Anm. II,89), S. 425ff. Usw. – Immerhin ist die Zurückprojektion der Konstellation des Titelkupfers in das Drama nicht selbstverständlich. Ein auffallendes Beispiel für die durch den Wortlaut nicht gestützte Projektion unterstellter sozialpsychologischer Ausschlussmechanismen in literarische Werke ist die Studie von Susanna Moßmann, Das Fremde ausscheiden. Antisemitismus und Nationalbewußtsein bei Ludwig Achim von Arnim und in der „Christlich-deutschen Tischgesellschaft", in: Hans Peter Herrmann, Hans-Martin Blitz, Susanna Moßmann, Machtphantasie Deutschland. Nationalismus, Männlichkeit und Fremdenhaß im Vaterlandsdiskurs deutscher Schriftsteller des 18. Jahrhunderts, Frankfurt a. M. 1996 (Suhrkamp-Taschenbuch Wissenschaft 1273), S. 123–160.

[245] Zum familialen Patriotismus: Hagemann, Nation, Militär und Geschlecht (Anm. VI,35), S. 350–393. Zur Nation als Familie bei Brentano: Puschner, Antisemitismus im Kontext der politischen Romantik (Anm. II,89), S. 424ff.

Krieg stehen am Schluss von *Valeria oder Vaterlist*. Familiäre Liebe und emotionaler Patriotismus bildeten eine zeittypische Verbindung. Deren affektive Explosivkraft wird am besten an Theodor Körners *Zriny* deutlich, einem Drama über Niklas Zriny und die Verteidigung der Feste Sigeth gegen die Armee des türkischen Kaisers Soliman, in der auch Zrinys Familie dem Helden mit Enthusiasmus in den Opfertod folgt.[246] Brentano ist allein schon durch die distanzierende Verwendung von Allegorien von Körners Exzessen weit entfernt, aber auch bei ihm ist Patriotismus nur ein Mittel der Gemeinschaftsbildung. Brentano war zeitweilig deswegen Vertreter eines spezifisch preußischen Patriotismus, weil dieser als Kitt zwischenmenschlicher Beziehungen dienen konnte. Gerade deswegen vertritt er auch in Wien die Partei Preußens, denn für loyale Österreicher war eine solche Form von Patriotismus nicht denkbar, weil eine nicht auf den Kaiser ausgerichtete Begeisterung für das Vaterland im Grunde revolutionären Charakters war.[247] Der entscheidende Unterschied zwischen Heinrich Schmidts und Brentanos Stücken besteht darin, dass in dem einen Stück die Schillersche Vorlage dergestalt bearbeitet wird, dass alle Passagen, die bei Schiller ja gerade gegen den Kaiser gerichtet sind und eine Bindung an die charismatische Gestalt Wallensteins zum Ausdruck bringen, in gegenläufigem Sinn umgearbeitet werden, während in *Viktoria und ihre Geschwister* – anders als in anderen Wiener Werken – die Berufung auf den österreichischen Kaiser nur pflichtschuldigst gelegentlich geäußert wird. Zur Not hätte sie aber auch wegbleiben können, da der Bezug auf den Patriarchen in Brentanos Familienmodell in den Hintergrund rückt. Das Stück mag für die Buchausgabe stark überarbeitet worden sein, die Grundtendenz kann der ganzen Anlage nach auch in einer Wiener Fassung nicht wesentlich anders gewesen sein, da die eigentlichen Hauptgestalten des Dramas als Österreicher (und wären sie auch, wie der umsichtige Eiferried, Veteranen von Anno Neun) schlechterdings nicht vorstellbar wären. Nicht umsonst gibt es bei Schmidt zwar treue und tapfere Krieger, aber keine Kriegshelden. Eine typisch österreichische Figur kann nur als treuer Untertan, nicht aber als eigenmächtig Handelnder oder als ein solchen Handelns Fähiger dargestellt werden, in dessen Handeln zugleich ein Exempel des Österreichischen gegeben würde. Es ist bezeichnend, dass bei der Aufführung des *Österreichischen Feldlagers* eine Huldigung an Theodor Körner wegbleiben musste,[248] doch hat sie vermutlich die Anregung zur Körnerszene in *Viktoria*

[246] Zu *Zriny*: Schulz 2, S. 74ff. John Neubauer, Making World War with Literature, in: Challenging Humanism. Essays in honor of Dominic Baker-Smith, ed. by Dominic Baker-Smith, A. J. Hoenselaars, Arthur F. Kinney, Newark, Delaware 2005, S. 254–268, dort S. 261ff. Roman Luckscheiter, Theodor Körners Zriny-Drama und die Faszination von Tod und Niederlage, in: Militia et Litterae. Die beiden Niklaus Zrínyi und Europa, hrsg. von Wilhelm Kühlmann, Gábor Tüskés unter Mitarbeit von Sándor Bene, Tübingen 2009 (Frühe Neuzeit 141), S. 274–284.

[247] Die Vorstellung von dem Zusammenleben der Bevölkerung und ihres Herrschers in einer großen Familie war aber auch in Wien verbreitet; vgl. Rommel, S. 586. Zum mitfühlenden Patriarchalismus im josephinischen Österreich vgl. Gisela Herbeck, Studien zur österreichischen Empfindsamkeit des 18. Jahrhunderts. Literarische und soziale Aspekte, Diss. (masch.) Wien 1980.

[248] Schmidt, S. 207. Vgl. Brentano an Pálffy, nach dem 4.10.1813 (Entwurf), FBA 13, S. 85f.

gegeben. Bei Schmidt wird das Lob Körners einer Helene aus Sachsen mitgeteilt, die den Sprecher an die Gestalt gleichen Namens aus *Zriny* erinnert. Die Vermutung des Korporals in Brentanos *Viktoria*, Anne sei „wahrscheinlich aus Sachsen", mag darauf anspielen. Anne selbst kennt Körner als „Siegmuths Freund im heilgen Streit" (v. 2068), als Lützower Jäger.[249]

Die Dramenhandlung findet „in einem allgemeinen Lager der Verbündeten" statt.[250] Truppenzugehörigkeit und Nationalität der allegorischen Hauptfiguren versinnbildlichen das dargestellte politische Einheitskonzept der Koalition, geben aber auch die politischen Neigungen des Verfassers zu erkennen. Die Nebenfiguren Wachtmeister, Chirurg, Korporal und der im schönsten ungarischen Latein sprechende Husar sind Österreicher, Lippel stammt aus Mähren.[251] Der Kosak kommt aus Russland und fällt damit etwas aus dem Bild; er erhält in dem Drama kein eigenes Lied, an dessen Stelle tritt das Lied der Deutschen Legion.[252] (Man möchte vermuten, dass es hinsichtlich des Auftretens eines Angehörigen der Deutschen Legion auf der Bühne politische Empfindlichkeiten gab.) Bei den Hauptgestalten herrscht hinsichtlich der nationellen Zugehörigkeit scheinbar paritätische Verteilung: Eiferried ist österreichischer Landwehrmann, Siegwalt preußischer Freiwilliger und Siegmuth ein sächsischer Lützower Jäger, der zudem das gerade erst geschaffene Eiserne Kreuz vorweisen kann (v. 227f.).[253] (Im Dezember 1813 verbot die Wiener Zensur die Aufführung von Adolf Bäuerles Drama *Eleonore Prochaska, oder: Das Eiserne Kreuz* „auch nach Umarbeitung" endgültig.[254]) Keiner von ihnen ist regulärer Angehöriger einer königlichen oder kaiserlichen Armee, was vielleicht mit der politischen Konzeption des Dramas und dem Verständnis des Krieges als eines Volksaufstandes zu tun haben mag, vor allem aber dadurch motiviert ist, dass auf Wiener Theatern gemäß den Zensurvorschriften keine Anspielungen auf staatliche Instanzen, also auch keine echten Uniformen erlaubt waren. Stattdessen hatten

249 Österreichisches Feldlager, S. 38. Viktoria, S. 80, 123; FBA 13,3, S. 161, 200. Zigeunerin, v. 269f., in: Sauer, Brentanos Dramenfragmente (Anm. I,66), S. 236. Körner, Zriny, WW II,1, S. 336 (dramatis personae). Zu Brentanos Verhältnis zu Körner vgl. Frühwald, Das Spätwerk Clemens Brentanos (Anm. V,150), S. 108–111. Siehe auch Preitz 2, S. 482.

250 Viktoria, S. 2. FBA 13,3, S. 86.

251 Zum Husarenlatein vgl. v. 761f., 999, Viktoria, S. 47, 60, FBA 13,3, S. 128, 141; Die mehreren Wehmüller, FBA 19, S. 260. Bis zur Magyarisierung Ungarns nach 1844 war Latein dort Umgangssprache, wenn auch nicht die Sprache des Militärs, was in Reiseberichten oft als Kuriosum vermerkt wurde (so etwa bei Nicolai, Beschreibung einer Reise durch Deutschland, GW 19,2, S. 445). Siehe auch Gerhard Kluge, FBA 19, S. 676.

252 v. 2536–2548, Viktoria, S. 149f.; FBA 13,3, S. 224f. Der Kosak nennt den Don seine Heimat und spricht von seinem „Kantschu" (v. 555, 1251, Viktoria, S. 35, 73, FBA 13,3, S. 118, 154). Dass die Klammer im Personenverzeichnis in FBA 13,3, S. 86 auch den Kosaken als „Östreicher" einbegreift, ist einer der nicht ganz wenigen kleineren Fehler der Neuedition von *Viktoria und ihre Geschwister* in dieser Ausgabe (vgl. dagegen Viktoria, S. 2).

253 Viktoria, S. 15f. FBA 13,3, S. 98. Vgl. Thomas Stamm-Kuhlmann, König in Preußens großer Zeit. Friedrich Wilhelm III., der Melancholiker auf dem Thron, Berlin 1992, S. 389ff.; Hagemann, Nation, Militär und Geschlecht (Anm. VI,35), S. 447–457.

254 Goedeke 11,2, 1953, S. 12 (dort das Zitat). Rommel, S. 669f.

Uniformen „allzeit ideal, nie von kennbaren inländischen Regimentern" zu sein,[255] wenngleich sich – wie auch Brentano bemerkt hat[256] – „in der letzten Zeit durch die sogenannten patriotischen Gelegenheitsstücke der Mißbrauch eingeschlichen hat, daß wirkliche k.k. Militäruniformen auf der Bühne gebraucht wurden".[257] Dass die landsmannschaftliche Parität in einer früheren Fassung noch gefehlt haben sollte, lässt sich kaum vermuten, denn auch in seinen übrigen Produktionen hat sich Brentano zu einem ausschließlich österreichischen Patriotismus nicht verstehen wollen. Eiferried wird als zurückhaltender Soldat geschildert, der deshalb auch von Anne zunächst geschnitten wird, dann aber in stillem Einvernehmen mit ihr handelt.[258] Das ist mit Rücksicht auf die zaghafte Haltung Österreichs vor dem späten Eintritt in die Koalition der antinapoleonischen Mächte im Sommer 1813 geschrieben, macht Eiferried aber trotz seinen geschwisterlichen Beziehungen zu den anderen Personifikationen zu einer peripheren Gestalt, die nur im Hintergrund des Dramas agiert. Der für das Vaterland begeisterte Held, wie ihn Theodor Körner verkörpert, ist im Grunde nur als Kriegsfreiwilliger denkbar, und ein solcher konnte nur ein Preuße, ein Angehöriger eines deutschen Freicorps oder ein deutscher Legionär sein. Der Patriotismus in dem Victoria-Drama ist, soweit er nicht rein metapolitischer Natur ist, preußisch und gesamt- oder reichsdeutsch, die Soldaten des *Österreichischen Feldlagers* sind hingegen reine Landespatrioten. Das zeigt sich an der Adaption der Szene aus *Wallensteins Lager*, in der die Soldaten nach ihrer Herkunft befragt werden. Bei Schiller dient diese Szene der Darstellung der charismatischen Persönlichkeit Wallensteins, der allein in der Lage ist, einen Haufen von Söldnern aus ganz Europa zusammenzuhalten, bei Schmidt ist es die gemeinsame Untertanenschaft unter den Kaiser, die die Gemeinsamkeit der Soldaten ausmacht, und bei Brentano, wo der Wachtmeister die aus allen deutschen Gegenden stammenden Soldaten der Deutschen Legion befragt, ist es die Zugehörigkeit zur Nationalfamilie.[259] Die Erwähnung der Lützower Jäger und der Deutschen Legion wäre in einem Stück zur Feier der Leipziger Schlacht strenggenommen fehl am Platz, da weder die einen noch die andere bei Leipzig gekämpft haben, beide vielmehr Teil der Nordarmee waren.[260] Zudem haben sich die Lützower während der Zeit der Befreiungskriege nicht gerade

255 Hägelin, Denkschrift über die Theaterzensur (Anm. VI,42), S. 314.

256 Brentano an Pálffy, Anfang Oktober 1813 (Entwurf), FBA 33, S. 71.

257 Franz Hager, Anweisung der Polizei-Oberdirektion an die Theaterzensur vom 8.9.1815, Großegger 2, S. 684f.

258 v. 2320–2327 und vor v. 2909, Viktoria, S. 137f., 177, FBA 13,3, S. 213, 252. Vgl. Pross, Kunstfeste (Anm. II,97), S. 260.

259 Wallensteins Lager, 11. Szene. Österreichisches Feldlager, S. 9ff. Viktoria, S. 150ff.; FBA 13,3, S. 225ff. Vgl. schon Joachim Perinet, Österreich über alles. Eine kleine vaterländische Szene mit Chören, Wien 1796, S. 23–25 (zitiert bei Puchalski, Imaginärer Name Österreich [Anm. III,29], S. 224f.). Österreich wird nicht behandelt in der Untersuchung von Hubertus Büschel, Untertanenliebe. Der Kult um deutsche Monarchen 1770–1830, Göttingen 2006 (Veröffentlichungen des Max-Planck-Instituts für Geschichte 220).

260 Jagwitz, Geschichte des Lützowschen Freikorps (Anm. V,39), S. 178. Gabriele Venzky, Die Russisch-deutsche Legion in den Jahren 1811–1815, Wiesbaden 1966 (Veröffentlichungen des Osteuropa-Institutes München 30), S. 101ff.

hervorgetan, lag doch deren Desertionsquote im Durchschnitt ungefähr sechsmal so hoch wie bei den übrigen preußischen Armeecorps.[261] Aber die Nennung der Lützower und der Deutschen Legion ist eine politische Stellungnahme, die den Verfasser in seiner Gesinnung dem preußisch-reichsdeutschen Lager zuweist. Eine solche Position in Österreich vertreten zu wollen, heißt von Anfang an auf die falsche Karte zu setzen.

Die komische Nebenhandlung

Neben der allegorischen Haupthandlung von *Viktoria und ihren Geschwistern* gibt es in dem Stück eine Parallelhandlung im niederen Stil, die Geschichte des Lippel und seiner Eltern, der Marketenderin Liese und des Vaters Florian Trommelklippel. Das Nebeneinander zweier Handlungen im hohen und niedrigen Stil ist auch im patriotischen „Festspiel" völlig traditionell. Ähnliches findet sich etwa in Rists *Friedejauchtzendem Teutschland*, das Brentano wohl gekannt hat und das auch in der allegorischen Form und in den zahlreichen Liedeinlagen einige, aber schwerlich auf Quellenbezug zurückzuführende Übereinstimmungen mit *Viktoria und ihre Geschwister* aufweist.[262] Der niederösterreichische Dialekt dürfte, wie schon gesagt, vor allem auf das Gedicht „Mußt ma nit in Übel aufnehma..." zurückgehen, wobei sich Brentano im einzelnen Johann Sonnleithners Idiotikon *Mundart der Österreicher* bediente; im Hintergrund stehen die dialektlexikographischen Bemühungen der Zeit, etwa bei Friedrich Schlegel, Karl Fischer und Bartholomäus Kopitar.[263] Die Rolle des Lippel als der lustigen Person des

[261] Karl Koberstein, Lützow's wilde, verwegene Jagd, in: PrJbb 51 (1883), S. 417–437. Ibbeken, Preußen 1807–1813 (Anm. II,65), S. 426.

[262] Johann Rist, Sämtliche Werke. Unter Mitwirkung von Helga Mannack und Klaus Reichelt hrsg. von Eberhard Mannack, Bd. 2, Berlin, New York 1972 (Ausgaben deutscher Literatur des XV.–XVIII. Jahrhunderts 35), S. 205–459. Katalog I verzeichnet S. 35, Nr. 197 nur eine Ausgabe des *Friedewünschenden Teutschland* (Ausgabe A_4; vgl. Rist, a.a.O., S. 461). Otto Heins, Johann Rist und das niederdeutsche Drama des 17. Jahrhunderts. Ein Beitrag zur deutschen Literaturgeschichte. Marburg a. L. 1930 (Beiträge zur deutschen Literaturwissenschaft 38), S. 108ff. Fritz Hammes, Das Zwischenspiel im deutschen Drama von seinen Anfängen bis auf Gottsched, vornehmlich der Jahre 1500–1660. Ein Beitrag zur Geschichte des deutschen Dramas, Berlin 1911 (Literarhistorische Forschungen 45), S. 140ff. Alfred Lowack, Die Mundarten im hochdeutschen Drama bis gegen das Ende des achtzehnten Jahrhunderts. Ein Beitrag zur Geschichte des deutschen Dramas und der deutschen Dialektdichtung, Leipzig 1905 (Breslauer Beiträge zur Literaturgeschichte 7), S. 111f.

[263] Johann Sonnleithner, Mundart der Österreicher oder Kern ächt österreichischer Phrasen und Redensarten. Von A – Z., Wien 1811 (Nachdruck Wien 1996, Jahresgabe der Wiener Bibliophilen-Gesellschaft für das Jahr 1996); vgl. Katalog I, S. 65, Nr. 612; Caroline Pross, FBA 15,4, S. 167. Bartholomäus Kopitar, Über ein österreichisches Idiotikon. An den Herausgeber, in: DtMus 2 (1812), H. 10, S. 342f. = Barth. Kopitars kleinere Schriften, sprachwissenschaftlichen, geschichtlichen, ethnographischen und rechtshistorischen Inhalts, hrsg. von Franz Miklosich, Teil 1, Wien 1857, S. 151. Karl Fischer, Von dem Purismus der österreichischen Mundart. Aus einer ungedruckten Dialektologie, in: DtMus 4 (1813), S. 454–478. Ders., Von

Stückes ist nur aus der Tradition des Wiener Volkstheaters verständlich. Ans Debile grenzende Infantilität gehört zu den Kennzeichen der lustigen Person seit der Ablösung Hanswursts durch die Kasperlgestalt und ihre Nachfolger.[264] Wie Brentano im Vorwort berichtet, ist die Rolle auf Anton Hasenhut zugeschnitten worden, der seit 1803 am Theater an der Wien engagiert war, seine größten Erfolge aber als Darsteller der von ihm seinerzeit kreierten Gestalt des kindlich-naiven Thaddädl auf dem Leopoldstädter Theater gefeiert hatte und seither auf dem absteigenden Ast seiner Karriere war.[265] Auf eine Eigenheit dieser Rolle bezieht sich auch die Szenenanweisung, in der es heißt, Lippel solle etwas „im Trompetenton", der für Hasenhuts komische Rollen typischen Sprechweise im Diskant, sagen.[266]

Lippels Vater, der Kriegsinvalide Florian Trommelklippel, figuriert im Personenverzeichnis als „privatisirender hinkender Bote". Die Ähnlichkeiten zwischen dem Gedicht *Moreaus Tod* und dem Drama sind unübersehbar; in den Szenendispositionen des Entwurfs wird „Moreaus Tod" mehrmals erwähnt, doch wurde auf die Erwähnung Moreaus ebenso wie auf die Erinnerung an die dort ebenfalls genannten Kriegshelden Scharnhorst, Schill und Körner in der Ausarbeitung dann verzichtet, sei es der Zensurbestimmungen halben, sei es wegen des gewandelten zeithistorischen Bezuges. Wie an den Notizen zu ersehen ist, gehörte der hinkende Bote zur frühesten Konzeption. In Notiz 1 betrifft eine Passage den hinkenden Boten, der hier noch nicht, wie dann in dem Drama, die Verkörperung des Invaliden ist („Der hinkende Bott und der Invalide turnieren"). In Notiz 2 wird sein Auftritt für die letzte Szene des ersten Aktes und die Auseinanderset-

den poetischen Elementen der österreichischen Volkssprache, in: Frbl 1. Jg., Nr. 71, 13.12. 1814, S. 289–291; Nr. 72, 15.12., S. 293–295; Nr. 73, 17.12., S. 297–299; Nr. 74, 20.12., S. 303–304; Nr. 77, 27.12., S. 313–314; Nr. 78, 29.12., S. 317–319. Vgl. Peter Ernst, Friedrich Schlegels Überlegungen zu einem österreichischen Idiotikon, in: Deutsche Sprache in Raum und Zeit. Festschrift für Peter Wiesinger zum 60. Geburtstag, hrsg. von Peter Ernst und Franz Patocka, Wien 1998, S. 335–344; Sergio Bonazza, Kopitar und Friedrich Schlegel in Wien: Wissenschaftsbeziehungen, in: WSJb 53 (2007), S. 191–212; Stanislaus Hafner, Eine vergessene Größe der Wiener Romantik: Bartholomäus Kopitar, in: Biblos 44 (1995), S. 115 bis 124. Siehe auch Gerhard Kluge, FBA 19, S. 675f.

264 Enzinger, Die Entwicklung des Wiener Theaters (Anm. V,120), Bd. 1, S. 323ff. Otto Rommel, Die großen Figuren der Alt-Wiener Volkskomödie. Hanswurst, Kasperl, Thadäddl und Staberl, Raimund und Nestroy, Wien 1946 (Der Bindenschild. Darstellungen aus dem Kultur- und Geistesleben Österreichs 1), S. 31ff. Siehe auch Alfred Ziltener, Hanswursts lachende Erben. Zum Weiterleben der lustigen Person im Wiener Vorstadt-Theater von La Roche bis Raimund, Bern u. a. 1989 (EHS I/1241), S. 58ff. Eva-Maria Ernst, Zwischen Lustigmacher und Spielmacher. Die komische Zentralfigur auf dem Wiener Volkstheater im 18. Jahrhundert, Münster 2003 (Literatur – Kultur – Medien 3), S. 214ff. Beatrix Müller-Kampel, Hanswurst, Bernardon, Kasperl. Spaßtheater im 18. Jahrhundert, Paderborn u. a. 2003, S. 86ff., 187ff.

265 Nach Wenzel Müllers Tagebuch ist Hasenhut Ende 1813 und 1814 wiederholt auch als Thaddädl-Darsteller im Leopoldstädter Theater aufgetreten; Angermüller, S. 216 (Einträge vom 10.11. und 15.12.1813, 20.1.1814).

266 Viktoria, S. 87. FBA 13,3, S. 167. Vgl. Castelli 1, S. 262f.; Rommel, S. 577–582. Siehe auch Bode, Die Bearbeitung der Vorlagen in Des Knaben Wunderhorn (Anm. VI,44), S. 753.

zung mit dem Invaliden im zweiten Akt vorgesehen, der Stichpunkt folgt direkt auf die Erwähnung von „Moreaus Tod“. Seine Rolle als Hüter der verwaisten Kinder, der sie Gloria bringt, wird in Notiz 4 skizziert, und seine Beziehung zur Marketenderin in Notiz 5.[267] In der ersten Fassung konnte Brentano es offenbar kaum erwarten, den hinkenden Boten einzuführen, denn in der Handschrift hatte er ihm vor Zeile 519 bereits eine Sprecherangabe zugewiesen, die dann aber wieder gestrichen wurde.[268] Wie in *Moreaus Tod* wird auch in dem Drama die Geschichte des hinkenden Boten mit dem Schicksal des alten Reichs in Verbindung gebracht (v. 2832–2834, 2838f., 2851f.). Der Bezug auf die Reichstradition wird also nicht etwa durch die Curtius-Gestalt hergestellt, sondern durch die komische Nebenhandlung und die spätere Wandlung des hinkenden Boten zum (Rheinischen) Merkur:[269]

TROMMELKLIPPEL.
Nach Frankfurt am Main
Zog ich, und schickte mein Portrait in die Welt hinein,
Daß mein Weib sollt von mir erfahren.
(…)
Und bei dem Aderlaßmännlein hier
Dachte ich immer den Lippel mir.
(…)
Mit der Reichsstadt löschte der Absatz aus.
Ich zog mit der Armee in die weite Welt.
(…)

Lippel und Florian Trommelklippel sind demnach die personifizierten Bestandteile des Volkskalenders. Ob die wortspielerische Allegorie potentiellen Lesern und Zuschauern hätte verständlich sein können, ist unklar. Immerhin scheint die Unverständlichkeit nicht nur auf unzureichendem Sachwissen der Nachfahren zu beruhen, sondern auch die Kryptik kalendarischer Prognostika zu wiederholen. Die Beschreibung, die Riehl von den auf Astrologie gegründeten Voraussagen in den Kalendern gibt, trifft ungefähr auch für die Konzeption der *Viktoria* zu: „Die Staatsprognostica sind meist in delphischem Doppelsinn abgefasst: Epigramme und Sinnsprüche (…), dazu aber auch allegorische Räthselspiele in Holzschnitten, die mit mythologischen Figuren, Wappen und Devisen überdeckt sind.“[270] Dass die komische Nebenhandlung von den bisherigen Interpreten entweder vom Stück isoliert behandelt[271] oder aber weitgehend vernachlässigt wurde,[272] findet hierin ihren Grund.

267 FBA 15,4, S. 48, 51, 53, 53.
268 Ebd., S. 69.
269 Viktoria, S. 172f. FBA 13,3, S. 248f. Siehe dagegen Pross, Kunstfeste (Anm. II,97), S. 264.
270 Riehl, Volkskalender im achtzehnten Jahrhundert (Anm. V,252), S. 47.
271 Hölter, Die Invaliden (Anm. V,250), S. 386ff. Auch Sprengel, Die inszenierte Nation (Anm. V,104), S. 46f. geht nur auf einen Teilaspekt ein, den er als das Zentrum des Dramas ansieht.
272 So bei Pross, Kunstfeste (Anm. II,97), S. 255–274.

Metapolitischer Patriotismus

Emotionaler Patriotismus liegt der politischen Konzeption von Brentanos Drama zugrunde. Es wäre zu einfach, dies als Äußerungsform einer spezifisch romantischen Politikauffassung zu werten. So stammt das Exemplum des Marcus Curtius aus humanistischer, in Deutschland in der Zeit des Siebenjährigen Krieges aktualisierter Tradition. Thomas Abbt führt es in seiner Schrift *Vom Tode für das Vaterland* an, und zwar in dem Kapitel, das die Frage diskutiert, ob die Vaterlandsliebe nicht Schwärmerei sei oder zu ihr führe.[273] In diesem Sinn kommt der Curtius-Topos auch bei Justus Möser und anderen vor.[274] Enthusiasmus und Schwärmerei sind im 18. Jahrhundert Ausdrücke zur Bezeichnung des Gefühlsüberschwangs, der im einen Fall als positiv und durch die Vernunft sozusagen legitimiert angesehen wird, wiewohl über sie hinausgehend, im anderen Fall aber als nicht mit der Vernunft zu vereinbaren verurteilt wird.[275] Der Patriotismus wird bei Abbt und Möser von dem Vorwurf der Schwärmerei losgesprochen und dem Enthusiasmus zugeordnet. Madame de Staël hatte im Enthusiasmus die eigentliche Nationaleigenschaft der Deutschen gesehen. Als sie das entsprechende Kapitel ihres Deutschlandbuches in einer Petersburger Gesellschaft vorlas, fand sie in Stein einen besonders begeisterten Zuhörer.[276] Stein, der so gerne über die deutschen Gelehrten als über die „metapolitischen Köpfe" spottete, zeigt sich hier selbst als einer

[273] Thomas Abbt, Vom Tode für das Vaterland (1761), in: Thomas Abbts vermischte Werke, Bd. 2, Berlin, Stettin 1781, S. 1–103, S. 91ff., dort S. 95 Erwähnung Curtius' = Aufklärung und Kriegserfahrung. Klassische Zeitzeugen zum Siebenjährigen Krieg, hrsg. von Johannes Kunisch, Frankfurt a. M. 1996 (Bibliothek der Geschichte und Politik 9), S. 589–650, dort S. 645. Zur Diskussion um den Heldentod im friderizianischen Preußen vgl. Michael Gratzke, Blut und Feuer. Heldentum bei Lessing, Kleist, Fontane, Jünger und Heiner Müller, Würzburg 2011, S. 28–63. Zu Abbt: Hans-Erich Bödeker, Thomas Abbt. Patriot, Bürger und bürgerliches Bewußtsein, in: Bürger und Bürgerlichkeit im Zeitalter der Aufklärung, hrsg. von Rudolf Vierhaus, Heidelberg 1981 (Wolfenbütteler Studien zur Aufklärung 7), S. 221–245. Wolfgang Burgdorf, „Reichsnationalismus" gegen „Territorialnationalismus". Phasen der Intensivierung des nationalen Bewußtseins in Deutschland seit dem Siebenjährigen Krieg, in: Föderative Nation. Deutschlandkonzepte von der Reformation bis zum Ersten Weltkrieg, hrsg. von Dieter Langewiesche und Georg Schmidt, München 2000, S. 157–190, bes. S. 163ff.

[274] Justus Möser, Über die deutsche Sprache und Literatur. Schreiben an einen Freund nebst einer Nachschrift, die National-Erziehung der alten Deutschen betreffend (1781), in: Justus Mösers Sämtliche Werke. Historisch-kritische Ausgabe in 14 Bänden, hrsg. von der Akademie der Wissenschaften zu Göttingen, Bd. 3, bearb. von Oda May, Osnabrück 1986, S. 71–94, dort S. 74. Immanuel Kant, Metaphysik der Sitten (1797), in: ders., Werkausgabe, hrsg. von Wilhelm Weischedel, Bd. 4, Wiesbaden 1957, S. 555.

[275] Vgl. Gerhard Sauder, Empfindsamkeit, Bd. 1: Voraussetzungen und Elemente, Stuttgart 1974, S. 137ff.; Hans-Joachim Schings, Melancholie und Aufklärung. Melancholiker und ihre Kritiker in Erfahrungsseelenkunde und Literatur des 18. Jahrhunderts, Stuttgart 1977, S. 185ff.; Weber, Lyrik der Befreiungskriege (Anm. V,6), S. 61ff.

[276] Stein an seine Frau, 15.8.–15.9.1812, Botzenhart/Hubatsch 3, S. 720 (31.8.1812). Anne Germaine de Staël, Über Deutschland, hrsg. und mit einem Nachwort versehen von Monika Bosse, Frankfurt a. M. 1985, S. 657ff.

von ihnen.[277] Als „metapolitisch" – der Ausdruck stammt ursprünglich von Steins Göttinger Lehrer August Ludwig von Schlözer – kann eine Auffassung bezeichnet werden, die zu politischen Sachverhalten ein theoretisches, also mittelbares, etwa durch die Moral und durch Ideen bestimmtes Verhältnis hat. Die Entfernung der deutschen Gelehrten von der politischen Verantwortung begünstigte ein solches Verhältnis, und der Fall Brentanos ist nur ein Sonderfall dieses apolitischen Verhältnisses zur Politik.[278]

In dem Briefwechsel zwischen Bettine Brentano und Arnim im Jahr 1809 lässt sich die literarische Prägung dieses metapolitischen Patriotismus deutlich erkennen. Auch hier ist dessen enthusiastischer Charakter unverkennbar. Die Helden des Briefwechsels sind Schill und die Tiroler. Über die Erfolgsaussichten von Schills Auszug sind sich beide im klaren: „Er kann vielleicht traurig enden, nie schlecht! – Was ist der Enthusiasmus unserer Zeiten!"[279] Aber in einer Zeit wie der gegenwärtigen kann er doch immerhin ein Exempel des Heldentums statuieren: „Schill allein ist in dem reinen Glauben an die Trefflichkeit seiner Welt untergegangen",[280] und war sein Tun auch politisch folgenlos, so können doch seine Taten allein seiner Gesinnung wegen ihm angerechnet werden, da er „in einer Zeit, wo Millionen gegen ihre liebsten Überzeugungen ihr Blut und ihre Tätigkeit hinwenden, ein einzelner Mensch seiner Idee ganz unwandelbar treu in Tausenden dieselbe Gesinnung erweckt".[281] – Das Schicksal Schills und seiner Gefolgsleute verlief nach seiner Niederlage bei Stralsund wie folgt: „Von seiner Leiche hieben die Franzosen das Haupt ab und gaben es, wie wenn es sich um das Haupt eines Ungeheuers handelte, der Anatomie von Leiden zum Geschenk, wo es erst nach Jahrzehnten ausgelöst werden konnte. Vierzehn Gefangene aus dem Mannschaftsstande wurden, weil sie westfälische Untertanen waren, in Braunschweig mit dem Tode bestraft; elf Offiziere wurden in Wesel vor ein französisches Kriegsgericht gestellt und wegen Straßenraubes erschossen, die übrigen Gefangenen kamen als Galeerensträflinge nach Cherbourg und Brest und sahen erst nach Napoleons Sturze die Heimat wieder."[282] Die sehr realen Folgen einer unvernünftigen Tat interessieren wenig, wenn diese selbst als Äußerung einer Gesinnung verstehbar ist, die den Täter als Helden ausweist. Arnims

277 Ritter, Stein (Vorbemerkung, Anm. 5), Bd. 1, S. 155.

278 Ruth Flad, Studien zur politischen Begriffs- und Willensbildung in Deutschland während der preußischen Reform. Der Begriff der Öffentlichen Meinung bei Stein, Arndt und Humboldt, Berlin, Leipzig 1929, S. 180f. Harro Segeberg, Von der Revolution zur „Befreiung". Politische Schriftsteller in Deutschland, in: Europäische Romantik I, hrsg. von Karl Robert Mandelkow, Wiesbaden 1982 (Neues Handbuch der Literaturwissenschaft 14), S. 205–248, dort S. 234ff. Thomas Nipperdey, Deutsche Geschichte 1800–1866. Bürgerwelt und starker Staat, München 1983, S. 378f.

279 Arnim an Bettine Brentano, 25.5.1809, Betz/Straub 2, S. 180.

280 Ders. an dies., 25.6.1809, ebd., S. 200.

281 Ders. an dies., 25.5.1809, ebd., S. 179. Zu Arnims Urteil über Schill: Portmann-Tinguely, Romantik und Krieg (Anm. III,159), S. 216–219; Claudia Nitschke, Utopie und Krieg bei Ludwig Achim von Arnim, Tübingen 2004 (Untersuchungen zur deutschen Literaturgeschichte 122), S. 81f.

282 Schnabel 1, S. 401f. Vgl. Für die Freiheit – gegen Napoleon. Ferdinand von Schill, Preußen und die deutsche Nation, hrsg. von Veit Veltzke, Köln u. a. 2009.

Berichte von den Taten und Lebensumständen Schills nähern sich schon der legendarischen Erzählung an, obwohl sie doch Ereignisse der unmittelbaren Gegenwart schildern.[283] Die Erzählung des an der Ungunst der schlechten Welt scheiternden Heros unterwirft zeitgeschichtliche Ereignisse und Gestalten einem Prozess der Stilisierung und Literarisierung, in dem die politische Wirklichkeit keinen Platz mehr hat.[284]

In denselben Zusammenhang gehört die Begeisterung für den Aufstand der Tiroler im Jahr 1809, von welchem Bettine Brentano in ihren Briefen aus demselben Zeitraum an Arnim und an Savigny berichtet.[285] Bettine Brentanos diesbezügliche Äußerungen zeigen, dass sie und Savigny – der sich der Zensur wegen in seinen Briefen aber über die Tiroler ausschweigt – auf seiten des österreichischen Gesandten in München, Friedrich Graf Stadion, standen, des Bruders Philipp von Stadions.[286] Auch im Fall der Tirolbegeisterung interessieren die politischen Hintergründe und Folgen nur am Rand. Dass es sich hier um den Aufstand eines politisch konservativen Bauernvolkes handelte, der mit den verfassungspolitischen Plänen, wie sie in Preußen auch von Arnim vertreten und als notwendiger Bestandteil der Reformpolitik erachtet wurden, in gar keinen Zusammenhang zu bringen wäre, sondern für den status quo ante geführt wurde, kommt weder bei Arnim noch bei Bettine Brentano in den Blick.[287]

Den Unterschieden von Bettine und Clemens Brentanos Schilderungen der Kämpfe zwischen den bayerischen und österreichischen Armeen im Krieg des Jahres 1809 muss man entnehmen, dass Brentano zu dieser Zeit jeglichem patriotischen Engagement distanziert gegenüber stand, jedenfalls aber desinteressiert war.[288] Äußerungen, die denen seiner Schwester ähneln, finden sich bei ihm erst während und nach dem zweiten Berliner Aufenthalt. Noch im Sommer 1806 hatte Brentano dem Freund Arnim zugerufen, er möge „der unsichtbaren Kirche der Kunst“ treu bleiben, und hatte für sich selbst jeden Gedanken an eine Teilnahme am Krieg von sich gewiesen.[289] Als Untertan des Fürstentums Aschaffenburg, dem Nachfolger des rechtsrheinischen Kurmainz, war es ihm verboten außerhalb des Rheinbundes in Kriegsdienste zu treten, umgekehrt hätte Arnim als Teilnehmer an der preußischen Erhebung gegen Frankreich auch gegen die Rhein-

[283] Arnim an Bettine Brentano, 3.–4.6.1809, Betz/Straub 2, S. 187.

[284] Vgl. Kurt Wölfel, Jean Pauls poetischer Republikanismus. Über das Verhältnis von poetischer Form und politischer Thematik im 18. Jahrhundert, in: ders., Jean-Paul-Studien, hrsg. von Bernhard Buschendorf, Frankfurt a. M. 1989 (stw 742), S. 171–237, besonders S. 216ff.

[285] Bettine Brentano an Arnim, März 1809, Betz/Straub 2, S. 137f. Zur Tirolbegeisterung vgl. ferner Eichendorff, Ahnung und Gegenwart III,18 (1816), ²HKA 3, S. 231ff.

[286] Bettine Brentano an Savigny, um den 23.4.1809, AM, S. 124. Vgl. Rössler, Österreichs Kampf um Deutschlands Befreiung (Anm. II,91), Bd. 1, S. 449ff.; Ute Planert, Der Mythos vom Befreiungskrieg. Frankreichs Kriege und der deutsche Süden: Alltag – Wahrnehmung – Deutung 1792–1841, Paderborn u. a. 2007 (Krieg in der Geschichte 33), S. 565ff.

[287] Vgl. Wohlfeil, Spanien und die deutsche Erhebung (Anm. II,94), S. 202.

[288] Bettine Brentano an Arnim, 25.4.1809 und 26.4.1809, Betz/Straub 2, S. 168f. und 169f. Brentano an Arnim, Anfang Mai 1809, FBA 32, S. 149ff. Bettine Brentano an Savigny, 2.5.1809, AM, S. 129.

[289] Brentano an Arnim, um den 20.8.1806, WAA 32,1, S. 302f. Vgl. Arnim an Brentano, 8.9. 1806, ebd., S. 316; Arnim an Bettine Brentano, 27.8.1806, ebd., S. 311.

bundstaaten kämpfen müssen.[290] Der bekannte Brief aus dem Herbst 1806, in dem Brentano vorschlägt, das *Wunderhorn* als Beitrag zur Kriegsführung gegen Frankreich zu veröffentlichen, ist keine Verlautbarung eines politischen Programms, sondern der Versuch, sich auf Arnims preußischen Patriotismus einzulassen, um eine neue Grundlage weiterer freundschaftlicher Zusammenarbeit zu gewinnen.[291] Als Brentano nach der Scheidung von seiner zweiten Frau seinen bisherigen Lebensschwerpunkt in Südwestdeutschland verlassen wollte, zog er schließlich nach Berlin. Da er Arnim auf sein noch frühromantisch anmutendes Kunstprogramm nicht einschwören konnte, schloss er sich an dessen Patriotismus an. Dies war möglich, weil dieser nicht bloß brandenburgisch und preußisch, sondern auf ein imaginiertes Deutschland bezogen war und auch die rheinischen Gegenden – im damaligen Verständnis das eigentliche Territorium des alten Reiches – mit umschließen konnte, die Brentanos Heimat waren und in seinen Werken eine zunehmend wichtige Rolle spielten. Um 1810 lässt sich Brentano so in der Erkenntnis, dass Gemeinschaftsbildung ebenso wie durch gemeinsame Literaturproduktion, die sich von Zeitbezügen fernhält, auch im Namen des Vaterlandes möglich ist, auf den preußischen Patriotismus ein, wie er sich in seiner Berliner Gelegenheitsdichtung äußert. Die Eigenart von Brentanos Verbindung von preußischer Gesinnung und Reichspatriotismus ist am treffendsten von Werner Milch erfasst worden, und diese Verbindung wäre bei jeder Erwähnung von Brentanos Eintreten für Preußen in Erinnerung zu rufen.[292] Ohne sie bliebe unverständlich, wie ein Schriftsteller, der aus der Reichsstadt Frankfurt stammte und lange Zeit auf kurmainzischem und kurpfälzischem Gebiet gelebt hatte, eine zustimmende Haltung zu Preußen gewinnen und gleichzeitig in seinen Märchen die Rheingegend als Landschaft einer politisch-poetischen Utopie entwerfen konnte.[293] In diesem Sinn verkehrte Brentano in der Berliner Gesellschaft und mit Offizierskreisen in Prag. Varnhagen allerdings schreibt, er habe Brentano den Franzosen „nicht so abgeneigt“ gefunden, was nur einer kleindeutschen Sichtweise im Sinn des 19. Jahrhunderts zu Verwunderung Anlass geben sollte.[294] Noch im Juli 1813 hat er Passavant eine erste Fassung des Prologs zur *Gründung Prags* vorgelesen, die Fürstprimas

[290] Vgl. Burgdorf, Ein Weltbild verliert seine Welt (Anm. V,254), S. 198f.

[291] Brentano an Arnim, Mitte bis Ende Oktober 1806, WAA 32,1, S. 350f. (zur Datierung vgl. Heinz Härtl, ebd., S. 980). Anderer Ansicht ist Dennerle, Kunst als Kommunikationsprozeß (Anm. IV,19), S. 55 und 234, Anm. 65. Vgl. Rölleke, Anmerkungen zu *Des Knaben Wunderhorn* (Anm. I,25), S. 284ff.

[292] Werner J. Milch, Brentano and the Prussian Tradition. (On the Occasion of the Centenary of Clemens Brentano's Death), in: The Dublin Review Nr. 423, 1942, S. 141–149, dort S. 145ff. Kiewitz, Poetische Rheinlandschaft (Anm. V,53), S. 105f. Siehe auch Tully, Creating a National Identity (Anm. V,101), S. 197ff., deren Verständnis von Brentanos Patriotismus für die Jahre nach 1810 aber zu sehr an der Oberfläche bleibt. Siehe auch Grus, Brentanos Gedichte *An Görres* und *An Schinkel* (Anm. I,53), S. 357ff. – Brentanos Anhänglichkeit an das alte Reich ist oft bemerkt worden (so etwa von Krammer, Clemens Brentano und Berlin [Anm. V,227], 6, S. 30), eine eingehende Untersuchung dazu fehlt.

[293] Vgl. Kiewitz, Poetische Rheinlandschaft (Anm. V,53), S. 90–107.

[294] Varnhagen an Rahel Robert, Prag 24.11.1811, Rahel-Bibliothek 4,2, S. 171.

Dalberg gewidmet war, dem eigentlichen Exponenten der Rheinbundpolitik.[295] Auch Gubitz' Äußerungen über Brentanos Patriotismus in den Jahren 1815 bis 1817 weisen auf eine gewisse Offenheit in Brentanos Haltung hin.[296] Letzten Endes ist Brentano auf politische Inhalte nicht festgelegt, da es für ihn ein Verhältnis intentione recta zu politischen Angelegenheiten nicht gibt, sondern Politik primär als Mittel zum Zweck geselliger Integration dient, die ihrerseits ein Arrangement zugunsten der Verwirklichung der Poesie bildet.

Mit seinen preußisch-patriotischen Äußerungen in Wien, denen sich abschätzige Urteile über Österreich zugesellen, zumal in der Zeit vor dem Kriegseintritt des Kaiserreiches, erregte Brentano in einem Kreis wie dem der Caroline Pichler Widerwillen.[297] Nach der Verhaftung Hormayrs im März 1813 war man im Salon der Pichler, wo sich im Jahr 1806/07 noch die Kriegspartei versammelt hatte, anscheinend vorsichtig geworden, denn Hormayr hatte zu den engsten Freunden der Pichler gehört.[298] Gemessen daran waren Brentanos Äußerungen unklug oder zielten direkt auf die Provokation ab, welche sie bei Caroline Pichler auch erregten, die sich Kritik an Österreich von preußischer Seite verbat. Es ist jedoch bemerkenswert, dass Brentano die Salons der Pereira und Arnstein eher selten besucht zu haben scheint. Wenn er an seine Schwester Gunda schreibt, er werde nicht oft zu Pereira gehen, so mag dies erstaunen, da Brentano doch so energisch die Gesinnung aufrechter Preußen zu teilen scheint, die er nirgends besser

295 Passavant, Tagebuch, 26.7.1813, Helfferich, S. 361. Siehe oben, Kapitel 1, Anm. 99. Vgl. Brechler, Clemens Brentanos Prolog zur *Gründung Prags* (Anm. V,228), S. 582f. Zu Dalberg: Werner Hertel, Karl Theodor von Dalberg zwischen Reich und Rheinbund. Grundgedanken seiner Politik vom Rergierungsantritt bis zur Gründung des Rheinbundes (1802–1806), Diss. (masch.) Mainz 1952. Heribert Raab, Carl Theodor von Dalberg. Das Ende der Reichskirche und das Ringen um den Wiederaufbau kirchlichen Lebens 1803–1815, in: AMKG 18 (1966), S. 27–39. Konrad Maria Färber, Kaiser und Erzkanzler. Carl von Dalberg und Napoleon am Ende des Alten Reiches. Die Biographie des letzten geistlichen Fürsten in Deutschland, Regensburg 1988 (Studien und Quellen zur Geschichte Regensburgs 5).

296 Varnhagen an Rahel Robert, Prag 24.11.1811, Rahel-Bibliothek 4,2, S. 171. Gubitz 2, S. 143. Zu Brentanos Bekanntschaft mit Gubitz: Feilchenfeldt, Runge und die Dichter (Anm. V,52), S. 324. Ders., Clemens Brentanos journalistische Beiträge – mit einem gezielten Blick auf seine Zusammenarbeit mit Friedrich Wilhelm Gubitz, in. Jeremias Gotthelf. Wege zu einer neuen Ausgabe, hrsg. von Barbara Mahlmann-Bauer und Christian von Zimmermann, Tübingen 2006 (Beihefte zu Editio 24), S. 125–145. Zum Thema vgl. auch ders., Runge – der patriotische Künstler (Anm. V,41), S. 44; ders., Brentanos publizistische Kontakte mit Hamburg (Anm. V,60), S. 56f.

297 Pichler 1, S. 424f.

298 Ebd., S. 409f., zusammenfassend Blümml, ebd., S. 539ff., Anm. 406. Joseph von Hormayr, Caroline Pichler, in: Taschenbuch für die vaterländische Geschichte 34. Jg., N. F. [= 3. Folge] 16. Jg., 1845, S. 110–143, dort S. 127ff. zum Salon der Pichler in den Jahren 1807 und 1808. Glossy, Hormayr und Karoline Pichler (Anm. V,30). Langsam, The Napoleonic Wars and German Nationalism in Austria (Anm. II,93), S. 82. André Robert, L'idée nationale autrichienne et les guerres de Napoléon. L'apostolat du baron de Hormayr et le salon de Caroline Pichler, Paris 1933 (Bibliothèque d'histoire contemporaine). Rössler, Österreichs Kampf um Deutschlands Befreiung (Anm. II,91), Bd. 1, S. 485.

aufgehoben finden konnte, als eben bei den Damen von Arnstein, Eskeles und Pereira.[299] Auch die Freunde nahmen Brentanos neuerdings glühenden Patriotismus nicht ernst. Arnim jedenfalls antwortet am 3. August 1813 verärgert auf Brentanos Bekundung vom 2. Juli, wie gern er in Arnims Landsturmkompagnie wäre: „Hättest Du Dich so sehr danach gesehnt, in meiner Compagnie zu dienen, so hättest Du so leicht hieher wie nach Wien kommen können, jezt ists zu spät.“[300] Die Verwirklichung des in einem Brief aus dem Juli 1813 an Gunda Savigny geäußerten Vorhabens, notfalls „auch die Muskete zu ergreifen“, wäre seiner Kurzsichtigkeit wegen auch nicht ratsam gewesen.[301] Zudem befanden sich Bettine und Achim von Arnim in der Zeit der Befreiungskriege in Berlin in einer üblen Lage, die an physische Not grenzte.[302] Brentanos politische Äußerungen dürften in Wien eher Element seiner Inszenierung im Salon gewesen sein, zu der auch sein – so Heinrich Schmidt – „großartiges Verblüffungstalent“ beisteuern musste, denn Kundgabe eines ernstlichen politischen Engagements.[303]

Zu Beginn und am Ende des Briefwechsels zwischen Brentano und Rahel Robert steht der Name Hölderlin.[304] Im Briefwechsel zwischen Bettine Brentano und Arnim dient *Hyperion* als Vorbild für die Gestaltung der poetischen Auffassung der Politik. Fontanes Einführung eines patriotischen Romantikers und Hölderlin-Bewunderers in seinen Roman *Vor dem Sturm* zeugt von seiner genauen Sachkenntnis. Die Geschichte des in seinen politischen Plänen gescheiterten Hyperion, der sich der Gründe seines Scheiterns versichert und zu einer Diagnose der Zeit und einer Beurteilung seiner selbst in den Verstrickungen des Handelns gelangt, war für eine applizierende Adaption in den Jahren nach 1806 und vor allem nach 1814 bestens geeignet. Der Prosastil von Bettine Brentanos Äußerungen, der am deutlichsten im *Tagebuch* ihres Goethebuches eine nachhaltige Anverwandlung von Hölderlins Sprache bekundet, ist – wie später auch das *Tagebuch der Ahnfrau* – von hölderlinschem Gepräge: „Ach kühne Taten! Jugendliche Unternehmungen! Wie seid ihr in Liebe und Zorn, in Friede und Krieg, in Kunst und

299 Friedrich August an Elisabeth Staegemann, 28.11.1814, Abeken 1, S. 254. August Fournier, Die Geheimpolizei auf dem Wiener Kongreß. Eine Auswahl aus ihren Papieren, Wien, Leipzig 1914, S. 306 (Rapport des Konfidenten ** an Hager, 18.12.1814). Spiel, Fanny von Arnstein (Anm. III,124), S. 346, 404f. und vielfach. Fritz Valjavec, Die Entstehung der politischen Strömungen in Deutschland 1770–1815, Kronenberg i. Ts., Düsseldorf 1978 (Athenäum-Droste-Taschenbücher 7212), S. 370f.

300 Arnim an Brentano, 3.8.1813, Schultz/Schwinn 2, S. 678.

301 Brentano an Gunda von Savigny, Ende Juli 1813, FBA 33, S. 38. Zur Rhetorik der Kampfbereitschaft bei Schriftstellern zur Zeit der Befreiungskriege: Hagemann, Nation, Militär und Geschlecht (Anm. VI,35), S. 197. Zu Brentanos Myopie: Diel/Kreiten 2, S. 459.

302 Bettine von Arnim an Meline von Guaita, Juli 1814, in: Schmidt, Bettina, S. 79ff.

303 Schmidt, S. 209.

304 Brentano an Rahel Robert, 25.6.1813, FBA 33, S. 17. Brentano an Rahel Varnhagen, 1.10.1814, ebd., S. 138, ebd., S. 415. Hölderlin, StA 7,2, S. 430; 7,4, S. 335. Vgl. Isselstein, Rahel und Brentano (Anm. III,172), S. 161ff. – Zum folgenden vgl. Rolf Zuberbühler, Fontane und Hölderlin. Romantik-Auffassung und Hölderlin-Bild in *Vor dem Sturm*, Tübingen 1997 (Untersuchungen zur deutschen Literaturgeschichte 91).

Wissenschaften immer so reizend. Aber der Mensch ist in einem steten Blühen und Hinwelken (…)“.[305] In ihrer Hölderlinnachfolge steht sie aber nicht allein. Der Name des Dichters wurde zum Schibboleth unter Eingeweihten, er war der Autor, in dessen Namen Freundschaften geschlossen werden konnten und nach dessen Schriften das Modell der Verbindung von Politik und Freundschaft gestaltet wurde. Im Brentanokreis ist Hölderlin schon früh rezipiert worden, auch wenn sich das Datum von Brentanos erster Begegnung mit dem Werk des Dichters nicht exakt belegen lässt. Meist wird davon ausgegangen, dass er Hölderlins Schriften erst im Jahr 1806 durch Isaac von Sinclair kennengelernt habe.[306] Dagegen gibt es aber Hinweise, die die Annahme einer früheren Kenntnis von Hölderlins Werk etwa um die Jahrhundertwende stützen.[307] Zumindest kannten Karoline von Günderrode und vielleicht auch Savigny, bei dem der genaue Zeitpunkt seiner *Hyperion*-Rezeption jedoch strittig ist, den Roman wohl um diese Zeit.[308] Nach seiner Enttäuschung über den Verlauf des Krieges schreibt Arnim an Savigny, er wolle jetzt Vorlesungen über „praktische Ästhetik“ mit dem *Hyperion* als seinem Kompendium halten.[309] Görres hatte (wenn die Zuschreibung stimmt) den Roman schon im Jahr 1804 unter dem Stichwort Enthusiasmus besprochen.[310] Zeugnisse für Brentanos Verehrung Hölderlins liegen gerade aus der Kriegs- und Nachkriegs-

305 Bettine Brentano an Arnim, 3.5.1809, Betz/Straub 2, S. 172. Vgl. Adolf Beck, Christoph Theodor Schwab über Bettina von Arnim. Ein briefliches Porträt 1849/1850. Zugleich ein Beitrag zur Geschichte der Wirkung Hölderlins, in: JbFDH 1964, S. 366–378.

306 Walther Rehm, Brentano und Hölderlin, in: HJb 1947, S. 127–178, dort S. 131, Anm. 2 Michael Franz, September 1806, in: LpH 6 (1983), S. 9–53, dort S. 38. Katharina Kaspers, „Der arme Hölderlin“. Die stilisierte Dichterfigur in der Rezeption der Romantik, in: HJb 27 (1990/91), S. 159–181, dort S. 167.

307 Vgl. Schnack, S. 52ff.

308 Doris Hopp und Max Preitz, Karoline von Günderrode in ihrer Umwelt. III. Karoline von Günderrodes Studienbuch, in: JbFDH 1975, S. 223–323, dort S. 277, vgl. ebd., S. 316. Hans Kiefner, „Ideal wird, was Natur war“, in: Quaderni fiorentini per la storia del pensiero giuridico moderno 9 (1980), S. 515–522. Joachim Rückert, Idealismus, Jurisprudenz und Politik bei Friedrich Carl von Savigny, Ebelsbach 1984 (Abhandlungen zu rechtswissenschaftlichen Grundlagenfragen 58), S. 141f. und Anm. 649. Dieter Nörr, Savignys philosophische Lehrjahre. Ein Versuch, Frankfurt a. M. 1994 (Studien zur Europäischen Rechtsgeschichte 66), passim.

309 Arnim an Savigny, um den 13.8.1814, Härtl 2, S. 96. Vgl. Schmitz, Der „ästhetische Staat“ (Anm. IV,25), S. 147ff. Siehe auch Heinz Rölleke, Achim von Arnim und Friedrich Hölderlin. Ein neuentdecktes Fragment Arnims über *Empedokles*, in: HJb 18 (1973/74), S. 149–158. Problematisch sind die Ausführungen von Ulrich Gaier, in: Hölderlin-Handbuch. Leben – Werk – Wirkung, hrsg. von Johann Kreuzer, Stuttgart, Weimar 2002, S. 476f.

310 Görres, Hyperion, in: Aurora, eine Zeitschrift aus dem südlichen Deutschland Nr. 128, 24.10. 1804 = GS 3, S. 97f. Zur Autorschaft: Günther Müller, ebd., S. 493. Franz Schultz, Joseph Görres als Herausgeber, Litterarhistoriker, Kritiker im Zusammenhange mit der jüngeren Romantik. Gekrönte Preisschrift der Grimm-Stiftung. Mit einem Briefanhang, Berlin 1902 (Palaestra 12), S. 30ff. Adolf Beck, in: Hölderlin, StA 7,4, S. 78ff. Wolfgang Frühwald, in: Görres, AW 2, S. 785f.

zeit vor.[311] Die Rezeption Hölderlins in Berlin dürfte nicht zuletzt auch von Brentano und Arnim ausgegangen sein.[312] Besonders aufschlussreich für die Frage der Rolle Hölderlins im poetischen Patriotismus ist der Briefwechsel zwischen Karl und Marie von Clausewitz: Als der Gatte in den Krieg zieht, gibt ihm die Frau das Wort Diotimas mit, „Handle du, ich will es tragen". Clausewitz war später Mitglied der deutschen Tischgesellschaft; dass Brentano dort für die Verbreitung Hölderlins sorgte, ist bekannt.[313] (Allerdings muss Clausewitz Hölderlin schon früher gekannt haben.)

Vor diesem Hintergrund lässt sich die Österreichkritik in Brentanos Briefen an Arnim vom Anfang Oktober und Ende November 1813 als Scheltrede in der Tradition des *Hyperion* verstehen. Brentano wirft der „Austernnation" nicht weniger vor als mangelnden Enthusiasmus und vollkommene Gesinnungslosigkeit: „aber es ist kein Wille, kein Enthusiasmus da."[314] Enthusiasmus ist in *Viktoria und ihre Geschwister* das zentrale, von dem Kosaken – er steht für die Kriegswende des Jahres 1812 – ins Spiel gebrachte und von allen Figuren approbierte Wort.[315] Dass in dem Stück so abstrakte Konzepte wie Gemeingeist und Enthusiasmus – und eine Exempelgestalt wie Curtius, die mit Deutschland und dem Reich so rein gar nichts zu schaffen hat – im Mittelpunkt stehen, hat mit der Abstraktheit des metapolitischen Patriotismus zu tun, wenn darüber auch die Zensurbestimmungen nicht übersehen werden dürfen, die konkretere Bestimmungen nicht zuließen – das Wort „Freiheit" etwa war auf der Bühne unerwünscht.[316] Auch sollten Brentanos abfällige Äußerungen nicht vergessen lassen, dass Wien sich im Herbst 1813 durchaus in einem Zustand patriotischer Erregung befand. Das Bild, das

[311] Gustav Schwab's Leben. Erzählt von seinem Sohne Christoph Theodor Schwab, Freiburg i. Br., Tübingen 1883, S. 32 = Hölderlin, StA 7,2, S. 432. Arnim/Brentano, Briefe über das neue Theater, W 2, S. 1160 = StA 7,2, S. 431.

[312] Alfred Kelletat, Hölderlin in Berlin, in: Berlin und die Antike. Architektur, Kunstgewerbe, Malerei, Skulptur, Theater und Wissenschaft vom 16. Jahrhundert bis heute. Aufsätze, hrsg. von Willmuth Arenhövel und Christa Schreiber, Berlin 1979 (Ergänzungsband zum Katalog der Ausstellung „Berlin und die Antike"), S. 229–256.

[313] Hyperion, in: Hölderlin, StA 3, S. 97. Marie an Karl von Clausewitz, 17.11.1808, Linnebach, S. 185. Hölderlin, StA 7,2, S. 385; StA 7,4, S. 332. Vgl. Erich Weniger, Goethe und die Generäle. Vorstudien zu einer politischen Geschichte der Deutschen Bewegung, in: JbFDH 1936/40, S. 408–593, dort S. 553f.; Gerhard, Schiller als Religion (Anm. VI,110), S. 29ff. Clausewitz und die Tischgesellschaft: Steig 5, S. 24, 39, 622. Nienhaus, Geschichte der deutschen Tischgesellschaft (Anm. II,64), S. 20f., 356.

[314] Brentano an Arnim, Wien, Ende August bis Anfang Oktober 1813, FBA 33, S. 78. Ganz ähnlich lautet die Kritik an Österreich, die Lea Mendelssohn in einem Brief an Carl Gustaf von Brinkman vom 14.5.1815 äußert; Klein, S. 250.

[315] v. 740–766, Viktoria, S. 46f., FBA 13,3, S. 127–129. Zum Enthusiasmus in Brentanos Wiener Dramen: Pross, Kunstfeste (Anm. II,97), S. 259, 268ff. Die Rede vom Enthusiasmus wird von den Nebengestalten ins Spiel gebracht; deren Äußerungen sind keine „Kostproben von der mitunter zweifelhaften Moral der regulären Truppe" (ebd., S. 257), zu welcher ohnehin keine der Figuren gehört. Die Verfasserin vernachlässigt über ihrer einseitgen Zuordnung des Stücks zum „Festspiel" die viel wichtigere Zugehörigkeit zur niederen Komödie.

[316] Glossy, Zur Geschichte der Wiener Theatercensur (Anm. V,72), S. 328f.

die Wiener Tageszeitungen und zeitgenössischen Berichte zeichnen, stimmt mit Brentanos Schilderung nicht durchweg überein, die deswegen auch nicht einfach bei ihrem Nennwert genommen werden kann.[317] Am 1. März 1814 wurde bei einer Aufführung eines patriotischen Gelegenheitsstücks auf der Leopoldstädter Bühne sogar „Heil dir im Siegerkranz" gesungen.[318] Trotzdem blieben die Grenzen, die dem vaterländischen Enthusiasmus in Wien gesetzt waren, sehr eng gezogen. Die zitierte briefliche Äußerung trifft in dieser Hinsicht zu, zeigt aber zugleich, dass Brentanos metapolitische Urteile an der gesellschaftlichen Realität Österreichs vorbeigehen.[319] Da der enthusiastische Patriotismus auch *Viktoria und ihre Geschwister* zugrunde liegt, wird einsichtig, wieso es zu einer Aufführung dieses Stückes nicht kommen konnte, wären auch die übrigen Umstände günstiger gewesen. In dem Schreiben an Susanne von Hügel aus dem Juli 1814 – das mehr als ein Motiv mit Hyperions vorletztem Brief teilt – wird die Scheltrede in der Rede vom „eingefleischten Satanismus der Welt" zusammengefasst; nicht zuletzt dient die Kritik hier der Selbstimmunisierung angesichts des eigenen Scheiterns.[320] In seinen Berliner Theaterrezensionen wird der Ton um so schärfer, und die dort gegebene Darstellung Beethovens als des missachteten genialen Künstlers ist zugleich eine Selbstdeutung als armer Dichter, dem die böse Welt so übel mitspielt, was im Falle Beethovens, der zeitlebens und gerade im Jahr 1814 erfolgreich war, kaum zutreffend ist. Das Zitat aus *Wallenstein* („Das ist das Los des Schönen auf der Erde…") ist eine Referenz auf eine Selbst- und Weltdeutung als armer Poet in einer verständnislosen Welt ohne Enthusiasmus, wofür Hyperion und Max Piccolomini als Vorbilder dienen.[321]

317 Siehe etwa Friedrich S–z, Schreiben eines Preußen an seinen Freund in Berlin, über den Enthusiasmus der Wiener im Theater bey der Aufführung solcher Stücke, welche auf den gegenwärtigen Krieg einigen Bezug haben. (Eingesendet), in: ThZ 6. Jg., Nr. 123, 14.10.1813, S. 479–480. Siehe auch Anschütz, S. 154f.

318 Rommel, S. 670.

319 Vgl. Bodi, Tauwetter in Wien (Anm. III,33), S. 63–67.

320 Brentano an Susanne von Hügel, 7.–12.7.1814, FBA 33, S. 129. Vgl. Oesterle, Die Misere der Romantiker in Wien (Anm. III,31), S. 87f. Der Brief Susanne von Hügels, den sie am 6. Januar 1814 begonnen hatte und am 15 August fertigschrieb, dürfte als Antwort auf dieses Schreiben zu verstehen sein; Sammlung Varnhagen, Biblioteka Jagiellońska, Kraków.

321 Erste Vorstellung des Fidelio von Beethoven, in: Berlinische Nachrichten von Staats- und gelehrten Sachen Nr. 124, 17.10.1815 = W 2, S. 1125–1127, dort S. 1125. Siehe dazu Willi Reich, A Forgotten Beethoven Document, in: ML 27 (1946), S. 248–250; Kopitz/Cadenbach 1, S. 106–108. Mallon 2, S. 63. Zu den Berliner Fidelio-Aufführungen: Willy Hess, Das Fidelio-Buch. Beethovens Oper, ihre Geschichte und ihre drei Fassungen, Winterthur 1986, S. 82ff. Horst Häker, Heinrich von Kleist. Prinz Friedrich von Homburg und Die Verlobung von St. Domingo. Studien, Beobachtungen, Bemerkungen, Frankfurt a. M. 1987 (EHS I/946), S. 192. Zu Beethovens Erfolg: Solomon, Beethoven (Anm. I,95), S. 150ff., 286ff., 348ff.

Tabelle 3: Konkordanz zu *Victoria:* frühe Fassung (Spalten links vom Strich), Entwürfe (links vom Strich, fett) und Buchfassung (Spalten rechts des Strichs)

1–8	480–487
9–10	–
11–14	488–491
15–22	532–537
23	–
24	538
25–26	539
27–28	540a
29	–
30	541a/540b
31	541b
32	–
33–35	543–545
36–39	–
40a	577b
40b–43	–
44–55	549–561
H^2	**563–566**
56–57	565–566
58–77	567–584
78–81	–
82–83	585–584
H^5	**587–653**
84–87	654–657
88–91	–
92–97	658–663
98–99	664
H^5	**664–719**
100–102	720–722
103–104	–
105–110	726–730
112–113	–
114–120	732–738
121–130	–
nach 130	767–854
131–133	856–858
134	–
135–136	859–860
137–138	–
139	865a
140	–
141–176	871–908
177	–
178–224	910–959
225–226	–
227–242	960–974
243–244	–
245–248	976–979
249–250	–
251	1032
252	–
253	1033
254	–
255	1034
256–257	–
258–266	980–987
267–268	–
269–278a	988–998a
278b	–
279–282	1000–1003
283–284	–
285	1004
286–288	–
289–290	1008–1009
291–292	–
293–306	1010–1023
307–309	–
310–316	1040–1046
〈 〉	
H^3	**1182–1199**
〈 〉	
317–320	–
321–331	1358–1367
332–333	–

334–353	1368–1389	516	1533–1538
354–358	–	517–518	1539–1540
359–370	1388–1395	nach 518	1541–1572
371–372	–	519	–
373	1397	520–526	1574–1579
374	–	527	–
375–381	1399–1405	528	1580
382–391	–	529a	1591
392–399	1409–1414	529b–547a	–
400–403	–	547b–549	1581–1583
404–405	1415–1416	550–551	–
406–409	–	552–554	1584–1586
410–417	1417–1423a	555	–
418–420	–	556–562	1589b–1594
421–426	1424–1429	562–563	–
427	–	564–577	1595–1606
428–436	1430–1438	578–587	–
437–438	–	588–589a	1607–1608
439–444	1447–1452	589b–594	–
445	–	595	1663
446	1454	596–597	–
447	–	598–604	1611–1615
448–453	1456–1461	605	–
454–461	–	606–617	1616–1627
462–465	1464–1467	(618)	(1628–1657)
466–469	–	619–620	1660/1662
470–474	1468–1472	621–624	1673–1676
475	–	625–628	–
476–477	1473–1474	629	1679
478	1476	630	–
479–481	–	631	1680
482–485	1478–1481	632–635	–
486–491	–	636	1682
492–501	1482–1491	637	1681
502–505	–	638–650	–
H^4	**1492–1519**	651–656	1683–1688
506–507	1520–1521	657–668	–
508	1524	669–670	1696–1697
509	–	671	–
510–513	1529–1531	672–674	1699–1702
514–515	–	675	–

678	1703	866–868a	1952–1954a
679	–	868b–887	–
680	1704	887–888	1966–1967
681	–	889	–
682–705	1705–1728	890	1968
706–708	–	891	1970
709	1731	892	–
710–718	–	893–894	1971–1972
nach 711	1736–1777	895–896	–
719–780	1828–1875	897–909	1973–1985
781–782	1880	910–925	–
783–787	1881–1884	926–928	1986–1989
788–791	–	929–931	–
792	1887	932	1990
793–795	–	933	–
796–798	1889–1891	934–948	1992–2008
799–801	–	949–950	–
802–803	1896–1897	951–962	2046–2056
804–805	1894–1895	963–965	–
806–811	–	966	2006
812–816	1914–1918	967–982	–
817–825	1927–1935	983–986	2109–2112
826–831	–	987–991	–
832–835	1946–1949	992	2118
836–849	–	993–995	–
850–853	1936–1939	996	2051
854–856	–	997–1012	2123–2139
857–861	1941–1945	1013	–
862–863	1950–1951	1014–1017	2143–2146
864–865	–		

Abb 3. Clemens Brentano, eigenhändiger Entwurf zum Titelkupfer von *Viktoria und ihre Geschwister* (Hs. FDH 7718,5).
Die Zeichnung befindet sich auf der Rückseite eines Einzelblattes mit Gedichtentwürfen und Notiz 6 zu dem Drama (vgl. die Handschriftenbeschreibung in FBA 15,4, S. 55). Da die Zeichnung wahrscheinlich später entstanden ist als alle übrigen Texte auf dem Blatt, lassen sich zur Entstehungszeit der Zeichnung keine genauen Angaben machen.

7 Bemühungen um das Hofburgtheater

Dichter und Skribenten

Brentanos eigene Äußerungen in seinen Briefen an Arnim scheinen darauf hinauszulaufen, dass er die Produktion von Dramen in Wien fabrikmäßig zu betreiben gedachte.[1] Oder zumindest sann er Arnim ein solches Verhalten an. In seiner Werkstätte scheint er auch den Bruder Christian beschäftigt zu haben, den er während dessen Anwesenheit in Wien Anfang 1814 eine Reihe von Dramen verfertigen ließ.[2] Nach dem Urteil der Freunde, Arnims, Savignys und anderer, war Brentanos literarisches Treiben während der Wiener und Berliner Zeit auch nichts anderes als eben Tages- und Unterhaltungsschriftstellerei, Skribentendienstleistung.[3] Wieweit er sich selbst in Wien tatsächlich auf dieses Niveau begeben hat, ist jedoch fraglich.

Nach den Angaben Brentanos in der schon mehrmals zitierten Nachschrift zu einer geplanten Sammelausgabe der Wiener Werke soll die Aufführung der *Viktoria*, die er „auf die Aufforderung des Besitzer des Theaters an der Wieden" verfasst haben will, untersagt worden sein.[4] Soweit aus den Briefen ersichtlich, ist diese Angabe so nicht zutreffend, wiewohl es ohne weiteres plausibel erscheint, dass das Stück die Zensur nicht hätte passieren können. Auch *Valeria oder Vaterlist* will Brentano auf Wunsch gefertigt haben, überdies stellt er die Entstehung dieser Bühnenfassung so dar, als sei er in allem nur der bereitwillige Empfänger von Wünschen und Aufträgen anderer gewesen, und auch hier erscheint der topische Hinweis auf die kurze Entstehungszeit und auf die Entbehrungen, die der Dichter erleiden musste, der es für seine „Pflicht" hält, den Vorstellungen der „geistreichsten Kenner" zu entsprechen.[5] Diese Topoi kehren fast stereo-

1 Brentano an Arnim, Ende August bis Anfang Oktober 1813 und Ende November 1813, FBA 33, S. 80 und 100.

2 Brentano an Arnim, 5.4.1814, ebd., S. 121f. Christian Brentano, Schriften 1, S. XIX. Vgl. Sauer, Brentanos Dramenfragmente (Anm. I,66), S. 86, Anm. 455.

3 Savigny an Jacob Grimm, 25.11.1815, Stoll 2, S. 147. Gunda von Savigny an Bettine von Arnim, 5.12.1815, AM, S. 208. Ludwig von Gerlach, Tagebuch, 27.10.1816, Schoeps, S. 204. Arnim an Thomas, 7.4.1827, in: Cardauns, Die Märchen Clemens Brentano's (Anm. IV,1), S. 102. Arnim an Böhmer, 7.4.1827 (Konzept), in: Steig, Rezension von: Cardauns, Die Märchen Clemens Brentanos (Anm. III,204), S. 796. Zu Brentanos Verhalten siehe auch Turtur, Situation der deutschen Romantiker in Wien (Vorbemerkung, Anm. 11), S. 165ff.

4 FBA 13,3, S. 457. Grus, S. 120. Diel/Kreiten 1, S. 402.

5 Steig, Valeria, S. XIIf., XXX. FBA 12, S. 932.

typ bei vielen Arbeiten Brentanos wieder, vor allem bei eher okkasionellen Werken, so schon bei den *Lustigen Musikanten* und auch bei den Dramen, die während der Wiener Zeit entstanden.[6] Dieses Verhalten mag zum Thema der Legitimation des als problematisch empfundenen Dichterberufs bei Brentano gehören,[7] in der skizzierten Situation des Schriftstellers in Wien ist es zugleich das Bemühen des Dichters, sich nicht unter die Skribenten gezählt zu sehen. Schon hinsichtlich des *Österreichischen Feldlagers* von Heinrich Schmidt trat Brentano mit dem Anspruch auf, mit einem dramatischen Gegenentwurf zu zeigen, wie ein solches Stück auszusehen habe, das nicht bloß aus Schillerversen zusammengeflickt sei. In seinem Brief an Hartl präsentiert er sich als einen der kunstbeflissenen „gute(n) Dichter", der sich vor die Aufgabe gestellt sieht, „durch die Hinderniße durchzuwinden, die beinahe jede Bühne nur für das Leerste zugänglich laßen".[8] Ebenso kritisiert Brentano in Gedichten, die teils für die Strobelkopf-Gesellschaft bestimmt waren, teils erst in Berlin entstanden sind, zeitgenössische Dramatiker, so in „Einstens glaubt ich in den Künsten…" die ganze Reihe der seinerzeit gängigen Bühnendramatiker und in *Eksteins Turm von Pisa* das Drama *Kampf um Pisa* von Ferdinand von Eckstein. In dem Gedicht „Es ist Gebrauch seit langer Zeit…" warnt er den Freund Bernard vor Tagesschriftstellern wie Johannes Erichson (dem Herausgeber der *Thalia*, der unmittelbaren Vorläuferin des *Dramaturgischen Beobachters*) und Ludwig Wieland, welcher sich in diesem Augenblick gerade auf dem Weg des endgültigen Scheiterns an den Wiener Theatern befand.[9] Das eigentliche Motiv von Brentanos Kritik an anderen Kollegen dürfte in dem Bemühen um Abgrenzung von einem Berufstand zu suchen sein, dem er zeitlebens distanziert und mitunter auch mit Verachtung gegenüberstand. Offene Aussagen zu seinen pekuniären Interessen finden sich während der Zeit des Wiener Aufenthalts vor allem in den Briefen an Arnim, dem er nichts vormachen musste, während in den gleichzeitigen Briefen an Pálffy solche niederen Beweggründe zugunsten der Betonung der reinen Bestrebungen seines Künstlertums in den Hintergrund treten. Immerhin hat Brentano rückblickend die finanzielle Motivation seiner Wiener Produktion offen eingestanden: In dem unveröffentlicht gebliebenen Vorwort zur geplanten Buchausgabe der *Valeria* schreibt er, er habe sich nur deshalb mit dem Theater eingelassen, „weil dieses der einzige Zweig der poetischen Kunst sein soll, der wie man mir gesagt hat, bezahlt wird".[10] Zum Zeitpunkt der Niederschrift

6 FBA 12, S. 801f. Brentano an Arnim, 30.4.1803, WAA 31, S. 223. Vgl. Grus, Brentanos Gedichte *An Görres* und *An Schinkel* (Anm. I,53), S. 311ff., 321f.; Curtius, Europäische Literatur und lateinisches Mittelalter (Anm. VI,29), S. 94f.

7 Grus, Brentanos Gedichte *An Görres* und *An Schinkel* (Anm. I,53), S. 354ff.

8 Brentano an Hartl, November 1813, FBA 33, S. 96.

9 „Einstens glaubt ich in den Künsten…", FBA 3,1, S. 26–28. Eksteins Turm von Pisa, Boëtius, S. 121. „Es ist Gebrauch…", in: Jung, S. 200, 185f. Zu Eckstein: Friedrich Ludwig Jahn an Mützell (?), 31.3.1821, Meyer, S. 249f. Goedeke 6, 1898, S. 482, 811; 8, 1905, S. 701. Rosenthal 1, S. 74–88. Ernst Windisch, Geschichte der Sanskrit-Philologie und Indischen Altertumskunde, Straßburg 1917–1920 (Grundriß der Indo-Arischen Philologie und Altertumskunde 1,1,B). Nachdruck Berlin, New York 1992, S. 332, Anm. 1. Körner 1, S. 523f., 686. Feilchenfeldt, Clemens Brentano an Andreas Räß (Anm. III,235), S. 298.

10 FBA 12, S. 640.

dieses Vorworts scheint Brentanos finanzielle Situation besonders miserabel gewesen zu sein, wie sich aus einem Brief Susanne von Hügels aus dieser Zeit sowie aus den umlaufenden, im dritten Kapitel der vorliegenden Arbeit behandelten Anekdoten über Brentano und Hofbauer ergibt.[11] Die zitierte Äußerung kann aber auch als nachträgliche Distanzierung nach dem stattgehabten Misserfolg angesehen werden, die zugleich eine Salvierung angesichts der problematischen ästhetischen Qualität der Dramenbearbeitung ist. Zweideutig erscheint auch die in den während der Wiener Zeit geschriebenen Briefen und in einigen ungedruckten Paratexten zu beobachtende Tendenz, die kurze Zeitdauer zu betonen, die Brentano für die Verfertigung seiner Produkte aufgewandt haben will. Sie könnte ebenfalls als ein Versuch Brentanos gedeutet werden, jeden Anschein zu vermeiden, er lege zu viel Wert auf solche okkasionellen Produkte. Seine Angaben sind zwar nicht eigentlich falsch, geben aber keinen zutreffenden Eindruck von der Mühe, die er sich mit seinen Gelegenheitsproduktionen gab, die zunächst auf den schnellen Erfolg berechnet waren, von Brentano aber immer wieder vorgenommen und überarbeitet wurden. Auch bei Anerkennung der topischen Qualität solcher Äußerungen wird man hier doch ein Unbehagen konstatieren müssen, das Brentano diesen Werken gegenüber empfunden haben muss. Man muss nur die Briefe Theodor Körners an seine Eltern lesen, um den Unterschied zu ermessen, der zwischen Brentanos wider seinen erklärten Willen peniblem Vorgehen beim Verfassen seiner Gelegenheitswerke und der Unbekümmertheit eines leidenschaftlich, aber bedenkenlos produzierenden Autors besteht, selbst wenn die konstitutionelle Unaufrichtigkeit in Rechnung gestellt wird, die bei Briefen eines Sohns an das Elternhaus unvermeidlich ist.

Bemühungen um die Stelle eines Theaterdichters

Theodor Körners rasche Erfolge hatten ihm die Stellung eines festangestellten und mit Pensionsansprüchen gesegneten Dichters am Burgtheater eingetragen, die auch Brentano angestrebt zu haben scheint. Angesichts der schlechten Lage des Buchmarktes nach 1806 war die feste Anstellung als Theaterdichter eine der wenigen Chancen, von der literarischen Produktion zu leben, ohne an sozialem Status einzubüßen. (Die andere Option, Journalschreiber zu werden, hat Brentano vorläufig noch verschmäht.[12]) Daher war die Position am Burgtheater sehr begehrt, auch für Schriftsteller außerhalb Wiens. Vor Brentano hatte sich Zacharias Werner um ein ähnliches Anstellungsverhältnis bemüht,[13] und Tieck scheint dieselben Absichten gehegt zu haben.[14] Während Brentano zu Beginn seines Aufenthalts die Fühler nach allen Theatern ausstreckte – so nach dem Leopoldstädter Theater, wo *Des Österreichischen Adlers Frohlocken und Wappengruß*

[11] Susanne von Hügel an Brentano, 29.6.1814, Sammlung Varnhagen, Biblioteka Jagiellońska, Kraków.

[12] Zu den Journalschreibern vgl. Meyer, Novelle und Journal (Anm. I,32), S. 214f.

[13] Floeck 2, Bd. 1, S. XC.

[14] Köpke 1, S. 339ff. Leo von Seckendorf an Tieck, 1.12.1808, Holtei 4, S. 30f. Arnim an Bettine Brentano, 1.4.1809, Betz/Straub 2, S. 158.

vorgetragen wurde, und nach dem Theater an der Wien, wo die *Victoria* gegeben werden sollte – konzentrierte er sich seit Dezember 1813 zunehmend und ausschließlich auf das Theater nächst der Burg. Dies hat wohl mit den Zufällen seiner persönlichen Beziehungen zu tun – im Dezember 1813 war dort seine Komödie *Valeria oder Vaterlist* zur Aufführung angenommen worden, nachdem Brentano durch Vermittlung von Herberstein mit Joseph Hartl von Luchsenstein in Berührung gekommen war. Aber die Hinwendung zum Burgtheater war zweifellos auch dadurch motiviert, dass dieses unter allen Wiener Bühnen der sächsischen Tradition des Literaturtheaters noch weitaus am ehesten verpflichtet war. Eine zusammenfassende Charakteristik findet sich in dem wohl um oder nach 1815 in Berlin geschriebenen Aufsatz *Über den Zustand des Theaters in den meisten europäischen Hauptstädten*:[15]

> In Wien sind fünf öffentliche Theater. Die beiden ersten sind das Hoftheater, für das Trauerspiel, Schauspiel, und Lustspiel, und das Theater am Kärntnerthor für die Oper. Diese sind gewissermassen die offiziellen Schaubühnen, denn ihre Mitglieder sind in Kaiserlicher Besoldung, ihre Leitung geht von der Regierung aus. Sie tragen den Charackter einer kaiserlichen Liberalität, vermeiden bis auf den Schein eine unwürdige Geldmacherei, ohne Heishunger nach grosen Einnahmen, geben sie ruhig jene dramatischen Werke, welche der zeitlichen Direktion und ihren Ansichten grade entsprechend scheinen. Die Zahl der Freibillette ist sehr gros, und das ganze trägt den Charackter einer großartigen, höchstanständigen Vertraulichkeit, die angesehendsten Familien besuchen das Parterr, man kennt sich, und grüsst sich, der Eintrittspreiß ist sehr gering, und für Offiziere noch unbedeutender. Es herrscht dadurch das Gefühl einer eigenthümlichen edeln Behaglichkeit in diesen Häußern. Ohne eine große Dekorations und Theaterschneiderangst, welche immer den wahren dramatischen Verstand sehr verdächtig machen, führt die Direktion die besten deutschen Schauspiele durch gute Schauspieler auf, und hatte in einzelnen Perioden das höchste Verdienst, schöne Talente, selbst Norddeutsche vor allen andern deutschen Bühnen zuerst darzustellen, und zugleich eine sehr edle und rührende Liebe zu ihren vaterländischen Dichtern zu beweißen.

Heinrich Laube bemerkt, auf den Theaterzetteln habe das Theater am Michaelerplatz erst seit Anfang 1814 nur noch „Theater nächst der Burg“ geheißen, bis dahin sei noch die seit 1776 eingeführte Bezeichnung „Nationaltheater“ üblich gewesen.[16] Indessen hat er unrecht, denn die Wiener Theaterzettel haben den Titel eines Nationaltheaters bereits seit dem 2. August 1807 aufgegeben und seither anscheinend konsequent auf den früheren Namen verzichtet.[17] Der Name „Theater nächst der Burg“ war natürlich auch schon

15 Sammlung Varnhagen, Kasten 36, Biblioteka Jagiellońska, Kraków. Zitiert bei Smekal, Brentano als Burgtheater-Kritiker (Anm. IV,37), S. 120; FBA 15,4, S. 335. Brentanos Feststellungen werden in der Literatur bestätigt; vgl. Johann Hüttner, Das Burgtheaterpublikum in der ersten Hälfte des 19. Jahrhunderts, in: Das Burgtheater und sein Publikum. I. Band, hrsg. von Margret Dietrich, Wien 1976 (SAWW 305, VP 3), S. 123–184.

16 Heinrich Laube, Das Burgtheater. Ein Beitrag zur Deutschen Theater-Geschichte (1868), in: ders., Schriften über Theater, hrsg. von der Deutschen Akademie der Künste zu Berlin. Ausgewählt und eingeleitet von Eva Stahl-Wisten, Berlin 1959, S. 135.

17 Österreichische Nationalbibliothek, Wien, Theaterzettelsammlung, Oper und Burgtheater.

vorher geläufig.[18] Aus ihm entwickelte sich die Bezeichnung „Burgtheater“, die inzwischen üblich geworden ist, die aber Brentano und seine Zeitgenossen noch nicht zu kennen scheinen. Nach dem Tod Theodor Körners am 26. August 1813 war die Position eines Theaterdichters am Wiener Hoftheater nächst der Burg endgültig vakant geworden. Den schlechten Zustand, in dem sich das Burgtheater vor den Reformbemühungen Schreyvogels befand, schildern Brentanos Theaterkritiken ebenso wie zahlreiche zeitgenössische Bemerkungen, zumal aus der Zeit des Wiener Kongresses. Das Repertoire war planlos, der alte Hoftheaterstil erstarrt und die Schauspieler mittelmäßig, so das einhellige Urteil der Theaterhistoriker, das sich auch vielfach aus Schreyvogels Tagebuchaufzeichnungen belegen ließe.[19] „1812 und 1813 erleben 47 Stücke ihre Erstaufführung, darunter 26 ein- und zweiactige Stücke. Diejenigen, die nicht durchgreifen, werden schnell beiseite geworfen, die mit Beifall aufgenommenen erscheinen so lange auf dem Spielplan, bis sie Niemand mehr sehen will“.[20] Schon die hohe Zahl der Erstaufführungen zeigt, dass es eine nicht kleine Zahl von Autoren solcher Unterhaltungsdramen gab, die sich um die Versorgung der Theater mit neuen Stücken bemühten.[21] Neben Beamten, die gelegentlich auch Stücke verfertigten, wie zum Beispiel Sonnleithner und Steigentesch, und Schauspielern, die Dramen verfassten, um ihre Einkünfte zu verbessern, wie Johanna von Weißenthurn, hat es ein Heer professioneller und spezialisierter Autoren gegeben, das diese auf schnelle Verwertung und voraussichtlich kurze Spieldauer berechneten Werke herbeischaffte. Klagen über diese Lage waren es, die nach der Verpflichtung eines Theaterdichters rufen ließen, der zur Hebung des Spielplanes beitragen sollte. Körner wurde aufgrund solcher Überlegungen als Theaterdichter verpflichtet.[22] Trotzdem war die Aufnahme seiner Stücke nicht durchweg günstig und der Erfolg nicht so groß, wie es die Briefe an die Eltern glauben machen wollen.[23] Auch in Berlin war man sehr skeptisch gegenüber den Produktionen des jungen Dramatikers, und im *Dramaturgischen Beobachter* findet Bernard an ihnen wenig zu loben.[24] Die Position eines festangestellten oder über einen längeren Zeitraum vertraglich gebundenen Theaterdichters am Wiener National- respektive Burgtheater wurde nicht häufig an deutsche Autoren vergeben. (Italiener wie Metastasio und da Ponte gehören in andere Kategorien.[25]) Vor Körner hatten wohl nur Johann Friedrich Jünger im Jahr 1789,

18 So etwa Kotzebue, Wien, S. 99.

19 Teuber/Weilen 2,1, S. 182ff., 195ff. Heinz Kindermann, Theatergeschichte der Goethezeit, Wien 1948, S. 481ff. Zu den Schauspielern vgl. Wlassack, S. 105–111.

20 Teuber/Weilen 2,1, S. 196.

21 Rommel, S. 870/878. Daniel, Hoftheater (Anm. I,103), S. 135f. Krämer, Deutschsprachiges Musiktheater (Anm. I,103), Bd. 1, S. 86ff. Birgfeld/Conter, Das Unterhaltungsstück um 1800 (Anm. I,105), S. IX.

22 Kindermann, Theatergeschichte der Goethezeit (Anm. VII,19), S. 219f.

23 Weldler-Steinberg, S. 171ff. Teuber/Weilen 2,1, S. 192f.

24 Geiger, Berlin 1688–1840 (Anm. I,71), Bd. 2, S. 322f. DrB 1. Jg., Nr. 3/4, 20.9.1813, S. 24; Nr. 8, 29.9.1813, S. 29–31.

25 Theodor Verweyen, Metastasio in Wien. Stellung und Aufgaben eines ‚kaiserlichen Hofpoeten‘, in: Metastasio im Deutschland der Aufklärung, hrsg. von Laurenz Lütteken und Gerhard Splitt, Tübingen 2002 (Wolfenbütteler Studien zur Aufklärung 28), S. 15–57.

Kotzebue im Jahr 1798 und Franz von Holbein im Jahr 1807 einen entsprechenden Vertrag erhalten. Holbein arbeitete seit 1809 zusammen mit E. T. A. Hoffmann am Bamberger Theater, doch der Vertrag mit Kotzebue lief noch, als zum 1. Januar 1813 Körner verpflichtet wurde.[26] Diesem war ein Gehalt vom 1500 Gulden W. W. zugesichert worden, was im Vergleich mit den Summen in den früheren Verträgen hoch war.[27] Die dafür vereinbarten Gegenleistungen waren vertraglich festgelegt, nehmen sich aber vergleichsweise gelinde aus: Körner hatte im Jahr zwei abendfüllende Stücke, zwei Nachspiele und Bearbeitungen von Stücken anderer Dichter zu liefern, außerdem hatte er „diejenigen kleineren poetischen Ausarbeitungen, welche Bezug auf die Bühne haben, als: Gelegenheitsgedichte, Prologe u. dgl., sowie auch Abänderungen anderer besonders versifizierter Stücke, wenn er damit von der Direktion beauftragt wird“, zu besorgen, wie es im Vertrag heißt.[28] Alle weiteren Stücke wurden gesondert vergütet. Körner war dies zu leisten ohne weiteres imstande, wie aus seiner Produktion das Jahres 1812 zu ersehen ist, die der Zahl der gelieferten Stücke nach beinahe den doppelten Umfang des hier Geforderten ausmacht. Allerdings hat er als geschickter Versifikator in einer Weise gearbeitet, die Brentano zu dem Urteil veranlasste, bei ihm „hätte sich die Feder Kotzebues in Schillers Tintenfaß verirrt“.[29] Kotzebue veröffentlichte im Durchschnitt etwa acht Dramen im Jahr, 1812 dreizehn, 1814 vierzehn Stück.[30]

Auch die anderen Bühnen hatten natürlich ihre mehr oder minder subalternen Theaterdichter: Franz Ignaz von Holbein war im Jahr 1808 nur für kurze Zeit Theaterdichter am Theater an der Wien, wo 1801–1806 auch Joseph von Seyfried – der Bruder

26 Dorninger, Die Hausdichter des Burgtheaters (Anm. III,197), S. 9ff., 13ff. Rolf Siebert-Didczuhn, Der Theaterdichter. Die Geschichte eines Bühnenamtes im 18. Jahrhundert, Berlin 1938 (Theater und Drama 11), S. 108–119. Zu Jünger: Teuber/Weilen 2,1, S. 98 und passim. Bauer, La réalité royaume de Dieu (Vorbemerkung, Anm. 14), S. 262ff. Zu Kotzebue: Teuber/Weilen 2,1, S. 130ff. Zu Holbein: Großegger 1, S. 379.

27 Jeschek, Theodor Körners Wiener Zeit (Vorbemerkung, Anm. 20), S. 236; dort Abdruck des Vertrags mit Körner. Siehe auch Dorninger, Die Hausdichter des Burgtheaters, a.a.O., S. 15f. Ferner: Theodor an Christian Gottfried Körner, Wien 9.1.1813, Weldler-Steinberg, S. 212f. Berger, Theodor Körner (Anm. III,159), S. 186ff.

28 Jeschek, Theodor Körners Wiener Zeit, a.a.O., S. 238. Dorninger, Die Hausdichter des Burgtheaters, a.a.O., S. 16. Ähnlich der Vertrag Holbeins aus dem Jahr 1807, Großegger 1, S. 379.

29 Toni, Trauerspiel von Theodor Körner. Aufgeführt im Theater nächst der Burg am 13. September 1813, W 2, S. 1055–1056, dort S. 1055. Ganz entsprechend urteilte Dorothea Schlegel im Brief an August Wilhelm Schlegel, Wien 13.1.1813, Raich 2, S. 138f. Zu Körners Anlehnung an Kotzebues Komödien vgl. Joseph Nimpfer, Theodor Körners Lustspiele und ihr Verhältnis zu Kotzebue. Ein Beitrag zur Charakteristik des Dramatikers Körner, in: ZföG 58 (1907), S. 961–985. Zu Körner und Schiller: Dorothea an August Wilhelm Schlegel, 13.1. 1813, Raich 2, S. 139. Friedrich Hebbel, Über Theodor Körner und Heinrich von Kleist. Eine Untersuchung (1835), in: Friedrich Hebbels Sämtliche Werke. Historisch-kritische Ausgabe, hrsg. von Richard Maria Werner, Abt. I, Bd. 9, Berlin 1902, S. 31–59, dort S. 52. Gustav E. Reinhard, Schillers Einfluß auf Theodor Körner. Ein Beitrag zur Litteraturgeschichte, Straßburg 1899.

30 Vgl. Goedeke 5, 1893, S. 270ff.; 15, 1966, S. 151ff.

des Kappellmeisters Ignaz von Seyfried – vor allem als Übersetzer arbeitete, Georg Friedrich Treitschke war Hoftheaterdichter für die Oper des Kärntnertortheaters, 1811 bis 1814 war dort auch Castelli als Librettist tätig. Aber diese hatten ungünstigere Vertragsbedingungen. Die vertraglich gebundenen Theaterdichter der Vorstadttheater waren verpflichtet, termingerecht bis zu sechs abendfüllende Dramen sowie mehrere kleinere Nebenwerke im Jahr vorzulegen.[31] Der häufig zitierte Kontrakt, den Karl Carl, Direktor des Theaters an der Wien, am 17. November 1837 mit Karl Haffner schloss und in dem von Haffner jährlich „wenigstens acht neue, von ihm verfaßte Theaterstücke“ gefordert wurden, dürfte jedoch einen Extremfall darstellen.[32] Noch schlechter war es um die freischaffenden Hausdichter bestellt, die ohne Kontrakt waren, aber „ihr Schaffen freiwillig in den Dienst dieses einen Theaters stellten und seinen besonderen Erfordernissen anpaßten“, darunter vor allem Schauspieler, die ihr niedriges Gehalt aufbessern mussten wie Frau von Weißenthurn, Gelegenheitsdichter wie Steigentesch, aber auch ein Literat wie Castelli, der vom Burgtheater niemals einen Vertrag erhielt.[33] Es gab keine Tantiemen und keine feststehende Regelung für die Bezahlung dieser Stückelieferanten, wenngleich bestimmte Summen für die Abnahme eines Manuskripts üblich gewesen zu sein scheinen.[34] Das Verfertigen von Dramen war in finanzieller Hinsicht eine riskante Beschäftigung. Versuche, diesen Zustand zu bessern, der sich auf das Niveau des Theaters nicht eben positiv auswirken konnte, verhinderte die desolate Finanzlage.[35] Einen großzügigeren, wenngleich befristeten Vertrag mit dem Burgtheater, der ein regelmäßiges Gehalt garantierte ohne verbindlich festzuschreiben, wie oft und wie viele Dramen beigebracht werden sollten, erhielt erst Grillparzer.[36] Die vorgeschlagene Einführung von Tantiemen wurde erst im Jahr 1844 durchgesetzt.[37] Im Sommer und Herbst des Jahres 1813, während und nach dem Ende der Direktion Lobkowitz, erhielten die Schauspieler monatelang keinen Lohn.[38] Die Behörden argumentierten gegen die Vorschläge, auf den Bühnen zur patriotischen Mobilisierung beizutragen, mit der Entgegnung, Patriotismus sei den Schauspielern des Hoftheaters nicht zuzumuten, „da doch die Gehaltsrückstände einen öffentlichen Skandal bedeuteten“.[39] Immerhin wurden

31 Hein, Das Wiener Volkstheater (Anm. V,119), S. 51, 95f. Siebert-Didczuhn, Der Theaterdichter (Anm. VII,26), S. 119.

32 Der Vertrag ist wiedergegeben in: Otto Rommel, Johann Nestroy. Ein Beitrag zur Geschichte der Wiener Volkskomik, in: Johann Nestroy, Sämtliche Werke. Historisch-kritische Gesamtausgabe, hrsg. von Fritz Brukner und Otto Rommel, Bd. 15, Wien 1930, S. 542–548, dort S. 547.

33 Dorninger, Die Hausdichter des Burgtheaters (Anm. III,197), S. 131ff., das Zitat auf S. 131. Vgl. Castelli 1, S. 189ff.

34 Dorninger, a.a.O., S. 18.

35 Hadamowsky 5, S. 312ff. Großegger 2, S. 558ff. und passim.

36 Grillparzer, HKA III,1, S. 119–121. Vgl. Dorninger (Anm. III,197), S. 19ff., 92ff.

37 Großegger 2, S. 558ff.

38 Ebd., S. 589ff.

39 Josef Karl Mayr, Wien im Zeitalter Napoleons. Staatsfinanzen, Lebensverhältnisse, Beamte und Militär, Wien 1940 (Abhandlungen zur Geschichte und Quellenkunde der Stadt Wien 6), S. 132. Vgl. Hadamowsky 5, S. 318f.

renitente Schauspieler, die sich weigerten, ohne Gage aufzutreten, durch die Polizei gefügig gemacht.[40]

Unter diesen Umständen mutet es merkwürdig an, wie Brentano, der Anfang Oktober des Jahres 1813 zutreffend feststellt, die Wiener Theater seien „Geldarm", Anfang Dezember nach einer weiteren Schilderung der miserablen Verhältnisse schreiben kann, „Bei alle dem ist jezt Geld mit dem Theater hier zu verdienen".[41] Zunächst hatte er anscheinend nicht die Absicht, sich selbst um die Stelle des Burgtheaterdichters zu bewerben. Jedenfalls macht er im Brief von Anfang Oktober 1813 an Arnim diesem den Vorschlag, nach Wien zu kommen und dort sein dramatisches Talent zu erproben; er selbst, Brentano, möchte nur Beihilfe dazu leisten.[42] Dieses Angebot passt in das auch anderweit anzutreffende Verhalten Brentanos, der mit seinen literarischen Nebenarbeiten immer auch die „Verwirklichung intensiver zwischenmenschlicher Verbindungen" suchte.[43] Seine „Verbindungen zur Universität, zum Theater, zum Zeitungsgewerbe und Verlagsbuchhandel entsprangen nicht akademischen, dramaturgischen oder publizistischen Neigungen, sondern dienten der Begegnung und Vermittlung von Menschen und Bekanntschaften".[44] Entsprechend war es auch bei seinen früheren Plänen seine Absicht, Tieck die Stelle des Frankfurter Theaterleiters zu sichern und sich unter dessen Leitung „ganz der Sache zu widmen, und durch diese Kunst mehr im Bürgerlichen gewurzelt, meinem geringen Talente eingreifendere und festere Bewegungen geben".[45] Dasselbe Angebot machte er nun Arnim, doch dieser lehnte ab, vielleicht auch wegen der früheren Erfahrungen, wie sich die Zusammenarbeit mit Brentano in der Praxis gestaltete.[46]

Es ist Brentano nicht gelungen, eines seiner Dramen am Theater an der Wien unterzubringen, ebenso scheiterten auch seine Bemühungen am Burgtheater. Zunächst hatte er mit der Aufführung von *Valeria oder Vaterlist* einige Hoffnungen verbunden, wie schon aus seinem Schreiben an Pálffy vom 22. Januar 1814 hervorgeht, in dem er dem Adressaten einen Erfolg des Stücks voraussagt und darüber hinaus auch seine weiteren Dienste anträgt.[47] Am 14. Februar 1814, vier Tage vor der besagten Aufführung, meldet ein anonymer Berichterstatter aus höheren Gesellschaftskreisen, in einem Rapport, der sich in den Akten der Polizeistelle fand: [48]

40 Glossy, S. 162.

41 Brentano an Arnim, Ende August bis Anfang Oktober 1813 und Ende November 1813, FBA 33, S. 72 und 99.

42 Brentano an Arnim, Ende August bis Anfang Oktober 1813, ebd., S. 80.

43 Konrad Feilchenfeldt, Clemens Brentano chronographisch betrachtet, in: Chronik, S. 5–13, dort S. 10.

44 Ebd., S. 11. Siehe auch ders., Brentanos publizistische Kontakte mit Hamburg (Anm. V,60), S. 56f.

45 Brentano an Tieck, 11.1.1802, FBA 29, S. 410.

46 Arnim an Brentano, Mitte November 1813, Schultz/Schwinn 2, S. 689. Vgl. Rölleke, Anmerkungen zu *Des Knaben Wunderhorn* (Anm. I,25), S. 286ff.

47 FBA 33, S. 114.

48 Glossy, S. 167.

> Daß alle unsere Theater in der Stadt und in den Vorstädten gegenwärtig so äußerst schlecht sind, darüber höre ich sehr allgemeine und laute Klagen. Es heißt, Graf Ferdinand Palffy macht an der Wien einen großen Aufwand für Dekorationen; Hensler in der Leopoldstadt kalkuliert seine Theatereinnahmen auf den schlechten Geschmack, auf die Dummheit und den Ideenkreis der niedrigsten Volksklassen, des Pöbels in Wien. In den Theatern in der Stadt herrscht der Schlendrian und der Massevertreter des Fürsten Lobkowitz. In allen Theatern fehlt das Genie, die Kenntnis der Kunst; wird nicht ein deutscher, dann ein italienischer Theaterdichter wie seinerzeit Metastasio und andere gewesen, vom Gouvernement bestellt und der Theaterdirektion ad latus gegeben, bleibt die Besetzung der Schauspielerinnen und Sängerinnen das Monopol der Liederlichkeit der Theaterdirektion: das Theater, die Branchen dieser vielumfassenden Kunst können und werden nie erträglich bestellt sein. Das Gouvernement hat groß Unrecht, das Theater so äußerst zu vernachlässigen; gegenwärtig, da Graf Wrbna, Fürst Trauttmannsdorff, Fürst Cl. Metternich mit Sr. Majestät das interessanteste Ausland bereisen und sehen, sollten sie wahrlich einen deutschen, einen italienischen Theaterdichter für Wien wählen und engagieren. Die Karoline Pichler, die Frau v. Weissenthurn, der Herr Sonnleithner und Konsorten haben doch wahrlich nicht einmal das Talent, ein honettes, ein passables Gelegenheitsstück zu bearbeiten.

Es lässt sich natürlich nicht beweisen, dass dieser Vorschlag von Brentano veranlasst oder von seinem einzigen Kontakt zur höheren Gesellschaft, Graf Herberstein, insinuiert worden sei. Die Polemik, die in diesem Bericht in scharfem Ton vorgetragen wird, hätte auch Brentano unterschreiben können. Die Kritik am Kulissenunwesen ist aus Brentanos Berliner Theaterkritiken vertraut.[49] Die Pichler, die Weißenthurn und Sonnleithner kommen auch in dem Gedicht „Einstens glaubt ich in den Künsten…“ vor, in dem er seine ernüchternden Erfahrungen mit dem Theaterbetrieb formulierte.[50] Seit dem 5. Februar war der Kongress von Châtillon eröffnet, um den 14. Februar kämpfte die österreichische Armee an der Seine,[51] und es ist eine seltsame, wenn auch angesichts der zeitgenössischen Allzuständigkeit der Herrscher und der Staatsminister nicht gänzlich unpassende Vorstellung, der Kaiser, Metternich etc. könnten in diesem günstigen Augenblick nach einem italienischen oder deutschen Theaterdichter Ausschau halten. (Wrbna war Kabinettsminister und Oberstkämmerer und bekleidete zugleich den Posten eines Obersten Hoftheaterdirektors im Hofstaat.[52]) Der ganze diesbezügliche Passus ließe sich als Versuch verstehen, gleichzeitig mit dem Vorschlag das eigene Interesse an einer Besetzung der vakanten Stelle mit einer ganz bestimmten Person zu verbergen.

49 Brentano, Über die auf der modernen Europäischen Schaubühne zur Hauptsache gewordenen Nebensachen Kostüm, Dekoration in Gegenwirkung mit Poesie und Schauspielkunst, in: Berlinische Nachrichten von Staats- und gelehrten Sachen Nr. 141–143, 25.–30.11.1815 = Richard Smekal, Theaterprobleme der Romantik. Unbekanntes von Clemens Brentano, in: DRs 192 (1922), S. 200–211, dort S. 205–209 = Werke 2, S. 1130–1134. Vgl. Kayser, Arnims und Brentanos Stellung zur Bühne (Anm. I,73), S. 92ff.; Michael Grus, „Natur: Gottes Bild u. dgl. m.“ Brentanos Auseinandersetzung mit Schinkel und dem Berliner Theater, in: Clemens Brentano zum 150. Todestag (Anm. II,82), S. 157–186.

50 FBA 3,1, S. 28, 26, v. 158 und 123; ebd., S. 250 (H^1, v. 13).

51 Friedrich 3, S. 149ff.

52 Großegger 2, S. 930. Hadamowsky 5, S. 261.

Trotzdem ist das einzige Indiz, das die Vermutung darauf lenkt, dieser Bericht habe irgend etwas mit den Ambitionen Brentanos zu tun, das Datum. Brentano könnte auf einen Erfolg seines Stückes – dessen Scheitern er erst drei oder vier Tage vor der Aufführung absehen konnte – gehofft und damit die Erwartung verbunden haben, in den Besitz der begehrten Stelle zu gelangen. Körner hatte seinen Vertrag ebenfalls wegen des vergleichsweise guten Erfolges seiner ersten Produktionen erhalten und der Hoffnungen wegen, zu denen diese zu berechtigen schienen.[53]

Nach Brentanos Schreiben an Arnim von Ende November 1813 scheint das vorläufige Ende der Beziehungen Brentanos zu Pálffy zu dieser Zeit noch nicht lange zurückzuliegen. Ein im Januar 1814 abgesandter Brief an den Grafen versucht, die Verbindung wiederzubeleben.[54] Brentano orientierte sich seit dem Bruch mit Pálffy im Herbst des Vorjahres nicht mehr an dem großen und populären Theater an der Wien, sondern am kleineren und vergleichsweise nobleren Hofburgtheater. Dass ihm Pálffy dort als designierter Direktor wiederbegegnen würde, konnte er Ende November 1813 noch nicht ahnen. Im Februar des Jahres 1814 übernahm Pálffy nach einer interimistischen Leitung durch Joseph Hartl von Luchsenstein die Pacht der Hoftheater von Joseph Fürst Lobkowitz, über den im Mai 1813 das Konkursverfahren verhängt worden war.[55] Die auf den 1. Juli 1814 festgesetzte Übernahme der beiden Hoftheater durch Pálffy wurde erst am 31. Januar 1814 öffentlich gemacht,[56] und der Entschluss zu dieser Übernahme dürfte erst gegen das Jahresende 1813 oder Anfang 1814 gefasst worden sein.[57] Brentano scheint die Hoffnung gefasst zu haben, die nach Lobkowitz' Konkurs im Mai 1813 anstehende Neuregelung der Verhältnisse an den Hoftheatern könne ihm zugute kommen. Am 12. Februar 1814 wurde der Pachtvertrag für das Hoftheater an Pálffy übertragen; er trat die Direktion am 1. Juli des Jahres an.[58] Der Abgang des Theatersekretärs Sonnleithner, der 1815 pensioniert werden sollte, stand bevor, und bis dahin sollte ihm ein Unterdirektor zur Seite gestellt werden.[59]

Brentano muss, wie der erste im Januar 1814 geschriebene Briefentwurf an Pálffy zeigt, bereits seit Mitte Januar von dem Revirement der Stellenbesetzungen gewusst haben. Er erwähnt seine Bemühungen um eine Stelle am Theater in dem Brief vom 5. April an Arnim nur mit einigen Andeutungen. Konkreter ist der hier wie sonst ausgezeichnet informierte Sebastian Brunner in seiner Hofbauerbiographie, wo es beiläufig heißt, Brentano habe um „eine Anstellung in der Kanzlei des Hoftheaters" ersucht.[60] Womöglich war es die Position des Theatersekretärs, auf die er ein Auge geworfen

53 Dorothea an August Wilhelm Schlegel, 12.1.1813, Raich 2, S. 138. Indessen sind Dorothea Schlegels Briefe von erheblichem Neid auf Körners Erfolg geprägt.

54 Brentano an Arnim, gegen den 27. November 1813, FBA 33, S. 99. Brentano an Pálffy, 22.1.1814, ebd., S. 113–116.

55 Hadamowsky 5, S. 308ff. Großegger 1, S. 366ff.; 2, S. 465ff.

56 Glossy, S. 167.

57 Vgl. Schreyvogel, Tgb 1, S. 269 (Dezember 1813).

58 Teuber/Weilen 2,1, S. 195f. Großegger 2, S. 603ff. Hadamowsky 5, S. 319.

59 Hadamowsky 5, S. 320.

60 Brunner, S. 172. Innerkofler, Der heilige Clemens Maria Hofbauer (Anm. III,61), S. 604.

hatte, denn der erste Entwurf zu dem Schreiben an den künftigen Leiter des Hofburgtheaters fasst ein weiteres Aufgabenfeld als bloß das eines Theaterdichters ins Auge, zudem gingen die beiden Bezeichnungen auch nicht auf vollkommen verschiedene Tätigkeiten. Als erster führte diesen Titel seit 1794 Johann Baptist Alxinger, „nachdem Jünger, wie behauptet wird, durch Intrigue hinausgedrängt worden war".[61] Jüngers Titel war der eines Theaterdichters gewesen, und nach Alxinger wurde Kotzebue 1798 zum Theatersekretär ernannt, war aber während seiner einjährigen Tätigkeit zugleich Dramaturg, Bühnendichter und Theaterkritiker. Nach seinem Rücktritt beschränkte er sich darauf, seine neuen Stücke dem Burgtheater als erstes anzubieten. Sonnleithner verfasste während seiner Tätigkeit als Theatersekretär zwischen 1804 und 1814 zwanzig Lustspiele und Opernlibretti. In Brentanos zweitem Entwurf zu einem Schreiben an den Grafen vom 22. Januar 1814 ist aber nur in engerem Sinn von der Stelle eines Theaterdichters die Rede, und Brentano bemüht sich, sein Theatergeschick und die große Zahl der Stücke, die er in petto habe, gehörig herauszustreichen.[62] Die Auseinandersetzung aus dem Vorjahr um *Victoria* spielt er jetzt herunter, um stattdessen hoffnungsvoll auf die bevorstehende Aufführung seines Lustspiels zu verweisen. Es ist jedoch nicht bekannt, ob ein Brief an Pálffy auch wirklich abgesandt wurde, und es ist nicht einmal wahrscheinlich, dass dies geschah, denn beide Entwürfe sind lediglich aus Brentanos Nachlass überliefert. Es wäre der einzige ernsthafte Versuch, den Brentano seit seiner Jugend und bis zum Ende seines Lebens unternommen hat, eine bezahlte Stellung zu erlangen. Wie dem auch sei, eine Anstellung am Burgtheater erhielt Brentano nicht; nach dem 18. Februar mochte sie, in welcher Position auch immer, unmöglich geworden sein. Ähnlich war es auch bei Ludwig Wieland, dessen Hoffnungen auf eine Beschäftigung in der Theaterkanzlei nach einer verheerenden Niederlage auf der Bühne zunichte wurden.

Theaterkritiken im Dramaturgischen Beobachter

Indizien für Brentanos Ambitionen liefern auch seine Theaterkritiken. In den Besprechungen, die im Januar und Februar 1814 im *Dramaturgischen Beobachter* erschienen, befasst er sich ausschließlich mit dem Spielplan des Burgtheaters im Monat Januar. Da Brentanos Besprechungen über Wochen hinweg die meisten Seiten des *Dramaturgischen Beobachters* füllten, steht zwei Wochen nach dem Beginn seiner Tätigkeit in einer redaktionellen Bemerkung zu lesen:[63]

[61] Teuber/Weilen 2,1, S. 119. Siehe auch Siebert-Didczuhn, Der Theaterdichter (Anm. VII,26), S. 116; Hadamowsky 5, S. 323f.; Großegger 1, S. 158, 169ff., 181ff. Bei der Jahreszahl scheint es Unsicherheiten zugeben.

[62] Brentano an Pálffy, 22.1.1814 (Entwurf, Hs. FDH 8168), FBA 33, S. 113–116. Vgl. Grus, S. 137.

[63] Chronik der Wiener Theater. Januar 1814, DrB 2. Jg., Nr. 19, 14.2.1814, S. 75.

> Statt einer unnützen und langweiligen Vollständigkeit in Anzeige aller, auf allen Theatern gegebenen Stücke, in denen ewig wiederholt wird, wie vortreflich oder wie minder gut Herr oder Madam N. gespielt habe, oder wie lang und kurzweilig das Stück sey, haben wir es für unterhaltender und der Kunst förderlicher gehalten, die gründlichen und genialen Bemerkungen eines bekanten Gelehrten und originellen Denkers über ein Theater zu geben, in der Überzeugung, daß dadurch auch die übrigen, ja das Theater und die Schauspielkunst überhaupt, eine wahre und eingreifende Beurtheilung gewinne. (...)

Besprochen werden fünfzehn Theaterabende zwischen Samstag, dem 8. Januar und Donnerstag, dem 27. Januar 1814. Darunter befindet sich keine einzige Erstaufführung, Brentano konnte spielplanbedingt nur Repertoirestücke besprechen, was das starke Gewicht erklärt, das er gegenüber den Werken auf die Kritik der Schauspielerleistungen legt. Zu bemerken sind die Absenzen an allen Sonntagen außer dem 16. Januar, an allen Donnerstagen außer dem 27. Januar und an allen Mittwochen außer dem 12. Januar, an dem *Die Braut von Messina* gegeben wurde – an diesem Wochentag war Brentano statt auf seinem Theatersitzplatz im Strobelkopf anzutreffen, vielleicht waren auch die anderen beiden Wochentage durch gesellschaftliche Termine belegt. Von einem Teil der Kritiken sind in der Sammlung Varnhagen auch Handschriften erhalten (Tabelle 4).[64]

Die Reihe der Besprechungen weist bereits nach dem dritten Abend einen Rückstand von vierzehn Tagen zwischen dem Tag der Aufführung und dem Erscheinen der Rezension auf. Bis zum Abbruch des Unternehmens war die Distanz auf volle vier Wochen gewachsen. Dieser zeitliche Abstand ist nicht oder nicht nur durch den Zeitaufwand entstanden, der nötig war, um die Besprechungen zu verfertigen, sondern durch den beschränkten Umfang von vier Seiten je Nummer und der Erscheinungsweise dreimal die Woche am Montag, Mittwoch und Freitag. Vorher war der *Dramaturgische Beobachter* wie auch die übrigen Wiener Theaterzeitschriften um Aktualität bemüht und hatte nicht alle Aufführungen besprochen. Brentano unternimmt jedoch nichts, um den stetig wachsenden Abstand zu verringern – etwa durch kürzere Besprechungen oder durch das Auslassen einzelner Aufführungen –, daher ist anzunehmen, dass seine intensive Rezensententätigkeit in dieser Form nur für einen begrenzten Zeitraum geplant war. Die Besprechungen gewinnen so Freiraum für ihren offen diskurrierenden Charakter und verfolgen den Zweck, anhand des Spielplans eines beschränkten Zeitraumes eine Bestandsaufnahme der Situation des Wiener Hof-Burgtheaters und des Sprechtheaters der Gegenwart überhaupt zu geben, besonders hinsichtlich der Qualität der schauspielerischen Leistungen. Um die Distanz zum bloßen Journalismus zu markieren, wurde schon nach dem zweiten Abend auf eine Angabe des Aufführungsdatums ver-

64 Siehe auch die Übersicht bei Sauer, Über Brentanos Beiträge zum Dramaturgischen Beobachter (Anm. III,8), S. 71f. – *Toni*: Alth/Obzyna 1, S. 114 (Erstaufführung: 17.4.1812). *Freemann*: Ebd., S. 89 (29.6.1802). Nr. 1: Ebd., S. 106 (5.12.1808). Nr. 2: Ebd., S. 49 (25.6.1785). Nr. 3: Ebd., S. 58 (20.7.1791). Nr. 4: Ebd., S. 108 (23.1.1810). Nr. 5: Ebd., S. 35 (4.10.1783). Nr. 6: Ebd., S. 60 (13.7.1792). Nr. 7: Ebd., S. 76 (26.2.1798). Nr. 8: Ebd., S. 52 (30.8.1789). Nr. 9: Ebd., S. 63 (4.10.1793). Nr. 10: Ebd., S. 42 (22.10.1785). Nr. 11: Ebd., S. 105 (23.7.1808). Nr. 12: Ebd., S. 103, 110, 101 (5.12.1807, 19.10.1810, 6.4.1807). Nr. 14: Ebd., S. 117, 82 (29.6.1813, 22.1.1800). Nr. 15: Ebd., S. 78 (4.10.1798).

zichtet, die dann von Schröders *Der Ring* an konsequent in allen Besprechungen fortgelassen wird.

Tabelle 4: Brentanos Besprechungen im *Dramaturgischen Beobachter*

	Verfasser	Titel	Aufführung	Tag	Besprechung	Hs[65]
–	Körner	Toni	29.09.13	Mi	–	+
–	Jester	Freemann	02.10.13	Sa	–	+[66]
1	Kotzebue	Das Intermezzo	08.01.14	Sa	14./17.01.14	–
2	Brühl	Der Bürgermeister	10.01.14	Mo	19./21.01.14	–
3	Babo	Bürgerglück	11.01.14	Di	21./24.01.14	–
4	Schiller	Die Braut von Messina	12.01.14	Mi	26.01.14	+
5	Farquhar/ Schröder	Der Ring	14.01.14	Fr	28./31.01.14	(+)[67]
6	Iffland	Die Hagestolzen	15.01.14	Sa	02.02.14	–
7	Ziegler	Der Lorbeerkranz	16.01.14	So	02.02.14	–
8	Farquhar/ Schröder	Unglückliche Ehe aus Delikatesse	17.01.14	Mo	04.02.14	–
9	Kratter	Das Mädchen von Marienburg	22.01.14	Sa	04./07.02.14	(+)[68]
10	Shakespeare/ Brockmann	Othello	18.01.14	Di	07.02.14	+
11	Schiller	Kabale und Liebe	21.01.14	Fr	09.02.14	–
12	Contessa	Das Räthsel	24.01.14	Mo	11./14.02.14	–
	Holbein	Der Verräther	24.01.14			
	L. Breitenstein[69]	Die Proberollen	24.01.14			

65 Sammlung Varnhagen, Kasten 36, Biblioteka Jagiellońska, Kraków. Stern, S. 106.
66 Die Besprechung bricht in der Handschrift einfach ab.
67 Nur der Anfang der Besprechung ist erhalten.
68 Nur der Schluss ist erhalten.
69 Pseudonym von Franz von Holbein; vgl. Hadamowsky 4,2, S. 542.

13	Kotzebue	Der kleine Deklamator	12.02.14	Sa	18.02.14	+
14	Kotzebue	Die beiden kleinen Auvergnaten	25.01.14	Di	21.02.14	(+)[70]
	Lippert	Die seltsame Audienz	25.01.14		21.02.14	–
15	Iffland	Der Mann von Wort	27.01.14	Do	23.02.14	+

Die ersten drei Besprechungen arbeiten mit der Fiktion des Rezensenten aus Langensalza, die aber bereits mit der Besprechung der *Braut von Messina* wieder aufgegeben wird. Trotzdem hat sie die Wahrnehmung von Brentanos Rezensionstätigkeit geprägt, wie an den späteren Reaktionen auf die Aufführung von *Valeria oder Vaterlist* ersichtlich wird, die zugleich die einzigen bislang bekannten Rezeptionszeugnisse der Besprechungen darstellen. In den drei ersten Rezensionen, die – mit einem literarischen Verfahren Voltaires und wie in der berühmten Schilderung von Natalja Iljinitschnas Opernbesuch[71] – mit der Fiktion eines naiv die realen Bühnenvorgänge beobachtenden Zuschauers arbeiten, verzichtet Brentano konsequent auf Namensnennungen der Schauspieler, die nur mit ihren Rollennamen genannt werden. Auch in den späteren Besprechungen kommen – was in der derzeit meist benutzten Hanser-Ausgabe nicht deutlich wird – namentliche Nennungen kaum vor. In der Rezension von Friedrich Carl Lipperts *Seltsamer Audienz* rechtfertigt er dieses Verfahren mit scheinbar launischen, in Wirklichkeit aber grundsätzlichen Überlegungen.[72] Denn grundsätzlicher Natur sind alle Besprechungen, und sie entwerfen implicite ein Reformprogramm für das Burgtheater, das ein neuer Dramaturg sich zum Vorbild hätte nehmen können. Wie die meisten zeitgenössischen Schriftsteller ist Brentano von dem Tiefstand des gegenwärtigen Theaters überzeugt und hält etwa eine „wirklich vollkommene Darstellung" der *Braut von Messina* „in dem Zustand unserer deutschen Schaubühne, wie sie jetzt ist", für unmöglich, wie er auch eine Aufführung seiner *Gründung Prags* nicht für möglich hielt, denn: „welches bedeutendere dramatische Werk kann irgend eine Bühne, so wie sie sind, in

[70] Nur die letzten beiden Drittel (mit der *Erklärung des sogenannten Golem in der Rabinischen Kabala*) sind erhalten. Vgl. Pravida, Die Erfindung des Rosenkranzes (Anm. I,22), S. 273, Anm. 833.

[71] Lev Tolstoi, Krieg und Frieden, Buch II, Teil V, Abschnitt IX (Neuübersetzung von Barbara Conrad, München 2010, Bd. 1, S. 982f.). Der Hinweis auf Voltaire in Barbara Conrads Nachwort zu der zitierten Ausgabe, Bd. 2, S. 1157–1182, dort S. 1173f.

[72] Die kleinen Auvergnaten; die seltene Audienz von Lippert. Aufgeführt am Theater nächst der Burg, in: DrB 2. Jg., Nr. 22, 21.2.1814, S. 85–88, dort S. 86 = W 2, S. 1119–1123, dort S. 1120. Ebenso in: Der Bürgermeister. Schauspiel. Aufgeführt im Theater nächst der Burg. (Von dem Theaterkritiker aus Langensalza), in: DrB 2. Jg., Nr. 8–10, 19.–21.1.1814, S. 29 bis 40, dort S. 29 = W 2, S. 1063–1070, dort S. 1063. – Die Namen sämtlicher Schauspieler lassen sich über die Theaterzettelsammlung des Österreichischen Theatermuseums ermitteln.

unseren Tagen aufführen, so wie es ist?"[73] Die Besprechung von Holbeins *Verräter*, eine „kleine Idylle aus dem Kreise der Goethischen Müllerlieder", deren Aufführung er lobt, weil sie gerade die konstatierten Erzfehler vermeidet, wird zum Anlass, die Reformbedürftigkeit des deutschen Theaters deutlich auszusprechen:[74]

> Nie wird etwas aus dem deutschen Theater werden, wenn es nicht von der Wurzel aus neu organisiert wird. Vor allem muß alle Rollenjägerey ein Ende nehmen, ein Schauspiel, in welchem Nebenrollen sind, muß für ein schlechtes gehalten werden; jede kleine Rolle muß so gezeichnet seyn, daß sie in ihrer Art einer vollen künstlerischen Entwicklung bedarf, eine Nebenrolle darf höchstens behandelt werden wie ein Nebenmensch. Wie elend würde ein Gemälde geachtet werden, oder eine Musik, in welchem die Nebenfiguren krumm und lahm, in welcher alle Begleitung schlecht und falsch wäre. Aber auf dem Theater hat man nichts dawider. Das scheint beynah unmöglich, aber es ist so – und somit der treffendste Beweis von der gänzlichen Versunkenheit nicht allein des deutschen Theaters, sondern vielmehr des deutschen Theatersinnes. Daß der Sache zu helfen sey, ist gewiß und eigentlich leicht, unendlich leicht, wenn ein Mächtiger die Sache verstünde, und sie seines Einflusses ganz würdigte. Aber da dieses so zufällig wäre, als irgend ein Genie, daß an seiner Stelle stände, so ist die Sache jetzt noch sehr schwierig. Eine Hydra von Handwerks- und Zunftfehlern und Gebräuchen ist auf der Bühne eingenistet, es steht da wie das Ungeheuer, auf dem die babylonische Buhlerin die Eitelkeit herumreitet.

Weitere Erörterungen über den „Untergang der Theatralischen Kunst" und ihre architektonischen Ursachen bietet der in Wien entstandene Entwurf *Allerlei Gedancken, die mir bei großem Gedräng im Theater aufgefallen sind*. Brentano führt den Niedergang des Theaters dort auf die Gestaltung des Publikumsraumes zurück, in welchem nur eine Minderheit der Besucher – die Aristokratie – gut sehen und hören kann, nicht jedoch die Gesamtheit des Publikums, dass sich so auch nicht zu rechter Kunstandacht vereinen kann.[75] Das Ideal eines in selbstvergessener Kunstandacht versunkenen Publikums liegt auch einer Bemerkung in der unveröffentlichten Besprechung von Jesters *Freeman* zugrunde, wo es bei Gelegenheit einer Erörterung über das geräuschvolle Verhalten des Publikums im Theater geradezu heißt:[76]

73 Die Braut von Messina, Trauerspiel von Schiller. Aufgeführt im Theater nächst der Burg am 12. Januar 1814, in: DrB 2. Jg., Nr. 11, 26.1.1814, S. 40–44, dort S. 41 = W 2, S. 1080–1085, dort S. 1081. Die Entstehung und der Schluß des romantischen Schauspiels Die Gründung Prags, in: FBA 14, S. 521–535, dort S. 530.

74 Das Räthsel, der Verräther, die Proberollen. Aufgeführt im Theater nächst der Burg, in: DrB 2. Jg., Nr. 18–19, 11.–14.2.1814, S. 70–72, 73–75, dort S. 71f., W 2, S. 1113–1119, dort S. 1114f. Vgl. Heinz Kindermann, Josef Schreyvogel und sein Publikum, in: Das Burgtheater und sein Publikum I (Anm. VII,15), S. 185–333, dort S. 246.

75 Sammlung Varnhagen, Kasten 36, Biblioteka Jagiellońska, Kraków.

76 Smekal, Zwei unbekannte Burgtheaterkritiken (Anm. IV,37), S. 5. Ab „mit dem Theater beabsichtige…" wiedergegeben nach der Handschrift in der Sammlung Varnhagen, Kasten 36, Biblioteka Jagiellońska, Kraków. Zu Brentanos Ideal einer Theateraufführung vgl. Pravida, FBA 11,2, S. 474f.

> Wäre uns selbst eine Bühne vergönnt, wir würden es dahin zu bringen wissen, daß selbst schon bei der Ouvertüre geschwiegen, ja gelauscht würde; das Mittel dazu sollte gar nichts kosten, jedem Schauspieler bei jeder Aufführung ein ganz neues Interesse geben und die Einnahmen der Kasse immerzu vermehren. Wir werden dieses Mittel aber so lange verschweigen als wir überzeugt sind, daß das Theater nur wie ein alter Gebrauch und nicht wie eine herrliche Kunst behandelt wird. Sollten wir jemals auf den Gedanken geführt werden, daß man wirklich etwas Besseres mit dem Theater beabsichtige, und wäre es auch nur der Wunsch, eine reichere Einnahme zu haben, so sind wir bereit dieses Mittel gratis bekannt zu machen, das den Schauspielern wie dem Publickum Freude machen wird. Wie man schlechte Einnahmen bei den ungeheuern Mitteln der Bühne haben könne, ist uns immer unbegreiflich gewesen, und diese Erfahrung gehört zu den großen Zeichen der Zeit, wie sehr das Theater nach allen Richtungen gar nicht mehr weiß, was es will, was es soll und was es kann.

Und hier bricht der Entwurf ab. Die Grundsätzlichkeit und Unerbittlichkeit seiner Kritik am Zustand des Theaters, wie sie sich schon in der Philisterabhandlung findet und in vielen Äußerungen aus der Berliner Zeit wiederholt wird, hielt Brentano in Wien jedoch weitgehend unter Verschluss, sie findet sich in größerer Ausführlichkeit und Drastik in den unveröffentlicht gebliebenen handschriftlichen Entwürfen zu Theaterkritiken und anderen Aufsätzen, so in einer Erörterung anlässlich des ersten Teiles von Tiecks *Phantasus* („Wenngleich meistens die sogenannte galante Conversation…“[77]) und in einem fiktiven Briefwechsel über das Theater.

In den veröffentlichten Rezensionen konzentriert sich Brentano weit stärker als in den bloß handschriftlich erhaltenen Entwürfen auf die Schauspieler und folgt damit einer seit Lessing wohletablierten Praxis der Theaterkritik.[78] Dabei ist der Rezensent durchaus wohlwollend, und er lobt, was irgend zu loben ist, und tadelt, wo es nicht zu umgehen ist, namentlich, was die Sprache angeht, den alten Hoftheaterstil und das mangelnde Ensemblespiel.[79] Ausführlich geht er auf das Spiel der einzelnen Schauspieler ein, deren Stärken und Schwächen er eingehend bespricht. Am eindringlichsten geraten seine Auseinandersetzungen mit der jungen Schauspielerin Antonie Adamberger, die er als talentierteste Schauspielerin seiner Zeit bewundert,[80] die er aber „am Scheideweg“ ihrer Entwicklung sieht, da sie Manierismen anzunehmen im Begriff stehe.[81] Die Kritik

77 Sammlung Varnhagen, Kasten 36, Biblioteka Jagiellońska, Kraków.

78 Vgl. Meyer, Limitierte Aufklärung (Anm. VI,141), S. 157f.

79 Othello, in: DrB 2. Jg., Nr. 16, 7.2.1814, S. 62–64. Nach der Handschrift gedruckt bei Smekal, Brentano als Burgtheater-Kritiker (Anm. IV,37), S. 135–140, danach auch in W 2, S. 1103–1108. Kabale und Liebe, Trauerspiel in 5 Aufzügen von Friedrich von Schiller. Aufgeführt am Theater nächst der Burg, in: DrB 2. Jg., Nr. 17, 9.2.1814, S. 65–68, dort S. 67 = W 2, 1108–1113, dort S. 1111. Vgl. Teuber/Weilen 2,1, S. 197f.; daran anschließend Kindermann, Theatergeschichte der Goethezeit (Anm. VII,19), S. 501f. über Brentanos Kritik am Hoftheaterstil, S. 856 über seine Kritik am Ensemblespiel. Siehe auch Daniel, Hoftheater (Anm. I,103), S. 136.

80 W 2, S. 1085.

81 Er bespricht das Spiel der Adamberger als Beatrice in der *Braut von Messina* (ebd., S. 1084f.),

folgt aber nicht pragmatischen Erwägungen, sondern gibt immer wieder zu erkennen, dass ihr ästhetische Maßstäbe zugrundeliegen. Dabei geben gerade die den Schauspielerleistungen gewidmeten Partien oft Anlass zur Erörterung grundsätzlicher Fragen, so zu Manieriertheit und Affektiertheit in der Schauspielerei,[82] den Auswirkungen des Rollenfachsystems auf die Schauspielkunst,[83] über die größere Schwierigkeit der Prosa im Vergleich zum Vers,[84] über Dialekt und Hochdeutsch auf der Bühne[85] und über die typischen Bühnencharaktere des zeitgenössischen Dramas.[86] Die zugrundeliegende Kunstauffassung wird an einigen Stellen der veröffentlichten Besprechungen explizit gemacht. Maßstab der Kritik an den Stücken und an den Schauspielern ist danach Brentanos Überzeugung, dass das Schauspiel eine Kunst ist und auf der Bühne eine beinahe selbstgenügsame Welt der Kunst darzustellen habe:[87]

> (…) und überhaupt sollte man nie einen Schauspieler sehen, als auf der Bühne, es müßte hinter dem Theater eine ganz andere Welt, eine Art Elisium und Tartarus, Schlaraffenland, Arkadien, Aetiopien, Lilliput, Patagonien, ein unentdecktes himmlisches Amerika liege, aus dem die Leute heraus auf die Bühne verzückt würden, vor unseren zu erscheinen, wie Götter, die die Menschen besuchen, dergleichen ist unstreitig die Absicht desjenigen gewesen, der die schönen Künste erfunden, aber es ist ihm nicht ganz gelungen (…).

Dem Erfinder gelang es nicht, die Kunst als einen wirklich selbstgenügsamen Kosmos auszubilden, daher ist dieser Mangel an aktueller Präsenz eine wesentliche Herausforderung, der der Schauspieler zu begegnen hat:

> (…) Schauspieler spiel, die Kunst ist dein Ziel, dein Ziel ist die Kunst, die Kunst ist ein blauer Dunst, oder noch besser, aber es reimt sich nicht, Schauspieler spiel, deine Kunst ist die Kunst, deine Kunst ist die Poesie, die Poesie aber ist abgebrannt oder versunken oder gegen Himmel gefahren u. s. w.

Die nie ganz zu erreichende reale Gegenwärtigkeit der Kunst erlegt dem Schauspieler die Pflicht der Selbstvergessenheit auf, damit er in einem Moment äußerster von sich selbst absehender Konzentration das Abwesende doch beinahe zur Gegenwart bringen könne. Dieser aus dem Mangel an Präsenz folgende Imperativ der Selbstvergessenheit hat ganz konkrete Implikationen: Weil der Monolog, zum Beispiel, ein rein künstliches Mittel des Dramas ist, muss er „mit der größten Selbstvergessenheit gesprochen" wer-

als Henriette von Daring im *Ring* (ebd., S. 1090f.), als die Unbekannte in der *Unglücklichen Ehe aus Delikatesse* (ebd., S. 1097f.) und als Desdemona in *Othello* (ebd., S. 1107f.).

82 Ebd., S. 1057ff., 1093, 1095, 1102.

83 Ebd., S. 1059, 1105, 1115.

84 Ebd., S. 1061.

85 Ebd., S. 1068, 1076, 1084, 1100.

86 Ebd., S. 1088, 1117.

87 Der Bürgermeister. Schauspiel. Aufgeführt im Theater nächst der Burg. (Von dem Theaterkritiker aus Langensalza), in: DrB 2. Jg., Nr. 8–10, 19.–21.1.1814, S. 29–40, dort S. 30 = W 2, S. 1063–1070, dort S. 1063; das folgende ebd., S. 31 = S. 1066.

den.[88] Dabei wird nicht etwa Bewusstlosigkeit gefordert, im Gegenteil lehnt Brentano etwa Kinder auf der Bühne ab, die seit Kotzebues historischem Schauspiel *Die Hussiten vor Naumburg* besonders beliebt waren.[89] Brentano kritisieret Gekünsteltheit, Einseitigkeit, Manieriertheit und Affektation, Empfindelei, alles, was er als „äußerliche Kunst" verurteilt, die er mit der Leblosigkeit eines Golem vergleicht, weil sie nicht von innen nach außen geht, sondern umgekehrt von außen nach innen.[90] Die von innen ausgehende Kunst aber, „die wahre Kunst, welche die Schöpfung selbst ist, ist ewig".[91] Die wahre Kunst ist in ihrer freien Ungezwungenheit wie die Natur und nur so kann sie dem Menschen von Nutzen sein, „denn alles menschliche Treiben, in so fern es eine Sache der Wissenschaft und Kunst ist, sollte wie das Leben selbst fortschreitend uns belehren und erhöhen": „Ich bin auf dem selben Fleck, aber die Welt soll weiter in ihm kommen, das will die Kunst, drum lasse man sie es auch thun!", wie Brentano in seiner sich am weitesten vorwagenden und interessantesten Besprechung bei Gelegenheit von Babos *Bürgerglück* schreibt.[92] Diese naturgleiche, Zusammenhänge erschließende Wirksamkeit der Kunst ist es, die Brentano außer Kraft gesetzt sieht, wo es dem Spiel der Schauspieler nicht gelingt, ein „Totalgefühl" (oder, wie es sonst oft heißt, einen „Totaleindruck") zu vermitteln, das sie durch individuelle Manierismen, irregeleitetes Bemühen um theaterhochdeutsches Sprechen und mangelndes Zusammenspiel vereiteln.[93] Inmitten Wiens und während er sich dort auf die Verhältnisse einzulassen vorgibt, pocht Brentano auf die Unverfügbarkeit der Poesie.

[88] Der Ring von Schröder. Aufgeführt im Theater nächst der Burg, in: DrB 2. Jg., Nr. 6–7, 28. bis 31.1.1814, S. 47–51, dort S. 51 = W 2, S. 1085–1091, dort S. 1091.

[89] Die Hagestolzen von Iffland. Aufgeführt im Theater nächst der Burg, in: DrB 2. Jg., Nr. 14, 2.2.1814, S. 53–55, dort S. 54 = W 2, S. 1091–1094, dort S. 1093. Die kleinen Auvergnaten; die seltene Audienz von Lippert. Aufgeführt am Theater nächst der Burg, in: DrB 2. Jg., Nr. 22, 21.2.1814, S. 85–88, dort S. 86f. = W 2, S. 1119–1123, dort S. 1119f. – Zu den Kinderszenen in den *Hussiten vor Naumburg* vgl. Stock, Kotzebue im literarischen Leben der Goethezeit (Anm. I,104), S. 68f. Brentanos Dramennotiz „Kirschfest zu Naumburg" (1802?), Hs. FDH 7523, bezieht sich auf den Stoff, nicht auf Kotzebues Drama.

[90] Die kleinen Auvergnaten; die seltene Audienz von Lippert. Aufgeführt am Theater nächst der Burg, in: DrB 2. Jg., Nr. 22, 21.2.1814, S. 85–88, dort S. 86f. = W 2, S. 1119–1123, dort S. 1122f.

[91] Ebd., S. 87 = S. 1123.

[92] Bürgerglück. Aufgeführt den 11. Jänner im Theater nächst der Burg, in: DrB 2. Jg., Nr. 9–10, 21.–24.1.1814, S. 34–40, dort S. 34, 36 = W 2, S. 1071–1080, dort S. 1071, 1074.

[93] Totalgefühl: Das Räthsel, der Verräther, die Proberollen. Aufgeführt im Theater nächst der Burg, in: DrB 2. Jg., Nr. 18–19, 11.–14.2.1814, S. 70–75, dort S. 70 = W 2, S. 1113–1119, dort S. 1113. Eine ästhetik- oder begriffsgeschichtliche Untersuchung zu dem Ausdruck scheint es nicht zu geben; in Brentanos literaturkritischen Urteilen und in den Briefen seiner Geschwister und Bekannten kommt er oft vor. Bei Anja Oesterhelt, Perspektive und Totaleindruck. Höhepunkt und Ende der Multiperspektivität in Christoph Martin Wielands *Aristipp* und Clemens Brentanos *Godwi*, Paderborn 2010, S. 179, 304ff., 399 wird Brentanos eigener und der zeitgenössische Sprachgebrauch nur am Rand berücksichtigt. Vgl. DWb XI,1, Sp. 909, s. v. Totaleindruck. Siehe auch Violetta L. Waibel, Hölderlin und Fichte, 1794–1800, Paderborn u. a. 2000, S. 225f.

Ungeachtet aller grundsätzlichen Erörterungen erfüllt Brentano – der sich gelegentlich auf frühere Theatererfahrungen in Weimar, Berlin und Prag, beruft[94] – aber auch die herkömmlichen Aufgaben eines Theaterkritikers. Er bemüht sich bei den meisten Besprechungen, eine knappe Charakteristik des Stücks zu liefern – erwähnenswert ist seine Wertschätzung von Zieglers *Lorbeerkranz* –, stellt aber oft nur einzelne gelungen oder misslungene Züge des Stücks vor. Den Autoren Iffland und Kotzebue widerfährt durchaus Gerechtigkeit, jedenfalls im Vergleich zu den anderen Unterhaltungsdramatikern der Zeit,[95] während Schiller zwar nicht ganz vorbehaltlos, aber doch stets mit unverhohlener Bewunderung genannt wird. Die Ausführungen zu Schiller geben zugleich Anlass zu einigen der grundsätzlichsten Bemerkungen über Drama und Theater. Dass Brentano übrigens *Die Braut von Messina* von allen Schillerschen Dramen am meisten schätzt, zeigt seinen Abstand von der populären Schillerrezeption, die *Die Jungfrau von Orleans* bevorzugte und der antikisierenden Tragödie und ihren Chören am wenigsten abgewinnen konnte.[96]

Nach dem Scheitern der Valeria-Aufführung am 18. Februar 1814 hören Brentanos Besprechungen beinahe schlagartig auf. Die letzte der bis zum 23. Februar erschienenen Kritiken wird sehr viel früher entstanden sein, schon wegen der Zeitspanne, die zwischen der Besprechung und der Aufführung des Stückes am 27. Januar liegt.[97] Dass sich Brentano gleichzeitig als Theaterautor und als Kritiker versuchte, hat seinen Ambitionen womöglich geschadet, da er mit seinen auf Grundsätzliches zielenden Ausführungen zwangsläufig die Schauspieler gegen sich aufbringen musste. Welche Bedeutung gute Beziehungen zu den Schauspielern haben konnten, zeigt der Fall Theodor Körners, dessen Anstellung als Hoftheaterdichter die missgünstige Dorothea Schlegel „seinem familiären Umgang mit den Schauspielern" zuschrieb.[98] Umgekehrt zeigen Kotzebues Auseinandersetzungen mit den Schauspielern und zumal mit der Regie, mit welchen Befindlichkeiten hier zu rechnen war.[99] Immerhin scheint Brentano in freundschaftlichen Verhältnissen mit Anton Hasenhut und Maximilian Korn gestanden zu haben. Letzterer war der Darsteller des Porporino, den Brentano nach der Valeria-Aufführung zusammen mit dem Valerio-Darsteller Carl Friedrich Krüger, einem ehemaligen Schauspieler des Weimarer Theaters, ausdrücklich von seiner Kritik ausnimmt und auch in seinen Rezensionen immer wieder als vorbildlichen Darsteller lobt.[100] Reinhold Steigs

94 W 2, S. 1056, 1080, 1081, 1153.
95 Ebd., S. 1064, 1094, 1111.
96 Hadamowsky 2, S. 69ff., 81ff. Vgl. Stock, Kotzebue im literarischen Leben der Goethezeit (Anm. I,104), S. 63.
97 DrB 2. Jg., Nr. 23, S. 89–92.
98 Dorothea an August Wilhelm Schlegel, 12.1.1813, Raich 2, S. 138. Von Körners Liebenswürdigkeit berichten Castelli 1, S. 295f. und Pichler 1, S. 389.
99 Kotzebue, Wien, S. 32ff., 43ff.
100 Zu Hasenhut vgl. mit den oben, S. 105 gemachten Vorbehalten Diel/Kreiten 1, S. 396. – Korn sollte die Buchausgabe der *Valeria* dediziert werden, vgl. FBA 12, S. 643. Siehe auch Georg Passy an Brentano, 20.5.1814, UB Heidelberg, Heid.Hs.2110,13 Bl. 107^r–108^v (vgl. Anhang II; zitiert in FBA 33, S. 483). Zu Korn: Franz K. Weidmann, Maximilian Korn. Leben und

Behauptung einer engeren Beziehung zu Antonie Adamberger ist unbegründet, und wenn er annimmt, Brentano habe nach dem 18. Februar 1814 die Adamberger von der Kritik an den Schauspielern ausgenommen, dann erliegt er hier seiner Neigung, Sympathien zwischen ihm jeweils zusagenden Personen zu unterstellen, die ihn in anderen Fällen zu fatalen Konstruktionen verleitet hat.[101]

Aus Brentanos Verhalten als Theaterkritiker und aus seinen anderweitigen Äußerungen lassen sich einige Vermutungen hinsichtlich der Strategie ableiten, die er in Wien und insbesondere im Hinblick auf die Wiener Theater verfolgt hat. Es lag nicht in seiner Absicht, sich dem laufenden Betrieb restlos zu verschreiben. Vielmehr tritt er im Salon und in seinen publizistischen Arbeiten mit einer Attitüde auf, die Aufmerksamkeit erregte, ihn aber auch, wie sich bei Gelegenheit der Aufführung von *Valeria oder Vaterlist* zeigen sollte, exponierte und ihm Feindseligkeiten von seiten der journalistischen Konkurrenz zuzog. In der Sache wollte er ausweislich seiner Aufführungsbesprechungen die bestehende Theaterpraxis wie auch das gültige dramatische Normensystem reformiert sehen. In dem erwähnten Briefentwurf an Pálffy stellt er sich als Theaterkenner vor, der künftige Missgriffe in der Auswahl der Stücke verhindern könnte. An sich war diese Strategie nicht unvernünftig, sie wurde in der einen oder anderen, mehr oder weniger moderaten Weise auch von allen zeitgenössischen Theaterreformern verfolgt, gleichgültig ob sie im Grundsätzlichen Brentanos Theaterästhetik teilten oder nicht. Als Beispiel wäre etwa Kotzebues Wiener Theaterdirektion – die Wiener Erstaufführung von *Iphigenie auf Tauris* wurde durch ihn in die Wege geleitet[102] – oder auch August Klingemanns Wirken in Braunschweig zu nennen, und mit Klingemanns Anerkennung des Dramatikers Schiller und mit seiner Theaterästhetik haben Brentanos Äußerungen zum Theater auch sonst – und nicht zufällig – einiges gemeinsam.[103] Es ist

künstlerisches Wirken. Ein Beitrag zur Geschichte des kais. kön. Hofburgtheaters nach eigenen Erinnerungen und mit Benützung der zuverlässigsten Quellen zusammengestellt, Wien 1857, dort S. 58 zur Valeria-Aufführung. Wlassack, S. 106f. Teuber/Weilen 2,1, S. 146. Brentano lobt seine schauspielerischen Leistungen in der Rolle des Schauspieler im *Intermezzo* (W 2, S. 1061), als Don Manuel in der *Braut von Messina* (ebd., S. 1083) und als Erbprinz im *Lorbeerkranz* (ebd., S. 1096).

[101] Reinhold Steig, Rezension von: H. K. Freiherr von Jaden, Theodor Körner und seine Braut, Körner in Wien, Antonie Adamberger und ihre Familie. Ein Beitrag zur Körner-Literatur und zur Geschichte des k.k. Hofburgtheaters in Wien, Dresden 1896, in: Euphorion 4 (1897), S. 367–377, dort S. 373ff. Vgl. Roethe, Brentanos *Ponce de Leon* (Anm. I,86), S. 82, Anm.; Maurer-Adam, Deklamatorisches Theater (Anm. II,29), S. 89. Aber immerhin genießt Antonie Adamberger in Brentanos Theaterrezensionen besondere Aufmerksamkeit.

[102] Emil Horner, Die erste Aufführung der Iphigenie in Wien. Vortrag, in: ChWGV 16 (1902), S. 1–9. Heinz Kindermann, Uraufführung von Goethes Iphigenie auf Tauris in ihrer endgültigen Gestalt, in: JbGWThF 12 (1960) S. 156–175. Stock, Kotzebue im literarischen Leben der Goethezeit (Anm. I,104), S. 48. Zu Kotzebues Bemühungen um das Wiener Theater vgl. Kotzebue, Wien, S. 31ff.

[103] Claude D. Conter, August Klingemanns Theaterreform. Zur Bedeutung Schillers und der Frühromantik für die Neubegründung des Unterhaltungsdramas um 1800, in: Das Unterhaltungsstück um 1800 (Anm. I,105), S. 230–267. Zu Brentanos Kritik an Klingemann vgl. das

nicht zu bestreiten, dass Brentano es an zaghaften Versuchen, sich an die Umstände zu akkommodieren, nicht ganz hat fehlen lassen. Aber die Distanz, die ihn von dem Wiener literarischen Leben, den Institutionen und ihren Normen trennte, dürfte zu groß und seine Bereitschaft und Fähigkeit zu weitergehenden Anpassungsschritten zu schwach ausgeprägt gewesen sein. So gibt er zwar Arnim Ratschläge, welche anspruchslosen Stücke schnell zu verfertigen wären, macht aber seinerseits keinerlei Anstalten, selbst dergleichen zu schreiben (seine eigenen Stücke – auch *Oranje boven* – sind von einem höherem literarischen Anspruch und von dem Willen geprägt, die Konkurrenz durch höhere literarische Qualität zu überbieten). Die mangelnde Bereitschaft zur bedingungslosen Teilnahme am Spiel zeigt sich bei Brentano eigentlich überall. Nirgends hält er ausdrücklich fest, dass er womöglich dauerhaft in Wien zu bleiben gedenke; Kotzebue war zwar nicht ortsansässig und trotzdem Theaterdichter, aber mit ihm konnte sich Brentano in keiner Weise messen. Die Ambitionen, die er hegte, werden an keiner Stelle klar eingestanden, aber dass Brentano auf einen raschen und vielleicht durchschlagenden Erfolg hoffte, wird man seinen zahlreichen brieflichen Äußerungen entnehmen dürfen, sind diese auch stets auf die wechselnden Adressaten berechnet. Die nötigen personellen Verbindungen zu anderen Bühnenautoren scheint er kaum gesucht und jedenfalls nicht gefunden zu haben. Als die ersten Rückschläge eintraten, gab er seine Pläne sogleich auf. Es ist daher alles andere als gewiss, ob Brentano über eine angemessene Einschätzung der Wiener Situation verfügte und über einen Plan, mit ihr zurecht zu kommen. Seine Briefe an Arnim mit ihren vielen abschätzigen Urteilen über Wien könnten an der Ernsthaftigkeit seiner Absichten zweifeln lassen. Nach seinem Scheitern behauptet er Arnim gegenüber, immer schon „tiefen Wiederwill gegen das Theater“ gehabt zu haben.[104]

Die Aufführung von Valeria oder Vaterlist

Brentanos anfänglich gehegte Meinung, er könne durch einige Konnexionen, Anpassung an die Schliche der im Tagesgeschäft geschulten Theaterdichter und schnelle Verwienerung von Vorlagen problemlos Geld verdienen, wurde durch die vielfachen Zurückweisungen seiner Bühnenwerke umgehend widerlegt. Schon der scharfe Ton in dem Brief von Ende November 1813 an Arnim, in dem er noch diesem Glauben nachzuhängen scheint, deutet darauf hin, dass sich Brentano nach der Auseinandersetzung mit Pálffy – von der Ablehnung auch seines zweiten dramatischen Versuchs durch Hartl wusste er noch nichts – seines Erfolgs nicht mehr allzu sicher war. Und sein Schreiben an Hartl und der erhaltene Entwurf dazu, in denen er den Empfänger darum bittet, „mich auf die deutsche Bühne einzuführen“, zeigen deutlicher als die anderen über-

Gedicht *Treue Übersetzung in Worte, der Gesichter, welche ein imaginairer Unbekannter (...) während der Aufführung von Klingemanns Faust zu scheinen geschienen hat*, FBA 3,1, S. 66 bis 69.

104 Brentano an Pálffy, 22.1.1814, FBA 33, S. 114. Brentano an Arnim, März–April 1814 (Entwurf), ebd., S. 120.

lieferten Äußerungen, wie dringend Brentano darauf hoffte, durch eine Aufführung endlich einen Fuß auf den Boden zu bekommen: „habe ich einmahl das Vertrauen des Publikums errungen, so habe ich nicht mehr zu fürchten, durch Zerstreutheit oder Manier, oder Vorurtheil der Regisseur(e) nie auf die Bühne zukommen“.[105] Sein Brief an Pálffy vom 22. Januar zeugt noch von Zuversicht. Vier Wochen später, nach der einzigen Aufführung, die ein Drama Brentanos in Wien erlebte, war das Scheitern dieser Bemühungen besiegelt.

Valeria oder Vaterlist ist im wesentlichen im November und Dezember 1813 entstanden. Im November schreibt Brentano an Hartl von seinem Lustspiel, „welches ich jezt abschreibe“. Zu Ende November oder Anfang Dezember spricht er von der bevorstehenden Fertigstellung der Bühnenfassung seines *Ponce de Leon* in ihrer ersten Version.[106] Die Schlussverse des Dramas „Erst geliebet und errungen…“ sind auf einer Handschrift überliefert, auf der auch der Entwurf zu dem umfangreichen Neujahrsgedicht „Es ist Gebrauch seit langer Zeit…“ niedergeschrieben wurde, sind also im Dezember entworfen worden.[107] In dem Entwurf zu einer Erklärung, die im *Dramaturgischen Beobachter* erscheinen sollte, schildert Brentano die Umstände, unter denen die weitere Bearbeitung zustande kam.[108] Die Direktion hatte ihm die Gelegenheit gegeben, sein Drama „vor einer Versammlung der geistreichsten Kenner“ vorzutragen, Brentano nennt Joseph Lange, ehemaliger Schauspieler und übrigens der Schwager Mozarts, Maximilian Korn, seit 1812 k.k. Regisseur, und den Übersetzer Franz August von Kurländer. Eine weitere Vorlesung vor dem Regiekollegium des Burgtheaters fand am 17. Dezember statt, zu welchem Zeitpunkt also die erste vollständige Version spätestens vorgelegen haben muss.[109] In der Folge musste Brentano das Stück noch dreimal umarbeiten und den fünften Akt ganz neu schreiben, und nach seiner Darstellung hat er sich all diesen Anforderungen bereitwillig unterzogen. Die Leseprobe, bei der die Rollen mit dem Manuskript verglichen wurden, war am 17. Januar.[110] Die erste Probe des Stücks, „welches bereits zwei Monate übergeben war“, wurde aber erst vier Tage vor der Aufführung gehalten, welche am 18. Februar 1814 stattfand.[111]

Die „Chronik der Theater“ im *Dramaturgischen Beobachter* vom 11. März 1814 vermerkt lakonisch, das Lustspiel *Valeria* sei „nur einmal“ gegeben worden.[112] Brentano, der wohl schon mit einer Niederlage gerechnet hatte und die Aufführung nach dem zweiten Akt verließ,[113] verfasste am Tag danach mehrere Briefe an einige der Schau-

[105] Brentano an Hartl, November 1813, FBA 33, S. 94f., 95f.

[106] Ebd., S. 96. Brentano an Arnim, Ende November 1813, ebd., S. 99.

[107] Hs. FDH 7719,2. Jung, S. 205.

[108] An den Herausgeber des dramaturgischen Beobachters (Entwurf), FBA 12, S. 930–933.

[109] Friedrich Roose, An den Herausgeber des dramaturgischen Beobachters, in: DrB 2. Jg., Nr. 29, 9.3.1814, S. 113–116, dort S. 114 = FBA 12, S. 940–946, dort S. 941.

[110] Ebd., S. 115 = S. 943.

[111] FBA 12, S. 932.

[112] DrB 2. Jg., Nr. 30, S. 119.

[113] Brentano an Magdalene Hruschka, 19.2.1814, Hs. FDH 8176, FBA 33, S. 118. Vgl. dazu

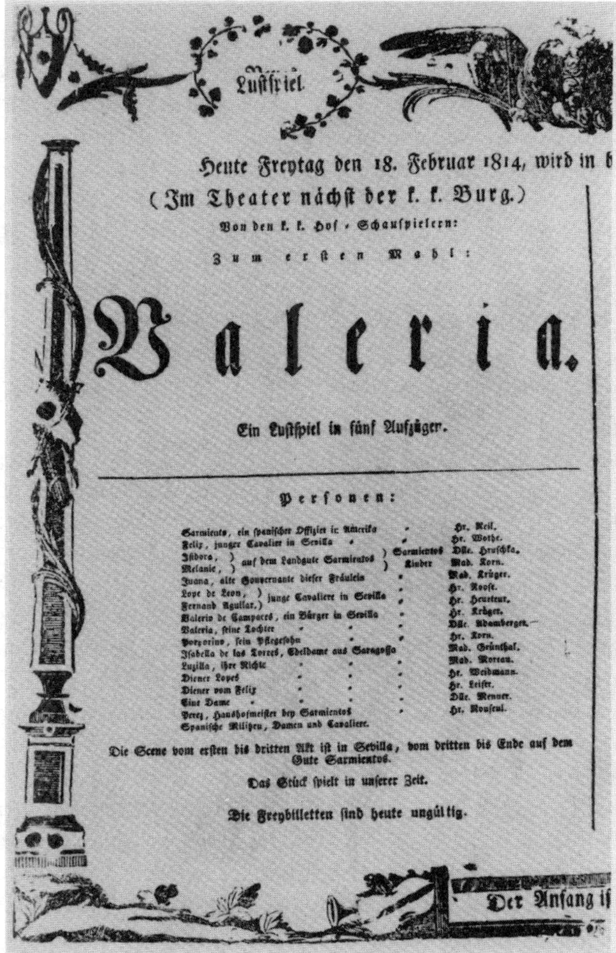

Lustspiel.

Heute Freytag den 18. Februar 1814, wird in ...

(Im Theater nächst der k. k. Burg.)

Von den k. k. Hof-Schauspielern:

Zum ersten Mahl:

Valeria.

Ein Lustspiel in fünf Aufzüger.

Personen:

Sarmiento, ein spanischer Offizier in Amerika	Hr. Reil.
Felix, junger Cavalier in Sevilla	Hr. Wothe.
Isidora, } auf dem Landgute Sarmientos } Sarmientos Kinder	Dlle. Hruschka.
Melanie, }	Mad. Korn.
Juana, alte Gouvernante dieser Fräulein	Mad. Krüger.
Lope de Leon, } junge Cavaliere in Sevilla	Hr. Roose.
Fernand Aguilar.)	Hr. Heurteur.
Valerio de Campaces, ein Bürger in Sevilla	Hr. Krüger.
Valeria, seine Tochter	Dlle. Adamberger.
Porzorino, sein Pflegesohn	Hr. Korn.
Isabella de las Torres, Edeldame aus Saragossa	Mad. Grünthal.
Luzilla, ihre Nichte	Mad. Moreau.
Diener Lopes	Hr. Weidmann.
Diener vom Felix	Hr. Leiser.
Eine Dame	Dlle. Renner.
Perez, Haushofmeister bey Sarmientos	Hr. Rouseul.
Spanische Milizen, Damen und Cavaliere.	

Die Scene vom ersten bis dritten Akt ist in Sevilla, vom dritten bis Ende auf dem Gute Sarmientos.

Das Stück spielt in unserer Zeit.

Die Freybilletten sind heute ungültig.

Der Anfang ist ...

Abb. 4.
Theaterzettel zur Auffühung von *Valeria oder Vaterlist* am Hofheater nächst der Burg, 18. Februar 1814 (Österreichische Nationalbibliothek, Theaterzettelsammlung, Oper und Burgtheater).
Der Theaterzettel ist ebenfalls wiedergegeben bei Maurer-Adam, Deklamatorisches Theater (Anm. II,29), Abb. 8 und in FBA 12, Abb. 8.

spieler, die er um Entschuldigung für das Debakel bat. Er habe, schreibt er, seine „dramatische Laufbahn auf ewig geschloßen".[114] Diese Briefe sind, da sie in Brentanos

Hans-Jürgen Schrader, Brentanos *Die mehreren Wehmüller*. Potenzieren und Logarithmisieren als Endspiel, in: Aurora 54 (1994), S. 119–144, dort S. 127. Zu Magdalene Hruschka, die die Isidora gegeben hatte, vgl. Wlassack, S. 109. In Brentanos Theaterkritikern wird sie nur gelegentlich erwähnt: W 2, S. 1061 (Gattin des Schauspielers), 1097 (Comtesse Wildheim).

114 Brentano an Reil, 19.2.1814, Hs. FDH 8175, FBA 33, S. 117. Zu Johann Anton Reil, der die Rolle des Sarmiento gespielt hatte: Wolfgang Häusler, in: ÖBL 9, 1988, S. 39. Reil war später Mitarbeiter von Klinkowströms *Sonntagsblatt*; vgl. Seibert, Jugendliteratur im Übergang (Anm. III,57), S. 164. Erwähnungen in den Theaterkritiken: W 2, S. 1079 (Bruder der Fabrikantin), 1082 (Chorführer Don Manuels), 1096 (Major), 1102 (Vater Katharinens), 1104 (Brabantio), 1119 (erster Kaufmann).

Nachlass überliefert wurden, offenbar nicht abgesandt worden. Womöglich hat sich Brentano dann davon überzeugt, dass es zu einer Entschuldigung bei den Schauspielern keinen Anlass gab. Ein weiteres zeitgenössisches Zeugnis ist Wilhelm von Eichendorffs Brief vom 9. April 1814 aus Trient an den Bruder Joseph: „Brentano hat einen Auszug seines Ponce de Leon fürs Theater bearbeitet und auf das Burgtheater gebracht; aber es ist ausgepfiffen worden, ob schon es viel Gutes enthalten soll.“[115] Aus dem Juli 1814 stammt eine Bemerkung von Ernestine Robert: „Brentano hat nicht gut in Wien geendiget. Libussa ist durchgefallen.“ Da Ernestine Robert Brentano aus seiner *Gründung Prags* vorlesen gehört hatte, die er auch in Wien auf die Bühne zu bringen gedachte, bezieht sie die Nachricht von der unglücklichen Aufführung auf dieses Werk statt auf das Lustspiel.[116] Und im Dezember 1814 fühlte sich Hofschauspieler Carl Schwarz, der an der Valeria-Inszenierung nicht beteiligt war und der in seinen Briefen an Meyerbeer das Wiener Theaterrepertoire detailliert aufzählt, sich bei einer anderen verunglückten Aufführung eines Stückes von Sonnleithner am Burgtheater an das Debakel vom Anfang des Jahres erinnert: „Fiel total durch, und war die Erneuerung der Scene wie in dem Brentanoschen Stück“.[117] (Die Valeria-Aufführung hatte Meyerbeer noch in Wien erlebt.) Zu dieser Zeit hatte die Nachricht von Brentanos Misserfolg bereits den Kontinent verlassen und war über den Ärmelkanal gedrungen. Henry Crabb Robinson, der den auf Geschäftsreise in London befindlichen Georg Brentano lustlos besucht hatte, notiert sich am 15. Dezember 1814 in seinem Tagebuch über den Jugendfreund Clemens Brentano: „He has written a play which was damned at Vienna, but it is liked in the closet by some.“[118]

Friedrich Roose sprach in seiner Erwiderung an Brentano im *Dramaturgischen Beobachter* von „einem auf diesem Hoftheater noch nie so erlebten Ausspruch des Publikums“.[119] Heinrich Schmidt, der mehr als vierzig Jahre später seine fünf Tage nach der Aufführung in Bäuerles *Theater-Zeitung* erschienene Parodie auf Brentano erneut veröffentlichte, schreibt in den Vorbemerkungen dazu über Brentanos Stück: „Es kam unter dem Namen *Valeria* zur Aufführung auf dem Burgtheater und verschaffte diesem, solange es wol steht, in Bezug auf seine Vorstellungen den einzigsten und außerordentlichsten Abend.“[120] Diese Aufführung war ein solcher Skandal, dass Castelli noch mehr als zehn Jahre später eine auf diesen Abend anspielende Anekdote veröffentlichen und auf das Verständnis seiner Leser rechnen konnte:[121]

[115] Wilhelm an Joseph von Eichendorff, 9.4.1814, [1]HKA 13, S. 18.

[116] Ernestine an Rahel Robert, 28.–31.7.1814, Varnhagen, Bfw 3, S. 425

[117] Meyerbeer Bfw 1, S. 261. Vgl. Schreyvogel, Tgb 1, S. 82 (7.12.1814). Zu Carl Schwarz vgl. Reitterer, Der Biograph an der Quelle (Vorbemerkung, Anm. 18), S. 370–372.

[118] Marquardt/Schreinert 2, S. 38.

[119] DrB 2. Jg., Nr. 29, 9.3.1814, S. 116.

[120] Schmidt, S. 210.

[121] Ignaz Franz Castelli, Bären. Eine Sammlung von Wiener Anekdoten. Erstes Heft. – Erstes Hundert, Wien [4]1826 ([1]1825), S. 1. Vgl. Goedeke 9, 1910, S. 58. Ebenso: Johann E. Grosser, Lebensbeschreibung des k.k. Kapellmeisters W. A. Mozart. Nebst einer Sammlung interessanter Anecdoten und Erzählungen größtentheils aus dem Leben berühmter Tonkünstler und

Als in Wien das Lustspiel Valeria von Brentano gegeben wurde, fragte jemand, ob dieß derselbe Brentano sey, der die heilige Schrift geschrieben hat.

Die Anekdote ist für den heutigen Leser, der sie nicht anders als missverstehen kann, noch witziger als sie es im Jahr 1825 war. Denn der Brentano, „der die heilige Schrift geschrieben hat", ist natürlich nicht der Schreiber am Krankenbett der westfälischen Nonne, sondern der seinerzeit in deutschsprachigen katholischen Ländern berühmte Bibelübersetzer Dominikus von Brentano.[122]

Über die bisher zitierten Zeugnisse hinaus gibt es eine Zusammenstellung des Presseechos der Aufführung vom 18. Februar von Oscar Teuber, die in einiger Ausführlichkeit zitiert und annotiert zu werden verdient:[123]

> Aber – welch ein sonderbares Gericht hatte der Dichter auch dem Publikum des *Rochus Pumpernickel*[124] da aufgetischt! Mag auch vieles in der Bühnenbearbeitung verloren gegangen und vergröbert worden sein (…), es blieb doch noch das „Maskenspiel von Worten und Gedanken" nach Heines Ausspruche übrig. Eine Hetzjagd nach Witzen und Anspielungen, nicht leicht zu verstehen und noch schwerer auf die Bühne zur Geltung zu bringen, „Quibbles" im Geiste Shakespeares, im Munde von excentrischen Figuren, die so gar nichts mit den behaglichen Spießbürgern des Burgtheater-Lustspiels gemein hatten. (…) Wir glauben gern, daß ein Theil des Publicums es thatsächlich nicht verstand, und ein anderer, der im Geiste Schreyvogels bereits gegen die Romantik eingeschworen war, es nicht verstehen wollte. „Vom 3. Akte an," meldet Rosenbaum,[125] „wurde Scene für Scene gezischt, ge-

ihrer Kunstverwandten, Breslau 1826, S. 110. Castellis Anekdote wird bei Sengle, Biedermeierzeit (Anm. II,27), Bd. 2, S. 162 zitiert.

122 Dominikus von Brentano 1740–1797. Publizist, Aufklärer, Bibelübersetzer, hrsg. von Reinhold Bohlen, Trier 1997.

123 Teuber/Weilen 2,1, S. 198f. Maurer-Adam, Deklamatorisches Theater (Anm. II,29), S. 88ff. hat dieselben Artikel ohne Verweis auf Teuber erneut aufgearbeitet. Zur Einschätzung der Wiener Theaterzeitungen vgl. die interessante, wenn auch kaum unparteiliche Korrespondenznachricht Wien. July, in: Mbl Nr. 189, 9.8.1813, S. 756.

124 Quodlibet von Matthäus Stegmayer (1809), von romantischen Schriftstellern gerne kritisiert. Vgl. Kleist, Theater. Der Sohn durch's Ungefähr, in: Berliner Abendblätter Nr. 5, 5.10.1810 = SW 2, S. 351–352, dort S. 352; ders., Schreiben eines redlichen Berliners, das hiesige Theater betreffend, an einen Freund im Ausland, in: Berliner Abendblätter Nr. 47, 23.11.1810 = SW 2, S. 412–414, dort S. 414. Arnim, Die sieben kleinen Kinder, in: Berliner Abendblätter Nr. 34, 8.11.1810 = WW 6, S. 337f. Vgl. aber den Artikel im *Moniteur* vom 2.5.1810, in dem von den Wiener Stücken berichtet wird: Manche, „telles que *Catherine de Heilbronn* par Kleist; *Rochus Pombernikel*, *la Famille Pumbernikel*, etc.", seien „au-dessous de toute critique"; John C. Blankenagel, A Note on the Publication of Kleist's *Käthchen von Heilbronn*, in: MLN 44 (1929), S. 524–526, dort S. 525. Rommel, S. 528f., 581.

125 Joseph Carl Rosenbaum, ehemals Sekretär des Fürsten Esterházy, führte 1797–1829 ein Theatertagebuch in elf Bänden, das in der Österreichischen Nationalbibliothek (cod. ser. nov. 194–204) aufbewahrt wird und seither oft zitiert, aber nur in einem thematischen Auszug publiziert worden ist: Die Tagebücher von Joseph Carl Rosenbaum, 1770–1829, hrsg. von Else Radant. Bryn Mawr u. a. 1968 (HYb 5). Mazal 1, S. 57. Siehe dazu Carl Glossy, Grillparzer und die Ludlamshöhle, in: JbGG 8 (1898), S. 251–255, dort S. 252f., Anm. 1.

lacht, geklatscht, mitunter auch gepfiffen. Im Hoftheater habe ich das nie erlebt. Alle Anspielungen auf das Ende, Lächerlichkeiten, Dummheiten, wurden so belacht, daß die Schauspieler gar nicht fortspielen konnten. Nur ein vortreffliches Gedicht auf Wellington, von der Adamberger gesagt, wurde beklatscht. Am Schlusse wurde fort gepfiffen, die Schauspieler konnten gar nicht mehr zu Worte kommen.“ Der Referent der *Theater-Zeitung* (Nr. 22) ist in Verlegenheit, was er über ein Stück sagen soll, das in dieser Weise ausgehöhnt worden „wie noch nie ein Stück auf dieser Welt. Freilich war diese Strafe für ein so jämmerliches Machwerk gerecht.“ Er fingirt ein Gespräch zwischen einem galanten Herrn und einem Bauer, die schildern, wie jede Wendung aufgegriffen worden.[126] Wie gesagt wurde: „Je größer die Verwirrung, desto besser, da haben sie alle laut aufgeschrien; wie einer gesagt hat, mich interessiert gar nichts mehr, da haben sie völlig das nämliche gesagt; wie einer gemeint hat, die Liebhaber spielen eine recht jämmerliche Figur, da haben sie ja geschrien.“[127] Nr. 28 bringt einen parodistischen Brief im Namen des „Theaterkritikers von Langensalza“, geschrieben in der „Nacht nach dem verhängnisvollen Valeria-Abend“: „Sollte denn wirklich das wunderlich-frische, kurios-kräftige Publikum sein Recht, was es verlangen kann und soll, von Natur aus so wahr und so lebendig fühlen? Das hätte ich mir im Leben nicht gedacht.“[128] In diesem Tone geht es ziemlich platt weiter. Der Verfasser ist

Teuber/Weilen 2,1, S. 134, Anm. 1. Else Radant, Vorwort, in: Die Tagebücher von Joseph Carl Rosenbaum, a.a.O., S. 7–22. Zeman, Die österreichische Literatur und ihre literaturgeschichtliche Darstellung vom ausgehenden 18. bis zum frühen 19. Jahrhundert, in: Zeman 2, S. 563–586, dort S. 585 (unzutreffend dagegen ders., Johann Nepomuk Nestroy, Wien 2001, S. 269, Anm. 18). Hadamowsky 5, S. 819.

126 Damit parodiert der Kritiker Brentanos Besprechung von Babos *Bürgerglück*, in: DrB 2. Jg., Nr. 9–10, 21.–24.1.1814, S. 34–36, 37–40, dort S. 38f., W 2, S. 1071–1080, dort S. 1076f. Brentano gebraucht die Gesprächsform wieder in der *Vorstellung des Juden von Cumberland*, Sammlung Varnhagen, Kasten 36, Biblioteka Jagiellońska, Kraków; bislang nur in gekürzter Form veröffentlicht in: Krüger, S. 112–114.

127 Valeria oder man weiß nicht warum. Ein Lustspiel in fünf Aufzügen. Aufgeführt am 18. Februar 1814 im k.k. Hoftheater nächst der Burg, in: ThZ 7. Jg., Nr. 22, 21.2.1814, S. 85–87 (vgl. Anhang IV). Gekürzter Wiederabdruck bei Sonnleitner, Romantische und Wiener Komödie (Anm. IV,17), S. 390f. Siehe dazu Maurer-Adam, Deklamatorisches Theater (Anm. II,29), S. 90.

128 [Heinrich Schmidt,] Von dem Theater-Kritiker und Dichter aus Langensalza, in: ThZ Nr. 23, 23.2.1814, S. 89f. (vgl. Anhang IV) = Schmidt, S. 213–216. Wiedergabe nach dem Erstdruck auch bei Sonnleitner, Romantische und Wiener Komödie (Anm. IV,17), S. 391–394. Zu Schmidts Brentanoparodie: Kalischer, Brentanos Beziehungen zu Beethoven (Anm. III,7), S. 52. Sauer, Über Brentanos Beiträge zum Dramaturgischen Beobachter (Anm. III,8), S. 79. Roethe, Brentanos *Ponce de Leon* (Anm. I,86), S. 84. Teuber/Weilen 2,1, S. 198f. Maurer-Adam, Deklamatorisches Theater (Anm. II,29), S. 90. – Da Schmidts plumpe Parodie das Prinzip von Brentanos geistreichem Witz nicht zu fassen bekommt, gelingt es ihr auch nicht, es gegen ihn zu wenden. Sonnleitner, der von Schmidts Memoiren nur indirekt weiß und die Literatur zu Brentano und zum Wiener Theater nicht kennt, möchte allen Ernstes und „mit allergrößter Wahrscheinlichkeit“ Brentano selbst für den Verfasser dieses Textes halten (a.a.O., S. 390). Leider haben unvorsichtige Autoren diesen vermeidbaren Irrtum schon rezipiert, so Xiaoqiao Wu, Komik, Pantomime und Spiel im kulturellen Kontext. Clemens

> H. Schmidt, wie dessen *Erinnerungen* (...) eingestehen, wo er von dem Abende sagt: „Die Leute oben kamen und gingen, sprachen auch wohl; aber das gedrängt volle Haus fragte sich nur immer, ob es etwas und was es denn gehört habe. So dauerte diese lustige Mystification und mystificirende Lustigkeit etwas bis zu Anfang des dritten Actes, da konnten sich die Darstellenden selbst der hinreißenden Gewalt nicht mehr erwehren. Sie kamen auf den glücklichen Gedanken, sich selbst zu emancipiren, und stimmten in das Homerische Gelächter um und neben ihnen mit ein, sodaß endlich der Vorhang selbst aus dem Gleichgewicht kam, in dem er hing, und herabsank."[129] Das *Morgenblatt* (Nr. 54) findet doch „Spuren eines Poetischen Geistes" und meint, daß zu der Aufnahme der Umstand beigetragen haben mag, „daß der Verfasser in einem hiesigen Blatte gar zu viel tadelt und sich nie befriedigen lassen will," ein Vorwurf, der entschieden ungerecht war.[130] Der *Sammler* (Nr. 32) spricht von Jean-Paulscher Copie, die „Erfindung und Ausführung ist – genial, der neuesten Theorie des Lustspiels nachgearbeitet."[131] Er bittet den Verfasser um einen „Commentar, wenn er dem Publicum, welches die letzten Akte, hingerissen von der Wahrheit und Schönheit der Dichtung mitspielte, seine Erkenntlichkeit und dem in der Ausführung so achtungswerthen Hofschauspielern, die neidisch über diesen Eingriff und so mißmuthig die Palme des Ruhmes theilen zu müssen ihre Verlegenheit am Ende nicht unterdrücken konnten, sein großes Mißfallen bezeugen wolle." [132]

Die angeführten Urteile vermitteln einen Eindruck von der verheerenden Niederlage, die Brentano am 18. Februar erfahren hat. Dennoch geben die Zeitungsbesprechungen keinen direkten Einblick in die eigentlichen Ursachen. Sie bestätigen aber, und hier ist der nicht in der Absicht unmittelbarer publizistischer Verwertung entstandene Tagebucheintrag Rosenbaums besonders wertvoll, wie außerordentlich dieser Theaterskandal war, mag er auch, wie Jacob Minor bemerkt, kein „theatergeschichtliches Ereignis, wie etwa der Durchfall Gottscheds gelegentlich der Operette *Der Teufel ist los*, dessen sich noch die spätesten Generationen erinnerten", gewesen sein.[133] Dagegen spricht aber immerhin die zitierte Anekdote Castellis. Richtig ist jedoch, dass die Aufführung der

Brentanos Lustspiel *Ponce de Leon* im Lichte chinesischer Theatertraditionen, Berlin 2012 (Allgemeine Literaturwissenschaft – Wuppertaler Schriften 17), S. 34f., Anm. 134.

129 Schmidt, S. 211.

130 Korrespondenznachrichten. Wien, in: Mbl Nr. 54, 4.3.1814, S. 216 (vgl. Anhang IV). Siehe dazu Steig 3, S. 302. Der Korrespondent des *Morgenblatts* sympathisierte in einer Einsendung vom Juli 1813 mit Bernard; Mbl Nr. 189, 9.8.1813, S. 756.

131 Die Zeitschrift *Der Sammler. Ein Unterhaltungsblatt* wurde seit 1811 von Joseph von Seyfried redigiert. Vgl. Goedeke 6, 1898, S. 509; 8, 1905, S. 19; 12, 1957, S. 190; Estermann, S. 447–470.

132 Der Sammler Nr. 32, 24.2.1814, S. 127f. (vgl. Anhang IV) Siehe dazu Steig, Valeria, S. XXXIf.; Maurer-Adam, Deklamatorisches Theater (Anm. II,29), S. 89. Ebd., S. 97, Anm. 96 wird auf einen weiteren Beitrag zur Debatte um *Valeria oder Vaterlist* in dieser Zeitschrift, Nr. 34, S. 136 verwiesen (vgl. Anhang IV).

133 Minor, Rezension von: Roethe, Brentanos *Ponce de Leon* (Anm. V,130), S. 330. Zum komischen Krieg von Leipzig des Jahres 1753: ders., Christian Felix Weiße und seine Beziehungen zur deutschen Literatur des achtzehnten Jahrhunderts, Innsbruck 1880, S. 145ff. Bertil H. van Boer, Coffey's *The Devil to Pay*, the Comic War, and the Emergence of the German Singspiel, in: JMR 8 (1988), S. 119–139.

Valeria im Lauf des Jahrhunderts vergessen wurde. Eduard Wlassacks *Chronik des k.k. Hofburgtheaters* (1876) kennt sie nicht, Otto Rub meint in seinem „Statistischen Rückblick" (1913), bei dem aufgeführten Stück habe es sich um eine von Brentano verfertigte Übersetzung eines Stückes von Berton – gemeint ist Henri Berton, Komponist und Librettist der Oper *Ponce de Léon* (1797) – gehandelt (auf dem Theaterzettel zur Valeria-Aufführung wird der Name des Verfasser nicht genannt[134]). Erst Josef Karl Ratislavs Verzeichnis der Erstaufführungen (1954) bietet korrekte Angaben.[135]

Um das Scheitern der einzigen Aufführung, die ein Drama Brentanos erfahren hat, zu erklären, wird man gut daran tun, den üblich gewordenen, aber zu stark vereinfachenden oder gemeinplätzigen Begründungen zu misstrauen. Dass etwa „das Fehlen dramatischer Qualitäten in Brentanos Texten" an dem Desaster schuldig gewesen sei, wie Hartwig Schultz meint,[136] oder dass es daran gelegen habe, „daß Brentano seinen *Ponce* durch Anpassung an die unmittelbare politische Stimmung des Tages verdorben" habe, wie in einer anderen neueren Arbeit behauptet wird, die eine ältere, im Grunde auf Gustav Roethe zurückgehende Meinung geradezu emphatisch zustimmend aufnimmt, muss bezweifelt werden.[137] Die letztgenannte These war schon bei Roethe, wo sie immerhin mit einiger Verve verfochten wird, weltfremd. Es ist kein Zufall, dass gerade zwei Kenner des Burgtheaters, Jacob Minor und Oskar Walzel, widersprachen.[138] Die erste These ist es ebenso; ein nach literarischen Maßstäben so schwaches und so wenig „dramatisches" Stück wie Bäuerles *Die Bürger in Wien*, das am 23. Oktober 1813 –

[134] Maurer-Adam, Deklamatorisches Theater (Anm. II,29), S. 97, Anm. 95 vermutet wenig plausibel, die Namensnennung sei mit Rücksicht auf antiromantische Aversionen des Publikums unterblieben.

[135] Wlassack, S. 127 und 324. Otto Rub, Das Burgtheater. Statistischer Rückblick auf die Tätigkeit und Personalverhältnisse während der Zeit vom 8. April 1776 bis 1. Januar 1913. Gelegentlich des 25jährigen Bestehens des neuen Hauses am 14. Oktober 1913. Ein theaterhistorisches Nachschlagebuch, Wien 1913, S. 43. [Josef Karl Ratislav,] 175 Jahre Burgtheater. 1776–1951. Fortgeführt bis Sommer 1954. Zusammengestellt und bearbeitet von der Direktion des Burgtheaters. Hrsg. mit Unterstützung der Bundestheaterverwaltung, Wien 1955, S. 50. Alth/Obzyna 1, S. 119. Zu Berton vgl. etwa DrB 1. Jg., Nr. 3/4, 20.9.1813, S. 14. Patrick Taïeb und Henri Montan Berton, in: MGG Personenteil 2 (1999), S. 1463–1470.

[136] Katalog 1978, S. 59. Peter Sprengel, Die inszenierte Nation (Anm. V,104), S. 44 hat im Hinblick auf die Festspiele Brentanos Geschicklichkeit im Umgang mit den Voraussetzungen des Theaters betont. Siehe auch Kayser, Arnims und Brentanos Stellung zur Bühne (Anm. I,73), S. 162.

[137] Hwa-Jeong Kang, Die Vorstellung von Künstler und Genie bei Clemens Brentano, Frankfurt a. M. 1996 (Regensburger Beiträge zur deutschen Sprach- und Literaturwissenschaft B/63), S. 122. Ebenso Siegfried Sudhof, Nachwort, in: Clemens Brentano, Ponce de Leon. Ein Lustspiel, hrsg. von Siegfried Sudhof, Stuttgart 1968 (Universal-Bibliothek 8542/43), S. 163–175, dort S. 174.

[138] Minor, Rezension von: Roethe, Brentanos *Ponce de Leon* (Anm. V,130), S. 329. Oskar Walzel, Rezension von: Gustav Roethe, Brentanos Ponce de Leon, eine Säcularstudie, Berlin 1901; Clemens Brentano. Valeria oder Vaterlist, ein Lustspiel in fünf Aufzügen (die Bühnenbearbeitung des Ponce de Leon), hrsg. von Reinhold Steig, Berlin 1901, in: DLZ 23 (1902), Sp. 789–797, dort Sp. 794.

dem Tag, an dem die Nachricht vom Leipziger Sieg in Wien eintraf – zum ersten Mal in der Leopoldstadt aufgeführt wurde, begründete die Karriere seines Verfassers und wurde in Wien bis 1831 wenigstens hundert Mal aufgeführt, obwohl im *Dramaturgischen Beobachter* gerade der kaum als gelungen zu bezeichnende Aufbau der dramatischen Handlung kritisiert wurde.[139] Es sollte nicht schwerfallen, an zahllosen Stücken zu zeigen, dass mangelnde „dramatische Qualität" – wenn sie nicht gerade mit Bühnenwirksamkeit in eins gesetzt wird – noch lange kein Grund für Misserfolg auf der Bühne sein muss.[140] Das Singuläre von Brentanos Niederlage, das die Zeitgenossen zu betonen nicht müde wurden, kann auf diesem Weg nicht erklärt werden, so sehr sich die Interpreten (und unter ihnen am überzeugendsten Elisabeth Weber) auch zu zeigen bemühten, dass die Ponce-Bearbeitung, die Brentano 1813/14 vornahm, gemessen an der Buchfassung ein Unglück war.[141]

Ein erster Schritt zur Begründung kann von der in den Rezensionen deutlich werdenden Feindseligkeit der Theaterkritiker ausgehen, die bei der Besprechung der Niederlage entweder direkt auf Brentanos Theaterkritiken zu sprechen kommen oder aber durch Formzitate auf sie anspielen. Einige Zeitungsberichterstatter ließen sich die Gelegenheit nicht entgehen, einen erst neuerdings aufgetretenen, aber vorlauten Kollegen mit Häme zu überschütten, der sich mit seinen journalistischen Arbeiten über die ge-

139 Adolf Bäuerle, Die Bürger in Wien. Lokale Posse in drei Akten, in: Alt-Wiener Volkstheater, hrsg. von Otto Rommel, Bd. 5: Adolf Bäuerle. Ausgewählte Werke I, Wien u. a. 1913, S. 1 bis 79; ebenfalls in: Das Wiener Volkstheater in seinen schönsten Stücken, hrsg. von Gerhard Helbig, Bremen 1960 (Sammlung Dietrich 253), S. 1–54. DrB 1. Jg., Nr. 23, 1.11.1813, S. 89f.; 2. Jg., Nr. 25, 28.2.1814, S. 97ff. Zu dem Stück: Goedeke 11,2, 1953, S. 11f. Rommel, S. 698ff., S. 1055. Bauer, La réalité royaume de Dieu (Vorbemerkung, Anm. 14), S. 127f. Friedrich Langer, Adolf Bäuerle, in: NÖB 17, 1968, S. 171–177, dort S. 174f. Siegfried Diehl, Durch Spaß das Denken vergessen. Zur gesellschaftlichen Wirklichkeit im Theater Adolf Bäuerles, in: Theater und Gesellschaft. Das Volksstück im 19. und 20. Jahrhundert, hrsg. von Jürgen Hein, Düsseldorf 1973 (Literatur in der Gesellschaft 12), S. 45–56, dort S. 45–48. Schenker, Theaterdirektor Carl und die Staberl-Figur (Anm. VI,92), S. 143–148. Ziltener, Hanswursts lachende Erben (Anm. VI,264), S. 71–78. Volker Klotz, Bürgerliches Lachtheater. Komödie – Posse – Schwank – Operette. 4. Aufl., aktualis. und erw. Aufl., Heidelberg 2004, S. 34–39.

140 Vgl. Reinhart Meyer, Die Hamburger Oper 1678–1730, Bd. 4: Einführung und Kommentar zur dreibändigen Textsammlung, Millwood, N. Y. 1984, S. 2.

141 Roethe, Brentanos *Ponce de Leon* (Anm. I,86), S. 85–97. Paul Kluckhohn, in: DLE. Reihe Romantik, Bd. 23: Lustspiele, hrsg. von P. K., Leipzig 1938, S. 11. Maurer-Adam, Deklamatorisches Theater (Anm. II,29), S. 82–86. In diesem Sinn ist womöglich auch Detlef Kremer zu verstehen, der schreibt, die Bühnenbearbeitung sei eine „semiotisch stark geglättete Version" (ders., Romantik. Lehrbuch Germanistik, Stuttgart, Weimar 2001, S. 218). – Ferner zum Verhältnis von *Ponce de Leon* und *Valeria*: Steig, Valeria, S. VI–X. Kayser, Arnims und Brentanos Stellung zur Bühne (Anm. I,73), S. 149–162. Heininger, Clemens Brentano als Dramatiker (Anm. VI,112), S. 38ff. Lisbeth Freundlich, Clemens Brentano und die Bühne, Diss. (masch.) Wien 1931. Hardy, Goethe, Calderón und die romantische Theorie des Dramas (Anm. VI,132), S. 71. Weber, Die Phantasiebühne der Romantiker (Anm. I,71), S. 82–92.

wohnten Formen hinweggesetzt hatte.[142] Das misslungene Debut Brentanos auf dem Wiener Theater wird somit eingereiht in die Auseinandersetzung mit romantischen Autoren, die Schreyvogel seit längerem geführt hatte und in der er nicht ganz allein stand: „Für den weitaus größten Teil der Wiener Redakteure war der Kampf gegen die romantische Richtung", die sich seit den Vorlesungen der Brüder Schlegel in Wien zu etablieren versucht hatte, „ein Kampf um ihre Existenz: ihre Zeitungen fußten ja auf jener alten Literatur" und dem mit dieser verbundenen altmodischen Stil der moralischen Wochenschriften, „deren Untergang auch den ihrer Blätter zur Folge gehabt hätte. Dazu kam gewiß auch der Unwille über das kühne, ‚freche' Auftreten der Romantiker."[143] Dieser Satz – im Original ist er auf die journalistische Würdigung der Schlegelschen Vorlesungen in Wien bezogen[144] – ließe sich auf die Beurteilung Brentanos in der Presse ohne Abstriche anwenden. Inwieweit auch beim Publikum mit einer solchen negativen Einstellung zu rechnen ist, lässt sich jedoch schwer entscheiden. Der Anonymus D⟨ambmann⟩n jedenfalls, der im *Dramaturgischen Beobachter* Partei für Brentano ergriff, wollte schon vor dem Aufführungsbeginn im Parterre „Animosität" gegen Brentanos Stück bemerkt haben.[145] Diese kann indessen auch, wie sogleich zu erläutern sein wird, andere Gründe als die Theaterpublizistik gehabt haben. Adolf Bäuerle, der Herausgeber der *Theater-Zeitung*, war als Theaterjournalist allgemein verhasst.[146] Seinem im Jahr 1813 einsetzenden Erfolg als Dramatiker des Leopoldstädter Theaters hat dies trotzdem nicht geschadet.

Dass es während der Aufführung zu tumultuarischen Szenen gekommen ist, wird glaubhaft berichtet. Der „Augenzeuge", der Emma von Suckow erzählte, man habe die Wortspiele nicht recht verstanden, dürfte noch untertreiben.[147] Offenbar waren gerade die Wortspiele der Anlass zu dem ausfälligen Verhalten des oder eines Teils des Publikums. Sowohl die Aufführungsbesprechungen wie auch die spätere Rezension der *Vik-*

[142] Zum Wiener Umgang mit Zugereisten vgl. Bodi, Tauwetter in Wien (Anm. III,33), S. 92.

[143] Karl Wagner, Der Einzug der Romantiker in Wien und die Wiener Presse. Ein Beitrag zur Geschichte Wiens vor hundert Jahren, in: Die Kultur 9 (1908), S. 322–329, dort S. 323. Siehe auch Minor, Rezension von: Roethe, Brentanos *Ponce de Leon* (Anm. V,130), S. 331; Maurer-Adam, Deklamatorisches Theater (Anm. II,29), S. 90. Zur Aufnahme der Romantik in Wien: Bauer, La réalité royaume de Dieu (Vorbemerkung, Anm. 14), S. 76ff. Kurt Adel, Die Bedeutung der romantischen Dichtung für die österreichische Literatur des 19. und 20. Jahrhunderts, JbGG III/11 (1975), S. 121–154. Wynfrid Kriegleder, Die Romantik in Österreich, in: JbWGV 99 (1995), S. 69–82 (dieser Aufsatz ist auch an vielen weiteren Orten veröffentlicht worden). Aspalter/Tantner, Ironieverlust und verleugnete Rezeption (Vorbemerkung, Anm. 17), S. 47–120.

[144] Vgl. Schlegel, KA 6, S. XXIIIff.; Josef Körner, Die Botschaft der deutschen Romantik an Europa, Augsburg 1929 (Schriften zur deutschen Literatur für die Görresgesellschaft 9), S. 16ff.

[145] D–n, An den Herausgeber des dramaturgischen Beobachters, in: DrB 2. Jg., Nr. 24, 25.2. 1814, S. 93–94, dort S. 94; FBA 12, S. 935–936, dort S. 935.

[146] Castelli 2, S. 145. Vgl. Rommel, S. 674.

[147] Niendorf, S. 44. Sudhof, Nachwort (Anm. VII,137), S. 174 unterschätzt den Beitrag, den die Wortspiele zum Scheitern der Aufführung geleistet haben.

toria durch Kotzebue bestätigen, dass die an Shakespeare angelehnte Form geistreichen Witzes in Wien wie in Berlin als eklatante Normverletzung empfunden wurde, obwohl Brentano für die Bühnenfassung die Zahl solcher Wortspiele gegenüber *Ponce de Leon* schon beträchtlich verringert hatte. Es mag sein, dass Brentanos Wortwitz im Lustspiel in Österreich wegen der anders ausgeprägten Rhetorik- und Poetiktradition sogar noch in höherem Maß anstößig war als im protestantischen Deutschland und seiner sächsischen, von der Poetik des Witzes geprägten Literaturtradition.[148] (Andererseits könnten die Wortspiele auch zu sehr an den Pointenstil der Broschürenliteratur erinnert haben und so nicht als Element in der Traditionslinie Shakespeares verstanden worden sein, sondern als Stilzug der populären Literatur.[149]) Von den Umständen der Aufführung spricht auch Heinrich Schmidt, der sogar behauptet, die Aufführung sei nach dem zweiten Aufzug abgebrochen worden, was aber nach den zitierten Besprechungen mit Sicherheit unrichtig ist.[150] Übrigens waren Beifalls- sowohl wie Missfallensbekundungen im Burgtheater nach der *Theater-Ordnung, welche in Folge des bestehenden höchsten Befehls durch die N.Ö. Landesregierung zur allgemeinen Wissenschaft und Beobachtung bekannt gemacht wird* von 1800 streng geregelt,[151] und die Umstände der Aufführung sollten eigentlich zu einer Untersuchung durch den zuständigen Inspektionskommissär geführt haben (der einschlägige Aktenbestand ist anscheinend nicht erhalten). Jedenfalls führte der vergleichbare Radau bei Gelegenheit von Ludwig Wielands *Weiberaufstand in Krähwinkel* im August 1814 zu einem polizeilichen Nachspiel.[152]

Aber wahrscheinlich reicht auch Brentanos Versäumnis oder seine Weigerung, sich dem Normensystem des Theaters zu fügen, noch nicht aus. Dambmann hatte, wie gesagt, eine feindliche Stimmung im Publikum bemerkt, und er fügt hinzu: „daß von der Bühne herunter aber auch mehr, als ich jemals erlebt, mitgearbeitet werden würde, um dies Schauspiel zugrunde zu richten, hatte ich kaum erwartet".[153] Er schildert den allgemeinen Radau und das halbherzige Engagement der meist schlecht in ihre Rollen einstudierten Schauspieler. Dass diese sich während der Aufführung laufend beim Souffleur rückversichern mussten, erwähnt auch die erste Besprechung in der *Theater-Zeitung*, und Brentano berichtet selbst die Umstände der Proben vier Tage vor der Aufführung des Stücks, die ihn, wie er sagt, mit der Gewissheit des Scheiterns zurückließen.[154] Bei der meist nur geringen Zahl der Aufführungen einzelner Dramen in einer Folge war die

148 Vgl. Neuber, Poetica confessionis cognitio (Anm. VI,145), besonders S. 29.

149 Vgl. Bodi, Tauwetter in Wien (Anm. III,33), S. 150.

150 Schmidt, S. 211.

151 Eine Theaterordnung für die beiden Wiener Hoftheater aus dem Jahr 1800, in: JbGWThF 12 (1960), S. 147–155, dort S. 151 (§ 19). Glossy, S. 157. Großegger 1, S. 241ff.

152 Schreyvogel, Tgb 2, S. 60 (1.9.1814). Großegger 2, S. 644ff. Zur archivalischen Überlieferung der Akten der Polizeihofstelle vgl. Hadamowsky 5, S. 814. Zu Theaterskandalen vgl. Arno Paul, Aggressive Tendenzen des Theaterpublikums. Eine strukturell-funktionale Untersuchung über den sog. Theaterskandal anhand der Sozialverhältnisse der Goethezeit, Diss. FU Berlin, München 1969, wo Wien aber nicht berücksichtigt wird.

153 DrB 2. Jg., Nr. 24, 25.2.1814, S. 94.

154 FBA 12, S. 932f.

Frequenz von Neu- und Wiederaufführungen zeitüblich groß und die Zeit zum Einstudieren entsprechend gering. Wahrscheinlich waren bloß vier Tage Vorlauf für ein sprachlich so schwieriges Stück zu wenig, selbst Schauspieler, die es gewohnt waren, in kürzester Zeit ein ungeheures Pensum an Text zu bewältigen, mochten sich überfordert sehen. Und die in Brentanos Theaterrezensionen erwähnten Mängel des Ensemblespiels schlugen gerade bei dieser aus dem Sprachwitz hervorgehenden Komödie voll zu Buche. Vermutlich war auch die Besetzung der einzelnen Rollen nicht glücklich. Dass Dambmann den Hauptschuldigen in Friedrich Roose sieht, der den Lope gab und den er für eine völlige Fehlbesetzung hält, zeigt wohl, dass seine Zuschrift an den *Dramaturgischen Beobachter* nicht geradewegs mit Brentano abgesprochen gewesen sein kann. In Rooses Entgegnung sollte sich herausstellen, dass Brentano selbst es war, der dem beim Publikum beliebten, aber beinahe fünfzigjährigen Roose diese Rolle vorgeschlagen hatte. Brentanos Einwände gegen diese Richtigstellung sind so lavierend, dass man ihnen nur schwer Glauben schenken mag.[155] Doch wird das Urteil zutreffen, dass der „ältliche Charakterdarsteller und Komiker" Roose für die Rolle des Lope, vormaligen Ponce, ungeeignet war.[156] Dafür sprechen übrigens auch Brentanos eigene Charakterisierungen in seinen Rezensionen, die wiederholt die „Bonhommie" des „gemüthliche(n) Künstler(s)" loben.[157]

Dass es sich um ein Werk des erst seit kurzem, aber ungemein selbstbewusst auftretenden Kritikers handelte, könnte auch eine Rolle gespielt haben. Der Rezensent des *Dramaturgischen Beobachters*, der glaubte oder glauben machen wollte, seine Arbeiten würden „den Lessingschen" vorgezogen, war den Schauspielern gegenüber durchaus gnädig gewesen.[158] Lessing aber hatte sehr bald festgestellt, dass ein Schauspieler, man sage ihm, was man wolle, „sich auf alle Weise dadurch beleidiget findet. Gelobt wird er sich nie genug, getadelt aber allezeit viel zu viel glauben: ja öfters wird er gar nicht einmal wissen, ob man ihn tadeln oder loben wollen."[159] Ähnliches hatte auch Kotzebue erlebt, der allerdings auch in seiner Eigenschaft als Theatersekretär und Dramaturg des Wiener Nationaltheaters seine eigenen Schauspieler öffentlich kritisierte.[160] Vielleicht hat es auch Klagen gegen die „Partheylichkeit" des Rezensenten gegeben, zu welcher dieser sich wiederholt bekannte.[161] Für die weniger begünstigten Schauspieler gab es

155 Steig, Valeria, S. XXVI, XXVIIf. FBA 12, S. 950f., 952f. Vgl. Sauer, Brentanos Dramenfragmente (Anm. I,66), S. 101.

156 Roethe, Brentanos *Ponce de Leon* (Anm. I,86), S. 82; ähnlich schon in Brentanos Entwurf zu einer Antwort an Roose: Sub rosa, FBA 12, S. 947–949. Zu Roose: Teuber/Weilen 2,1, S. 133. Friedrich Engelmann, Friedrich Roose. Ein Beitrag zur Geschichte des Burgtheaters von 1790–1820, Diss. (masch.) Wien 1964.

157 Siehe die Besprechungen von Rooses Rollen als Konrad im *Bürgerglück* (W 2, S. 1077), als Klingsberg in den beiden Teilen des *Ring* (ebd., S. 1089, 1097), als Karl im *Räthsel* (ebd., S. 1113), als Friedrich M. im *Mann von Wort* (DrB 1814, Nr. 23, S. 90) und als junger Wildfang in den *Kleinen Auvergnaten* (W 2, S. 1123).

158 Brentano an Arnim, 5.4.1814, FBA 33, S. 123.

159 Hamburgische Dramaturgie, 101.–104. Stück.

160 Großegger 1, S. 205ff.

161 Unglückliche Ehe aus Delikatesse. Zweyter Theil des Rings. Aufgeführt im Theater nächst

womöglich Anlass genug zur Voreingenommenheit. Solche absichtlich herbeigeführten Misserfolge waren in Wien nicht unbekannt. Vergleichbares, wenngleich nicht ganz so Aufsehenerregendes, scheint kurz zuvor auch im Theater an der Wien bei der Aufführung des Schauspiels *Die Belagerten*, wiederum von Ludwig Wieland, mit Chören von Bernard und Musik von Friedrich August Kanne, am 12. Dezember 1813 passiert zu sein. Der Rezensent F–d schreibt, „einige Späße, die sich die Schauspieler dem Zuschauer ziemlich hörbar erlaubten, machten allgemein den Verdacht einer absichtlichen kälteren Behandlung“ durch die Schauspieler.[162] Und bei Gelegenheit der vorzeitig abgebrochenen Aufführung von Georg Hanischs Lustspiel *Die Flüchtlinge oder Das Wirtshaus an der Grenze* im Januar 1815 im Theater an der Wien beschuldigte Pálffy „die eigenen Theaterleute“, denen Schreyvogel verhasst sei, als Urheber des Misserfolgs.[163] Brentano geht auf die Aufführung von Wielands Stück, das immerhin dreimal gegeben wurde, in einem Entwurf zu einem Brief an Pálffy ein. Seine Behauptung, mit seiner Beratung wäre die Wahl eines solchen verfehlten Dramas und eine so verunglückte Aufführung vermieden worden, fanden vier Wochen später ihre Widerlegung.[164]

Aber auch dies alles zusammengenommen erklärt noch nicht den katastrophalen Ausgang des Abends, bei dem die *Valeria* ausgehöhnt wurde, so der Rezensent der *Theater-Zeitung*, „wie noch nie ein Stück auf dieser Welt“. In den Jahren 1813 und 1814 erlebte auch noch eine ganze Reihe weiterer Dramen eklatante Misserfolge, von denen die Wiener Theaterzeitschriften und die Korrespondenznachrichten im *Morgenblatt für gebildete Stände* ausführlich berichteten. Unter Intrigen hatten alle Autoren und Komponisten zu leiden, Feindschaften wurden allerorten gepflegt, und persönliche Zerwürfnisse zwischen allen Beteiligten waren an der Tagesordnung. Wäre etwa Heinrich Schmidt nicht Böswilligkeit und – wie sich in seinen Erinnerungen in den Äußerungen über Ludwig Wieland zeigt[165] – wahre Niedertracht zu unterstellen, so könnte man versucht sein, seinen Bericht von einem vorzeitigen Abbruch der Aufführung nicht auf den Valeria-Abend zu beziehen, sondern auf die Aufführung eines weiteren Dramas von Ludwig Wieland, *Der Weiberaufstand in Krähwinkel*. Dieses wurde am 13. August 1814, wenige Monate nach der Valeria-Aufführung, vor dem Ende des Stückes zu Fall gebracht. Friedrich Schlegel war bei dem anschließenden Kesseltreiben gegen Schreyvogel federführend.[166] Die fulminante Niederlage – die nicht daran hinderte, dass das

der Burg, in: DrB 2. Jg., Nr. 15, 4.2.1814, S. 57–58, dort S. 58 = W 2, S. 1097f. Othello, ein Trauerspiel in 5 Aufzügen von Shakespeare. Eingerichtet von F. C. H. Brockmann. Aufgeführt im Theater nächst der Burg am 18. Januar 1814, ebd., Nr. 16, 7.2.1814, S. 62–64, dort S. 64 = S. 1108. Der Mann von Wort, von Iffland. Aufgeführt am Theater nächst der Burg, ebd., Nr. 23, 23.2.1814, S. 88–92, dort S. 92.

[162] DrB 1. Jg., Nr. 47/48, 31.12.1813, S. 186–187, dort S. 186. Korrespondenz-Nachrichten, Wien, December, in: Mbl Nr. 9, 11.2.1814, S. 36.

[163] Glossy, S. 307. Siehe auch Schreyvogel, Tgb 2, S. 87, 9.1.1815; Großegger 2, S. 683f.

[164] Brentano an Pálffy, vor dem 22. Januar 1814 (Entwurf, Hs. FDH 8170), FBA 33, S. 113. Bauer, S. 293. Siehe auch Jung, S. 185.

[165] Schmidt, S. 41–44.

[166] Schreyvogel, Tgb 2, S. 55 (13.8.1814), 56 (15.8.1814), 60 (1.9.1814). Glossy, S. 171f. Rom-

Stück die Gattung der Wiener Krähwinkeliaden begründete – scheint der ausschlaggebende Grund dafür gewesen zu sein, dass Wieland nicht in der Kanzlei des Hofburgtheaters angestellt werden konnte.[167] Um so bemerkenswerter ist es, dass Brentanos Scheitern trotzdem von feindlicher wie von befreundeter Seite mit Superlativen beschrieben wurde.

Neben den schauspielerischen Schwierigkeiten des Stücks, den durch Brentanos literarische Verfahren provozierten Normverletzungen und den mutmaßlichen Animositäten von Claque, Publikum und einem Teil der Schauspieler gegen den Kritiker und Theaterautor Brentano gab es einen weiteren und wohl ausschlaggebenden Grund zur Sabotage der Aufführung durch den verantwortlichen Regisseur. Wie aus Rooses Verteidigungsschreiben hervorgeht, wurde die *Valeria* Opfer eines Konflikts zwischen dem Regiekollegium und der interimistischen Direktion des Hofburgtheaters, der sich zudem in einer Zeit abspielte, in der die Machtverhältnisse wegen des unmittelbar bevorstehenden Direktionswechsels ungeklärt waren.[168] Leider reichen die verfügbaren Nachrichten über die Vorgehensweisen bei der Aufnahme oder Ablehnung von Stücken im Burgtheater im allgemeinen und in den ersten Monaten des Jahres 1814 im besonderen nicht aus, um die von Roose angedeuteten Vorgänge genauer zu rekonstruieren. Die Forschungsliteratur scheint dazu zu neigen, die Kenntnisse über die Verhältnisse während der Nationaltheaterperiode unter Joseph II. einfach auf die Zeit der Pachttheater zu übertragen. Über die Ansprüche des Regiekollegiums und die hartnäckigen Maßnahmen, ihren Einfluss zu behaupten, gibt es jedoch vielfältige Nachrichten in der Literatur, etwa in Kotzebues Bericht über seine Wiener Zeit.[169] Vor den Reformversuchen Pálffys und Schreyvogels im Jahr 1816 hatte die künstlerische Verantwortung für die Aufführungen lange Zeit in den Händen des Regiekollegiums gelegen, das sich aus den ältesten Schauspielern zusammensetzte und das über Auswahl und Besetzung der Stücke sowie über die Inszenierung entschied. Die Direktion, vertreten durch den Theatersekretär Joseph Sonnleithner, soll lediglich die Vorlagen für die Sitzungen dieses Kollegiums unterbreitet haben.[170] Wie Roose mitteilt, hatte aber anscheinend erst

mel, S. 1008. Großegger 2, S. 643f. Kindermann, Schreyvogel und sein Publikum (Anm. VII,73), S. 217f., 248f. Keine Erwähnung der Aufführung bei Alth/Obzyna.

[167] Schreyvogel, Tgb 2, S. 28 (19.4.1814). Rosenthal, Wieland und Österreich (Vorbemerkung, Anm. 20), S. 98.

[168] Vgl. Hadamowsky 5, S. 319f.

[169] Kotzebue, Wien, S. 58ff.

[170] So Smekal, Brentano als Burgtheater-Kritiker (Anm. IV,37), S. 121. Siehe auch: Anschütz, S. 240f. Wlassack, S. 104. Siebert-Didczuhn, Der Theaterdichter (Anm. VII,26), S. 113ff. Hadamowsky 5, S. 292–295, 326. Yates, Theatre in Vienna (Anm. VI,95), S. 52. Johann Hüttner, Hof und Theater. Spielplanpolitik des Burgtheaters nach dem Wiener Kongress und in der Mitte des 19. Jahrhunderts, in: Theaterinstitution und Kulturtransfer II (Vorbemerkung, Anm. 21), S. 155–164, dort S. 160. Hilde Haider-Pregler, Die Wiener „Nationalschaubühne" (1776–1794): Idee und Institution, in: Théâtre, nation et société en Allemagne au XVIIIe siècle, éd. pyar Roland Krebs et Jean-Marie Valentin, Nancy 1990, S. 167–192, bes. S. 185ff. Zur archivalischen Situation vgl. Hadamowsky 5, S. 813; Hüttner, Das Burgtheaterpublikum in der ersten Hälfte des 19. Jahrhunderts (Anm. VII,15), S. 123–127.

neuerdings „die Theater-Direction sich sowohl die Annahme neuer Schauspiele als auch die Rollenbesetzung derselben vorbehalten“ und die Aufführung der *Valeria* „ohne weiters zur Vorstellung bestimmt, die Rollen ausschreiben lassen und dieselben wahrscheinlich nach den Wünschen und mit Einvernehmen des Herrn Verfassers besetzt“.[171] Brentano nennt die Mitglieder des Kollegiums in seinem Entwurf zu einer Erklärung im *Dramaturgischen Beobachter*, es waren Friedrich Gotthelf Koch, Carl Friedrich Krüger (den Brentano von seiner Kritik an den Schauspielern ausdrücklich ausnahm), Friedrich Roose und Josef Koberwein – allesamt ältere Schauspieler, die auch in Brentanos Theaterrezensionen mehrmals genannt werden – sowie Joseph Sonnleithner.[172] Rooses Ausführungen widersprechen zunächst einer Behauptung Brentanos, die wohl nur versehentlich in die gekürzte Fassung seiner Zuschrift an den Herausgeber des *Dramaturgischen Beobachters* gelangt war. In dem unveröffentlicht gebliebenen längeren Entwurf sagt Brentano, er habe das Drama zuerst einem von der Direktion bestellten Gremium von Kennern – genannt werden Lange, Korn und Kurländer – vorgetragen und es anschließend auch den Herren Koch, Krüger, Roose, Korn, Koberwein und Sonnleithner vom Regiekollegium vorgelesen. In der veröffentlichten Fassung ist aber nur von einer Vorlesung „in Gegenwart der Herren Hofschauspieler Lange, Koch Krüger, Rose, Koberwein und Korn und des Herrn Sekretair Sonnleithner“ die Rede.[173] Roose nimmt die unrichtige, aber eigentlich gleichgültige Erwähnung Langes zum Anlass, um auf die Direktion und deren unerhörten Anspruch auf alleinige Entscheidung über die Annahme von Stücken und Verteilung der Rollen zu sprechen zu kommen. Es lag in diesem Fall also wohl gar nicht an mangelnden Verbindungen Brentanos, dass seine Burgtheaterkarriere scheiterte, vielmehr war es so, dass das Regiekollegium durch die Direktion genötigt worden war, ohne weitere Absprachen ein Stück zur Aufführung anzunehmen, was zumindest den Unwillen Roose erregte, der das Stück lieber abgelehnt hätte, aber – wie er in seiner Entgegnung schreibt – als Regisseur für die Aufführung der *Valeria* zuständig war.[174] Ähnliche Octrois hat es, wie Roose ausdrücklich erwähnt, noch bei drei weiteren Dramen gegeben, nur eines davon ist vor Brentanos Lustspiel aufgeführt und laut dem *Dramaturgischen Beobachter* immerhin mit mäßigem Beifall gegeben worden, es handelte sich also tatsächlich um eine aktuelle administrative Neuerung.[175]

[171] Friedrich Roose, An den Herausgeber des dramaturgischen Beobachters, in: DrB 2. Jg., Nr. 29, 9.3.1814, S. 113–116, dort S. 114, 115; FBA 12, S. 940–946, dort S. 941, 943.

[172] Brentano, An den Herausgeber des dramaturgischen Beobachters (Entwurf), FBA 12, S. 930 bis 933, dort S. 931.

[173] Brentano, An den Herausgeber des dramaturgischen Beobachters (das Lustspiel Valeria betreffend), in: DrB 2. Jg., Nr. 24, 25.2.1814, S. 93; FBA 12, S. 934. Siehe auch Brentano, Erklärung des Verfassers der Valeria an den verehrten Leser in Hinsicht der Vertheidigung des Herrn Roose (…), in: DrB 2. Jg., Nr. 30, 11.3.1814, S. 118–119, dort S. 118; FBA 12, S. 954 bis 955, dort S. 954.

[174] DrB 2. Jg., Nr. 29, S. 115, 116. FBA 12, S. 941, 943, 944.

[175] *Gerechte Strafe* (von W. Vogel): 31.1.1814, vgl. Chronik der Wiener Theater. Januar 1814, in: DrB 2. Jg., Nr. 19, 14.2.1814, S. 75 und Chronik der Theater. Februar 1814, Nr. 30, 11.3.1814, S. 119. *Hanibal* (von Leonhard von Rothkirch): 1.3.1814, Besprechung in Nr. 28, 7.3.1814, S. 109f.; siehe auch Chronik der Theater. März, Nr. 35, 23.3.1814, S. 142. *Die Co-*

Die drei Stücke, die allesamt nur jeweils dreimal aufgeführt wurden und so einen totalen Misserfolg knapp vermieden, ähnelten vielleicht zu sehr dem am Burgtheater Üblichen oder deren Verfasser standen in einem besseren Verhältnis zu den Schauspielern, so dass sich Brentano sowohl mit seinem Stück wie auch wegen seiner isolierten Position am besten für einen demonstrativen Eklat eignete. Der Valeria-Abend wurde so zu einer Machtprobe in einem heiklen Moment, und es dürfte nicht in erster Linie an dem Stück und seinem durch die Bearbeitung ohnehin beschnittenen Wortwitz gelegen haben, dass das Ergebnis so verheerend ausfiel. Rooses Ausführungen lassen an Deutlichkeit nichts zu wünschen übrig.

Schon am Tag nach der Aufführung schreibt Brentano kleinmütig, er habe seine „dramatische Laufbahn auf ewig geschlossen".[176] Zusammenfassend heißt es in dem Entwurf zu einem Brief an Arnim, der zwischen Mitte März und Anfang April datiert:[177]

> Ich bin mit meinem Wiener und meinem Theaterleben ganz fertig, eigentlich war ich es schon, ehe ich es anfieng, und ich habe von neuem einem Beweiß, daß der Mensch keinen andern Schutzengel hat, als inneres Gefühl, ich habe immer einen tiefen Widerwill gegen das Theater gehabt, wie es jezt ist, ich habe es nie drinn aushalten können und doch habe ich aus Geldgierde mich verleiten lassen, mich damit zu beschäftigen. Ich habe eine große Lebenserfahrung gemacht, welche mich eben an Erkenntniß nicht reicher macht, denn ich habe den Dreck voraus gewust.

Brentanos Reputation war durch dieses Fiasko und seine Reaktion darauf jedenfalls zerstört, und auch den *Dramaturgischen Beobachter* scheint die uneingeschränkte Parteinahme für den Dichter in den Ruin getrieben zu haben, wäre dieser nicht ohnehin nahe gewesen, zu eindeutig war das Stück auch vom Publikum abgelehnt worden. Die Zeitschrift stellte ihr Erscheinen im März 1814 ein, Brentano führte ihr jähes Ende auf Intrigen von „Komödiantenfreunde(n) und dinnen" zurück.[178]

Bleibt zu fragen, welche Folgerungen sich aus dem Debakel hinsichtlich Brentanos Verhalten im Wiener Theatermilieu ergeben. Am wenigsten überraschen seine polemischen Attacken nach der Niederlage. Brentano hatte seine Versuche, am Burgtheater zu reussieren, nach dem zweiten gescheiterten Versuch (der erste waren *Die deutschen Flüsse*) abgebrochen und konnte soviel Kritik üben, wie ihm lieb war: Aus ihm würde endgültig kein Bühnenautor gehobenen Niveaus mehr werden, und die Wiener Theater mussten in Zukunft ohne seine Reformpläne auskommen. Aber Grund und Anlass der Niederlage zeigen, dass Brentano die Mechanismen des Wiener Theaterlebens nicht durchschaut hatte. Der Grund der Niederlage war sein Fehler, die instabile Situation nicht richtig einzuschätzen und einem oder mehreren Angehörigen des Regiekollegiums die Gelegenheit zu einer Demonstration ihrer Macht zu liefern. Dieser Fehler kam durch

lonie: 3.3.1814, Besprechung in Nr. 31, 14.3.1814, S. 124; siehe auch Chronik der Theater. März, Nr. 35, 23.3.1814, S. 143. – Kotzebue, Wien, S. 63 berichtet bereits von einem ähnlichen Vorgang, den er als eine Ausnahme darstellt.

176 Brentano an Reil, 19.2.1814, FBA 33, S. 117.

177 Ebd., S. 120.

178 Brentano an Arnim, 5.4.1814, ebd., S. 123.

mangelnde Vertrautheit mit den Verhältnissen und den maßgeblichen Akteuren zustande sowie vielleicht auch durch seine provozierende Attitüde, mit der er schon nach kaum halbjähriger Anwesenheit in der Stadt in ungewohnter Form scharfe Kritik übte und Reformvorschläge für das Wiener Theater zu formulieren versuchte. Inwieweit auch Brentanos Ambitionen auf eine Anstellung am Burgtheater eine Rolle spielten, ist unbekannt. Anlass der Niederlage aber waren zum einen die Unmöglichkeit, *Valeria oder Vaterlist* in vier Tagen so einzustudieren, dass eine Aufführung in befriedigender Weise über die Bühne hätte gehen können. Zum anderen waren es die Normenverstöße, die sich sein Drama zuschulden kommen ließ. Und beides resultierte aus seiner erschließbaren Absicht, die Komödie *Ponce de Leon* zwar erheblich umzuarbeiten, ohne dabei aber deren literarische Eigenheiten für die Bühne ganz und gar abzustreifen. Ähnlich war sein Verhalten schon im Fall von *Viktoria und ihre Geschwister*: auch hier wollte er lieber unpraktische Zettel mit Inhaltsangaben verteilen, als dass er auf die unverständliche Allegorie verzichtet hätte. Brentano war bereit, Kompromisse einzugehen, aber sich ganz und gar auf das Wiener Theater einzulassen und damit auf seine eigenen literarischen Ambitionen zu verzichten, dazu konnte er sich zuletzt doch nicht verstehen.

Verzweigungen der Arnim-Itzig-Affäre

Hoftheatersekretär wurde Joseph Schreyvogel.[179] Die Umstände von dessen Berufung werfen zugleich ein Licht darauf, weshalb Brentano für eine Stelle am Burgtheater ohnehin nicht in Frage gekommen wäre. Am 7. März 1814 schreibt Schreyvogel in sein Tagebuch:[180]

> Eskeles soll die Fonds zur Übernahme der Hoftheater schaffen. Pálffy gab mir auf, deßhalb auch mit ihm zu reden. Das also ist der Vorzug, den mir Pálffy gibt, und ich habe den Antrag bloß Eskeles zu verdanken. (...) Abends. – Ich war bei Eskeles. (...)

Am 14. März:

> Mittags. – Ich war bei Eskeles, Pálffy und jezt bei Arnstein.

Und am 15. des Monats:

[179] Wlassack, S. 132. Hadamowsky 5, S. 320, 324. Großegger 2, S. 620ff. Zu Schreyvogel: Karl Glossy, Josef Schreyvogel und Graf Ferdinand Palffy, in: JbGG 31 (1932), S. 138–148. Bauer, La réalité royaume de Dieu (Vorbemerkung, Anm. 14), S. 377ff. Elisabeth Buxbaum, Joseph Schreyvogel. Der Aufklärer im Beamtenrock, Wien 1995 (Literarhistorische Studien. Literatur aus Österreich und Bayern 10), dort S. 109ff. zu Schreyvogels Wirken am Hoftheater. Kindermann, Schreyvogel und sein Publikum (Anm. VII,73), S. 198ff. Hadamowsky 5, S. 320, 324, 338f.

[180] Schreyvogel, Tgb 2, S. 8 und 11. Erste Sondierungen hatte es bereits im Dezember 1813 gegeben; vgl. Schreyvogel, Tgb 1, S. 269 (14.–16.12.1813).

11 Uhr. Eskeles traf ich nicht mehr, oder er ließ sich verleugnen; Arnstein weiß dessen Entschließung nicht.

Bernhard von Eskeles, der also für die Finanzierung von Pálffys Theaterplänen aufkam, war der Geschäftspartner Nathan von Arnsteins und Ehegatte von Cäcilie Itzig, geschiedene Wulff, der Schwester Fanny von Arnsteins.[181] Fanny von Arnstein und Cäcilie von Eskeles waren Tanten von Moritz Itzig. Dieser hatte im Jahr 1811 einen Zusammenstoß mit Achim von Arnim herbeigeführt, bei dem er den Gründer der deutschen Tischgesellschaft für antisemitische Äußerungen zur Rechenschaft ziehen wollte.[182] Brentano hatte unmittelbar mit dieser Angelegenheit nichts zu tun, da er – wie es für ihn typisch ist – Berlin verlassen hatte, bevor es zum Höhepunkt dieser Auseinandersetzung kam.[183] Es sieht aber so aus, als hätten die Zeitgenossen ihn, dessen verächtliche Äußerungen über Juden in der Presse bekannt gemacht worden waren,[184] durchaus in den Zusammenhang der ganzen Angelegenheit gestellt. Dies lässt sich nicht allein dadurch stützen, dass Rahel Varnhagen später Arnim und Brentano in einem Atemzug nennt, wenn sie ihre Empörung über antijüdische Demonstrationen und Gewalttaten äußert und als geistige Urheber ihre beiden Bekannten anführt.[185] Die Betrachtung des Zerwürfnisses Brentanos mit Karl August Varnhagen kann zeigen, inwiefern die Arnim-Itzig-Affäre auch für Brentano keine guten Folgen zeitigte. Varnhagen hatte Brentano zwei Ohrfeigen beigebracht, mit dem Vorwand, ihn für angeblich judenfeindliche Äußerungen gegenüber Rahel Robert zu bestrafen.[186] Wie aus der häufigen Erörterung seines Verhältnisses zu Brentano in späteren Jahren ersichtlich wird, hat Varnhagen sein eigenes Verhalten gegenüber Brentano lange beschäftigt.[187] Feilchenfeldt hat gezeigt, dass die Prager Affäre, die sich zwischen Varnhagen und Brentano abgespielt hatte, ein „literarisches Nachrichtenspiel“ war, bei welchem die publizistische Verwertung des Ereignisses von größerer Bedeutung war, als die Demütigung durch Zufügung körper-

181 Spiel, Fanny von Arnstein (Anm. III,124), S. 182, 263f.

182 Zum folgenden: Ludwig Geiger, Achim von Arnim und Moritz Itzig. Mit ungedruckten Briefen Arnims, in: FZ 39 Jg., Nr. 39, 8.2.1895, Erstes Morgenblatt, S. 1–2 (Wiederabdruck: Varnhagen, WW 4, S. 1088–1092). Arnim an Brentano, nach dem 17.7.1811, Schultz/Schwinn 2, S. 604f. Brentano an Arnim, 3.9.1811, FBA 32, S. 336f. Varnhagen, Ludwig Achim von Arnim und Moritz Itzig, WW 4, S. 674–680. Steig 5, S. 632ff. Härtl, Arnim und Goethe (Anm. I,73), 283ff., besonders S. 302ff. Nienhaus, Geschichte der deutschen Tischgesellschaft (Anm. II,64), S. 243–271. Puschner, Antisemitismus im Kontext der politischen Romantik (Anm. II,89), S. 288–296. U. a. m.

183 Chronik, S. 84. Arnim an Brentano, nach dem 17.7.1811, Schultz/Schwinn 2, S. 604.

184 Steig 5, S. 623ff. Gunnar Och, Imago judaica. Juden und Judentum im Spiegel der deutschen Literatur 1750–1812, Würzburg 1995, S. 288ff.

185 Rahel Varnhagen an Ludwig Robert, 29.8.1819, Varnhagen, Bfw 2, S. 243.

186 Vgl. Agnes Harnack, SW 9,2, S. XLIIIff.; Kaznelson, Beethovens ferne und unsterbliche Geliebte (Anm. III,47), S. 63–66; Konrad Feilchenfeldt, Rahel Varnhagens Ruhm und Nachruhm, in: Rahel-Bibliothek 10, S. 128–178, dort S. 159ff.

187 Vgl. Anhang VIII, zu Nr. 621.

licher Schmerzen.[188] Übrigens betrieb Brentano, der sich Varnhagen gegenüber weigerte, Puschkin zu spielen, hinsichtlich der Verbreitung von Gerüchten über sich selbst kein anderes Verfahren als sein Gegner, der dies befremdet zur Kenntnis nahm. Die Geschichte der in dem zitierten Brief Varnhagens an Rahel Robert erwähnten Ohrfeige, welche Brentano einmal von Görres erhalten haben will, ist der Gegenstand einer der am besten überlieferten Anekdoten aus der Biographie Brentanos.[189] Und Vergleichbares ist auch andernorts bekannt; in der publizistischen Kampagne gegen den Verfasser der Börne-Denkschrift spielte eine angeblich erteilte Ohrfeige keine geringfügige Rolle.[190]

Die Forderung, Brentano zu züchtigen, scheint zuerst aus Anlass von Brentanos Philister-Rede von Julius Eduard Hitzig, seinerseits ebenfalls ein Neffe Fanny von Arnsteins und Cäcilie von Eskeles', erhoben worden zu sein.[191] Diese Aufforderung stand in einem Brief an Fouqué, der wiederum der Adressat eines Briefes Varnhagens ist, in dem ihm dieser von der Prügel berichtet, die Brentano erhalten habe.[192] Varnhagen verbreitete diese Nachricht aber nicht nur in seinem Berliner Bekanntenkreis, sondern auch in Wien. An Rahel Robert schreibt er am 22. Mai 1812, „vier Wochen" nach der Exekution der seit langem angekündigten Bestrafung: „Alle Welt in Wien und Prag ruft Beifall über die Züchtigung".[193] Daraus ist zu schließen, dass auch der Kreis der Familien Arnstein-Pereira-Eskeles, in dem Varnhagen selbst verkehrt hatte und den viele Verwandte und Freunde Rahel Roberts frequentierten, von dem Vorfall Nachricht erhalten hatte. Da die beiden Kalamitäten, die Arnim und Brentano je unabhängig voneinander zugestoßen waren, unter dem gemeinsamen Gesichtspunkt der verdienten Strafe für vermeintliche oder tatsächliche antijüdische Entgleisungen gesehen werden konnten, liegt die Annahme nahe, dass dies auch in Wien tatsächlich so gesehen wurde, zumal Moritz Itzig als Kriegsfreiwilliger bei Lützen gefallen war, Arnim sich nach verbreiteter Auffassung vor der Teilnahme am Krieg gedrückt hatte und Brentano in Wien seinen doch eher zweifelhaften Patriotismus inszenierte.[194] Nach Ludwig Geiger

[188] Feilchenfeldt, Rahel Varnhagens Ruhm und Nachruhm (Anm. VII,186), S. 165. Ders., Perspektiven der Brentano-Forschung. Über einen von Hartwig Schultz herausgegebenen Studien-Band, in: LiB 39 (1995), S. 27–32, dort S. 29.

[189] Brentano an Arnim, 14.7.1807, FBA 31, S. 602. Stramberg, S. 124. Varnhagen, Biographische Porträts, WW 4, S. 348f., 356f. (vgl. ebd., S. 908). Joseph Galland, Joseph von Görres. Aus Anlaß seiner hundertfünfzigjährigen Geburtstagsfeier in seinem Leben und Wirken dem deutschen Volk geschildert, Freiburg i. Br. 1876 (Sammlung historischer Bildnisse. Dritte Serie VI/VII), S. 115. Diel/Kreiten 1, S. 216f. Oehring, Untersuchungen zur Brentano-Forschung von Diel und Kreiten (Anm. III,3), S. 159.

[190] Heinrich Heine, Sämtliche Schriften, hrsg. von Klaus Briegleb, Bd. 6,2, München 1976, S. 513ff.

[191] Hitzig an Fouqué, 15.4.1811, Krüger, S. 108f. Ebenso bei Dorsch, Julius Eduard Hitzig (Anm. I,30), S. 219.

[192] Varnhagen an Fouqué, 27.5.1812, Körner 1, S. 508f.

[193] Rahel-Bibliothek 4,2, S. 287.

[194] Spiel, Fanny von Arnstein (Anm. III,124), S. 404. Zur Einschätzung von Arnims Verhalten: Staegemann an Scheffner, 10.12.1813, Rühl, S. 260. Varnhagen, Tageblätter, 26.11.1819,

war die Itzig-Affäre „für Arnims politische Ambitionen (...) tödlich".[195] Wenn sich Brentano also zu den im dritten Kapitel erörterten übellaunigen Äußerungen über Henriette von Pereira hat hinreißen lassen, so ist dies, wie vermutet werden darf, auf die Zurückhaltung zurückzuführen, mit der er in den Salons der Pereira, Arnstein und Eskeles empfangen wurde. Wie dem aber auch sei, wenn es für eine Anstellung am Burgtheater durchaus erforderlich war, sich mit Bernhard von Eskeles ins Benehmen zu setzen, dann war Brentanos Lage dafür ausgesprochen ungünstig, wäre jener übrigens auch so indifferent gegen judenfeindliche Äußerungen gewesen, dass er, wie Friedrich Anton von Schönholz kolportiert, „in Hietzing vor einem großenteils aus der christlichen beau-monde geladenen Auditorium jene pikante dramatische Satyre *Unser Verkehr* im Dialekt" hätte aufführen lassen.[196] Theatersekretär wurde Schreyvogel, der vehementeste Gegner der Romantiker in Wien, der seinerzeit *Des Knaben Wunderhorn* schroff abgefertigt hatte.[197]

WW 5, S. 9. Jürgen Knaack, Achim von Arnim – Nicht nur Poet. Die politischen Anschauungen Arnims in seiner Entwicklung. Mit ungedruckten Texten und einem Verzeichnis der Briefe, Darmstadt 1976, S. 42ff. und S. 95f., Anm. 250. Nienhaus, Geschichte der deutschen Tischgesellschaft (Anm. II,64), S. 263f. Yvonne Pietsch, WAA 13, S. 451–456. Zu den Umständen der damaligen Aufhebung des Landsturms, die Arnims Teilnahme am Krieg verhinderte: Maximilian Blumenthal, Der Preußische Landsturm von 1813. Auf archivalischen Grundlagen dargestellt, Berlin 1900, S. 31ff., 146ff.; siehe auch Portmann-Tinguely, Romantik und Krieg (Anm. III,159), S. 219–222. Arnim hatte die Altersgrenze für die Teilnahme als Freiwilliger oder in der Landwehr, „die alle Wehrfähigen im Alter von 17 bis 40 Jahren erfassen sollte" (Ibbeken, Preußen 1807–1813 [Anm. II,65], S. 395; Lehmann 2, S. 529ff.), nicht überschritten, und seine Gründe für die Nichtteilnahme überzeugten die Zeitgenossen nicht.

195 Geiger, Achim von Arnim und Moritz Itzig (Anm. VII,182).

196 Schönholz 2, S. 244. Zu Sessas *Unser Verkehr*: Brentano an Arnim, 14.8.1815, FBA 33, S. 164. Achim an Bettine von Arnim, 26.–27.9.1815, Vordtriede 1, S. 20. Varnhagen, Denkwürdigkeiten, WW 2, S. 690. Vgl. Schulz 2, S. 149f.; Hans-Joachim Neubauer, Auf Begehr: Unser Verkehr. Über eine judenfeindliche Posse im Jahre 1815, in: Antisemitismus und jüdische Geschichte. Studien zu Ehren von Herbert A. Strauss, hrsg. von Rainer Erb und Michael Schmidt, Berlin 1987, S. 313–327.

197 Gesammelte Schriften von Thomas und August West, Bd. 4, Braunschweig 1829, S. 325–334 (zuerst: Sonntagsblatt, Bd. 2, Nr. 50–51, S. 390–399); siehe auch die Kritik der *Deutschen Volksbücher* ebd., S. 309–311. Vgl. Goedeke 9, 1910, S. 12; Brigitte Hilzensauer, Das *Sonntagsblatt*. Ein Beitrag zur Romantikkritik in Österreich, Diss. (masch.) Wien 1976; Turtur, Situation der deutschen Romantiker in Wien (Vorbemerkung, Anm. 11), S. 52–98; Elisabeth Buxbaum, Joseph Schreyvogels Kampf gegen die Romantik im *Sonntagsblatt*, in: JbWGV 99 (1995), S. 103–117.

8 Abschied von Wien

Von dem Scheitern seiner Laufbahn als Theaterdichter berichtete Brentano in einem Brief vom 5. April 1814 an Arnim nur in Andeutungen. Dieser aber erfuhr aus der Zeitung – wohl aus dem *Morgenblatt* vom 4. März –, dass die *Valeria* in Wien „gänzlich mißfallen" habe, und schrieb einen tröstenden Brief an den Freund, in welchem er den Misserfolg der Ponce-Bearbeitungen auf die Eigenart des Werkes zurückführte.[1] Auch die Aufführung von Brentanos letztem Festspiel, *Östreichs Muth, Sieg und Hofnung*, das nach Brentanos Aussagen zu Ostern gegeben werden sollte, unterblieb.[2] In dem Brief vom 5. April an Arnim, in dem er seine Abreise „die Woche nach Ostern" ankündigt, ist davon schon keine Rede mehr. (Der Ostersonntag des Jahres 1814 fiel auf den 10. April; in der Woche nach Ostern starb Nestroys Mutter in Wien.)

Mit der Strobelkopf-Gesellschaft feierte Brentano seinen Abschied. Von dieser Feier ist ein Gedicht der Brüder Passy erhalten, das die Wiener Freunde Brentano darbrachten.[3] Doch die Abreise verzögerte sich, denn nach dem Brief Rahel Roberts vom 21. Mai 1814 an Varnhagen, wonach sich Brentano „seit drei Wochen" wieder in Prag befinde, ist Brentano erst Anfang Mai dort eingetroffen.[4] Vermutlich ist für diese etwa dreiwöchige Verspätung gegenüber dem im Brief an Arnim genannten Zeitpunkt der Abreise die durch Dambmanns Vermittlung erst „in den letzten drei Wochen" des Wiener Aufenthalts wiederaufgenommene Beziehung mit Baronin Hügel und deren Töchtern verantwortlich.[5] Erhalten ist ein Brief Brentanos vom 7. bis 12. Juli 1814 aus Prag an Susanne von Hügel, aus dem in der Brentano-Forschung jahrelang Zitate kursierten,

1 Brentano an Arnim, 5.4.1814, FBA 33, S. 121. Arnim an Wilhelm Grimm, 20.4.1814, Steig 3, S. 304. Arnim an Brentano, 22.4.1814, Schultz/Schwinn 2, S. 708f.

2 Nachschrift, FBA 13,3, S. 457f. Grus, S.120. Sauer, Brentanos Dramenfragmente (Anm. I,66), S. 85f.

3 Hs. FDH 7892: Bl., 1 S. Diel/Kreiten 1, S. 247f. Jung, S. 175.

4 Rahel Robert an Varnhagen, 21.5.1814, Rahel-Bibliothek 5,1, S. 357. Fellner, S. 186f. Chronik, S. 94. In der älteren Literatur herrscht hinsichtlich der Bestimmung von Brentanos Abreise von Wien und seiner Ankunft in Prag Durcheinander: Diel/Kreiten 1, S. 247f., 410 (Juli 1814). Steig 1, S. 339 (Ende August). Körner, Eine unbekannte Novelle von Brentano (Anm. IV,66), S. 154 (August). Ders., Die Wiener *Friedensblätter* (Anm. III,213), S. 96 (September).

5 Brentano an Arnim, 5.4.1814, FBA 33, S. 122.

bis er endlich von Heinz Härtl veröffentlicht wurde.[6] Die Enttäuschung über das Scheitern seiner schriftstellerischen Pläne äußert sich hier in einer sehr scharfen Kritik an den politischen Zuständen, wie sie schon aus den Briefen an Arnim bekannt sind, und Brentano stellt fest, dass angesichts dieser Lage viele ihr Heil wieder in der Religion suchten. Außerdem berichtet Brentano von seinen weiteren Plänen, sich durch ein nachgeholtes Studium aller Fächer für ein künftiges Berufsleben zum Lebensunterhalt auszubilden, womit er später in Berlin tatsächlich begonnen hat. Aus dem geäußerten Wunsch, als Sekretär für diplomatische Angelegenheiten in Steigenteschs Dienst zu treten, ist nichts geworden. Ähnliche Berufspläne entwickelte er auch gegenüber Arnim und in einem Brief an Wilhelm Grimm.[7] Ob diese Äußerungen als Ausdruck einer akuten künstlerischen und religiösen Krise Brentanos zu werten seien, bleibe dahingestellt. Die endzeitlichen Motive, die in dem Brief an Susanne von Hügel anklingen, stammen jedenfalls nicht aus einer aufziehenden religiösen Krise des Verfassers, sondern sind bereits Bestandteil aller seiner patriotischen Dichtungen der Wiener Zeit, die sie an manchen Stellen völlig dominieren. Brentano überführt sie hier in einen neuen Kontext. Auch andere briefliche Mitteilungen Brentanos aus derselben Zeit passen nicht unbedingt dazu, etwa die von seinen Eroberungen, die er in Wiener und Lappländer Damen gemacht haben will.[8] Denkbar ist, dass derlei Überlegungen, sich endlich wieder auf das Studentendasein zurückzuziehen, in Zusammenhang mit der sich abzeichnenden Verbesserung seiner finanziellen Lage stehen. Durch den Tod August Brentanos, dessen Erbanteil den Geschwistern zufiel, und die Rückzahlung der Bourbonengelder bestand die Aussicht, der drückendsten Geldsorgen entledigt zu werden.[9] Am 2. August 1814 erhielt Bettine von Arnim aus der Rückzahlung der französischen Darlehen eine Summe von 7 500 Talern Preußisch Courant; Brentano wird ebenso viel erhalten haben. Die Endabrechnung wurde erst zwei Jahre später gemacht.[10] Im Frühsommer 1814 scheint Brentano sich indessen noch in einer empfindlichen Verlegenheit befunden und diese

[6] Brentano an Susanne von Hügel, 7.–12.7.1814, Goethe- und Schiller-Archiv, Weimar 03/1059 (ältere Signatur: 03/968), Härtl 4, S. 173–176, FBA 33, S. 126–131. Die Provenienz des Briefes ist nicht ohne weiteres zu ermitteln (trotz der freundlichen Unterstützung von Heinz und Ursula Härtl). Frühere Erwähnungen: Sudhof, Brentanos Gedicht „O schweig nur Herz!…“ (Anm. I,120), S. 213. Dennerle, Kunst als Kommunikationsprozeß (Anm. IV,19), S. 241, Anm. 17. Katalog 1978, S. 59. Polsakiewicz, Zwischen Revolution und Restauration (Anm. V,136), S. 257f.

[7] Arnim an Savigny, 9.11.1814, Härtl 2, S. 102. Brentano an Wilhelm Grimm, 15.2.1815, FBA 33, S. 143. Wilhelm an Jacob Grimm, 28.2.1815, Rölleke, S. 424. Ferner: Wilhelm an Jacob Grimm, 5.12.1814, ebd., S. 393. Ludwig an Leopold von Gerlach, 20.3.1815, Schoeps, S. 532.

[8] Jacob an Wilhelm Grimm, 20.4.1814, Rölleke, S. 325. Elisabeth an Friedrich August Staegemann, 12.12.1814, Abeken 1, S. 260.

[9] Arnim an Brentano, Anfang November 1813, Schultz/Schwinn 2, S. 690. Guaita an Arnim, etwa Frühjahr 1814, Weiss 3, S. 252. Brentano an Savigny, 30.6.1814, FBA 33, S. 125. Eckstein an Brentano, 24.9.1814, Sammlung Varnhagen, Kasten 55, Biblioteka Jagiellońska, Kraków (vgl. Anhang II).

[10] Härtl 2, S. 301, Anm. 9.

auch Susanne von Hügel gegenüber zur Sprache gebracht zu haben, wie aus deren Brief vom 29. Juni hervorgeht.[11] Bis zur Konsolidierung seiner finanziellen Lage nach dem Verkauf von Bukowan arbeitete Brentano auch in Berlin weiter als Tagesschriftsteller,[12] seine Theaterjournalistik betrieb er im selben Sinn weiter wie in Wien, wenn er sich nun auch eher dem Journalismus als dem Theater zuwandte, was auch die den Zeitläuften gemäßere Option war.[13] Trotzdem dachte er daran, eine Theaterzeitung herauszugeben.[14] Die Studiumspläne sowie das ebenfalls im Brief an Susanne von Hügel geäußerte Ansinnen, in die Dienste Steigenteschs treten zu wollen, sind mit dieser Verbesserung der finanziellen Aussichten in Verbindung zu bringen, trotz anderslautenden Bekundungen Brentanos, sich damit eine berufliche Qualifikation erwerben zu wollen: Brentano konnte es sich wieder leisten, Österreich den Rücken zu kehren, als ewiger Student aufzutreten, allerlei Projekte zu betreiben und „das Elend der Berufslosigkeit" in wohlinszenierten Lebenskrisen auszuleben.[15]

Pläne, seine Wiener Gelegenheitswerke bei österreichischen Verlegern unterzubringen, scheiterten. Die Veröffentlichung der *Valeria* war schon von der Zensur gebilligt worden. Vielleicht hat Brentano in den letzten Wochen seines Wiener Aufenthaltes an einer Buchfassung gearbeitet, was sein anhaltendes Schweigen erklären könnte. Doch scheinen Verlagsschwierigkeiten diese Ausgabe wie auch die ebenfalls noch in Wien geplante Veröffentlichung der *Viktoria* verhindert zu haben, anscheinend weil der Verleger vor der Veröffentlichung auf der Bezahlung der Druckkosten bestand, was eine Subskription nötig machte. Nach Brentanos Abreise sollte Georg Passy die Publikation zustande bringen – der vielbeschäftigte Bernard war mit seinen eigenen Angelegenheiten befasst –, was ihm aber offensichtlich nicht gelungen ist und wofür er wohl auch nicht erfahren genug war.[16] Entwürfe zu einer Vorrede haben sich erhalten; danach sollte die Veröffentlichung der Rechtfertigung dienen. Nach dem bei Brentano häufigen Topos wird die Publikation durch Berufung auf die Freunde legitimiert, die das Werk gedruckt sehen möchten.[17] Auch bei den Festspielen hat Brentano diese Pläne noch eine

[11] Susanne von Hügel an Brentano, 29.6.1814, Sammlung Varnhagen, Biblioteka Jagiellońska, Kraków.

[12] Arnim an Brentano, erste Septemberhälfte 1815, Schultz/Schwinn 2, S. 726.

[13] Vgl. Meyer, Novelle und Journal (Anm. I,32), S. 204ff.

[14] Brentano an Brühl, vor dem 29.7.1815, Dennerle, Kunst als Kommunikationsprozeß (Anm. IV,19) S. 158–161 (der Erstdruck wurde von Sabine Oehring übersehen), FBA 33, S. 153 bis 157. Vgl. Stoll 2, S. 206, Anm. 3; Pravida, Die Erfindung des Rosenkranzes (Anm. I,22), S. 462f. Zu Brentanos Haltung seinen Wiener Werken gegenüber in den ersten Monaten des dritten Berliner Aufenthalts: Frühwald, Das Spätwerk Clemens Brentanos (Anm. V,150), S. 108f.

[15] Die zitierte Äußerung machte Brentano im Jahr 1808; Ringseis 1, S. 92. Vgl. Gerhard Schaub, Le Génie Enfant. Die Kategorie des Kindlichen bei Clemens Brentano, Berlin, New York 1973 (QuF N. F. 55), S. 59.

[16] Georg Passy an Brentano, 20.5.1814, UB Heidelberg, Heid.Hs.2110,13 Bl. 107^r–108^v (vgl. Anhang II). Vgl. Jung, S. 185.

[17] Steig, Valeria, S. XXX (Text nach Handschrift BJ 2). Vgl. Curtius, Europäische Literatur und lateinisches Mittelalter (Anm. VI,29), S. 94f.

Weile lang nicht aufgegeben, wie aus der Nachschrift zu einer geplanten Sammelpublikation der Wiener Arbeiten hervorgeht.[18] Die Vorrede und Widmung für die Ausgabe der *Valeria* und die Nachschrift sind auf Papier derselben Sorte geschrieben, beide Texte sind ins Frühjahr 1814 zu datieren. Es handelt sich demnach um zur selben Zeit parallel verfolgte Projekte, von denen die Veröffentlichung des Lustspiels anhaltender verfolgt worden zu sein scheint, da Passy noch im Mai von diesem Vorhaben spricht, während die Publikation der Dramen und damit auch die letzte Ausarbeitung der zweiten Fassung von *Östreichs Muth, Sieg und Hofnung* wahrscheinlich schon früher aufgegeben wurde. Eckstein berichtet in einem Brief aus dem September 1814 davon, das Manuskript der Komödie liege in seinen Händen, das er zurückzusenden anbietet.[19] Da Brentano darauf gar nicht antwortete, blieb die Handschrift anscheinend in Ecksteins Händen und ging so verloren. *Valeria oder Vaterlist* ist erst 1902 nach einem Manuskript aus dem Archiv des k.k. Hof-Burgtheaters von Reinhold Steig herausgegeben worden. Erhalten sind zwei Abschriften von unbekannter Hand, die sich heute im Österreichischen Theatermuseum in Wien befinden.[20] Der Herausgeber der *Valeria* in den *Sämtlichen Werken* hat es unternommen, die mit der endgültigen Abkehr von Österreich und damit auch den österreichischen Freunden offenbar aufgegebene Publikation des Dramas doch noch zu realisieren, indem er einem der beiden Bühnenmanuskripte die Vorrede und die Widmung an den Schauspieler Korn voranstellt, die beide aus dem Wiepersdorfer Nachlass überliefert und heute im Freien Deutschen Hochstift vorhanden sind.[21]

Von den Werken, die ursprünglich bei österreichischen Verlegern erscheinen sollten, kam nur *Die Gründung Prags* im Herbst 1814 in dem Verlag Conrad Adolph Hartleben in Pest heraus. Pest war damals eine weitgehend deutschsprachige Stadt, und dort erschienen 1813–1817 auch die *Dramatischen Dichtungen* von Matthäus von Collin und in den 1820er Jahren das Theater von Adolf Bäuerle und von Carl Meisl.[22] Auch in

[18] Nachschrift, FBA 13,3, S. 457f. Grus, S. 119f. Brentano an Arnim, 14.8.1815, FBA 33, S. 164f.

[19] Eckstein an Brentano, 24.9.1814, Sammlung Varnhagen, Kasten 55, Biblioteka Jagiellońska, Kraków (vgl. Anhang II). Stern, S. 198. Goes, Zur Tauschaktion der Familie Brentano mit der Königlichen Bibliothek in Berlin (Anm. III,232), S. 272.

[20] Valeria oder Vaterlist. Ein Lustspiel in 5. Aufzügen resp. Valeria oder Vaterlist. Ein Lustspiel in fünf Aufzügen, Österreichisches Theatermuseum (vormals Theatersammlung der Österreichischen Nationalbibliothek); Kopien im Freien Deutschen Hochstift, KW 48 und KW 49. Vgl. Roethe, Brentanos *Ponce de Leon* (Anm. I,86), S. 85; Steig, Valeria, S. III; Walzel, Rezension von: Roethe, Brentanos Ponce de Leon (Anm. VII,138), Sp. 793, Anm.

[21] Hs. FDH 7719,15. FBA 12, S. 637–796.

[22] Mallon 2, S. 58. Matthäus von Collin, Dramatische Dichtungen, 4 Bde., Pesth 1813–1817. Carl Meisl, Theatralisches Quodlibet, oder sämmtliche Beyträge für die Leopoldstädter Schaubühne in Wien, 6 Bde., Pesth 1820. Adolph Bäuerle, Komisches Theater, 6 Bde., Pesth 1820–1826. Vgl. Rabenlechner, Streifzüge eines Bibliophilen (Anm. IV,14), S. 22f., 39. Zu Hartleben: Frank/Frimmel, Buchwesen in Wien (Anm. IV,27), S. 73f. László Tarnói, Ofen und Pest als Zentren des deutschsprachigen kulturellen und literarischen Lebens im Königreich Ungarn um 1800, in: Stätten deutscher Literatur (Vorbemerkung, Anm. 15), S. 475–500.

diesem Fall hatte es große Schwierigkeiten gegeben. Zunächst hatte Franz Brentano sich in Wien erfolglos nach den Möglichkeiten erkundigt, das Drama an einen Buchhändler dort zu verkaufen.[23] Auch Adam Müller war es dann nicht gelungen, das Stück anzubringen.[24] Schließlich ist Brentano durch Vermittlung Ecksteins mit Hartleben einig geworden.[25] Der Druck begann noch im Frühjahr 1814.[26] Eckstein schreibt am 24. September 1814, dass die *Gründung Prags* versandfertig sei und erkundigt sich nach den Modalitäten der Überreichung von Widmungsexemplaren.[27] Mitte Oktober war das Werk in Wien erhältlich.[28] Nach einem Brief Arnims an Jacob Grimm vom 1. Oktober 1814 war Brentano noch zu dieser Zeit zuversichtlich, die drei Werke *Viktoria*, *Valeria* und *Die Gründung Prags* „meist in Pesth", also bei Hartleben, herausgebracht zu sehen, doch erfüllte dieser Wunsch sich nur im Fall des letzterwähnten Stückes.[29]

Aber auch mit deutschen Verlegern hatte Brentano zunächst seine Schwierigkeiten. Wie Brentano im Juni 1815 an Görres schreibt, fand er niemand, der seine patriotischen Lieder drucken wollte.[30] Im August scheint er sich mit Bernhard Körner einig geworden zu sein, denn die Anzeigen, die zur Pränumeration von *Viktoria und ihre Geschwister. Festspiele und Lieder des Deutschen Krieges* aufrufen, datieren vom 15. August 1815. Diese Ankündigungen zeigen, dass Brentano immer noch eine Sammelpublikation mit mehreren Festspielen und Liedern plante. Dass an eine solche gedacht war, zeigt auch der veranschlagte Preis von 3 Gulden; für die *Viktoria* allein wurde nur etwas mehr als ein Drittel dieses Preises verlangt, und auch das war nicht billig. Dieses Publikationsvorhaben hat sich schließlich zerschlagen, aber es fragt sich doch, ob Brentano über ein publikationsreifes Manuskript für ein „20–25 Bogen" umfassendes Buch verfügte. Von *Östreichs Muth Sieg und Hofnung* lag nur die erste Fassung abgeschlossen vor, es läge aber immerhin im Bereich des Möglichen, dass mit dem gescheiterten Veröffentlichungsvorhaben auch eine vollständige zweite oder vielmehr dritte Fassung verloren ging. Wahrscheinlicher ist es wohl, dass es kein solches Manuskript gab. Der vorgeschlagene Subskriptionsmodus war ohnehin aussichtlos, und man kann überhaupt die Ernsthaftigkeit dieses Projekts bezweifeln. Schließlich ist von allen Plänen nur noch die Buchausgabe der *Viktoria* verwirklicht worden.[31] Das Drama erschien wahrscheinlich im Mai 1817 in der Maurerschen Buchhandlung. Im selben Verlag kamen Friedrich

23 Franz an Clemens Brentano, 6.10.1812, Hs. FDH 16045, zitiert bei Grus, Brentanos Gedichte *An Görres* und *An Schinkel* (Anm. I,53), S. 306.

24 Brentano an Arnim, 28.11.1812, FBA 32, S. 415; vgl. Baxa 1, S. 743f.

25 Brentano an Arnim, Ende August bis Anfang Oktober 1813, FBA 33, S. 79.

26 Brentano an Arnim, vermutlich 5.4.1814, ebd., S. 123.

27 Eckstein an Brentano, 24.9.1814, Sammlung Varnhagen, Kasten 55, Biblioteka Jagiellońska, Kraków (vgl. Anhang II).

28 Jacob an Wilhelm Grimm, 21.10.1814, Rölleke, S. 375.

29 Arnim an Jacob Grimm, 1.10.1814, Steig 3, S. 311. Vgl. Szemő Piroska, Német Irók és Pesti Kiadóik a XIX. Században (1812–1878), Budapest 1931 (Német Philologiai Dolgozatok 47), S. 79–82.

30 Brentano an Görres, 26.6.1815, FBA 33, S. 151.

31 Viktoria, S. XIII. FBA 13,3, S. 83.

Försters *Beiträge zur neueren Kriegsgeschichte*, der Almanach *Die Sängerfahrt*, Arnims *Kronenwächter* und die von Friedrich Wilhelm Gubitz herausgegebene Zeitschrift *Der Gesellschafter* heraus, in der Brentano in den Jahren 1817 und 1818 häufig publizierte.[32] Wahrscheinlich war es Gubitz gewesen, der den Kontakt zu der Maurerschen Buchhandlung vermittelte. Nach Feilchenfeldt hatte Brentano in Gubitz „einen Herausgeber seiner Erzählungen" gefunden, „der ihn – wohl gemeinsam mit Arnim – sogar auf die Seite Preußens zog und ihn persönlich Österreich damals zeit seines Lebens entfremdete".[33]

Es mag sein, dass Brentano durch den Misserfolg bei der Veröffentlichung seiner Werke in österreichischen Verlagen „schließlich sogar härter getroffen" wurde als durch die Niederlage auf dem Theater.[34] Zu dem Desaster der Valeria-Aufführung kam es aus kontingenten Umständen, namentlich dem Zustand des Burgtheaters und seiner Verwaltung und Leitung; Brentano selbst hat durch seine Fehleinschätzung der Möglichkeiten des österreichischen Unterhaltungsbetriebs und durch die Unbeliebtheit bei Publikum und Theaterleuten diese ungünstige Situation noch verschlechtert, sie aber in diesem Fall nicht vollständig selbst herbeigeführt. Es ist aber durchaus fraglich, ob er überhaupt eine Chance hatte, in Wien als Schriftsteller halbwegs erfolgreich zu sein. Angesichts der politischen und literarischen Situation im Wien des Jahres 1813 und 1814 wird man behaupten dürfen, dass Brentanos Unternehmungen einer Fehleinschätzung hinsichtlich der Möglichkeiten eines in seinem Sinn politisch motivierten literarischen Wirkens unterlagen, die auch im Fall günstigerer Umstände einen literarischen Erfolg verhindert hätten. Zudem hat sich gezeigt, dass sich Brentano einer weit genug gehenden Anpassung an die in Wien herrschenden literarischen Normen versagte, weshalb er selbst dann noch am Markt vorbeiproduzierte, als er seine künstlerischen Ansprüche so weit wie ihm irgend möglich zu senken beabsichtigte und im Hinblick auf

32 Hermann F. Weiss (Georg Andreas Reimers „Großes Hauptbuch" [Anm. VI,164], S. 265, Anm. 71) schreibt: „Ungeklärt ist, wieso ab 1817 mehrere Werke Arnims nicht bei Reimer, sondern in der Maurerschen Buchhandlung in Berlin erschienen, über die sehr wenig bekannt ist". Bekannt ist Gubitz' Bericht, wie er Heine die Maurersche Buchhandlung als Verlag für seine erste Buchpublikation vermittelte (Gubitz 2, S. 266f.). Siehe das Verzeichniß der Verlagsbücher der Maurerschen Buchhandlung in Berlin 1826, o. O., o. J. (Berlin 1826); dazu Jutta Eckle, „Er ist wie ein jüngerer Bruder von mir". Studien zu Johann Wolfgang von Goethes *Wilhelm Meisters theatralische Sendung* und Karl Philipp Moritz' *Anton Reiser*, Würzburg 2003 (Epistemata. Reihe Literaturwissenschaft 435), S. 455, Anm. 17.

33 Konrad Feilchenfeldt, Erzählen im journalistischen Kontext. Clemens Brentanos *Die mehreren Wehmüller und ungarischen Nationalgesichter*, in: Texte, Motive und Gestalten der Goethezeit. Festschrift für Hans Reiss, hrsg. von John L. Hibberd und H. B. Nisbet, Tübingen 1989, S. 207–223, dort S. 223. Zu Gubitz vgl. auch ders., Brentano-Funde (Anm. II,53), S. 70ff. und ders., Clemens Brentanos journalistische Beiträge (Anm. VI,296). – Zu der Entscheidung für Österreich oder aber für Preußen, vor der die zeitgenössischen Autoren standen, vgl. exemplarisch Otto Pöggeler, Hegels Option für Österreich. Die Konzeption korporativer Repräsentation, in: HSt 12 (1977), S. 83–128; siehe auch Pape, Revolution und Reichsverfassung (Anm. V,166), S. 79ff.

34 Feilchenfeldt, Erzählen im journalistischen Kontext, a.a.O., S. 221.

das vermeintliche Publikumsinteresse arbeitete.[35] Endgültig besiegelt wurde das Scheitern dadurch, dass sich auch kein österreichischer Verleger fand, der zur Übernahme seiner Werke bereit gewesen wäre, und das offenbar mit gutem Grund. *Die Gründung Prags* hat sich so gut wie gar nicht verkauft.[36] Die Bedingungen für einen romantischen Dichter waren auch in buchhändlerischer Hinsicht in Österreich noch sehr viel schlechter als im übrigen Deutschland. Einem Bekannten seines Verlegers Johann Georg Zimmers, soll Brentano im Jahr 1818 auf die geäußerte Vermutung, er sei wohl auch ein Buchhändler, entgegnet haben, er sei vielmehr „einer von denen, welche die Buchhändler zu Grunde richten".[37] Das einzige, was ihn dauerhaft in Wien hätte halten können, wäre eine Anstellung am Theater gewesen, zu der es aber aus verschiedenen Gründen nicht kam. Die zu Beginn des fünften Kapitels zitierte Einschätzung Friedrich Schlegels hat sich also im Fall Brentanos vollkommen bewahrheitet. Der Abbruch der Beziehungen zu Eckstein, mit dem Brentano zunächst noch eine Buchhandlung in Wien hatte eröffnen wollen,[38] auf dessen dringenden Brief vom September 1814 er aber schließlich nicht mehr reagiert zu haben scheint, erfolgte spätestens nach der Veröffentlichung der *Gründung Prags* und dürfte ein Ausdruck von Brentanos Entscheidung für Preußen sein. Da er einige Zeit vor den ersten bekannten Publikationen Brentanos in durch Gubitz vermittelten Organen stattfindet, sollte Gubitz' Rolle bei dieser Entscheidung nicht überschätzt werden.

Brentano musste auf die Seite Preußens nicht erst gezogen werden, da auch seine Wiener Produktion auf ein patriotisch gesinntes Publikum berechnet war, das es (außer in den Wiener Salons der Arnstein, Eskeles und Pereira, wo man nach Brentanos Abreise erst recht „skandalös preußisch" gesinnt war[39]) nur in Norddeutschland gab. Jedenfalls gehörte Brentano nicht zu denjenigen, von denen Arnim im Jahr 1829 sagte, sie hätten in Wien „verkommen" müssen, weil sie sich „aus der Fremde dahin wandten".[40]

35 Anderer Ansicht ist Frühwald, Das Spätwerk Clemens Brentanos (Anm. V,150), S. 74. Ihm folgt, mit erheblichen Konsequenzen und einer viel zu einseitigen Einschätzung von Brentanos Verhalten und des politischen Gehaltes seiner Schriften, Puschner, Antisemitismus im Kontext der politischen Romantik (Anm. II,89), S. 430ff.; siehe auch ebd., S. 381ff.

36 Jacob an Wilhelm Grimm, 4.1.1815, Rölleke, S. 402. Görres an Jacob und Wilhelm Grimm, 16.12.1822, in: Görres, Schriften 9, S. 67. Brentano an Böhmer, 13.11.1839, GS 9, S. 376. Vgl. Pravida, Die Erfindung des Rosenkranzes (Anm. I,22), S. 127.

37 Johann Georg Zimmer und die Romantiker. Ein Beitrag zur Geschichte der Romantik nebst bisher ungedruckten Briefen, Frankfurt a. M. 1888, S. 339. Einen Besuch Brentanos bei Zimmer in Worms im Jahr 1818 hat es aber sicher nicht gegeben.

38 Brentano an Savigny, 27.11.1813, FBA 33, S. 106. Eckstein an Brentano, 24.9.1814, Sammlung Varnhagen, Kasten 55, Biblioteka Jagiellońska, Kraków (vgl. Anhang II). Jacob an Wilhelm Grimm, Wien 18.3.1815, Rölleke, S. 430.

39 Fournier, Die Geheimpolizei auf dem Wiener Kongreß (Anm. VI,299), S. 306.

40 Arnim an Brentano, 26.1.1829, Schultz/Schwinn 2, S. 786. Adam Müller ist im Jahr 1811, als er noch auf eine Anstellung im preußischen Dienst wartete und ein Wartegehalt bezog, von Hardenberg nach Wien abgeschoben worden, wo er in österreichische Dienste eintrat; vgl. Baxa, Adam Müller (Anm. II,40), S. 176ff. Die Erläuterung z. St. bei Schultz/Schwinn 2, S. 950 ist unzutreffend. Wenn von einem Scheitern Müllers in Österreich die Rede sein kann,

Indessen hielt auch die Option für Preußen nicht lange vor. Die Bedingungen, die sie für Brentano ermöglichten, hatten sich noch vor dem eigentlichen Beginn der Restaurationszeit 1819 rasch wieder aufgelöst.[41] Aus Anlass der Untersuchungen des preußischen Staates gegen Anna Katharina Emmerick reiste Brentano dann im Jahr 1818 von Berlin nach Westfalen und blieb aus nicht ganz durchsichtigen Gründen für mehrere Jahre in Dülmen, wo er Gefallen daran zu finden schien, am Bett der visionären Nonne in die Rolle des „Schreibers" zu schlüpfen. In Wien hätte man sich über diesen Wandel vom komisch-dramatischen Dichtungsfabrikanten zum Verfasser der heiligen Schrift nur wundern können.

dann deswegen, weil Preußen im Jahr 1827 – Hardenberg war seit fünf Jahren tot – die Abberufung Müllers aus Leipzig veranlasst hatte; Baxa 2, S. 875; vgl. Baxa, Adam Müller (Anm. II,40), S. 459ff.

41 Das geschah eigentlich schon mit dem Verbot des *Rheinischen Merkur*, endgültig aber in der Zeit zwischen der Zurückweisung von Görres' Koblenzer Adresse (vgl. Schoeps, S. 275f., 21.2.1818) und der Eröffnung des staatlichen Untersuchungsverfahrens gegen Anna Katharina Emmerick (vgl. ebd., S. 292, 14.9.1818). Vgl. Jürg Mathes, Ein Bericht Clemens Brentanos aus Anlaß der staatlichen Untersuchung Anna Katharina Emmericks im Jahre 1819, in: JbFDH (1972), S. 228–276.

Anhang

I Clemens Brentano, *Lissabonne*

Lissabonne

Es flüchtet einer in das smyrnische Kaffeehauß in einen Schranck zwei Soldaten folgen ihm mit gefälltem Bajonett, treten vor den Schranck, ein Sbirre kömmt hinzu, sie trauen nicht zu öffnen, der Verbrecher öffnet selbst – er hat an das Hauptzollamt gepißt. –
Der Dichter St. vergißt sich mit der Händel Schütz im Schauspiel Hauß, wird eingesperrt und erhebt ein entsetzlich Geschrei, worüber er in den Baß aus dem Diskant fällt und ihm die Hoden hervortreten.
Ein Wunderschöner Tiroler von 70 Jahren ein Jupiter handelt mit Skorpion, seine Tochter auch, man bringt ihn in eine Marmorne Kammer, sie sind in Schachtlen bei faulem Holz, werden in Öl erstickt.
Eine Wienerin hängt ihrem Kind Schweins Gehörknochen an gegen die Rose.
Ich begegne einem alten Juden und halte ihn für Reichard: Willkomm, willkomm Reichard! Er: Willkomm, willkomm, Anschel!
Ich sehe einen Todtenwagen im Trapp fahren und eine Hure herausspringen!
Der Prado gewährt mir den Eindruck eines Traums, ich befinde mich plötzlich in jenen alten Holländischen Landschaften, wo tausend anmuthige Gruppen sich in Labirinthischen Waldgängen verliehren. Plan eines Gedichtes vom Prater.
Ein Melancholischer Engländer klettert am Thurm der Karlskirche, welches unmöglich ist, in die Höhe, und rasirt sich auf der Gallerie.
Qui vit. – Je – Bête – Vaterunser!
Der Bab bad si, barn Brunn nad si, Dammel ist eh asi, wand der löw a
Die Amme des Wechslers Smitmer tanzt in der Maske eines Portschaisenträgers im Fasching die Nacht durch.
Die Maitresse des Grafen Savia, eine Griechin, die ich sah, heißt die Vögeltreterin weil er viel auf ihre schönen Füße hält und sich dadurch von ihr reitzen läßt, daß sie theure und kostbare Vögel todt treten muß. –
Ich unterhalte mich mit Smitmer über die Adelsucht der Kaufleute & er ist der Hahnrey eines Edelmanns.
Flury der Sohn eines als Adjutant bei einem Französischen Marschall gestandenen Schweitzer Bauren und der Marschalls Köchin, verweißt der Mutter in Gegenwart eines Kammflickers etwas worüber er einen Schilling kriegt.

Franken, der schlechte Kupferstecher, stößt mir im Prater auf, will zu Lützow.
Ekart. der Misticker. träumt von einem geplazten Pfirsich 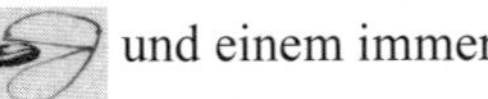 und einem immer größer, endlich werdenden Heller. –
Ekelhafter Charackter des jungen naseweisen Kaufmann Dunter er wirft Willmer seine Ausgaben der Handlung vor. Fataler Character der Kaufleute. – .
Moreaus Ankunft in Prag, der Mahler Vinzent. –
Alle Postilione, die den Graf Paar gefahren nehmen kein Trinkgeld. –
Die Tiroler Tascagentie, Gräfin Starnbach mit der Tabaks Pfeife in Bartholdys Vorstube –
Ein Ungar hat einen großen Kater, er geht über Land Nachts zur Mette, sieht eine Menge Katzen auf einem Baum tanzen, und seinen Kater den Dudelsack blasen, er ruft ihm, keine Antwort, als er ihn am andern Tage findet Zanckt er ihn aus, der Kater springt ihm an den Hals und würgt, er zieht den Säbel und zerhaut ihn. –
Amtmanns Kinder spielen in einem Thurm im Gewürzhaus, wo heise Gegenstände sind wer zu erst auf Fanferlieschen Stuhl kömmt, Emilie wird darauf festgehalten.

H: FDH 7518,2. Dbl. 2°, 1 S. (S. 1) + 2 Z. auf S. 2; S. 4: Zeichnung
Wasserzeichen: zwei gekreuzte Schlüssel, Gegenzeichen: STOCKAU
Der erste Absatz ist auch überliefert als Prosafragment Der Verbrecher im Griechischen Kaffeehaus… *(Sammlung Varnhagen, Kasten 36, Biblioteka Jagiellońska, Kraków).*

II Briefe über und an Clemens Brentano

1 Joseph Franz Stanislaus Graf von Herberstein-Moltke an Gunda von Savigny, 27. Oktober 1813

Wien den 27ten 8^{ber} 813.

Liebe Herzensgunda, welche Freude verdanke ich Ihnen, mir die alten Züge Ihrer Hand zugesendet zu haben. Vergessen waren sie wahrlich nicht einen Augenblick. Ich sehe, Sie trauen dieß mir, und meinen Gefühlen für Sie, und meinen unauslöschlichen Erinnerungen an Sophie zu; obwohl der Lauf der Zeiten so vieles ändert, umstaltet, andere Verhältnisse und Pflichten bildet, das Innere und solche Bande bleiben unverletzt in treuer Erinnerung. Eben so rechnete ich auf Sie, wenn auch noch mehrere Jahre verflossen wären. Zu was bedurfte es dann eigenhändiger Ankündigung meiner Verehlichung, der Geburt eines Knabens, der ganz mein Ebenbild zu werden scheint, der aber glücklicher werden soll. Denn, obgleich ich eine gute, zarte, äusserst gefällige häusliche genügliche Gattinn habe, mit ihr ruhig, einig, glücklich lebe, so wünsche ich doch meinem Sohne nicht die Schicksale, die ich erlebt habe, und die mir vieleicht noch bevorstehen, indem das Narrensystem *(??)* alle meine Berechnungen gestört hat, auf die

meine Zukunft berechnet war, und die ohne dem durch meine glücklichsten Bemühungen schon so fest gegründet war. Sie sehen daß meine Sprache und Ofenheit gegen Sie dieselbe ist. Aber überlassen wir dieß dem Laufe der Dinge über.
Ihre lieben Zeilen von Prag den 2ten Junius erhielt ich erst itzt. Kurz vor meiner Abreise auf das Land, die ich den 2ten 8^{ber} unternahm erfuhr ich durch Ribini[1], daß Ihr Bruder Christian und Clemens in Wien seyen. Es schmerzte mich, daß sie mich nicht besuchten. Während meiner Abwesenheit ward mir ein Brief von Clemens vom 10ten 8^{ber} nachgesandt. In diesem zeigt er mir sein Verlangen mich zu sehen an, und schloß mir erst Ihre Zeilen ein. Er meldete mir darin, daß er in der Verwirrung bey seiner Abreise von Prag Ihr Briefchen dort zurückgelassen, und itzt erst von dort zurückerhalten habe. Ihre Zeilen waren mir über Savigni, über das Schicksal dieses vortreflichen seltnen Mannes, folglich auch über Ihr Schicksal und über jenes Ihrer Kinder so räthselhaft, ich konnte nicht wissen, ob Sie seit Junius annoch in Prag sind, ich mußte also meine Rückkunft nach Wien, meine erste Unterredung mit Clemens abwarten, um Ihnen schreiben zu können. Vor wenigen Tagen war er bey mir. Sein Erscheinen hat mir wohl gethan. Seit vielen Jahren hatte ich keinen solchen Genuß. In vielen Augenblicken sah ich in ihm Sophien vor mir, und vernahm Sie, obwohl Klemens weit mehr Bettinen gleicht. Er hat mich vor Fülle von Genie ganz verwirrt gemacht. Ich bedaure ihn wegen der Übermenge seiner Fähigkeiten. Das Treiben in ihm muß mehr eine Pein seyn, und kann unmöglich bis zum Genuß gedeyhen. Er war ein Paar Stunden bey mir. / Ich erwarte ihn bald wieder, wenn er an mir dem kalt gewordenen Kassen Geschäftsmann ein Behagen gefunden hat. Seine Erscheinung wird immer ein Trost für mich seyn, weil er Sophie treu verehrt. Er besänftigte mich ganz über Sie liebe Gunda. Aus Ihrem Briefe schloß ich schon, Savigni habe wie ein Spanier, und Preussen ist wirklich zu einem zweyten Spanien in Allgemeinheit und Muth und in Aufopferungen geworden, zu den deutschen Waffen gegriffen, und sey unglücklich gewesen. Nun meldete er mir aber, Sie seyen zurück in Berlin, und höchst glücklich, wie Sie es verdienen. Gottlob liebe Gunda, die allgemeine Gefahr ist vorüber, durch Einigkeit und Besonnenheit das Phantom entlarvt, und hofentlich vom Thron der Übermacht gestürzt, und auf ein Reich eingeengt, welches sein Übermuth im Inneren, sobald es fremde Raubfrüchte entbehrt, dergestalt geschwächt hat, daß die Heilung seiner eigenen Wunden ihm genug Beschäftigung geben wird. Was sagen Sie zu unserem vortreflichen Schwarzenberg, freut es Sie nicht, ihn so gerechtfertigt zu sehen? Glauben Sie mir, Keiner hätte mit diesem geraden Sinne diese Einigkeit, Keiner mit dieser Besonnenheit, Keiner mit solcher Wahl des wahren Moments gewirkt. Die gute Nany, wie sehr ich Alles doppelt genieße, weil es dieses seltne Paar zugleich so sehr erhebt. Sprechen Sie mir von Ihnen selbst, vom vortreflichen Savigni, von dem ich wohl noch hofe, daß er mein Freund ist, von Ihren lieben Kindern; und von Bettinen, die so häuslich ist, und doch eine Heldinn in Resignation.

1 *Johann Daniel Ribini (1760–1820), k.k. Hof-Secretär, der Secretär der in Canal- und Bergbauangelegenheiten aufgestellten Hofcommission, Wissenschaftler und Gelehrter, Bekannter von Antonie und Sophie Brentano, auch aus Lichtenbergs und Beethovens Biographie sowie aus vielen zeitgenössischen Briefwechseln bekannt. Vgl. UL, S. 548; Schenck, S. 24.*

Clemens beunruhigt mich über seine Lage. Welcher Schade bey einem solchen Talente. Christian ist nach Ungarn, ich habe ihn nicht kennen gelernt, und wünschte es sehr. Clemens sagt mir, daß Sie Alle mit Ihrer Besitzung in Böhmen so unzufrieden sind. Auch deßwegen wünsche ich Christian kennen zu lernen, um zu urtheilen, ob er auch im Praktischen in der Ökonomie auf rechten Wegen sey. Itzt leben doch hier die Güter wieder auf, und es wird bald noch besser werden. Schreiben Sie mir bald liebe Gunda. Ich vergesse nie die alten Zeiten, und wie innig wohl Sie meinem Herzen gethan haben. Sagen Sie mir viel recht viel von Ihren und allen der Ihrigen. Empfehlen Sie mich unserem seltnen Savigni, den ich herzlichst umarme. Bleiben Sie mir gut, und meine Herzensfreundinn. Da scheint mir Sophiens Segen komme durch Sie über mich. Unveränderlich und innigst der Ihrige Herberstein Moltke

H: Universitäts- und Landesbibliothek Münster, Westf., Nachlass Savigny 20,039. Adresse: „A Madame / Madame Cunigonde de Savigny née de Brentano pp. / à Berlin."

2 Georg Passy an Clemens Brentano, 20. Mai 1814

Innig verehrter und geliebter Herr von Brentano,

Ehe ich Ihnen meinen Dank für Ihren gütigen Brief vom 9. May erstatte, will ich ihn beantworten. Den Bernard habe ich endlich getroffen, er zeigte mir das Mspt der Valeria, als bereits von der Zensur gebilligt, doch ist er in großer Verlegenheit wegen des Buchdrucker Schmidt, der den Druck nicht ohne Vorauszahlung der Unkosten unternehmen will. Da Bernard gerade Geschäfte hatte, so konnte ich nicht ausführlicher mit ihm reden, doch bestellten wir uns auf ein andermahl zusammen, bey welcher Gelegenheit er mir auch das verlangte Gedicht und die verlangten Recensionen übergeben wird. Ich werde alles thun was in meinen Kräften steht, um die Auflage der Valeria so viel als möglich zu beschleunigen. Auch bey Korn war ich, der sich Ihnen bestens empfehlen läßt, und mir das Mspt der Valeria übergeben hat. Dann bey Dampmann der aber schon mit einiger Zeit auf das Land gezogen ist, doch Bernard, der ihn nächstens besucht, versprach mir den Ponce zu verschaffen. Ferner bey Smitmer, den ich alles, wie Sie mir es auftrugen meldete, und von dem ich Ihnen die Versicherung der aufrichtigsten Freundschaft und Ergebenheit melden soll. Sobald ich die verlangten Schriften u Bücher beysammen habe, werde ich sie Ihnen auf die vorgeschriebene Weise übermachen, u Sie durch einen Brief davon benachrichtigen. Ich werde mich bemühen, daß dieß so bald wie möglich geschieht, und bitte Sie recht inständig für alle Aufträge zu denen Sie mich nur irgend tauglich finden, Niemand anderen als mich zu wählen, da sich mir auch der schwierigste Auftrag, den Sie mir geben könnten, in eine festliche Freude verwandeln würde, weil er von Ihnen käme. /
Was Sie mir über das Verhältnis meines Bruders zu Ihnen schreiben, könnte mich unruhiger mache, als alles andere, was Sie mir über ihn sagten. Es wäre kein gutes Zei-

chen, wenn er für den Umgang mit Ihnen gleichgültig seyn könnte, denn wie es eines von den wenigen Dingen ist, in welchen ich mit mir selbst zufrieden bin, daß ich Ihre Vortrefflichkeit fühlen und lieben und verehren kann; so habe ich mich selten geirrt, wenn ich bey denen die dafür blind waren, dieses als ein böses Zeichen ansah. Indessen tröstet mich über den Joseph, daß er in seinen gewiß aufrichtigen Briefen an mich, mit immer gleicher Verehrung von Ihnen spricht.
Flury läßt Ihnen sehr für Ihren freundschaftlichen Gruß danken, u läßt Sie gleichfalls grüßen. Was ich schon oft gedacht habe, daß Sie etwas Prophetisches in sich haben, das mußte ich wieder denken, da er wirklich bedenklich krank war, nun ist er aber schon viel besser. Er hat sich vorgenommen Ihnen nächstens zu schreiben. Anton war sehr erfreut als ich ihm Ihren Gruß meldete, den er mir, nebst der Versicherung seiner innigsten Verehrung zu erwiedern auftrug.
Unsere Zusammenkünfte waren einige Wochen lang nach Ihrer Abreise sistiert, es war dieß gleichsam wie die Trauerzeit nach dem Tode eines Souverain, während welcher alle Spectakel eingestellt sind. Vorige Woche wurde die Gesellschaft wieder eröffnet, doch es kamen nur wenige, und man sah wohl daß das Land verwaiset sey. Sobald wieder ein bischen Ordnung in die Gesellschaft gebracht ist, wird sie ein Gesammt-Schreiben an Sie erlassen. Mir war nach / Ihrer Abreise wirklich zu Muth, als hätte ich einen empfindlichen Todfall zu betrauern, doch Ihr Brief hat mir um vieles besser Muth gemacht, und wenn ich den Katechismus zu comentiren hätte, würde ich nicht unterlassen zu sagen, daß unter dem 2ten biblischen und 4ten geistlichen Werk der Barmherzigkeit, auch: den Abwesenden Briefe zu schreiben, verstanden, und dieses also zweymahl gebothen sey.
Wie sehr hat mich nicht Ihr Brief erfreut. Auch eine unbedeutende Zeile von Ihrer theuern Hand würde mich unaussprechlich erfreut haben, um wie viel mehr dieser gütige freundliche Brief, der mir verbürgt, daß Sie meine aufrichtige u tiefgefühlte Achtung u Liebe für Sie, trotz der Ungeschicklichkeit meiner Äußerung derselben, weder verkennen noch verschmähen. Es steigert dieser Brief meine Verpflichtung und meine Dankbarkeit gegen Sie auf das Höchste. Ihren Umgang verdanke ich eine tausendfältige innere Anregung und dabey waren Sie stets bemüht jenes Mißtrauen in mich selbst, das Ihnen, als meine Bescheidenheit, so anstößig war, und das mich wirklich an jeder freyen Bewegung hinderte, wegzuschaffen. Nun wirken Sie auch in der Entfernung eben so wohlthätig auf mich, denn wie Ihre Güte und Ihr Vertrauen mich über mich selbst zu erheben im Stande ist; so werde ich, durch Ihr Versprechen, mir die Einsicht in Ihre freundschaftliche Briefe zu gestatten, an immerwährend neuer Anregung nie Mangel leiden, am wenigsten an der, nach Ihrem Beyspiele, ausschließlich u mit einem stets regem Eifer nur nach dem Vortrefflichsten zu streben. Seyn Sie versichert, daß ich dieses Ihr Versprechen, so wie die Briefe selbst, die Sie mir senden werden, durchaus geheim / halten werde. Ich habe mir schon ein geheimes Petschaft angeschafft womit ich die Briefe, ehe ich sie übergeben zusiegeln will.
Wenn Sie öffentliche Neuigkeiten interessiren, so kann ich Ihnen sagen, daß zum Empfange des Kaisers Franz, der zwischen den 8ten u 15ten Juny erwartet wird, ungeheure Anstalten gemacht werden. Das Kärnthner-Thor, durch welches der Kaiser kommen wird, ist schon seit langem geschloßen, weil die Brücke die hereinführt zu einer Allée

von Orange-Bäumen umgeschaffen und herrlich verziert wird. Cucagne, Triumphbögen und Pforte werden errichtet, vor sehr vielen Häusern sind hölzerne Gerüste, alle hoher als die Häuser selbst aufgeführt, an u in welchen die Beleuchtungen angebracht werden, u. s. w.
Ich bitte mich dem gütigen Andenken Ihres Herrn Bruders Christian zu empfehlen. Von Schmidl soll ich Ihnen freundschaftlichen Gruß u Empfehlung melden. Ich empfehle mich Ihrer Güte u Liebe, u schließe mit der Versicherung meiner unbegränzen Hochachtung als ewig

Wien, den 20. May 1814

Ihr
ergebenster
Mareschal Catinat
genannt
Georg Passy

Sie können, wenn es Ihnen gefällig ist meine Adresse auch so machen:
An Georg Passy, Sohn
beym goldenen Schlitten auf dem Peters-Platz
in Wien.

H: UB Heidelberg, Heid.Hs.2110,13 Bl. 107r–108v

3 H. Eckstein an Clemens Brentano, 24. September 1814

Wien den 24/IX 814

Mein theurer geliebter Freund!
Wie kömt es denn, daß ich so lange nichts von Ihnen höre? Daß Sie mir auf meine Anfragen nicht antworten? Wenn ich nicht durch einen Brief meines Schwagers den ich in diesen Tagen empfing, die Überzeugung hätte daß Sie sich unser erinnerten, indem Sie ihn grüssen laßen, so glaubten wir uns wahrlich ganz vergeßen. Wenn Sie wüßten wie sehr ich Sie liebe, wie Sie mein Leben bereicherten durch Ihre Individualität, und wie sehr ich dadurch eben an Sie gekettet bin; so würden Sie mich wahrlich nicht so lange auf Antwort warten lassen. – Ich kann Ihnen nur heute, in den warlich eklen Wirwar in dem ich stehe nur ein paar Zeilen senden, um sie dringend um Antwort zu bitten. Die Herzogin von Oldenburg ist nun da, Ihre Libuße ist fertig, ich bekomme Ihre Exemplare wahrscheinlich morgen, und immer weiß ich nicht wie ich das Dedications Exemplar binden lassen soll; ich will Ihnen nun kürzlich sagen was ich thun werde, und glaube mich Ihres Beyfalls versichert zu halten – Ich werde also ein Velinpapier Exemplar sehr sauber und geschmackvoll binden lassen, durch unser Bächlein es der Herzogin in Ihren Nahmen überreichen lassen, und dann es beym jezzigen Congreß wohl herumtreiben damit es ins Publikum kommt. Ehe es gebunden wird mögen leicht noch ein 8 Tage

hingehen, ich werde dann noch ein Tager 4 etwa warten ehe ich es überreichen lasse, vielleicht kann ich noch eine Antwort bekommen, wenn Sie schnell sich dazu entschließen, im Fall Sie noch ein paar Zeilen der Herzogin beylegen wollten, obgleich ich daran die Nothwendigkeit nicht einsehe. Dann sagen Sie mir doch auch zugleich ob ich Ihnen denn das Päkchen von Passy, den Almanach von Riedler und das Manuscript Ihrer Valeria nach Berlin senden, oder es hier an mich behalten soll, genug beantworten Sie mein theurer Clemens, meinen langen Brief, den einen so langen kann ich nicht immer schreiben Sie wißen ja wie es mir geht, wollte Gott ich wär einmal dieses Hundelebens quitt. Machen Sie nur daß Sie in Besitz Ihres Ver/mögens kommen, dann soll es für uns beide besser gehen. – Schreiben Sie mir ich bitte Sie nur recht bald, mich beunruhigt Ihr Schweigen außerordentlich, meine Zeit ist heute sehr gedrängt nächstens mehr – Meine Frau u Mutter grüßen Sie alle recht herzlich, mein Bube wird immer artiger, er würde Sie grüßen wenn sprechen könnte, er liebt Sie gewiß so wie ich, denn er ist ein Eckstein. Adieu mein theurer Freund

ewigster
Eckstein.

H: Biblioteka Jagiellońska, Kraków, Sammlung Varnhagen, Kasten 55

III Gedichte in unbekannten Fassungen

1 Des Österreichischen Adlers Frohlocken und Wappengruß in Adolf Bäuerles Theater-Zeitung (1813)

K. K. priv. Theater in der Leopoldstadt.

Vorgestern am 5. Oktober 1813 war auf der Leopoldstädter-Bühne ein glänzendes, patriotisches Fest. Nach der Aufführung der in unserm letzten Blatte angeführten Kleinigkeit „Liebe zum Fürsten" wurde eine neue Dekoration mit den Wappenschildern der alliirten Mächte gezeigt, welche der mit Recht als Künstler allgemein geschätzte Herr von Campi d. Sohn angeordnet hatte. Die Beschreibung dieser Dekoration folgt hiermit, dann das erhebende Lied, welches von dem Sänger-Personale dieses Theaters angestimmt wurde.

Die Bühne ist ein angenehmer Hain. In der Mitte öffnet sich ein großer Eichenbogen, und man erblickt hinter demselben eine freye Aussicht. Die Göttin des Regens erscheint auf einer, auf Wolken ruhenden Weltkugel, und breitet ihre Arme über die Wappen der vereinigten Mächte. Österreich, Rußland / und Preußen führen den Adler im Wappen. Schweden führt Löwen und Kronen; Spanien Thürme und Löwen. Englands Schildhalter ist ein Einhorn, von welchem Thiere die Dichter sagen, daß es unbezwinglich sey in dem Schooß einer Jungfrau aber sein Haupt zahm niederlege, und gegen alle Zauberey schütze. – – –

Des
Österreichischen Adlers
Frohlocken und Wappengruß.
Volkslied.
In Musik gesetzt
von
Wenzel Müller, Kapellmeister.
Wien, 1813.

Nun jauchze, mein Östreich!
Dein Adler steht auf,
Und streckt seine Schwingen
Zur Sonne hinauf,
Und wiegt seine Kronen
Und wieget sein Schwert,
Reichsapfel und Szepter,
Und das ist was werth.

Nun jauchze, mein Östreich!
Dein Adler zieht aus,
Blick fest in die Sonne
Und machet sich kraus,
Und schüttelt den Fittich,
Und mißt sich den Feind,
Und grüßet die Freunde,
Und gut ist's gemeint!

Nun jauchze, mein Östreich!
Dein Adler jauchz auch,
Ihn grüßet sein Bruder
Aus Flammen und Rauch,
Der rußische Phönix,
Verjüngt in dem Brand
Der heiligen Moskau,
Reicht stark ihm die Hand.

Nun jauchze, mein Östreich!
Dein Adler ruft laut,
Und grüßt seinen Bruder,
Den Preußen, vertraut.
Willkomm' Hohenzollern!
Du bist mir ein Aar,
So brav, als in Habsburg
Wohl mancher je war.

Nun jauchze, mein Östreich!
Dem Adler zum Streit,
Steh'n schwedische Löwen
Zum treuen Geleit.
Sie führt ein gekrönter,
Ein herzhafter Held,
Steckt Fahnen des Sieges
Hinaus in die Welt.

Nun jauchze, mein Östreich!
Dein Adler vertraut
Dem brittischen Einhorn,
Im Kampfe erschaut.
Treu biethet das Einhorn
Sein ritterlich Schwert,
Der Jungfrau Europa,
Ihr Heil es begehrt.

Nun jauchze, mein Östreich!
Dein Adler weit spannt,
Den Flug vor der Sonne,
Und schattet ins Land.
Mit Gott! Wohl uns darum
Der Ölzweig ergrünt,
Sub umbra alarum
Tuarum versühnt.

Nun jauchze, mein Östreich!
Dein Adler voll Lust
Trägt mit seinem Wappen
Geharnischt die Brust.
Und unter dem Schilde
Das menschliche Herz,
Voll Stärke, voll Milde,
Es steigt himmelwärts.

Nun jauchze, mein Östreich!
  Drei Adler im Krieg
Sind Eins, und für Alle
  Glänzt jeglicher Sieg.
Heil! Britte, Heil Preusse,
  heil! Spanien, Heil Schwed' –
Heil! Östreich, Heil Reusse,
  Vereint wie ihr steht!

Nun jauchze, mein Östreich!
  Dein Adler ruft laut:
Erhebt euch, ihr Kämpfer
  Nur Gott wohl vertraut.
Der Sieg wird von oben
  Der Tugend zu Theil,
Herr Gott! wir dich loben,
  Heil – Franz dir! Heil! Heil!

D: Theater-Zeitung 6. Jg., Nr. 120, 7.10.1813, Beylage, S. 26f.

2 *Frohlocken und Wappengruß des Österreichischen Adlers im Laibacher Theater (1813)*

Nach der französischen Zwischenherrschaft
in Illyrien 1813.

Ein Beitrag zur Geschichte des deutschen Theaters in Laibach.[1]

Von P. v. Radics.

Nach dem Abzuge der Franzosen aus Laibach hielt der österreichische Zivil- und Militärgouverneur von Illyrien FZM Freiherr von Lattermann am 13. Oktober 1813, wenige Tage vor der Völkerschlacht von Leipzig, um 4 Uhr nachmittags seinen feierlichen Einzug in der dem erlauchten Hause Habsburg allzeit getreuen Landeshauptstadt Laibach. Wieder blickte der ruhmreiche österreichische Adler auf die freudejauchzenden Bewohner des von der Fremdherrschaft befreiten Landes Krain und in den Mauern der Landeshauptstadt selbst ward wieder das langentbehrte altgesellige Leben erweckt, das stets seinen vornehmsten Ausdruck in der freien Betätigung der Musen gefunden hatte und während der Fremdherrschaft nur auf ganz spärliche Äußerungen und da – was die darstellende Kunst auf den „weltbedeutenden Brettern" betraf, nur auf fremdes Idiom (die italienische Sprache) beschränkt gewesen.

Ich verdanke der Freundlichkeit des Besitzers von Schloß Purgstall bei Bischoflack, Herrn Artur Baron Wolkensperg, die Mitteilung der bibliographischen Seltenheit des Liedes, das bei der Feier dieser Wiedereröffnung des Laibacher deutschen Theaters gesungen wurde und das ich als Beitrag zur Geschichte des Theaterwesens in Laibach an dieser Stelle zum Abdrucke bringen will.

Vorher nur ein paar Worte über Direktion und Gesellschaft der Saison 1813 auf 1814. Als Direktor erscheint der in der Theaterwelt jener Jahre bestbekannt und bewährte Unternehmer Xavier Deutsch, der sich mit einer vorzüglichen Truppe umgeben hatte, in welcher sich in erster Linie der treffliche Darsteller und Theaterdirektor

[1] Anläßlich der Erbauung des neuen Hauses für die deutsche Bühne in Laibach bereitet soeben der Verfasser dieser Zeilen eine umfassende Geschichte des deutschen Bühnenwesens in Laibach vor.

Schildbach[2] und dessen Töchter als neuengagierte Mitglieder vom k. k. priv. Theater an der Wien aus der Residenz her gewonnen, sowie der Sänger, Schauspieler und Kompositeur Michael Fackler als erste Kräfte befanden. Als Kapellmeister hatte Deutsch den tüchtigen Musiker Wenzel Müller für die hiesige Bühne zu gewinnen gewußt, den so beliebten „Wiener Zauberpossen-Komponisten", der mit Reichardt Schenk (der die niedliche, auch in Laibach aufgeführte Oper „Der Dorfbarbier" geschrieben) und Martin unter die Zeitgenossen Mozarts zählte und damals in Wien und Deutschland als Musiker eine Rolle spielte.[3]

Nachdem Sonntag den 28. November 1813 in dem hiesigen Schauspielhause Ludwig Hiepe, Mitglied des ständischen Theaters in Graz,[4] „ein großes Declamatorium" in drei Abteilungen gegeben,[5] fand die Eröffnungsvorstellung der Saison 1813 auf 1814 am 19. Dezember 1813 mit einem Festabende statt, wobei das obenerwähnte „patriotische Volkslied" zur Aufführung gelangte, dessen Text wir nun nachstehend folgen lassen. Es lautet:

Frohlocken und Wappengruß

des Österreichischen Adlers.

Patriotisches Volkslied.

Gesungen bei Wiedereröffnung des deutschen Theaters in Laibach am 19. Dezember 1813. Die Musik ist von Herrn Kapellmeister Wenzel Müller.

(Vignette: Lorbeerkranz, aus Girlandenmitte herabhangend.)

Laibach 1813.

1.

Frohlocke nun Östreich!
Es schwindet die Nacht
Die Trauer der Völker –
Dein Adler erwacht!
Mit ernstem Besinnen
Erhebt er das Schwert,
Zu rächen nun Deutschlands
Beleidigten Werth.

2.

Frohlocke nun Östreich!
Zur Sonne geneigt
In mächtigen Kreisen

2 Unter anderem verfaßte Schildbach das Stück: „Der Kosak in Deutschland".

3 Neumann Musikgeschichte, II, 757.

4 Später Mitglied der Laibacher Bühne noch unter Direktor Deutsch.

5 Vereinigte „Laibacher Zeitung", 1813, Nr. 12, k. k. Studienbibliothek in Laibach.

Sich drehend, entsteigt
Dein Adler, und schwebet
Die Lüfte hinan,
Und schaut die zum Kampfe
Eröffnete Bahn.

3.

Frohlocke nun Östreich!
Hoch über den Brand
Der schimmernden Zinnen
Von Moskau erstand
Der russische Adler
Erhaben und groß,
Und schließt sich an Deinen
Als Kampfesgenoß.

4.

Frohlocke nun Östreich!
Der preußische Aar
Erhebt sich entfesselt
Zum glänzenden Paar;
Willkommen, Hohenzollern,
Willkommen als Freund!
Wie schön sind zum Bunde
Drey Adler vereint!

5.

Frohlocke nun Östreich!
Und sieh wie die Kraft
Des schwedischen Löwen
Den Frevel bestraft.
Er brüllt dem Despoten
Sein Recht in das Ohr
Und stürzt mit den Adlern
Zum Kampfe hervor.

6.

Frohlocke nun Östreich!
Auch die Pyrenä'n
Vom brittischen Einhorn
Erstürmet zu sehn.
Den Flug deines Adlers
Im Auge – bedroht
Es Frankreichs Bedrücker
Mit Fesseln und Tod.

7.
Frohlocke nun Östreich!
  Die Ketten zerschlug
Der Löwe von Bayern,
  Die er bisher trug;
Er fühlt seine Würde
  Und achtet sein Recht,
Und folgt Deinem Adler
  Ins Völkergefecht.

8.
Frohlocke nun Östreich!
  Die Trommel ertönt
Die Adler und Löwen
  Zum Bunde versöhnt;
Es führt sie der Deine
  Im hohen Gefühl
Der Rettung der Menschheit,
  Ins Schlachtengewühl.

9.
Frohlocke nun Östreich!
  Doch wende den Blick
Zu jenem dort oben,
  Nur Er wirkt dein Glück!
Frohlocke nun Östreich!
  Und rufe ihm zu:
Heil Franzen! Er gibt uns
  Die Palme der Ruh!

Zwei Monate nachher bot das Geburtsfest des wiedergewonnenen Landesvaters, des gütigen Kaiser Franz, den Anlaß zu neuerlicher patriotischer Kundgebung im alten ständischen Theater. Am Tage nach des Kaisers Geburtstag (12. Februar) fand Sonntag den 13. Februar 1814 in dem „auf das Schönste mit Wachs erleuchteten" Theater die Festvorstellung statt, welche in einem „vom Direktor Deutsch gesprochenen passenden Prologe bestand" und „mit der Absingung der Volkshymne," des bekannten und beliebten Volksliedes von Haschka „Gott erhalte Franz den Kaiser…", abschloß; zu diesem Prologe war „eine eigene Decoration angefertigt worden".

Blicken wir weiters im allgemeinen auf die Darbietungen der Spielzeit 1813 auf 1814 unter dem Direktor Deutsch, so finden wir, daß auch bei uns zur Zeit Kotzebue oft und oft vertreten war, dem bekanntlich Goethe es nachgerühmt, daß mit ihm wirklich eine Form (der dramatischen Dichtung) geboren wurde, welche sich auch in dessen minderen Produkten nicht verleugnet. Wir begegnen von Kotzebues Stücken auf der Laibacher Bühne jener Tage von Lustspielen: „Die Corsen", „Der Wildfang" und „Der

Russe in Deutschland". Außerdem wurden von ihm hier gegeben: das große historische Schauspiel mit Chören und den dazu erforderlichen neugemalten Dekorationen „Die Hussiten vor Naumburg" zum Vorteile des Sängers und Schauspielers Josef Schlanders und weiters zum Vorteile der Marie Deutsch das große historische Ritterschauspiel „Ubaldo oder die Nonnenkönigin" sowie zum Vorteile der Sängerin und Schauspielerin Karoline Schildbach dessen großes fünfaktiges Schauspiel „Der Graf von Burgund".

Außer Kotzebue brachte Direktor Deutsch Stücke von der so beliebten k. k. Hofschauspielerin Johanna Franul von Weißenthurn, so das Schauspiel „Adelheid, Markgräfin von Burgund" zum Vorteile des Schauspielers Ferdinand Deny, dann deren großes historisches Schauspiel „Totila, König der Gothen" zum Vorteile der Christiana Volk.

Nebenher liefen Stücke von Klingemann, Stegmayr u. a.; von Klingemann, dem Herausgeber des „Memnon" und des „Allgemeinen deutschen Theateralmanaches" sah man zum Besten der Schauspielerin Sophie Deny das große historische Schauspiel „Doktor Fausts Leben, Thaten und Höllenfahrt" (Musik von Fakler) und von Stegmayr (dem bekannten Verfasser des Stückes „Herrmann Germanicus Retter") zum Besten des Schauspielers Ludwig Hiepe Dienstag am 15. März 1814 das nachmals lange noch gegebene musikalische Quodlibet in zwei Aufzügen, betitelt „Rochus Pumpernikel"; „die Musik" — hieß es in der Ankündigung — „ist von den vorzüglichsten Meistern".

D: Laibacher Zeitung 129. Jg., Nr. 258, 12.11.1910, S. 2365.

3 *Tiroler Wetter und Barometter in der ursprünglichen Fassung (1813)*

Tiroler Wetter und Barometter
vom Verfasser des Philister. Cl.Br.

Treibt mit der Ofengabl
Die Natur nur hinaus
Ihr seid's nit kapabl
Sie find sich nach Haus.

In der Frühe heut zuckte
An meine Stutzen der Hahn
Das Bild sich verruckte,
Vom Maxmilian.

Da wurd mir's ganz schwuli
I mach's Fenster a bisl auf
Vom Salzburg weht kühli
A Lüftli herauf.

Das reißt mir in der Stuben
Den Bon'part von der Wand
Und schmeißt ihn auf's Maxl
Der unter ihm stand.

Es wolt halt nit ruhen
Es thät anen Schlag,
Daß hinter der Truhen
In Stücken er lag.

Die Bayerschen Nägel
Sind weich wie a Dreck
Kaum trifft sie der Schlegel
So ist der Kopf weg.

An dem Steyrischen Kloben
Mei Stutzen fest hangt
Der Wind thur dran toben
Daß er hin und her schwanckt.

Nu raus aus dem Kasten
Mei Franzel sein Porträt
Sollst länger nit fasten
Nu kommst du an's Brett.

Gleich unter mein Herrgott
Wo's gewaltig gut hangt
Nu nehm ich mei Stutzen
Weils zu mir verlangt.

Es seynd heut die Mucken
Ganz toll aus der Weis'
Das Dach thut mich drucken
Ich mach mich auf die Reis'.

Es zeigt der Kalender
Es krächets der Hahn
Daß's Wetter sich änder
I schaus an der Fahn.

I schaus an der Alpen
Da hangt so a Duft
Am Grund streicht die Schwalmn
Als hätt sie kei Luft.

Die Bayerschen Ferkel
Die wühlen in d'Erd
Und drücken sie zusammen
Als wenn der Adler niederfährt.

Mein Dientel sei Katzen,
Die hats am Gebrauch *(!)*
Sie leckt so die Pratzen
Es kommt halt Besuch.

Es is a Gezwitscher
Es is so an Zeit
Im Schnee a Geplitzer
Als wär der Kaiser nit weit.

Der Adler der Kaiser
Der gewaltig große Freund
Der Herr und der Vater
Ders gut mit uns meint

I mein halt mei Himmel
I mein halt mei Erd
I mein halt sei Landli
Dem Kaiser gehört.

Ihr hab mirs geleugnet
Mit Hand und mit Fuß,
Mir hats doch behauptet
Mei Stutzen für gewiß.

Mei Stutzen is wahrhaft
Er fehlet mir nicht,
Er denkt wie i selber
Sagts jedem in's Gesicht.

Und wer ihm nit glaubet,
Dem bringt er's halt bei,
Den Stein aufgeschraubet
Mit Pulver und Bley.

Ihr Bayerschewn Mucken
Nu packts euch hinaus
Nu lüft i mit Pulver
Mein Kaiser sein Haus.

Nu schieß i den Leuen
Von der Herberg ihr Leut
Voll Flöh is sei Streuen
Und doppelt sei Kreid

Nu füttert ihr Buben
Die Bayersche Säu
Mit bayersche Ruben
Und hebt a Geschrey.

Nu packt euch nur außi
Ihr Bayern Juchheh!
Nun mach i mi mausi
Mein Adler i seh.

Er ruft mir a Glocken
Zur heilgen Kilchfahrt *(!)*
Schwebt blau wie a Locken
Ausm Herrgott sein Bart.

Nu falts auf die Knie nieder
Und dankts dem liebe Gott
Er hilft uns scho wieder
Außem Bayerschen Spott.

Nu aufi mitm Stutzen
Und jagets die Gäst
Wir müssen ausputzen
Unserm Adler sei Nest.

Es gehört ja sei Lebtag
Kei französische Sau
Ka Bayersche Ferkel
Im Adler sein Bau

Nu hußau nu Hus Sau
Nu peitschet se heraus
Und stürzt auch a Gamsl
So macht euch nichts draus.

Wir haben unsre Sache
Auf die Treuheit gestellt
Wir dutzen unsern Herrgott
Und den Kaiser und de Welt.

Wir tragen das Rökkel
Wir tragen den Hut
Von viel hundert Jahr her
Und se halten so gut.

Wir stehn aufn Hacken
So fest wie de Berg,
Wir tragen aufm Nacken
Die Zeit wie a Zwerg

Wir habens getragen
Wie a meisterlos Kind
Nu aber wir schlagen
Ihn aus um den Grind

Na hörts nur ihr Bueben,
Den Sandwirth sei Sohn
Der steht bei den Preußen
Und giebt kei Pardon

Der Ridl und sei Bruder
Sind auch mit dabei
Sie greifen von draußn an
Und machen uns frey

Gemahlt auf den Dosen
Tragen sie den Hofer im Sack
Und bietens den Franzosen
Als Prisen Taback.

O Hofer mein Hofer
Du gewaltiger Held,
Du bist nu im Himmel
Und schaust auf de Welt.

St Georg is a Ritter
Im englischen Heer
Der hängt halt sei Stutzen
Wohl neben sei Speer.

Du hast auch den Lindwurm
Gen den er sich gesetzt,
Oft tüchtig im Landsturm
Zusammengefetzt.

O Hofer mein Hofer
Sey unser Patron
Leg für uns a Bitt ein
Im himmlischen Thron.

Komm zu uns auf Urlaub
Und hilf uns im Streit,
Und bring uns a Fahnerl
Im Himmel geweiht.

Speckbacher Speckbacher
Wir erwähnen auch dich
Du bist auch a Streiter
Und kennst wohl die Schlich.

Der Adler schon setzet
Auf de Gletscher sich hin,
Den Schnabel er wetzet
Da kommt a Lawin

Und größer und größer
Kommt's niedergebraußt
Nu singt eins ihr Dienteln
Daß den Kindern nit graußt.

Nu bück di mei Maxl
Nu kommt die Lawin
Der Stoß kommt von Moscau
Über Preußen und Wien.

O Montgelas, o Montgelas!
Der Berg thaut nu auf
Nu lauft dir das Wasser
Auf die Windmühln hinaus

Nu schickt mir den Wibeking
Den Waßerbaron
Und laßts en besprechen
Mit den *(!)* Ehrenlegion.

Ganz anders läufts Wasser
Wo Gott drüber kreist
Als Wasser wo der Hofrath
Das Geld hinein schmeist.

Ihr blinden Illuminaten
Führt die Welt hinters Licht
Nu woll euch Gott gnaden
s' Laternl zerbricht.

Nu schickts mir den Seiferth
Den französischen Freund
Und laßts euch taxiren
Wie der Bayerstern scheint.

Nu helfet ihr Buben
Der Lawine herab
Für die Bairischen Ruben
A Russisches Grab.

Hinunta! hinunta,
Wo's steil und wo's schmal
Mit dem bayerschen Plunda
Von dem Berg in das Thal.

Die Wildwasser weltzen
Si durch Distel und Dorn,
Es stürzen die Felsen
Sich drüber im Zorn.

Ein Engel im Feuer
Steht drauf und ruft aus
Unser Herrgott is ko Bayer
Nun jagt sie hinaus

–

Ins heilgen Gottes Namen
Mei Dientel gut Nacht
Vater unser und Amen
Daß es blitzt und daß's kracht.

h: Abschrift von unbekannter Hand (wohl Wilhelm von Gerlach; vgl. Schoeps, Ein weites Feld [Anm. V,25], S. 204, Anm. 5), 5 Bl., 4°. Nachlass Ernst Ludwig von Gerlach, Friedrich-Alexander-Universität Erlangen-Nürnberg, Lehrstuhl für Politische Wissenschaft II (vormals Seminar für Religions- und Geistesgeschichte). – Neben dem Titel steht die Jahreszahl 1814

4 Tyroler Wetter und Barometter in Friedrich Försters Beiträgen (1816)

Tyroler Wetter und Barometter (1813)

Treibt mit der Ofengabel
Die Natur nur hinaus
Ihr seids nit kumpabel
Sie find sich nach Haus.

In der Fruhe heut zuckte
A mei Stutzen der Hahn,
Das Bild sich verruckte
Vom Maximilian.

Da wurd mir's ganz schwüli
I mach's Fenster a bisl auf,
Von Salzburg weht kühli
A Lüftli herauf.

Das reißt mir in der Stuben
Den Bonapart von der Wand
Und schmeißt ihn auf'n Maxel,
Der unter ihm stand.

Es wolt halt nit ruhen
Es thät anen Schlag,
Daß hinter der Truhen
In Stücken er lag.

Nu raus aus dem Kasten
Mein Franzel sein Bild,
Sollst länger nit fasten
Nu kommst du ans Schild.

Gleich unter meinem Herrgott
Wo's gewaltig gut hangt.
Nu näm i mei Stutzen
Weil's zu mir verlangt.

I mein halt mei Himmel
I mein halt mei Erd,
I mein halt sein Landle
Dem Kaiser gehört.

Ihr hob mir's geleugnet
Mit Händ und mit Füß,
Mir hat's doch behauptet
Mein Stutzen für gewiß.

Mein Stutzen is wahrhaft
Er fehlet mir nicht,
Er denkt wie i selber
Sagt's jedem in's Gesicht.

Und wer's ihm nit glaubet,
Dem bringt er's halt bei,
Den Stein aufgeschraubet
Mit Pulver und Blei.

Nu schieß i den Leuen
Von der Herberg, ihr Leut
Voll Flöh' is sei Streuen
Und doppelt seine Kreid.

Wir haben unsre Sache
Auf die Treuheit gestellt,
Wir dutzen unsern Herrgott
Und den Kaiser und die Welt.

Wir tragen das Röckel
Wir tragen den Hut,
Von viel hundert Jahr her
Und sie halten so gut.

Wir stehen auf'n Hacken
So fest wie di Berg,
Wir tragen auf'm Nacken
Die Zeit wi'n Zwerg.

Nur hört's nur ihr Bueben,
Den Sandwirth seine Leut
Die stehen bei den Preußen,
S ist halt ane Freud.

Der Riedl und sei Bruder
Sind a mit dabei,
Sie greifen von drauß an
Und machen uns frei.

Gemalt auf der Dosen
Tragen s'n' Hofer im Sack,
Und bietens den Franzosen
Schneeberger Toback.

O Hofer! mein Hofer!
Du gewaltiger Held,
Du bist nu im Himmel
Und schaust auf die Welt.

St. Georg is ä Ritter
Im Engelsheer,
Der hängt halt dein Stutzen
Wohl näbe sein Speer.

Du hast o den Lindwurm
Gen den er sich gesetzt,
Oft tüchti im Landsturm
Zusamma gefetzt.

Komm zu uns aaf Urlaub
Und hilf uns im Streit,
Und bring uns a Fahnel
Im Himmel geweiht.

Drei Adler die setzen
Auf die Gletscher sich hin,
Die Schnäbel sie wetzen
Nu kommt a Lawin.

Und größer und größer
Kommt's nieder gebraußt,
Nu singt es ihr Dientel
Daß den Kindern nit graußt.

Nu bück di mei Maxel
Nu kommt die Lawin
Der Stoß kommt von Moscau
Uber Preußen und Wien.

Der Eisberg von Glase
Der Berg thaut nu auf,
Nu lauft euch das Wasser
Auf die Windmühl hinauf.

Nu schickt's den neumodischen
Wasserbaron,
Und loßt's en besprechen,
Mit der Ehrenlegion.

Ganz anders lauft's Wasser
Wo Gott der Herr drüber kreist
Als Wasser wo die Hoffarth
Das Geld hinein schmeißt.

Ihr blinden Illuminaten
Führt die Welt hinters Licht,
Nu woll euch Gott gnaden
S' Laternel zerbricht.

Nu schickt's den Sterngucker
Den französischen Freund,
Und laßt euch's vermuthen
Wie das Sternel nu scheint.

Hinunta, hinunta
Wo es steil und wo's schmal
Mit den franzischen Plunda
Von dem Berg in das Thal.

Die Wildwasser wälzen
Sie durch Distel und Dorn,
Es stürzen die Felsen
Sich darüber im Zorn.

Ein Engel im Feuer
Steht darauf und ruft aus
Unser Herrgott ist kein Franze
Nu jagt sie hinaus.

In's heil'gen Gottes Namen
Mei Dientel, gute Nacht,
Vater unser und Amen,
Daß es blitzt und daß es kracht.

D: Friedrich Förster, Beiträge zur neueren Kriegsgeschichte, Berlin 1816, Bd. 1, S. 214–219.

5 *Tyroler Jägerlied in Försters Gedichten* (1838)

Tyroler-Jägerlied

(Für die, zu dem Lützowschen Frei-Corps
gehörende Tyroler-Jäger-Compagnie aus
dem Ziller-Thale.)

Nu nimm' i mei Stutzen
Und zieg' mit zu Feld,
Ade mei Herz-Diendl,
S'geht weit in die Welt.

So hört's nur, ihr Buaba,
Dem Sandwirth seine Leut,
Die stehn bei den Preußen
S'ist halt ane Freud'.

Bei'n Preußen da stehn schon
Der Jakob und der Hans,
Der Ennemoser und der Riedl,
Der sakrische Schwantz.

Gemalt auf der Dosen
Tragen's den Hofer im Sack,
Hier habt's, ihr Franzosen,
Ane Prise Taback.

Ane sakrische Prise
Mit Pulver und Blei,
Die braven Tyrola
Seind allmal dabei.

In's heil'gen Gott's Namen,
Mein Diendl, gute Nacht,
Vater unser und Amen,
Daß es blitzt und daß es kracht!

D: Friedrich Förster's Gedichte. Berlin 1838, Bd. 1, S. 48f.

6 *„Es ist ein Schnitter…“ im Liederbuch der Hanseatischen Legion (1813)*

Tod. Kirchenmelodie

Es ist ein Schnitter der heißt Tod,
Hat Gewalt vom höchsten Gott,
Heut wetzt er das Messer,
Es schneid't schon viel besser,
Bald wird er drein schneiden,
Wir müssen's nur leiden.
Hüte dich schönes Blümelein!

Viel tausend Blumen ungezählt,
Wies nur unter die Sichel fällt,
Ihr Rosen, ihr Liljen,
Euch wird er austilgen,
Auch die Kayserkronen
Wird er nicht verschonen,
Hüte dich, schönes Blümelein!

Trotz Tod, komm her, ich fürcht dich nit,
Trotz, eil daher in einem Schnitt,
Wird' ich nur verletzet,
So wird' ich versetzet
In den himmlischen Garten,
Auf den wir alle warten.
Freu' dich schöns Blümelein.

D: Liederbuch der Hanseatischen Legion gewidmet. Alphabetisch geordnet, Hamburg 1813, S. 46.

IV Besprechungen zu *Valeria oder Vaterlist*

1 Theater-Zeitung 7. Jg., Nr. 22, 21.2.1814, S. 85–87

Valeria

oder

Man weiß nicht warum?

Ein Lustspiel in fünf Aufzügen. Aufgeführt am 18. Februar 1814 im k. k. Hoftheater nächst der Burg.

Gespräch.

Anmerkung. Referent war in Verlegenheit, was er über ein Stück sagen sollte, das am 18. Februar auf eine Weise ausgezischt wurde, wie noch kein Stück auf irgend einer Bühne. Freilich war diese Strafe für ein so jämmerliches Machwerk gerecht. Wenn jedoch ein Stück so elend ist, daß alle seine Mängel so gleich vom Parterre laut besprochen werden, was bleibt der Kritik übrig? In dieser Betrachtung folgt also keine Rezension in diesem Blatte, sondern ein Gespräch, dem der Referent bei dem Herausgehen aus dem Theater zugehört, und das er so treu als möglich niederschrieb.

Ein galanter Herr und ein Bauer.

Der galante Herr. Nun, Landsmann, was sagt Ihr zu dem Stücke? Nicht wahr, Ihr habt Euch im Fasching einen vergnügten Abend machen wollen; seyd darum in die Stadt ins Theater gegangen, und habt euch nun so schlecht unterhalten.

Bauer. Wer sagt denn das? Ich war recht lustig. Die Augen gingen mir vor lauter Schönheit in einem fort über, so daß ich gar nicht weiß, was ich gesehen habe.

Der Herr. Ja, so geht's mir auch; aber wie konntet ihr euch denn unterhalten? Das Stück ist ja ausgepfiffen worden.

Bauer. Ist das nicht gut?

Der Herr. Gott bewahre! das ist schlecht. Stücke, von sehr geringem Werth werden ausgezischt, aber solche –

Bauer. Über die Stadtleute! Ich habe geglaubt, das Stück gefallt ihnen, weil sie so gelacht haben. – Da sieht man, daß aufs Lachen nicht zu gehen ist. Gepascht haben sie ja auch – war das auch nicht gut?

Der Herr. Das geschah alles nur aus / Scherz. Lieber Freund, der Mann, der dieß Stück geschrieben hat, und den wir, indeß Dichter heißen wollen, hat unglücklicher Weise eine Menge Redensarten niedergeschrieben, die in der unglücklichen Situation, als sich die Schauspieler befanden, alle auf das Stück bezogen wurden.

Bauer. Aha: „Je größer die Verwirrung, desto besser!" Da haben sie laut aufgeschrieen; wie der eine gesagt hat, mich interessirt gar nichts mehr, da haben sie völlig das nähmliche nachgesagt; wie eine gemeint hat, „die Liebhaber spielten eine recht jämmerliche Figur," da haben sie um mich herum ja, ja! geschrien, und wie wieder einer versicherte, „daß sie alle da ständen wie die armen Sünder" haben sie zu lachen und applaudiren nicht aufgehört. Also ist der Dichter, oder wie er heißt, gefoppt worden?

Der Herr. Ja, so ist es herausgekommen.

Bauer. Siehst du's! Siehst du's! das fallt mir jetzt erst auf. Ich dank ihnen, lieber Herr, daß ich nun weiß, wie ich dran bin. Ich gehe jetzt in mein Wirthshaus, da zu übernachten; nun, wenn ich so eingetreten wäre, und hätte dem Wirth erzählt, daß das Ding recht gut gefallen hat, wie leicht hätte mich einer auslachen können, der auch dabei war. Ich dank Ihnen, denn sehen Sie, ich hatte mir ganz einen andern Begriff gemacht, und der wird wohl itzt falsch seyn. Ich hab' geglaubt, es soll ein lebendiges Kartenspiel vorstellen. Der so chinesisch dagesessen ist, habe ich gemeint, ist der Schellenkönig, der seinen zwei Töchtern, der Pickdame und der Treffdame, eine heimliche Freude machen will. Deßwegen ist er gar weit über das Wasser herüber geschwommen, und hat Verstecken mit ihnen gespielt.

Der Herr. (lachend) Man weiß nicht warum?

Bauer. Wie sich die Karten immer untereinander hineinmischen, so war da auch der Pickbube und der Treffube, in die zwei schwarzen Damen verliebt, ohne daß sie sich mit den Kartenaugen noch ordentlich angeschaut hatten. Ist es so?

Der Herr. (lachend) Ja, ja. Man weiß nicht warum?

Bauer. Das hat die Herzdame, Maleria –

Der Herr. Valeria –

Bauer. Maleria, ich weiß es gewiß, verdroßen und sie hat wollen auch eine schwarze Dame seyn, und ist ihm als Mohrenköniginn nachgereist. Ihm zu rühren hat sie gar schöne Lieder gesungen, die mir aber alle besser gefallen haben, als ihm –

Der Herr. Man weiß nicht warum –

Bauer. (ärgerlich) Freylich! Das hat man nie gewußt; lassen Sie mich nur ausreden. Die zwei schwarzen Buben sind auf einmahl aufeinander herb geworden, sind her mit dem Spade, und haben einander todtstechen wollen, das bald der Pickbube kein Herz mehr gehabt hätte. Zum Glück ist die Mohrenköniginn dazu gekommen, und hat's auseinander gejagt, sonst fechteten sie noch. Noch eins. Wie die Mohrenköniginn kapirt hat, daß es mit ihrem ehemaligen Liebhaber nichts ist, so hat sie dem Herzbuben die Farbe zugelaugnet. Sonst ist nicht viel vorgekommen. Die andern Karten, die Zehner, Neuner u. s. w. und die Jungen sind nur ausgespielt worden, wenn kein Adoute da war, im Ganzen war aber das Treff-As, ich meine das graue Hüttel auf dem Theater, aus dem ein Paar Mahl ein schwarzer Kopf herausgeschaut hat, das Hauptadoute, den um das haben sie immer herumgespielt, und davon sich keinen Stich zu machen getraut, ohne darauf hinzuschauen.

Der Herr (lacht.) Das weiß man schon warum!

Bauer. Die Zuschauer haben den letzten Stich gemacht, und der Dichter ist lavette *(?)* worden – nicht wahr, es ist wohl so.

Der Herr. So ist es.

Bauer. Nun wenn Sie glauben, so will ich's im Wirthshaus wieder so erzählen; wissen Sie mir noch etwas zu sagen, so bitte ich drum, ich habe gar einen g'studierten

Sohn, er ist ein Barbier bei uns auf dem Land, dem muß ich schon genauere Auskunft bringen. Hörens der Mensch schreibt auch Komödien, wenn er mir aber ein ganzes Kartenspiel abschrieb, so müßte ich ihm das Papier wegnehmen.

Der Herr. Ey, da könnt ihr ihm einen Dienst erweisen. Das Stück ist ja gedruckt. Es ist unter dem Titel „Leon de Ponce," ein Lustspiel von Clemens Brentano in Göttingen bei Dietrich 1804 aufgelegt – und wohl in jeder Buchhandlung in Wien zu erhalten. – Sag' der Herr seinem Sohn, er soll sichs kaufen, er lernt daraus auf die leichteste Weise, wie man ein Stück nicht schreiben soll.

Bauer. Es ist vermuthlich von einem Anfänger, der noch neu in der Schule ist, der sich im Schreiben exerziren wollte, und der daher noch auf kein Ende dachte? –

Der Herr. Das Stück ist zehn Jahr alt und in zehn Jahren kann man wohl auf ein gutes Ende denken. Gute Nacht!

Bauer. Gute Nacht! lassen Sie sich nichts Närrisches träumen, wenn mir nur der Schellenkönig nicht im Schlaf vorkommt!

2 Theater-Zeitung 7. Jg., Nr. 23, 23.2.1814, S. 89f.

Von dem Theater-Kritiker und
Dichter aus Langensalza

In der Nacht nach dem verhängnißvollen Valeria-Abend. Wien den 18. Februar 1814.

Was in aller Welt haben Sie denn hier für ein äußerst seltsames Publikum? Ist es Ihnen nicht auch so vorgekommen, als ob es, pfiffiger Weise, heute Abend ein Lustspiel auf des Dichters Unkosten gefeyert hätte? Das Lachen wollte ja am Ende gar kein Ende nehmen! Und doch, ich weis nicht, mir wollt' es nicht recht behagen. Mir kam es vor, als ob mitten darunter dreischneidige Schwerter in den Lüften gezischt und gepfiffen hätten. – Sollte denn wirklich das alte, große Wien für alle kränkelnde, schwindelnde, einseitige Phantasten ein so gefährlicher Ort seyn? – Sollte denn wirklich das wunderlich-frische, kurios-kräftige Publikum sein Recht, was es verlangen kann und soll, von Natur aus so wahr und so tief kennen und fühlen? Das hatt' ich mir im leben nicht gedacht. Im Gegentheil, da es mir gelungen war, einen Kreis fader, leerer Weichlinge und überreizter Damen zu beschwatzen und ihnen durch meine Kritiken Sand in die Augen zu streuen; so hofft' ich das Gleiche auch vom großen Publikum, wenn ich mich nun endlich in meiner so mühsam aufgebauten, Dichter-Größe, sehn lassen würde. – Um des Himmels willen, sagen Sie selbst, hascht, spielt, schielt, reimt, stichelt, faselt, hüpft, springt, hinkt, stolpert, purzelt, schwindelt, dampft, schnickt, kneipt, spritzt, schraubt, kipt und wipt denn mein Witz nicht toll und abgeschmackt genug? Ist er denn noch nicht verrückt, verzwickt, geflickt, verbufft, zerzaust, geleckt, gehämmert, gezimmert, geschnitzelt, geschnörkelt, gerüttelt, gespreizt, gestriegelt, raffinirt und distillirt genug? Schneidet er nicht schräg und schief, hin und her, ab und zu, quer-Feld ein und kreuzweis alberne possenhafte Capriolen genug?

„Der liebe volle Mond; du falsche Dublone, du schneiderischer Mahler und mahlerischer Schneider; du wirst mich verbinden, wenn du mich nicht verbindest. – Eh' ich mich schlage, ergreif' ich das Erste, das beste und das ist – – das Vaterland, ich habe sie freßlieb; sie liebt ihre Liebe, nicht ihn; sey nicht vermessen – Antwort: Ich werde schon ordentlich messen, u. s. w. Siehe das ganze Stück."

Sind denn das nicht genialische Redensar/ten? Und hat denn etwa sonst an etwas gefehlt? Lag denn Isidore nicht etwa grad ausgestreckt auf der linken Seite? Waren die Metaphern nicht groß und genialisch ausgeführt genug, so daß auch die Schraube in der Schere und das Futteral dazu nicht vergessen war? Hat sich der Witz nicht gleich über alle Theile des Körpers erstreckt, wenn er einmahl bei einem angefangen hatte? Haben nicht Jean Pauls moralische Flegeljahre paradirt? Und ist die hübsche Erzählung aus dem Beckerischen Almanach vom ersten Schattenriß nicht treulich wieder erzählt worden?[1] – Sind die pfiffigen Charaktere und Personen nicht jedesmal ganz anders aufgetreten, als sie abgetreten waren? Befanden sie sich höchst mannigfaltig, nicht immer auf Reisen? Giebt es etwas Interessanteres als der Haupt- und Grundzug in dem Charakter der zwei Hauptpersonen: Valeria und Porporino, der darinn besteht, sich beständig, äußerlich und innerlich umzukleiden? – Hätte auf diese Art das Stück nicht eben so gut noch vierzehn Tage fortdauern können, da die pfiffigen Intriguen ungefähr so aneinander gereiht waren, wie die Häringe, die in den ombres Chinoises unter dem Schweif des Wallfisches herausrutschen, und kein Ende zu nehmen brauchen, wenn sie immer wieder vorn ins Maul hineinkriechen? – Hat die ganze possierliche Fabel, zur höchsten Vollendung, nicht pfiffig eine patriotische Wendung nehmen wollen? Ist nicht ein großmächtiger Koffer leer herein und umsonst wieder hinausgetragen, ist nicht gefochten, ein Mahler Schneider, ein Schneider Mahler worden? Sind nicht Lichter witzig ausgelöscht, und scharfsinnig wieder angezündet, zwei Dutzend Briefe erhalten, und in der ominösen Dunkelheit gelesen, sind nicht Dukaten ausgezahlt und in einer vergeblichen Pastete wieder gefunden worden? Ist nicht auch selbst aus dem verehrten Pumpernickel die effektvolle Krankenscene pfiffig angebracht?[2] Ist nicht, ohne allen Zusammenhang mit dem Ganzen, ein wunderschönes Lied auf Wellington deklamirt worden? – Das war, im Vorbeigehn gesagt, unstreitig der Hauptkniff und Kunstgriff – denn es war wohl mit Händen zu greifen, daß der große

1 *Die scherzhafte Aitiologie der Erfindung des Schattenrisses ist ein aus Plinius, Naturalis historia 35,43,151–152 genommenes Rokokosujet. Vgl. Johann Georg Jacobi, Der erste Schattenriß, in: Iris. Ein Taschenbuch für 1803, hrsg. von J. G. Jacobi, Zürich bey Orell, Füssli und Compagnie, S. 43–59 = J. G. Jacobi's Sämmtliche Werke, Bd. 6, Zürich 1819, S. 39–51. – Robert Rosenblum, The Origin of Painting: A Problem in the Iconography of Romantic Classicism, in: AB 49 (1957), S.279–290. George Levitine, Addenda to Robert Rosenblum's "The Origin of Painting: A Problem in the Iconography of Romantic Classicism", ebd. 40 (1958), S. 329–331. Hans Wille, Die Erfindung der Zeichenkunst, in: Beiträge zur Kunstgeschichte. Eine Festgabe für Heinz Rudolf Rosemann zum 9. Oktober 1960, hrsg. von Ernst Guldan, München 1960, S. 279–300. Frances Muecke, Taught by Love: The Origin of Painting Again, AB 81 (1999), S. 297–302.*

2 *Vgl. Steig, Valeria, S. VIIIf.*

Mann nur genannt zu werden brauchte, um alle Gemüther zu elektrisiren, und der müßte der sterilste Stümper von der Welt seyn, der über ihn nicht etwas erträgliches und wirksames hätte sagen können! – Aber, ich bitte Sie, alles das hat, wie mir es gemahnen wollte, doch nichts geholfen! – Unbegreiflich kurios! Soll man sich denn vor dem großen Publikum nur immer die alberne Beschwerde auflegen, den Wein selbst anzuzapfen? – Hätt' es nicht vorher in einigen galanten Gesellschaften nachfragen können? – dort durft' ich ja nur am leeren Faß tüchtig herumhämmern und alles schrie schon: O Genie, o genialisches Genie! o poetischer Dichter! o dichterischer Poet *). Daher kam es wohl auch, daß es meiner Phantasie, ich gesteh' es Ihnen, vorhin im Theater bedünken wollte, als ob ich eine ganze Reihe galanter Herren und Damen an der Nase hinter mir her zög, – und dabei drängte sich mir, in einer Art von Mitleiden, folgendes wunderschöne Lied auf, daß ich Ihnen in einer edlen Märterer Anwandlung zur Bekanntmachung mittheile, eingedenk, daß der leichtgläubige Theil des Publikums erst vor kurzem auch von einem Dichter der neuern Schule hart gestraft worden ist – indem er in seiner Weihe der Unkraft nächst durch sich auch alle die für Narren erklärt, die sich durch seine Weihe der Kraft haben berücken lassen.

* O schneiderischer Dichter! – – –

3 Der Sammler Nr. 32, 24.2.1814, S. 127f.

Wien. – Theater nächst der Burg. – Den 18. Febr. Zum ersten Mahl: Valeria, ein Lustspiel in fünf Aufzügen. – Ein aus Amerika zurückgekommener spanischer Officier will unerkannt das Treiben und Thun seiner Kinder beobachten. Dieß ist das Thema des Lustspiels, welches sich in folgende Zweige verbreitet:

1) Die älteste Tochter Isidora ist in Don Lope, einen jungen, liederlichen Cavalier in Sevilla, verliebt. Sie haben sich eigentlich noch nicht gesehen; indessen ist der Act des Verliebtseyns durch die Erzählung ihres Bruders vollzogen worden. / Don Lope wird aber auch von einem Bürgermädchen, Valeria und Valeria wieder von einem jungen Menschen, dem Pflegesohn ihres Vaters, Porporino, geliebt.

2) Der Vater selbst, Sarmianto, ist in eine Edeldame, Isabella, verliebt, oder richtiger, mit ihr heimlich vermählt.

Das Ziel des Stückes aber wird dadurch bestimmt, daß:

1) Don Lope, Isidora, Fernando, sein Freund, Begleiter und eine matte Copie von ihm, deren Schwester, Melanie, heirathet;

2) Valeria sich mit Porporino verehlicht, der in sie verliebt ist, nicht mit Don Lope, in den sie verliebt war.

3) Daß der Vater seine heimliche Vermählung mit Isabellen zur öffentlichen macht.

Die Intrigue, durch welche die Anlage zum Schluß gebracht, und die eigentliche Verbindung hergestellt wird, sind gewisse Zuhörer zu ergründen, eigentlich nicht vermögend gewesen.

Das Ganze führt den Titel: Valeria. Besser wäre die substituirte Benennung: Vaterlist, da Valeria mit ihren Verhältnissen, wenn gleich anscheinlich zur Haupthandlung erhoben, immer nur Episode bleibt.

Die Erfindung und Ausführung ist – genial der neuesten Theorie des Lustspiels nachgearbeitet; ein Meisterwerk, dessen hohen Werth zu begreifen, nur Wenigen gegeben wurde; eine Form, in der sich der dichterische Geist fesselfrey bewegen, zum Anschauen und Bilden des Hohen und Schönen sich erheben kann. Daß die Fäden der Verknüpfung dem profanen Auge nicht sichtbar sind, darin liegt gerade das poetische Gewicht eines Geistes, der mit keckem Muthe die Bahn des Jean Paul betritt, und den armen Dichtern, die Lebensscenen prosaisch behandeln, und auf Klarheit der Darstellung, durch diese aber auf angenehme, frohe Empfindung hinarbeiten, großmüthig einen Blick in den optischen Kasten seines verschlossenen Heiligthums gestatten wollte. Wer nach solchem Ziele strebt, ist unbekümmert um den Erfolg und die Wirkung; er reicht dem Kunstrichter die Hand, der das Dramatische, nicht das Theatralische der Vorstellung würdigt: und wird bey erwünschter Ausdauer ohne Zweifel jene Reformation des Geschmackes herbeyführen, in der man mit Verschmähung des äußern Prunkes und der anstößigen Theatercoups nur einzig dem Gebilde der reinen vollendeten Kunst huldigt. Freylich stehen wir auf dieser Stufe der ästhetischen Vollendung noch nicht; allein die Schranken sind geöffnet, und hoffentlich wird der Schöpfer unsers Lustspiels, um auch Andern den Eintritt zu erleichtern, einen kleinen Commentar, allenfalls in der Romanenform, zu dessen Verständigung an's Licht treten lassen, und darin dem Publicum, welches die letzten Acte, hingerissen von der Wahrheit und Schönheit der Dichtung, mitspielte, seine Erkenntlichkeit, und den in der Ausführung so achtungswerthen Hofschauspielern, die, neidisch über diesen Eingriff, und mißmuthig, die Palme des Ruhms theilen zu müssen, ihre Verlegenheit am Ende nicht unterdrücken konnten, sein gerechtes Mißfallen bezeugen; – in welchem Falle er denn auf getreue Unterstützung des Referenten, der sein System schon inne hat, ihm in dessen Erklärung aber nicht vorgreifen will, zu rechnen haben wird.

Es ist durchaus nicht abzusehen, wie Einige der ganz entgegengesetzten Meinung seyn könnten. Sie erkühnen sich, nicht allein dieses Lustspiel den Producten gewisser Buschklepper des Parnasses gleichzusetzen, sondern sogar die angeregte Theilnahme des Publicums für Indignation auszugeben; das wahrhaft schöne Gedicht auf Wellington, und einige andere Züge für Goldkörner in einem Sandmeere gefunden, zu erklären; von den häufigen Wortspielen und Gleichnissen zu behaupten, daß sie dem Calderon und Shakespeare, wie gewisse musikalische Compositionen der Gluck'schen Form ohne Gluck'schen Geist nachhinken, und die niedliche Äußerung:

„Du bist witzig, wirst jedoch aberwitzig,"

auf den Dichter, wie jene der Valeria:

„Was hilft das alles, man muß doch das Ende abwarten,"

auf die Dichtung zu beziehen!! – Diese sarkastischen Verläumder, die noch der alten Schule anhängen, viel zu träge sind, die drückenden Fesseln derselben von sich zu werfen, und ihre Argumente dadurch, daß dieses Lustspiel noch nicht wieder zur Darstellung gediehen, unterstützen wollen, sahen es gar nicht ein, daß helles Sonnenlicht blendet, und die Mehrzahl mit ihren guten Augen der Gefahr, zu erblinden, nicht wie sie, denen Licht und Dunkel gleich erscheint, ausgesetzt werden darf. Gewiß wird es aber wie der Phönix aus seiner Asche erstehen, und – wenn es nicht ersteht – der Kenner mit Juvenal (ohne Satyre?) ausrufen:

Et meminisse juvabit horum!
Si non juvat – non nocet.

4 Der Sammler Nr. 34, 27.2.1814, S. 136

Anfrage.

Ist die in Nr. 32 des Sammlers abgedruckte Beurtheilung des im Theater nächst der Burg gegebenen Lustspiels: Valeria, eine wirkliche Anerkennung des dramatisch-poetischen Werths desselben, oder – Satyre?

Antwort.

Für den Dichter das Erstere, für die Leser dieser Zeitschrift das Letztere. Sub rosa gesagt, ist aber das ganze Lustspiel ein Product, bey welchem man mit der Medea des Seneca ausrufen möchte:

Cor pepulit horror. Membra torpescunt gelu,
Pectusque tremuit.

Das Publicum hat bereits gerichtet, und bedauert nur noch die undankbare Mühe, welche das Personale des Hoftheaters auf die Darstellung verwenden mußte.

Br.

5 Morgenblatt für gebildete Stände, Nr. 54, 4. März 1814, S. 216

Korrespondenz-Nachrichten.

Wien.

Zum ersten und wahrscheinlich letzten Mal wurde im Hof-Theater nächst der Burg am 18. Febr. Aufgeführt: Valeria, oder: Vaterlist, ein Schauspiel in fünf Aufzügen von Clemens Brentano. Es ist schwer, den Faden des Geistes herauszufinden, unmöglich aber denselben zu verfolgen und deutlich zu machen. Alles, was aus dem Chaos zur Klarheit zu bringen ist, besteht etwa darin, daß ein in Amerika gewesener Vater nach seiner Rückkunft in Spanien die Lebensweise seiner Kinder bemerken will, und einige Heirathen geschlossen werden, wie man sie nicht täglich vorausgesehen hat. Es enthält Spuren eines poetischen Geistes, der sich leider aber nicht auf der erklimmten Höhe zu halten weiß, sondern plötzlich wieder zum Gewöhnlichen und Gemeinen herabsinkt. Dem Anschein nach soll in diesem Lustspiel die sogenannte liebenswürdige

Tollheit vorherrschen, die man in gewissen Theorieen als eigentlichen Charakter des Lustspiels überhaupt aufstellt, und den Begriffen, die der einsichtsvolle humoristische Freyherr v. Steigentesch in der Vorrede zu seinen Lustspielen so anziehend auseinander setzte, ganz entgegenstreitet. Der Verfasser oder Dichter gefällt sich besonders in einer Menge von Wortspielen, worin die deutsche Sprache bekanntlich arm ist, und denen man mit Recht den Vorwurf des Hinkenden macht. Zum Beweis mag Folgendes dienen: Valeria putzt den Don Lope und sagt ihm tändelnd: ich muß Sie doch putzen; darauf antwortet Lope: Putzen Sie lieber das Licht. Ferner verkleidet sie sich als Mohrinn und gibt sich für eine Waise aus. Valeria de Campaces empfiehlt sich daher mit den Worten; Nehmt euch doch dieses kleinen Widerspruchs an, sie hat Vater und Mutter verloren, und ist also eine schwarze Waise. Unser nachsichtiges Publikum verlor bey der sichtbaren Anstrengung der Hof-Schauspieler, das Machwerk zu halten, die Gedult, und wurde so unruhig, wie es noch nie gewesen ist. Vielleicht mag auch der Umstand dazu beygetragen haben, daß der Verfasser unter der Firma eines Kritikers aus Langensalza in einem hiesigen Blatt gar zu viel tadelt und sich beynahe nie befriedigen lassen will. (...)

V Rezensionen *von Viktoria und ihre Geschwister*

1 Literarisches Wochenblatt von August v. Kotzebue. 3r Band (1819). No. 2, Januar, S. 15

Herr Clemens Brentano hat Victoria und ihre Geschwister, mit fliegenden Fahnen und brennender Lunte gedichtet, und nennt es ein klingendes Spiel, vermuthlich weil er mit dem Geschmack seiner Leser ein heilloses Spiel treibt. Da sagt z. E. ein Chirurgus zu einem Kosacken:

In seiner Wunde ist noch materia peccans,

und der Kosack antwortet:

Aber auf meiner Lanze ist materia Spickgans.

Da sagt ein Schulmeister:

Schwester, ihr müßt nicht vergessen,
Allegorien niemals essen,

und eine Marketenderin antwortet:

Wohlan ihr allegor'schen Gäste,
Seyd höflichst Alle eingeladen,
Auf Schimmermuß und Schattenbrathen
In einem nirgenden Gelee,
Gespickt mit Run *(!)* und Rimmermeh' *(!)*.

Herr Brentano versichert, daß er sein Opus in vier Wochen geschrieben habe. Manchem guten Christen wird schon bange, wenn er bedenkt, daß er einst von jeder unnützen Stunde Rechenschaft geben soll, Herr Brentano aber zittert nicht einmal vor diesen vier Wochen.

2 Ergänzungsblätter zur Jenaischen Allgemeinen Literatur-Zeitung 7 (1819), Nr. 77, Sp. 230–232

1) BERLIN, in der Maurer'schen Buchhandl.: *Lieb' und Versöhnen*, oder *die Schlacht bey Leipzig*. Schauspiel in Einem Act von *F. W. Gubitz*. 1816. 44 S. 8. (4 gr.)
2) DRESDEN, in der Arnold'schen Buchhandl.: *Lustspiele* von *H. Clauren*. Erstes u. zweytes Bändchen. 1817. 8. (2 Rthlr. 6 gr.)
3) GOTHA u. LEIPZIG, ohne Angabe des Verlegers: *Elisabeth*. Dramatisches Gedicht; von *Ludwig Vogel*. 1816. 117 S. 8.
4) WIEN, b. Schmidt: Des Herrn *Cornelius von Ayrenhoff*, kaiserl. königl. Feldmarschall Lieutenants, *sämmtliche Trauerspiele*. Durchaus neu verbessert; in zwey Bänden. 1817. Erster Band. 352 S. Zweyter Band. 376 S. 8.
5) DORTMUND, b. Mallinckrodt: *Hermann*, oder die Befreyung Deutschlands. Ein Schauspiel in fünf Aufzügen, von *G. E. A. Wahlert*. 1816. 138 S. 8. (20gr.)
6) BERLIN, in der Maurer'schen Buchhandl.: *Victoria und ihre Geschwister, mit fliegenden Fahnen und brennender Lunte*. Ein klingendes Spiel von *Clemens Brentano*. Mit einem Titelkupfer und Musikbeylagen. 1817. 223 S. 8. (1 Rthlr. 12 gr.)
7) FRANKFURT A. M., b. Varrentrapp: *Theodor und Honoria*. Eine romantische Dichtung in freyen Stanzen. 1817. 20 S. 8. (3 gr.)

No. 1 wird seine momentane Wirkung gethan haben, daran ist nicht zu zweifeln, aber poetischen Werth hat es nicht. Man liest z. B.:

Wer stets *hinter'm* Ofen kroch,
Wer noch nimmer Pulver roch,
Hat *verfaultes* Leben u.s.w.

u. dgl. mehr. /

Der Vf. von No. 2, durch leichte gefällige Erzählungen bekannt, ist auch als Schauspieldichter aufgetreten, und seine Schauspiele sind nicht ohne Beyfall auf einigen Theatern gegeben worden. Leichter und gefälliger Dialog, Laune, die jedoch zuweilen ihre Grenzen ein wenig überschreitet, charakterisirt dieselben, so wie ein rasches Leben und Walten der handelnden Personen.

No. 3. Ludwig der Heilige, Landgraf in Thüringen, zieht in den heiligen Krieg, ins gelobte Land, und läßt seine fromme Gattin, die nachher auch heilige, Elisabeth zurück. Sie wird, während seiner Abwesenheit, hart behandelt, und statt des geliebten Gemahls ersehnte Rückkehr zu feyern, muß sie seine Leiche empfangen. Dieß ist geschichtlich, und der Dichter ist der Geschichte treu geblieben. Man muß gestehen, daß es diesem

Schauspiele keineswegs an dichterischem Werthe gebricht, daß die Jamben, in welchen es geschrieben ist, ziemlich rein sind, und die eingestreuten gereimten Verse nicht ohne Rhythmus und glückliche poetische Wendungen. In dieser Art zeichnen wir besonders den Monolog der Landgräfin S. 25 aus.

Der Vf. von No. 4, Hr. von *Ayrenhoff*, wohl jetzt der älteste dramatische Dichter Deutschlands, hat in seinem *vier und achtzigsten* Lebensjahre seine *Trauerspiele, durchaus neu verbessert*, herausgegeben, und in einem Schreiben an das Wiener Publicum über unser jetziges Theaterwesen seinem Herzen, vielleicht zum letztenmal, Luft gemacht, und dem „abgedankten Aristoteles," nebst der sogenannten *geregelten* Tragödie in Schutz genommen. Wir wollen ihm das gar nicht verargen, können uns jedoch nicht überzeugen, daß die Reifröcke der *Corneille*, *Racine* u. A. in unseren Zeiten, der herrlichen Melpomene noch eben so viele Verehrer, wie ehedem, zuführen würden. Außerdem hat Hr. *v. A.* mit seinen Trauerspielen auch ein *Schreiben über Deutschlands Theaterwesen* abdrucken lassen, welches, wenn auch nicht beherzigt, doch gelesen zu werden um so mehr verdient, da es ganz unterhaltend ist. Wir erfahren z. B. durch dasselbe (1 B. S. 320), daß *Hamlet* ein eben so *alberner* und *schlecht durchgeführter Charakter* ist, als *Götz von Berlichingen* und *Sophokles Ödip*. Zwar will Hr. *v. A.* das, was der Englische Kunstrichter *Reymer* von *Shakespeare* sagt: daß es keinen Pavian in Afrika gebe, der so wenig Geschmack als dieser Dichter besitze, „weder bekräftigen, noch (dem) *widersprechen*" (S. 323); aber er glaubt doch, daß derselbe „kein so elender Heldenzeichner gewesen wäre, wenn er es nicht hätte seyn *wollen.*" Eine ähnliche Äußerung ist folgende: „Ich höre nie *Shakespeare's* Namen aussprechen (2 B. S. 95), ohne mich sogleich an den Eingang von Horazens Dichtkunst zu erinnern." Dergleichen findet sich mehr.

Des Vf.s Trauerspiele wurden mehrentheils in *Wien* zuerst aufgeführt, aber es ist sonderbar, daß beynahe alle anderen Theater gar keine Notiz davon nahmen, wiewohl seine *Lustspiele* auf andere Bühnen gebracht wurden, und besonders die beliebte Persiflage, *der Postzug*, allenthalben gefiel, wo sie gege/ben wurde. Dennoch scheinen seine *Trauerspiele* ihm näher am Herzen zu liegen, als uns allen. Sie sind (denn Viele werden sie kaum dem Namen nach kennen): *Aurelius*; *Hermanns Tod*; *Tumelicus*; *Kleopatra und Antonius*; *Virginia*; *Irene*, eine Skizze. Dem Schauspiele *Kleopatra* folgt eine Ehrenrettung dieser Königin gegen den Herrn von *Kotzebue*. Dieses *Officium boni viri* hat ganz unsern Beyfall. Denn es ist allgemein bekannt, daß Hr. *v. K.* geschichtlich sich gar sehr an dem Charakter der Kleopatra versündiget hat. – So viel von dem allen; und da Hr. *v. A.* (1 B. S. 11) „bey all dem *mißlichen* Zustand unsers Theaters, noch *keinerdings* an einer *erwünschlichen* Abänderung verzweifelt," so ist es dann wohl möglich, daß wir seine Trauerspiele auch auf *allen* Deutschen Bühnen sehen werden, ob es gleich die neuern Theaterkritiker für unmöglich halten.

No. 5 hat Stellen voll wahrer Dichterkraft und Würde, und ist sich ziemlich immer gleich, und gut gehalten; auch ist die Sprache (einige Stellen abgerechnet) edel. Was uns nicht gefällt, sind die Prozeß-Verhöre im zweyten Act. Sie schildern zwar die Advocaten der Römer recht gut, und geben die Contraste gegen die Gebräuche der Deutschen; aber sie ermüden, und auf dem Theater würden sie ganz und gar keine Wirkung hervorbringen. Am Schlusse des Stücks prophezeiht die Wahrsagerin Aurinia, wie es in der Zukunft Deutschland ergehen, und wie es nach vielen Leiden endlich wieder werde errettet werden. Dieß ist der Übergang zu der Zueignung an *Blücher*. Die gereimten Stanzen, in welchen diese Prophetin spricht, sind alles Lobes werth.

„Dieses Schauspiel schrieb ich, (sagt der Vf. von No. 6) zu Wien im Jahre 1813 zwischen dem Kulmer und Leipziger Sieg. Es entstand in dem Zeitraum von etwa vier Wochen, (eine viel zu lange Zeit für ein so äußerst mittelmäßiges Product!) und war für das Theater an der Wieden, (wo das gemein Komische daheim ist,) geschrieben, kam aber nicht zur Aufführung. (Selbst *dort* nicht?) Diese ganze Arbeit fand lange keinen Verleger. (Das ist zu glauben!) Die Maurer'sche Buchhandlung in Berlin, (sie wird zu beklagen seyn) hat sie mit einigem Vertrauen übernommen," u. s. w. Es läßt sich in der That kaum begreifen, wie Solcherley, als in diesem Schauspiele zu finden ist, noch 1813 geschrieben und 1817 gedruckt werden kann. Ewige Reminiscenzen aus den Kernscenen in Wallensteins Lager, lahme Verse, matte und unwitzige Späße, gemeine Ausdrücke, und ein Soldatenleben mit Haut und Haar, wie man es im *Simplicissimus*, in seines feinen Cameraden Leben, des lahmen *Springinsfeld*, der *Madame Courage*, und andern lockern Büchern findet, die in der Zeit des dreyßigjährigen Krieges, geschrieben wurden. Und damit will man uns jetzt amusiren?

Die Erzählung No. 7, einer des Boccaccio nachgebildet, in Stanzen, ist dem ungenannten Dichter recht gut gelungen, und er darf sich wohl an größere Versuche dieser Art wagen. N. E.

VI Handschriften der Werke 1813–1816

Bei der Beschreibung der Manuskripte kann es sich nur um vorläufige Angaben handeln, erst recht bei Hinweisen zur Datierung. Unter den Handschriften des Freien Deutschen Hochstifts werden alle Überlieferungsträger aufgeführt, die für die Datierung der Wiener Schriften relevant sind. Da in Editionen und Untersuchungen zu Bettine von Arnims *Frühlingskranz* die Frage, welche Handschriften ihres Bruders Bettine besaß, bislang nicht konsequent berücksichtigt wird, wird der Inhalt der beiden Gedichtkonvolute FDH 7718 und 7719 ausführlicher mitgeteilt (vgl. FBA 11,2, S. 672f.).

(1) Stadtbibliothek Mainz, Dauerleihgabe UB Mainz

4° Ms 87–14

Konvolut, 7 Einzelblätter, 6 Doppelblätter

M 1 Entwurf zu *Östreichs Muth, Sieg und Hofnung* (H^6)

M 2 Entwurf zu *Östreichs Muth, Sieg und Hofnung* (H^6)

M 3 Entwurf zu *Victoria* (H^3)

M 4 Entwurf zu *Victoria* (H^5)

M 5 S. 1: Gedichtentwürfe: „Zieh Schimmel, zieh…" (vgl. FBA 9,2, S. 172), „Fort, fort nur vom Flecke…", „Fahr zu Mauschel…" – „Umsonst ist der Tod…", „Als ich jüngst nach Polen kam…", „Es singt dein Pelz verdammter Israelithe…" – S. 2: Prosaentwurf zu einem im

Zusammenhang der *Gründung Prags* stehenden Prosatext („Jeder Staat hat in seiner Geschichte…“)[1]

M 6 Entwurf zu *Österreichs Adlergejauchze* und zu *Victoria* (H^2)
M 7 Entwurf zu *Östreichs Muth, Sieg und Hofnung* (H^8)
M 8 Entwurf zu *Östreichs Muth, Sieg und Hofnung* (H^3)
M 9 Entwurf zu *Östreichs Muth, Sieg und Hofnung* (H^8)
M 10 Entwurf zu „Mußt ma nit in Übel aufnehma…“
M 11 Entwurf zu *Das Maifeld von St. Helena*
M 12 Entwurf zu *Klage- und Siegsgeschrei der Elbnymphe*
M 13 Entwürfe zu *Das Maifeld von St. Helena*
Vgl. Baader, S. 18; FBA 15,4, S. 39.

(2) Sammlung Varnhagen, Biblioteka Jagiellońska, Kraków

Kasten 36
Konvolut, 3 Einzelblätter, 5 Doppelblätter

BJ 1 Entwurf zu „Zum schönsten Worte ist es mir vergönnt…“ (*Prolog. Am Geburtstag unsers Kaisers*)
BJ 2 Fortsetzung des Entwurfs; Entwurf zum Vorwort zu *Valeria oder Vaterlist*; Entwurf zu „Herr du hast mit vollem Blüthensegen…“
BJ 3 Entwurf zu „Victoria“ (H^1)
BJ 4: Entwurf zu „Victoria“ (H^1)
BJ 5 Entwürfe zum Schluss von *Viktoria und ihre Geschwister* (H^8)
BJ 6 Entwurf zu *Victoria* (H^1)
BJ 7 Entwurf zu *Victoria* (H^1) und Notiz 4 zu *Victoria*
BJ 8 Notiz 1 zu *Victoria*
Vgl. Stern, S. 106; FBA 15,4, S. 38–40, 44f.

(3) Sammlung Preußischer Kulturbesitz, Staatsbibliothek zu Berlin: Sammlung Härtel

Konvolut, 3 Blätter, 7 Doppelblätter
Zur Sammlung Härtel vgl. Ernst Zinn, Klopstocks unverlorene Ode *Die Entscheider*, in: ders., Viva Vox. Römische Klassik und deutsche Dichtung, Frankfurt am Main u. a 1994 (Studien zur klassischen Philologie 80), S. 289–302, dort S. 293.

(4) Sammlung Preußischer Kulturbesitz, Staatsbibliothek zu Berlin, Autographensammlung

Ms. germ. fol. 1240 *Aloys und Imelde* (1. Fassung)
74 Bl.; Lilie / GB

[1] Gajek, Homo poeta (Anm. I,22), S. 471f. datiert den Text in die Jenaer Zeit und leitet daraus Mutmaßungen über Brentanos angebliche Kenntnis ungedruckter Manuskripte Hardenbergs ab (auch alle übrigen im Zusammenhang erwähnten Texte sind unrichtig datiert); ebenso noch ders., in: FBA 1, S. 304. Siehe dagegen Pravida, in: FBA 15,4, S. 39. Vgl. Pravida, Die Erfindung des Rosenkranzes (Anm. I,22), S. 225; Charlton Payne, The Epic Imaginary. Political Power and its Legitimations in Eighteenth-Century German Literature, Berlin, Boston 2012 (Studien zur deutschen Literatur 197), S. 193.

Ms. germ. fol. 1241 *Aloys und Imelde* (2. Fassung)
37 Bl.; Lilie / WGB und gekreuzte Schlüssel;
Bl. 37: Notizen *Zur Oper Venusberg* und Gedichtentwürfe „Wenn ich ein Schwäblein wäre…“, „Das Weib sprach, hoch an Würdigkeit…“, I W EBART
Vgl. Pravida, Die Erfindung des Rosenkranzes (Anm. I,22), S. 16, Anm. 19; Holger Schwinn, FBA 15,2, S. 71–74, 81–83.

(5) Goethe- und Schiller-Archiv, Weimar

2 Konvolute, 9 Doppelblätter sowie 5 Doppelblätter und 2 Einzelblätter
GSA 03/1045,1 Östreichs Muth, Sieg und Hofnung (H^{1}, H^{10})
GSA 03/1045,2 Östreichs Muth, Sieg und Hofnung (H^{4})
Vgl. Karl-Heinz Hahn, Goethe- und Schiller-Archiv. Ein Bestandsverzeichnis, Weimar 1961, S. 229; FBA 15,4, S. 226, 230f., 236–238.

(6) Österreichisches Theatermuseum, Wien

Konvolut, 3 Blätter, 7 Doppelblätter
Valeria oder Vaterlist. Ein Lustspiel in 5. Aufzügen
Valeria oder Vaterlist. Ein Lustspiel in fünf Aufzügen
Vgl. Steig, Valeria oder Vaterlist, S. III.

(7) Freies Deutsches Hochstift, Frankfurt am Main

5717	*Weihnachtsgeschenk für Verschwörungsliebhaber* (Prosa) Dbl. und Bl., Posthornwappen, I W EBART
7190	*Schmalz und Niebuhr* (Prosa) 3 Bl., I W EBART
7514	*Blutschuld Todtenbraut* 7 Dbl., gekreuzte Schlüssel / STOCKAU
7517	*Geheimrath Schmalz* (Drama) 16 Dbl. und Bl., Krone / GHI (1. Fassung) und Figur in Krönungsmantel / I W EBART (2. Fassung)
7518,1	Notizen zu dramatischen Plänen: *Erste Liebe, treuste Liebe / Fest auf dem Schloß / Hermann* Bl., Wappen von Ungarn / AKIESLING
7518,2	*Lissabonne* (Prosa) Dbl., gekreuzte Schlüssel / STOCKAU
7518,3	„Ich heiße Lorenzo…“ (Dramenentwurf) Dbl., St. Nepomuk
7518,4	*Der verliebte Postmeister* (Dramenentwurf) / daktylische Verse „Ich will sie fangen…“ Dbl., P A M
7518,5	*Pugaschef* (Dramenentwurf) Dbl., gekreuzte Schlüssel / STOCKAU
7518,7	Dramennotizen: *Trimalcio / Bärenhäuter / Pomona und Vertumnus* Dbl., Wappen von Ungarn / AKIESLING

7518,8 *Phaon und Sapho* (Dramenentwurf)
Dbl., Bl., Krone / GHI

7519 *Oranje boven* (Drama)
3 Dbl., Bl., Wappen von Ungarn / JRIHTER

7522 a–c *Juanna* (Drama, 1. und 2. Fassung)[2]
10 Dbl., Bl., HCB und 14 Dbl., 2 Bl., HCB

7523 *Kirschfest zu Naumburg* (Dramennotiz)
Bl., Posthornwappen / C&I HONIG

7524 a–c *Merlin und die Tafelrunde* (Drama)
3 Dbl., Figur in Krönungsmantel / I W EBART

7525,1 „Zigeunerin“ (Drama)
Dbl., stilisierter Baum / I M MARBURG

7525,2–3 „Zigeunerin“ (Drama)
2 Dbl., Anker RH / Ankerschild

7527 a–c *Die deutschen Flüsse*
4 Dbl., St. Nepomuk / GRAZ

7547 „Ihr wollt ein Lied…“ (*Die drey Nahmen der Liebe des Österreichers*, Reinschrift)
Bl., Wappen von Ungarn / ⟨JRIHTER⟩

7717,1–10 *Wappensprüche* (zu *Merlin und die Tafelrunde*)
10 Bl., Hollandia / ADVORSTER

7718,1–16 Gedichtkonvolut

7718,1 Sonette „Es saß ein Kind ganz still zu meinen Füßen…“, „Soll sich vor dir des Baumes Stolz enthüllen…“
Dbl., G F GLIPPL*(?)* (vgl. FBA 1, S. 373)

7718,2 Entwurf zu *Östreichs Muth, Sieg und Hofnung* (H^{8})
Bl., ⟨Wappen von Ungarn⟩/ JRIHTER

7718,3 „Meister ohne dein Erbarmen…“ (*Frühlingsschrei*, 1. Fassung) / Prosaentwurf: „bei meinem Aufenthalte in Memel, hatte ich mehrere Erscheinungen…“
Bl., Hollandia / ⟨ADVORSTER⟩ (vgl. FBA 3,1, S. 286)

7718,4 Gedichte zur Berliner Ausstellung 1810: „Von allen die dies Jahr mit Bildern schmücken…“, „Zwei Brüder wie zwei edle Füllen…“, „Nicht alle wissen so wie du zu schauen…“[3]
Bl., kein Wasserzeichen ⟨Schild mit dreizinnigem Stadttor im Doppelkreis / kein Gegenzeichen⟩

7718,5 Entwurf zu *Rheinübergang Kriegsrundgesang* / Notiz 6 zu *Victoria*
Bl., ⟨St. Nepomuk⟩ / GRAZ

7718,6 Briefentwürfe an Pálffy (mit einer Strophe zu *Österreichs Adlerge-*

[2] Vgl. Pravida, Die Erfindung des Rosenkranzes (Anm. I,22), S. 22f., Anm. 47.

[3] Vgl. Petra Maisak und Hartwig Schultz, Verschiedene Empfindungen bei einem Berliner Ausstellungsbesuch. Ungedruckte Texte aus dem Nachlaß Clemens Brentanos, in: JbFDH 1991, S. 109–130, dort S. 113–118. Siehe auch Pravida, a.a.O., S. 23, Anm. 51.

jauchze und Wappengruß) und an Herberstein-Moltke / Entwurf zu *Viktoria und ihre Geschwister* (H^4)
Dbl., Posthornwappen / C & I HONIG

7718,7 Entwurf zu „Mußt ma nit in Übel aufnehma…“, Entwurf zum Prolog zur *Gründung Prags* / „Wohl um dieselbe Zeit…“ (zu *Kosackisches Volkslied vom König Antiochus in Persien*)
Bl., W. W.

7718,8 „Wer zum Teufel hat die Jamben dir erfunden…“ (*Eksteins Turm von Pisa)*
Dbl., gekreuzte Schlüssel / STOCKAU

7718,9 Entwurf zu *Die Erfindung des Rosenkranzes*, XVII / „Laß dich mein Freund den Tadel nicht verführen…“
Bl., kein Wz.

7718,10 Gedichtentwürfe „Es gilt ein unentschiednes Jugendleben…“, „Morgenstund hat Gold im Mund…“, Notiz „Rosaura allein…“
Bl., Lamm / ⟨EICHWALD⟩

7718,11 Gedichtentwürfe „O kühler Wald…“, „Wenn ich ein Bettler wär…“
Bl., Baselstab im Rahmen

7718,12 Gedichtentwürfe „Hamburg, o Hamburg…“ (*Klage eines vertriebenen Hamburger Bootsmanns*), Entwürfe zu „Heut zur Nacht hat sich der Schlummer…“ (*Klage- und Siegsgeschrei der Elbnymphe*)
Bl., W. W.

7718,13 Gedichtentwurf „Du langeiliger Mann von Wort…“
Bl., St. Nepomuk, darunter GRAZ

7718,14 Gedichtentwürfe und -fragmente (1799; vgl. FBA 1, S. 233–237)
Dbl., Krone CR / IHA

7718,15 Prosa zu Theaterkritiken („mit dem Theater beabsichtige …“, Bruchstück einer Besprechung und Beurteilung von Schauspielern)
Dbl., Lamm / EICHWALD

7718,16 „Es ritt aus Köln ein Edelknecht…“
Bl., gekrönter Adler mit gekreuzten Schwertern

7719,1–24 Gedichtkonvolut

7719,1 „Es ist Gebrauch seit langer Zeit…“ (Reinschrift)
Dbl., Wappen von Ungarn / JRIHTER

7719,2 „Es war Gebrauch seit langer Zeit…“ (Entwurf)
Dbl., St. Nepomuk (in der Mitte des Dbl.)

7719,3 Entwürfe zu „Es war Gebrauch seit langer Zeit…“ und zu den Gedichten an Beethoven
Dbl., St. Nepomuk

7719,4 Dramennotiz „Capacho. Rabelin. Die Braut ist mein…“ (nach Cervantes' *Das wunderthätige Puppenspiel*)
Bl., HCB

7719,5 „Tritt heraus, Tritt heraus…“ (zu *Merlin und die Tafelrunde*)
Dbl., W G

7719,6 „Bist du matt und müd…“ (zu *Victoria*)
Bl., ⟨P A M⟩

7719,7 „Auf Sinai im brennenden Dorn“ (zu *Die Schachtel mit der Friedenspuppe*)
Bl. (Briefpapier), gekrönter Schild

7719,8 Gedichtentwürfe „Nach dem ernsten Nachtgesichte…“, „Dein Tauwerk ruinirt…“ (zu *Klage eines vertriebenen Hamburger Bootsmanns*)
Bl., W. W.

7719,9 „Als ich auf meines Daseins Zinne stand…“
Bl. (Briefpapier)

7719,10 „es spricht sich schlecht davon…“ (zu *Juanna*)
Bl., ⟨HCB⟩

7719,11 Entwürfe zum Prolog der *Gründung Prags*
Dbl., W. W.

7719,12 Szenenbruchstück zu *Juanna*
Bl., ⟨HCB⟩

7719,13 „Daß man noch bei Dresden stürme…“ (zu *Moreaus Tod*)
Dbl., W. W.

7719,14 Notizen zur Zensur von „Nun jauchze mein Östreich…“ / Entwurf zu *Rheinübergang Kriegsrundgesang*
Bl., P A M

7719,15 Vorrede zu *Valeria oder Vaterlist*, Widmung an Schauspieler Korn
Dbl., Wappen von Ungarn / JRIHTER

7719,16 Szene zu *Juanna*
Dbl., Krone / HCB

7719,17 „O seelge Stunde…“ (Szene und Schlusschor zu *Die stumme Engländerin*)
Dbl., drei Lilien in Vase / W. S.

7719,18 Bruchstücke eine Szene („DIE DAME. Es ist recht gut, daß sie kommen…“) / „Die deutsche Sitte, die des Jahres Gränze…“
Dbl., St. Nepomuk

7719,19 Entwurf zu *Östreichs Muth, Sieg und Hofnung* (H^5)
Dbl., Wappen von Ungarn / JRIHTER

7719,20 Entwurf zu *Östreichs Muth, Sieg und Hofnung* (H^7)
2 Bl., Wappen von Ungarn / JRIHTER

7719,21 Entwurf zu *Die drey Nahmen der Liebe des Österreichers*
Bl., JRIHTER

7719,22 Dramenentwurf *Die stumme Engländerin*
Dbl., drei Lilien in Vase / W. S.

7719,23 „Und es hob sich ein Geklage…“ (zu *Moreaus Tod*)
Dbl., gekreuzte Schlüssel / STOCKAU

7719,24 Briefentwurf an Pálffy (FBA Brief-Nr. 638) mit Notizen zur Zensur von *Österreichs Adlergejauchze und Wappengruß*
Bl. (Briefpapier), C & I HONIG

7923 *Todes Wiegenlied* (Abschrift von Luise Hensel) / „Drei sind im Himmel, die da Zeugnis geben…“, „An dem Bild den würdigen Gesellen…“, „Laß dich mein Freund den tadel nicht verführen…“, „So mutterselig ohne Thränen…“
Bl., drei Lilien in Vase

7927 „Mit dem Feinde will ich Knöchlein loosen…“, „Der Mensch ist frei…“
Dbl., W. W.

7941 a–c *Klage eines vertriebnen Hamburger Bootsmannes* (Entwurf)
4 Bl., W. W.

7941 d *Klage eines vertriebnen Hamburger Bootsmannes* (Reinschrift)
2 Bl., ⟨JRIH⟩TER

7942 a–b *Kosackisches Volkslied vom König Antiochus in Persien*
2 Dbl., JRIHTER

7943 *Bei Christian Grafen von Stollbergs Tod*
Bl., I W EBART

7944,2 *Treue Übersetzung in Worte, der Gesichter... (*Gedicht auf Klingemanns *Faust*) (H[1])
Bl., Krone / ⟨GHI⟩

7944,3 *Treue Übersetzung in Worte, der Gesichter... (*Gedicht auf Klingemanns *Faust*) (H[5])
Bl., I W EBART

7945 „Du bist in leichter Zeit geboren…“ (*Auf dem Geburtstagfest des Grafen Brandenburg*)
Bl., GHI

7946 „Vor allem hoch das Vaterland…“ (*Rundgesang der deutschen Gesellschaft in Berlin*)
Bl., Krone / ⟨GHI⟩

7949 „Das Kriegsrecht gesprochen…“ / „Shäkspears Leib auf Schröders Bahre…“ (zu „Einstens glaubt ich in den Künsten…“) / Entwurf zum *Wohlriechenden Franziskerl*
Bl., Figur in Krönungsmantel / ⟨I W EBART⟩

7968 a,1–4 Gedichte: *Aufgang des Sterns von der Katzbach à la Belle Alliance. 19. Juni 1815* (Reinschrift), *Bruchstück eines Liedes als meines Oheims Sohn Hellmuth von La Roche das Eiserne Kreuz erhalten sollte*, Entwürfe, beschriftete Tabaktüte „Soldatische Liederskitzen“
1: Bl. (Briefpapier)
2: Dbl., I W EBART
3: Bl., Krone / I W EBART
4: „Beste Varinas Porto Rico en Virginie TABAK te koop by I & G: Westenenk. TE DEVENTER“

7968 c Entwurf zu einem Gedicht an Schinkel: „Warum o Freund dienst du der tollen Kunst…“, „Ich hör die Spindel schwirren…“
Bl., GHI

7968 d	Entwurf zu einem Gedicht an Schinkel: „Umsonst beschwört der Schein… „Umsonst beschwört der Schein…“ Bl., kein Wasserzeichen
7968 e	„Ein Jahr ists, da ich dich gerufen…“ (vgl. FBA 3,1, S. 284) / Gedichtentwürfe zum Gockelmärchen Bl., GHI
7968 i	„Herbei, herbei die Welt ist frei…“, „Und das solch Heil nie mög verlohren gehn…“ (zu „Die Lüge schwand vor Gottes Schwert dahin…“; vgl. *Östreichs Muth, Sieg und Hofnung*, H[8], FDH 7718,2) Bl., Krone
7968 l	„Ja mit drohenden Kometen…“ Bl. (grobes, beigefarbenes Papier), kein Wz. Datierung: möglicherweise Herbst 1813 (Motivübereinstimmungen mit Wiener Dramen)
7972	„Bonapart zieht aus zu Kriege…“, „Armer Frühling, armer Frühling…“ fragmentiertes Bl., kein Wz.
8019	„In dem Lichte wohnt das Heil…“ (Reinschrift), „Eh ich noch etwas war…“ Bl., Wasserzeichenrest (Hollandia?) gehörte zusammen mit FDH 8064, 8074 b–c, 8075, 8084 a–b, 8149, 20777 zu einem umfangreicheren gebundenen Heft mit Gedichtreinschriften und -entwürfen
8064	„Nun soll ich in die Fremde ziehen…“ (Reinschrift) Bl., Wasserzeichenrest (Hollandia?)
8073 a	*Tiroler Wetter und Barometter* (Entwurf) 2 Dbl. und Bl., Wappen von Ungarn / JRIHTER
8073 b	*Tiroler Wetter und Barometter* (Reinschrift) 2 Dbl., Bl., P A M
8074 a	„Grüß dich Gott Sieges Greis…“ (Entwurf) Dbl., Figur in Krönungsmantel / I W EBART
8074 b–c	„Grüß dich Gott Sieges Greis…“ (Reinschrift) Dbl., Bl., Hollandia / ADVORSTER
8075	*Lied der Frauen, wenn die Männer im Kriege sind* (Reinschrift) Bl., Hollandia / ADVORSTER
8083	„Mägdlein, schlag die Augen nieder…“ Papierstreifen, ⟨STO⟩CKAU
8084 a–b	„Komm Hexchen, weil die Sonne scheint…“ (Entwurf) 2 Bl., Hollandia / ADVORSTER
8088	Notizen und Gedichtentwürfe zur 2. Fassung von *Aloys und Imelde* Dbl. Lilie / WGB
8119	Entwurf zu „Der Musikanten schwere Weinzunge…“ Bl., ⟨Lilie / WGB⟩

8122 „Als mich Gott der Herr erschaffen…“ (*Wiedersehen*), Entwurf zu *Victoria* (H^7)
Bl., F R (?)

8129 a–c „Einstens glaubt ich in den Künsten…“
Dbl., 2 Bl. IB (Dbl.); ADVORSTER (Bll.)

8137 „Herr du hast mit vollem Blütensegen…“ (*Worte am Hügel*)
2 Dbl., C & I HONIG

8149 „Mußt ma nit in Übel aufnehma…“ (*Wohlriechendes Franziskerl*, Reinschrift)
Bl., Hollandia / ADVORSTER

10140,12 Notiz *Östreichisch Stückelchen*
Bl., kein Wz.

15782 „Ich soll singen…“ (Gedichtentwurf auf Junfer Focke)
Bl., Krone / ⟨I W EBART?⟩

20262 Zueignung eines Werkes mit altdeutschen Trachten an einen Fürsten
Dbl., I W EBART

20777 „Ich weiß es wohl, du hast um mich geweint…“ (Reinschrift)
Bl., Hollandia / ADVORSTER

Vgl. Katalog FDH, S. 87–103.

VII Übersicht der Papiersorten 1813–1816

Prag, 1811–1813

(1) Wappen von Ungarn / AKIESLING

FDH 7518,1 Dramennotizen: *Erste Liebe, treuste Liebe / Das Fest auf dem Schloß / Hermann*

FDH 7518,7 Dramennotizen: *Trimalcio / Bärenhäuter / Pomona und Vertumnus*

Prag, Juli 1813

(2) Lamm / EICHWALD

UB Mainz, 4° Ms 86–1 Brief an Rahel Robert, 18. oder 19. August 1813 (FBA Brief-Nr. 631)

FDH 7718,10 Gedichtentwürfe / „Rosaura allein…“

FDH 7718,15 Theaterprosa

Wien, August bis September 1813

(3) W. W.

FDH 7718,7 *Wohlriechendes Franziskerl* / Prolog zur *Gründung Prags*

FDH 7718,12	„Hamburg o Hamburg…“ (zu *Klage eines vertriebenen Hamburger Bootsmanns*)
FDH 7719,8	„Nach dem ernsten Nachtgesichte…“ (zu *Moreaus Tod*), „Hamburg, dein Tauwerk ruiniert…“ (zu *Klage eines vertriebenen Hamburger Bootsmanns*)
FDH 7719,11	Entwürfe zum Prolog zur *Gründung Prags*
FDH 7719,13	„Daß man noch bei Dresden stürme…“ (zu *Moreaus Tod*)
FDH 7927	„Mit dem Feinde will ich Knöchlein loosen…“ / „Der Mensch ist frei…“
FDH 7941 a–c	*Klage eines vertriebenen Hamburger Bootsmannes*
M 12	*Klage- und Siegsgeschrei der Elbnymphe*
M 13	Entwürfe zu *Das Maifeld von St. Helena*

(4) Gekreuzte Schlüssel / STOCKAU

FDH 7514	*Blutschuld Todtenbraut*[4]
FDH 7518,2	*Lissabonne*
FDH 7518,5	*Pugaschef*
FDH 7718,8	*Eksteins Turm von Pisa*
FDH 7719,23	„Und es hob sich ein Geklage…“ (zu *Moreaus Tod*)
BJ 8	Notiz 1 zu *Victoria*
M 4	Gedichtentwürfe zu *Victoria*
M 5	Trompeterstücken / Prosa zur *Gründung Prags*
M 6	Entwurf zu *Victoria* (H^2)

Wien, September bis Oktober 1813

(5) P A M

BJ 7	*Victoria* (H^1)
M 3	*Victoria* (H^3)
FDH 7719,6	„Bist matt und müd…“ (zu *Victoria*)
FDH 7719,14 a–b	„Nun jauchze mein Österreich…“ / *Rheinübergang Kriegsrundgesang*
FDH 7518,4	*Der verliebte Postmeister* (Dramenentwurf) / Gedichtentwurf „Ich will sie fangen…“
FDH 7942 a–b	*Tiroler Wetter und Barometter*

4 Grössel, Brentanos Drama *Aloys und Imelde* (Anm. V,219), S. 29 möchte das Drama während der Prager Zeit entstanden sehen, führt aber keinen Nachweis dafür. Hingegen kann sich die Datierung in den Sommer 1813, die Christina Sauer, Brentanos Dramenfragmente (Anm. I,66), S. 253f. vorschlägt, auf ein haltbares Indiz stützen, die verwendete Papiersorte. Das Drama gehört entweder in die letzte Prager Zeit (Brentano hätte dann Papier der Mühle Stockau von Prag nach Wien mitgebracht) oder in die ersten Wiener Wochen. Es ist jedoch nicht erkennbar, dass das Werk für eine Aufführung auf einem Wiener Theater verfasst worden wäre.

Wien, November bis Dezember 1813

(6) St. Nepomuk / GRAZ

FDH 7527 a–c — Die deutschen Flüsse
FDH 7718,5 — Entwurf zu *Rheinübergang Kriegsrundgesang* / Notiz 6 zu *Victoria*
FDH 7718,13 — „Du langweiliger Mann von Wort…“ (Februar 1814)
BJ o. Nr. — Fiktiver Briefwechsel über das Theater („Lieber Freund! Sie scheinen ganz vergessen…“)

Wien, Dezember 1813

(7) St. Nepomuk

FDH 7518,3 — „Ich heiße Lorenzo…“
FDH 7719,2 — „Es war Gebrauch seit langer Zeit…“
FDH 7719,3 — Entwürfe zu „Es war Gebrauch seit langer Zeit…“ und zu den Gedichten an Beethoven
FDH 7719,18 — Dramenszene / „Die deutsche Sitte, die des Jahres Gränze…“

Wien, Januar bis Februar 1814

(8) Wappen von Ungarn / JRIHTER

FDH 7719,1 — „Es ist Gebrauch seit langer Zeit…“ (Reinschrift)
FDH 7719,21 — Entwurf zu *Die drey Nahmen der Liebe des Österreichers*
FDH 7941 d — *Klage eines Hamburger Bootsmannes* (Reinschrift)
FDH 7942 a–b — *Kosackisches Volkslied*
GSA 03/1045,2 — *Östreichs Muth, Sieg und Hofnung* (1. Fassung)
M 8 — Entwürfe zu *Östreichs Muth, Sieg und Hofnung* (H^3)
M 1 — Entwürfe zu *Östreichs Muth, Sieg und Hofnung* (H^6)
M 2 — Entwürfe zu *Östreichs Muth, Sieg und Hofnung* (H^6)
FDH 7719,20 — Entwürfe zu *Östreichs Muth, Sieg und Hofnung* (H^7)
M 7 — Entwürfe zu *Östreichs Muth, Sieg und Hofnung* (H^8)
M 9 — Entwürfe zu *Östreichs Muth, Sieg und Hofnung* (H^8)
FDH 7718,2 — Entwürfe zu *Östreichs Muth, Sieg und Hofnung* (H^8)
GSA 03/1045,1 — *Östreichs Muth, Sieg und Hofnung* (2. Fassung)
FDH 7519 — *Oranje boven*
FDH 7719,15 — Vorrede zu *Valeria oder Vaterlist*

Liebwerda, August 1814

(9) F R (?)

FDH 8122 — „Als mich Gott der Herr erschaffen…“ (*Wiedersehen*), Entwurf zu *Victoria* (H^7)

Berlin, Juni 1815

(10) Krone / I W EBART

FDH 7968 a,3	Entwurf zu *Aufgang des Sterns von Katzbach*
FDH 15782	„Ich soll singen…" (Gedichtentwurf auf Junfer Focke)

Berlin, November bis Dezember 1815

(11) I W EBART

FDH 7190	*Schmalz und Niebuhr*
FDH 7745	Entwurf zu *Merlin*, Entwurf zu *Viktoria und ihre Geschwister*

(12) POSTHORNWAPPEN / I W EBART

FDH 5717	*Weihnachtsgeschenk für Verschwörungsliebhaber*

(13) FIGUR in Krönungsmantel / I W EBART

FDH 7517	*Geheimrath Schmalz*
FDH 7524 a–c	*Merlin und die Tafelrunde*
FDH 7719,5	„Tritt heraus, Tritt heraus…" (zu *Merlin und die Tafelrunde*)
FDH 7949	„Das Kriegsrecht gesprochen…" / „Shäkspears Leib auf Schröders Bahre…" (zu „Einstens glaubt ich in den Künsten…") / Entwurf zum *Wohlriechenden Franziskerl*
FDH 20262	Zueignung eines Werkes mit altdeutschen Trachten an einen Fürsten

Berlin, Dezember 1815 – Anfang 1816

(14) Hollandia / ADVORSTER

FDH 7717	*Wappensprüche*
FDH 7718,3	*Frühlingsschrei* (1. Fassung), Prosaentwurf: „bei meinem Aufenthalte in Memel, hatte ich mehrere Erscheinungen…"
FDH 7968 m	„Zu den Kindern zu den frommen…"
FDH 7970 e	*Williram Graf zu Sponheim*
FDH 8019	„In dem Lichte wohnt das Heil…" (Reinschrift), „Eh ich noch etwas war…"
FDH 8044	„Draus bei Schleswig vor der Pforte…"
FDH 8064	„Nun soll ich in die Fremde ziehen…" (Reinschrift)
FDH 8074 b–c	„Grüß dich Gott Sieges Greis…"
FDH 8075	*Lied der Frauen, wenn die Männer im Kriege sind* (Reinschrift)
FDH 8084	„Komm Hexchen, weil die Sonne scheint…" (Entwurf)
FDH 8133	„Einen Teig will ich mir rollen…" (zu *Das Märchen von Komanditchen*)
FDH 8149	*Wohlriechendes Franziskerl*
FDH 16322	„Der Musikanten schwere Weinzunge…"
FDH 20777	„Ich weiß es wohl, du hast um mich geweint…" (Reinschrift)

VIII Zu den Briefen Brentanos 1813–1817

(616) An Arnim, Prag, Anfang Februar 1813

Hs: FDH 7543

Druck: Schultz/Schwinn 2, S. 673–675. – FBA 33, S. 9–11.

Datierung: Vgl. FBA 33, S. 463. – Zwischen dem Schreiben vom 28.–29. November 1812 von Brentano an Arnim und dem vom 16. Januar 1813 von Arnim an Brentano scheint ein Brief verloren gegangen zu sein. In Brentanos Brief ist von keinem deklamatorischen Plan die Rede, Brentano schreibt lediglich, Müller habe ihn aufgefordert, das Manuskript seines Dramas „zum vorlesen" zu senden (FBA 32, S. 415). Außerdem ist das Werk in seiner „4ten Umarbeitung" noch nicht fertig. Das ist es erst, wie Brentano im Brief an Bang vom 24. Dezember berichtet, um den 20. Dezember („vor einigen Tagen", ebd., S. 430). Von der Vollendung des Stücks und dem „deklamatorischen Plan" spricht Arnim in seinem Brief so, dass notwendig ein Bericht von beidem vorangegangen sein muss, auf den er sich bezieht, falls er sich nicht auf Brentanos Brief an Savigny vom 20. Dezember 1812 beziehen sollte. Am 28. oder 29. November 1812 hatte Brentano angekündigt, „nächstens mehr" zu schreiben, was am 24. Dezember oder einige Tage früher geschehen ist. In einer Nachschrift zu einem Brief Achim von Arnims an Jacob und Wilhelm Grimm, der Anfang Januar geschrieben sein muss, berichtet Bettine weitere Einzelheiten von Brentanos nächsten Absichten (vor dem 9. Januar 1813, Steig 3, S. 265). Diese Briefstelle setzt einen unbekannten Brief Brentanos voraus, aus dem sie hiervon Kenntnis erhielt. Die Erläuterung in Schultz/Schwinn 2, S. 926, zu S. 669,29–34 ist unzutreffend.

(617) An Bang, Bukowan, spätestens 19. Februar 1813 (Poststempel)

Druck: Ein Brief Clemens Brentano's. Mitgetheilt von F. G. Hainkirch, in; Weimarisches Jahrbuch für deutsche Sprache, Litteratur und Kunst 4 (1856), S. 177 bis 179. – FBA 33, S. 11–14.

Datierung: Otto Brechler setzt die zweite Hälfte des Jahres 1812 als Zeitraum an, in dem der Brief geschrieben sein soll (SW 10, S. XI). Da dieser aber unzweifelhaft als Folgebrief auf den Brief vom 24.12.1812 aus Bukowan an denselben Adressaten zu lesen ist (FBA 32, S. 425ff.), muss die Datierung später angesetzt werden. Da, wie aus den ersten Zeilen des Schreibens hervorgeht, Brentano auf den Gegenbrief Bangs unverzüglich antwortete, ist die Datierung auf Januar oder Februar 1813 wahrscheinlich (Mallon 2, S. 224: Anfang 1813). Der Terminus ante quem ist durch den Poststempel gegeben (FBA 33, S. 464).

(620) An Rahel Robert, Prag, wahrscheinlich 25. Juni 1813

Hs: Sammlung Varnhagen, Kasten 36, Biblioteka Jagiellońska, Kraków

Druck: Biographische Portraits, S. 81–82. – FBA 33, S. 16–17.

Datierung: Brentano muss den Brief unmittelbar nach dem Zusammentreffen mit

Rahel Robert geschrieben haben. Dem Brief ging das „Billet“ vom 25. Juni voran, in dem er um Entschuldigung und um das Treffen bat. Vgl. Rahel Robert an Varnhagen, Prag 10.7.1813 (Rahel-Bibliothek 5,1, S. 126); Chronik, S. 90; Isselstein, Rahel und Brentano (Anm. III,173), S. 153, Anm. 4; FBA 33, S. 465.

(621) An Arnim, Prag, Ende Juni bis 2. Juli 1813

Hs: FDH 7544

Druck: Schultz/Schwinn 2, S. 675–677. – FBA 33, S. 19–21

Datierung: Nach den Angaben Rahel Roberts reiste Brentano am „Dienstag“ ab, also am 6. Juli. Demnach könnte Steigs Datierung des Briefes auf den 5. Juli richtig sein, da Brentano darin von der bevorstehenden Abreise am nächsten Tage spricht. Da jedoch andererseits auch davon die Rede ist, dass Scharnhorst „vorgestern“ begraben worden sei, das Begräbnis aber, wie Steig richtig angibt, am 30. Juni stattfand (Steig 1, S. 316; Pertz/Delbrück 3, S. 39), ist auch die Korrektur von Otto Brechler und Friedrich Fuchs, die den Brief auf den 2. Juli datieren, begründet (SW 10, S. XIII; UL, S. 482). Brentano hat aber am Schluss des Briefes selbst den 5. Juli als Datum gesetzt. Begonnen worden ist der Brief mit Sicherheit einige Tage früher, vor dem 28. Juni, da zu Beginn noch davon die Rede ist, dass Scharnhorsts Tod täglich zu erwarten sei (zu Scharnhorsts Tod vgl. Lehmann 2, S. 632; Pertz/Delbrück 3, S. 32–42). Bei Schultz/Schwinn 2, S. 928 wird der Brief im Kommentar falsch zitiert und das Datum der Beerdigung mit dem des Todestages verwechselt, wenn es heißt, der Schlussteil des Briefes müsse am 30. Juni geschrieben sein. Der Brief ist in dem Teil verstümmelt, in dem von Rahel Robert die Rede ist. Damit ist vermutlich auch die sonst übliche Bemerkung weggefallen, die Brentano bei der Wiederaufnahme eines liegengebliebenen Briefes zu machen pflegte. Da die Beerdigung in den letzten Zeilen des Briefes erwähnt wird und auch zwischen dieser Erwähnung und dem Briefschluss keine weitere Unterbrechung angenommen werden muss, ist es wahrscheinlich, dass sich Brentano im Datum geirrt hat, was bei ihm häufig genug vorkommt. Dass er sich in der Angabe „vorgestern“ getäuscht haben sollte, scheint dagegen weniger leicht vorstellbar zu sein.

Was die Frage angeht, wer in den Briefen Brentanos, die Äußerungen über Rahel Robert und über Karl August Varnhagen enthielten, textverstümmelnde Eingriffe vorgenommen habe, äußern sich die Herausgeber der Neuausgabe des Briefwechsels zwischen Arnim und Brentano zu recht vorsichtig.[5] Es war Reinhold Steig, der Varnhagen beschuldigte, Bettine von Arnims Vertrauen missbraucht und die ihm überlassenen Handschriften der Briefe an denjenigen Stellen, die ihn und seine Frau („Madame Levi“) betrafen, mit der Schere purgiert zu

[5] Schultz/Schwinn 2, S. 919f. Zum folgenden vgl. Steig 1, S. 295 sowie die bei Goes, Zur Tauschaktion der Familie Brentano mit der Königlichen Bibliothek in Berlin (Anm. III,232), S. 248ff. mitgeteilten Äußerungen. Siehe auch Pravida, Die Erfindung des Rosenkranzes (Anm. I,22), S. 150, Anm. 412, S. 154, Anm. 423, S. 158 mit Anm. 435.

haben. Die antisemitische Motivation von Steigs Ausführungen ist so offenkundig, dass sich jeder weitere Kommentar erübrigt.[6] Nachdem Ernst Kayka entdeckt hatte, dass es eben Varnhagen war, der Abschriften von Briefpassagen vorgenommen hatte, die im Original heute wegen den in Frage stehenden Eingriffen nicht mehr vorliegen, musste diese Behauptung zweifelhaft werden.[7] Trotzdem ist die von Kayka aufgestellte These, nicht Varnhagen, sondern Bettine von Arnim sei für die Verstümmelungen verantwortlich zu machen, nicht besonders überzeugend. Wenn schon nach Motiven für die Verstümmelung gesucht werden soll, dann könnte Varnhagen angesichts der Äußerungen, die in Brentanos Brief gestanden haben mögen, immerhin Anlass zum Eingreifen gefunden haben. Aus dem Zwiespalt zwischen der in seinem Tagebuch dokumentierten Verärgerung über Brentanos Äußerungen – und zwar gerade in einem Brief, in dem die entsprechenden Passagen heute fehlen[8] – und seinem Selbstverständnis als Handschriftensammler und Editor ließe sich das seltsame Verfahren erklären, die Briefe zu verstümmeln, sie aber nicht gänzlich zu beseitigen.[9] Wie aus der häufigen Erörterung seines Verhältnisses zu Brentano in seinen Tagebüchern, vor allem aber aus einer Äußerung in einem Brief an einen unbekannten Adressaten aus dem Jahr 1837 ersichtlich wird, hat Varnhagen sein eigenes Verhalten gegenüber Brentano lange und nachhaltig beschäftigt, und er war sich über die zweifelhafte Rolle, die er selbst gespielt hatte, durchaus im klaren.[10] Es ist

6 Problematisch sind die Ausführungen von Schultz, Schwarzer Schmetterling (Anm. III,148), S. 514. Zur Stützung der Vorbehalte und Aversionen gegen Varnhagen werden hier Überlegungen herangezogen, die Varnhagen Manipulationen in einer ganz anderen Angelegenheit unterstellen, ohne dafür überzeugende oder auch nur minimal glaubhafte Argumente vortragen zu können; Barbara Hahn, Der Mythos vom Salon. ‚Rahels Dachstube' als historische Fiktion, in: Salons der Romantik. Beiträge eines Wiepersdorfer Kolloquiums zu Theorie und Geschichte des Salons, hrsg. von Hartwig Schultz, Berlin, New York 1997, S. 213–234, dort S. 223–228. Selbstverständlich wird dieser verunglückte Versuch einer „Entmythologisierung" von Rahel Levins erstem Berliner Salon seither allerorten fleißig und zustimmend zitiert.

7 Ernst Kayka, Kleist und die Romantik. Ein Versuch, Berlin 1906 (Forschungen zur neueren Literaturgeschichte 31), S. 198. Feilchenfeldt, Rezension von: Gersdorff, Briefwechsel Brentano/Mereau (Anm. I,19), S. 601f. Ursula Wiedenmann, Karl August Varnhagen von Ense. Ein Unbequemer der Biedermeierzeit, Stuttgart, Weimar 1994, S. 106ff. Vordermayer, Antisemitismus und Judentum bei Brentano (Anm. III,133), S. 179. Feilchenfeldts eigene Äußerungen weisen aber gewisse Schwankungen auf; vgl. ders. in: Varnhagen, WW 4, S. 909 mit WW 5, S. 1184f.

8 Siehe Varnhagens Kommentar vom 22.7.1856 (WW 5, S. 779) zu dem – heute verstümmelten – Brief Brentanos vom 10.12.1811 aus Prag an Arnim (FBA 32, S. 363ff.).

9 Vgl. Konrad Feilchenfeldt, Zwischen Textkritik und Traditionsbewußtsein. Zur Editionsgeschichte neuerer deutscher Autoren in der ersten Hälfte des 19. Jahrhundert, in: LJb N. F. 12 (1971), S. 205–239, dort S. 231ff. – Nach Barbara Hahn soll Varnhagen auch Briefe Rahel Varnhagens an Pauline Wiesel verstümmelt haben; vgl. Varnhagen, Bfw 1, S. 712.

10 Varnhagen, Nachlaß, S. 273.

hingegen nicht leicht zu sehen, welche Veranlassung Bettine von Arnim dazu geführt haben sollte, in einem Satz nur einige Worte auszuradieren, in einem Satz überdies, in dem von Varnhagen die Rede ist.[11] Dagegen bleibt die Frage, weshalb Varnhagen eine Briefpassage erst abschreiben und sie dann im Original eliminieren sollte, wie im Fall des Briefes Brentanos an seine Frau aus Berlin vom 26. November 1804.[12] Immerhin könnte Varnhagen die Briefe verstümmelt und diejenigen Passagen für sich abgeschrieben haben, die für ihn trotz allem von Interesse waren – und nur diese. Dass er ernstlich erwog, die in seinem Besitz befindlichen Briefe Brentanos an Rahel Robert zu vernichten, ist durch ihn selbst überliefert.[13] Sollte sich bei einem Vergleich der Briefhandschriften mit den Abschriften zeigen, dass die ausgeschnittenen Passagen mehr Text enthalten haben müssen, als in den Abschriften überliefert ist, so wäre dies ein starkes Indiz dafür, dass wirklich Varnhagen der Urheber der Verstümmelungen war.[14]

(623) An Rahel Robert, Prag 1.7.1813

Hs: Sammlung Varnhagen, Kasten 36, Biblioteka Jagiellońska, Kraków

Druck: Biographische Portraits, S. 84–89. – FBA 33, S. 22–26.

Datierung: Den 1. Juli hat Varnhagen als Datum erschlossen, da Rahel Roberts Antwort vom folgenden Tag datiert. Vgl. Sabine Oehring, FBA 33, S. 466f.

(625) An Friedrich Schlegel, Wien, nach dem 11. Juli 1813

Hs: FDH 30452

Druck: J. A. Stargardt, Katalog 609: Autographen aus allen Gebieten. Auktion 1. und 2. Juni 1976, Marburg 1976, Nr. 31 (TD). – FBA 33, S. 29–31.

Datierung: Da der Brief keinen Poststempel trägt und Brentano am Ende des Briefes ein Treffen vorschlägt, ist der Brief kurz nach Brentanos Ankunft in Wien (9. Juli) geschrieben und mit dem Boten gesandt worden. Adam Müller, bei dem Brentano Briefe zu hinterlegen vorschlägt, hatte dieser am 11. Juli besucht, wie aus dem Brief an Tieck vom 12. Juli hervorgeht. Da umgekehrt Schlegels Antwort – mit der dieser schwerlich längere Zeit gezögert haben wird – in diesem Brief unerwähnt bleibt, ist der 12. oder 13. Juli als Datum des Briefes nicht unwahrscheinlich. Der Brief befindet sich seit 2011 im Besitz des Freien Deutschen Hochstifts.

[11] Vgl. FBA 33, S. 20.

[12] Berdrow, Rahel Varnhagen (Anm. II,57), S. 187 und Anm. *.

[13] Biographische Portraits, S. 76 (ebenso bei Hahn 6, S. 168). Der Herausgeber der Neuausgabe von Varnhagens Schriften hat diese Schlusspassage von Varnhagens Brentano-Porträt in seiner Edition kommentarlos weggelassen (vgl. Varnhagen, WW 4, S. 906).

[14] Zu einem neueren Versuch, die Verstümmelungen der Briefe in ihrer Motivation zu erklären vgl. Konrad Feilchenfeldt, Rezension von: Karl August Varnhagen von Ense. Schriften und Briefe, hrsg. von Werner Fuld, Stuttgart 1991, in: Heine-Jb. 31 (1992), S. 294–297, dort S. 296.

(627) An Rahel Robert, Wien, spätestens 26. Juli 1813

Hs: Sammlung Varnhagen, Kasten 36, Biblioteka Jagiellońska, Kraków

Druck: Biographische Portraits, S. 92–96. – FBA 33, S. 34–38.

Datierung: Brentanos Brief ist eigenhändig vom 28. Juli 1813 datiert (FBA 33, S. 34). Rahel Robert schreibt in ihrer Antwort vom 1.–4. August jedoch, sie habe den Brief am 28. Juli erhalten (Rahel-Bibliothek 9, S. 317). Entweder ist Rahel Roberts Datumsangabe nicht korrekt oder aber Brentanos Datierung. Da sich Brentano ohnehin öfter im Datum irrt und Rahel Robert, der solche Versehen ihrerseits nicht ganz fremd sind, sich ausdrücklich auf das sonderbare Datum bezieht und die Gründe für die Verzögerung der eigentlich angebrachten unverzüglichen Antwort um drei Tage erläutert, spricht alle Wahrscheinlichkeit für den zweiten Teil der Alternative. Da die Briefpost für die 21 Stationen und 250 Kilometer von Wien nach Prag drei Tage benötigte, ist der Brief spätestens auf den 26. Juli zu datieren. (Ernestine Roberts Brief vom 14. August 1813 hat Rahel Robert am 17. des Monats empfangen, vgl. Rahel an Ernestine Robert, 19.8. 1813, Varnhagen, Bfw 3, S. 322; Brentano hat Susanne von Hügels Schreiben vom 29. Juni 1814 aus Baden bei Wien am 7. Juli erhalten, „welches also drei Tage länger, als gewöhnlich gelaufen“; FBA 33, S. 126f.)

(631) An Rahel Robert, Wien, 18. oder 19. August 1813

Hs: UB Mainz, 4° Ms 86–1

Druck: FBA 33, S. 56–61.

Datierung: Siehe zu Nr. 635.

(632) An Rahel Robert, Wien, 19. oder 20. August 1813

Hs: UB Mainz, 4° Ms 86–2

Druck: FBA 33, S. 61–63.

Datierung: Siehe zu Nr. 635.

(635) An Rahel Robert, Wien, vermutlich 21. August 1813

Hs: verschollen?

Druck: Biographische Portraits, S. 113f. – FBA 33, S. 66.

Datierung: Nach dem Wortlaut des Briefes und nach Varnhagens Angaben handelt es sich um eine Nachschrift zu einem Brief von Ernestine Robert an Rahel. (Aus dieser Korrespondenz der beiden Frauen sind mehrere Briefe verschollen.)

Der Brief antwortet auf einen Brief Rahel Roberts, der von Brentano als „Absage-Brief“ bezeichnet wird (FBA 33, S. 66). Er ist zweifellos mit Rahels Schreiben vom 13. August zu identifizieren (Rahel-Bibliothek 9, S. 334f.). Mit diesem reagiert Rahel Robert auf Brentanos Gegenbrief auf ihren Brief vom 1. bis 4. August. Renata Baroveros Angabe, der Absagebrief Rahel Roberts sei „nicht überliefert“ (Varnhagen, Bfw 3, S. 1167, Anm. 252), beruht allein auf der Annahme,

Brentanos Brief Nr. 635 sei am 25. August entstanden. – Brentano hatte als Entgegnung auf Rahels Schreiben von Anfang August vier Briefe entworfen, von denen nur die ersten beiden abgeschickt wurden:

- Nr. 629 (eigenhändig datiert vom 9. August),
- Nr. 630 (eigenhändig datiert vom 14. August),
- Nr. 631 (vor dem Eintreffen des Absagebriefes) und
- Nr. 632 (direkt nach Nr. 631, aber nach dem Erhalt des Absagebriefes).

Nr. 635 folgt auf die beiden nicht abgesandten Briefe Nr. 631 und 632 – beide blieben in Brentanos Nachlass erhalten und befinden sich heute in Mainz (4° Ms 86–1.2). Brentano hat den Absagebrief durch Ernestine Robert erhalten (FBA 33, S. 61 und 66). Diese war am 14. August nach Baden bei Wien gereist und erst am 19. des Monats wieder nach Wien zurückgekehrt (Ernestine an Rahel Robert, 21.8.1813, Varnhagen, Bfw 3, S. 323). Bei der Rückkunft fand sie Rahels Brief – bei dem es sich um den Absagebrief handelt (wie Renata Barovero feststellt, ebd., S. 1167, Anm. 252) – vor und übergab ihn Brentano (Ernestine an Rahel Robert, 21.8.1813, ebd., S. 323). Brentano kann den Brief frühestens am 19. August erhalten haben, vielleicht erst am Tag darauf. Daher datiert Nr. 631 vom 18. oder 19. August und Nr. 632 vom 19. oder 20. August. Es läge nahe, die Nachschrift dann auf Ernestine Roberts (erhaltenen) Brief vom 21. August an Rahel Robert zu beziehen.

Varnhagen datiert den Brief jedoch auf den 25. August. Brentano war noch am 23. August bei Ernestine Robert zum Mittagessen eingeladen (Ernestine an Rahel Robert, 23.8.1813, Varnhagen, Bfw 3, S. 325), schon am 24. August schreibt er ihr jedoch einen Brief, in welchem er ihre „plötzliche Abreise" bedauert (FBA 33, S. 63), die am 23. oder am 24. des Monats stattgefunden hat (vgl. Ernestine an Rahel Robert, 4.1.1814, Varnhagen, Bfw 3, S. 364). Brentanos Überraschung ist seltsam, da Ernestine Robert bereits am 21. August von ihrer bevorstehenden Abreise zu wissen scheint (an Rahel Robert, 21.8.1813, ebd., S. 323), die allerdings auch schon in ihren früheren Briefen immer wieder als bevorstehend erwähnt wird und deren Datum stets unsicher war. Womöglich ist der Mittagsbesuch ausgefallen. Der Brief kann jedenfalls nicht zugleich eine Nachschrift sein und vom 25. August datieren. Die Versuche Sabine Oehrings, sowohl an Varnhagens Datum festhalten und gleichzeitig Ernestine Roberts Abreise spätestens am Tag zuvor in Rechnung zu stellen, überzeugen nicht (FBA 33, S. 471). Varnhagens Datierung ist also aufzugeben. Daher spricht vorläufig nichts gegen die Datierung auf den 21. August. Ob sie mit dem materiellen Befund vereinbar ist, müsste durch Autopsie der Handschrift von Ernestine Roberts Brief an Rahel von diesem Tag geprüft werden.

Eine Handschrift des Briefes ist nicht bekannt. In den *Sämtlichen Werken* wird das Schreiben nach dem Erstdruck in den *Biographischen Portraits* wiedergegeben. Die Angaben Renata Baroveros dürften auf einem Irrtum beruhen: sie gibt zwar die Sammlung Varnhagen, Kasten 219 als Fundort an (Varnhagen,

Bfw 3, S. 1164), scheint den Text aber auch nur nach Friedhelm Kemps Ausgabe zu kennen.[15]

(636) An Pálffy, Wien, Anfang Oktober 1813

Hs: Sammlung Varnhagen, Kasten 36, Biblioteka Jagiellońska, Kraków

Druck: FBA 33, S. 67–71.

Datierung: Am 27. September war das (S. 70) erwähnte Drama *Der Kampf fürs Vaterland* von Josef Alois Gleich erstmals aufgeführt worden.[16] Das Stück ist zum Zeitpunkt des Briefes bereits oft gespielt worden. Daher gibt das Erstaufführungsdatum keinen genauen Anhaltspunkt zur Datierung. Die entscheidende Frage ist, ob die Bezugnahme auf *Wallensteins Lager* (S. 67) die vorherige Aufführung von Schmidts *Österreichischem Feldlager* als der wohl überhaupt ersten Adaption des Schillerschen Vorspiels auf einem Wiener Theater am 4. Oktober voraussetzt.[17] Gleichs „Schauspiel in drey Aufzügen" kann nicht auf *Wallensteins Lager* bezogen werden, aber die Idee einer Adaption lag ohnehin nahe und hätte an sich nicht der vorherigen Aufführung von Schmidts Stück bedurft, das auch gar nicht genannt wird. Dennoch setzt die Rede von der lebhaften Aufnahme des Schillerschen Vorspiels die Aufführung von Schmidts Drama voraus und spielt nicht etwa auf vermutete Lektüreeindrücke österreichischer Schillerleser an. Denn die Berufung auf „das Werk eines wirklichen Künstlers", das „keineswegs ein zußammengeflicktes Aggregat von einzelnen Zufälligkeiten" sei (S. 69), nimmt die in dem Brief an Smitmer geäußerte Kritik an jenem Schauspiel bis in den Wortlaut auf. Brentano beruft sich in einem anderen Briefentwurf (Nr. 638, FBA 33, S. 85f.) darauf, Pálffy selbst habe ihn auf das Stück hingewiesen, das er selbst aber nicht gesehen zu haben vorgibt. Die Tage kurz nach der Erstaufführung bilden also einen Terminus post quem. Sabine Oehring setzt vorsichtig „nach dem 27. September 1813" als Datum an (FBA 33, S. 472), vermutet aber an anderer Stelle, die Briefe Nr. 636, 638 und 639 seien „kurz nacheinander entstanden" (ebd., S. 475). Und da in Nr. 638 die „auf der Leopoldstädter Bühne aufgeführte Kantate *des Adlers Frohlocken und Wappengruß*" erwähnt wird (ebd., S. 84f.), die am 5. vorgetragen worden ist (vgl. ThZ 6. Jg., Nr. 120, 7.10.1813, Beylage, S. 25), ergibt sich so ein dem tatsächlichen Datum näherer Terminus für die Briefe. Da daraus aber für den hier interessierenden Entwurf kein eindeutiger Anhaltspunkt hervorgeht, ist Anfang Oktober (nach dem 5. des Monats) die genaueste vertretbare Datierung.

15 Rahel Varnhagen. Briefwechsel, hrsg. von Friedhelm Kemp. 2., durchgesehene und um einen Nachtrag vermehrte Ausgabe, Bd. 3, München 1979, S. 378.

16 DrB 1. Jg., Nr. 15, 15.10.1813, S. 59. Goedeke 11,1, 1953, S. 113. Bauer/Kropatschek, S. 231. Grus, S. 132. Grus bezieht sich S. 131–133 auf den Brief Nr. 638 (Hs. FDH 8172, FBA 33, S. 82–87), den er auf „Anfang bis Mitte Oktober 1813" (a.a.O., S. 132) und Sabine Oehring auf „vermutlich nach dem 13. Oktober" (vgl. FBA 33, S. 475) datiert.

17 Zum Aufführungsdatum: Schmidt, S. 207. DrB 1. Jg., 1813, Nr. 13, 11.10., S. 51f.

(637) An Arnim, Wien, Mitte/Ende August bis Anfang Oktober 1813

Hs: FDH 7545

Druck: Schultz/Schwinn 2, S. 679–688. – FBA 33, S. 72–81.

Datierung: Arnim benutzte den Inhalt dieses Briefes für seinen Artikel „Tyrol ist frei!" im *Preußischen Correspondenten* vom 8.10.1813 (Nr. 109, S. 4; WW 6, S. 422f.; Mallon 1, S. 52; Mallon 2, S. 54). Brentano berichtet von der ersten Einnahme Brixens am 13. September; es kann sich nur um diese handeln, da Brixen um den 24. September wieder aufgegeben werden musste und erst am 8. Oktober wiedererobert werden konnte.[18] Der Brief muss spätestens anfangs Oktober geschrieben worden sein. Weil es sich um eine aktuelle Nachricht handelt, die Arnim sogleich eingerückt haben wird, muss angenommen werden, dass das Datum des Briefes dem Erscheinungsdatum des Artikels so nahe wie möglich liegt. Fellners Datierung des Briefschlusses auf die letzten Septembertage könnte also weniger wahrscheinlich sein als das von Feilchenfeldt vorgeschlagene Datum, Anfang Oktober.[19] Wenn Brentano in dem Brief die Einnahme Brixens schon vor vier Wochen erfolgt sein lässt, was Jakob Baxa (Baxa 1, S. 876) zu einer Datierung auf Mitte Oktober veranlasste, so spricht das dafür, dass Brentano nicht einer der „Freunde Roschmanns und Müllers, die deren Briefe gelesen", war (FBA 33, S. 78), sondern von einem dieser Freunde davon gehört hatte. Die Rede von den Briefen Roschmanns und Müllers lässt vermuten, dass die Quelle der Informationen offizielle Berichte waren, die Müller im Auftrag Roschmanns verfasste, der diese Schriftstücke unterzeichnete (vgl. Baxa 1, S. 828ff.). Dass Brixen zu dem Zeitpunkt, zu dem der Brief entstand, schon wieder in französischen Händen war, muss nicht für eine Datierung vor Ende September sprechen, da auch Metternich von Roschmann und Müller erst am 4. Oktober von dem Verlust Brixens unterrichtet wurde (ebd., S. 858).

Diese Überlegungen gelten für den Schluss des Briefes, dessen Anfang früher geschrieben sein muss. Die Schilderungen der Eindrücke des Müllerschen Kreises und die Erwähnung von Müllners Drama *Die Schuld* weisen Parallelen zu den zwischen Mitte und Ende Juli geschriebenen Briefen auf.[20] Selbst wenn Friedrich Schlegel Arnims Brief vom 3. August, dessen Empfang Brentano zu Beginn des Briefes bestätigt, lange behalten haben sollte, wie ihm Brentano vorwirft, so wird er die Zustellung kaum bis zum Oktober verzögert haben. Der erste Teil des Briefes wird demnach zwischen Mitte und Ende August geschrie-

18 Ferdinand Hirn, Geschichte Tirols von 1809–1814, Innsbruck 1913, S. 398ff.

19 Fellner, S. 91, Anm. Konrad Feilchenfeldt, Zwei Briefe Clemens Brentanos im *Preußischen Correspondenten* von 1813. Zu ihrer Druckgeschichte und Gattungsbezeichnung, in: Philobiblon 19 (1975), S. 244–254, dort S. 253, Anm. 4.

20 Zu Müllners *Schuld* und zu Brentanos Äußerungen über das Drama: Grössel, Brentanos Drama *Aloys und Imelde* (Anm. V,219), S. 22ff. Vgl. DrB 1. Jg., Nr. 16, 18.10.1813, S. 62 bis 64; Nr. 19/20, 25.10.1813, S. 65–68: Über die beyden letzten Vorstellungen des Trauerspiels: Die Schuld, von Doktor Müllner. (Eingesendet.); 2. Jg., Nr. 2, 5.1.1814, S. 5.

ben sein. Eine Parallele zwischen dem Brief an Arnim und dem Brief vom 24. August an Bettine von Arnim stützt diese Vermutung; in beiden Briefen ist von der eifrigen Produktion von Kriegsliedern in beinahe gleichlautenden Formulierungen die Rede. Steigs Vermutungen sind demnach plausibel: „Der umfangreiche Wiener Brief, den Clemens ungefähr Ende August zu schreiben begann, ist in größeren Absätzen, die zum Theil mehrere Tage auseinander liegen mögen, abgefaßt; (…) vielleicht begann Clemens den Brief am 24. August 1813 gleichzeitig mit einigen von diesem Tage datierten Zeilen an Bettina, in welchem er ihr Ernestine Robert empfiehlt“ (Steig 1, S. 366). Die Entstehung des Briefes ist also in den Zeitraum zwischen Mitte und Ende August und Anfang Oktober zu datieren. Siehe auch Sabine Oehring, FBA 33, S. 473.

(638) An Pálffy, Wien, nach dem 4. Oktober 1813 (Entwurf)

Hs: FDH 8172

Druck: FBA 33, S. 82–87.

Datierung: Siehe zu Nr. 638a.

(638a) An Pálffy, Wien, nach dem 4. Oktober 1813 (Entwurf)

Hs: FDH 7718,6, S. 1

Druck: Fehlt in FBA 33. – FBA 15,4, S. 43. – Sauer, Brentanos Dramenfragmente (Anm. I,66), S. 325.

Adressat: Der Brief kann nur an Pálffy gerichtet sein.

Datierung: Terminus post quem ist die Erstaufführung des *Österreichischen Feldlagers*, das in dem Entwurf erwähnt wird, am 4. Oktober. Das Stück wird auch in dem Brief an Pálffy Nr. 638 (FBA 33, S. 85) und in dem Brief an Smitmer (ebd., S. 89) genannt. Die Ausführungen zu den von der Zensur gestatteten Formulierungen haben enge Parallelen in Brief Nr. 638 und setzen mithin die Zensurierung der „Kantate *des Adlers Frohlocken und Wappengruß* (ebd., S. 84f.) voraus, die erstmals am 5. Oktober aufgeführt wurde (vgl. zu Nr. 636). Der Entwurf ist demnach wie Nr. 638 frühestens nach dem 4. Oktober zu datieren.

(639) An Pálffy, Wien, nach dem 4. Oktober 1813 (Entwurf)

Hs: FDH 8171

Druck: FBA 33, S. 88.

Datierung: Vgl. Sabine Oehring, FBA 33, S. 475f. und zu Nr. 636 und 638a.

(640) Brentano an Smitmer, Wien, November 1813

Hs: Wienbibliothek im Rathaus (Stadt- und Landesbibliothek Wien), H.I.N. 43.221

Druck: FBA 33, S. 89.

Datierung: Das Stück setzt die Übergabe der Bühnenfassung des Victoria-Dramas an Pálffy und die damit zusammenhängenden Vorfälle voraus. Terminus post quem ist daher der Tag, an dem die Nachricht vom Leipziger Sieg in Wien eintraf, also der 23. Oktober, an welchem auch die letzte Aufführung von Schmidts *Österreichischem Feldlager* im Oktober 1813 stattfand (Schmidt, S. 208; vgl. auch Oehring, FBA 33, S. 476).

Wegen der mindestens zwei Wochen, die die Ausarbeitung des Victoria-Dramas benötigte, nimmt Caroline Pross an, der Brief sei „dem Inhalt nach eher in die erste Novemberhälfte 1813" zu datieren (FBA 15,4, S. 28). Ein Zeitpunkt gegen Mitte November dürfte das früheste mögliche Datum des Briefes sein. Michael Grus (Grus, S. 136, Anm. 56) gibt „vermutlich Ende November 1813" als Datum an. Sabine Oehrings Datierung „nach dem 23. Oktober" ist sehr vorsichtig.

(641) An Pálffy, Wien, November 1813

Hs: FDH 8169

Druck: FBA 33, S. 91–93

Datierung: Der Brief setzt den Brief an Smitmer (Nr. 640) voraus und ist wie dieser in den November 1813 zu datieren. Vgl. Sabine Oehring, FBA 33, S. 476.

(644) An Joseph Hartl, Wien, vor dem 30. November 1813

Hs: Statní oblastní archiv v Třeboni, Třeboň, Česká Republika

Druck: Ernst Kraus, Vergilbte Blätter, in: Čechische Revue 4 (1911), S. 323 bis 335, dort S. 325–326 (in FBA 33 nicht verzeichnet). – FBA 33, S. 95f.

Datierung: Der vom 30. November datierende Antwortbrief gibt den Terminus ante quem (vgl. Sabine Oehring, FBA 33, S. 477). Zu dem Brief ist ein Entwurf vorhanden, der sich im Freien Deutschen Hochstift befindet (Hs. FDH 8178, FBA 33, S. 94f., Nr. 643).

(646) An Arnim, Wien, Ende November 1813

Hs: FDH 7546

Druck: Schultz/Schwinn 2, S. 692–698. – FBA 33, S. 97–105.

Datierung: Arnim benutzte Brentanos Brief für seinen Artikel *Speckbacher*, der am 18. Dezember 1813 im *Preußischen Correspondenten* erschien (Nr. 150, S. 3; WW 6, S. 445f.; Mallon 1, S. 53; Mallon 2, S. 54). Er handelt von den Heldentaten des Tiroler Partisanen Speckbacher. Die bei Baxa 1, S. 896 vorgeschlagene Datierung in den November des Jahres 1813 beruht auf Brentanos Angabe, Adam Müller sei „vorige Woche hier bei seiner Frau" gewesen (FBA 33, S. 101). Da Dorothea Schlegel in einem Brief vom 18. November ebenfalls schreibt, Müller sei „vor einigen Tagen hier als Courir gewesen", müsste Brentanos Brief eigentlich um dieselbe Zeit geschrieben worden sein. Dies ist die von

Feilchenfeldt vermisste Begründung für Baxas Datierung.[21] Es ist wenig wahrscheinlich, dass Müller kurz nach seinem Wien-Aufenthalt anfangs November („vorige Woche") noch einmal nach Wien gereist sein sollte. Das Argument, dass auch dieser Brief über einen längeren Zeitraum hinweg entstanden sein könnte, greift hier nicht, da die Erwähnung der Ablehnung von Brentanos Drama im Brieftext vor der Erwähnung von Müllers Anwesenheit in Wien steht. Einen weiteren Hinweis gibt der Brief Hartls an Brentano vom 30. November, in dem er Brentano sein kleines Festspiel *Germanias Siegesfeier am Rhein*, das ist *Die deutschen Flüsse*, zurücksendet (Hs. FDH 8173; vgl. Grus, S. 136). Da – wie Sabine Oehring bemerkt (FBA 33, S. 478f.) – in dem Brief an Arnim von diesem Drama zwar die Rede ist, Brentano aber von der Absage noch nichts weiß, muss der Brief vor dem Erhalt von Hartls Brief geschrieben sein. Mallon 2, S. 225 und Seebaß 2, S. 113 datieren den Brief auf Anfang Dezember.[22]

(648) An Beethoven, Wien, zwischen Juli und Dezember 1813

Hs: UB Mainz 4° Ms 86–6

Faksimile: Baader, Abb. 3, nach S. 24.

Druck: Heinz Amelung, Beethoven und die Brentanos. Mit einem ungedruckten Briefe Clemens Brentanos an Beethoven, in: TRs Nr. 111, 14.5.1921, S. 5, Pfingstbeilage (vgl. das Literaturverzeichnis der vorliegenden Arbeit, S. 398). – Katalog Henrici 149, S. 85, Nr. 194. – Beethoven, Bfw 2, S. 385 (in FBA 33 nicht berücksichtigt). – FBA 33, S. 107f.

Datierung: Der Brief, von dem nicht bekannt ist, ob überhaupt eine Ausfertigung an Beethoven gesandt wurde, ist in die Zeit des Wiener Aufenthaltes zu datieren, wie auch Amelung annimmt. Brandenburg lässt den Brief zwischen Juli und Dezember 1813 geschrieben sein (Beethoven, Bfw 2, S. 386, Anm. 2), also nach Brentanos Ankunft in Wien und vor dem Begleitbrief zu den *Vier Liedern*. Ebenso datiert Theodore Albrecht (Albrecht 2, S. 14, Anm. 1): „probably late Summer 1813". Beethoven war etwa seit Anfang/Mitte Juli bis Ende August und dann wieder seit Mitte September in Wien.[23] – Sabine Oehring, die zu einer Datierung des zweiten Briefes an Beethoven in den Januar 1814 neigt, datiert in denselben Zeitraum, hält aber ein Datum nach dem 8. Dezember, also nach dem ersten der vier Beethoven-Konzerte im Winter 1813/14, aber wohl vor der Veröffentlichung der *Nachklänge Beethovenscher Musik* am 7. Januar 1814 für wahrscheinlich (FBA 33, S. 480f.). Der Umstand, dass der Brief auf die Konzerte keinen Bezug nimmt, lässt das als eher unwahrscheinlich erscheinen. Immerhin klingen einige Formulierungen an die *Vier Lieder von Beethoven an sich selbst* an, aber

21 Dorothea Schlegel an Hudtwalcker, 18.11.1813, Körner 3, Bd. 2, S. 528, Baxa 1, S. 900. Feilchenfeldt, Zwei Briefe Clemens Brentanos im Preußischen Correspondenten (Anhang VIII, Anm. 19), S. 253, Anm. 5.

22 Vgl. Fellner, S. 140.

23 Thayer/Deiters/Riemann 3, S. 381, 387.

das spricht nicht notwendig für ein Datum nach einer Aufführung. Solche Wortparallelen zu Gedichten taugen bei Brentano generell nicht zur sicheren Datierung von Briefen.[24]

Wenn Friedrich Seebaß diesen Brief nur im Vorwort seiner Ausgabe zitiert, ihn aber nicht als selbständigen Text in seine Edition aufnimmt, dann hat das nicht so sehr damit zu tun, dass er ihm einen „halboffiziellen Status" zuspräche, wie John Fetzer meint, sondern damit, dass ihm nur das Zitat im Katalog der Versteigerung des Wiepersdorfer Nachlasses von 1929 zur Verfügung stand.[25]

(649) An Beethoven, Wien, wahrscheinlich 2. Januar 1814

Hs: Staatsbibliothek zu Berlin – Sammlung Preußischer Kulturbesitz, Ms.mus. autogr. Beethoven 37,28 fol. 1–4

Druck: Kalischer, Brentanos Beziehungen zu Beethoven (Anm. III,7), S. 55–58. – Beethoven, Bfw 3, S. 4 (nur das Billet; in FBA 33 nicht berücksichtigt). – FBA 33, S. 108–112 (Druck nach Kalischer, nicht nach der Handschrift).

Datierung: Das Billet ist nach dem ersten und an dem Tag eines der folgenden Beethoven-Konzerte geschrieben worden. Terminus post quem ist also der 8. Dezember 1813. Ein Entwurf zu den Gedichten ist zusammen mit Entwürfen zu den Schlussversen von *Valeria oder Vaterlist* und zu dem Silverstergedicht „Es war Gebrauch seit alter Zeit…" auf Hs. FDH 7719,2, überliefert, wobei die ersten beiden Entwürfe zuerst entstanden zu sein scheinen.[26] Wie Brentano berichtet, musste er den Schlussakt der *Valeria* nach der ersten Vorlesung am 17. Dezember binnen drei Tagen noch einmal umschreiben (FBA 12, S. 931). Sollten die Verse auf dem Blatt zu dieser Umarbeitung gehören, dann wäre der 12. Dezember als Datum des Briefes, das Wolfgang Jung annimmt, auszuschließen. Die geläufigste Datierung des Billets auf den 2. Januar 1814 geht davon aus, dass die Gedichte am Tag einer Aufführung, und zwar vor der Aufführung, und zudem kurz vor dem Erscheinen der *Nachklänge Beethovenscher Musik* selbst entstanden sind (Beethoven, Bfw 3, S. 4).[27] Da Brentano erst seit Anfang Januar im *Dramaturgischen Beobachter* veröffentlichte und da diese Theaterzeitschrift je Nummer nur vier Seiten umfasste, ist es nicht nötig, eine große zeitliche Nähe zwischen Entstehung und Veröffentlichung anzunehmen. Trotzdem scheint der 2. Januar 1814 das wahrscheinlichste Datum zu sein, solange jedenfalls die

[24] Vgl. Henning Boëtius, Entstehung, Überlieferung und Datierung dreier Gedichte Clemens Brentanos, in: JbFDH 1970, S. 258–280, dort S. 279; Pravida, Die Erfindung des Rosenkranzes (Anm. I,22), S. 27.

[25] Seebaß 1, S. IXf. Fetzer, Brentano on Music and Musicians (Anm. III,184), S. 223, Anm. 22.

[26] Jung, S. 205f.

[27] Siehe auch Kalischer, Brentanos Beziehungen zu Beethoven (Anm. III,7), S. 59; Friesen, Brentano's *Nachklänge Beethovenscher Musik* (Anm. III,190), S. 197; Kopitz/Cadenbach 1, S. 106, Anm. 1. Bei Albrecht 2, S. 21, Anm. 1 wird die Entstehung der *Vier Lieder* zwischen 3. und 6. Januar angesetzt, diese Datierung setzt sich ohne Begründung in Widerspruch zu Brentanos eigenen Aussagen.

Valeria-Verse auf Hs. FDH 7719,2 nicht der nicht erhaltenen ersten Fassung der Bühnenbearbeitung zugewiesen werden können.

Beethoven hat die ihm übersandte handschriftliche Fassung der Gedichte aufbewahrt. Sie gelangte später in den Besitz Anton Schindlers, der die betreffende Mappe mit der Aufschrift „Papiere aus Beethovens Nachlaß, ihm zugeschickte Gedichte, Operntexte u.s.w., von ihm selbst gesammelt und so verpackt" versah.[28] Sie befindet sich seit 1880 in der Königlichen Bibliothek zu Berlin, nachmals Staatsbibliothek Berlin.[29] Der Brentano-Forschung nach Kalischer ist die Kenntnis der Existenz dieser Handschrift abhanden gekommen und ebenso die aller jüngeren Ausgaben von Beethovens Briefwechsel unbekannt geblieben.

(667) An Elisabeth von Staegemann, Berlin, wahrscheinlich Anfang 1817

Hs: verschollen

Druck: Erinnerungen für edle Frauen von Elisabeth Stägemann, hrsg. von Wilhelm Dorow, Bd. 2, Leipzig 1846, S. 276–278. – FBA 33, S. 140f.

Datierung: Sabine Oehring datiert den Brief, in dem Brentano Elisabeth von Staegemann seine jungen Freunde Gustav von Below und einen der Brüder Gerlach empfiehlt, „nach dem 22. Januar 1815" (FBA 33, S. 488). Der angesetzte Terminus post quem ergibt sich aus dem Datum, zu dem Brentano Ludwig von Gerlach, der hier wohl gemeint ist, kennengelernt haben soll.[30] Diese vorsichtige Angabe ist nicht geradezu falsch, doch die durch die Einordnung innerhalb des Bandes unterstellte Datierung Anfang 1815 setzt das Datum um zwei Jahre zu früh an. Elisabeth Staegemann hielt sich zwar Anfang 1815 in Berlin auf, ihre gesellschaftliche Aktivität beschränkte sich aber in dieser Zeit, als ihr Gatte in politischen Angelegenheiten abwesend war, auf einen engeren familiären und freundschaftlichen Kreis. Auch die gesellschaftliche Einführung der sechzehnjährigen Tochter begann 1815 noch sachte, so dass die Mutter zunächst selbst Wilhelm Hensel nur mit Vorbehalten in ihrem Haus in der Nähe Hedwig Staegemanns akzeptieren konnte.[31] Erst im Jahr 1816 lässt sich ernstlich wieder von einem Staegemannschen Salon sprechen, und erst jetzt hatte auch Hedwig von Staegemann den Kreis von Freundinnen und Freunden um sich, in dem die

[28] Nohl 1, S. 11, Nr. 28. Kalischer, Brentanos Beziehungen zu Beethoven (Anm. III,7), S. 44 und 53. Ders., Autographe 28, S. 65 (Mappe III,28). Bartlitz, S. 187 (Nr. III,27).

[29] Zur Geschichte des Schindlerschen Beethoven-Nachlasses: Wilhelm Altmann, Die Musikabteilung der Preußischen Staatsbibliothek in Berlin. Geschichtliches und Organisatorisches dieser Sammlung, in: ZfMw 3 (1920/21), S. 426–437. Donald W. MacArdle, Anton Felix Schindler, Friend of Beethoven, in: MR 24 (1963), S. 51–74, dort S. 67f.

[30] Das Datum bezieht sich in Gerlachs Familiengeschichte zunächst auf Adolf von Thadden (Gerlach 1, S. 71); ob es auch auf Brentano zu beziehen ist, ist nicht so eindeutig. Aber als ungefähre Auskunft stimmt die Angabe. Zum unvorsichtigen Umgang mit termini post quos in den neueren Ausgaben der Briefe Brentanos vgl. die Bemerkungen von Heinz Härtl, in: WAA 32,2, S. 980.

[31] Elisabeth an Friedrich August Staegemann, 24.2.1815, Abeken 1, S. 293f.

„Müllerlieder" entstanden. Der Brief Brentanos an Elisabeth von Staegemann sollte daher frühestens Anfang 1816 geschrieben sein. Gustav von Below wurde erst im Jahr 1816 – spätestens im Dezember – mit Brentano bekannt.[32] In Gerlachs Tagebüchern wird er erst seit Anfang 1817 genannt, und auch bei Brentano findet sich keine frühere Erwähnung.[33] August Wilhelm Goetze, der ebenfalls zum Gerlachschen Freundeskreis gehörte, wurde im Februar 1817 von Brentano bei Hedwig von Staegemann eingeführt.[34] Deshalb ist Anfang 1817 als Datum des Briefes anzunehmen.

Die in der Literatur umlaufenden Angaben, dass sowohl Ludwig wie Leopold von Gerlach seit Anfang 1816 zu den Gästen des Staegemannschen Salons gehört hätten,[35] beruhen allein auf dem vorliegenden Brief. (Dass beide Brüder genannt werden, geht lediglich auf die unsichere Identifikation zurück, doch hätte Brentano Leopold von Gerlach schwerlich als Juristen vorgestellt.) Luise Hensel berichtet in ihren Aufzeichnungen zwar von Brentanos Freundschaft mit den Brüdern Gerlach und deren Kreis, zählte diese jedoch nicht zu dem Staegemannschen Salon oder zu dem Kränzchen Hedwigs.[36] Die von ihr genannten Personen – insbesondere die beiden Gerlach und Friedrich Carl von Bülow – werden jedoch in der Biographie von Diel und Kreiten dem Zirkel um Hedwig von Staegemann zugeschlagen.[37] Der Anlass dafür war die Kenntnis des hier interessierenden, schon 1846 veröffentlichten Briefes. Von Diels Biographie aus gingen die beiden Gerlach und Bülow dann als Habitués des Staegemannschen Kreises und als Freunde Hedwig von Staegemanns in die Literatur zu Luise Hensel und zur Entstehung der „Müllerlieder" sowie in Handbücher und Darstellungen zur Literatur- und Kulturgeschichte ein. In Hedwig Abekens Publikation der Staegemannschen Familienkorrespondenz werden sie mit keinem Wort erwähnt.[38]

32 Below an einen Freund S., 13.12.1816, in: Hermann Theodor Wangemann, Geistliches Regen und Ringen am Ostseestrande. Ein kirchengeschichtliches Lebensbild aus der ersten Hälfte des XIX. Jahrhunderts. (Ein selbständiger Nachtrag zu den „Sieben Büchern Preußischer Kirchengeschichte"), Berlin 1861, S. 4–7. Siehe auch Pravida, Art. Maikäferklub (Anm. V,150).

33 Schoeps, S. 209 (7.1.1817), 230 (15.5.1817). Vgl. auch Oehring, Untersuchungen zur Brentano-Forschung von Diel und Kreiten (Anm. III,3), S. 115.

34 Hedwig von Staegemann an Antoinette Schwinck, Ende Februar 1817, Abeken 2, S. 18.

35 So etwa Petra Wilhelmy, Der Berliner Salon im 19. Jahrhundert (1780–1914), Berlin, New York 1989 (Veröffentlichungen der Historischen Kommission zu Berlin 73), S. 854; Petra und Heinz Dollinger, Die erste Begegnung Luise Hensels und Clemens Brentanos im Staegemannschen Salon 1816, in: Zwischen Traum und Wissenschaft – Aspekte zum Zeitalter der Romantik, hrsg. Barbara Baumüller und Steffen Krestin, Cottbus 2005, S. 136–151, dort S. 138.

36 Cardauns, S. 74. Oehring, Untersuchungen zur Brentano-Forschung (Anm. III,3), S. 113f.

37 Diel/Kreiten 2, S. 85. Davon sind die Angaben in FBA 3,1, S. 210f. abhängig; überhaupt kann die Entstehungsgeschichte des Gedichts „Draus bei Schleswig…" nicht als geklärt betrachtet werden (vgl. oben, S. 157–158 und Anm. V,150).

38 Abeken 2, S. 2f. In der älteren Literatur ist von den Gerlach noch keine Rede: Ludwig Rellstab, Ludwig Berger. Ein Denkmal, Berlin 1846, S. 110–112. Max Friedländer, Die Entstehung der Müllerlieder. Eine Erinnerung an Frau von Olfers, in: DRs 73 (1892), S. 301–307.

Trotz Brentanos Einführung Ludwig von Gerlachs bei Elisabeth von Staegemann gibt es in dessen Tagebüchern keinen Hinweis, dass dieser öfter dort zu Gast gewesen wäre. Daher sind Ludwig von Gerlach und Luise Hensel erst so spät, im Jahr 1818, aufeinander aufmerksam geworden. Nach Gerlachs in sehr viel späterer Zeit gemachten Angaben hat er sie bei Amalie von Helvig kennengelernt.[39] Dass dies – wie Rupprich vermutet – Anfang 1816 geschehen sei,[40] ist nicht geradezu ausgeschlossen, aber durch den Wortlaut und die Stelle der betreffenden Passage in Gerlachs Familiengeschichte nicht ausgemacht und nicht einmal naheliegend. Rupprichs Aussage, „zu Beginn des Jahres 1817 (...) war Luise mit Ludwig v. Gerlach noch in keiner Weise näher bekannt", ist daher noch wörtlicher zu nehmen, als er selbst es beabsichtigte.[41] Die ersten Hinweise auf eine Bekanntschaft finden sich erst seit Anfang 1818, und auch dann beziehen sich Gerlachs erste Erwähnungen Luise Hensels auf Gesellschaften im Helvigschen Salon, den er seit Mai 1818 häufiger besuchte. Im Kreis Hedwig von Staegemanns, wo Luise Hensel tatsächlich oft verkehrte, ist sie Gerlach schwerlich begegnet. Die von Rupprich behauptete und von Schoeps bestrittene Liebe Ludwig von Gerlachs zu Luise Hensel wird bestätigt durch ein erstmals von Michael Grus publiziertes ausdrückliches Zeugnis der letzteren, das Rupprich noch nicht kennen konnte.[42]

(706) An E. T. A. Hoffmann, Berlin, Januar oder Anfang Februar 1816

Hs: FDH 7847

Druck: GS 8, S. 235–237. – Müller 2,2, S. 252–256. – Schnapp 2, S. 80–83 (beide Drucke nach der Handschrift, beide in FBA 33 nicht verzeichnet). – FBA 33, S. 283–285.

Datierung: Der nicht abgesandte Brief ist, wie Hans von Müller richtig feststellt und wie sich aus dem Zusammenhang der Briefe an Arnim vom 3. Februar 1816 (Nr. 681, FBA 33, S. 177) und an Fouqué aus dem Februar 1810/Februar 1816 (Nr. 683) ergibt, im Januar oder ganz zu Anfang Februar 1816 entstanden.[43] Brentano war im 38. Lebensjahr, schreibt aber er sei im 39. (ebd., S. 284). Emilie Brentanos und Sabine Oehrings Datierung „vermutlich ab September 1817" beruht auf einem unangemessenen Beharren auf Wortwörtlichkeit (ebd., S. 512f.).

39 Gerlach 1, S. 96.

40 Hans Rupprich, Brentano, Luise Hensel und Ludwig von Gerlach, Wien, Leipzig 1927 (Deutsche Kultur 6), S. 75.

41 Ebd., S. 111.

42 Schoeps, S. 266. Michael Grus, Clemens Brentano und Luise Hensel – eine Vormundschaftsangelegenheit, in: Auf Dornen oder Rosen hingesunken? Eros und Poesie bei Clemens Brentano, Berlin 2003, S. 135–164, dort S. 147.

43 Müller 2,2, S. 252, Anm. 1. Schnapp 2, S. 80, Anm. 1. Fortmüller, Brentano als Briefschreiber (Anm. IV,32), S. 78, Anm. 298. Zu dem Brief an Fouqué vgl. Pravida, Die Erfindung des Rosenkranzes (Anm. I,22), S. 46, Anm. 140; zu den elementaren arithmetischen Schwächen zeitgenössischer Künstler vgl. ebd., S. 256.

IX Brentano und das Wiener Volkstheater

Brentanos Interesse für die Wiener Vorstadttheater ist nicht ebenso gut belegt wie das für das Hofburgtheater. Von deren Repertoire berichtet er in einem Brief an Arnim,[1] und zweifellos hat er auch diese sogenannten Volkstheaterbühnen besucht.[2] Schon der Umstand, dass sich dort im Parterre die „Lustmädchen" ein Stelldichein gaben, wird Brentano dahin getrieben haben.[3] Ob Brentano am Wiener Volkstheater Interesse hatte, lässt sich nicht direkt belegen, es steht aber zu vermuten. Von dem Direktor der Leopoldstädter Bühne, Karl Ferdinand Hensler, hatte Brentano eine hohe Meinung, wie aus einer Passage des Aufsatzfragmentes *Über den Zustand des Theaters in den meisten europäischen Hauptstädten* hervorgeht.[4]

Freundliche Urteile über das Vorstadttheater sind bereits in den um 1800 entstandenen Reisebeschreibungen zu finden, und in stärkerem Maß dann bei den Autoren der romantischen Generation, die sich längere oder kürzere Zeit in Wien aufhielten. Aus den Tagebucheinträgen Joseph von Eichendorffs geht hervor, wie sehr Eichendorff selbst und mit ihm Adam Müller und Friedrich Schlegel sich für das Leopoldstädter Theater begeisterten.[5] Auch in einem – nur im Konzept überlieferten – Brief, der vermutlich an Brentano gerichtet war, von welchem aber unklar ist, ob er überhaupt abgesandt wurde, kommt Eichendorff auf die Kasperlstücke der Leopoldstädter Bühne zu sprechen.[6] In seinen Jahrzehnte später geschriebenen literaturhistorischen Schriften beklagte er, dass es den deutschen Theatern und den Dramatikern nicht gelungen sei, die „hanswurstische Erbschaft" mit der Literatur der gebildeten Klasse zu verschmelzen, was dazu geführt habe, dass die Wiener Tradition provinziell geblieben und die Literaturkomödie so wenig theatertauglich geworden sei.[7] Dieselbe Klage findet sich schon in Achim von Arnims Aufsatz *Von Volksliedern* aus dem Jahr 1805, der als Anhang im ersten Band von *Des Knaben Wunderhorn* erschienen ist.[8] In den *Erzählungen von Schauspielen*, einer Besprechung der Pariser Theaterverhältnisse aus dem Jahr 1803, benennt Arnim die beiden gegensätzlichen Ausprägungen des deutschen Theaters mit Namen: „Wir haben nur zwei Volkstheater. Eins in Wien in der Sprache, im Stile der

1 Brentano an Arnim, Ende November 1813, FBA 33, S. 100.

2 Zum Begriff Volkstheater vgl. Roger Bauer, Das Wiener Volkstheater zu Beginn des 19. Jahrhunderts: Noch nicht und (oder) doch schon Literatur? in: ders., Zwei Jahrhunderte Literatur in Österreich (Anm. III,37), S. 119–135.

3 Vgl. Neuber, Die Wiener literarischen Verhältnisse um 1800 (Anm. III,43), S. 250. Zum Thema dieses Kapitels siehe auch Rommel, S. 746f. und Sonnleitner, Romantische und Wiener Komödie (Anm. IV,17), der einige der hier zusammengetragenen Belege ebenfalls anführt. Siehe auch oben, Kapitel 6, Anm. 96 und Albertsen, Einleitung (Anm. VI,220), S. 176ff.

4 Grus, S. 130.

5 Eichendorff, Tagebücher ^{2}HKA 11,1, S. 400, 404f., 406, 407, 412, 414, 416.

6 Eichendorff an Brentano, Wien 1810 oder 1811 (Konzept), ^{2}HKA 12, S. 20.

7 Eichendorff, Zur Geschichte des Dramas, ^{2}HKA 8,2, S. 417f., 347.

8 FBA 6, S. 423. Siehe auch Edi Spoglianti, Arnims Plan eines nationalen Volkstheaters, in: „Frische Jugend, reich an Hoffen". Der junge Arnim, hrsg. von Roswitha Burwick und Heinz Härtl, Tübingen 2000 (Schriften der Internationalen Arnim-Gesellschaft 2), S. 189–199.

unteren Volksklassen (…), das andere zu Weimar, im Geiste der Gebildetsten."[9] Arnim wird während seines Wien-Aufenthaltes im Jahr 1802 wohl auch das Leopoldstädter Theater besucht haben, doch ist von diesem Wiener Aufenthalt wenig bekannt.[10] Helene M. Kastinger Riley konnte nachweisen, dass Arnim in seiner Tanzpantomime *Annonciata* Stücke als Vorlagen benutzte, die er auf Wiener Theatern gesehen hatte,[11] und von den Stücken der *Deutschen Schaubühne* ist schon öfters behauptet – wenn auch bislang nicht bewiesen – worden, sie seien vom Wiener Volkstheater beeinflusst worden.[12] Die Figur des Kasperl tritt in der „Übersicht der Tragikomödie von dem Fürstenhause und der Judenfamilie" in Arnims *Gräfin Dolores* aus dem Jahr 1810 auf, sowie in dem im Jahr 1811 entstandenen und 1813 in seiner *Schaubühne* erschienenen Schattenspiel *Das Loch*.[13]

Aufschlussreich ist die romantische Rezeption eines Erfolgsstückes der Zeit, Karl Friedrich Henslers *Donauweibchen* (nach einer Vorlage von Vulpius, *Die Saal-Nixe*), von dem sich in zahlreichen Werken der Zeit bis hin zu Grillparzer Spuren finden.[14] Leider sind die interessantesten Fälle zugleich die problematischsten, so die verlorene Szene aus Kleists *Käthchen von Heilbronn* und Eichendorffs *Die Zauberei im Herbste*.[15]

9 Arnim, WW 6, S. 129–167, dort S. 141; ebd., S. 145, wird auch das „Wiener Kasperle" erwähnt.

10 Helene M. Kastinger Riley, Ludwig Achim von Arnims Jugend- und Reisejahre. Ein Beitrag zur Biographie mit unbekannten Briefzeugnissen, Bonn 1978 (Abhandlungen zur Kunst-, Musik- und Literaturwissenschaft 266), S. 67ff.

11 Dies., Frühromantische Tendenzen bei Ludwig Achim von Arnim, erläutert anhand von zwei unbekannten frühen Manuskripten, in: JbFDH 1980, S. 274–299, dort S. 276ff.

12 Josef Nadler, Die Berliner Romantik. Ein Beitrag zur gemeinvölkischen Frage: Renaissance, Romantik, Restauration, Berlin 1921, S. 198f. Friedrich Sengle, Das Historische Drama in Deutschland. Geschichte eines literarischen Mythos, Stuttgart ^{2}1969, S. 89f.

13 Arnim, Gräfin Dolores, WW 1, S. 312ff. Ludwig Achim von Arnim, Das Loch oder Das wiedergefundene Paradies. Ein Schattenspiel / Joseph von Eichendorff, Das Incognito oder die mehreren Könige oder Alt und Neu. Ein Puppenspiel, hrsg. von Gerhard Kluge, Berlin 1968 (Komedia 13); WAA 13, S. 204–232.

14 Christian August Vulpius, Die Saal-Nixe. Eine Sage der Vorzeit, Leipzig 1795. Karl Friedrich Hensler, Das Donauweibchen. Ein romantisch-komisches Volksmährchen mit Gesang in drey Aufzügen, nach einer Sage der Vorzeit. 2 Theile, Wien 1798, Wiederabdruck des ersten Teils in: Die romantisch-komischen Volksmärchen, hrsg. von Otto Rommel, Leipzig 1936 (DLE. Reihe Barock 2), S. 97–158. Zur zeitgenössischen Wirkung: Rommel, S. 559–572, besonders S. 570f. Egon von Komorzynski, *Die Ahnfrau* und die Wiener Volksdramatik, in: Euphorion 9 (1902), S. 350–360, dort S. 355. Norbert Wiltsch, Karl Friedrich Hensler. Ein Beitrag zur Geschichte des Alt-Wiener Theaters, Diss. (masch.) Wien 1926. Bauer, La réalité royaume de Dieu (Vorbemerkung, Anm. 14), S. 104. Müller-Kampel, Hanswurst, Bernardon, Kasperl (Anm. VI,264), S. 61ff. Andreas Kraß, Meerjungfrauen, Frankfurt a. M. 2010, S. 165–224.

15 Sembdner 1, S. 252, Nr. 272. Roger Paulin, Ludwig Tieck, Stuttgart 1987 (Sammlung Metzler 185), S. 68. Kleist, SW 2, S. 517 (*Rettung der Deutschen*). Vgl. Samuel, Kleists Teilnahme an den politischen Bewegungen der Jahre 1805–1809 (Vorbemerkung, Anm. 4), S. 269f. – Ursula Wendler, Eichendorff und das musikalische Theater. Untersuchungen zum Erzählwerk, Bonn 1969 (Abhandlungen zur Kunst-, Musik-, und Literaturwissenschaft 75),

Von Tieck sind einige Szenen einer nach 1801 entstandenen Bearbeitung des *Donauweibchen* überliefert, die er Brentano im Jahr 1809 in München vorlas. Für die *Sängerfahrt* erbat sich Brentano von Tieck gerade dieses Werk als Beitrag, was angesichts der Bedeutung der Sinnbildlichkeit der Flüsse in diesem Almanach wohl kein Zufall ist.[16] Die Bemühung um eine der Rheinsymbolik entsprechende Bildlichkeit der Donau mag bei dieser häufigen Erwähnung von Henslers Stück überhaupt eine Rolle spielen.[17]

Was Brentano angeht, so ist seine Wertschätzung für das Puppenspiel bekannt, wofür sich Zeugnisse aus früheren wie auch aus späteren Jahren anführen lassen.[18] Der Lebensabriss der *Gesammelten Schriften* und danach auch Diel und Kreiten berichten davon, dass Brentano in Wien „für den Besitzer eines Puppentheaters daselbst, geärgert von dem ungereimten Vortrag in demselben, eine Reihe von Vorstellungen skizzirt" habe, womit der Puppenspieler dann großen Erfolg habe. Stramberg dagegen, der Urheber dieser Anekdote, verlegte die Geschichte nach Prag; dass sie im Zusammenhang mit Brentanos vermeintlichen Erfolgen am Nationaltheater vorgebracht wird, vermehrt nicht eben das Vertrauen.[19] In Österreich war seit 1810 im Puppenspiel jeglicher „Vortrag" verboten, die Puppen mussten wortlos spielen. Die lustige Figur des Puppenspiels, die um die Jahrhundertwende wegen der Popularität des Schauspielers Laroche den Namen Kasperl angenommen hatte, verwandelte sich in den anspruchsloser agierenden Wurstl.[20] – In einer Episode im *Märchen von dem Schulmeister Klopfstock* führt eine Hanswurstfigur einen witzigen Dialog voller Wortverdrehungen mit dem Klausner.[21] Zuerst hatte Hermann Hamann unter Berufung auf eine Stelle in Castellis Memoiren auf die Verwandtschaft dieser Stelle mit der Kasperlkomik hingewiesen. Da er das von Castelli zitierte Stück nicht identifizieren konnte, vermutete er, Brentano habe vielleicht „einer ähnlichen Vorstellung in Wien beigewohnt".[22] Richard Benz verweist in seiner Einleitung zum Märchenband der Sämtlichen Werke Brentanos auf eine unver-

S. 169ff.; dazu Wolfgang Frühwald, in: Joseph von Eichendorff, Werke in sechs Bänden, Bd. 2: Ahnung und Gegenwart – Erzählungen I, hrsg. von Wolfgang Frühwald und Brigitte Schillbach, Frankfurt a. M. 1985, S. 603.

16 Tieck, Das Donauweib, in: Sängerfahrt, S. 7–38 = Tieck, Schriften 13, S. 193–228. Vgl. Tiecks Vorbericht zur Ausgabe, Schriften 11, S. LXXXIIf. Köpke 1, S. 296. Collin, Rezension von: Die Sängerfahrt (Anm. III,108), S. 221f. Brentano an Zimmer, 19.1.1809, FBA 32, S. 123. Brentano an Tieck, Februar 1816, FBA 33, S. 188f. Vgl. Scherer, Witzige Spielgemälde (Anm. II,29), S. 421–424.

17 Ricarda Huch, Die Romantik. Blütezeit, Ausbreitung und Verfall (1899/1902), Reinbek bei Hamburg 1985, S. 623f.

18 Bettine von Arnim, WW 1, S. 568, 572. Wasmann, S. 160f. Vgl. Gerd Taube, Puppenspiel als kulturhistorisches Phänomen. Vorstudien zu einer „Sozial- und Kulturgeschichte des Puppenspiels", Tübingen 1995 (Theatron 14), S. 115ff.

19 GS 8, S. 84. Diel/Kreiten 1, S. 399. Stramberg, S. 125.

20 Johannes Minuth, Das Kaspertheater und seine Entwicklungsgeschichte, Frankfurt a. M. 1996, S. 45.

21 W 3, S. 464ff.

22 Hermann Hamann, Zu Brentanos Märchen, in: AfdSt 117 (1906), S. 362–364, dort S. 363. Castelli 1, S. 261f.

öffentlicht gebliebene Arbeit von Karl Storck, in der auf Don Juan-Stücke in dem Versteigerungskatalog von Brentanos Bibliothek hingewiesen wird, wo indessen nur wenige verzeichnet sind. Nach Rainer Maria Werner ist der Dialog zwischen Eremiten und Hanswurst typisch für die Don Juan-Tradition.[23] Aber gegenüber den späteren Vorschlägen könnte Hamanns Hinweis derjenige sein, der das Richtige trifft. Der Text, aus dem Castelli zitiert ist, wie zuerst Walter Pape festgestellt hat, Karl von Marinellis Bearbeitung *Dom Juan oder Der steinerne Gast. Lustspiel in vier Aufzügen nach Molieren, und dem spanischen des Tirso de Molina el Combidado de piedra für dies Theater bearbeitet mit Kaspars Lustbarkeit* aus dem Jahr 1783. Die Handschrift des Dramas ist erst in den 1930er Jahren von Franz Hadamowsky wieder aufgefunden worden. Es gehört zu den wenigen Kasperlstücken, die auch noch nach 1803 aufgeführt wurden; fast jedes Jahr stand es – wie auch in Spanien für den *Don Juan* üblich, mag die ohnehin durch Versionen anderer Dramatiker ersetzte Urfassung nun von Tirso de Molina stammen oder nicht – zu Allerheiligen auf dem Spielplan der Leopoldstädter Bühne, so auch im Jahr 1813. „Das Lustspiel Don Juan, nach Moliere und Tirso de Molina wird jährlich den 1ten Nov, (am Vorabende von Aller Seelen) aufgeführt", heißt es im Jahr 1814 in den *Friedensblättern*. Die Aufführung am 1. November war die einzige während Brentanos Wiener Aufenthalt, Brentano könnte sie durchaus besucht haben.[24] Mit diesem Nachweis lässt sich Hamanns Behauptung stützen, es sei eine Wiener Aufführung gewesen, die Brentano die Anregung zu dieser Episode gab. Die Entstehungszeit des Märchens ist nicht genau bekannt. Ilse Mahl und ihr folgend Heinz Rölleke setzen den Zeitraum zwischen 1813 und 1817 dafür an.[25] Möglicherweise ist es während des letzten Berlin-Aufenthaltes Brentanos geschrieben oder bearbeitet worden; da Hoffmann sich für seine Kamptz-Satire im *Meister Floh* in der Wahl des Namens Knarrpanti

23 Richard Benz, SW 11, S. XXXf., Anm. 4 (Näheres zu der verschollenen Arbeit Storcks findet sich in dem bei Pravida, Die Erfindung des Rosenkranzes (Anm. I,22), S. 156, Anm. 430 erwähnten Briefkonvolut in Benz' Nachlass). Richard Maria Werner, Der Laufener Don Juan. Ein Beitrag zur Geschichte des Volksschauspiels, Hamburg, Leipzig 1891 (Theatergeschichtliche Forschungen 3), S. 90. Gertrud Larfeld, Clemens Brentanos *Märchen vom Schulmeister Klopfstock und seinen fünf Söhnen*, Diss. Marburg 1921, S. 21ff. Don Juan-Stücke finden sich in den Versteigerungskatalog nur wenige, vgl. Katalog I, S. 72, Nr. 29, dafür aber einige Hanswurst-Stücke; vgl. Katalog I, S. 38, Nr. 252; S. 41, Nr. 280 und 294; S. 60f. (Nr. 536).

24 Wiener Theaterchronik, in: Frbl 1. Jg., Nr. 73, 17.12.1814, S. 300. Hadamowsky 1, S. 121 zu Marinellis *Dom Juan* und zu den Aufführungen 1783–1821, S. 337f. der Spielplan des Jahres 1813. Siehe auch Müller-Kampel, Hanswurst, Bernardon, Kasperl (Anm. VI,264), S. 42–50. Ernst, Zwischen Lustigmacher und Spielmacher (Anm. VI,264), S. 196–202. Abdruck des Stückes in: Die romantisch-komischen Volksmärchen (Anhang IX, Anm. 14), S. 53–96, die Einsiedlerszene ebd., S. 76ff. Vgl. Walter Pape, Das literarische Kinderbuch. Studien zur Entstehung und Typologie, Berlin, New York 1981, S. 291ff.

25 Ilse Mahl, Der Prosastil in den Märchen Clemens Brentanos, Berlin 1931 (Germanische Studien 110), S. 122. Heinz Rölleke, Brentanos *Märchen von dem Schulmeister Klopfstock* als literarhistorische Allegorie, in: JbFDH 1977, S. 292–308, dort S. 292. Siehe dagegen Wilhelm Solms, Vorschlag zur Datierung von Brentanos Märchensammlungen, in: JbFDH 1984, S. 236–245, dort S. 244.

offenbar von dem Namen des Nachtwächterkönigs Knarratschki respektive Knarrasper in Brentanos Klopfstock-Märchen hat anregen lassen, müsste Brentano das Werk auch in Gegenwart Hoffmanns vorgelesen haben. Auf Brentano verweisen in dem Märchenroman Hoffmanns ja auch die Namen Famagusta und Smarkand aus dem Singspiel *Die lustigen Musikanten*, das Hoffmann einmal komponiert hatte.[26] Hoffmanns Werk weist auch sonst Bezüge zu dem von Brentano auf, und die *Seltsamen Leiden eines Theaterdirektors* sind offenbar aus dem gemeinsamen Plan einer Satire auf das Theaterwesen der Zeit hervorgegangen.[27] Brentanos Märchen gehört also zu den Werken, in denen der Wiener Aufenthalt literarisch verarbeitet wird, zu welchen auch die Erzählung *Die mehreren Wehmüller und ungarischen Nationalgesichter* und auch die *Geschichte vom braven Kasperl und dem schönen Annerl* zu zählen sein dürften. Für die in Ungarn spielende Erzählung von den mehreren Wehmüllern hat Gerhard Kluge vermutet, „daß ein großer Teil der Personen (...) von Typen, die seit der Mitte des 18. Jahrhunderts oder schon früher zum Bestand der Wiener Volkskomödie gehörten, inspiriert ist".[28] Eine nähere Untersuchung anhand der Dramentexte, die vereinzelt gedruckt wurden, zum Großteil aber in der Bibliothek des Österreichischen Theatermuseums liegen, wäre wünschenswert; dabei sollte in Betracht gezogen werden, dass die Übernahme von Gestalten, Handlungselementen und Plots aus der Lustspieltradition auch bei anderen romantischen Schriftstellern üblich ist, so in Hoffmanns *Prinzessin Brambilla* und in Eichendorffs *Taugenichts*.[29]

26 Hoffmann, Meister Floh (1822), SW 4, S. 675–814, dort S. 703 (Famagusta), 704 (Smarkand), 751ff. (Knarrpanti). Zur Kamptz-Affäre: Georg Ellinger, Das Disziplinarverfahren gegen E. T. A. Hoffmann. (Nach Akten des Geheimen Staatsarchivs), in: DRs 128 (1906), S. 79–103. Friedrich Schnapp, Die Affäre des Meister Floh, in: Schnapp 3, S. 217–272. Wulf Segebrecht, E. T. A. Hoffmanns Auffassung vom Richteramt und vom Dichterberuf. Mit unbekannten Zeugnissen aus Hoffmanns juristischer Tätigkeit, in: JbDSG 11 (1967), S. 62–138, dort S. 75ff., 81f.

27 Hoffmann, Seltsame Leiden eines Theater-Direktors (1817/19), SW 1, S. 611–707. Zur Entstehung vgl. Carl Georg von Maassen, in: E. T. A. Hoffmanns Sämtliche Werke, historisch-kritische Ausgabe, Bd. 4. Mit Einleitungen, Anmerkungen und Lesarten von Carl Georg von Maassen, München, Leipzig 1909, S. VII–LXXXII. Brentano an Arnim, 3.2.1816, FBA 33, S. 180f. Der naheliegende Zusammenhang mit den *Briefen über das neue Theater* scheint der Brentano- wie der Hoffmann-Forschung bislang entgangen zu sein (aber vgl. Maassen, a.a.O., S. LXXVII, Anm. 1; Schnapp 2, S. 80, Anm. 1). Zu Brentano und Hoffmann vgl. Pravida, Die Erfindung des Rosenkranzes (Anm. I,22), S. 385f.; siehe auch Anhang VIII, zu Nr. 706.

28 FBA 19, S. 662. Das genaue Entstehungsdatum der Erzählung – doch wohl frühestens nach 1813 – ist nicht bekannt; vgl. ebd., S. 658ff.; FBA 5,1, S. 278. Anhand der vielfältigen Gestaltung einzelner Motive der Erzählung (v. a. dem „Picknick des Katers Mores") in anderen Werken und in derzeit noch unpublizierten Entwürfen sollte sich eine genauere zeitliche Eingrenzung vornehmen lassen, was bislang nicht geschehen ist.

29 Winfried Sdun, E. T. A. Hoffmanns *Prinzessin Brambilla*. Analyse und Interpretation einer erzählten Komödie, Diss. Freiburg i. Br. 1961. Enzinger, Eichendorff und das alte Österreich (Anm. III,67), S. 45ff.

Literaturverzeichnis

1 Zeitschriften und Reihen

AAWB,PH	Philosophische und historische Abhandlungen der Königlichen Akademie der Wissenschaften zu Berlin
AAWW,PH	Anzeiger der österreichischen Akademie der Wissenschaften in Wien, philosophisch-historische Klasse
AB	The Art Bulletin
ADAW,PH	Abhandlungen der Deutschen Akademie der Wissenschaften zu Berlin, philosophisch-historische Klasse
AdPG	Archiv für deutsche Postgeschichte
AfdSt	Archiv für das Studium der neueren Sprachen und Literaturen
AGB	Archiv für Geschichte des Buchwesens
AGWG,PH	Abhandlungen der Königlichen Gesellschaft der Wissenschaften zu Göttingen, philologisch-historische Klasse
AHVN	Annalen des historischen Vereins für den Niederrhein insbesondere das alte Erzbistum Köln
AKG	Archiv für Kulturgeschichte
AmZ	Allgemeine musikalische Zeitung
AMKG	Archiv für mittelrheinische Kirchengeschichte
AÖG	Archiv für österreichische Geschichte (bis Band 33, 1865: Archiv für Kunde österreichischer Geschichts-Quellen)
AschJb	Aschaffenburger Jahrbuch für Geschichte, Landeskunde und Kunst des Untermaingebietes
AZ	Allgemeine Zeitung
BBC	Berliner Börsen-Courier
BBS	Bonner Beethoven-Studien
BBGN	Brünner Beiträge zur Germanistik und Nordistik
BF	Beethoven Forum
BGG	Brüder Grimm Gedenken
BKB	Brandenburger Kleist-Blätter
ChWGV	Chronik des Wiener Goethe-Vereins
ColJb	Colmarer Jahrbuch
DAJ	Das achtzehnte Jahrhundert. Zeitschrift der Deutschen Gesellschaft für die Erforschung des achtzehnten Jahrhunderts
DLD	Deutsche Litteraturdenkmale des 18. (ab Bd. 13, 1883: und 19.) Jahrhunderts
DLE	Deutsche Literatur. Sammlung literarischer Kunst- und Kulturdenkmäler in Entwicklungsreihen

DLZ	Deutsche Literatur-Zeitung
DNL	Deutsche National-Litteratur
DrB	Dramaturgischer Beobachter 1813, Nr. 1–48 & 1814, Nr. 1–36 (Nachdruck Nendeln 1971).
DRs	Deutsche Rundschau
DtArb	Deutsche Arbeit. Zeitschrift des Volksbundes für das Deutschtum im Ausland
DtMus	Deutsches Museum
DVl	Das deutsche Volkslied. Zeitschrift für seine Kenntnis und Pflege
DVjs	Deutsche Vierteljahrsschrift für Literaturwissenschaft und Geistesgeschichte
EHS	Europäische Hochschulschriften
EvDia	Die evangelische Diaspora. Jahrbuch des Gustav-Adolf-Werks
FBPG	Forschungen zur brandenburgischen und preußischen Geschichte
Frbl	Friedensblätter. Eine Zeitschrift für Leben, Literatur und Kunst. Von einer Gesellschaft herausgegeben, Wien 1814/1815 (Nachdruck Bern 1970). (Der Hrsg.-Vermerk fehlt ab Juli 1815.)
FZ	Frankfurter Zeitung und Handelsblatt
GGA	Göttingische Gelehrte Anzeigen
GuG	Geschichte und Gesellschaft
GR	Germanic Review
GRM	Germanisch-romanische Monatsschrift
GWr	Germanica Wratislaviensia
HistJb	Historisches Jahrbuch
HJb	Hölderlin-Jahrbuch
HJbb	Heidelberger Jahrbücher
HpB	Historisch-politische Blätter für das katholische Deutschland
HSt	Hegel-Studien
HYb	Haydn Yearbook
HZ	Historische Zeitschrift
IASL	Internationales Archiv für Sozialgeschichte der deutschen Literatur
JALZ	Jenaische Allgemeine Literatur-Zeitung
JbbLG	Jahrbuch für brandenburgische Landesgeschichte
JbBvA	Internationales Jahrbuch der Bettina von Arnim-Gesellschaft
JbbwK	Jahrbücher für wissenschaftliche Kritik
JbDAI	Jahrbuch des Deutschen Archäologischen Instituts
JbDG	Jahrbuch der Droste-Gesellschaft
JbDSG	Jahrbuch der deutschen Schillergesellschaft
JbFDH	Jahrbuch des Freien Deutschen Hochstifts
JbGG	Jahrbuch der Grillparzer-Gesellschaft
JbGKMr	Jahrbuch für Geschichte und Kunst des Mittelrheins und seiner Nebengebiete
JbGWThF	Jahrbuch der Gesellschaft für Wiener Theaterforschung
JbIG	Jahrbuch für internationale Germanistik
JbKG	Jahrbuch der Kleist-Gesellschaft
JbLAB	Berlin in Geschichte und Gegenwart. Jahrbuch des Landesarchivs Berlin
JbOGE18	Jahrbuch der österreichischen Gesellschaft zur Erforschung des 18. Jahrhunderts
JbÖVw	Jahrbuch des Österreichischen Volksliedwerkes
JbÖKG	Jahrbuch für österreichische Kulturgeschichte
JbSIM	Jahrbuch des Staatlichen Instituts für Musikforschung Preußischer Kulturbesitz
JbVF	Jahrbuch für Volksliedforschung

JbVGStW	Jahrbuch des Vereins für Geschichte der Stadt Wien
JbWGV	Jahrbuch des Wiener Goethe-Vereins
JEGP	Journal of English and Germanic Philology
JMH	Journal of Modern History
JMR	Journal of Musicological Research
JMus	Journal of Musicology
KJb	Kleist-Jarhbuch
KVZ	Kölnische Volkszeitung
LBIYb	Leo Baeck-Institute Yearbook
LiB	Literatur in Bayern
LiLi	Zeitschrift für Literaturwissenschaft und Linguistik
LJb	Literaturwissenschaftliches Jahrbuch
LJbBG	Leipziger Jahrbuch zur Buchgeschichte
LiTheS	Zeitschrift für Literatur- und Theatersoziologie
LpH	Le pauvre Holterling. Blätter zur Frankfurter Hölderlin-Ausgabe
MAL	Modern Austrian Literature
Mbl	Morgenblatt für gebildete Stände
MIÖG	Mitteilungen des Instituts für Österreichische Geschichtsforschung
MK	Maske und Kothurn
ML	Music & Letters
MLN	Modern Language Notes
MQ	Musical Quarterly
MR	Music Review
MSt	Mendelssohn-Studien
MVGB	Mitteilungen des Vereins für die Geschichte Berlins
MVGDB	Mittheilungen des Vereins für die Geschichte der Deutschen in Böhmen
NASG	Neues Archiv für sächsische Geschichte
NFP	Neue Freie Presse
NHJbb	Neue Heidelberger Jahrbücher
NMZ	Neue Musik-Zeitung
NRs	Neue Rundschau
NTM	Der neue Teutsche Merkur
NZfE	Neue Zeitung für Einsiedler
NZZ	Neue Zürcher Zeitung
ÖB	Österreichischer Beobachter
ÖBLK	Österreichische Blätter für Literatur und Kunst
ÖGL	Österreich in Geschichte und Literatur
OLitt	Orbis litterarum
ÖMZ	Österreichische Musikzeitschrift
ÖRs	Österreichische Rundschau
PrJbb	Preußische Jahrbücher
QuF	Quellen und Forschungen zur Literatur- und Kulturgeschichte
RhM	Rheinischer Merkur (Nachdruck in: Görres, GS 6–8, 9–11)
SAWB,PH	Sitzungsberichte der Preußischen Akademie der Wissenschaften, philosophisch-historische Klasse
SAWW,PH	Sitzungsberichte der Österreichischen Akademie der Wissenschaften, philosophisch-historische Klasse
VL	Veröffentlichungen der Kommission für Literaturwissenschaft

VP	Veröffentlichungen des Instituts für Publikumsforschung
SBAW,PH	Sitzungsberichte der Bayerischen Akademie der Wissenschaften, philosophisch-philologische und historische Klasse
SGG	Schriften der Goethe-Gesellschaft
SHCSR	Spicilegium historicum Congregationis SSmi Redemptoris
SMGBZ	Studien und Mitteilungen zur Geschichte des Benediktinerordens und seiner Zweige
SMZ	Schweizerische Musikzeitung
StaML	Stimmen aus Maria Laach
StMw	Studien zur Musikwissenschaft
STSL	Studien und Texte zur Sozialgeschichte der Literatur
STZ	Sprache im technischen Zeitalter
ThSZGK	Thüringisch-sächsische Zeitschrift für Geschichte und Kunst
ThZ	(Wiener) Theater-Zeitung
TRs	Tägliche Rundschau
URs	Ungarische Rundschau für historische und soziale Wissenschaften
VIEG	Veröffentlichungen des Instituts für Europäische Geschichte Mainz
VISAL	Vierteljahresschrift des Adalbert-Stifter-Instituts des Landes Oberösterreich
Vjs	Vierteljahrsschrift für Literaturgeschichte
VZ	Vossische Zeitung
WALZ	Wiener Allgemeine Literaturzeitung
WJbb	Jahrbücher der Literatur
WSJb	Wiener Slavistisches Jahrbuch
WZGK	Westdeutsche Zeitschrift für Geschichte und Kunst
ZBLG	Zeitschrift für bayerische Landesgeschichte
ZfBf	Zeitschrift für Bücherfreunde
ZfdB	Zeitschrift für deutsche Bildung
ZfE	Zeitung für Einsiedler
ZfMw	Zeitschrift für Musikwissenschaft
ZfdPh	Zeitschrift für deutsche Philologie
ZfdU	Zeitschrift für den deutschen Unterricht
ZföG	Zeitschrift für die österreichischen Gymnasien
ZfrhwVk	Zeitschrift des Vereins für rheinische und westfälische Volkskunde
ZgS	Zeitschrift für die gesamte Staatswissenschaft
ZSDG	Zeitschrift für sudetendeutsche Geschichte
ZVS	Zeitschrift für Volkswirtschaft und Sozialpolitik

2 Abgekürzt zitierte Werke

Abeken	Hedwig v. Olfers, geb. v. Staegemann 1799–1891. Ein Lebenslauf, hrsg. von Hedwig Abeken, geb. v. Olfers, 2 Bde., Berlin 1908–1914.
ADB	Allgemeine Deutsche Biographie. Auf Veranlassung seiner Majestät des Königs von Bayern hrsg. durch die historische Commission bei der Königl. Akademie der Wissenschaften, 56 Bde., Leipzig 1875–1912 (Nachdruck Berlin 1970).
Albrecht	Letters to Beethoven and Other Correspondence. Translated and edited by

	Theodore Albrecht, 3 Bde., Lincoln u. a. 1996 (North American Beethoven Studies 2).
Alth/Obzyna	Das Burgtheater 1776–1976. Aufführungen und Besetzungen von zweihundert Jahren. Sammlung und Bearbeitung des Materials Minna von Alth. Redaktion Gertrude Obzyna. Korrektur und Registerarbeiten Rudolf Holaubek, 2 Bde., Wien 1979.
AM	Die Andacht zum Menschenbild. Unbekannte Briefe von Bettine Brentano, hrsg. von Wilhelm Schellberg und Friedrich Fuchs, Jena 1942.
Amelung	Briefwechsel zwischen Clemens Brentano und Sophie Mereau, hrsg. von Heinz Amelung, 2 Bde., Leipzig 1908.
Andlaw	Franz Freiherr von Andlaw, Mein Tagebuch. Auszüge aus Aufschreibungen der Jahre 1811–1861 zusammengestellt, 2 Bde., Frankfurt a. M. 1862.
Angermüller	Rudolf Angermüller, Wenzel Müller und „sein" Leopoldstädter Theater. Mit besonderer Berücksichtigung der Tagebücher Wenzel Müllers, Wien 2009 (Wiener Schriften zur Stilkunde und Aufführungspraxis 5).
Anschütz	Heinrich Anschütz, Erinnerungen aus dessen Leben und Wirken. Nach eigenhändigen Aufzeichnungen und mündlichen Mittheilungen, Wien 1866.
Arndt, AW	Ernst Moritz Arndt, Ausgewählte Werke in 16 Bänden, hrsg. von Heinrich Meisner und Robert Geerds, Leipzig o. J.
Arnim, WW	Achim von Arnim, Werke in sechs Bänden, hrsg. von Roswitha Burwick, Jürgen Knaack, Paul Michael Lützeler, Renate Moering, Ulfert Ricklefs und Hermann F. Weiss, Frankfurt a. M. 1989–1994.
Arnold	Fremdherrschaft und Befreiung 1795–1815. Bearbeitet von Robert F. Arnold, Leipzig 1932 (DLE. Reihe Politische Dichtung 2).
Arnold/Wagner	Achtzehnhundertneun. Die politische Lyrik des Kriegsjahres, hrsg. von Robert F. Arnold und Karl Wagner, Wien 1909 (Veröffentlichungen des Literarischen Vereins in Wien 11).
Atterbom	Per Daniel Amadeus Atterbom, Reisebilder aus dem romantischen Deutschland. Jugenderinnerungen eines romantischen Dichters und Kunstgelehrten aus den Jahren 1817–1819. Neu hrsg. von Elmar Jansen, Stuttgart 1970.
Baader	Peter Baader, Die Brentano-Sammlung und die übrigen handschriftlichen Bestände der Universitätsbibliothek Mainz, in: Jahrbuch der Vereinigung „Freunde der Universität Mainz" 9 (1960), S. 9–36.
Bartlitz	Eveline Bartlitz, Die Beethoven-Sammlung in der Musikabteilung der Deutschen Staatsbibliothek. Verzeichnis. Autographe, Abschriften, Dokumente, Briefe, Berlin 1970.
Bauer	Anton Bauer, 150 Jahre Theater an der Wien, Zürich, Leipzig, Wien 1952.
Bauer/Kropatschek	Anton Bauer und Gustav Kropatschek, 200 Jahre Theater in der Josefstadt 1788–1988, Wien, München 1988.
Beijers	J. L Beijers, Versteigerung 1. Dezember 1977. Aus der Bibliothek von Clemens und Christian Brentano mit einigen Beiträgen aus der Bibliothek von Franz Brentano, Sohn von Christian, Utrecht 1977.
Bergemann	Alfred Bergemann, Ungedrucktes aus der Sammlung Kippenberg, in: Jahrbuch der Sammlung Kippenberg 10 (1935), S. 229–245.
Bettine von Arnim, WW	Bettine von Arnim, Werke und Briefe in drei [Bd. 4: vier] Bänden, hrsg. von Walter Schmitz und Sibylle von Steinsdorff, Frankfurt a. M. 1986–2004.
Baxa	Jakob Baxa, Adam Müllers Lebenszeugnisse, 2 Bde., München u. a. 1966.
Beethoven, Bfw	Ludwig van Beethoven, Briefwechsel. Gesamtausgabe. Im Auftrag des Beet-

hoven-Hauses Bonn hrsg. von Sieghard Brandenburg, 7 Bde., München 1996 bis 1998.

Beethoven, Konversationshefte — Ludwig van Beethovens Konversationshefte, hrsg. im Auftrag der Deutschen Staatsbibliothek von Karl-Heinz Köhler, Grita Herre und Dagmar Beck, 11 Bde., Leipzig 1972–2001.

Betz/Straub 2 — Bettine und Arnim. Briefe der Freundschaft und Liebe. Hrsg., eingeführt und kommentiert von Otto Betz und Veronika Straub, Bd. 2: 1808–1811, Frankfurt a. M. 1987.

Biographische Portraits — Karl August Varnhagen von Ense, Biographische Portraits. Nebst Briefen von Koreff, Clemens Brentano, Frau von Fouqué, Henri Campan und Scholz, hrsg. von Ludmilla Assing, Leipzig 1871 (Aus dem Nachlaß Varnhagen's von Ense).

Boëtius — Der andere Brentano. Nie veröffentlichte Gedichte. 130 Jahre Literatur-Skandal. Ausgewählt, transkribiert, eingeleitet und kommentiert von Henning Boëtius, Frankfurt a. M. 1985.

Boisserée — Sulpiz Boisserée, Briefwechsel, Tagebücher. Faksimiledruck nach der 1. Auflage von 1862. Mit einem Nachwort von Heinrich Klotz, 2 Bde., Göttingen 1970 (Deutsche Neudrucke. Reihe Texte des 19. Jahrhunderts).

Bonwetsch — G. Nathanael Bonwetsch, Gotthilf Heinrich Schubert in seinen Briefen. Ein Lebensbild, Stuttgart 1918.

Botzenhart/Hubatsch — Freiherr vom Stein, Briefe und amtliche Schriften. Bearbeitet von Erich Botzenhart. Neu hrsg. von Walther Hubatsch, 7 Bde., Stuttgart 1954—1963.

Christian Brentano, Schriften — Nachgelassene religiöse Schriften von Christian Brentano, [hrsg. von Emilie Brentano,] 2 Bde., München 1854.

Brunner — Sebastian Brunner, Clemens Maria Hoffbauer und seine Zeit. Miniaturen zur Kirchengeschichte von 1780 bis 1820, Wien 1858.

Cardauns — Hermann Cardauns, Aufzeichnungen und Briefe von Luise Hensel, in: Frankfurter zeitgemäße Broschüren N. F. 35, H. 3, Hamm 1916, S. 66–103.

Castelli — Ignaz Franz Castelli, Memoiren meines Lebens. Gefundenes und Empfundenes, Erlebtes und Erstrebtes. Mit einer Einleitung und Anmerkungen neu hrsg. von Josef Bindtner, 2 Bde., München 1914 (Denkwürdigkeiten aus Alt-Österreich 9/10).

Chronik — Brentano-Chronik. Daten zu Leben und Werk. Zusammengestellt von Konrad Feilchenfeldt, München, Wien 1978 (Reihe Hanser 259).

Czeike — Felix Czeike, Historisches Lexikon Wien, 6 Bde., Wien 1992–2004.

Czygan — Paul Czygan, Zur Geschichte der Tagesliteratur während der Freiheitskriege, 2 Bde., Leipzig 1909–1911.

Diel — Clemens Brentano's Ausgewählte Schriften. Chronologisch geordnet und mit Anmerkungen versehen von J. B. Diel, aus der Gesellschaft Jesu, 2 Bde., Freiburg i. Br. 1873.

Diel/Kreiten — Johannes Baptista Diel S.J., Clemens Brentano. Ein Lebensbild nach gedruckten und ungedruckten Quellen. Ergänzt und hrsg. von Wilhelm Kreiten S.J., 2 Bde., Freiburg i. Br. 1877–1878.

Dingelstedt — Johann Valentin Teichmanns Literarischer Nachlaß hrsg. von Franz Dingelstedt, Stuttgart 1863.

Ditfurth 1,II — Historische Volkslieder der Zeit von 1756 bis 1871. Erster Band. Aus fliegenden Blättern, handschriftlichen Quellen und aus dem Volksmunde gesammelt und hrsg. von Franz Wilhelm Freiherrn von Ditfurth, Teil 2: Die historischen

Volkslieder vom Ende des siebenjährigen Krieges, 1763, bis zum Brande von Moskau, 1812, Berlin 1872.

DWb — Deutsches Wörterbuch, hrsg. von Jacob und Wilhelm Grimm, 16 Bde., Leipzig 1854–1971.

Egloffstein — Alt-Weimars Abend. Briefe und Aufzeichnungen aus dem Nachlasse der Gräfinnen Egloffstein, hrsg. von Hermann Freiherrn von Egloffstein, München 1923.

Eichendorff, [1]HKA — Sämtliche Werke des Freiherrn Joseph von Eichendorff. Historisch-kritische Ausgabe, hrsg. von Wilhelm Kosch und August Sauer, Regensburg 1908 bis 1950.
- Bd. 13. Briefe an Eichendorff, hrsg. von Wilhelm Kosch, Regensburg o. J. (1911).

Eichendorff, [2]HKA — Sämtliche Werke des Freiherrn Joseph von Eichendorff. Historisch-kritische Ausgabe. Begründet von Wilhelm Kosch und August Sauer, hrsg. von Hermann Kunisch und Helmut Koopmann, Stuttgart 1962ff., Tübingen 1996ff.
- Bd. 3. Ahnung und Gegenwart, hrsg. von Christiane Briegleb und Clemens Rauschenberg, 1984.
- Bd. 4. Dichter und ihre Gesellen, hrsg. von Volkmar Stein, 2001.
- Bd. 5,4. Erzählungen. Dritter Teil. Autobiographische Fragmente, hrsg. von Dietmar Kunisch, 1998.
- Bd. 8,2. Literarhistorische Schriften II. Abhandlungen zur Literatur. Aufgrund der Vorarbeiten von Franz Ranegger hrsg. von Wolfram Mauser, 1965.
- Bd. 11,1. Tagebücher. Text, hrsg. von Ursula Regener, 2006.
- Bd. 12. Briefe 1794–1857. Text, hrsg. von Sibylle von Steinsdorff, 1993.

Estermann — Alfred Estermann, Die deutschen Literatur-Zeitschriften 1815–1850. Bibliographien, Programme, Autoren, Bd. 1: 1645–1814, Nendeln 1978.

FBA — Clemens Brentano, Sämtliche Werke und Briefe. Historisch-kritische Ausgabe. Veranstaltet vom Freien Deutschen Hochstift. Begründet von Jürgen Behrens, Wolfgang Frühwald, Detlev Lüders, hrsg. von Anne Bohnenkamp, Konrad Feilchenfeldt, Ulrike Landfester, Christoph Perels, Hartwig Schultz, Stuttgart u. a. 1975ff.
- Bd. 1. Gedichte 1784–1801. Unter Mitarbeit von Michael Grus hrsg. von Bernhard Gajek, 2007.
- Bd. 2,1. Gedichte 1802–1806. Unter Mitarbeit von Michael Grus hrsg. von Bernhard Gajek, 2012.
- Bd. 3,1. Gedichte 1816–1817, hrsg. von Michael Grus und Kristina Hasenpflug, 1999.
- Bd. 3,2. Gedichte 1818–1819, hrsg. von Michael Grus, Kristina Hasenpflug und Hartwig Schultz, 2001.
- Bd. 3,3. Gedichte 1820–1826, hrsg. von Michael Grus, 2002.
- Bd. 5,1. Gedichtbearbeitungen I. Unter Mitarbeit von Silke Weber hrsg. von Sabine Gruber, 2011.
- Bd. 5,2. Gedichtbearbeitungen II. Trutz Nachtigal. Unter Mitarbeit von Holger Schwinn hrsg. von Sabine Gruber, 2009.
- Bd. 6–9,3. Des Knaben Wunderhorn, hrsg. von Heinz Rölleke, 1975–1978.
- Bd. 11,1–2. Romanzen vom Rosenkranz, hrsg. von Dietmar Pravida, 2006 bis 2008.

Bd. 12. Dramen I, hrsg. von Hartwig Schultz, 1982.
Bd. 13,1. Dramen II,1. Aloys und Imelde. Nach Vorarbeiten von Christian Sinn hrsg. von Michael Grus und Simone Leidinger, 2010.
Bd. 13,2. Dramen II,2. Dramen, Dramenfragmente und -pläne, hrsg. von Christina Sauer (erscheint voraussichtlich 2013).
Bd. 13,3. Dramen II,3: Wiener Festspiele. Unter Mitarbeit von Dietmar Pravida und Christina Sauer hrsg. von Caroline Pross, 2007.
Bd. 14. Dramen III. Die Gründung Prags, hrsg. von Georg Mayer und Walter Schmitz, 1980.
Bd. 15,2. Dramen II,1. Aloys und Imelde. Lesarten und Erläuterungen. Nach Vorarbeiten von Christian Sinn hrsg. von Holger Schwinn, 2011.
Bd. 15,4. Dramen II,3: Wiener Festspiele. Lesarten und Erläuterungen. Unter Mitarbeit von Simone Leidinger, Dietmar Pravida und Christina Sauer hrsg. von Caroline Pross, 2008.
Bd. 16. Prosa I. Godwi, hrsg. von Werner Bellmann, 1976.
Bd. 17. Prosa II. Die Mährchen vom Rhein, hrsg. von Brigitte Schillbach, 1983.
Bd. 19. Prosa IV. Erzählungen, hrsg. von Gerhard Kluge, 1987.
Bd. 21,1. Prosa VI,1. Satiren und kleine Prosa, hrsg. von Maximilian Bergengruen, Wolfgang Bunzel, Renate Moering, Stefan Nienhaus, Christina Sauer und Hartwig Schultz (erscheint voraussichtlich 2013).
Bd. 29. Briefe I. 1792–1802, hrsg. von Lieselotte Kinskofer, 1988.
Bd. 31. Briefe III. 1803–1807, hrsg. von Lieselotte Kinskofer, 1991.
Bd. 32. Briefe IV. 1808–1812, hrsg. von Sabine Oehring, 1996.
Bd. 33. Briefe V. 1813–1818, hrsg. von Sabine Oehring, 2000.
Bd. 34. Briefe VI. 1819–1823, hrsg. von Sabine Oehring, 2005.
Bd. 35. Briefe VII. 1824–1829, hrsg. von Sabine Oehring, 2012.

Fellner — Anton Fellner, Wiener Romantik am Wendepunkt. 1813–1815. (Die *Friedensblätter* und ihr Kreis), Diss. (masch.) Wien 1951.

Floeck 1 — Oswald Floeck, Ungedruckte Akten der Wiener Polizei-Hofstelle über Zacharias Werner und seine Predigten in Wien aus den Jahren 1814–1818, in: Der Aar 3,2 (1912/13), S. 375–383, 491–502, 648–660, 818–824.

Floeck 2 — Briefe des Dichters Friedrich Ludwig Zacharias Werner. Mit einer Einführung hrsg. von Oswald Floeck. Kritisch durchgesehene und erläuterte Gesamtausgabe, 2 Bde., München 1914.

Floeck 3 — Die Tagebücher des Dichters Zacharias Werner. Hrsg. und erläutert von Oswald Floeck, 2 Bde., Leipzig 1939–1940 (Bibliothek des Litterarischen Vereins in Stuttgart 289/290)

Förster, Gedichte — Friedrich Förster's Gedichte. Erstes Buch. Friedrich Förster's Kriegslieder. Eine Festgabe zur 25jährigen Jubelfeier der Freiwilligen Jäger. – Zweites Buch. Friedrich Förster's Romanzen, Erzählungen, Legenden, 2 Bde., Berlin 1838.

Friedrich — Rudolf Friedrich, Die Befreiungskriege 1813–1815, 4 Bde., Berlin, Bd. 1, ^{3}1911, Bd. 2, $^{1-5}$1912, Bd. 3–4, $^{1-5}$1913.

Frimmel — Theodor Frimmel, Beethoven-Handbuch, 2 Bde., Leipzig 1926.

Frühwald — Clemens Brentano, Briefe an Emilie Linder. Mit zwei Briefen an Apollonia Diepenbrock und Marianne von Willemer. Hrsg. und kommentiert von Wolfgang Frühwald, Bad Homburg v. d. H., Berlin, Zürich 1969.

Gentz, Bfw — Briefe von und an Friedrich von Gentz, hrsg. von Friedrich Carl Wittichen und Ernst Salzer, 3 Bde., München, Berlin 1909–1913.

Gentz, Schriften — Schriften von Friedrich von Gentz. Ein Denkmahl, hrsg. von Gustav Schlesier, 5 Bde., Mannheim 1838–1840.

Gentz, Tgb — Tagebücher und Briefe von Friedrich Gentz, hrsg. von Ludmilla Assing-Grimelli, 4 Bde., Leipzig 1873–1874 (Aus dem Nachlaß Varnhagen's von Ense).

Gerlach — Ernst Ludwig von Gerlach, Aufzeichnungen aus seinem Leben und Wirken 1795–1877, hrsg. von Jakob von Gerlach, 2 Bde., Schwerin i. Meckl. 1903.

Glossy — Karl Glossy, Zur Geschichte der Theater Wiens I (1801–1820), in: JbGG 25 (1915).

Goedeke — Grundriß zur Geschichte der deutschen Dichtung aus den Quellen von Karl Goedeke. 2., ganz neu [Bd. 4,1–4: 3., neu] bearbeitete Aufl. Nach dem Tode des Verfassers fortgeführt von Edmund Goetze. Fortgeführt von der Akademie der Wissenschaften der DDR. Zentralinstitut für Literaturgeschichte. Fortgeführt von der Berlin-Brandenburgischen Akademie der Wissenschaften, 18 Bde., Dresden u. a. 1884–1955, Berlin u. a. 1959–1998.

Goldschmidt — Harry Goldschmidt, Um die Unsterbliche Geliebte. Ein Beethoven-Buch, München o. J. (1980; geringfügig erw. Ausg.; zuerst u. d. T. Um die Unsterbliche Geliebte. Eine Bestandsaufnahme. Beethoven-Studien, Bd. 2, Leipzig 1977.)

Görres, AW — Joseph Görres, Ausgewählte Werke in zwei Bänden, hrsg. von Wolfgang Frühwald, Freiburg i. B., Basel, Wien 1978.

Görres, GS — Joseph Görres, Gesammelte Schriften. Im Auftrage der Görres-Gesellschaft hrsg. von Wilhelm Schellberg, Adolf Dyroff, Leo Just und Heribert Raab. Fortgeführt von der Görres-Forschungsstelle an der Katholischen Universität Eichstätt, Köln 1925ff., Köln, Barmen 1934ff., Paderborn u. a. 1985ff.

- Bd. 3. Geistesgeschichtliche und literarische Schriften 1803–1808, hrsg. von Günther Müller, 1926.
- Bd. 6–8. Rheinischer Merkur, 1814, hrsg. von Karl d'Ester, Hans A. Münster, Wilhelm Schellberg, Paul Wentzke, 1928.
- Bd. 9–11. Rheinischer Merkur, 1815/16, hrsg. von Karl d'Ester, Hans A. Münster, Wilhelm Schellberg, Paul Wentzke, 1928.
- Erg.-Bd. 2. Albert Portmann-Tinguely, Görres-Bibliographie. Verzeichnis der Schriften von und über Johann Joseph Görres (1776–1848) und Görres-Ikonographie, 1993.

Görres, Märchen — Die Märchen des Clemens Brentano. Zum Besten der Armen nach dem letzten Willen des Verfassers hrsg. von Guido Görres, 2 Bde., Stuttgart, Tübingen 1846–1847.

Görres, Schriften — Joseph von Görres, Gesammelte Schriften, hrsg. von Marie Görres, [Bd. 8–9: hrsg. von Franz Binder,] 9 Bde., München 1852–1874.

Gräffer — Franz Gräffer, Kleine Wiener Memoiren und Wiener Dosenstücke. In Auswahl hrsg., eingeleitet und mit Anmerkungen und alphabetischem Register versehen von Anton Schlosser unter Mitwirkung von Gustav Gugitz, 2 Bde., München 1918 (Denkwürdigkeiten aus Alt-Österreich 13/14).

Grillparzer, Gespräche — Grillparzers Gespräche und die Charakteristiken seiner Persönlichkeit durch die Zeitgenossen. Gesammelt und hrsg. von August Sauer, 6 Bde., Wien 1904 bis 1916 (Schriften des Literarischen Vereins in Wien 1, 3, 6, 12, 15, 20).

Grillparzer, HKA — Franz Grillparzer, Werke. Historisch-kritische Gesamtausgabe, hrsg. von August Sauer, fortgeführt von Reinhold Backmann, 42 Bde., Wien 1909–1948.

Großegger — Elisabeth Großegger, Das Burgtheater und sein Publikum. Band 2. Pächter und Publikum 1794–1817. Mit einem Vorwort von Margret Dietrich, 2 Teilbände, Wien 1989 (SAWW,PH 530,1–2).

Grote — Ludwig Grote, Die Brüder Olivier und die deutsche Romantik, Berlin 1938 (Forschungen zur deutschen Kunstgeschichte 31).

Gruner 1 — Justus von Gruner, Ein Beitrag zum Briefwechsel von Joseph Görres, in: Deutsche Revue 18,3 (1893), S. 241–252, 354–369.

Gruner 2 — Justus von Gruner, Justus Gruner und der Hoffmannsche Bund, in: FBPG 19 (1906), S. 486–507.

Grus — Michael Grus, „Die Weltgeschicke gehören nicht auf des Dichters Lippe". Clemens Brentanos Probleme mit der Wiener Theaterzensur, in: JbFDH 1995, S. 118–137.

GS — Clemens Brentano's Gesammelte Schriften, hrsg. von Christian Brentano, 9 Bde., Frankfurt a. M. 1852–1855.

Gubitz — Friedrich Wilhelm Gubitz, Erlebnisse. Nach Erinnerungen und Aufzeichnungen, 3 Bde., Berlin 1868–1869.

Gugitz — Gustav Gugitz, Bibliographie zur Geschichte und Stadtkunde der Stadt Wien. Nebst Quellen- und Literaturhinweisen, 5 Bde., Wien 1947–1958.

Guignard — René Guignard, Chronologie des poésies de Clemens Brentano. Avec un choix des variantes, Paris 1933.

Hadamowsky 1 — Franz Hadamowsky, Das Theater in der Wiener Leopoldstadt 1781–1860. Bibliotheks- und Archivbestände in der Theatersammlung der Nationalbibliothek, Wien 1934 (Kataloge der Theatersammlung in der Nationalbibliothek in Wien 3).

Hadamowsky 2 — Franz Hadamowsky, Schiller auf der Wiener Bühne 1783–1959, Wien 1959 (Wiener Bibliophilen-Gesellschaft).

Hadamowsky 3 — Franz Hadamowsky, Das Theater an der Wien, Wien ^{2}1962.

Hadamowsky 4 — Franz Hadamowsky, Die Wiener Hoftheater (Staatstheater) 1776–1966. Teil 1: 1776–1810. Verzeichnis der aufgeführten Stücke mit Bestandsnachweis und täglichem Spielplan. – Teil 2: Die Wiener Hofoper (Staatsoper) 1811 bis 1974. Ein Verzeichnis der aufgeführten und eingereichten Stücke mit Bestandsnachweis und Aufführungsdaten, Wien 1966–1975 (Museion N. F. I,4,1–2).

Hadamowsky 5 — Franz Hadamowsky, Wien. Theatergeschichte. Von den Anfängen bis zum Ende des Ersten Weltkriegs, Wien, München 1988 (Geschichte der Stadt Wien 3).

Hahn — Rahel. Ein Buch des Andenkens für ihre Freunde, hrsg. von Barbara Hahn, 6 Bde., Göttingen 2011.

Hamberger/Meusel — Das Gelehrte Teutschland. Lexikon der jetzt lebenden teutschen Schriftsteller, angefangen von Georg Christoph Hamberger, fortgeführt von Johann Georg Meusel. 5., durchaus vermehrte und verbesserte Ausgabe, 23 Bde., Lemgo 1796–1834 (Nachdruck Hildesheim 1966).

Härtl 1 — Heinz Härtl, Deutsche Romantiker und ein böhmisches Gut. Briefe Christian Brentanos, Friedrich Carl von Savignys, Achim von Arnims und Clemens Brentanos von und nach Bukowan 1811, in: BBGN 2 (1980), S. 139–165.

Härtl 2 Arnims Briefe an Savigny 1803–1831. Mit weiteren Quellen als Anhang. Hrsg. und kommentiert von Heinz Härtl, Weimar 1982.

Härtl 3 Briefe Arnims an Brentano aus dem Arnim-Nachlaß des Goethe- und Schiller-Archivs. Mit zwei Gegenbriefen Brentanos an Arnim und einem Brief Arnims an Niebuhr als Anhang, hrsg. von Heinz Härtl, in: Neue Tendenzen der Arnimforschung. Edition, Biographie, Interpretation, mit unbekannten Dokumenten, hrsg. von Roswitha Burwick und Bernd Fischer, Bern u. a. 1990 (Germanic Studies in America 60), S. 120–197.

Härtl 4 Briefe Clemens Brentanos. Mit einem Brief Ludwig Tiecks als Anhang, hrsg. von Heinz Härtl, in: Im Vorfeld der Literatur. Vom Wert archivalischer Überlieferung für das Verständnis von Literatur und ihrer Geschichte. Studien hrsg. von Karl-Heinz Hahn, Weimar 1991, S. 159–185.

Helfferich Adolf Helfferich, Johann Karl Passavant. Ein christliches Charakterbild, Frankfurt a. M. 1867.

Herz Henriette Herz. Ihr Leben und ihre Erinnerungen, hrsg. von J. Fürst, Berlin 1850.

Hitzig Julius Eduard Hitzig, Leben und Briefe von Adelbert von Chamisso, 2 Bde., Leipzig 1839 (Adelbert von Chamisso's Werke, hrsg. von Julius Eduard Hitzig, Bde. 5–6).

Hoffmann, SW E. T. A. Hoffmann, [Sämtliche Werke in sechs Einzebänden, hrsg. von Walter Müller-Seidel, Wolfgang Kron, Wulf Segebrecht und Friedrich Schnapp,] München 1960–1981 (und spätere Auflagen).

[Bd. 1.] Fantasie- und Nachtstücke. Mit einem Nachwort von Gerhard Neumann, Anmerkungen von Ethel Matala de Mazza, [6]1996.

[Bd. 3.] Die Serapions-Brüder. Mit einem Nachwort von Gerhard Neumann, Wulf Segebrechts Anmerkungen revidiert und ergänzt von Ethel Matala de Mazza, [5]1995.

[Bd. 4.] Späte Werke. Mit einem Nachwort von Walter Müller-Seidel und Anmerkungen von Wulf Segebrecht, 1965.

Hoffmann, Tgb E. T. A. Hoffmann, Tagebücher. Nach der Ausgabe Hans v. Müllers mit Erläuterungen hrsg. von Friedrich Schnapp, München 1971.

Hoffmann v. Fallersleben, Iffland August Heinrich Hoffmann von Fallersleben, Findlinge. 15. Iffland an Achim von Arnim, in: Archiv für Geschichte deutscher Sprache und Dichtung 1 (1873), S. 313–324.

Hölderlin, StA Friedrich Hölderlin, Sämtliche Werke. Große Stuttgarter Ausgabe, hrsg. von Friedrich Beißner, [Bd. 7,1–4: hrsg. von Adolf Beck,] 8 Bde., Stuttgart 1946 bis 1985.

Holtei Briefe an Ludwig Tieck. Ausgewählt und hrsg. von Karl von Holtei, 4 Bde., Breslau 1864.

Jagić Briefwechsel zwischen Dobrowsky und Kopitar (1808–1828), hrsg. von Vatroslav Jagić, St. Petersburg, Berlin 1885.

Janssen Johannes Janssen, Johann Friedrich Böhmer's Leben, Briefe und kleinere Schriften, 3 Bde., Freiburg i. Br. 1868.

Jung Wolfgang Jung, „Es ist Gebrauch seit langer Zeit". Ein unbekanntes Gelegenheitsgedicht Clemens Brentanos für die „Gesellschaft aus dem Strobelkopf" in Wien, in: JbFDH 1983, S. 171–212.

Kalischer, Autographe Alfred Christlieb Kalischer, Die Beethoven-Autographe der Königl. Bibliothek zu Berlin. I–X, in: Monatshefte für Musik-Geschichte 27 (1895), H. 10,

S. 145–150; H. 11, S. 153–161; H. 12, S. 165–170; 28 (1896), H. 1, S. 1–7; H. 2, S. 9–14; H. 3, S. 17–22; H. 4, S. 25–38; H. 5, S. 41–53; H. 6, S. 57–67; H. 7, S. 73–80.

Katalog I/II — Clemens und Christian Brentanos Bibliotheken. Die Versteigerungskataloge von 1819 und 1853, hrsg. von Bernhard Gajek, Heidelberg 1974 (Beihefte zum Euphorion 6).

Katalog 1970 — Freies Deutsches Hochstift – Frankfurter Goethe-Museum: Clemens Brentano. Ausstellung 22.6.–20.9.1970. Katalogbearbeitung von Jürgen Behrens, Henning Boetius, Konrad Feilchenfeldt, Detlev Lüders und Jürg Mathes, Bad Homburg v. d. H. 1970.

Katalog 1978 — Clemens Brentano 1778–1842. Ausstellung Freies Deutsches Hochstift – Frankfurter Goethe-Museum 5.9.–31.12.1978, hrsg. von Detlev Lüders, Frankfurt a. M. 1978.

Katalog FDH — Freies Deutsches Hochstift. Frankfurter Goethe-Museum. Katalog der Handschriften, bearbeitet von Jürgen Behrens, Beatrix Habermann, Leo Philippsborn. Unter Mitarbeit von Heide Schülemann, Tübingen 1982 (Freies Deutsches Hochstift. Reihe der Schriften 25).

Katalog Brentano-von Birkenstock — Katalog einer werthvollen Sammlung von Autographen und Urkunden aus dem Nachlasse des Schöffen und Senators Franz Brentano und seiner Gemahlin Antonia Brentano geb. Edlen von Birkenstock. Öffentliche Versteigerung im Namen der Rechtsanwälte Herrn Dr. O. R. von Brentano in Offenbach a. M. und Herrn Dr. A. Dietz in Frankfurt a. M. als Bevollmächtige der Brentano- von Birkenstockschen Erben Donnerstag den 9. April 1896 Vormittags 10 Uhr durch die Buchhandlung Joseph Baer & Co. in ihrem Hause Roßmarkt 18, 1. Stock zu Frankfurt a. M., Frankfurt a. M. 1896.

Katalog Henrici 149 — Versteigerung 149. Arnim und Brentano. Des Knaben Wunderhorn. Handschriftliches aus dem Nachlaß der Bettina v. Arnim. 22.–23. März 1929. Karl Ernst Henrici, [Berlin 1929].

Katalog Henrici 155 — Versteigerung 155. I. Autographen aus verschiedenen Gebieten aus verschiedenem Besitz. II. Handschriftlicher Nachlaß der Bettine von Arnim. Dritter und letzter Teil. 4.–5. Juli 1929. Karl Ernst Henrici, [Berlin 1929].

Kinsky/Halm — Georg Kinsky, Das Werk Beethovens. Thematisch-bibliographisches Verzeichnis seiner vollendeten Kompositionen. Nach dem Tode des Verfassers abgeschlossen und hrsg. von Hans Halm, München, Duisburg 1955.

Klein — Hans-Günter Klein, „…als unsrer geistreichsten Landleute einen“. Lea Mendelssohn Bartholdys Briefe an Carl Gustaf von Brinkman aus den Jahren 1811–1822, in: JbSIM 2005, S. 243–266.

Kleist, SW — Heinrich von Kleist, Sämtliche Werke und Briefe. Münchner Ausgabe. Auf der Grundlage der Brandenburger Ausgabe hrsg. von Roland Reuß und Peter Staengle, 3 Bde., München, Wien 2010.

Kopitz/Cadenbach — Beethoven aus der Sicht seiner Zeitgenossen in Tagebüchern, Briefen, Gedichten und Erinnerungen, hrsg. von Klaus Martin Kopitz und Rainer Cadenbach unter Mitarbeit von Oliver Korte und Nancy Tanneberger, 2 Bde., München 2009.

Köpke — Rudolf Köpke, Ludwig Tieck. Erinnerungen aus dem Leben des Dichters nach dessen mündlichen und schriftlichen Mittheilungen, 2 Bde., Leipzig 1855.

Körner 1 — Briefe von und an Friedrich und Dorothea Schlegel. Gesammelt und erläutert durch Josef Körner, Berlin 1926.

Körner 3 — Krisenjahre der Frühromantik. Briefe aus dem Schlegelkreis, hrsg. von Josef Körner, 3 Bde., Bern [2]1969 (Bd. 1–2), 1958 (Bd. 3).

Körner, Tieck — Josef Körner, Briefe von Ludwig Tieck, in: ZfBf N. F. 9,1 (1917), S. 156–162.

Körner, WW — Theodor Körners Werke, hrsg. von Adolf Stern, 2 Tle., Stuttgart o. J. (1889 bis 1890) (DNL 152–153,1/2).

Kotzebue, Wien — August von Kotzebue, Über meinen Aufenthalt in Wien und meine erbetene Dienst-Entlassung. Eine Vernichtung des im Aprilstück des Berliner Archivs der Zeit gegen mich eingerückten Pasquills. Nebst Beylagen A, B, C und D, Leipzig 1799.

Krüger — Hans Karl Krüger, Berliner Romantik und Berliner Judentum. Mit zahlreichen bisher unbekannten Briefen und Dokumenten, Bonn 1939.

Laßberg, Briefe — Briefe an Joseph Freiherrn von Laßberg. II. Briefe von Jacob Grimm (1818 bis 1848), in: Germania 13, N. R. 1 (1868), S. 244–249.

Lederer — Max Lederer, Heinrich Joseph Collin und sein Kreis. Briefe und Aktenstücke. Mit einer Einleitung und Anmerkungen, in: AÖG 109 (1921), S. 153–372.

Lehmann — Max Lehmann, Scharnhorst, 2 Bde., Leipzig 1886–1887.

Leitzmann — Briefe des Freiherrn Joseph von Laßberg an Jakob Grimm. Mit Erläuterungen hrsg. von Albert Leitzmann, in: SAWB,PH 1931, H. 33, S. 1026–1105.

Linnebach — Karl u. Marie v. Clausewitz. Ein Lebensbild in Briefen und Tagebuchblättern, hrsg. von Karl Linnebach, 4.–6. Tausend, Berlin 1917.

Lohner — Ludwig Tieck und die Brüder Schlegel. Briefe. Auf der Grundlage der von Henry Lüdeke besorgten Edition neu hrsg. und kommentiert von Edgar Lohner, München 1972.

Mallon 1 — Otto Mallon, Arnim-Bibliographie, Berlin 1925.

Mallon 2 — Otto Mallon, Brentano-Bibliographie (Clemens Brentano, 1778–1842), Berlin 1926.

Marquardt/Schreinert — Henry Crabb Robinson und seine deutschen Freunde. Brücke zwischen England und Deutschland im Zeitalter der Romantik. Nach Briefen, Tagebüchern und anderen Aufzeichnungen. Unter Mithilfe von Kurt Schreinert bearb. von Hertha Marquardt, 2 Bde., Göttingen 1964–1967 (Palaestra 237/249).

Matenko — Percy Matenko, Tieck and His Austrian Friends, in: GR 17 (1942), S. 118 bis 131.

Mazal — Otto Mazal, Franz Unterkircher, [ab Teil 5: Otto Mazal, Rosemary Hilmar,] Katalog der abendländischen Handschriften der Österreichischen Nationalbibliothek. „Series nova" (Neuerwerbungen), Teil 1–5, Wien 1963–1997 (Museion N. F. IV,2,1–5).

Mendelssohn-Bartholdy — Briefe von Friedrich Gentz an Pilat. Ein Beitrag zur Geschichte Deutschlands im XIX. Jahrhundert, hrsg. von Karl Mendelssohn-Bartholdy, 2 Bde., Leipzig 1868.

Metternich/Klinkowström 1 — Aus Metternich's nachgelassenen Papieren, hrsg. von dem Sohne des Staatskanzlers Fürsten Richard Metternich-Winneburg. Geordnet und zusammengestellt von Alfons v. Klinkowström, 8 Bde., Wien 1880–1884.

Metternich/Klinkowström 2 — Österreichs Theilnahme an den Befreiungskriegen. Ein Beitrag zur Geschichte der Jahre 1813–1815 nach Aufzeichnungen von Friedrich von Gentz nebst einem Anhang „Briefwechsel zwischen den Fürsten Schwarzenberg und Metternich", hrsg. von Richard Fürst Metternich-Winneburg. Geordnet und zusammengestellt von Alfons Freiherr von Klinkowström, Wien 1887.

Meyer — Die Briefe Friedrich Ludwig Jahns gesammelt und im Auftrage des Ausschusses der Deutschen Turnerschaft hrsg. von Wolfgang Meyer, Leipzig 1913.

Meyerbeer, Bfw — Giacomo Meyerbeer, Briefwechsel und Tagebücher, hrsg. von Heinz Becker und Sabine Henze-Döhring, 8 Bde., Berlin 1960–2006.

MGG — Die Musik in Geschichte und Gegenwart. Allgemeine Enzyklopädie der Musik. Begr. von Friedrich Blume. 2., neubearb. Ausg, hrsg. von Ludwig Finscher, 26 Bde. in zwei Teilen, Kassel u. a. 1994–2008.

Monum. Hofb. — Monumenta Hofbaueriana. Acta quae ad vitam S. Clementi Hofbauer referuntur, Faszikel 1–16, Kraków, Torún, Roma, Innsbruck 1915–1998.

Möller — Kurt Detlev Möller, Johann Daniel Runge, der Bruder des Malers Philipp Otto Runge, in: Hamburger geschichtliche Beiträge. Hans Nirrnheim zum 70. Geburtstage am 29. Juli 1936 dargebracht, Hamburg 1935, S. 179–237.

Müller — E. T. A. Hoffmann im persönlichen und brieflichen Verkehr. Sein Briefwechsel und die Erinnerungen seiner Bekannten, gesammelt und erläutert von Hans von Müller, Bd. 1 bis 2, H. 1–3, Berlin 1912.

Müller, Görres — Karl Alexander von Müller, Briefe von und an Joseph von Görres, in: AKG 9 (1911/12), S. 438–474.

NDB — Neue Deutsche Biographie, hrsg. von der Historischen Kommission bei der Bayerischen Akademie der Wissenschaften, Berlin 1953ff.

Nicolai, GW — Friedrich Nicolai, Gesammelte Werke, hrsg. von Bernhard Fabian und Marie-Luise Spieckermann, 20 Bde., Hildesheim u. a. 1994.

Niendorf — Emma von Niendorf, Sommertage mit Clemens Brentano, in: dies., Aus der Gegenwart, Berlin 1844, S. 1–101.

NÖB — Neue Österreichische Biographie ab 1815. Große Österreicher, 22 Bde., Wien u. a. 1923–1987.

Nohl 1 — Ludwig Nohl, Inventarium des Beethoven'schen Nachlasses, soweit sich derselbe in dem Nachlasse des am 16. Januar d. J. zu Bockenheim bei Frankfurt a/M. verstorbenen Professors Anton Schindler vorgefunden hat und zur Zeit in den Händen der Frau Marie Egloff geb. Schindler in Mannheim befindet. (Jetziger Besitzer dieser Sammlung Herr Nowotny Altrohlau und Carlsbad.) Aufgenommen im Juni 1864 in Mannheim. (Carlsbad 1864.)

Nohl 2 — Ludwig Nohl, Musiker-Briefe. Eine Sammlung Briefe von C. W. von Gluck, Ph. E. Bach, Jos. Haydn, Carl Maria von Weber und Felix Mendelssohn-Bartholdy. Nach den Originalen veröffentlicht, Berlin 1867.

Nohl 3 — Ludwig Nohl, Neue Briefe Beethoven's. Nebst einigen ungedruckten Gelegenheitscompositionen und Auszügen aus seinem Tagebuch und seiner Lektüre, Stuttgart 1867.

ÖBL — Österreichisches Biographisches Lexikon 1815–1950, hrsg. von der Österreichischen Akademie der Wissenschaften unter der Leitung von Leo Santifaller. Redigiert von Eva Obermayer-Marnach, [seit 1994: hrsg. von Peter Csendes,] Graz 1957ff.

Österreichisches Feldlager — Heinrich Schmidt, Das Österreichische Feldlager. Ein Gemählde mit Gesang. Nach Wallensteins Lager, Wien 1814. [12: Bibl.Mont. 1798–12,1/11]

PEM — Pipers Enzyklopädie des Musiktheaters, hrsg. von Carl Dahlhaus und dem Forschungsinstitut für Musiktheater der Universität Bayreuth unter Leitung von Sieghart Döhring, 7 Bde., München, Zürich 1986–1997.

Pertz/Delbrück — Georg Heinrich Pertz und Hans Delbrück, Das Leben des Feldmarschalls Grafen Neithardt von Gneisenau, 5 Bde., Berlin 1864–1880.

Peschel/Wildenow W. Emil Peschel und Eugen Wildenow, Theodor Körner und die Seinen, 2 Bde., Leipzig 1898.

Pfülf Otto Pfülf S.J., Achim von Arnim im Spiegel seiner Briefe, in: StaML 67 (1904), S. 402–418.

Pichler Caroline Pichler, Denkwürdigkeiten aus meinem Leben 1769–1843. Mit einer Einleitung und zahlreichen Anmerkungen nach dem Erstdruck und der Urschrift neu hrsg. von Emil Karl Blümml, 2 Bde., München 1914 (Denkwürdigkeiten aus Alt-Österreich 5/6).

Preitz Brentanos Werke. Kritisch durchgesehene und erläuterte Ausgabe, hrsg. von Max Preitz, 3 Bde., Leipzig, Wien 1914.

Radowitz Verzeichniss der von dem verstorbenen Preussischen General-Lieutenant J. von Radowitz hinterlassenen Autographen-Sammlung [Theil 3: nunmehr im Eigenthum der Königl. Bibliothek in Berlin], Berlin 1864.

Rahel-Bibliothek Rahel Varnhagen, Gesammelte Werke, hrsg. von Konrad Feilchenfeldt, Uwe Schweikert und Rahel E. Steiner, 10 Bde., München 1983 (Rahel-Bibliothek).

Raich Dorothea v. Schlegel, geb. Mendelssohn, und deren Söhne Johannes und Philipp Veit. Briefwechsel. Im Auftrage der Familie Veit hrsg. von Dr. J. M. Raich, 2 Bde., Mainz 1881.

RDK Reallexikon zur deutschen Kunstgeschichte. Begründet von Otto Schmidt. Hrsg. vom Zentralinstitut für Kunstgeschichte München, Stuttgart 1937ff.

RE Paulys Realencyclopädie der classischen Alterthumswissenschaften. Neue Bearbeitung, begonnen von Georg Wissowa, fortgef. von Wilhelm Kroll, hrsg. von Konrat Ziegler, 2 Reihen, 66 Halbbde., und Supplement, 16 Bde., Stuttgart 1893–1978.

Ringseis Erinnerungen des Dr. Johann Nepomuk Ringseis, gesammelt, ergänzt und hrsg. von Emilie Ringseis, 4 Bde., Regensburg, Amberg 1886–1891.

Rölleke Briefwechsel zwischen Jacob und Wilhelm Grimm, hrsg. von Heinz Rölleke, Teil I: Text, Stuttgart 2001 (Briefwechsel der Brüder Jacob und Wilhelm Grimm. Kritische Ausgabe in Einzelbänden 1,1).

Rommel Otto Rommel, Die Alt-Wiener Volkskomödie. Ihre Geschichte vom barocken Welt-Theater bis zum Tode Nestroys, Wien 1952.

Rosenthal 1 David August Rosenthal, Convertitenbilder aus dem neunzehnten Jahrhundert, Bd. 1: Deutschland. Schaffhausen 1866.

Rottmanner Friedrich Schlegels Briefe an Frau Christine von Stransky geborene Freiin von Schleich, hrsg. von M. Rottmanner, 2 Bde., Wien 1906–1907 (Schriften des Literarischen Vereins in Wien 7/16).

Rühl Aus der Franzosenzeit. Ergänzungen zu den Briefen und Aktenstücken zur Geschichte Preussens unter Friedrich Wilhelm III., vorzugsweise aus dem Nachlaß von F. A. von Stägemann, hrsg. von Franz Rühl, Leipzig 1904 (Publicationen des Vereins für die Geschichte von Ost- und Westpreussen).

Runge, HS Hinterlassene Schriften von Philipp Otto Runge, Mahler, hrsg. von dessen ältestem Bruder, 2 Bde., Hamburg 1840–1841, Nachdruck Göttingen 1965 (Deutsche Neudrucke. Reihe Texte des 19. Jahrhunderts).

Sängerfahrt Die Sängerfahrt. Eine Neujahrsgabe für Freunde der Dichtkunst und Mahlerey. Gesammelt von Friedrich Förster. Faksimiledruck nach der Ausgabe von 1818. Mit einem Nachwort von Siegfried Sudhof, Heidelberg 1969 (Deutsche Neudrucke. Reihe Goethezeit).

Sauer — Goethe und Österreich. Briefe mit Erläuterungen, hrsg. von August Sauer, 2 Bde., Weimar 1902–1904 (SGG 17–18).

Schäfer/Schlawe — Karl Heinz Schäfer und Josef Schlawe, Ernst Moritz Arndt. Ein bibliographisches Handbuch 1769–1969, Bonn 1971 (Veröffentlichungen des Stadtarchivs Bonn 8).

Schenck — „Meine Seele ist bey euch geblieben". Briefe Sophie Brentanos an Henriette von Arnstein, hrsg. von Karen Schenck zu Schweinsberg, Weinheim 1985.

Schlegel, KA — Kritische Friedrich Schlegel-Ausgabe, hrsg. von Ernst Behler unter Mitwirkung von Jean-Jacques Anstett und Hans Eichner, Paderborn u. a. 1958ff.

Schmidt — Heinrich Schmidt, Erinnerungen eines Weimarischen Veteranen aus dem geselligen, literarischen und dem Theater-Leben. Nebst Originalmittheilungen über Goethe, Schiller, Herder, Wieland, Fichte, Böttiger, Jean Paul, Johannes von Müller, Clemens Brentano, Zacharias Werner, Iffland, Haydn etc., Leipzig 1856.

Schmidt, Bettina — Zwei Briefe Bettinas. Mitgetheilt von Erich Schmidt, in: Freundesgaben für Carl August Burkhardt zum siebenzigsten Geburtstag 6. Juli 1900, Weimar 1900, S. 73–87.

Schmidt, Iffland — Arnim an Iffland. Mitgetheilt von Erich Schmidt, in: AZ, Beilage, Nr. 74, 17.1.1907, S. 105–107.

Schmidt, WND 1 — Historische Volkslieder aus Österreich vom 15. bis zum 19. Jahrhundert. Ausgewählt und kommentiert von Leopold Schmidt, Wien 1971 (Wiener Neudrucke. Neuausgaben und Erstdrucke deutscher Literaturwerke 1).

Schnabel — Franz Schnabel, Deutsche Geschichte im neunzehnten Jahrhundert, 4 Bde., Freiburg i. Br. 1929–1937 (Nachdruck München 1987).

Schnack — Der Briefwechsel zwischen Friedrich Carl von Savigny und Stephan August Winkelmann (1800–1804) mit Dokumenten und Briefen aus dem Freundeskreis. Gesammelt, hrsg. und kommentiert von Ingeborg Schnack, Marburg 1984 (Veröffentlichungen der Historischen Kommission für Hessen 23. Hessische Briefe des 19. Jahrhunderts 3).

Schnapp — E. T. A. Hoffmanns Briefwechsel. Gesammelt und erläutert von Hans von Müller und Friedrich Schnapp, hrsg. von Friedrich Schnapp, 3 Bde., München 1967–1969.

Schoeps — Aus den Jahren preußischer Not und Erneuerung. Tagebücher und Briefe der Gebrüder Gerlach und ihres Kreises, hrsg. von Hans Joachim Schoeps, Berlin 1963.

Schönholz — Friedrich Anton von Schönholz, Traditionen zur Charakteristik Österreichs, seines Staatslebens unter Franz II. Eingeleitet und hrsg. von Gustav Gugitz, 2 Bde., München 1914 (Denkwürdigkeiten aus Alt-Österreich 3/4).

Schoof — Jacob und Wilhelm Grimm, Briefwechsel aus der Jugendzeit, hrsg. von Herman Grimm und Gustav Hinrichs. 2., vermehrte und verbesserte Auflage, besorgt von Wilhelm Schoof, Weimar 1963.

Schreyvogel, Tgb — Joseph Schreyvogels Tagebücher 1810–1823. Mit Vorwort, Einleitung und Anmerkungen hrsg. von Karl Glossy, 2 Bde., Berlin 1903 (Schriften der Gesellschaft für Theatergeschichte 2–3).

Schüddekopf/Walzel — Goethe und die Romantik. Briefe mit Erläuterungen, hrsg. von Carl Schüddekopf und Oskar Walzel, 2 Bde., Weimar 1898–1899 (SGG 13–14).

Schultz/Schwinn — Achim von Arnim und Clemens Brentano. Freundschaftsbriefe. Vollständige kritische Edition von Hartwig Schultz. Hrsg. unter Mitarbeit von Holger

Schwinn, 2 Bde., Frankfurt a. M. 1998 (Die Andere Bibliothek 157–158).

Schulz — Gerhard Schulz, Die deutsche Literatur zwischen Französischer Revolution und Restauration 1789–1830, 2 Bde., München 1983–1989 (Geschichte der deutschen Literatur von den Anfängen bis zur Gegenwart 7,1–2).

Schweikert — Uwe Schweikert, Korrespondenzen Ludwig Tiecks und seiner Geschwister. 68 unveröffentlichte Briefe, in: JbFDH 1971, S. 311–429.

Seebaß — Clemens Brentano, Briefe, hrsg. von Friedrich Seebaß, 2 Bde., Nürnberg 1951.

Sembdner 1 — Heinrich von Kleists Lebensspuren. Dokumente und Berichte der Zeitgenossen. Neu hrsg. von Helmut Sembdner, München, Wien [7]1996.

Sembdner 2 — Heinrich von Kleists Nachruhm. Eine Wirkungsgeschichte in Dokumenten, hrsg. von Helmut Sembdner, München, Wien [4]1996.

Spohr — Louis Spohr, Lebenserinnerungen. Erstmals ungekürzt nach den autographen Aufzeichnungen hrsg. von Folker Göthel, 2 Bde., Tutzing 1968.

Steffens — Briefwechsel Sacks mit Stein und Gneisenau (1807/17). Anläßlich des 100. Todestages hrsg. und eingeleitet im Auftrage der Historischen Kommission für die Provinz Pommern von Wilhelm Steffens, Stettin 1931 (Veröffentlichungen der Historischen Kommission für Pommern 5).

Steig 1–3 — Achim von Arnim und die ihm nahe standen, hrsg. von Herman Grimm und Reinhold Steig, 3 Bde., Stuttgart, Berlin 1894–1913.

Steig 4 — Reinhold Steig, Clemens Brentano und die Brüder Grimm, Stuttgart, Berlin 1914.

Steig 5 — Reinhold Steig, Heinrich von Kleist's Berliner Kämpfe, Berlin, Stuttgart 1901.

Steig, Görres — Reinhold Steig, Joseph von Görres' Briefe an Achim von Arnim. Erste Hälfte: Bis zu den Freiheitskriegen; Zweite Hälfte: Bis zu Arnims Tode, in: NHJbb 10 (1901), S. 115–176; 19 (1916), S. 139–142.

Steig, Valeria — Clemens Brentano, Valeria oder Vaterlist. Ein Lustspiel in fünf Aufzügen. (Die Bühnenbearbeitung des Ponce de Leon), hrsg. von Reinhold Steig, Berlin 1901 (DLD 105–107, N. F. 55–57).

Steig, Zeugnisse — Reinhold Steig, Zeugnisse zur Pflege der deutschen Litteratur in den Heidelberger Jahrbüchern, in: NHJbb 11 (1902), S. 198–282.

Steinsdorff — Der Briefwechsel zwischen Bettine Brentano und Max Prokop von Freyberg. Hrsg. und kommentiert von Sibylle von Steinsdorff, Berlin 1972 (QuF N. F 48).

Stern — Ludwig Stern, Die Varnhagen von Ensesche Sammlung in der Königlichen Bibliothek zu Berlin, Berlin 1911.

Stoll — Adolf Stoll, Friedrich Karl von Savigny. Ein Bild seines Lebens mit einer Sammlung seiner Briefe, 3 Bde., Berlin 1927–1939.

Stramberg — Denkwürdiger und nützlicher Rheinischer Antiquarius, welcher die wichtigsten und angenehmsten geographischen, historischen und politischen Merkwürdigkeiten des ganzen Rheinstroms, von seinem Ausfluß in das Meer bis zu seinem Ursprunge darstellt. Von einem Nachforscher in historischen Dingen [Chr(istian) von Stramberg]. Mittelrhein, Abt. I, Bd. 1–4; Abt. II, Bd. 1–20; Abt. III, Bd. 1–14; Abt. IV, Bd. 1, Coblenz 1845–1879.

SW — Clemens Brentanos Sämtliche Werke. Unter Mitwirkung von Heinz Amelung, Victor Michels, Julius Petersen, August Sauer, Erich Schmidt, Franz Schultz, Reinhold Steig hrsg. von Carl Schüddekopf, München, Leipzig 1909–1917.
Bd. 9,2. Aloys und Imelde, hrsg. von Agnes Harnack, 1912.

Bd. 10. Die Gründung Prags, hrsg. von Otto Brechler und August Sauer, 1910.

Bd. 11. Märchen I, hrsg. von Richard Benz, 1914.

Sydow 1 Gabriele von Bülow, Tochter Wilhelm von Humboldts. Ein Lebensbild. Aus den Familienpapieren Wilhelm von Humboldts und seiner Kinder 1791–1887, [hrsg. von Anna von Sydow,] Berlin 1893.

Sydow 2 Wilhelm und Caroline von Humboldt in ihren Briefen, hrsg. von Anna von Sydow, 7 Bde., Berlin 1906–1916.

Teuber/Weilen Oscar Teuber und Alexander von Weilen, Das k.k. Hofburgtheater seit seiner Begründung, Halbbde. 1–2,1/2, Wien 1897–1906 (Die Theater Wiens 2).

Thayer/Deiters/Riemann Alexander Wheelock Thayer, Ludwig van Beethoven's Leben. Nach den Originalmanuskripten deutsch bearbeitet von Hermann Deiters. Mit Benutzung von hinterlassenen Materialien des Verfassers neu bearbeitet und ergänzt von Hugo Riemann, 5 Bde., Leipzig Bd. 1, ^{3}1917, Bd. 2, ^{3}1922, Bd. 3, $^{3-5}$1923, Bd. 4, $^{2-4}$1923, Bd. 5, 1908.

Tieck, Schriften Ludwig Tieck's Schriften, 28 Bde., Berlin 1828–1854.

UL Das Unsterbliche Leben. Unbekannte Briefe von Clemens Brentano, hrsg. von Wilhelm Schellberg und Friedrich Fuchs, Jena 1939.

Varnhagen, Bfw 1 Rahel Varnhagen, Briefwechsel mit Pauline Wiesel, hrsg. von Barbara Hahn unter Mitwirkung von Birgit Bosold, München 1997 (Edition Rahel Levin Varnhagen).

Varnhagen, Bfw 2 Rahel Varnhagen, Briefwechsel mit Ludwig Robert, hrsg. von Consolina Vigliero, München 2001 (Edition Rahel Levin Varnhagen).

Varnhagen, Bfw 3 Rahel Varnhagen, Familienbriefe, hrsg. von Renata Buzzo Màrgari Barovero, München 2009 (Edition Rahel Levin Varnhagen).

Varnhagen, Nachlaß Briefe von Stägemann, Metternich, Heine und Bettina von Arnim, nebst Briefen, Anmerkungen und Notizen von Varnhagen von Ense, [hrsg. von Ludmilla Assing,] Leipzig 1865 (Aus dem Nachlaß Varnhagen's von Ense).

Varnhagen, Tgb Karl August Varnhagen von Ense, Tagebücher, hrsg. von Ludmilla Assing, 14 Bde., Leipzig, Zürich, Hamburg 1861–1870.

Varnhagen, WW Karl August Varnhagen von Ense, Werke in fünf Bänden, hrsg. von Konrad Feilchenfeldt, Frankfurt a. M. 1987–1994.

Viktoria Clemens Brentano, Viktoria und ihre Geschwister, mit fliegenden Fahnen und brennender Lunte. Ein klingendes Spiel. Mit einem Titelkupfer und mehreren Musikbeilagen, Berlin 1817.

Vordtriede Achim und Bettina in ihren Briefen. Briefwechsel Achim von Arnim und Bettina Brentano, hrsg. von Werner Vordtriede. Mit einer Einleitung von Rudolf Alexander Schröder, 2 Bde., Frankfurt a. M. 1961.

W Clemens Brentano, Werke, hrsg. von Wolfgang Frühwald und Friedhelm Kemp, 4 Bde., München ^{2}1978 (^{1}1963–1968, Bd. 3: ^{3}1980).

WAA Ludwig Achim von Arnim, Werke und Briefwechsel. Historisch-kritische Ausgabe. In Zusammenarbeit mit der Stiftung Weimarer Klassik hrsg. von Roswitha Burwick, Lothar Ehrlich, Heinz Härtl, Renate Moering, Ulfert Ricklefs und Christof Wingertszahn, Tübingen 2000ff., Berlin, New York 2010ff.

Bd. 10,1–2. Die Päpstin Johanna, hrsg. von Johannes Barth, 2006.

Bd. 11. Texte der deutschen Tischgesellschaft, hrsg. von Stefan Nienhaus, 2008.

Bd. 13. Schaubühne I, hrsg. von Yvonne Pietsch, 2010.
Bd. 30. Briefwechsel 1789–1801, hrsg. von Heinz Härtl, 2000.
Bd. 31. Briefwechsel 1802–1804, hrsg. von Heinz Härtl, 2004.
Bd. 32,1–2. Briefwechsel 1805–1806, hrsg. von Heinz Härtl unter Mitarbeit von Ursula Härtl, 2011.

Wagner — Briefe von Geo. Fr. Benecke, Jacob und Wilhelm Grimm, Carl Lachmann, Johann A. Schmeller und K. H. G. von Meusebach an Joseph Freiherrn von Laßberg, 1818–1849, hrsg. von J. M. Wagner, Wien 1868.

Wanner — Bettine von Arnim, „Ist Dir bange vor meiner Liebe?" Briefe an Philipp Hössli, nebst dessen Gegenbriefen und Tagebuchskizzen, hrsg. von Kurt Wanner, Frankfurt a. M., Leipzig 1996.

Wasmann — Friedrich Wasmann, Ein deutsches Künstlerleben, von ihm selbst geschildert, hrsg. von Bernt Grönvold, Leipzig 1915.

Weber — Max Maria von Weber, Carl Maria von Weber. Ein Lebensbild, 3 Bde., Leipzig 1864–1866.

Weiss 2 — Unveröffentlichte Briefe Achim von Arnims nebst anderen Lebenszeugnissen II. 1811–1830, hrsg. von Hermann F. Weiss, in: LJb N. F. 22 (1981), S. 71 bis 154.

Weiss 3 — Unbekannte Briefe von und an Achim von Arnim aus der Sammlung Varnhagen und anderen Beständen. Hrsg. und kommentiert von Hermann F. Weiss, Berlin 1986 (Schriften zur Literaturwissenschaft 4).

Weiss 4 — Hermann F. Weiss, Unveröffentlichte Briefe Achim von Arnims aus den Beständen des Freien Deutschen Hochstifts und der Biblioteka Jagiellońska, in: JbFDH 1987, S. 260–313.

Weitz — Marianne und Johann Jakob Willemer. Briefwechsel mit Goethe. Dokumente, Lebens-Chronik, Erläuterungen, hrsg. von Hans-J. Weitz, Frankfurt a. M. 1965.

Weldler-Steinberg — Theodor Körners Briefwechsel mit den Seinen, hrsg. von Augusta Weldler-Steinberg, Leipzig 1910.

Wieland, Bfw — Wielands Briefwechsel. Hrsg. von der Deutschen Akademie der Wissenschaften zu Berlin, Institut für deutsche Sprache und Literatur, durch Hans Werner Seiffert; [ab 1993:] hrsg. von der Berlin-Brandenburgischen Akademie der Wissenschaften durch Siegfried Scheibe, 20 Bde., Berlin 1963–2007.

Witte-Heinemann — Birgit Witte-Heinemann, Zehn bisher nicht bekannte Briefe Zacharias Werners, in: JbFDH 1963, S. 251–295.

Wlassack — Eduard Wlassack, Chronik des k.k. Hof-Burgtheaters. Zu dessen Säcular-Feier im Februar 1876, Wien 1876.

Wurzbach — Constant von Wurzbach, Biographisches Lexicon des Kaiserthums Österreich enthaltend die Lebensskizzen der denkwürdigen Personen, welche 1759 bis 1850 im Kaiserstaate und in seinen Kronländern gelebt haben, 60 Bde., Wien 1856–1890.

Zeman — Die österreichische Literatur. Ihr Profil an der Wende vom 18. zum 19. Jahrhundert (1750–1830), hrsg. von Herbert Zeman, 2 Bde., Graz 1979 (JbÖKG 7/9).

Zeydel — Letters of Ludwig Tieck hitherto unpublished 1792–1853. Collected and edited by Edwin H. Zeydel, Percy Matenko, Robert Herndon Fife, New York, London 1937.

3 Literatur zu Brentanos Prager und Wiener Aufenthalten und Werken

N. N.: Clemens Brentano und Prag, in: Prager Tagblatt Nr. 133, 15. Mai 1910, S. 16. [Besprechung von SW 10: Die Gründung Prags, hrsg. von Otto Brechler und August Sauer, 1910]

Adam, Günter: Die vaterländische Lyrik zur Zeit der Befreiungskriege. Studie zur Tendenzdichtung, Diss. (masch.) Marburg 1962. [passim zu Brentanos patriotischen Dichtungen]

Amelung, Heinz: Beethoven und die Brentanos. Mit einem ungedruckten Briefe Clemens Brentanos an Beethoven, in: TRs Nr. 111, 14.5.1921, S. 5, Pfingstbeilage.

— Beethoven und die Brentanos, in: Rheinischer Beobachter 2 (1923), S. 501–503.

— Beethoven und Clemens Brentano, in: Deutsche Musiker-Zeitung 60 (1929), S. 352.

Asanger, Florian: Zu Klemens Brentanos *Victoria und ihre Geschwister*, in: Der Wächter 3 (1920), S. 80–83.

— Brentanos *Viktoria und ihre Geschwister* und Schillers *Wallensteins Lager*, in: Der Wächter 4 (1921), S. 250–251.

— Clemens Brentano und Wien, in: Der Wächter 6 (1923), S. 454–455.

Binder, Harmut: Eine der anmutigsten Holdseligkeiten der Welt. Clemens Brentano und die Stuttgarter Hofschauspielerin Auguste Brede, in: NZZ, Fernausgabe, Nr. 75, 31. März 1988, S. 43.

Brechler, Otto: Prag in der deutschen Dichtung. Clemens Brentanos Prolog zur *Gründung Prags*, in: DtArb 9 (1910), H. 5, S. 282–292.

— Clemens Brentanos Prolog zur Gründung Prags. Nachtrag zu den Erläuterungen, in: DtArb 9 (1910), H. 9, S. 582f.

Budde, Fritz: Clemens Brentano als patriotischer Dichter, in: Der Türmer 17,1 (1914/15), S. 833 bis 836.

Corbineau-Hoffmann, Angelika: Testament und Totenmaske. Der literarische Mythos des Ludwig van Beethoven, Hildesheim 2000 (Spolia Berolinensia 17). [S. 321–328 zu den *Nachklängen Beethovenscher Musik*]

Dennerle, Dieter: Kunst als Kommunikationsprozeß. Zur Kunsttheorie Clemens Brentanos. Dargestellt anhand seines außerdichterischen Werkes (Briefe, Theaterrezensionen, Schriften zur Bildenden Kunst), Frankfurt a. M. 1976 (Regensburger Beiträge zur Deutschen Sprach- und Literaturwissenschaft 9). [Dazu: Jürg Mathes, Clemens Brentanos Kunsttheorie. Zu Dieter Dennerle, Kunst als Kommunikationsprozeß, in: Schweizer Monatshefte 58 (1978), S. 554 bis 556.]

Eckardt, Johannes: Clemens Maria Hofbauer und die Wiener Romantikerkreise am Beginne des 19. Jahrhunderts, in: Hochland 8,1 (1910/11), S. 17–27, 182–192, 341–350.

Eulenberg, Herbert: Prag und Brentano, in: Prager Theaterbuch. Gesammelte Aufsätze über deutsche Bühnenkunst, hrsg. von Carl Schluderpacher, Prag 1924, S. 47–53. [populär]

Feilchenfeldt, Konrad: Zwei Briefe Clemens Brentanos im *Preußischen Correspondenten* von 1813. Zu ihrer Druckgeschichte und Gattungsbezeichnung, in: Philobiblon 19 (1975), S. 244 bis 254.

— Clemens Brentanos publizistische Kontakte mit Hamburg. Neuentdeckte Beiträge zum *Franckfurter Staats-Ristretto* und zu *Der Deutsche Beobachter* im Jahre 1815, in: Aurora 36 (1976), S. 47–60.

Fellner, Anton: Wiener Romantik am Wendepunkt. 1813–1815. (Die *Friedensblätter* und ihr Kreis), Diss. (masch.) Wien 1951.

Fetzer, John: Clemens Brentano on Music and Musicians, in: Studies in Romanticism 7 (1967), S. 218–230.

Freundlich, Lisbeth: Clemens Brentano und die Bühne, Diss. (masch.) Wien 1931.

Friesen, Gerhard: Clemens Brentano's *Nachklänge Beethovenscher Musik*, in: Traditions and

Transitions. Studies in Honor of Harold Jantz, ed. by Lieselotte E. Kurth, William McLain, Holger Homann, München 1972, S. 194–209.

Frühwald, Wolfgang: Das Spätwerk Clemens Brentanos (1815–1842). Romantik im Zeitalter der Metternich'schen Restauration, Tübingen 1977 (Hermaea N. F. 37), S. 107–111.

Frye, Lawrence O.: Poetic Wreaths. Art, Death and Narration in the Märchen of Clemens Brentano, Heidelberg 1989 (Beiträge zur neueren Literaturgeschichte III,99). [S. 200–210 zu Anspielungen auf Österreich und Preußen in Brentanos Märchen]

Goger, Hildegard: Der Einfluß der Romantik auf die Wiener Zeitschriften von 1808 bis 1823, Diss. (masch.) Wien 1965.

Grolle, Joist und Ingeborg: „Der Hort im Rhein". Zur Geschichte eines politischen Mythos, in: Gedenkschrift Martin Göhring, hrsg. von Ernst Schulin, Wiesbaden 1968 (VIEG. Abt. Universalgeschichte 50), S. 214–238. [S. 217f. zu *Die deutschen Flüsse*]

Grus, Michael: „Die Weltgeschicke gehören nicht auf des Dichters Lippe". Clemens Brentanos Probleme mit der Wiener Theaterzensur, in: JbFDH 1995, S. 118–137.

Günther, Sebastian: Friedrich Carl von Savigny als Grundherr, Frankfurt a. M. u. a. 2000 (Rechtshistorische Reihe 227). [zu Bukowan]

Hantschel, Anton: Clemens Brentano in Prag, in: Sudetenland 19 (1977), S. 90–96.

Härtl, Heinz: Deutsche Romantiker und ein böhmisches Gut. Briefe Christian Brentanos, Friedrich Carl von Savignys, Achim von Arnims und Clemens Brentanos von und nach Bukowan 1811, in: BBGN 2 (1980), S. 139–165.

— Clemens Brentano in Böhmen, in: Germanoslavica 15 (2004), S. 3–16.

Hein, Jürgen: „Ich verwienere es ebenso schnell". Clemens Brentanos Wiener Theater-Eindrücke, in: Nestroyana 22 (2002), H. 1/2, S. 9–12.

Heininger, Friedrich: Clemens Brentano als Dramatiker, Diss. Breslau 1916.

Hoffmann, Werner: Clemens Brentano. Leben und Werk, München, Bern 1966, S. 256–269.

Hölter, Achim: Die Invaliden. Die vergessene Geschichte der Kriegskrüppel in der europäischen Literatur bis zum 19. Jahrhundert, Stuttgart, Weimar 1995. [S. 368–371 zu *Viktoria*]

Jung, Wolfgang: „Es ist Gebrauch seit langer Zeit". Ein unbekanntes Gelegenheitsgedicht Clemens Brentanos für die „Gesellschaft aus dem Strobelkopf" in Wien, in: JbFDH 1983, S. 171–212.

Jung-Kaiser, Ute: Mit Brentanos Versen Beethovens Schlachtengemälde deuten, in: Musikpädagogik als Aufgabe. Festschrift zum 65. Geburtstag von Siegmund Helms, hrsg. von Matthias Kruse und Reinhard Schneider, Kassel 2003 (Perspektiven zur Musikpädagogik und Musikwissenschaft 29), S. 137–153.

Kalischer, Alfred Christlieb: Clemens Brentanos Beziehungen zu Beethoven, in: Euphorion, Ergänzungsheft 1 (1895), S. 36–64 = ders., Beethoven und seine Zeitgenossen. Beiträge zur Geschichte des Künstlers und Menschen in vier Bänden, Bd. 4: Beethoven und Wien. Aus dem Nachlaß hrsg. und ergänzt von Leopold Hirschberg, Berlin, Leipzig 1910, S. 215–248.

Kayser, Rudolf: Arnims und Brentanos Stellung zur Bühne, Diss. Berlin 1914.

Kersche, Peter: Froschauer oder Froschhauer, ein unbekannter Maler aus Klagenfurt, in: Carinthia I. Zeitschrift für geschichtliche Landeskunde von Kärnten 196 (2006), S. 622–626.

— Der Porträtmaler Franz Wehmüller ermittelt als Ferdinand Waldmüller und sein Doppelgänger Froschauer oder Froschhauer – weiterhin ein unbekannter Maler aus Klagenfurt. Eine Interpretation, in: Fidibus 35 (2007), Nr. 4, S. 43–81.

Kiewitz, Susanne: Poetische Rheinlandschaft. Die Geschichte des Rheins in der Lyrik des 19. Jahrhunderts, Köln u. a. 2003 (Literatur und Leben [N. F.] 61), S. 142–144.

Kindermann, Heinz: Brentano und das Burgtheater. Mit Abdruck seiner kritischen Beiträge im *Dramaturgischen Beobachter*, in: MK 22 (1976), S. 54–153.

Klement, Anton: Friedrich Alexander Bran und die Prager Monatsschrift Kronos. Ein Beitrag zur Geschichte der deutschen Journalistik während der Befreiungskriege, Diss. (handschr.) Wien 1908. [S. 46–48 zu Brentanos Mitarbeit an der Zeitschrift *Kronos*]

Klier, Karl: Über drei Kunstlieder unbekannter Verfasser im Volksmund, in: JbVF 3 (1930), S. 161–164. [Zu „Mußt ma nit in Übel aufnehma…"]

Körner, Josef: Die Wiener *Friedensblätter* 1814–1815, eine romantische Zeitschrift, in: ZfBf N. F. 14,2 (1922), S. 90–98.

— Eine unbekannte Novelle von Clemens Brentano, in: PrJbb 187 (1922), S. 151–186 = ders., Philologische Schriften und Briefe, hrsg. von Ralf Klausnitzer, Göttingen 2001 (Marbacher Wissenschaftsgeschichte 1), S. 88–105.

Kraus, Ernst: Vergilbte Blätter, in: Čechische Revue 4 (1911), S. 323–335.

Maurer-Adam, Renate: Deklamatorisches Theater. Dramaturgie und Inszenierung von Clemens Brentanos Lustspiel *Ponce de Leon*, in: Aurora 40 (1980), S. 71–99.

Minor, Jacob: Rezension von: Gustav Roethe, Brentanos *Ponce de Leon*, eine Säcularstudie, Berlin 1901; Clemens Brentano. Valeria oder Vaterlist, ein Lustspiel in fünf Aufzügen (die Bühnenbearbeitung des *Ponce de Leon*), hrsg. von Reinhold Steig, Berlin 1901, in: ZföG 53 (1902), S. 318–331.

Nicolay, Wilhelm: Rufer zum Vaterland. Klemens Brentano als nationaler Dichter, in: KVZ 8.3.1936, Sonntagsbeilage „Im Schritt der Zeit", Nr. 10.

Nienhaus, Stefan: „Ich weiß es wohl, du hast um mich geweint", in: Lieb und Leid im leichten Leben. Clemens Brentano. 30 Gedichte – 30 Interpretationen, hrsg. von Sabine Gruber und Christina Sauer, Berlin 2006, S. 108–109.

Oehring, Sabine: Spuren verlorener Briefe Clemens Brentanos aus den Jahren 1808–1812, in: JbFDH 1995, S. 92–117.

— „Herr du hast mit vollem Blüthensegel", in: Lieb und Leid im leichten Leben. Clemens Brentano. 30 Gedichte – 30 Interpretationen, hrsg. von Sabine Gruber und Christina Sauer, Berlin 2006, S. 117–123.

Pape, Walter: „Juchheirassa, Kosacken sind da!" Russen und Rußland in der politischen Lyrik der Befreiungskriege, in: Russen und Rußland aus deutscher Sicht. Teil 3: 19. Jahrhundert. Von der Jahrhundertwende bis zur Reichsgründung (1800–1871), hrsg. von Mechthild Keller und Claudia Pawlik, München 1992 (West-östliche Spiegelungen A/3), S. 289–314. [S. 312f. zu *Österreichs Adlergejauchze*]

Pfeiffer-Belli, Wolfgang: Clemens Brentano. Ein romantisches Dichterleben, Freiburg i. Br. 1947, S. 134–150.

Polsakiewicz, Roman: Zwischen Revolution und Restauration. Clemens Brentanos politische Ansichten bis 1815, in: GWr 80 (1990), S. 233–258.

Pravida, Dietmar: Die Wallfahrt nach dem Adelsdiplom. Clemens Brentanos und anderer Schriftsteller Usurpationen des Adelstitels gelegentlich ihres Aufenthaltes in Wien, in: Romantik und Exil. Festschrift für Konrad Feilchenfeldt, hrsg. von Claudia Christophersen und Ursula Hudson-Wiedenmann in Zusammenarbeit mit Brigitte Schillbach, Würzburg 2004, S. 122 bis 135.

Pross, Caroline: Kunstfeste. Drama, Politik und Öffentlichkeit in der Romantik, Freiburg i. Br. 2001 (Litterae 91).

— Verschobene Anfänge, Bruch und Begründung in Kleist *Hermannsschlacht*, Arnims *Die Vertreibung der Spanier* und Brentanos *Viktoria und ihre Geschwister*, in: KJb 2003, S. 140 bis 164.

— *Land art*. Formen der Inszenierung des kulturellen Raums zwischen Aufklärung und Romantik, in: Theatralität und Räumlichkeit. Raumordnungen und Raumpraktiken im theatralen Mediendispositiv, hrsg. von Jörg Dünne, Sabine Friedrich, Kirsten Kramer, Würzburg 2009, S. 87–105. [S. 95ff. zu *Die deutschen Flüsse*]

— Texte in Bewegung. Typologien intertextuellen Schreibens in der Romantik: Clemens Brentano, Wien 1813/14, in: Gabe, Tausch, Verwandlung. Übertragungsökonomien im Werk Clemens Brentanos, hrsg. von Ulrike Landfester und Ralf Simon, Würzburg 2009, S. 109 bis 126.

Puschner, Marco: Antisemitismus im Kontext der politischen Romantik. Konstruktionen des „Deutschen“ und des „Jüdischen“ bei Arnim, Brentano und Saul Ascher, Tübingen 2008 (Conditio Judaica 72).

Radics, P(eter) von: Nach der französischen Zwischenherrschaft in Illyrien 1813. Ein Beitrag zur Geschichte des deutschen Theaters in Laibach, in: Laibacher Zeitung 129. Jg., Nr. 258, 12.11.1910, S. 2365. [*Frohlocken und Wappengruß des Österreichischen Adlers*]

— Die Entwickelung des deutschen Bühnenwesens in Laibach. Kulturbilder anläßlich des Kaiser Franz Joseph-Jubiläumstheaters. Erster Teil, Laibach 1912. [S. 82f. zu *Frohlocken und Wappengruß des Österreichischen Adlers*]

Raposo Fernández, Berta: Clemens Brentano y Ludwig van Beethoven. El poeta, el músico y el desdoblamiento de la personalidad, in: Ilustración y modernidad. La crítica de la modernidad en la literatura alemana, ed. por Karen Andresen, Brigitte E. Jirku y Berta Raposo Fernández, València 1995 (Cuadernos de filología, anejo 18), S. 75–91.

Rehm, Walther: Nachwort, in: ders., Clemens Brentanos Romanfragment Der schiffbrüchige Galeerensklave vom Todten Meer, Berlin 1949 (ADAW,PH Jg. 1948, Nr. 4), S. 15–54.

Roethe, Gustav: Brentanos *Ponce de Leon*, eine Säcularstudie, Berlin 1901 (AGWG,PH N. F. 5,1).

Sauer, August: Beilage. Über Clemens Brentanos Beiträge zu Carl Bernards Dramaturgischem Beobachter. An Reinhold Steig in Berlin, in: Euphorion, Ergänzungsheft 1 (1895), S. 64–81.

Sauer, Christina: Clemens Brentano Dramenfragmente aus den Jahren 1811–1816. Mit einer historisch-kritischen Edition von *Blutschuld. Todtenbraut*, *Oranje boven* und *Zigeunerin*, Würzburg 2009.

Sauer, Klaus, und German Werth, Lorbeer und Palme. Patriotismus in deutschen Festspielen, München 1971 (dtv 795). [S. 44–48 zu *Die deutschen Flüsse* und *Viktoria und ihre Geschwister*]

Saul, Nicholas: Leiche und Humor. Clemens Brentanos Schauspielfragment *Zigeunerin* und der Patriotismus um 1813, in: JbFDH 1998, S. 111–165.

Schubert, Kurt: Clemens Brentanos weltliche Lyrik, Breslau 1910 (Breslauer Beiträge zur Literaturgeschichte 20, N. F. 10). [S. 51–63 zur patriotischen Lyrik]

Schultz, Hartwig: Schwarzer Schmetterling. Zwanzig Kapitel aus dem Leben des romantischen Dichters Clemens Brentano, Berlin 2000, S. 293–347.

Schweitzer, M. Baptista: Kirchliche Romantik. Die Einwirkung des hl. Clemens Maria Hofbauer auf das Geistesleben in Wien, in: HistJb 48 (1928), S. 389–460. [Kurzfassung der masch. Diss. mit demselben Titel, Wien 1926.]

Smekal, Richard: Zwei unbekannte Burgtheaterkritiken von Clemens Brentano. Aus der Handschrift mitgeteilt, in: BBC 53. Jg., Nr. 333, 20.7.1921, S. 5, Beilage. [Zu weiteren Drucken dieses Artikels vgl. Mallon 2, S. 201, Nr. 340.]

— Clemens Brentano als Burgtheater-Kritiker, in: Alt-Wiener Kalender für das Jahr 1825, hrsg. von Alois Trost, Wien 1925, S. 119–146.

Smekal, Richard: Clemens Brentano als Wiener Burgtheaterkritiker, in: Österreich-Deutschland 4 (1927), Nr. 8, S. 3–6.

— (Hrsg.): Das alte Burgtheater (1776–1888). Eine Charakteristik durch zeitgenössische Darstellungen, Wien [2]1916. [S. 116–120 Theaterkritiken Brentanos, nicht bei Mallon]

Sonnleitner, Johann: Romantische und Wiener Komödie. Affinitäten und Divergenzen, in: Paradoxien der Romantik. Gesellschaft, Kultur und Wissenschaft in Wien im frühen 19. Jahrhundert, hrsg. von Christian Aspalter, Wolfgang Müller-Funk, Edith Saurer, Wendelin Schmidt-Dengler, Anton Tantner, Wien 2006, S. 380–400.

Sprengel, Peter: Triumph und Versammlung. Strukturen des Festspiels in Klassik und Romantik. Mit einem unveröffentlichten Text Achim von Arnims: *Plan zu einem Festspiele beym Feste des allgemeinen Friedens*, in: Aurora 50 (1990) S. 1–26 = Triumph und Versammlung. Strukturen des Festspiels in Klassik und Romantik, in: ders., Die inszenierte Nation. Deutsche Festspiele 1813–1914. Mit ausgewählten Texten, Tübingen 1991, S. 21–47.

Steig, Reinhold: Sophie Mereau's Bild in Clemens Brentano's Dichtung, in: Allgemeine Zeitung (München) Nr. 178, 30.6.1894, Beilage Nr. 148, S. 4–6. [zu Brentano und Auguste Brede]

— Zu Theodor Körners Leben und Dichten, in: Euphorion, Ergänzungsheft 1 (1895), S. 81–94. [S. 90 zu Brentano und Theodor Körner]

— Rezension von: Hermann Cardauns, Die Märchen Clemens Brentano's, Köln 1895, in: Euphorion 3 (1896), S. 791–799. [S. 797–799 zu Brentano und Bernard]

— Rezension von: H. K. Freiherr von Jaden, Theodor Körner und seine Braut, Körner in Wien, Antonie Adamberger und ihre Familie. Ein Beitrag zur Körner-Literatur und zur Geschichte des k.k. Hofburgtheaters in Wien, Dresden 1896, in: Euphorion 4 (1897), S. 367–377. [S. 373ff. zu Brentano und Antonie Adamberger]

— Brentano und Arnim in Böhmen und Prag, in: DtArb 2 (1902/03), H. 3, S. 249–251.

Stockmann, Alois, S.J., Klemens Brentano als vaterländischer Dichter, in: Stimmen der Zeit 89 (1915), S. 50–69.

Siegfried Sudhof, Nachwort, in: Clemens Brentano, Ponce de Leon. Ein Lustspiel, hrsg. von Siegfried Sudhof, Stuttgart 1968 (Universal-Bibliothek 8542/43), S. 163–175.

Szemő, Piroska: Német Irók és Pesti Kiadóik a XIX. Században (1812–1878), Budapest 1931 (Német Philologiai Dolgozatok 47). [S. 79–82 zu Brentanos ungarischen Verlagsbeziehungen]

Tunner, Erika: Clemens Brentano (1778–1842). Imagination et sentiment religieux, Lille, Paris 1977, Bd. 1, S. 539–580.

Turtur, Bianca: „Wien ist schön“. Situation der deutschen Romantiker in Wien. Eine feldtheoretische Untersuchung, Berlin 2001, S. 157–172.

Ullrich, Hermann: Friedrich August Kanne (1779–1833). Das Schaffen. Musikkritiker und Schriftsteller in Wien, in: StMw 30 (1979), S. 155–262. [S. 227 zur Vertonung von *Rheinübergang Kriegsrundgesang*]

Walzel, Oskar: Rezension von: Gustav Roethe, Brentanos *Ponce de Leon*, eine Säcularstudie, Berlin 1901; Clemens Brentano. Valeria oder Vaterlist, ein Lustspiel in fünf Aufzügen (die Bühnenbearbeitung des *Ponce de Leon*), hrsg. von Reinhold Steig, Berlin 1901, in: DLZ 23 (1902), Sp. 789–797.

Weber, Elisabeth: Die Phantasiebühne der Romantiker. Über das Verhältnis von Theater und Drama um 1800, Diss. Berlin 1969 (veröffentlicht: Berlin 1980). [S. 82–99 zu *Ponce de Leon* und *Valeria oder Vaterlist*]

Weber, Ernst: Die nationale Idee in der Zeit der Romantik und des Vormärz, in: Die Intellektuellen und die nationale Frage, hrsg. von Gerd Langguth, Frankfurt a. M., New York 1997, S. 65–106. [S. 79–82 zu Brentanos patriotischer Lyrik]

Wiedenmann, Ursula: Die musikalische Brentano-Rezeption, in: Die Brentano. Eine europäische Familie, hrsg. von Konrad Feilchenfeldt und Luciano Zagari, Tübingen 1992 (Reihe der Villa Vigoni 6), S. 146–171. [zu Brentanos patriotischen Gedichten]

4 Mehrmals zitierte Literatur

Albertsen, Leif Ludwig, Die Eintagsliteratur in der Goethezeit. Proben aus den Werken von Julius von Voß. Mit einer Einleitung, Bern u. a. 1975 (Regensburger Beiträge zur deutschen Sprach- und Literaturwissenschaft A/2).

Angermeier, Heinz: Das alte Reich in der deutschen Geschichte. Studien über Kontinuitäten und Zäsuren, München 1991.

Bauer, Roger: La réalité royaume de Dieu. Études sur l'originalité du théâtre viennois dans la première moitié du XIXe siècle, München 1965.

— „Laßt sie koaxen, die kritischen Frösch in Preußen und Sachsen!“ Zwei Jahrhunderte Literatur in Österreich, Wien 1977.

Baxa, Jakob: Adam Müller. Ein Lebensbild aus den Befreiungskriegen und aus der deutschen Restauration, Jena 1930.

Berdrow, Otto: Rahel Varnhagen. Ein Lebens- und Zeitbild, 2., veränderte Aufl., Stuttgart 1902.

Bode, Karl: Die Bearbeitung der Vorlagen in Des Knaben Wunderhorn, Berlin 1909 (Palaestra 76).

Bodi, Leslie: Tauwetter in Wien. Zur Prosa der österreichischen Aufklärung 1781–1795, 2., erw. Aufl., Wien u. a. 1995 (Schriftenreihe der österreichischen Gesellschaft zur Erforschung des 18. Jahrhunderts 6).

Burgdorf, Wolfgang: „Reichsnationalismus“ gegen „Territorialnationalismus“. Phasen der Intensivierung des nationalen Bewußtseins in Deutschland seit dem Siebenjährigen Krieg, in: Föderative Nation. Deutschlandkonzepte von der Reformation bis zum Ersten Weltkrieg, hrsg. von Dieter Langewiesche und Georg Schmidt, München 2000, S. 157–190.

— Ein Weltbild verliert seine Welt. Der Untergang des Alten Reiches und die Generation 1806, München [2]2009 (Bibliothek Altes Reich 2).

Cardauns, Hermann: Die Märchen Clemens Brentano's, Köln 1895 (Vereinsschrift der Görres-Gesellschaft 1895,3).

Curtius, Ernst Robert: Europäische Literatur und lateinisches Mittelalter, Tübingen, Basel [2]1960.

Daniel, Ute: Hoftheater. Zur Geschichte des Theaters und der Höfe im 18. und 19. Jahrhundert, Stuttgart 1995.

Detken, Anke: Im Nebenraum des Textes. Regiebemerkungen in Dramen des 18. Jahrhunderts, Tübingen 2009 (Theatron 54).

Dorda, Ulrike: Johann Aloys Joseph Reichsfreiherr von Hügel 1754–1825. Ein Leben zwischen Kaiser und Reich im napoleonischen Deutschland, Würzburg 1969.

Dorninger, Lucia: Die Hausdichter des Burgtheaters, Diss. (masch.) Wien 1961.

Dorsch, Nikolaus: Julius Eduard Hitzig. Literarisches Patriarchat und bürgerliche Karriere. Eine dokumentarische Biographie zwischen Literatur, Buchhandel und Gericht der Jahre 1780 bis 1815, Frankfurt am Main u. a. 1994 (Marburger germanistische Studien 15).

Echternkamp, Jörg: Der Aufstieg des deutschen Nationalismus (1770–1840), Frankfurt a. M., New York 1998.

Enzinger, Moriz: Die Entwicklung des Wiener Theaters vom 16. zum 19. Jahrhundert. (Stoffe und Motive), 2 Tle., Berlin 1918–1919 (Schriften der Gesellschaft für Theatergeschichte 28/29).

Feilchenfeldt, Konrad: Varnhagen von Ense als Historiker, Amsterdam 1970.
— Clemens Brentano an Andreas Räß. Die wiedergefundene Druckvorlage der von Wilhelm Kreiten 1878 publizierten Briefe und unbekannte Erstdrucke aus der Zeitschrift *Der Katholik*. I. Räß' Abschrift der an ihn gerichteten Briefe Brentanos. Nach Vorarbeiten von Rosa Pregler neu hrsg. und kommentiert, in: LJb N. F. 14 (1973), S. 237–336.
— Rezension von: Bernhard Gajek, Homo poeta. Zur Kontinuität der Problematik bei Clemens Brentano, Frankfurt a. M. 1971, in: ZfdPh 93 (1974), S. 282–288.
— Clemens Brentano und Johannes Neumann. Bisher unveröffentlichte Briefe an Neidhart von Gneisenau, in: JbFDH 1982, S. 277–316.
— Rezension von: „Lebe der Liebe und liebe das Leben". Der Briefwechsel von Clemens Brentano und Sophie Mereau. Mit einer Einleitung hrsg. von Dagmar von Gersdorff, Frankfurt a. M. 1981, in: ZfdPh 101 (1982), S. 596–603.
— Rahel Varnhagens Ruhm und Nachruhm, in: Rahel Varnhagen. Gesammelte Werke (Rahel-Bibliothek), hrsg. von Konrad Feilchenfeldt, Uwe Schweikert und Rahel E. Steiner, Bd. 10: Studien. Materialien. Register, München 1983, S. 128–178.
— Die Berliner Salons der Romantik, in: Rahel Levin-Varnhagen. Die Wiederentdeckung einer Schriftstellerin, hrsg. von Barbara Hahn und Ursula Isselstein, Göttingen 1987 (LiLi Beiheft 14), S.152–163.
— Brentano-Funde. Ergebnisse einer bibliographischen Spurensuche, in: JbFDH 1995, S. 57–73.
Fortmüller, Hans-Joachim: Clemens Brentano als Briefschreiber, Frankfurt a. M. u. a. 1975 (EHS I/143).
Fournier, August: Stein und Gruner in Österreich. Ein Beitrag zur Vorgeschichte der Befreiungskriege, in: ders., Historische Studien und Skizzen. Dritte Reihe, Wien, Leipzig 1912, S. 99 bis 212.
Fritz, Bärbel: Kotzebue in Wien: eine Erfolgsgeschichte mit Hindernissen, in: Theaterinstitution und Kulturtransfer II. Fremdkulturelles Repertoire am Gothaer Hoftheater und an anderen Bühnen, hrsg. von Anke Detken u. a., Tübingen 1998 (Forum modernes Theater 22), S. 135 bis 154.
Frühwald, Wolfgang: Rezension von: Clemens Brentano. Werke. Vierter Band, hrsg. von Friedhelm Kemp, München 1966, in: LJb N. F. 8 (1967), S. 352–357.
— Stationen der Brentano-Forschung 1924–1972, in: DVjs 47 (1973), Sonderheft, S. 182*–269*.
— Eichendorff-Chronik. Daten zu Leben und Werk, München, Wien 1977 (Reihe Hanser 229).
— Antijudaismus in der Zeit der deutschen Romantik, in: Conditio judaica. Judentum, Antisemitismus und deutschsprachige Literatur vom 18. Jahrhundert bis zum Ersten Weltkrieg, hrsg. von Hans-Otto Horch und Horst Denkler, Teil 2, Tübingen 1989, S. 72–91.
Gajek, Bernhard: Homo poeta. Zur Kontinuität der Problematik bei Clemens Brentano, Frankfurt a. M. 1971 (Goethezeit 3).
— Die Brentano-Literatur 1973–1978. Ein Bericht, in: Euphorion 72 (1978), S. 439–502.
Geiger, Ludwig: Berlin 1688–1840. Geschichte des geistigen Lebens der preußischen Hauptstadt, 2 Bde., Berlin 1892–1895.
Gerhard, Ute: Schiller als Religion. Literarische Signaturen des XIX. Jahrhunderts, München 1994.
Glossy, Carl: Zur Geschichte der Wiener Theatercensur I, in: JbGG 7 (1897), S. 238–340.
Grössel, Hanns: Brentanos Drama *Aloys und Imelde*. Untersuchungen zu seiner Motivik und Struktur, Diss. (masch.) Göttingen 1959.
Grus, Michael: Brentanos Gedichte *An Görres* und *An Schinkel*. Historisch-kritische Edition der bislang ungedruckten Entwürfe mit Erläuterungen, Frankfurt a. M. u. a. 1993 (EHS I/1370).
Hagemann, Karen: „Mannlicher Muth und Teutsche Ehre". Nation, Militär und Geschlecht zur

Zeit der Antinapoleonischen Kriege Preußens, Paderborn u. a. 2002 (Krieg in der Geschichte 8).

Hanson, Alice M.: Musical Life in Biedermeier Vienna, Cambridge 1985.

Hardy, Swana L.: Goethe, Calderón und die romantische Theorie des Dramas, Heidelberg 1965 (Heidelberger Forschungen 19).

Härtl, Heinz: Arnim und Goethe. Zum Goethe-Verhältnis der Romantik im ersten Jahrzehnt des 19. Jahrhunderts, Diss. (masch.) Halle a. S. 1971.

Hartmann, Tina: Goethes Musiktheater. Singspiele, Opern, Festspiele, *Faust*, Tübingen 2004 (Hermaea N. F. 105)

Hauser, Rudolf: Zur Geschichte der Wiener Zeitschrift *Prometheus*, in: Euphorion 30 (1929), S. 308–328. (Kurzfassung von: Die Zeitschrift *Prometheus* Wien 1808, Diss. (masch.) Wien 1925.)

Hein, Jürgen: Das Wiener Volkstheater, 3., neubearb. Aufl., Darmstadt 1997.

Hofer, Johannes, C.SS.R., Der heilige Klemens Maria Hofbauer. Ein Lebensbild, Freiburg i. Br. 1921.

Huck, Oliver: Von der *Silvana* zum *Freischütz*. Die Konzertarien, die Einlagen zu Opern und die Schauspielmusik Carl Maria von Webers, Mainz 1999 (Weber-Studien 5).

Hüttner, Johann: Literarische Parodie und Wiener Vorstadtpublikum vor Nestroy, in: MK 18 (1972), S. 99–139.

— Das Burgtheaterpublikum in der ersten Hälfte des 19. Jahrhunderts, in: Das Burgtheater und sein Publikum. I. Band, hrsg. von Margret Dietrich, Wien 1976 (SAWW 305, VP 3), S. 123–184.

Ibbeken, Rudolf: Preußen 1807–1813. Staat und Volk als Idee und in Wirklichkeit. (Darstellung und Dokumentation), Köln, Berlin 1970 (Veröffentlichungen aus den Archiven Preußischer Kulturbesitz 5).

Innerkofler, Adolf: Der heilige Clemens Maria Hofbauer, ein österreichischer Reformator und der vorzüglichste Verbreiter der Redemptoristenkongregation, 2., nach etwa 800 neuentdeckten Dokumenten verbesserte und vermehrte Auflage, Regensburg, Rom 1913.

Isselstein, Ursula: Rahel und Brentano. Analyse einer mißglückten Freundschaft, unter Benutzung dreier unveröffentlichter Briefe Brentanos, in: JbFDH 1985, S. 151–201 = dies., Ein romantischer Feundschaftsversuch. Das Beispiel Clemens Brentano, in: dies., Der Text aus meinem beleidigten Herzen. Studien zu Rahel Levin Varnhagen, Torino 1993, S. 76–119.

Jeschek, Camilla: Theodor Körners Wiener Zeit, Diss. (masch.) Wien 1938.

Johnston, Otto W.: Der deutsche Nationalmythos. Ursprung eines politischen Programms, Stuttgart 1990.

Kalischer, Alfred Christlieb: Beethoven und seine Zeitgenossen. Beiträge zur Geschichte des Künstlers und Menschen in vier Bänden, [Bd. 3–4: hrsg. von Leopold Hirschberg,] Berlin, Leipzig 1908–1910.

Kauffmann, Kai: „Es ist nur ein Wien!“ Stadtbeschreibungen von Wien 1700–1873. Geschichte eines literarischen Genres der Wiener Publizistik, Wien u. a. 1994 (Literatur in der Geschichte, Geschichte in der Literatur 29).

Kaznelson, Siegmund: Beethovens Ferne und Unsterbliche Geliebte. (Das Wandelnde Geheimnis. Tatsachen und Prophezeiungen aus dem Zeitalter der jüdischen Emanzipation, Bd. 1.) Zürich 1954.

Kindermann, Heinz: Theatergeschichte der Goethezeit, Wien 1948.

— Josef Schreyvogel und sein Publikum, in: Das Burgtheater und sein Publikum. I. Band, hrsg. von Margret Dietrich, Wien 1976 (SAWW,PH 305, VP 3), S. 185–333.

Klein, Hans-Günter: Die Mendelssohns auf der Flucht. Abraham Mendelssohn Bartholdy und seine Familie 1813 in Wien, in: MSt 15 (2007), S. 199–206.

Kopitz, Klaus Martin: Antonie Brentano in Wien (1809–1812). Neue Quellen zur Problematik „Unsterbliche Geliebte", in: BBS 2 (2001), S. 115–146.

Krämer, Jörg: Deutschsprachiges Musiktheater im späten 18. Jahrhundert. Typologie, Dramaturgie und Anthropologie einer populären Gattung, 2 Bde., Tübingen 1998 (Studien zur deutschen Literatur 149/150).

Kraus, Arnošt: Stará historie česká v německé literatuře, Praha 1902. (Deutsche Ausgabe: Alte Geschichte Böhmens in der deutschen Literatur, St. Ingbert 1999.)

Kraus, Hans-Christof: Das Ende des alten Deutschland. Krise und Auflösung des Heiligen Römischen Reiches Deutscher Nation 1806, Berlin [2]2007 (Wissenschaftliche Abhandlungen und Reden zur Philosophie, Politik und Geistesgeschichte 37).

Krebs, Roland: L'idée de „Théâtre National" dans l'Allemagne des Lumières. Théorie et réalisations, Wiesbaden 1985 (Wolfenbütteler Forschungen 28).

Kronenbitter, Günther: Wort und Macht. Friedrich Gentz als politischer Schriftsteller, Berlin 1994 (Beiträge zur Politischen Wissenschaft 71).

Langsam, Walter C.: The Napoleonic Wars and German Nationalism in Austria, New York 1930 (Studies in History, Economics and Public Law 324).

Lechner, Silvester: Gelehrte Kritik und Restauration. Metternichs Wissenschafts- und Pressepolitik und die Wiener *Jahrbücher der Literatur* (1818–1849), Tübingen 1977 (Studien zur deutschen Literatur 49).

Lier, Hermann Arthur: Karl August Böttigers Reise nach Wien im Herbst 1811, in: JbGG 13 (1903), S. 123–150.

Meyer, Reinhart: Novelle und Journal, Bd. 1: Titel und Normen. Untersuchungen zur Terminologie der Journalprosa, zu ihren Tendenzen, Verhältnissen und Bedingungen, Stuttgart 1987.

— Limitierte Aufklärung. Untersuchungen zum bürgerlichen Kulturbewußtsein im ausgehenden 18. und 19. Jahrhunderts, in: Über den Prozeß der Aufklärung in Deutschland im 18. Jahrhundert. Personen, Institutionen und Medien, hrsg. von Hans Erich Bödeker und Ulrich Herrmann, Göttingen 1987 (Veröffentlichungen des Max-Planck-Instituts für Geschichte 85), S. 139–200. [Jetzt in: Reinhart Meyer, Schriften zur Theater- und Kulturgeschichte des 18. Jahrhunderts, hrsg. von Matthias J. Pernerstorfer, Wien 2012 (Don Juan Archiv Wien. Summa summarum 1), S. 639–697; alle darin enthaltenen Aufsätze mussten hier noch nach den Erstpublikationen zitiert werden.]

Milch, Werner J.: Brentano and the Prussian Tradition. (On the Occasion of the Centenary of Clemens Brentano's Death), in: The Dublin Review Nr. 423, 1942, S. 141–149.

Mittag, Susanne: Clemens Brentano. Eine Autobiographie in der Form, Heidelberg 1978 (Frankfurter Beiträge zur Germanistik 17).

Moore, Julia V.: Beethoven and Musical Economics. Ph.D. Thesis (masch.) University of Illinois, Urbana-Champaign 1987.

Müller-Kampel, Beatrix: Hanswurst, Bernardon, Kasperl. Spaßtheater im 18. Jahrhundert, Paderborn u. a. 2003.

Neuber, Wolfgang: Poetica confessionis cognitio. Erkenntnisfunktionale Ansätze zu einer induktiven Poetik des Altwiener Volkskomödie, in: Das österreichische Volkstheater im europäischen Zusammenhang 1830–1880, hrsg. von Jean-Marie Valentin, Bern 1988 (Contacts I,5), S. 13–31.

— Die Wiener literarischen Verhältnisse um 1800 in zeitgenössischen sächsischen und preußischen Reisebeschreibungen, in: Reisen und Reisebeschreibungen im 18. und 19. Jahrhundert als Quellen der Kulturbeziehungsforschung, hrsg. von B. I. Krasnobaev, Gert Robel und Herbert Zeman, Essen 1987 (Studien zur Geschichte der der Kulturbeziehungen in Mittel- und Osteuropa 6), S. 239–254.

Nienhaus, Stefan: Geschichte der deutschen Tischgesellschaft, Tübingen 2003 (Studien zur deutschen Literaturgeschichte 115).

Oehring, Sabine: Untersuchungen zur Brentano-Forschung der beiden Jesuiten Johann Baptist Diel und Wilhelm Kreiten, Frankfurt a. M. u. a. 1992 (EHS I/1299).

Oellers, Norbert: Schiller. Geschichte seiner Wirkung bis zu Goethes Tod 1805–1832, Bonn 1967 (Bonner Arbeiten zur Deutschen Literatur 15).

Oesterle, Günter: Die Misere der Romantiker in Wien, in: Österreichische Literatur wie sie ist? Beiträge zur Literatur des habsburgischen Kulturraumes, hrsg. von Joanna Jabłowska und Małgorzata Kubisiak, Łódź 1995, S. 82–93.

Pape, Matthias: Revolution und Reichsverfassung – die Verfassungsdiskussion zwischen Fürstenbund und Rheinbund, in: Verfassung und Revolution. Hegels Verfassungskonzeption und die Revolutionen der Neuzeit, hrsg. von Elisabeth Weisser-Lohmann, Hamburg 2000 (HSt Beiheft 42), S. 40–84.

Paradoxien der Romantik. Gesellschaft, Kultur und Wissenschaft in Wien im frühen 19. Jahrhundert, hrsg. von Christian Aspalter, Wolfgang Müller-Funk, Edith Saurer, Wendelin Schmidt-Dengler, Anton Tantner, Wien 2006.

Portmann-Tinguely, Albert: Romantik und Krieg. Eine Untersuchung zum Bild des Krieges bei deutschen Romantikern und „Freiheitssängern“: Adam Müller, Joseph Görres, Friedrich Schlegel, Achim von Arnim, Max von Schenkendorf und Theodor Körner, Freiburg/ Schweiz 1989 (Historische Schriften der Universität Freiburg 12).

Pravida, Dietmar: Die Erfindung des Rosenkranzes. Untersuchungen zu Clemens Brentanos Versepos, Frankfurt a. M. u. a. 2005 (Forschungen zum Junghegelianismus 13).

— Art. Maikäferklub, in: Handbuch der Berliner Vereine 1786–1815, hrsg. von Uta Motschmann, Berlin (erscheint voraussichtlich 2014).

Puchalski, Lucjan: Imaginärer Name Österreich. Der literarische Österreich-Begriff an der Wende vom 18. zum 19. Jahrhundert, Wien u. a. 2000 (Schriftenreihe der österreichischen Gesellschaft zur Erforschung des 18. Jahrhunderts 8).

Rabenlechner, Michael Maria: Streifzüge eines Bibliophilen durch die deutsche Dichtung Österreichs der letzten hundertfünfzig Jahre. Nachdruck der Ausgaben von 1931 und 1935, Wien 1994.

Reder, Dirk Alexander: Frauenbewegung und Nation. Patriotische Frauenvereine in Deutschzland im frühen 19. Jahrhundert (1813–1830), Köln 1998 (Kölner Beiträge zur Nationsforschung 4).

Reitterer, Hubert: Der Biograph an der Quelle. Rückblicke und Ausblicke, in: Deutschsprachiges Theater in Prag. Begegnungen der Sprachen und Kulturen, hrsg. von Alena Jakubcová, Jitka Ludovová, Václav Maidl, Prag 2001, S. 369–376.

Ritter, Gerhard: Stein. Eine politische Biographie, 2 Bde., Stuttgart, Berlin 1931.

Rölleke, Heinz: Anmerkungen zu *Des Knaben Wunderhorn*, in: Clemens Brentano. Beiträge des Kolloquiums im Freien Deutschen Hochstift 1978, hrsg. von Detlev Lüders, Tübingen 1980 (Freies Deutsches Hochstift. Reihe der Schriften 24), S. 276–294.

Rosenthal, Friedrich: Wieland und Österreich, in: JbGG 24 (1913), S. 55–102.

Rössler, Hellmuth: Österreichs Kampf um Deutschlands Befreiung. Die deutsche Politik der nationalen Führer Österreichs 1805–1815, 2 Bde., Hamburg 1940 (Schriften des Reichsinstituts für Geschichte des neuen Deutschlands 32–33). [Neufassung u. d. T. Graf Johann Philipp Stadion. Napoleons deutscher Gegenspieler, 2 Bde., Wien, München 1966.]

Rupprich, Hans: Wilhelm von Gerlach und seine Beziehungen zur deutschen Romantik, in: MIÖG Erg.-Bd. 11 (1929), S. 759–781.

Salomon, Ludwig: Geschichte des deutschen Zeitungswesens von den ersten Anfängen bis zur Wiederaufrichtung des Deutschen Reiches, 3 Bde., Oldenburg, Leipzig 1900–1906 (Nachdruck Aalen 1973).

Samuel, Richard: Heinrich von Kleists Teilnahme an den politischen Bewegungen der Jahre 1805–1809. Deutsch von Wolfgang Barthel. Hrsg. von der Kleist-Gedenk- und Forschungsstätte Frankfurt (Oder), Frankfurt a. O. 1995 (Diss. Cambridge 1938).

Schelle, Hansjörg: Zu Entstehung, Gestalt und Aufnahme von Ludwig Wielands *Erzählungen und Dialogen*. Eine Episode in C. M. Wielands Beziehungen zu seinem ältesten Sohn, in: JbWGV 79 (1975), S. 46–56.

Schenda, Rudolf: Volk ohne Buch. Studien zur Sozialgeschichte der populären Lesestoffe 1770 bis 1910, Frankfurt a. M. 1970 (Studien zur Philosophie und Literatur des 19. Jahrhunderts 5).

Schenker, Hansjörg: Theaterdirektor Carl und die Staberl-Figur. Eine Studie zum Wiener Volkstheater vor und neben Nestroy, Diss. Zürich 1986.

Scherer, Stefan: Witzige Spielgemälde. Tieck und das Drama der Romantik, Berlin, New York 2003 (QuF 26 [260]).

Scheuch, Erwin: Der Dichter und Historiker Dr. Friedrich Foerster (1791–1868). (Mit besonderer Berücksichtigung seiner Dichtung), Diss. (masch.) Wien 1933.

Schmitz, Walter: Der „ästhetische Staat". Die Kulturpolitik Ludwigs I. von Bayern und ihre literarischen Wirkungen in Deutschland, Habil. (masch.) München 1987.

Schupp, Volker: „Wollzeilergesellschaft" und „Kette". Impulse der frühen Volkskunde und Germanistik, in: ZfdPh 100 (1981), S. 4–31. (Separatum: Marburg 1983, Schriften der Brüder-Grimm-Gesellschaft Kassel e. V. 6.)

Seibert, Ernst: Jugendliteratur im Übergang vom Josephinismus zur Restauration. Mit einem bibliographischen Anhang über die österreichische Kinder- und Jugendliteratur von 1770 bis 1830, Wien u. a. 1987 (Literatur und Leben N. F. 38).

Seibert, Peter: Der literarische Salon. Literatur und Geselligkeit zwischen Aufklärung und Vormärz, Stuttgart, Weimar 1993.

Seidler, Herbert: Österreichischer Vormärz und Goethezeit. Geschichte einer literarischen Auseinandersetzung, Wien 1982 (SAWW,PH 394, VL 6).

Sengle, Friedrich: Biedermeierzeit. Deutsche Literatur im Spannungsfeld zwischen Restauration und Revolution, 3 Bde., Stuttgart 1971–1980.

Siebert-Didczuhn, Rolf: Der Theaterdichter. Die Geschichte eines Bühnenamtes im 18. Jahrhundert, Berlin 1938 (Theater und Drama 11).

Solomon, Maynard: Beethoven. Second, revised edition, New York 1998.

Spiel, Hilde: Fanny von Arnstein oder die Emanzipation. Ein Frauenleben an der Zeitenwende 1758–1818, Frankfurt a. M. 1962.

Stätten deutscher Literatur. Studien zur literarischen Zentrenbildung 1750–1815, hrsg. von Wolfgang Stellmacher, Frankfurt a. M. 1998 (Literatur – Sprache – Region 1).

Stock, Frithjof: Kotzebue im literarischen Leben der Goethezeit. Polemik – Kritik – Publikum, Düsseldorf 1971 (Literatur in der Gesellschaft 1).

Stockhorst, Stefanie: Fürstenpreis und Kunstprogramm. Sozial- und gattungsgeschichtliche Studien zu Goethes Gelegenheitsgedichten für den Weimarer Hof, Tübingen 2002 (Studien zur deutschen Literatur 167).

Stockinger, Claudia: Das dramatische Werk Friedrich de la Motte Fouqués. Ein Beitrag zur Geschichte des romantischen Dramas, Tübingen 2000 (Studien zur deutschen Literatur 158).

Strobel, Jochen: Eine Kulturpoetik des Adels in der Romantik. Verhandlungen zwischen ‚Adeligkeit' und Literatur um 1800, Berlin 2010 (QuF 66 [300]).

Tully, Carol Lisa: Creating a National Identity. A Comparative Study of German and Spanish Romanticism with Particular Reference to the Märchen of Ludwig Tieck, the Brothers Grimm, and Clemens Brentano, and the costumbrismo of Blanco White, Estébanez Calderón, and López Soler, Stuttgart 1997 (Stuttgarter Arbeiten zur Germanistik 347).

Ullrich, Hermann: Ludwig van Beethovens letzte Oratorienpläne. Eine Studie, in: StMw 33 (1982), S. 21–47.

Unger, Max: Beethovens Teplitzer Badereisen von 1811 und 1812, in: NMZ 39 (1918), S. 86–93.

Das Unterhaltungsstück um 1800. Literaturhistorische Konfigurationen – Signaturen der Moderne. Zur Geschichte des Theaters als Reflexionsmedium von Gesellschaft, Politik und Ästhetik, hrsg. von Johannes Birgfeld und Claude D. Conter, Hannover 2007 (Forum für deutschsprachiges Drama und Theater in Geschichte und Gegenwart 1).

Voit, Friedrich: Vom „Landkalender" zum „Rheinländischen Hausfreund" Johann Peter Hebels. Das südwestdeutsche Kalenderwesen im 18. und beginnenden 19. Jahrhundert, Frankfurt a. M. u. a. 1994 (Forschungen zur Literatur- und Kulturgeschichte 41).

Vordermayer, Martina: Antisemitismus und Judentum bei Clemens Brentano, Frankfurt a. M. u. a. 1999 (Forschungen zum Junghegelianismus 4).

Weber, Ernst: Lyrik der Befreiungskriege (1812–1815). Gesellschaftspolitische Meinungs- und Willensbildung durch Literatur, Stuttgart 1991 (Germanistische Abhandlungen 65).

Weiss, Hermann F.: Funde und Studien zu Heinrich von Kleist, Tübingen 1984.

— Zur Datierung von Erstdrucken des frühen neunzehnten Jahrhunderts, in: ZfdPh 112 (1993), Sonderheft, S. 129–136.

— Georg Andreas Reimers „Großes Hauptbuch" als Quelle für das Literarische Leben, in: AGB 41 (1994), S. 261–269.

Weiß, Otto: Klemens Maria Hofbauer und seine Biographen. Eine Rezeptionsgeschichte, Roma 2001 (Bibliotheca historica Congregationis SSmi Redemptoris 19).

Wertheimer, Eduard: Zur Geschichte Wiens im Jahre 1809. (Ein Beitrag zur Geschichte des Krieges von 1809). Nach ungedruckten Quellen, in: AÖG 74,1 (1889), S. 159–202.

— Wien und das Kriegsjahr 1813. Ein Beitrag zur Geschichte der Befreiungskriege. Nach ungedruckten Quellen, in: AÖG 79 (1893), S. 355–400.

Wohlfeil, Rainer: Spanien und die deutsche Erhebung 1808–1814, Wiesbaden 1965.

Yates, W. E.: Theatre in Vienna. A Critical History, 1776–1995, Cambridge 1996.

Zeman, Herbert: Die Alt-Wiener Volkskomödien des 18. und frühen 19. Jahrhunderts, in: Österreich im Europa der Aufklärung. Kontinuität und Zäsur in Europa zur Zeit Maria Theresias und Josephs II. Internationales Symposion in Wien 20.–23. Oktober 1980, Bd. 2, Wien 1985, S. 717–741.

Ziltener, Alfred: Hanswursts lachende Erben. Zum Weiterleben der lustigen Person im Wiener Vorstadt-Theater von La Roche bis Raimund, Bern u. a. 1989 (EHS I/1241).

Register

Werke Brentanos

Dramen, -bearbeitungen, -entwürfe, -pläne

Gedichte, Gedichtbearbeitungen, Versdichtungen, Verssatiren

Prosa

Unechtes, Zweifelhaftes

Gedichte

Prosa

Historische Personen

Wissenschaftliche Autoren

Alle Ziffern sind Seitenzahlen. Normale Type verweist auf sachliche Bezugnahmen im Text oder in den Anmerkungen, kursive Type auf Ersterwähnungen von Abhandlungen.